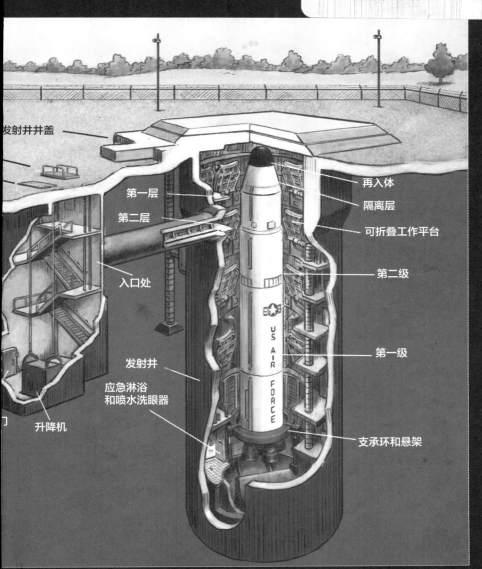

发射井井盖

再入体

第一层

隔离层

第二层

可折叠工作平台

入口处

第二级

发射井

第一级

应急淋浴
和喷水洗眼器

升降机

支承环和悬架

综 合 发 射 场 (©Gideon Kendall)

Nuclear Weapons,
the Damascus Accident,
and the Illusion of Safety

# COMMAND
# and
# CONTROL

# 指挥

# 与

# 控制

［美］艾里克·施洛瑟 著

张金勇 译

## 核武器、大马士革事故
## 与 安全假象

**ERIC SCHLOSSER**

社会科学文献出版社
SOCIAL SCIENCES ACADEMIC PRESS (CHINA)

施洛瑟的书读起来就像惊悚小说，但他的写作手法精妙，研究充分且结构恰当。能做到这一点，他要么是能整合大量复杂信息的天才，要么是他写书的时候下了巨大的功夫。你可能觉得核末日的前景读起来不会让人愉悦，但施洛瑟做到了让人手不释卷。

——乔纳森·弗兰岑（Jonathan Franzen），《卫报》

扣人心弦……一场像汤姆·克兰西的惊悚小说一样从头至尾都令人着迷的真实冒险……施洛瑟关于核武器未遂事故的故事让人不安，他关于冷战政治阴谋的描述也隐射了如今五角大楼的官员们在评估美国战争战略时的那些话语。

——美联社

《指挥与控制》一书是近年来出版的最让人夜不能寐的图书之一；而在这些书中，它肯定也算得上顶尖的。它的观点拥有无可争议的正确性，而且本书极具可读性。……施洛瑟竭尽全力做到了新闻业所能做到的最好：他花了许多年时间进行研究、采访、理解和反思，成果极具重要性。

——《金融时报》

深度报道，让人不寒而栗……像一部一流的科技惊悚小说。

——《洛杉矶时报》

施洛瑟作品的力量源自他那种在把控力极强的叙述路径上承载丰富的惊人细节的能力。（你是否知道泰坦-2导弹基地的安保工作如此之差，以至于借助一张信用卡就能闯入其中呢？）

——《卫报》

危机四伏而又引人入胜……施洛瑟娴熟地将核武器安全的科学知识和政治结合在一起……关于导弹发射井之意外的故事，其节奏、快感和技术细节，就像一季《反恐24小时》。

——《旧金山纪事报》

自1945年7月16日在新墨西哥州阿拉莫戈多第一枚原子弹爆炸以来，人们就做出了诸多努力要对核武器施加某种控制，施洛瑟的这本书就是关于此种努力的优秀的新闻调查作品。通过信息管理的奇迹，施洛瑟综合了海量的档案资料，包括政府报告、科研论文，以及关于核武器的大量历史性和论争性文献，并将其转化为涵盖了五十多年科学和政治变革的清晰叙事。非虚构作品就该这么写。

——路易斯·梅南德（Louis Menand），《纽约客》

施洛瑟的读者（而且他应该拥有更多读者）将会为他在书中呈现的人物将没有发生意外核爆炸与核战争归因于神的干预和纯粹好运而不是人类的智慧和技术感到震惊。但无论是什么原因，在未来的岁月中，我们显然将需要更多这种东西。

——《纽约时报书评》

这是我读过的最令人不安的非虚构作品，施洛瑟花了六年时间调查美国核武器的"断箭"事故（总的来说都是历史上的，毕竟这些东西都属绝密），但这本书的意义远超于此。在一个仍有上千件处于战备状态的核武器的国家，阅读此书事关重大。《指挥与控制》读起来就像是一本由人物推动的惊悚小说，施洛瑟基于他的深入报道、广泛采访以及通过《信息自由法案》获得的诸多档案，展现了人为失误、计算机故障、权力下放、沟通不畅、偶尔的失职以及对关键信息的例行阻隔几乎在许多场合给我们造成最糟糕的噩梦。

——《琼斯妈妈》杂志

艾里克·施洛瑟在《指挥与控制》一书中引爆了一枚真相炸弹，对美国的核武器进行了一次威力巨大的曝光。

——《名利场》

反复出现的美国核武器使用不当导致了令人难以置信的危险，艾里克·施洛瑟的《指挥与控制》即对此事做出了发人深省且让人着迷的叙述……施洛瑟对20世纪50年代早期的核武器事故的重述让我震惊不已，我心想：当然不会再有比这更糟糕的了。但它变得越来越糟糕，多到以至于我开始把包含了看起来是最可怕的核灾难和恐怖事件的书页折个角。到最后，632页的书中有1/4的书页都折了起来。这本书确实算得上是里程碑式的作品，够得上普利策奖。

——《达拉斯晨报》

让人紧张万分……扣人心弦……将专家的评论与各种各样让人毛骨悚然的意外混合在一起，施洛瑟令人信服地证明了，即便是我们最好的控制系统，也敌不过人为错误、运气不佳和日益增加的技术复杂性。

——《出版人周刊》（星级书评）

生动且令人不安……对原子武器安全假象的彻底且让人紧张的审视。

——《科克斯评论》（星级书评）

这本极具力量且让人不安的书得出的教训是，世界上的核武库并不是那么安全。在防止核灾难方面，我们不应该为自己的技术和好运而心有安慰，而应该尽最大的努力去确保核武器不会因为意外、失误或误判而爆炸。

——李·H. 汉密尔顿（Lee H. Hamilton），美国前联邦众议员、美国核未来蓝丝带委员会联合主席

献给我的父亲

敲响仍能鸣响的钟

忘却你完美的供品

世间万物皆有裂痕

那是光进来的地方


——莱昂纳德·科恩（Leonard Cohen）

# 目　录

# 作者按

　　这是一本关于控制核武器之努力的书，所谓控制核武器，
就是保证它不会被意外地、错误地或者通过其他未经授权的手
段发射出去。书中所做出的强调并不是着眼于军控条约背后的
高层外交，而是关注那些指导了美国核武库管理近七十年的作
业程序和思维定式。然而，本书并不涉及苏联在这个方面所做
出之努力的历史，尽管它同样重要，但我缺少与此相关的俄罗
斯档案和信息来源。《指挥与控制》一书探讨了保证核武器安
全与保卫美国免受攻击这两种需求之间的脆弱平衡关系。它考
察了从核时代开端直到冷战结束这段时间内，美国科学家、决
策者以及军官在这两种需求之间的调和与妥协。通过这个长久
以来一直被遗忘的故事，本书在于阐明一个更大的主题：人的
易错性（human fallibility）和技术的复杂性（technological
complexity）交互作用，往往能够导致灾难。

　　尽管书中所述的大部分事件都发生在很久以前，但不幸的
是，它们仍然与现实有关联。美国和俄罗斯仍然有数千颗核弹
头安装在导弹之上，时刻准备发射出去；印度、中国、巴基斯
坦、以色列、朝鲜、英国和法国也拥有数百颗弹头。对于本书
来说，尽管自 1945 年 8 月之后就再也没有发生过核武器摧毁城
市的事件，但是，没有人能够保证这种好运会一直持续下去。

　　现在看来，柏林墙的倒塌就像是古代史一样。一整代人已

经平安长大，他们没有体会过持续了近半个世纪和威胁要毁灭整个人类的冷战冲突中的那种恐惧与焦虑。本书假设大部分读者对核武器都所知甚少，不知道其内部的工作原理，以及为其使用提供正当理由的战略思维。当然，我也希望熟悉这些主题的读者能够从中获得一些新知识。而眼下，我意识到自己也是非常无知的。我们甚至都没有为那些在冷战中服务的人、那些以自由的名义冒着生命危险甚至失去生命的人建造纪念碑。他们是那些帮助人类社会避免核浩劫的平凡的男男女女，而不仅是外交家和政治家。他们的勇气和牺牲，值得我们永远铭记。

# 主要人物介绍

**泰坦 – 2 导弹战斗值班小组**

迈克尔·T. 马扎罗上尉（Captain Michael T. Mazzaro），指挥官，来自马萨诸塞州的年轻军官，妻子已经怀孕

艾伦·D. 奇尔德斯中尉（Lieutenant Allan D. Childers），副指挥官，在冲绳长大，20 多岁时曾是电台 DJ

罗德尼·L. 霍尔德上士（Staff Sergeant Rodney L. Holder），弹道导弹系统分析技师，海军军官的儿子，负责让泰坦 – 2 导弹处于可发射状态

罗纳德·O. 富勒上士（Staff Sergeant Ronald O. Fuller），导弹设备技师，负责综合发射场的设备管理

米格尔·塞拉诺中尉（Lieutenant Miguel Serrano），即将成为副指挥官的受训者

**推进剂输送系统工作组 A 小组**

查尔斯·T. 海涅曼，空军下士（Senior Airman Charles T. Heineman），小组组长

大卫·F. 鲍威尔，空军下士（Senior Airman David F. Powell），资深的泰坦 – 2 导弹维护技师，21 岁，在肯塔基州长大

杰弗里·L. 普拉姆，空军士兵（Airman Jeffrey L. Plumb），19 岁，来自底特律，接受在职培训的新手

### 推进剂输送系统工作组 B 小组

杰夫·肯尼迪中士（Sergeant Jeff Kennedy），第 308 战略导弹联队质量控制评估员，或许是小石城空军基地最优秀的导弹技师，25 岁左右时是缅因州的前水手

XVI 詹姆斯·L. 莫里斯上校（Colonel James L. Morris），第 308 战略导弹联队维护主管

詹姆斯·R. 桑达克，空军下士（Senior Airman James R. Sandaker），来自明尼苏达州埃文斯维尔的年轻的导弹技师

迈克尔·A. 汉森，技术军士（Technical Sergeant Michael A. Hanson），小组组长

格雷格·德夫林，空军下士（Senior Airman Greg Devlin），年轻的中量级金手套拳击手

大卫·L. 利文斯顿，空军下士（Senior Airman David L. Livingston），22 岁，来自俄亥俄州的导弹维护技师，特别喜欢摩托车

### 大马士革及周边的平民

西德·金（Sid King），27 岁，当地一家电台的经理

格斯·安格林（Gus Anglin），范布伦县警长

萨姆·赫托（Sam Hutto），奶牛场场主，导弹发射场的道路穿过他家的农场

### 灾难反应部队

威廉·A. 琼斯上校（Colonel William A. Jones），该部队领导及基地指挥官

唐纳德·P. 米勒上尉（Captain Donald P. Mueller），驻守

该部队救护车的空军医生

理查德·L. 英格利希（Richard L. English），防灾部门的领导，50多岁的平民，依旧体型匀称，热爱运动，绰号"上校"，曾在空军服役多年

大卫·G. 罗斯布勒，技术军士（Technical Sergeant David G. Rossborough），经验丰富的第一目击者

### 安全警察

托马斯·A. 布洛克史密斯，技术军士（Technical Sergeant Thomas A. Brocksmith），事故发射场的现场安全警察指挥官

唐纳德·V. 格林，技术军士（Technical Sergeant Donald V. Green），30岁出头的士官，他自愿护送平板货车前往374－7号综合发射场

吉米·E. 罗伯茨，技术军士（Technical Sergeant Jimmy E. Roberts），格林的朋友，与格林一同前往大马士革

### 小石城指挥部

约翰·T. 莫泽上校（Colonel John T. Moser），第308战略导弹联队指挥官

### 奥马哈战略空军司令部

小劳埃德·R. 莱维特将军（General Lloyd R. Leavitt, Jr.），战略空军司令部副总司令

### 路易斯安那州巴克斯代尔空军基地

本·G. 斯科伦上校（Colonel Ben G. Scallorn），第八航空

XVII

队泰坦 – 2 导弹专家，曾参与建设第一个导弹发射井

**曼哈顿计划**

莱斯利·R. 格罗夫斯将军（General Leslie R. Groves），曼哈顿计划主管，领导原子弹研制工作

J. 罗伯特·奥本海默（J. Robert Oppenheimer），理论物理学家，"原子弹之父"，洛斯阿拉莫斯实验室首位主任

爱德华·泰勒（Edward Teller），物理学家，"氢弹之父"，经常会与洛斯阿拉莫斯的其他科学家发生分歧

乔治·B. 基斯佳科夫斯基（George B. Kistiakowsky），化学家，可能也是全国最顶尖的炸药专家，后来成为艾森豪威尔总统的科学顾问

**武器实验室的科学家和工程师**

鲍勃·佩里弗伊（Bob Peurifoy），来自得克萨斯州的工程师，1952 年加入桑迪亚国家实验室，后来成为倡导核武器安全的领军人物

哈罗德·阿格纽（Harold Agnew），来自科罗拉多的物理学家，他帮助制造了历史上第一次人工核链式反应，从观察机上拍摄了核武器轰炸广岛的影像，在核武器安全方面于洛斯阿拉莫斯实验室中发挥了重要作用

卡尔·卡尔森（Carl Carlson），桑迪亚国家实验室的年轻物理学家，在 20 世纪 50 年代的一次意外事故中认识到了核武器电气系统的脆弱性

比尔·史蒂文斯（Bill Stevens），工程师，后来成为桑迪亚国家实验室核安全部门第一任负责人，与鲍勃·佩里弗伊有密

切合作

斯坦·斯普雷（Stan Spray），桑迪亚国家实验室工程师，经常灼烧、挤压和折腾核武器部件，以发现它们的缺陷所在

## 军方领导

柯蒂斯·E. 李梅将军（General Curtis E. LeMay），彻底改变二战期间美军轰炸技术，并且将战略空军司令部改造成为有史以来最强大的军事组织的工程师

托马斯·S. 鲍尔将军（General Thomas S. Power），空军将领，二战期间领导了东京大轰炸，随李梅进入战略空军司令部，获得了"卑鄙的狗崽子"的坏名声

马克斯韦尔·D. 泰勒将军（General Maxwell D. Taylor），陆军军官，积极倡导有限战争的核战略思想，肯尼迪总统身边颇具影响力的顾问

## 华盛顿官员

XVIII

大卫·E. 利连索尔（David E. Lilienthal），美国原子能委员会首任主席，核武器由文官控制理念的坚定支持者

弗雷德·查尔斯·伊克尔（Fred Charles Iklé），兰德公司分析员，曾研究意外核爆炸的潜在后果，后来担任里根政府的国防部副部长

唐纳德·A. 夸尔斯（Donald A. Quarles），工程师，曾在桑迪亚国家实验室、空军部以及国防部帮助提升核武器安全

罗伯特·S. 麦克纳马拉（Robert S. McNamara），前福特汽车公司总裁，肯尼迪政府和约翰逊政府时期任国防部部长，努力推动制定理性的核战略

# 缩略词

A-Bomb：原子弹（atomic bomb），一种从铀原子或钚原子的裂变中获得其爆炸能量的武器

AEC：原子能委员会（Atomic Energy Commission），美国于1947年创立的旨在监督核武器与核能的民间机构

AFSWP：武装部队特种武器项目（Armed Forces Special Weapons Project），美国于1947年成立的用来处理核武器事务的军事机构

B. E. Number：美国空军《轰炸百科全书》（*Bombing Encyclopedia*）用来标记其打击目标的一种特别的八位数编码

BMEWS：弹道导弹预警系统（Ballistic Missile Early Warning System），在"斯普特尼克"号卫星上天之后，美国建造的旨在探测朝着本土飞来的苏联导弹的雷达系统

BOMARC：由波音公司（BO）和密歇根大学航空航天研究中心（MARC）联合设计的一种搭载了核弹头的地基防空导弹，部署在美国和加拿大

CND：核裁军运动（Campaign for Nuclear Disarmament），英国的一个反战组织，其标志后来成为"和平的象征"

DEFCON：戒备状态或国防战备状态（Defense Readiness Condition），美国军队应对威胁的防御等级的衡量方式，共有五个级别，第五级为最低（最低程度的警戒），第一级为最高

（核战争）

DEW Line：远程预警线（Distant Early Warning Line），从 XX 北美大陆穿越北极地区的雷达系统，旨在探测苏联轰炸机动向

DIRECT：国防改进型紧急信息自动传输系统替代指挥与控制终端（Defense Improved Emergency Message Automatic Transmission System Replacement Command and Control Terminal），五角大楼部署的用来发送与接收核攻击指令的计算机系统

DUL：故意的、未经授权的导弹发射（Deliberate, Unauthorized Launch）

ENIAC：电子数字积分计算机（Electronic Numerical Integrator and Computer），简称埃尼阿克，美国第一台大型电子数字计算机，建造出来旨在为陆军计算炮弹轨迹，后来被洛斯阿拉莫斯国家实验室用来帮助设计热核武器

EOD：爆炸性军械处理（Explosive Ordnance Disposal），对弹头、炸弹以及其他爆炸性物品的安全处置

FCDA：联邦民防管理局（Federal Civil Defense Administration），1951～1979年就如何从核战争中生存下来为美国公众提供指导和建议

H-Bomb：氢弹（hydrogen bomb），人类发明的威力最强大的武器，其爆炸能量不仅来自核裂变，也来自核聚变，后者是太阳能量的基本来源

ICBM：洲际弹道导弹（Intercontinental Ballistic Missile），能够将核弹头投送至3400英里之外的导弹

JAG：军队律师的绰号，是军法署（Judge Advocate General's Corps）的成员

K crew：K小队，泰坦－2导弹的后备值班人员，在紧急状

况下随时待命提供支援

LOX：液氧（liquid oxygen），作为推进剂中的氧化剂来使用，与火箭燃料结合，可以用来发射"阿特拉斯"导弹和泰坦 - 1 导弹

MAD：相互确保摧毁（Mutually Assured Destruction），一种通过让对手之间相互确信对方有摧毁己方能力从而维持和平的核战略思想

MANIAC：曼尼亚克，意为数学分析数值积分计算机（Mathematical Analyzer，Numerical Integrator，and Computer），洛斯阿拉莫斯实验室用来帮助设计第一颗氢弹的一种早期电子数字计算机

MART：导弹警报反应小组（Missile Alarm Response Team），对泰坦 - 2 导弹发射场出现的问题做出快速反应的安全警察

XXI　　MFT：移动火力小组（Mobile Fire Team），全副武装的空军安全人员四人小组

MIMS：导弹检查与维护中队（Missile Inspection and Maintenance Squadron），使泰坦 - 2 导弹做好发射准备的维护人员

MIRV：分导式多弹头再入体（Multiple Independently targetable Reentry Vehicle，也叫多弹头分导再入飞行器或分导式多弹头），携带两个或以上弹头，能够同时打击多个不同目标的弹道导弹

MIT：麻省理工学院（Massachusetts Institute of Technology）

MSA：一款由矿业安全设备公司（Mine Safety Appliances Company）生产，安装在泰坦 - 2 导弹发射井中的蒸气探测器的

外号

NATO：北大西洋公约组织（North Atlantic Treaty Organization），成立于1949年的旨在防止苏联进攻西欧国家的军事同盟

NORAD：北美防空司令部（North American Air Defense Command），1958年由美国和加拿大联合成立的旨在防范苏联袭击的组织，后更名为北美防空防天司令部（North American Aerospace Defense Command）

NRC：核管理委员会（Nuclear Regulatory Commission），颁布许可和管理民用核电站的联邦机构

OPLAN：行动计划（Operations Plan），2003年以后用于描述美国核作战计划的术语

PAL：核武器准许启动连接装置（Permissive Action Link），一种安装在核弹头或者核弹内部的密码装置，就像一把锁，可以防止核武器未经授权而被使用

PK：杀伤概率（Probability of Kill），目标被摧毁的可能性

PPM：百万分率（Parts per Million）

PTPMU：推进剂箱体压力监测装置（Propellant Tank Pressure Monitor Unit），泰坦－2导弹发射控制中心里能够显示导弹内部燃料箱和氧化剂箱压力水平数字的测量仪器

PTS：推进剂输送系统（Propellant Transfer System），用来处理泰坦－2导弹燃料和氧化剂的工具与设备的统称

RAF：皇家空军（Royal Air Force），英国武装部队组成部分，冷战期间主要负责陆基飞机与导弹

RAND：兰德公司，总部位于加利福尼亚州圣莫尼卡市的智库机构，二战后由美国空军创建，其名字来自"Research

ANd Development"

XXII　　　RFHCO：火箭燃料处理者服装设备（Rocket Fuel Handler's Clothing Outfit），一套看起来像宇航服、可阻隔液体和水蒸气、有一个空气包和圆形头盔的组合服装设备，常被泰坦 - 2 导弹工作人员称为作业服（ref - co）

　　　　　RV：再入体（Reentry Vehicle，也叫再入弹头或再入飞行器），导弹中载有弹头（warhead，也叫战斗部）的鼻锥部分

　　　　　SAC：战略空军司令部（Strategic Air Command），1992 年之前负责管理远程轰炸机、陆基导弹以及美国空军部署的大部分核武器的机构

　　　　　SAGE：半自动地面防空系统（Semi-Automatic Ground Environment），也叫赛其系统，是建于 20 世纪 50 年代末期的防空系统，它通过计算机将数百台雷达实时连接起来形成一个网络，以识别和追踪飞行目标

　　　　　SIOP：统一作战行动计划（Single Integrated Operational Plan），1960 ~ 2003 年美国核战争计划的统称

　　　　　SOCS：战略运营控制系统（Strategic Operational Control System），20 世纪 50 年代美国战略空军司令部采用的通信网络的名称，其特征是在奥马哈总部有一台红色的电话，能够同时与其下属的所有空军基地通话，并通过扬声器下达作战指令

　　　　　SRAM：短程攻击导弹（Short-Range Attack Missile），搭载了核弹头的导弹，从空中发射攻击地面目标，20 世纪 70 年代到 1993 年，其主要由 B - 52 轰炸机携带

　　　　　TAC：战术空军司令部（Tactical Air Command），存在于 1946 ~ 1992 年的美国军事机构，其主要负责美国空军的地面支援战斗机

TACAMO：塔卡莫系统，也称"受领任务并开始行动"系统（Take Charge and Move Out），是由美国海军创造的一套通信系统，以在紧急情况下通过飞机来传送核攻击指令

TASS：塔斯社（Telegraphic Agency of the Soviet Union），苏联政府的官方通讯社

TATB：三氨基三硝基苯（1，3，5 - triamino - 2，4，6 - trinitrobenzene），一种低敏度高能炸药，它不容易由火、电击或挤压引爆

USAAF：美国陆军航空部队（United States Army Air Forces），二战期间负责美国陆基轰炸机的军事机构

USAF：美国航空部队（United States Air Force），1947年取代美国陆军航空部队，成为一支新型独立的武装部队

WSEG：武器系统评估小组（Weapon Systems Evaluation Group），一个高级别的科研单位，雇员同时包括军事人员和文职人员，1948～1976年是参谋长联席会议的顾问机构

WWMCCS：全球军事指挥控制系统（World Wide Military Command and Control System），肯尼迪政府时期组建的一个将卫星、计算机、指挥部以及不同军种的通信网络合并到一起形成的集中化机构

ZI："后方"（Zone of the Interior），军方用来描述美国本土的一个术语

# 第一部分
# 泰坦导弹

# 大事不妙

1980 年 9 月 18 日，大约是晚上 6 点 30 分，空军下士大
卫·F. 鲍威尔（David F. Powell）和空军士兵杰弗里·L. 普拉
姆（Jeffrey L. Plumb）走进了阿肯色州大马士革镇以北几英里
处 374 - 7 号综合发射场的导弹发射井中。[1]他们正准备对泰坦 -
2 导弹（Titan - Ⅱ missile，也叫"大力神 - 2"导弹，不过大力
神对应的英文为 Hercules，而且更为有名的"大力神"是美国
洛克希德公司于 20 世纪 50 年代研制的多用途战术运输机 C -
130。此处使用音译。——译者注）进行一次日常维护。在此之
前，他们已经在类似的地下设施中工作过无数个小时了。不过，
不管他们曾进入导弹发射井多少次，泰坦 - 2 导弹还是一如既
往地给人留下深刻印象。它是美国制造的有史以来最大的洲际
弹道导弹：直径 10 英尺（约 3.05 米），高 103 英尺（约 31.39
米），大致相当于 9 层楼高。[2]铝制外壳上有一层涂饰，用大写英
文字母喷涂出"U.S. AIR FORCE"（美国空军）的字样。泰
坦 - 2 导弹的圆锥体头部是深黑色的，里面搭载的是 W - 53 热
核弹头，它是美国各型号导弹所搭载过的威力最强大的武器。
这种弹头的爆炸威力高达 900 万吨梯恩梯（TNT）当量，[3]大约
相当于二战中投下的所有炸弹——包括投向日本的 2 颗原子
弹——爆炸威力总和的 3 倍。[4]

不管是白天黑夜，还是春夏秋冬，导弹发射井中都是一样
的感觉。里面安静得可怕，安装在墙壁上的水银蒸气灯散发的

光芒像是将导弹浸泡在白色的海洋之中。当你打开较低层的门走进导弹发射导流槽（launch duct）的时候，身体上方隐约可见的泰坦－2导弹就像一颗巨大的带黑色尖顶的银子弹，在混凝土制的枪管之中整装待发，弹体高高竖起，直指天际。

4　　泰坦－2导弹被设计成可在一分钟之内发射并击中6000英里（约9556千米）之外的目标。为了达到这个目标，它依赖于两种"极易自燃"（hypergolic）[5]的液体推进剂——一种是火箭燃料，一种是氧化剂。两者一旦相互接触，就会立即猛烈地燃烧。泰坦－2导弹有两级，这两级里面都是在燃料箱上放置了氧化剂箱，通过向下的管道连接到引擎上。第一级，从导弹底部向上，长大概70英尺（约21米），装载了8.5万磅（约38.6吨）的燃料、16.3万磅（约73.9吨）的氧化剂。第二级（上方是弹头）比第一级小一些，其所装载的燃料和氧化剂重量只有第一级的1/4。当导弹发射的时候，燃料和氧化剂从第一级的管道中流过，在引擎的燃烧室汇合，点火并喷射出高温气体，然后通过引擎底部的超音速收缩－扩张喷管［convergent-divergent nozzle，也叫拉瓦尔喷管（laval nozzle）］喷出，产生大约50万磅的推力。[6]几分钟之内，泰坦－2导弹就可以飞到离地50英里（约80千米）的高空。

这两种推进剂效率相当高，但也极其危险。导弹的燃料混肼50（Aerozine－50，也叫航空肼），当与日常物品，如羊毛、破布、铁锈等接触时，能够自燃。[7]液态的混肼50，无色透明；气态的混肼50，能够与空气中的水分和氧气发生反应，并形成带有鱼腥味的白色烟雾。这种燃料蒸气在浓度达到2%时就能够发生爆炸。吸入这种气体会导致呼吸困难、心率下降、呕吐、抽搐、颤抖，甚至死亡。同时，这种燃料具有高致癌性，并且容易通过皮肤进入人体。

导弹的氧化剂，四氧化二氮，比混肼50更具危险性。按照美国联邦法律的规定，它被归类为"A级无机剧毒物品"——最致命的人造化学物质。液态的氧化剂是半透明的，多呈黄褐色。尽管不像燃料那么易燃，但当接触到皮革、纸张、衣物或者锯末时也能够自燃。它的沸点只有70℉（相当于21℃）。当温度稍高一点时，液态的氧化剂就会汽化，成为棕红色的气体，闻起来像氨气。气态的氧化剂与水接触后，会变成带有腐蚀性的酸液，它能够与人眼睛或皮肤中的水分发生反应从而造成严重的烧伤。当吸入这种气体时，它能够损坏上呼吸道系统和肺部的组织，但是这种伤害不会马上感觉到；当吸入6～12小时之后，这种物质能够使人产生头疼、眩晕、呼吸困难、肺炎甚至是可致死的肺水肿等症状。

鲍威尔和普拉姆是导弹维修技师，隶属于第308战略导弹联队推进剂输送系统工作组A小组，该联队的指挥部位于大约一小时车程之外的小石城空军基地（Little Rock Air Force Base）。之所以当天派他们来这个地方，是因为警示灯显示导弹第二级的氧化剂箱压力过低。假如压力太小了，氧化剂将无法顺利流到引擎之中。压力过低警示灯亮起可能意味着一个严重的问题——断裂或者泄漏，但更可能是温度的细微变化降低了氧化剂箱内的压力。导弹发射井内的空调机组应该将导弹的温度保持在60℉。如果鲍威尔和普拉姆没有发现任何泄漏，他们只需简单地拧开氧化剂箱上的盖子，然后往里面注入更多的氮气即可。通过向下施压，氮气能够保持对箱内液体的稳定的压力。这是一件再平凡不过的事了，就像在长时间开车之前先给汽车轮胎充气一样。

鲍威尔已经在推进剂输送系统工作组服役差不多 3 年了，他深知泰坦 - 2 导弹的危害性。在他第一次进入综合发射场时，一次氧化剂泄漏事故形成的毒雾就使有关作业中止了 3 天。他 21 岁了，是一个自豪的来自肯塔基州的乡下孩子，他很爱这份工作并计划在年末的时候申请延长服役年限。

普拉姆进入第 308 战略导弹联队才 9 个月的时间，他还没有资格从事导弹维护和处理推进剂的工作。陪伴并观看鲍威尔所做的一切事务是普拉姆在职培训的内容。他才 19 岁，在底特律的郊区长大。

尽管氧化剂箱的低压警报很常见，但空军技术条令还是要求他们两人在进入发射井进行调查的时候穿上一级防护装备。穿上 "一级" 防护装备意味要穿上一套 "火箭燃料处理者服装设备"（RFHCO）——一套密封的、可阻隔液体和水蒸气，且具备防火性能的组合服装设备，可用来保护他们不受氧化剂和燃料的毒害。[8]他俩称其为 "作业服"（ref-co）。作业服看起来就像是 20 世纪 60 年代早期科幻片中的太空服。它有一个可分离的圆形头盔，上面装有一部无线电通话设备和一块透明的树脂玻璃面罩。衣服是灰白色，有一条很长的拉链从左肩上斜向下穿过躯干，延伸到右膝处。穿上作业服时，首先要穿上长内衣裤。由于黑色乙烯基手套和靴子没有与衣服连在一起，穿上这套衣服时还需要将手腕处的袖口和脚踝处的裤脚口放下，以保持密封状态。整套衣服重约 22 磅（约 10 千克）。另外，作业服中的背包也重达 35 磅（约 16 千克），里面有可用一小时的空气量。这套装备非常笨重，又热又闷，也不舒服，特别是在没有安装空调的导弹发射井外穿的时候。不过，在关键时刻，它可救人性命。

　　第二级中氧化剂箱的压力帽在导弹弹体的 2/3 处。为了能够够到那里，鲍威尔和普拉姆必须步行穿过从导弹发射井墙壁上伸出的收缩式钢铁平台。泰坦－2 导弹矗立的圆柱形井筒包裹在一个更大的混凝土制的圆柱形发射井之内，后者的内部分为 9 层，有一些相关设备。第 1 层靠近导弹的顶部，第 9 层则在导弹下方 20 英尺处。钢铁制工作平台用液压的方式从井筒的墙壁上折叠起来。每一个平台的边缘都由橡胶包裹，以防止划破导弹，同时尽可能缩小平台与导弹之间的空隙。

　　这两名空军士兵走进了发射导流槽的第 2 层。在他们头上的更远处是导弹发射井的混凝土制井盖，它是用来保护导弹以使其免受风雨以及在附近引爆的核弹的影响，其重达 740 吨。在远离他们所在位置的导弹下方，是一个"W"形的混凝土火焰导向器（flame deflector），它被用来引导导弹发射时高温气体向下流动，然后通过排焰道向上排出导弹发射井。导弹被安放在一个支承环（thrust mount）上，这是一个位于发射井第 7 层的钢环，重达 2.6 万磅。这个钢环通过巨大的弹簧与发射井井壁相连，因此泰坦－2 导弹能够承受住核打击并幸存下来而不是被破坏，然后顺利发射出去。

　　除了 W－53 弹头以及成百上千磅推进剂之外，发射井中的许多其他东西也能够被引爆。当导弹从支承环上点火发射出去之后，电控引爆装置就开始发挥作用了，如将导弹第二级从第一级上分离，释放鼻锥体。[9] 导弹上还安装了许多小型火箭引擎，它们使用易燃的固体燃料，用来调节弹头的飞行姿态。泰坦－2 导弹综合发射场经过了精心设计，最大限度地降低了在其中安置的大量易燃易爆物的风险。火灾探测器、灭火系统、毒

7

（蒸）气探测器以及净化洒水器分散在发射井的 9 层空间中。这些安全设备都有严格的安全条令作为支撑。

无论何时，只要有推进剂输送系统工作组成员穿上了"火箭燃料处理者服装设备"，就必须有另一个身着同样装备的人陪同，同时还有两人作为后备，随时准备穿上他们的装备。每一个一级任务都必须按照标准检查表来进行，工作组组长往往会通过无线电通信网络将每一个步骤大声地念出来。有且仅有一种方法来完成所有的事项。当鲍威尔和普拉姆站在导弹旁边的工作平台上的时候，技术条令 21M－LGM25C－2－12 中的表 2－18 明确地告诉了他们应该做什么。[10]

推进剂输送系统工作组组长对着无线电通话器说："第四步，拆卸空气隔离阀压力帽。"

鲍威尔回答道："知道了！"

"小心点。进行第四步的操作时，不要超过 160 英尺－磅的扭矩。过大的扭矩会损坏导弹的表面。"

"知道了！"

当鲍威尔使用套筒扳手（socket wrench）去拧开压力帽的时候，套筒掉下去了。它撞到了工作平台上并弹跳起来。鲍威尔试图伸手去抓它，但没有抓到。

普拉姆眼睁睁地看着 9 磅重的套筒从工作平台和导弹中间的狭窄空隙中滑落，向下掉落了大概 70 英尺后"嘭"地撞到了支承环上，然后从泰坦－2 导弹上弹开。事情发生的经过就像一组电影慢镜头。一会儿之后，就像浇花时水从橡胶软管中流出来一样，燃料从导弹上被砸破的孔中喷射而出。

"噢，伙计，大事不妙啊！"普拉姆心想。[11]

## 注释

1. 我曾与普拉姆和鲍威尔谈起这次事故。普拉姆和鲍威尔在导弹事故调查委员会（Missile Accident Investigation Board）面前关于此次事故的陈述分别见于 Tab U－71、Tab U－73，"Report of Missile Accident Investigation：Major Missile Accident, 18－19 September 1980, Titan II Complex 374－7, Assigned to 308th Strategic Missile Wing, Little Rock Air Force Base, Arkansas,"conducted at Little Rock Air Force Base, Arkansas, and Barksdale Air Force Base, Louisiana, December 14－19, 1980。

2. 根据泰坦－2导弹历史学家大卫·K. 斯顿夫（David K. Stumpf）的说法，此类导弹的高度经常被错误地描述为"介于108英尺至114英尺之间"，实际高度应该为103.4英尺。See "Table 3.2, Titan II ICBM Final Design Specifications," in David K. Stumpf, *Titan II：A History of a Cold War Missile Program*（Fayetteville：University of Arkansas Press, 2000），p. 49.

3. 除了摧毁广岛和长崎的核弹，美国核武器的当量一直是保密信息。但是，几十年来美国政府官员也曾非正式地向记者透露过一些核弹的当量信息。在本书中，我引用的核武器当量数据都是来自可靠的国防分析材料。出于某种原因，"泰坦"导弹和泰坦－2导弹所搭载的百万吨级弹头具体当量数据都是通过《信息自由法案》（Freedom of Information Act），从美国国家安全档案馆的一份文件中获得的。对于"泰坦"导弹搭载的 W－38 弹头和泰坦－2导弹搭载的 W－53 弹头的当量，可参见 "Missile Procurement, Air Force," U. S. Congress, House Committee on Appropriations, Subcommittee on Defense, May 16, 1961（SECRET/declassified），NSA, p. 523。关于美国其他核武器的当量信息，可参见 Norman Polmar and Robert S. Norris, *The U. S. Nuclear Arsenal：A History of Weapons and Delivery Systems Since 1945*（Annapolis, MD：Naval Institute Press, 2009），pp. 1－70。

4. 虽然估计各不相同，但美国物理学家理查德·L. 加尔文（Richard

L. Garwin）和俄罗斯物理学家安德烈·萨哈罗夫（Andrei Sakharov）都指出，第二次世界大战期间使用的所有炸弹的爆炸威力约为 300 万吨。美国应该为其中的绝大部分负责。根据战后曾担任美国空军第一书记的参议员斯图尔特·赛明顿（Stuart Symington）的说法，美国所投下的炸弹的累计爆炸威力为 210 万吨。这一数值的 2/3 被用来对付纳粹德国，其余的被用来对付日本。泰坦 - 2 导弹的巨大威力似乎很难理解。900 万吨的爆炸当量相当于 180 亿磅 TNT 的爆炸当量，相当于 1980 年 9 月时全世界活着的人每人承受 4 磅高爆炸药。赛明顿的估计可参见"Military Applications of Nuclear Technology，"Hearing Before the Subcommittee on Atomic Energy，93rd Cong.，April 16，1973，pt. 1，pp. 3 - 4。其他估计可参见 Richard L. Garwin，"New Weapons/Old Doctrines：Strategic Warfare in the 1980s，" *Proceedings of the American Philosophical Society*，vol. 124，no. 4（1980），p. 262；and Andrei Sakharov，"The Danger of Thermonuclear War，" *Foreign Affairs*，Summer 1983，p. 1002。

5. 根据火箭科学家的说法，该词的意思是"自发燃烧"（spontaneously ignitable）。使用自燃推进剂的优点之一是不再需要在导弹中安装点火系统，而缺点之一则是极度危险。关于这个主题的一个很好的介绍，可参见 B. M. Nufer，"A Summary of NASA and USAF Hypergolic Propellant Related Spills and Fires，" National Aeronautics and Space Administration，NASA/TP - 2009 - 214769，June 2009。更全面的评估，可参见"Liquid Propellant Rocket Engine Fundamentals" and "Liquid Propellants" in George P. Sutton and Oscar Biblarz，*Rocket Propulsion Elements*，7th ed.（New York：Wiley，2001），pp. 197 - 267。

6. 形状像沙漏的收缩 - 扩张喷管，能够通过迫使高热气体通过一个狭窄的腔室来增加气体喷出的速度。

7. 关于泰坦 - 2 导弹推进剂及其危害的介绍，可参见"Propellant Transportation Awareness Guide for Titan II Deactivation，" Department of the Air Force，October 1，1982。更详细的说明可参见"Titan II Storable Propellant Handbook，" Revision B，Bell Aerosystems Company，Prepared for Air Force Ballistic Systems Division，March

1963。

8. 关于这个装备及其正确使用方法的说明，可参见 "Missile Liquid Propellant Systems Maintenance Specialist: Volume 3, Propellant Transfer System," CDC 4551, Extension Course Institute, Air Training Command, February 1983, pp. 1 – 42。

9. 关于泰坦 – 2 导弹发射井中可能发生爆炸的各种东西及其潜在风险的描述，可参见 "Nuclear Weapon Specialist: Volume 5, Rockets, Missiles, and Reentry Systems," CDC 46350, Extension Course Institute, Air Training Command, November 1980（FOR OFFICIAL USE ONLY）, pp. 19 – 38。

10. 相关技术流程的摘录可参见 "Titan II Class A Mishap Report: Serial Number 62 – 0006, 18 September 1980, Damascus, Arkansas," Eighth Air Force Mishap Investigation Board, October 30, 1980, p. 0 – 1。

11. Interview with Jeffrey L. Plumb.

# 新浪潮

这一天的早些时候，大约早上 5 点，艾伦·D. 奇尔德斯中尉（Allan D. Childers）从床上爬了起来，洗了个澡，穿上制服，吻别了妻子，拿上旅行袋，赶去小石城空军基地参加行前简报会。[1] 奇尔德斯是泰坦－2 导弹战斗值班小组的副指挥官。每天早上 7 点，战斗值班小组成员都要拉响警报，然后在第 308 战略导弹联队总部的大会议室集合。第 308 战略导弹联队管理着阿肯色州的 18 个泰坦－2 导弹综合发射场，每一个都配备了 1 枚导弹以及 1 个四人战斗值班小组。该联队的座右铭是"不为自己，但为他人"。当高级军官和职员站在简报室前面的时候，每一个班组成员都坐在自己的小桌子前。

奇尔德斯和自己班组的成员坐在一起。来自马萨诸塞州的迈克尔·T. 马扎罗上尉（Michael T. Mazzaro）是指挥官，他是一位聪明年轻的军官，高约 1.73 米，棕色的头发有点稀疏。罗德尼·L. 霍尔德（Rodney L. Holder）上士是导弹系统分析技师，他的任务是确保导弹处于可发射状态。他看起来特别像奇尔德斯，高且瘦，亚麻色的头发，还戴着一副眼镜。来自纽约州埃尔迈拉（Elmira）的罗纳德·O. 富勒（Ronald O. Fuller）上士很帅气，长着一张娃娃脸，他是导弹设备技师，工作重心是确保导弹发射场的正常运转。每周一次或者两次，他们四个

人在这些简报会中开始新的一天，然后一起在地下待上 24 小时，监测他们的导弹，监督发射场的维护保养，不断地演练、

培训，以及等待发射命令的下达。

奇尔德斯很难说得上符合一名好战的美国战略空军司令部（SAC）军官的形象，那些军官渴望用核武器攻击苏联人并引发末日决战（Armageddon）。在加入空军前一年，他是一名主要播放迷幻摇滚乐的午夜电台音乐节目主持人，白天的大部分时间则在冲浪，还留着一头披肩长发。他不是嬉皮士，但他也不是那种怀着要成为衣着整洁、派头十足的军官的毕生愿望的人。他的大部分童年时光都在冲绳岛上度过，而他的父亲当时是岛上美国空军部队的飞机维护技师。他们家的房子是匡塞特角活动房屋（Quonset hut），这是一栋建于二战时期的由瓦楞铁预制构件搭成的半圆形活动房屋。尽管装潢远谈不上奢华，但在20世纪60年代于这个岛屿上长大，还真说得上田园牧歌般美妙。奇尔德斯大部分时间要么在海滩上悠闲地晒太阳，要么在海中戴着水肺潜水。在嘉手纳空军基地，军官们和像奇尔德斯父亲那样的士兵之间的社会落差几乎是不可能跨越的，这两类人几乎不相往来。但是，在地方的中学里面，基本没有人会在乎军衔和种族的差异。白人、黑人以及亚裔孩子经常在一起闲逛，奇尔德斯在不同时期不仅和少校的女儿，甚至和上校的女儿约会过。绝大部分学生的母亲或父亲都在军队服役。越南战争并不只是在教室里讨论的遥远、抽象的冲突，它几乎直接影响了岛上的每一个家庭。奇尔德斯有两个兄弟和一个姐姐，他们都为父亲感到自豪，但他们没人愿意与军队扯上任何关系。

1971年从中学毕业后，奇尔德斯进入了亚利桑那大学，希望成为一名工程师。但是，几个学期之后他就退学回到了冲绳，在岛上的一个广播站找了一份音乐节目主持人的工作。当时他19岁，是广播站最年轻的职员，于是他被安排上午夜班。这是一份相当理想的工作。从午夜到第二天早上 6 点，奇尔德斯播放他最喜欢的音乐：齐柏林飞艇乐队（Led Zeppelin）、尼尔·扬（Neil Young）、贾妮斯·乔普林（Janis Joplin）、吉米·亨德里克斯（Jimi Hendrix）和克里登斯清水复兴合唱团（Creedence Clearwater Revival）。岛上的美国大兵们会给广播站打电话并提出要求，他喜欢给士兵们放歌，也喜欢通过广播向他们的家人和女朋友念出士兵们的来信。下班后，他会一直睡到中午，然后起床去海滩上逛逛。

　　1973 年，冲绳岛上的广播站停播了，奇尔德斯搬到了佛罗里达州的坦帕（Tampa），期待能够被广播学校录取。不过，他并没有攒够学费，在找了几个月的工作之后，他决定加入美国空军。他期待能够去越南，不管是用什么方式，但在空军基地服役听起来要比扛把步枪在丛林中作战好得多。当奇尔德斯应募入伍的时候，他填了一个表格，请求能够被分配到美军广播电视总台（AFRTS）。他认为空军可能会将他培训成电台播音员。但是，由于他表格填错了，他被分配到了加利福尼亚州圣贝纳迪诺的诺顿空军基地（Norton Air Force Base）的报社。他喜欢上了这份工作，也爱上了在报社大厅工作的预算分析师黛安·布兰德伯格（Diane Brandeburg）。1975 年，分管他的长官说服他当一名军官，但是这需要大学文凭。通过空军奖学金和委任计划（Airman Scholarship and Commissioning Program），他进入火奴鲁鲁查明纳德学院（Chaminade College of Honolulu），这是一个学习和冲浪的理想之地。黛安驻扎在附近的希卡姆空军基地（Hickam Air Force Base），他俩于 1977 年结婚。

　　奇尔德斯的三个兄弟姐妹最终也都进入了军队。他的哥哥在陆军，他的姐姐在空军，他的弟弟则在海军，而最终他们四人的配偶也都是要么在军队中服役，要么就是在军人家庭中长大的。奇尔德斯此后意识到，他们都回到了熟悉的生活方式之中。它提供了良好的教育、使命感、去做有意义的事情的机会，以及在一起服役的战友之间的强烈的同志之谊。

在空军军官的等级制度中，战斗机飞行员和轰炸机飞行员都自称位居顶层。尽管他们之间存在激烈竞争，但这两类飞行员至少在一件事情上拥有共识：导弹兵的地位要远低于他们。在地下发射控制中心服役远没有飞入敌人领空或者掌握制空权的那种惊心动魄。奇尔德斯那糟糕的视力让他无法成为空军飞行员，并且当时导弹部队需要军官。虽然他对洲际弹道导弹（ICBM）一无所知，甚至连导弹部队军官是做什么的都不知道，但他还是在从学院毕业前报名参加了那个计划。他毫不在意身份地位或者空军传统中的势利行为。这份工作听起来很有趣，并且提供了指挥的机会。

在得克萨斯州的谢泼德空军基地（Sheppard Air Force Base）和加利福尼亚州的范登堡空军基地（Vandenberg Air Force Base），奇尔德斯用了6个月的时间来学习泰坦－2导弹的操作规程。像所有泰坦－2导弹的受训人员一样，他仔细研读了阐明导弹系统各个方面知识的技术手册（Dash－1）。[2]他在模拟器和发射控制中心的实物模型中一待就是好几个小时，一遍遍地演练发射检查表和风险检查表。不过，直到他拉响在阿肯色州的第一次警报然后走进导弹发射井之前，奇尔德斯都没有见过真正的泰坦－2导弹。里面很冷，他就像走进了一个冰箱，导弹看起来真的好大！

如果战略空军司令部下达了紧急作战指令，每一个导弹战斗小组的军官都将面临一个结果几乎难以想象的决策。奇尔德斯将会毫不犹豫地遵守作战指令，下达发射命令。他无心制造

11

大规模屠杀，并且，根据冷战的威慑理论，能够阻止苏联利用核武器毁灭美国的唯一手段，就是美国也用核武器来威胁要摧毁苏联。奇尔德斯相信核威慑的逻辑：他将导弹发射出去的意愿，会确保它不会被发射出去。在范登堡，他学习了泰坦－2导弹瞄准目标的大体类别和地点。有一些在苏联，其他的则在中国。不过，战斗小组并不会被告知他们掌管的导弹具体瞄准哪里。知道了这些信息反而可能会引发疑虑。就像执行死刑的四人射击小队中三人的步枪装了实弹、一人的装了空弹一样，导弹战斗小组只需要遵守开火的指令即可，而不用为结果承担个人责任。

1979 年，在小石城培训 6 个星期之后，奇尔德斯成了泰坦－2 导弹发射场的副指挥官。第二年，他得到了晋升，成为由马扎罗、霍尔德以及富勒组成的教官组的一员。不像那些在同一个综合发射场中从事值班警戒数月乃至数年时间的模范班组成员，教官组负责将受训者带往不同的发射现场。9 月 18 日早晨，奇尔德斯和他的组员计划要带着受训者米格尔·塞拉诺中尉（Miguel Serrano），去往斯普林希尔（Springhill）小镇外的 374－5 号综合发射场担任通宵值班警戒。小组成员都喜欢去这里，因为这里比其他一些发射场离基地更近，这就意味着他们能够尽快到达那里并且第二天能够尽早回家。

行前简报会通常从点名开始。一旦确认每一个综合发射场的人员都到齐了，联队的高级军官就会向 80 个左右的战斗小组成员说明维护事宜、新的安全指南、紧急作战指令的更改以及最新的天气预报。对于与燃料、氧化剂或者再入体（导弹弹头）有关的维护工作来说，天气是一个至关重要的因素。有时候，简报会也会包含一个关于情报问题和世界形势的幻灯片展示。

1980 年 9 月 18 日，整个世界并不安定。伊拉克总统萨达姆·侯赛因（Saddam Hussein）前一天刚刚宣布解决伊拉克和伊朗边界争端的协议不再有效。两国部队早已经在伊朗胡齐斯坦省南部开始了小规模冲突，伊朗外长谴责这是"伊拉克政权发动的恶意入侵"，[3]一场关于争议领土的战争看起来即将爆发。在德黑兰，52 名美国人质依然被关押着，此时距离他们在美国驻伊朗大使馆被抓已将近一年。1980 年春天美国军队一次不成功的营救行动，使伊朗革命卫队将人质从大使馆转移出来并分散关押在城市的各处。伊朗民众焚烧美国国旗和大声呼喊"大撒旦去死吧！"的电视画面成了每晚的惯例，而美国政府对此似乎无能为力。

与此同时，美苏关系也降至自 1962 年古巴导弹危机以来的最低点。9 个月前，苏联人入侵了阿富汗，并在那里部署了超过 10 万人的部队。许多人认为，这次行动将是苏联人大规模入侵中东地区产油国的前奏。对这次入侵，美国做出了对苏联进行粮食禁运和抵制莫斯科奥运会的反应。然而，这些惩罚措施似乎都无法迫使苏联从喀布尔撤军。美国的影响力似乎正在全面地下降。9 月 17 日，英国知名的智库国际战略研究所（International Institute for Strategic Studies）发布了一份报告，认为苏联更加精准的新型洲际弹道导弹已经使美国的洲际弹道导弹更加容易遭到攻击。[4]报告声称，美国不仅在核武器方面落后了，在飞机、坦克和地面部队方面也落在苏联后头。

身处这些令人沮丧的国际新闻之中，美国民众的精神状态同样悲观。美国经济正处于衰退之中，通货膨胀率居高不下，

13

失业率也达到了 8%。[5]汽油短缺使定量配给和在联邦层面限制汽车使用的前景遥遥在望。水门事件、越南战争以及能源危机动摇了人们对政府能够做成任何事情的信心。总统吉米·卡特（Jimmy Carter）对整个国家的精神状态进行了猛烈的抨击。在三大电视网于黄金时段播出的一次讲话中，总统警告称美国正面临一个无形的威胁："信心的危机"。[6]传统的乐观主义已经被一种绝望、自我中心的消费至上主义。卡特说："成堆的商品，并不能填补没有目标或意义的生活中的空虚。"讲话是以一个更加实际的解决方法结束的，它列举了支持可再生能源和消除对进口石油的依赖的六个步骤。然而，其中隐含的意思是，国会或者总统已经无法解决这个国家的最重要的问题，卡特要求观众们为自己的命运承担责任。他说："世界上的所有法律，都解决不了美国的问题。"

不过，许多民主党人和共和党人都不同意他的这种说法。他们认为卡特本人才是问题所在，而不是一些含糊的存在于美国人灵魂中的危机。1980 年是总统选举年，卡特经过一场艰难的预选，战胜了参议员爱德华·M. 肯尼迪（Edward M. Kennedy），最终获得民主党的党内提名。尽管获得了预选胜利，但卡特的支持率还是一路下跌。伊朗人质危机每天都有越来越多的坏消息，一份关于失败的营救行动的官方报告——其中描述了 8 名美军士兵是如何死亡的，以及 6 架满载机密文件的美军直升机是如何被遗弃在沙漠中的——引发了人们对美国军队战备状态的质疑。[7]尽管卡特是一名虔诚的基督教信徒，但是一个新近成立的福音派团体道德多数派（Moral Majority）正在攻击他支持堕胎合法化以及确保妇女拥有平等权利的宪法修正案。仲夏时分的一次民调显示，77% 的美国民众不喜欢卡特在白宫的表现，这个比例甚至超过了水门事件最盛时期的尼克松总统。[8]

共和党总统候选人罗纳德·里根拥有更阳光的性情。他说："我拒绝接受（卡特）那种关于美国的失败主义者的和悲观的论调。"[9]这个国家不能承受"又一个四年的软弱无力、优柔寡断、碌碌无为，以及失职"。[10]里根提倡大幅减税、小政府、放松管制、增加国防开支以应对苏联的威胁，以及重拾对美国梦的信念。颇受欢迎的独立候选人、国会议员约翰·B. 安德森（John B. Anderson）将自己描述成一个温和的中间派，而将里根和卡特分别贴上了"右翼极端主义者"和"笨蛋"的标签。[11]安德森承认在美国有很多事情从根本上就是错误的，他说："人们认为这个国家正迈向失控。"[12]

9月下旬，这个国家内在的焦虑促进了非虚构类畅销书《危机投资学：即将到来的大萧条中的机遇和利润》（*Crisis Investing*：*Opportunities and Profits in the Coming Great Depression*）的销量。[13]许多畅销的小说同样显示了这种遍布全社会的关于美国未来的焦虑感。弗雷德里克·福赛斯（Frederick Forsyth）的《魔鬼的抉择》（*The Devil's Alternative*）描绘的是苏联入侵西欧的情节。拉里·柯林斯（Larry Collins）和多米尼克·拉皮埃尔（Dominique Lapierre）的《第五骑士》（*The Fifth Horseman*）描述了利比亚人在纽约市藏了一枚氢弹以要挟美国的情节。阿诺·德伯世格雷夫（Arnaud de Borchgrave）和罗伯特·莫斯（Robert Moss）写的《钉子》（*The Spike*）讲述了一个左翼美国记者的故事，这个记者写了一系列揭露苏联试图统治世界的计划的作品，但是他无法说服自由派的编辑将它们出版。

或许这一年最有影响力的畅销书就是《第三次世界大战：

1985 年 8 月》（*The Third World War*: *August 1985*），这是一本由退休的英军上将约翰·哈克特（John Hackett）爵士所写的小说。它提供了一个引人注目的、现实主义的关于北约和苏联集团之间的大规模战争的场景。在欧洲展开了一系列的坦克战之后，英国的伯明翰和伍尔弗汉普顿在苏联的核攻击下化为灰烬。作为报复，俄国城市明斯克也被核攻击摧毁，这次核打击的后果就是苏联的迅速解体。这个故事的寓意很清楚：美国及其盟友需要增加它们的军事开支。哈克特写道："在战争爆发之前的最后几年，西方国家开始意识到它们所面临的危险，它们在有限的时间内只在被忽视的国防开支方面进行了弥补，但这仅仅确保了它们的生存。"[14]罗纳德·里根此后将《第三次世界大战》称为一本异常重要的书。[15]此外，该书还帮助形成了一种新的文学流派——科技惊悚小说（techno-thriller）。[16]在这类小说中，军事英雄主义被大肆讴歌，武器系统的复杂细节在叙事中起着关键作用，冷战的胜利是通过对武装部队的恰当运用来实现的。

在电视节目方面，关于大萧条时期一个普通家庭的奋斗史的长篇电视剧《沃尔顿家族》（*The Waltons*）正面临腰斩。相较于担心这个电视剧的年轻主角小约翰将会如何克服逆境，美国观众们现在更感兴趣的是在新的系列电视剧《家族风云》（*Dallas*）中谁将会暗杀那个富有的主角小杰（J. R.）。其他关于豪门家族恩怨的家庭剧陆续涌现，如《豪门恩怨》（*Dynasty*）、《鹰冠庄园》（*Falcon Crest*）、《浮华世家》（*The Colbys*）。关于时政类或上班族话题的情景剧，如《风流医生俏护士》（*M * A * S * H*）、《莫德》（*Maude*）、《桑福德和儿子》（*Sanford and Son*）以及《全家福》（*All in the Family*）则是另一个时代的遗迹。在好莱坞，1980 年标志着前一个十年的高度私人化和以导演为核心的电影制作方式的结束。除了马汀·斯科塞斯（Martin Scorsese）的《愤怒的公牛》（*Raging Bull*）和于9月19日上映的罗伯特·雷福德（Robert Redford）的《普通人》（*Ordinary People*），最引人注目的电影是如《上天下地大追击2》（*Smokey and the Bandit* II，又译作《警察与卡车强盗2》）之类的高成本的动作电影及续集。

这个历史时刻的流行音乐比书籍、政治或电影更加让人难忘，更能唤起人的回忆。1980年发布的许多歌曲都有很强的瞬间俘获你芳心的能力，让你难以自拔：船长和妲尼尔合唱团（Captain & Tennille）的《再为我做一次》（Do That to Me One More Time）、比利·乔（Billy Joel）的《你也许是对的》（You May Be Right）以及克里斯托弗·克罗斯（Christopher Cross）的《航行》（Sailing）和《驭风而驰》（Ride Like the Wind）。迪斯科（Disco）最终消亡了，它命运的终结以"54号工作室"夜总会的关闭以及由"乡下人乐队"（Village People）主演的歌舞片《停不了的音乐》（*Can't Stop the Music*）的上映为标志。 16 朋克（Punk）也死亡了，取而代之的是退化乐队（Devo）、警察乐队（The Police）、B‐52's乐队（The B‐52's）以及传声头像（Talking Heads）的轻快活泼的、以跳舞为导向的"新浪潮"运动。滚石乐队的硬摇滚（hard rock）也给《情感营救》（Emotional Rescue）专辑中轻柔的流行曲风让了路。齐柏林飞艇乐队解散了，使得范海伦乐队（Van Halen）成为最受美国人喜爱的重金属乐队。转动收音机按钮，你能听到的几乎每一个调频广播电台的音乐都正变得更加舒缓。"亡命徒乡村音乐"（Outlaw Country）运动也不再对纳什维尔的乡村音乐造成威胁，它完全融入了主流，代表作有威利·纳尔逊（Willie

Nelson）的《再次上路》（On the Road Again）以及韦伦·詹宁斯（Waylon Jennings）的《老顽童》（Good Ol'Boys，电视剧《正义前锋》的主题曲）。鲍勃·迪伦（Bob Dylan）拒绝再唱他的任何一首老歌，在他宣布自己成为"再生基督徒"之后，他只演奏福音音乐。约翰·列侬（John Lennon）则正在纽约录制本年度的第一张新专辑，他还非常期待几个星期之后的40岁生日。在接受采访时，他说："人生从40岁开始，这就像是，哇！接下来将会发生什么？"[17]（事实上，列侬在1980年12月8日晚上被一位据称患有精神疾病的狂热歌迷枪杀在纽约的寓所前。——译者注）

回顾历史，人们往往会说1980年是历史的转折之年。有时候甚至可以理解当下一些事件的重要性。20世纪六七十年代的美国，由于自由主义和反主流文化骚动的发生，注定要发生一些不同寻常的事情。1980年是新的十年的开始，变动也以微小和显著的方式正变得日益明晰。9月的第一个星期，反战积极分子和激进人士艾比·霍夫曼（Abbie Hoffman）在逃亡6年之后，终于向联邦当局屈服了。在自首之前，霍夫曼接受了芭芭拉·沃尔特斯（Barbara Walters）黄金时段的电视采访。另一位激进领袖杰里·鲁宾（Jerry Rubin）则选择了一条不同的路。1967年，霍夫曼和鲁宾曾在纽约证券交易所的阳台上大撒美元，以抗议邪恶的资本主义。1980年，鲁宾在华尔街找了一份投资分析员的工作。他向《纽约时报》解释说："政治和反叛是60后的特征，金钱和经济利益将会俘获80后的热情。"[18]鲁宾再一次地发现了文化的转向，并且将自己置于它的最前沿。那时候，美国薪酬最高的银行家是伊利诺伊大陆国民银行的负责人罗杰·E. 安德森（Roger E. Anderson），他一年能赚大约

71 万美元。[19] 华尔街从业人员的收入很快也将会上涨。西装和领带重新成为时尚。小胡子、络腮胡子和喇叭裤不再酷了，而新时代精神的讽刺性指南《权威预科生手册》（*The Official Preppy Handbook*）刚刚在商店里上架销售。这个夏天，众议员杰克·坎普（Jack Kemp）在共和党大会上发表演讲时指出了一个其他人都还没有意识到或观察到的现象："有一个浪潮正席卷而来，这个政治浪潮和 1932 年的那个一样强大，那时共和党占主导地位的时代让位给了罗斯福新政。"[20]

17

## 注释

1. 我和奇尔德斯详细谈论了那天发生的事情。他在导弹事故调查委员会调查时的证词可参见 "Report, Major Missile Accident, Titan II Complex 374 - 7," Tab U - 13。

2. 该文件的删节版已经出版，参见 *Technical Manual, USAF Model LGM - 25C, Missile System Operation*（Tucson: Arizona Aerospace Foundation, 2005）。

3. Quoted in "Iran Criticizes Iraq for Ending ' 75 Pact," *New York Times*, September 19, 1980.

4. 该报告的标题是 "The Military Balance, 1980 - 1981"。See Louis Nevin, "Soviets and Warsaw Pact Have Weapons Lead Over West," Associated Press, September 17, 1980.

5. 1980 年 9 月 18 日，卡特总统在向记者讲话时引用了这个数据。See "Transcript of the President's News Conference," *New York Times*, September 19, 1980.

6. 讲话全文可参见 "Text of President Carter's Address to the Nation," *Washington Post*, July 16, 1979。

7. See "Rescue Mission Report," Joint Chiefs of Staff, Special Operations Review Group, August 1980.

8. 不支持尼克松总统的比例从未超过 71%。引用的这些数据可参见 Donald M. Rothberg, "Carter Plunges in Polls, But Campaign Chief Insists He'll Win," Associated Press, July 30, 1980。

9. See "Transcript of Reagan Speech Outlining Five-Year Economic Program for the U. S. ," *New York Times*, September 10, 1980.

10. See "Text of Reagan's Speech Accepting Republicans' Nomination," *New York Times*, July 18, 1980.

11. Quoted in "Interview with John B. Anderson," *BusinessWeek*, September 8, 1980.

12. Quoted in ibid.

13. See Edwin McDowell, "Behind the Best Sellers; 'Crisis Investing,'" *New York Times*, September 21, 1980.

14. John Hackett, *The Third World War: August 1985* (New York: Macmillan, 1978), p. 316.

15. 1983 年，里根总统告诉《纽约时报》，《第三次世界大战》是他当年为了工作而读到的最重要的图书。See "Reading for Work and Pleasure," *New York Times*, December 4, 1983.

16. 关于约翰·哈克特在创造这种新的文学流派中的作用，可参见 J. William Gibson, "Redeeming Vietnam: Techno-Thriller Novels of the 1980s," *Cultural Critique*, no. 19 (Fall 1991), pp. 179 – 202。

17. Quoted in David Sheff, *All We Are Saying: The Last Major Interview with John Lennon and Yoko Ono*, ed. G. Barry Golson (New York: St. Martin's Griffin, 2000), p. 8.

18. Jerry Rubin, "Guess Who's Coming to Wall Street," *New York Times*, July 30, 1980.

19. 罗杰·E. 安德森在 1980 年赚了 710440 美元，该收入相当于今日的约 200 万美元。几年之后，安德森被迫离开伊利诺伊大陆国民银行，随后美国联邦存款保险公司（Federal Deposit Insurance Corporation）接管了该银行。在当时，这是美国历史上规模最大的银行救助案。关于安德森的薪水，可参见 L. Michael Cacage, "Who Earned the Most?," *American Banker* (May 29, 1981)。关于安德森的银行是如何倒闭的故事，可参见 "Continental Illinois and 'Too Big to Fail,'" in *History of the Eighties: Lessons for the Future*,

*Volume 1* ( Washington, D. C. : Federal Deposit Insurance Corporation, Division of Research and Statistics, 1997 ) , pp. 235 – 57。

20. Quoted in Ernest B. Furgurson, " Carter as Hoover, Reagan as F. D. R. ? Socko!, " *Los Angeles Times*, July 22, 1980.

# 禁止独处

　　在临行前的简报会上，奇尔德斯和他的班组成员得知当天374－5 号综合发射场将进行一次"大型维护"。导弹会被暂时解除战备，以便装载着弹头的再入体能够被替换。对于教官组来说，大型维护是浪费时间。塞拉诺中尉计划被培养为导弹战斗值班小组的副指挥官，他需要在控制中心演练例行任务。马扎罗上尉找到了一个愿意换班的指挥官，因此，教官组将不再去 374－5 号，而是去大马士革小镇外面的 374－7 号。计划的改变解决了培训的问题，但是也延迟了两个小组的出发时间。他们交换了入口密码，改写了任务职责并进行了认证。这两个综合发射场唯一的重要差别就在于它们与小石城空军基地的距离。374－7 号要离得更远，这就意味着奇尔德斯和他的组员可能要到第二天中午才能到家。

　　马扎罗、奇尔德斯、霍尔德、富勒以及塞拉诺将包塞进了涂着空军蓝的雪佛兰"萨博班"（Chevy Suburban）后备厢并坐了进去，接着他们就开车前往大马士革，车程约 1 个小时。但是，走了还不到 1 英里，萨博班的发电机指示灯就亮了。因此，他们不得不掉头返回基地，换了辆新车，同时把装备挪了过来，并且在再次出发前又做了登记。这一天的开始就有些不太顺利。

　　阿肯色州的 18 个泰坦－2 导弹发射场散布在小石城空军基地以北 60 英里、东西长 30 英里的广阔土地上。这些导弹相互之间间隔 7～10 英里远，如此一来，即便苏联发动突然袭击，

1 个弹头也只能摧毁 1 个泰坦 – 2 导弹发射井。在美国西部，洲际弹道导弹通常散布在人烟稀少的空旷地带。在阿肯色州中部，泰坦 – 2 导弹发射场通常建在远离乡间小道的地下，靠近诸如名字为威尔沃特里奇（Velvet Ridge）、霍姆山（Mountain Home）、壮美景观（Wonderview）以及老得克萨斯（Old Texas）之类的小农场或小镇。这些地方听起来就不像是会部署美军军械库中最强大的核武器的地方。将洲际弹道导弹部署到阿肯色州农村地区的决策是出于政治以及军事的考虑。[1]当讨论泰坦 – 2 导弹选址问题的时候，众议员威尔伯·D. 米尔斯（Wilbur D. Mills）正好是众议院筹款委员会（House Ways and Means Committee）的主席。

要想抵达 374 – 7 号综合发射场，他们需要先向西开，穿过哈姆雷特小镇和维罗尼亚小镇，然后向北上 65 号高速公路，这是一条开往欧扎克山脉（Ozark Mountains）山间丘陵的双车道公路。奴隶制从来没有到达过阿肯色州的这个地方，生活在那里的人们基本上都极端贫困、肤色白皙、不辞辛苦但能自给自足。不过，这种贫困却很少让人感觉到羞耻，因为大家的状况都差不多。当地的农场规模基本上为 30～40 英亩，由同一个家族世代相传。农民们养养牛、喂喂猪，还会在后院里种种蔬菜。他们都非常爱国，并且几乎从不抱怨比邻而居的那些导弹。当地的大部分收入都是由 308 联队在小石城周边区域的开销而产生的。除了偶尔买买咖啡和甜甜圈之外，过往的导弹部队工作人员基本上不会对这些农村社区的地方经济造成任何影响。在大部分的情况下，这些空军士兵要么被热情招待，要么就基本上不会被注意到。除了贫困，这个地方也相当具有乡村韵味。初秋的大地上满是墨绿色，其上点缀着一捆捆的干草，多花紫树、香枫、枫树以及橡树的叶子逐渐开始变色。

20  大马士革镇大约有 400 人，它还有 1 个加油站和 1 个小的杂货店，此外就没什么了。沿着 65 号高速公路往北几英里，在一栋屋顶破败的白色农舍前方，车子向左转驶入一条狭窄但平整的道路，穿过防畜栏之后再开半英里。当这条路抵达一座小山丘的山顶时，视线所不能及的地方就是隐藏着的导弹发射场：一块 3 英亩大小的平坦的正方形土地，上面铺着碎石，四周环绕着铁丝网围栏，巨大的发射井井盖居于中央；井盖的两边是铺好的长方形停车场，6 根天线从地上伸出来；一根很高的木质电线杆上安装了 3 个状态指示灯（分别为绿色、黄色和红色）以及 1 个高音报警器（Klaxon）。绿色指示灯亮说明一切正常，黄色指示灯亮提示可能有隐患，红色指示灯亮意味着出现麻烦。它旋转起来就像是老式高速公路巡逻车上的警灯，还伴随着高音报警器发出的刺耳的嘟嘟声，警告说现场有突发情况，或者是导弹即将发射。

导弹发射场看起来不太像是那种高度警戒的军事哨所。对于一个没有受过专门训练的人来说，灰色的混凝土制发射井井盖看起来就像是市政污水处理设施的井盖。发射场入口的大门上有一块标识牌，上面用红色的大写字母写着 "WARNING"（警告），下方接着用蓝色大写字母写道："美国空军军事设施，未经指挥官批准，进入此地即违法。"铁丝网围栏顶上的带刺铁丝能够防止有人意外闯入这里，三角形的 AN/TPS – 39 雷达组也能够起到这种效果。这种绰号为"醉汉"（tipsies）的雷达安装在短的金属支架上，它们能够探测到发射井或通风竖井附近的哪怕最轻微的动作并发出警报。

马扎罗上尉下车后拿起大门边的电话，通知控制中心说他们已经到达。身处地下的工作人员打开了大门，马扎罗随后穿过发射场走到了入口处（access portal），那里是一块高于地面约1英尺（约30厘米）的16平方英尺的混凝土厚板。两扇钢铁大门平盖在厚板上，其中一扇门下面是升降机，另一扇门下面是楼梯。马扎罗打开了左边的大门，往下走到水泥楼梯上，然后等了一会儿以穿过另一扇嗡嗡作响的钢铁大门。待他通过之后，他身后的门立即就关上了。马扎罗进入了截留区域（entrapment area）。这是一段金属楼梯，它的一边被一堵墙封住，而另一边被高达天花板的钢丝网封住。他看起来就像是走进了一个笼子。

在楼梯的底下是另一扇被锁住的大门，上面安装了一个电视摄像机。马扎罗拿起挂在墙上的电话再次拨通了控制中心，然后他从口袋里掏出密码卡，对着电话机大声念出了6个字母的密码。在得到了进入的许可后，他掏出火柴点燃了密码卡，然后把正在燃烧的密码卡扔到了安装在钢丝网上的红色小罐里。直到这时，小组的其他成员才被允许进入发射场。他们停好了车，检测了一下四周是否存在灾害性天气或者推进剂泄漏的迹象，然后朝着入口处走去，在截留区域等了一会儿之后，大家顺利穿过了楼梯下面那扇嗡嗡作响的大门。

组员们再往下走了2层楼梯，然后抵达了楼梯底部的一扇巨大的防爆门，这里离地面大约为30英尺（约9.1米）。入口和金属楼梯并不能抵抗住一次核爆炸，除防爆门之外的其他东西也不能。这扇钢铁大门高约7英尺，宽5英尺，厚1英尺，重约6000磅。[2]另外，将大门固定在其位置上的一对钢铁大门柱也重达31000磅。[3]防爆门由一个电动开关通过液压来控制。当门锁上的时候，门内伸出的4根巨大的钢栓插入门框，形成一个强大的密封结构。当门打开的时候，很容易用手把它推开或者关上。综合发射场中有 4 扇一模一样的防爆门。由于某种原因，入口处最底部的第一个门被命名为 6 号防爆门。

马扎罗拿起墙边的电话再次拨通了控制中心。他按了一下墙上的一个按钮，控制中心的某个人同时按下一个按钮，大门内的钢栓从门框内收了回来。组员们打开这扇巨大的门然后走进防爆区（blast lock），这是一个 11 英尺长、12 英尺宽的房间。它是入口处和地下发射设施其他部分的过渡空间，6 号防爆门在一侧，7 号防爆门在另一侧。为了保护导弹和控制中心免受爆炸的损毁，这两扇门连在了一起以保证不会被同时打开。
22　7 号防爆门后面是另一个防爆区，叫"连接处"（junction）。在它的右边是一条长长的用钢铁加固的隧道，叫"过道"（cableway），通往导弹所在地；在它的左边则是一条通往控制中心的较短的隧道。这两条走道被面对面的 8 号和 9 号防爆门封锁住了，它们也不能被同时打开。

所有的泰坦－2 导弹综合发射场都有相同的设计：入口处，防爆区，然后是另一个防爆区，右边的走道通往导弹，左边的走道通往控制中心，防爆门都安装在最脆弱的进入点。每一个基地都有同样的设备，同样的线路、照明系统以及设计。然而，每一个基地也都有各自的古怪之处。某个基地的 9 号防爆门可能需要频繁的维护，而另一个基地的控制中心的空调系统可能是变化不定的。典型的战斗班组（typical crew）会被派往某个基地并担负那里的所有战备值班任务。某些班组则不得不在同一个地下设施中一星期待两个晚上，持续长达十年甚至更久的时间。但是，教官组则是根据他们是否在场来分配服务的基地。奇尔德斯知道阿肯色州所有的泰坦－2 导弹发射场，但在绝大多数情况下，他都没有办法分辨出它们之间的差别。有时候他甚至要通过控制中心墙上挂着的地图来确认身处何处。然而，有一个基地与众不同：被称为"幽灵基地"的373－4号综合发射场。它也是奇尔德斯驻扎的第一个基地，那里经常发生奇奇怪怪的事情。只有用手才能操作的泵会突然自己打开，灯也是不知缘由地时明时灭。奇尔德斯不相信超自然现象，而大部分军官也对这个基地闹鬼的说法嗤之以鼻，但是一些班组在地下作业的时候会时不时地有种非常古怪的感觉。罗德尼·霍尔德曾有一次和另一位班组成员在这个发射井进行夜间作业。[4]发射井中有一部往返于2层和8层之间的手动升降机，他们将升降机的门保持在打开状态。升降机中的响铃突然开始响了起来。一般来说，当升降机的门打开而处于另外一层的人需要用时，响铃就会开始响。霍尔德想不到还有谁需要使用升降机。他给控制中心打了个电话后得知除他们之外，没有人在发射井中。响铃还是一直在响。霍尔德和他的搭档被吓坏了，匆匆忙忙地完成了工作后迅速回到了控制中心。

---

373－4号综合发射场是迄今为止发生过最严重的泰坦－2导弹事故的地方。[5]1965年8月9日，这个位于阿肯色州瑟西（Searcy）镇外面的发射场正在进行改造，以使其能够经受住一次核打击。当时，建筑工人正在加固发射井，改进防爆门，调整液压装置，安装应急灯。再入体和弹头也都被从序列号为62－0006的导弹上移除了，但是它的燃料箱和氧化剂箱还是满的。[6]在那个炎热的夏日午后，四个工作人员正在控制中心值班，而许多建筑工人则在地下紧张地忙碌着。

这一天也是加里·雷（Gary Lay）上班的第一天。他那年17岁，刚刚从瑟西的一所高中毕业。他的父亲为他谋了这个差事，雷对此也相当满意。因为这份工作的待遇不错，而且比起外面热得要死的天气，发射井里面还是相当凉快的。雷整个夏天都要在这边工作，做一些单调琐碎的活以及待其他工人收工后打扫卫生。在此之前，他从来没有进入过导弹发射场。他的安全培训的内容就是观看一部一小时长的电影《你和泰坦－2导弹》（*You and the Titan* II）。[7]看完之后，有人给了他一个装有过滤器的面罩，然后告诉他说，如果碰到紧急情况，就使用升降机。他在发射井中待了一上午，大约中午的时候出来吃了个饭，一小时之后就又回到了发射井中。

大约下午1点的时候，雷正站在通往导弹的过道这里，然后有人叫他去发射井里拿一个水桶和一个拖把。他沿着走道往下来到了发射井的第2层。然后，他和第2层设备放置区的几位工人闲聊了几分钟，那个地方离紧急逃生梯不远。在9层发射井工作的所有人都很忙，有的在喷油漆，其他的则在冲洗导弹旁边的抬升和降低钢结构平台的液压系统。雷听到了"噗"的一声巨响，就像是那种煤气炉被点燃时发出的声响，接着感觉到了一阵暖风。然后，他就看到了亮黄色的火焰拔地而起。他马上往逃生梯那边跑去并试图爬上去，但梯子上挤满了工人。过了一会儿，灯光熄灭了。黑烟充斥着整个发射井，很快这里就感觉像是地球上最黑暗的地方了。工人们大声呼救，惊慌失措，拼命地想找到一条逃生的道路。雷莫名其妙地回到了第2层的设备放置区。黑暗之中，他沿着墙壁摸索，一路跌跌撞撞，下意识地朝着其他人纷纷逃离的大火发生的地方走去。

在雷听到"噗"的一声巨响和感觉到高温的同时，控制中心里柴油消防区（Fire Diesel Area）的灯开始发出红色警报。高音报警器的声音响彻发射场，与之相连的地面电线杆上的红色状态指示灯也亮了起来。小组指挥官大卫·A.扬特（David A. Yount）上尉通知大家立即疏散，并且通过基地的广播系统三次下达这个命令。之后就断电了。

在防爆门这边工作的管道安装工人沿着入口处的楼梯向上跑了出来。从发射井井盖的通风孔滚滚而出的浓烟告诉上面的工人，下面发生了极其糟糕的事情。许多人想下到发射井里面去，但被厚厚的浓烟赶了回来。雷成功地到达了过道，然后回到了控制中心，但遭受了2~3级的烧伤。他跑到消除污染的淋浴下冲洗。当雷正在冲冷水的时候，中士罗纳德·O.华莱士（Ronald O. Wallace）和空军一等兵唐纳德·E.黑斯廷斯（Donald E. Hastings）穿上防护服和空气包，拿着灭火器准备进入发射井。正当他们手忙脚乱的时候，休伯特·A.桑德斯（Hubert A. Saunders）则冷静地坐在控制中心里面。当浓烟朝他袭来的时候，桑德斯正在靠近导弹顶部的第1层A区域喷油漆。当他到达逃生梯的时候，灯恰好熄灭了，因此他不得不在黑暗中向下爬了20英尺。桑德斯已经在泰坦－2导弹基地工作好多年了，熟悉基地的布局。当他经过第2层的设备放置区的时候，他屏住了呼吸，然后手脚并用地爬着过了过道。除了吸入了一点浓烟，他并无大碍，甚至都没有丢掉他的油漆罐和刷子。华莱士和黑斯廷斯冲进了长长的、漆黑的过道，去灭火和营救幸存者。烟雾如此浓密，以至于他们都看不见地面。

桑德斯和雷被从导弹基地护送出来并被救护车送到了瑟西的医院，那里匆匆做好了救治几十位受伤工人的准备工作。几个小时过去了，但没有人被送过来。发射井第2层设备放置区

25　的急骤燃烧使整个发射井里面充斥着浓烟，并且消耗光了里面的氧气。第 2 层中通往过道的出口提供了唯一逃生的可能性。有一些工人错误地向下爬到了发射井的底部，其他人则在向上爬时被堵住了。还有一个人被困在升降机里面，那时候正好断了电。工人们不是被大火烧死的，而是因浓烟窒息而死。在午饭后返回发射井的 55 个人之中，只有桑德斯和雷是活着出来的。

　　直升机将消防员从小石城空军基地运到 373 - 4 号导弹发射场，但是他们的消防作业被糟糕的能见度耽误了。他们成功地灭掉了第 2 层的几处小火苗，但火远不是真正的威胁。没有电力供应，发射场的空调就无法运转，发射井中的温度将会升高，导弹的氧化剂箱内的压力也随之增大。四氧化二氮遇热会膨胀，它的沸点也只有 70 ℉。傍晚 5 点的时候，发射井中的温度已经达到 78 ℉并且在继续升高。打开发射井井盖有助于降低导弹的温度和排出井内的烟雾，但问题是，没有电，井盖无法开启。烟雾也渗进了控制中心，使管控这次危机变得更加复杂。在早先的时候，基地里面的 4 扇防爆门都被强行打开，以便工人们能够在其中自由走动。控制中心入口处 8 号防爆门的钢栓被故意保持伸出的状态，以保证这扇门不会关上。因此，没有电，钢栓也没有办法缩回门内。7 点的时候，奥马哈的美国战略空军司令部总部发来警告称，如果发射井中的温度无法下降，导弹第二级的氧化剂箱将很可能在午夜前后达到"爆炸状态"。[8]

　　消防员和推进剂输送系统工作组一直忙着在热浪袭人、烟雾缭绕的发射场中寻找尸体、恢复电力供应以及防止爆炸发生。晚上 10 点的时候，发射井内的温度达到了 80 ℉，然后开始下降。便携式照明灯具、发电机组、工业用空调机组都已经安装完毕，到清晨的时候，一场更大的灾难得以避免。黎明时分，53 具遇难工人的遗体被从发射井里面抬了出来。

　　一个空军事故调查委员会此后推断认为，在第 2 层作业的某位焊接工人不小心撞到了一根临时的液压线路。当喷射而出的液压油接触到电焊机的电弧时，它就着火了。空军将这次事故归咎于人为失误。但是，加里·雷坚称没有人在第 2 层进行电焊作业，是机械故障引发了火灾。[9]他认为某根液压线路可能破裂了，其中可燃的液压油喷到了电气设备上面。幸运的是，发射井中的导弹没有受到损坏，设备放置区域此后也进行了修葺。大约在事故发生一年之后，发射小组重新进驻这个瑟西镇外的基地，并开始进行战斗值班。除了发射井的墙壁上那几处可能是某人忘记喷涂的黑色污渍外，这里看起来和其他发射场一样。

　　奇尔德斯和他的班组成员穿过了 8 号防爆门，沿着稍短一点的过道走进了发射控制中心。这是一个圆形的房间，直径约为 35 英尺（约 10.7 米）。它位于一个 3 层高的钢铁建筑的第 2 层，而这个钢铁建筑则安装在几个巨大的弹簧上面，它们都在一个混凝土制的圆柱形结构内部。控制中心的墙壁厚达 2 英尺，天花板上密布各种管道。色彩组合则是淡粉蓝色、淡灰色和钢铁本身的那种雾银色的混合搭配。这个房间里面充斥着艾森豪威尔时代科学与技术的那种强烈的、自信的氛围。里面装满了线路复杂的机械装置和电子设备，但是没有一台电脑。右边立着的一排钢铁柜子里面安装着制导系统、电力和电子系统以及地面上的警报系统的控制元件，还能显示这些系统的运行状况。这些柜子高约 7 英尺，上面密布着各式各样的开关、仪表、刻度盘和小型的圆灯。房间的中央是指挥官控制台，这是一张小型的青绿色和灰色相间的钢制桌子，上面安着一排排正方形按钮和警示灯。它监视和控制着发射场的最重要的功能。在这里，指挥官能够打开基地的前门，改变弹头的目标，启动或者终止一次发射。控制台的中间是发射开关，上面没有做任何标记并且被防揭封签（Security Seal）封住了，需要用钥匙才能开启。控制台的上方是数字压力计，它显示的是导弹燃料箱和氧化剂箱的压力数值。两个小型扬声器则被固定在桌子的侧面。整个白天它们都播放着来自战略空军司令部的测试信息，而如果是在战时的话，则会通过它下达发射的命令。

27　　　　指挥官控制台的左边是另外一张小型的青绿色和灰色相间的桌子，这是属于副指挥官的控制台。它控制着基地的通信系统。在这张桌子的正上方是一个巨大的圆形钟表，表盘上分布着 00～23 的数字，它的边框又黑又厚。这个钟表被设置为格林尼治标准时间，因此，阿肯色州、堪萨斯州、亚利桑那州的泰坦－2 导弹发射场的导弹发射能够同步进行。副指挥官的发射开关在桌子的左上方，它是一个圆形的、银色的、没做任何标记的按钮，看起来就像是一辆老式汽车的点火开关。发射密码和钥匙存放在一个亮红色的、安装着两把黄铜组合锁的保险箱内，这两把锁一把是指挥官的，另一把是副指挥官的。它的俗称是"开战保险箱"（go-to-war safe）。

　　　　如果扬声器播放了发射指令，指挥官们则会按要求用自己的钥匙开启各自的锁，打开保险箱，取出各自的发射密码和钥匙，然后回到各自的控制台前。这两把钥匙看起来没有什么特别之处，就和数百万的美国人平常用来打开自家前门的那种钥匙一样。发射密码被藏在称为"饼干"的平整的塑料盘里面，这些盘可以用手掰开，就像那种"幸运饼干"（fortune cookies，一种多层的小甜饼，里面藏有一个纸条，印有祝人交好运的幽默语句、谚语或套语等。——译者注）一样，接着指挥官就会将发射密码大声念出来。如果发射密码通过了战略空军司令部紧急作战指令的认证，发射检查表将会按照如下所示流程启动：

地面预警控制……红灯亮。

移除防揭封签，然后在发射开关中分别插入钥匙。

发射钥匙……插入完毕。

103 号断路器（circuit breaker）准备……完毕。

蝶阀锁密码操作代码，输入……完毕。

同时（2 秒之内）转动钥匙，等 5 秒钟或直到后面的程序启动。

发射程序启动……亮灯。

电池启动……亮灯。

辅助推进系统动力……亮灯。

发射井井盖打开……亮灯。

制导系统开启……亮灯。

引擎点火……亮灯。

发射……亮灯。[10]

如果一切都按照计划进行的话，泰坦－2 导弹数十秒之内就可以发射出去。大约半小时之后，它所携带的弹头就可以命中目标。一旦导弹从发射井中发射出去，导弹战斗小组的工作就结束了。他们无法在导弹飞行途中将之摧毁或者发射另一枚导弹。发射场被设计成只能使用一次。

不过，除非两把发射钥匙同时转动，否则泰坦－2导弹将不会被发射出去；两个发射开关也离得很远，以至于一个人无法同时开启它们。战略空军司令部的"双人制"规定（two-man policy）就是用来防止某个精神错乱或者狂热的班组成员引发核战争的。导弹第一级引擎上的蝶阀锁（butterfly valve lock）也为那些能够发射导弹的人施加了一种额外的控制手段。发射检查表启动的时候，只有使用了正确的蝶阀锁密码（Butterfly Valve Lock Code，BVLC），氧化剂才会被注入引擎。如果没有氧化剂注入的话，导弹将一直停留在发射井内。蝶阀锁密码并没有存放在保险箱或者发射场的其他地方，它是和战略空军司令部的紧急作战指令一同传送过来的。这种蝶阀锁里面有一个小型爆炸装置。任何撬锁的企图都会引爆那个装置，氧化剂管道随之被切断。

战略空军司令部的这种双人制规定不仅被用来管理导弹的发射，也被用来管理发射场的运行。在发射控制中心里面，至少需要两位授权人员同时在场并且互相在彼此的视线范围之内。你不能允许对方离开你的视线。当导弹装载弹头的时候，同样的规定也被运用于这个发射井。导弹发射井和控制中心的入口处，都能看到用大写的红色字母写下的警示标语："按战略空军司令部双人制的强制规定，此处禁止独处。"（NO LONE ZONE，SAC TWO MAN POLICY MANDATORY.）

每一个泰坦－2导弹发射场的指挥官和副指挥官都配发了点38左轮手枪，以应付渗透发射井的不速之客或违背命令的班组成员。当一个新的班组来接班的时候，转交武器是换班检查表（turnover checklist）中的一部分。除了手枪和枪套外，正准备离开 374－7 号发射场的那个班组也告诉了马扎罗和奇尔德斯一些坏消息。导弹第二级的氧化剂箱内压力过低，一个推进剂输送系统工作组将会来到基地，因此这一天的大部分时间都将花在大型维护上面。在上一个班组离开之前，马扎罗和奇尔德斯打开了保险箱，确定"饼干"和发射钥匙都在里面，然后关上了保险箱，最后锁上了各自的锁。

29

接下来的一个多小时，马扎罗、奇尔德斯、霍尔德和富勒在控制中心按照每日例行检查（daily shift verification，DSV）检查表上的规定进行了一次核查。他们核查了这个钢铁建筑 3 层中的所有设备，包括仪表、开关以及警示灯。第 3 层是地下室，里面是直流电源供应装置和备用蓄电池，以及通信系统的交换机、空调和通风系统。外面的新鲜空气通过通风系统进入控制中心，过滤、冷却然后输送到地下发射场的其他地方。这种安全的空气能够防止值班人员遭受从发射井中散发出来的毒气的侵害。开战保险箱、高高的钢铁柜子以及发射控制台都在第 2 层。第 1 层，即顶层，里面有一个厨房、一张小圆桌、四把椅子、一个厕所和四张床铺。发射场储备了足够一个月的食物，但是应急柴油发电机的燃料只够两个星期。因此，如果是在战争时期，战斗值班小组的成员们很有可能就得在黑暗的环境里吃着罐装和脱水的军用口粮了。

按照计划，推进剂输送系统工作组 A 小组将会给导弹第二级的氧化剂箱加压。这个由 8 个人组成的小组由空军下士查尔斯·T. 海涅曼（Charles T. Heineman）领导，他将坐镇控制中心指挥具体工作。空军士兵大卫·W. 阿德霍尔德（David W. Aderhold）、艾里克·阿亚拉（Eric Ayala）和理查德·D. 维林赫斯特（Richard D. Willinghurst）留在地面上操作氮气罐。阿德霍尔德和阿亚拉将可能穿上火箭燃料处理者服装设备，即作业服。空军士兵罗杰·A. 哈姆（Roger A. Hamm）和格雷戈里·W. 莱斯特（Gregory W. Lester）将待在防爆区以作为在发射井作业的成员的后备，时刻准备在紧急情况下穿上作业服。大卫·鲍威尔和杰弗里·普拉姆则身穿作业服进入导弹发射井，移除压力帽，并接上氮气注入管道。

鲍威尔和普拉姆原本希望下午能够早点开始这个活，但是工作平台无法从导弹发射井的井壁上降下来，它们被卡在了垂直位置上。一位维护人员正在解决这个问题。液压系统出了点问题，技术手册中记载的发现并解决故障的方法也无法解决这个问题。一波未平，一波又起。液压气动蓄能器（hydropneumatic accumulator）接着也坏了，没有这个装置，工作平台将无法放下来，并且维护人员没有合适的零部件。如果第二级氧化剂箱内的压力继续下降，导弹将不得不被解除战斗值班状态。显而易见的是，当导弹解除战斗值班状态的时候，战略空军司令部的那些人肯定会不高兴的。此外，小石城空军基地也将不得不派出携带零部件的直升机飞来这里。

与此同时，霍尔德和富勒则沿着长一点的那个过道走向发射井，继续进行每日例行检查。所谓的过道其实就是一根巨大的钢铁管道，由主梁和弹簧支撑，从防爆区延伸 50 码（约 46 米）与发射井相连。地板被喷涂成灰色，墙壁和天花板则是青绿色。一捆捆的管道和电缆从头顶和两侧蜿蜒穿过，看起来就像在一艘潜艇的内部，只是这艘潜艇是在地下，而不是在水下。发射井的九层空间中都挤满了各种设备，完成所有的检查需要大约两小时，它有数百个步骤。有时候班组成员们会"抄近道"以尽快完成检查工作。他们会分工——你检查这个空气压

30

缩机，我检查那个——因此违反了战略空军司令部的双人制规定，独自漫步在发射井中，然后再交换意见。这样做起来是相当快的，这种违规看起来也无关紧要，身处控制中心的长官也没法知道士兵们在发射井中做了些什么。入口处的正对着截留区域的电视摄像机是发射场中唯一的一个。从控制中心看不到过道、防爆区、发射井或者地面上发生了什么事情。这里也没有潜望镜。此外，一位长官也没有办法将另一位留在控制中心而去查看其他组员在别的地方做什么，因为这将严重违反双人制规定。

当天，霍尔德和富勒按部就班地完成了所有的事情。作为教官组的成员，他们会为自己是工作做得最好的人而感到自豪。很快他们的工作就将接受一个标准化评估小组的评估，霍尔德渴望得到更高的分数。正确地做好这份工作也只需要多花 15 分钟左右的时间。在加入空军之前，霍尔德是一位建筑工人，在阿肯色州的乡下地区建造公路桥。开始的时候，军旅生涯对他并没有多大的吸引力。他的父亲是前美国国家橄榄球联盟的一位选手，在朝鲜战争的时候加入了海军预备役部队并负伤，然后当了 20 多年的海军军官。霍尔德曾在三个不同的国家上小学，在四个不同的州念中学。在 19 岁的时候，他尽管喜欢建筑工作但也为自己的将来担忧。军队提供了更加有趣且回报更好的生活。参加海军不是个理想的选择，霍尔德很容易晕船。因此，他加入了空军，并且渴望学习关于导弹的知识。从事与泰坦－2 导弹相关的工作已经很好地证明，霍尔德在内心深处就是一个技术狂人（techno geek）。他比小组中的其他任何人都要更了解发射场的路线。他不仅知道每一个东西是什么，还能解释它的工作原理。1980 年 9 月 18 日，他 24 岁，并且刚刚结婚

31

10 个月。

第 1 层 A 区发射井井盖的那些电动机需要检查，第 9 层 B 区的水坑以及两者中间的其他所有设备同样需要检查。发射井中的设备放置区域噪声特别大，但是发射导流槽里面安装了消音设备，因此发动机的轰鸣声不会引发共振并给导弹造成损害。在炎热的夏天里，当空调全力工作的时候，发射导流槽中特别安静，以至于都能听到温度更高一点的氧化剂在箱体中冒泡的声音。霍尔德和富勒当天发现的唯一问题就是"牢固水箱"（hard water tank）上有个开关出现了故障。发射场里面有两个大型水箱：一个在发射井内，从第 3 层延伸至第 6 层；另一个在地面上，在远离围栏的一边。发射井中的水箱之所以被认为是"牢固的"，是因为它位于地下，因此可免遭核爆炸的冲击。它里面装着 10 万加仑的水，能够在导弹发射之前的片刻时间内注入发射井。这些水可以用来抑制引擎的声音并且确保其喷出的火焰不会从发射井中升起以损坏导弹。此外，这两个水箱对于灭掉发射场可能发生的大火来说，也是必不可少的。就像卫生间里面一个坏了的浮球只能冲一次水一样，"牢固水箱"上一个故障的开关也会导致水箱中的水无法自动灌满。霍尔德和富勒在检查表上记下了这个问题，然后开始了下一个步骤的核查。

推进剂输送系统工作组 A 小组大约在下午 3 点 30 分的时候抵达了发射场，但是工作平台依然无法降下。由于没有什么更好的事情可做，小组成员们只好围在控制中心第 1 层的桌上靠打牌来消磨时间。作为小组新成员的杰弗里·普拉姆则躺在床上休息。他们一大早就开始工作了，准备在天黑的时候收工。推进剂输送系统工作组成员和发射组成员不太喜欢交际，不过推进剂输送系统工作组成员则属于另一种类型。工作之外的时间他们比较放浪形骸。他们从事着空军里面最危险的职业，因此，当一天的工作结束的时候，他们更喜欢放松一下，他们比基地里面的其他任何人喝酒更多、聚会更多。他们特别喜欢骑摩托车，超速行驶、违反宵禁是家常便饭，有时候喝了太多的酒，他们甚至会把穿着衣服的指挥官扔到淋浴下面。他们称呼导弹为"大鸟"，就像优秀的汽车技师中意汽车一样，他们也对导弹特别着迷并引以为豪。导弹氧化剂和燃料所带来的威胁并不只是理论上的，它也是工作的一部分。日常的危险使他们中间弥漫着一种目空一切、漫不经心的态度。据说他们之中曾经有人在一个乒乓球中注满了氧化剂，然后把它扔进了一桶燃料里面。铁桶的爆裂和猛烈的火焰，就是他们工作中危险性的最好提醒。如果你像大多数人一样害怕推进剂，那就得考虑换一份其他的工作了。

尽管氧化剂箱内压力下降可能意味着泄漏，但是推进剂输送系统工作组 A 小组并不担心这事。这已经是他们被招来 374 - 7 号发射场的第三天了。发射井中的导弹最近整修（recycle）过。整修的时候，弹头和推进剂都会被移除，导弹也将从发射井中吊出来，然后拉回基地进行仔细的检查，以防有被腐蚀和泄漏的地方。整修之后，返回基地的可能是同一枚导弹，也可能是从仓库里运来的另一枚。整修完之后，燃料箱和氧化剂箱的压力有可能几个星期都无法稳定在合适的水平。因此，推进剂输送系统工作组的惯常做法是，往氧化剂箱里面添加 2 ~ 4 次氮气，直到箱内的压力达到规定的水平。

在 374 - 7 号发射场整修过程行将结束之际，1 枚泰坦 - 2 导弹被重新置于发射井中，然后添加推进剂，并安装了弹头。

这枚导弹的序列号是 62 – 0006。[11] 曾在瑟西镇附近的发射场中遭遇火灾的那枚导弹，现在正竖立在大马士革镇北边 374 – 7 号发射场的支承环上。在数十枚导弹弹体中挑中那枚先后出现在这两个（发生事故的）发射场的泰坦 – 2 导弹，概率是相当小的。不走运、命中注定或是纯属巧合，不管做何种解释，无论是导弹发射小组，还是推进剂输送系统工作组，都不知道这枚导弹曾经出现在满是浓烟和死尸的发射井里面。

到晚上 6 点的时候，工作平台终于修好了，推进剂输送系统工作组也做好了开工的准备。奇尔德斯在控制中心指导受训者，马扎罗和推进剂输送系统工作组组长海涅曼也留在控制中心，仔细检查维护程序的检查表，霍尔德则决定睡几个小时。控制中心尽管在地下并且远离尘世，但是依然喧闹嘈杂。马达、电扇以及泵不断地开关。从战略空军司令部发送过来的测试信息通过扬声器大声地广播出来，电话铃也一直响个不停。声音没有地方可以出去，因此不断地在墙上反射。霍尔德根本就没有睡好，即便是戴着耳塞。不断的振动远比噪声更让他心烦意乱。整个地方都在弹簧上面，再加上如此之多的机器一直在工作，墙壁和地板似乎一直都在振动。一开始你可能压根就不会注意到这种事情，但要是你完全静止下来，它就变得很难被忽视了。

霍尔德脱掉了鞋子和袜子，穿上一件 T 恤衫和一条旧制服裤子，在睡觉之前吃了点东西。当高音报警器响起的时候，他正在洗盘子。那种声音刺耳得让人难以忍受，就像火灾警报的那种电子蜂鸣器一直在你的脑子里面响。他并没有想太多。当氮气注入管道连上氧化剂箱的时候，总会有一点蒸气泄漏出来。发射井中的蒸气探测器极其敏感，肯定是它们触发了高音报警

33

器。基本上推进剂输送系统工作组每一次进行这项作业的时候，高音报警器都会被触发。发射小组的成员会重置警报，然后报警器就会停止。这不是什么大事。霍尔德继续洗他的盘子，然后报警器停了。但是，10~15秒钟之后，它又开始发出刺耳的警报。

霍尔德心想："讨厌！为什么它又响了起来？"[12]他听到下面一层有人在快速跑动，很纳闷到底发生了什么事情。他下了半层楼梯，看到了指挥官的控制台，上面所有的灯都在闪烁。他认为推进剂输送系统工作组肯定让矿业安全设备（MSA）——由矿业安全设备公司（Mine Safety Appliances Company）生产的蒸气探测器——达到了峰值。如果矿业安全设备里面的蒸气浓度达到饱和状态，它就到达了峰值，将引发故障从而触发众多警报。这并不意味着是哪里出了错，但这确实意味着多了一个麻烦。接下来，值班小组的成员将拿着便携式蒸气探测器进行一次正式调查。

霍尔德跑上了楼梯匆匆穿上了鞋子。当他再次下到第2层的时候，马扎罗正站着给小石城的指挥部打电话。奇尔德斯则正给上面的推进剂输送系统工作组下达指令。事情有些不对劲。霍尔德坐在指挥官的控制台前，低头看着控制台上那一排排闪烁的红色警示灯。发射导流槽氧化剂蒸气（Oxi Vapor Launch Duct）警示灯亮了；发射导流槽燃料蒸气（Fuel Vapor Launch Duct）警示灯亮了；发射井设备放置区域蒸气（Vapor Silo Equip Area）、氧化剂泵舱蒸气（Vapor Oxi Pump Room）、燃料泵舱蒸气（Vapor Fuel Pump Room）的诸多警示灯同样亮了。他此前见过相似的情形，那次也是矿业安全设备的数值达到了峰值。但是，他从来没有见过如下两个警示灯也闪烁红光：燃料泵舱火警（Fire Fuel Pump Room）和发射导流槽火警（Fire Launch Duct）。霍尔德心想，这太严重了，肯定出了问题，并且有可能是大问题。

## 注释

1. 根据某位历史学家的说法，众议员威尔伯·D. 米尔斯同意支持削减公司税，作为交换，阿肯色州得到了泰坦－2 导弹基地。See Julian E. Zelizer, *Taxing America: Wilbur D. Mills, Congress, and the State, 1945 – 1975* (New York: Cambridge University Press, 2000), p. 187.
2. Cited in Stumpf, *Titan II*, p. 118.
3. Ibid.
4. Interview with Rodney L. Holder.
5. 我关于瑟西事故的描述主要基于 "Report of USAF Aerospace Safety Missile Accident Investigation Board, Missile Accident LGM – 25C – 62 – 006, Site 373 – 4," Little Rock Air Force Base, August 9, 1965 (OFFICIAL USE ONLY); "Launch Operations and Witness Group Final Report," submitted to USAF Aerospace Safety Missile Accident Investigation Board, Missile Accident LGM – 25C – 62 – 006, Site 373 – 4, n. d., (OFFICIAL USE ONLY); and Charles F. Strang, "Titan II Launch Facility Accident Briefing, Little Rock Air Force Base, Arkansas," minutes of the Ninth Explosives Safety Seminar, Naval Training Center, San Diego, California, August 15 – 17, 1967 (NO FOREIGN WITHOUT THE APPROVAL OF THE ARMED SERVICES EXPLOSIVES SAFETY BOARD); and Stumpf, *Titan II*, pp. 215 – 21。
6. Cited in "Witness Group Final Report," p. 1.
7. Ibid., p. 11.
8. Ibid., p. 4.
9. See Linda Hicks, "Silo Survivor Tells His Story," *Searcy Daily Citizen*,

May 7, 2000.

10. 我曾见过一份该检查表的缩写版本。关于完整的检查表，可参见 *Technical Manual, USAF Model LGM – 25C, Missile System Operation*（Tucson：Arizona Aerospace Foundation, 2005）, fig. 3 – 1, sheets 1 – 3。

11. See "Titan II Class A Mishap Report, Serial Number 62 – 0006, 18 September 1980, Damascus Arkansas," Eighth Air Force Mishap Investigation Board, October 30, 1980, p. 0 – 1.

12. Holder interview.

# 球形套球形

一张老旧的黑白照片上，一个年轻人正站在一栋不太起眼的房子的卧室门口。他身着卡其裤和白色 T 恤衫，手里拎着一个小的金属盒子，表情严肃，没有对着镜头微笑。他可能是个赶来工作的木匠，盒子里面装着他的午餐或者工具。一顶牛仔帽挂在他左边的墙上，右边的门上是用白色粉笔潦草地写下的一条提示："请使用其他的门——保持这个房间的整洁。"这张照片拍摄于 1945 年 7 月 12 日夜间，地点是新墨西哥州卡里索索（Carrizozo）附近的麦克唐纳农场小屋（McDonald Ranch House）。赫伯特·M. 莱尔（Herbert M. Lehr）中士刚刚携带世界上第一个核装置的钚芯抵达这里。[1]这个小屋此前属于当地一位名叫乔治·麦克唐纳（George McDonald）的农场主，直到 1942 年美国陆军购得此地，再加上另外购得的大约 5 万英亩土地，美军在此建立了阿拉莫戈多轰炸和射击靶场。在警卫的守护下，钚芯在小屋里放置了一个晚上。一队来自"曼哈顿计划"的物理学家将于 13 日星期五，即第二天上午 9 点到达这里。在往这个绝密计划中投入数十亿美元的联邦资金之后，在征募许多诺贝尔奖得主和伟大的科学家之后，在粒子物理学、化学以及冶金学取得革命性的发现之后，在雇用数以万计的工人于三年内完成所有的实验室、反应堆和处理设施的建造工作

之后，史上最昂贵武器的最重要部分即将在这栋小小的泥砖农场小屋的主卧室里面进行组装。[2]世界上第一个核装置的核心部

分不仅是在家里做的，而且是手工做的。就在前一天，莱尔中士用塑料薄膜和胶条把窗户密封好，以防止尘土飞进来。

尽管科学家对于如何控制原子武器的问题提出了许多想法，但眼下还有一个更为紧迫的问题：这玩意管用吗？在离开此地以北 200 英里的洛斯阿拉莫斯（Los Alamos）之前，曼哈顿计划的一些物理学家就对即将进行的试验——代号为"三位一体"（Trinity）——的结果打了赌。诺曼·F. 拉姆齐（Norman F. Ramsey）赌它会是颗哑弹。[3] 曼哈顿计划的领导人 J. 罗伯特·奥本海默（J. Robert Oppenheimer）预测爆炸当量将约为300 吨 TNT；爱德华·泰勒（Edward Teller）则认为爆炸当量将接近 4.5 万吨 TNT。在曼哈顿计划开始的时候，泰勒就一度担忧核爆炸产生的高温将点燃大气层，从而杀死地球上的所有生物。不过，一年的辛苦计算总算是排除了这种可怕的可能性，并且物理学家汉斯·贝特（Hans Bethe）也不认可这种想法，他认为爆炸产生的高温会消散在空气中，而不是引燃空气。但是，没有人能够确定。在 13 日星期五从洛斯阿拉莫斯驾车离开的时候，已经获得诺贝尔物理学奖的恩里科·费米（Enrico Fermi）认为大气层着火的概率大约为 10%。[4] 维克托·魏斯科普夫（Victor Weisskopf）无法断定费米是否在开玩笑，他尽管之前和泰勒一起进行了一些计算，但依然担心这个风险。

当路易斯·斯洛廷（Louis Slotin）准备组装钚芯的时候，安全防护措施就和作业地点一样简陋。发动着的吉普车在屋子外面候着，以防作业人员需要快速撤离。30 岁出头的斯洛廷是一名加拿大物理学家。在过去两年里，他在洛斯阿拉莫斯从事着一些最危险的工作，比如让放射性物质达到链式反应边缘的临界试验。这些试验有个外号叫"搔弄龙尾巴"（tickling the dragon's tail)[5]，一个小小的失误就可能产生足以致死的高剂量放射线。在农场小屋里面，斯洛廷将一个高尔夫球大小的中子发生器放在一个钚半球里面，并用透明胶带粘上，然后将另外那个钚半球放在上面，最后用钚栓将孔封上。组装好的钚芯有网球大小，但是像保龄球一样重。在将钚芯交给托马斯·F. 法雷尔（Thomas F. Farrell）准将的时候，斯洛廷要求他开一张收据。大量的平民和军方人员参与了曼哈顿计划，而这也是美国历史上第一次正式的核监护权转移。准将认为如果他要签收这玩意儿，他应该得到一个握住它的机会。法雷尔回忆说："于是我把这个很重的球拿在手里，然后我感觉到它正在变热。我感觉到了它里面隐藏的能量。"[6]

就像许多其他的技术创新一样，"原子弹"的概念首先被科幻作家赫伯特·乔治·威尔斯（H. G. Wells）使用。在1914年出版的小说《获得自由的世界》（*The World Set Free*）中，威尔斯描述了"终极爆炸"（ultimate explosive），[7]放射线助长了它的威势。它能使一个人仅需要"将其置于随身携带的手提箱中，其潜在的能量就足够摧毁半座城市"。[8]这些原子弹威胁到了人类的生存，每一个国家都努力想得到它们，并且在遭到攻击之前使用它们。数百万人死于非命，世界上那些伟大的都城毁于一旦，人类文明也几近崩溃。但是小说是以乐观的结局收尾的，因为对核末日的恐惧导致了世界政府的建立。在第一次世界大战即将爆发的时候，威尔斯满怀希望地写道："原子弹的大灾难不仅将人们从城市中赶了出来……它也使人们摆脱了旧有的思维习惯。"[9]

小说《获得自由的世界》中的原子弹是慢慢引爆的，好几年都会放出放射线。在20世纪30年代，匈牙利物理学家利奥·西拉德（Leó Szilárd）——他在 1929 年与威尔斯见过面，并且试图在其小说中让中欧文学获得一定权利，但失败了——设想了一种会立即爆炸的核武器。作为从纳粹德国逃亡的犹太人，西拉德担心希特勒会发起原子弹研究项目并首先制造出这种武器。1939 年夏天，西拉德和爱因斯坦讨论自己的担忧，并且帮助后者起草了致富兰克林·罗斯福总统的一封信。这封信警告称"有希望实现用大量铀引发一种核链式反应"，[10]从而创造出"一种新型的威力极为强大的炸弹"。[11]爱因斯坦在这封信上签了名，然后通过一位共同的朋友将信转交给了罗斯福总统。在英国研究人员认定确实可以造出此类武器以及有情报显示德国物理学家正在努力制造这种武器之后，曼哈顿计划于 1942 年开始执行。在美国陆军准将莱斯利·R.格罗夫斯（Leslie R. Groves）的领导下，曼哈顿计划秘密集结了来自加拿大、英国和美国的杰出科学家，其目的就在于造出原子弹。

　　普通炸药，如三硝基甲苯（俗称 TNT），是通过化学反应来起爆的。[12]它们基本上是那种能够快速转换成体积更大的气体的不稳定物质。其被引爆的过程有些类似于壁炉中木头的燃烧过程，[13]不过不像木头的燃烧过程那般缓慢和稳定，炸药的燃烧几乎是瞬时的。在爆炸的那一瞬间，温度能够达到 9000℉（约为 4982℃）。[14]当灼热的气体向周围的大气扩散的时候，它们能够通过压缩空气制造出"冲击波"（shock wave），也叫"爆炸气浪"（blast wave），其携带着巨大的破坏力。海平面的气压是 14.7 磅每平方英寸，但普通炸药爆炸时其冲击波的气压将达到 140 万磅每平方英寸。[15]虽然爆炸的热效应可能导致灼伤和大火，但来自爆炸中心的像堵实体墙似的压缩空气形成的冲击波，能够摧毁一栋建筑物。

　　对曼哈顿计划的科学家来说，核爆炸的吸引力在于它可能提供一种更强大的破坏力。一个网球大小的钚芯拥有巨大的潜能，它可以将爆炸中心的温度提升到数千万华氏度，[16]同时将气压增强到数百万磅每平方英寸。[17]

　　然而，制造这样一种炸药绝不是个简单的任务。化学反应与核反应之间的差别在于，核反应中的原子不能被轻易地重新排列组合，它们时刻处于无规则运动状态。原子的原子核中的质子和中子紧紧束缚在一起，原子核内部的这种"结合能"（binding energy）要远远强于将原子之间联系起来的那种能量。当原子核分裂的时候，它会释放一部分的结合能。这个分裂叫作"裂变"（fission），一些元素要比其他元素更容易发生裂变，这取决于它们自身的重量。最轻的氢元素只有一个质子，而自然界中能够找到的最重的铀元素，则有 92 个质子。

39　　1933 年，利奥·西拉德意识到用中子轰击某些重元素不仅能够使其发生裂变，而且能够引发链式反应。原子释放的中子可能会击中其附近的原子，从而释放更多的中子。这个过程可以变得自我维持。假如在这个过程中能量释放是渐进式的，它就可以用作发电机的能源来源。假如这种能量瞬间释放，它就能引发爆炸，其产生的温度将比太阳表面的温度还要高上好几倍。

　　两种物质随后被认为是可裂变的，这就是说，它们能够维持快速的链式反应：铀-235 和钚-239。不过这两种物质都很难获得。钚是一种人造元素，是通过用中子轰击铀元素得来的。自然界中存在铀-235，但是量很小。一个铀样本中铀-235 的含量约占 0.07%，为了获得这种裂变材料，曼哈顿计划的人员在田纳西州的橡树岭（Oak Ridge）建造了一个处理设施。该设施在两年之内竣工，成为当时世界上规模最庞大的建筑。[18]曼哈顿计划所需要的钚则来自华盛顿州汉福德（Hanford）的三个反应堆。

为了发现维持链式反应所需的理想尺寸、形状和密度，科学家们做了一系列实验。如果质量太小，裂变产生的中子将会泄漏；如果质量足够大，它将变得临界，链式反应也将开始，其产生的中子数目将超过泄漏的中子数目；如果质量进一步增加，它将变得超临界，进而产生爆炸。这就是指导曼哈顿计划中那些科学家的假设。为了控制核武器，他们需要搞清楚如何使裂变材料达到超临界，而不是接近它。

第一枚核武器的设计方案是枪式结构。在这种结构中，两块裂变材料将被放置于一根巨大枪管的两端，然后一块会被快速射向另一块。当它们碰撞在一起的时候，会形成超临界质量。一些难度最大的运算与核子相互作用的时间范围有关。1 纳秒是十亿分之一秒，而钚原子的裂变发生在 10 纳秒内。枪式设计结构的一个问题是它的低效率：两块裂变材料相撞然后引发链式反应，但是它们可能会在大部分材料发生裂变之前就被引爆。另一个问题是钚结果被证明不太适合使用这种设计结构。钚会散射中子，如此一来就可能过早地在枪管中引发链式反应，从而破坏核武器，而不是制造出威力巨大的爆炸。

第二种设计方案通过增加钚材料达到超临界的速度，从而有望解决这些问题。一开始的时候，这种新的武器设计方案的外号叫作"内向者"（the Introvert）。[19]钚球的周边环绕着普通炸药。这些炸药被引爆后产生的冲击波将压缩钚球，钚球的密度越大，它束缚中子的效率就越高。"中子越多，裂变性就越强，"[20]一份关于核武器的政府秘密手册后来解释道，"我们在乎的是中子。"[21]用内爆的方式压缩钚球从而引发爆炸是个绝妙的

40

主意。但说起来容易做起来难。假如普通炸药没能够产生完全对称的冲击波，钚球将无法内爆，它将被轰成碎块。

在曼哈顿计划中工作的许多物理学家，如奥本海默、费米、泰勒和贝特，此后都变得闻名于世。然而，自那之后几乎每一件核武器都具备的一个关键设计特色则是由乔治·B. 基斯佳科夫斯基（George B. Kistiakowsky）完善的，此人个子高且温文尔雅。基斯佳科夫斯基生于乌克兰，在一个学术家庭中长大，在俄国内战期间反对布尔什维克。他之后在柏林大学获得了一个学位，然后移民到美国，先是在普林斯顿大学担任化学教授，接着是哈佛大学。20 世纪 40 年代中期，他成为美国炸药学方面的领军人物。要制造出完全对称的冲击波不仅需要炸药的恰当组合，而且需要恰当的尺寸和形状。基斯佳科夫斯基和他在洛斯阿拉莫斯的同事将炸药做成了三维透镜的样子，希望能够以此来聚集冲击波，就像相机的镜头可以将光线聚集起来一样。成吨的炸药在洛斯阿拉莫斯那里的山坡上被引爆，以此来测试不同的透镜构造。基斯佳科夫斯基将这些透镜看成"精密装置"，[22] 而不是粗糙的炸药。它们每个重 70 ~ 100 磅。当"三位一体"试验的日期即将来临的时候，他长时间地待在实验室里面，手里拿着牙医用的电钻，一个个地消除透镜里面的气泡，并且在里面填充进熔合炸药（molten explosive）。最细微的瑕疵都可能扭曲冲击波的路径。最终的设计是一个由 32 个成形装药（shaped charges）——12 个五边形和 20 个六边形——组成的圆球。它看起来就像一个巨大的足球，重量达 5000 磅。

然而，如果炸药透镜不能在同一时刻被引爆的话，那么它的形状和构成将都是无关紧要的。冲击波将以 1 毫米每微秒的速度通过装置。假如有一个炸药透镜比其他的提前数十微秒被引爆，它就有可能破坏钚芯而使之无法发送链式反应。雷管（Blasting caps）和导爆索（Primacord）是常用于普通炸药的起爆器，但是这两种起爆器都被证明无法同时引爆 32 个成形装药。物理学家路易斯·阿尔瓦雷茨（Luis Alvarez）和他的助手劳伦斯·约翰斯顿（Lawrence Johnston）为此发明了一种新型的起爆器：电桥式雷管（exploding – bridgewire detonator）。[23] 它可以通过插入炸药中的薄薄的银线传送高压电流，电流可以使银线气化从而产生冲击波，进而引爆炸药。洛斯阿拉莫斯最年轻的科学家之一唐纳德·F. 霍尼格（Donald F. Hornig）设计了一种精巧的装置，名为"X 单元"（X – unit），它能够在电容器中存储 5600 伏特的电压，然后将电流同时送往所有的起爆器。

从理论上来说，X 单元和电桥式雷管能够在瞬间引爆所有 32 个炸药透镜，制造出完美的冲击波，并且使钚芯内爆（即压缩钚芯）。但事实上，这些新的发明是否能发挥其作用是难以预知的。破裂的绝缘体经常会导致起爆器短路，当这种情况发生时，它们就无法正常发挥作用了。就在"三位一体"试验开始前一周，一个 X 单元在一次雷电风暴中提前击发了。它是由空气中的静电触发的。这次失败表明，核武器有可能被闪电引爆。

1945 年 7 月 13 日下午 3 点 18 分，钚芯被运送到距离麦克唐纳农场小屋几英里远的一处铁塔。高约 100 英尺的铁塔建在沙漠之中，有点类似于石油钻塔，但是顶上有个小棚屋。核装置的其他部分则被放置在铁塔下方的一个帐篷里面，等着组装。最初，钚芯无法被安放进去。有那么几分钟，大家都不知道问题所在，然后原因逐渐清晰起来。钚芯是热的，但是它要被安放进去的地方却由于帐篷的阴影而变凉了。一旦那个地方变热，

42

钚芯很容易就被安放进去了。在大约 4 点的时候，一场雷暴逐渐接近试验地点，帐篷被狂风刮得啪啪作响。这一小群科学家只得离开铁塔下方，回到农场小屋等待了半个小时，直到风暴过去。基斯佳科夫斯基指导了最后的炸药透镜的安放工作，黄昏时分，核装置安装完毕之后就立即被锁了起来。第二天早晨，当它被缓缓吊起来送往铁塔顶部的时候，大量的军用床垫在它的正下方堆了 15 英尺高，以防止缆绳断裂。

这个核装置是一个球形套球形的聚合物：首先，最外面是一层铝外壳，往里是两层炸药，接着是一层薄薄的硼和塑料，以捕获可能从外面进入钚芯的中子，然后是更多的铝，之后是一层铀 −238 形成的屏障，以反射可能从钚芯泄漏的中子，再往里就是钚球，最后，在最中心的地方，是高尔夫球大小的中子发生器——它是由铍（beryllium）和钋（polonium）组成的混合物，使核装置里面充满中子，就像一根核导火索一样，能够在炸药透镜产生的冲击波击中的时候被触发。在塔顶的金属棚里面，起爆器是手工放置进去的，每个炸药透镜放两个，并连接在一对 X 单元上。现在，这个装置就像某个疯狂的科学家在实验室中炮制的东西——一个直径为 6 英尺的铝球，两个巨大的盒子，即 X 单元，连在上面，32 根粗大的电缆分别从两个盒子里面伸出来，缠绕在铝球上面，然后再插入其表面均匀分布的孔洞。

按照计划，"三位一体"试验在 7 月 16 日凌晨 4 点的时候进行，但是天气预报显示那时候天气状况将非常糟糕。继续进行试验的话，可能会导致灾难性的后果。除了闪电的威胁，强风和暴雨可能会将放射性沉降物（radioactive fallout）最远携带至 300 英里之外得克萨斯州的阿马里洛（Amarillo）。推迟试验也有其他的问题：核装置可能会被大雨损坏，并且此时杜鲁门总统正在德国的波茨坦，准备会见英国首相丘吉尔和苏联共产党总书记斯大林。纳粹德国已经投降，杜鲁门正寻求让日本无条件投降。拥有核武器将使这个目标更为容易实现。格罗夫斯将军要求试验必须按照计划进行，奥本海默同意了。15 日夜间，他们两人都变得紧张起来，不仅担心天气，也担心可能会遭受破坏的风险。因此，唐纳德·霍尼格被命令去"看管炸弹"。[24]

晚上 9 点的时候，霍尼格爬到了 100 英尺高的铁塔的顶端，这时候开始下雨了。他随身带了一本笑话大全《荒岛十日谈》（*Desert Island Decameron*）。他的阅读被一场雷暴打断了。在这个塔顶的脆弱的金属棚子里，霍尼格独自坐着，有一本书、那个全副武装的核装置、一部电话以及一个在电线上摇晃的灯泡作陪。他今年 25 岁，最近刚刚从哈佛大学获得化学博士学位。由于设计了 X 单元，他比谁都更了解它是多么容易被静电触发。当他看到闪电的时候，他心里默念着"一、二、三"，直到他听到雷声。有些闪电看起来真是近得可怕。在午夜的时候，电话响了，霍尼格被告知马上下塔。尽管此时外面正是倾盆大雨，霍尼格还是非常高兴地照做了。他是看到这个核装置的最后一人。

试验被推迟至清晨 5 点 30 分，恰好在黎明之前。此时风停雨住，天气转晴。用来宣布倒计时的无线电频率与当地电台的频率相似。由于干扰，在核武器被引爆的那个瞬间，柴可夫斯基的《弦乐小夜曲》（*Serenade for Strings*）响彻控制地堡之中。基斯佳科夫斯基走出地堡去看那个冲天而起的火球，却被冲击波击倒在地上。他离铁塔所立之处有大约 6 英里远。他认为，这就是世界末日的景象，这将是最后一个人看到的最后景象。[25]维克托·魏斯科普夫在 10 英里远的地方看到了闪光，他的脸能够感受到空气中的热浪。他的心里一沉，有那么一会儿，他觉得他的计算错了，大气层已经着火了。[26]"山丘沐浴着灿烂的光芒，"英国物理学家奥托·弗里施（Otto Frisch）观察道，"如同某人打开了太阳的开关。"[27]法雷尔准将表达了一种混杂着恐惧、惊叹、自豪，以及由这种新能量所激发的潜在吸引力的情绪：

44　　　　　　整个地区都被比正午的阳光还要耀眼好几倍的灼热之光照亮。它是金黄色的，紫色的，紫罗兰色的，灰色的，蓝色的。它照亮了每一处山峰、裂谷，以及附近山脉的山脊，其明净和美丽无法用文字描述……它是那种连最伟大的诗人做梦都想见到的美丽，虽欲舞文弄墨，却会心生词穷墨尽之感。30 秒之后，先是剧烈的爆炸，然后是爆炸气浪猛烈挤压人和物，随即就是强烈的、持续的、可怕的预示着世界末日的轰鸣声，让我们感觉到这是微小的人类在亵渎神灵，因为这种力量在此之前都只属于上帝。[28]

试验主管肯尼斯·班布里奇（Kenneth Bainbridge）回头朝奥本海默说："现在我们都他妈的是狗娘养的。"[29]几分钟之内，蘑菇云就直冲至 8 英里高的天际。

现在，原子弹不再是只在科幻小说中存在的事物了，接下来的问题是如何来利用它。1939 年 9 月 1 日，罗斯福总统发表了措辞强烈的声明，谴责针对平民的空袭是"不人道的野蛮行径"。[30]纳粹德国于这一天入侵了波兰，第二次世界大战正式爆发。空中轰炸有望使第一次世界大战中的堑壕战——长久以来一直是残酷且无意义的屠杀象征——看起来几乎是文明的和优雅的。1937 年 4 月，纳粹德国空军（Luftwaffe）袭击了西班牙城市格尔尼卡（Guernica），造成数百位平民伤亡。[31]八个月之后，日军轰炸和占领了中国的南京，杀死了数十万人。[32]"总体战"（total war）的时代业已降临，那些传统的战争规则变得似乎无关紧要了。罗斯福总统呼吁欧洲列强保持克制。他说："无情地从空中轰炸未设防的人口中心区的平民，已经极大地震撼人类的良知。"[33]

罗斯福对正派和道德的呼吁没有任何效果。华沙很快就被纳粹德国的飞机和大炮摧毁，然后伦敦也遭遇了空袭。英国人也通过轰炸柏林来对德国人施加报复。关于制空权的新理论得到前所未有的应用。不同于针对敌方军事力量的"战术"打击，"战略"轰炸集中于敌方的交通运输系统、工厂，以及对开展战争来说必不可少的经济基础设施。城市的中心地带往往是战略物资集中的地区。

最开始的时候，英国人克制住了蓄意攻击德国平民的冲动。然而，1941 年秋天的时候，英国皇家空军（RAF）的政策发生了变化。纳粹德国空军对英国的考文垂（Coventry）进行了轰炸，而英国皇家空军的绝大部分瞄准德国工业设施的炸弹则偏离目标很远。皇家空军的新目标将是比铁路站场或兵工厂等更加模糊的东西：德国人民的士气。英国人希望轰炸居民区来削弱德国人的战斗意愿。英国皇家空军的一份备忘录解释说："因此，最直接的目的有两个，即制造破坏和对死亡的恐惧。"[34]在空军元帅、人称"轰炸机"的阿瑟·特拉弗斯·哈里

斯 （Arthur Trayes Harris） 领导下的皇家空军轰炸机司令部，下令对德国城市发动了一系列毁灭性的夜间空袭。在 1943 年 7 月的 "蛾摩拉行动" （Operation Gomorrah） 期间，皇家空军的炸弹使汉堡陷入了一片火海。这也是人类历史上第一个由空中轰炸引发的 "火焰风暴" （firestorm），[35]它杀害了约 4 万名平民。[36]

　　美国轰炸机参与了 "蛾摩拉行动" 和随后英国皇家空军轰炸德累斯顿的行动，在德累斯顿大约有 2 万名平民丧生。[37]但是，美国陆军航空部队 （USAAF） 反对英国人针对居住区的 "拆房" （de‑housing） 政策。[38]不同于英国皇家空军的夜间 "区域" 轰炸，美国陆军航空部队的战略思想为白天 "精确" 轰炸。[39]通过诺登投弹瞄准器 （Norden bombsight）[40]——这是个结合了一个望远镜、一个机械式模拟计算机和一个自动驾驶仪的装置——美国陆军航空部队努力摧毁纳粹德国的工厂、港口、军事基地以及通信线路。不过，精确轰炸并不是那么精确，绝大部分的炸弹还是偏离了它们的目标。尽管如此，美国飞行员们还是冒着生命危险在光天化日之下展开空袭，尽量避免杀害德国平民。

　　然而，太平洋战场上却使用了一套与此不同的原则。日本人被认为是低劣人种，在美国的宣传报道中经常被描绘成猴子或者害虫。日本人对美国不宣而战，他们残忍对待盟军战俘，使用奴工，并且在行将失败时会发起自杀式袭击而不是选择投降。他们强迫多达 20 万名的朝鲜妇女充当军妓。[41]他们使用化学和生物武器杀害了近 100 万名中国平民。[42]他们还杀害了数以百万计的其他亚洲平民，如在中国、缅甸、朝鲜半岛、新加坡、马来西亚、柬埔寨、越南和菲律宾，这都是日本人在自身种族优越感驱使下犯下的战争罪行。[43]

最初，美国只对日本进行精确轰炸，但其上空厚厚的云层和高空风（high‑altitude winds）使炸弹很难命中工业目标。在1945年3月9日夜间，陆军航空部队尝试了一种新的方法。[44]美国轰炸机用2000吨含有凝固汽油和胶状汽油的炸弹轰炸了东京。[45]虽然主要的工业区被摧毁了，但其真正的目标则是那些呈块状分布，用木头、纸和竹子造的建筑物。几个小时之内，大火将1/4的城市烧成了灰烬。它夺去了约10万名平民的性命，[46]使另外100万人无家可归。[47]这正是历史学家约翰·W.道尔（John W. Dower）所形容的，"没有怜悯的战争"（war without mercy）。[48]

对东京的燃烧弹轰炸没有遭到罗斯福总统的谴责。相反，名古屋、大阪、神户、川崎和横滨很快就步东京的后尘，遭到了燃烧弹的轰炸。到1945年6月中旬，美国已经将日本的六大主要工业城市变成了一片废墟。然后，美军飞机又对日本的几十个小的城市进行了燃烧弹攻击。造成的破坏程度差异很大。大约1/4的大阪被大火摧毁，川崎是1/3，而神户超过了一半。[49]位于日本海海滨的拥有诸多化工厂、人口约为12.5万的富山市，则是重灾区。在一次B‑29轰炸机机群的夜袭之后，较之轰炸前，富山市内依然耸立的建筑物只剩下约0.5%。[50]

随着一座座日本城市消失于火海，利奥·西拉德开始对原子弹产生疑虑。他曾是美国国内最先强烈推动开发原子弹的人，但是现在他反对将其用在日本平民身上。1945年6月，西拉德和芝加哥大学其他一些科学家联名向曼哈顿计划的领导提交了一份报告，他们要求在向世界展示核武器威力的时候，应该"选择一个合适的无人区"。[51]他们坚决认为，对日本进行核攻击

47

会损害美国的声誉，使对"这种新的无差别毁灭性手段"[52]的国际控制变得更加艰难，还将开启一次危险的军备竞赛。但木已成舟。此前一个总统顾问委员会就已经认为公开展示原子弹太冒险了，因为原子弹可能无法正常运作；出于几乎同样的原因，也不应该给予日本核攻击的警告；原子弹应该瞄准四周密布工人房屋的军工厂；轰炸的目标将是给尽可能多的工人"留下一种深刻的心理效应"。[53]

原子弹的理想目标是一个还未遭受燃烧弹轰炸的大城市，如此才能够准确地评估这种新式武器的效果。总统的目标委员会最初选择的四个城市是京都、广岛、横滨和小仓。战争部部长亨利·史汀生（Henry Stimson）坚持要从名单中划掉京都，他认为这座城市在日本的艺术、历史和文化中具有极高的地位，毁掉了十分可惜。于是，长崎取而代之。"三位一体"试验之后的那天，西拉德以及其他超过68位的曼哈顿计划科学家签署了一份致总统的请愿书。它警告说，对日本使用原子弹将打开一扇"通往一个规模难以想象的毁灭时代"[54]的大门，并且将置美国城市于"突然毁灭的持续危险"[55]之中。这份请愿书从来没有到达总统手中，即使总统看到了，它可能也无法改变总统的主意。

富兰克林·罗斯福从来没有向他的副总统哈里·S. 杜鲁门透露有关曼哈顿计划及其正在研发的这种不同寻常的武器。当罗斯福于1945年4月12日突然去世时，杜鲁门承担起了在战时替换一位受人拥戴、魅力十足的领袖这个吃力不讨好的任务。新总统不可能仅仅因为一些不那么知名的科学家现在认为这不是个好主意，就去扭转那个几年前就已经启动并且耗资巨大的核计划。杜鲁门使用原子弹的决策受多种因素的影响，其中拯

救美国人的生命排在最前面。[56]对日本本土的进攻定于 11 月 1
日。前总统赫伯特·胡佛警告杜鲁门说，这样的进攻行动将使
美国人付出"50 万～100 万条生命"[57]的代价。而在战争部，人
们普遍认为美国的伤亡人数将达到 50 万。[58]在最近的冲绳战役
中，美军登陆部队有超过 1/3 的人阵亡或受伤，[59]而一场对日本
的全面进攻可能需要多达 180 万人的美国军队。[60]在 1945 年 6 月
与参谋长联席会议开会之后，杜鲁门总统表达了要避免"重蹈
冲绳战役覆辙"的愿望。[61]

　　不像绝大部分总统，杜鲁门拥有战争的亲身体验。在第一
次世界大战期间，他所在的步兵师有一半人在默兹－阿尔贡攻
势（Meuse-Argonne offensive）中阵亡或受伤。站在一堆堆的美
国士兵尸体中间，他所在排的中士对幸存者大声训导说："现
在……你将会相信你就在战争中了。"[62]杜鲁门对日本平民的死
亡没有任何喜悦，但他宁愿是那些人死去，而不愿看到美国大
兵牺牲。他决定，只要原子弹准备好，它们就应该被尽快投向
日本。

　　"三位一体"试验经过了几个星期的精心准备，科学家们
也做出了一切努力来控制结果。他们缓慢且耐心地组装了这个
装置，布线和炸药也经过了反复检查。铁塔已经建成，试验地
点也已经选好，倒计时的每一个步骤都被设计成了精心安排的
科学实验的一部分。不过，将一件试验装置转变成一件可操作
的武器也提出了一系列新的挑战。不管以何种方式，原子弹都
必须被投下去，并且美军机组人员必须在核武器被引爆之后逃
生。于是，B－29 轰炸机被秘密地改造，以便将核武器装在里
面。飞行员也被秘密征召以驾驶这些飞机。他们练习投下模拟
炸弹，然后急剧倾斜转弯以逃离冲击波。足够制造出两枚核武

器——一个是装有铀－235的枪式装置，另一个是装有钚芯的内爆装置——的裂变材料已经准备好用来对付日本。原子弹的保险和引信装置（arming and fuzing mechanism）将决定它们何时爆炸、是否爆炸，以及轰炸机机组人员能有多长时间以尽可能地远离爆炸地点。

49　　这两枚原子弹都依赖同样的三级引信系统。当原子弹在海拔3万英尺的高空被释放时，将其连接到飞机上的保险丝将会被抽出，启动发条，即原子弹内部的一个机械钟表。15秒之后，这个钟表将闭合一个电气开关，然后将电力送入击发电路。在海拔7000英尺的时候，一组能够感应气压变化的气压开关将关闭另一个电路，打开四个代号为"阿齐斯"（Archies）的指向地面的雷达组件。当阿齐斯感应到原子弹位于海拔1850英尺的位置时，另一个开关将关闭并发送击发信号。在枪式装置中，这个信号会点燃一小袋无烟火药，然后将枪管中的一块铀装料射向另一块。在内爆式装置中，击发信号则会触发X单元。两种原子弹都被设定在海拔1800英尺的位置起爆。据奥本海默说，这个海拔"适合最大限度地破坏轻型结构"。[63]如果原子弹针对的是工业建筑，而不是家庭住房，其空中爆炸的高度将会设置得更低。

　　保险和引信装置在犹他州文多弗（Wendover）的一个轰炸训练场进行了反复试验。在一次成功的测试之后，模拟弹冒出了一阵烟雾。但是再多的练习也无法消除对一枚真正的原子弹可能会被意外引爆的担忧。奥本海默特别关心这种风险。1944年，他在给美国陆军航空部队的一位联络官的信中写道："我们想知道起飞是否可以安排在这样的一个地点，以让核爆炸不会对基地及其人员造成灾难性的影响。"[64]内爆式原子弹可以在不经意间被火苗、击中炸药透镜的子弹以及组装时的一个小错误引爆。

假如一架搭载了内爆式原子弹的 B－29 轰炸机被迫返回基地，总统目标委员会决定让机组成员在低空中将这个武器投入浅海。[65]对于枪式原子弹来说，应急程序的问题更多。枪式原子弹很可能在撞到浅海海水的时候被引爆。水是一种中子减速剂（neutron moderator），它进入原子弹的时候将引发链式反应，无论里面的两块铀装料是否撞击在一起。"还没有发现合适的投弃场地（jettisoning ground），"该委员会在 1945 年 5 月的时候总结认为，"它足够干燥，足够柔软以至于投弃物不会受到撞击的影响，以及足够远离极为重要的美国设施，以使核爆炸造成的破坏不会严重削弱美国的战争能力。"[66]委员会所能够给予的最好建议几乎不能带给机组人员任何安慰，他们的轰炸机将在太平洋上飞越数千英里：尝试在空中从原子弹中移除无烟火药装料，以及确保飞机降落在陆地上。[67]

威廉·S. 帕森斯（William S. Parsons）上尉被选中为核武器首次用于军事目的的"炸弹司令兼武器专家"。[68]作为曾花费数年时间研究炸弹引信的海军军官，帕森斯是曼哈顿计划的军械处处长。在洛斯阿拉莫斯，他监督研发了后来用来轰炸广岛的枪式原子弹。代号为"小男孩"的原子弹长 10 英尺，重约 1 万磅。它里面装置了当时存在的几乎所有的经过处理的铀，共重约 141 磅。设计的相对低效率被它的简易性抵消了。尽管枪式原子弹从来没有试验过，但奥本海默安慰帕森斯说出现"不是最佳表现"的可能性"是相当小的，应该被忽略"。[69]

这枚原子弹是在天宁岛（Island Tinian）的一个安装了空调的棚子里面安装完毕的，该岛也是美军第 509 混成部队的银色

50

B - 29 轰炸机基地。位于东京东南方 1300 英里处的天宁岛上拥有世界上最大、最繁忙的机场，其在上一年从日本人手中夺过来之后几个月的时间内就建设完工。4 条主要的跑道长约 1.5 英里。在格罗夫斯将军的坚持下，曼哈顿计划的保密工作做得十分到位，就连掌管天宁岛的陆军航空部队指挥官都不知道原子弹和驻扎在岛上的那些不同寻常的 B - 29 轰炸机的任务。由于担心核事故可能会杀死岛上成千上万的美国军人并摧毁对战争取胜至关重要的机场，帕森斯上尉决定，在不告知格罗夫斯的前提下，组装"小男孩"的最后一步将在飞机携带着它足够远离天宁岛的时候再完成。

1945 年 8 月 6 日凌晨 3 点，帕森斯和另外一位武器专家莫里斯·杰普森（Morris Jeppson），离开了乘坐的那架名为"伊诺拉·盖伊"（Enola Gay，它是飞行员母亲的名字）的银色 B - 29 轰炸机的座舱，进入了它的炸弹舱。[70]此时，飞机正飞在海拔 5000 英尺的高空，离天宁岛海岸约 60 英里。在确认了 3 个绿色安全插销已经插入原子弹之后，帕森斯打开了它的后背板，而此时杰普森正举着手电筒，空气湍流则使飞机不断晃动。从来没有人在一个装载了裂变材料的武器上完成这个操作，更不要说它还摇摇晃晃地挂在黑暗的炸弹舱中的一个挂钩上。这个男子跪在前一天才安装好的狭窄铝制平台上。帕森斯花了大约 20 分钟将 4 个小丝绸袋的无烟火药装进了枪膛里面，重新接好了雷管电线，并且关上了炸弹的后背板。4 个半小时之后，杰普森独自回到了炸弹舱中。此时轰炸机的飞行高度约为 9000 英尺，正在靠近日本海岸，炸弹舱中的温度比较低，感觉有点冷。绿色安全插销隔断了引信装置和无烟火药之间的电路。杰普森用 3 个红色的击发插销替换了它们。从现在开始，

"小男孩"已经全副武装，开始从自身的电池里而不是飞机上获取能源。

广岛市横跨太田川（Ota river）三角洲的 6 个岛屿。大部分人口都已经逃到乡村地区，市区还留下了约 30 万人。[71]"小男孩"的瞄准点是相生桥（Aioi Bridge），远离其他岛屿上的工业厂房。相生桥位于市中心，靠近第二军的总部，在一个住宅区和商业区中间。大约在上午 8 时 16 分的时候，"伊诺拉·盖伊"号将原子弹投下，下降大约 44 秒之后，在海拔大约为 1900 英尺的位置被引爆。

在空中爆炸处正下方的零点位置（ground zero，也叫爆心投影点或地面零点），温度达到了 10000 ℉。[72]相生桥上的所有人都被烧成了灰烬，城内数百处地方还燃起了大火。冲击波将建筑物夷为平地，火焰风暴席卷全城，巨大的蘑菇云冲上了 10 英里的高空。从飞机上看，广岛就像一片充满了浓烟和大火、不断翻滚和沸腾的海域。[73]一小部分的裂变材料造成了这次毁灭；"小男孩"中 98.62% 的铀装料在变得超临界之前都被炸毁了。[74]只有 1.38% 的铀真正发生了裂变，[75]其中的大部分又转化成了几十种较轻的元素。广岛市大约死了 8 万人，[76]超过 2/3 的建筑物被摧毁，[77]而这仅仅是由于 0.7 克的铀 – 235 转化成了纯粹的能量。[78]一张一美元的纸币也比这个重。[79]

"三位一体"试验一直秘而不宣，战争部将沙漠中出现的耀眼白光解释为一个弹药库爆炸。但是现在已经不需要保密了，这种新武器的公开展示不仅向日本，也向苏联传达了一个关于美国军事力量的明确信息。8 月 6 日，杜鲁门总统正式宣告，利用"宇宙间基本能量"[80]的原子弹，刚刚摧毁了广岛。"我们现在准备以更快的速度彻底地抹掉日本任一城市地面上的每一个生产企业，"杜鲁门警告道，"如果他们现在不接受我们的条件，等待他们的将是从天而降的毁灭之雨，这个星球上还从未见过的那种毁灭之雨。"[81]但是，日本政府仍然不同意无条件投降，坚持要将天皇保留在他的皇位上。在广岛毁灭后的第二天，当地县知事鼓励幸存者去寻找"一种激昂的斗志以消灭恶魔般的美国人"。[82]

与此同时，另一枚代号为"胖子"的原子弹正在天宁岛的一栋特殊建筑里面组装。这栋建筑物的天花板上涂满了橡胶，同时布上了铜线，以尽量降低静电引起火花的概率。这个原子弹是马克3（Mark 3）内爆装置，将其组装起来的难度要远远大于组装"小男孩"。[83]帕森斯上尉将这种努力比作"在地上重造一架飞机"。[84]"胖子"原定的投弹日期是8月11日，其目标是小仓市。可能出现的恶劣天气将这个日期提前至9日。

在午夜时分，也即在将原子弹装载到银色B－29轰炸机中的前一天晚上，一位叫伯纳德·J. 奥基夫（Bernard J. O'Keefe）的技术人员注意到本应将"阿齐斯"雷达组件与X单元连起来的主击发电缆可能存在问题。[85]这根电缆和X单元安装的都是插座母头（female plug）。不知何故，电缆的插头装反了。这将需要几天的时间来将一层层的球形装料和炸药拆下来，取下电缆并正确地安装好。奥基夫回忆说："我脊背发凉，尽管是在空调房里，但也开始浑身冒汗。"[86]他决定即兴发挥一下。在另一名技术人员的帮助下，他破坏了一条又一条的重要安全守则，将房门撑开并将一根延长电缆拉了进来，然后用电烙铁将正确的插座接上。在一个装有5000磅炸药的房间熔化焊料真的是胆大包天之举。这两人装好了电缆，接上了插座，没有告诉任何人他们刚做了什么。

试图将"胖子"投向日本最大的兵工厂所在地小仓市的过程进展得并不顺利。在将这颗原子弹装上一架名为"博克斯卡"（Bockscar）的 B－29 轰炸机之后，该飞机的一个燃油泵在起飞前出现了故障。这是 25 岁的飞行员查尔斯·W. 斯威尼（Charles W. Sweeney）少校指挥的第一个战斗任务，他决定用离得较远的一个储备油罐的 600 加仑油料继续推进作业。在离开天宁岛四个小时之后，飞行测试盒里突然闪烁的红灯显示炸弹的引信已经被激活。[87]红灯亮起可能意味着原子弹已经启动并随时会爆炸。斯威尼考虑要将原子弹扔到海里，但还是先让助理武器专家菲利普·巴恩斯（Philip Barnes）先鼓捣一下飞行测试盒。巴恩斯迅速地检查了一下图纸，查看了盒子内部的情况，发现一对旋转开关被安装在了错误的位置上。原子弹并没有被启动，机组人员听到这个消息都长出了一口气。

恶劣的天气困扰着此次飞行，厚厚的云层和剧烈的大气湍流如影随形。"博克斯卡"号在日本上空的一个汇合点盘旋了40 分钟，浪费燃料等待另一架永远不可能到来的美国飞机。斯威尼在小仓市上空打开了炸弹舱舱门，但是这个城市被笼罩在一片浓烟和阴霾之中。他接到了严格的命令，要在目视情况下投弹，而不是依靠雷达。"博克斯卡"号在小仓市上空花了将近一个小时，其间进行了三次不成功的投弹尝试，还引来了防空炮火。这座城市由于极差的能见度而幸免于难。不过，斯威尼还有足够的燃料能够飞到他的第二个目标地点——长崎。他在那里扔下了"胖子"，然后担心飞机有可能坠海，但最终勉强抵达了美国在冲绳岛的空军基地。

"胖子"偏离了它的瞄准点超过 1 英里远。没能在中央商业区上空引爆，它最终在长崎西郊的一个工业区上空爆炸。大

约 1/5 的钚装料发生了裂变,[88] 爆炸当量约为 21000 吨 TNT(21

54  千吨)。[89]这颗原子弹要比轰炸广岛的枪式装置威力更强大、效率更高,后者的爆炸当量在 12 千吨至 18 千吨之间。不过,"胖子"对长崎造成的破坏程度并没有"小男孩"对广岛的那么严重。诸多山丘使长崎市的大部分免遭冲击波的破坏,火焰风暴也没有爆发,尽管当时的狂风达到了每小时 600 英里的速度。大约 4 万名长崎居民死于这次原子弹轰炸,至少 8 万人受伤,[90]超过 1/3 的房子被摧毁。[91]零点位置位于三菱钢铁厂(Mitsubishi Steel Works)以南约 500 英尺的地方。一份报告指出,爆炸后这个工厂"变成了果冻状的一团"。[92]这颗原子弹同样抹平了三菱兵工厂(Mitsubishi Arms Factory),日本人偷袭珍珠港的鱼雷就产自这里。

广岛和长崎的大部分伤亡类似于燃烧弹和常规炸弹造成的那种伤亡。[93]大约一半的受害者是被烧死的,大约 1/3 的人是被废墟瓦砾杀死的。但出现了两种新型的伤亡情况。闪光烧伤(flash burns)是在原子弹那尽管短暂但温度极高的爆炸瞬间造成的。[94]以光速直线行进的热辐射强到足够杀死零点位置方圆 1 英里范围内、没有墙或者其他物体来阻挡紫外线和红外线的所有人。2 英里之外的人也可能出现严重的灼伤。厚衣服可以提供一定程度的保护,因为这种闪光只持续不到一秒钟的时间。白色衣服可以反射热辐射,而深色衣服则会吸收它。许多遭受闪光烧伤的受害者身上出现了与他们身穿的和服颜色深浅样式一致的疤痕。

电离辐射——主要是原子弹爆炸后最初一分钟内释放的 γ 射线——产生的后果更令人不安。也许广岛和长崎 1/5 的死者死于"辐射病"(radiation sickness)。[95]那些从冲击波和大火中幸存的人很快就感到恶心和疲倦。一些人几小时之内就得了病，而有些人则在感觉不适之前几天看起来都健健康康的。γ射线破坏了他们体内细胞的再生能力。他们死亡之前的症状特别恐怖：发热、呕吐、精神错乱、出血性腹泻、内出血，以及眼睛和鼻子出血。

几十年来，一些历史学家一直在质疑使用原子弹的必要性。[96]他们认为，日本已经在军事上被打败，对日本港口的封锁已经扼杀该国的经济，美国对日本本土的进攻也不是必不可少的，一场常规的轰炸行动就可能迫使日本投降，苏联对日宣战也比原子弹产生的影响要大得多，仅仅展示一颗原子弹就足以对日本民众的心理产生足够的冲击，以及承诺日本天皇依然可以保留皇位就可能拯救成千上万条性命。

尽管可以令人信服，但上面这些反事实的论据永远也无法被证实。历史事实永远也不会改变。8月6日，广岛被"小男孩"摧毁。两天之后，苏联对日宣战。9日，长崎遭到"胖子"轰炸，然而第二天，日本陆军大臣阿南惟几（Korechika Anami）依旧敦促日本人民去战斗，"即便我们不得不食草吃土以及战死沙场"。[97]8月14日，裕仁天皇驳回了他的将军们的请求，同意无条件投降。他在终止战争的诏书中解释说："敌方最近使用残酷之炸弹，频杀无辜，惨害所及，实难逆料。"[98]

## 注释

1. Interview with Herbert M. Lehr. 非常感谢莱尔描述了新墨西哥州那历史性的一天。尽管他已经90岁高龄，但他的记忆力看起来比我还好。关于莱尔在曼哈顿计划中所从事工作的介绍性文件可以在国会图书馆中找到：Herbert Lehr Collection （AFC/2001/001/12058），Veterans History Project，American Folklife Center。

2. 到 1945 年底的时候，曼哈顿计划已经花费大约 19 亿美元（相当于今日的 247 亿美元）。See Richard G. Hewlett, and Oscar E. Anderson, Jr., *The New World*：*A History of the United States Atomic Energy Commission*, *Volume 1*, *1939 – 1946* （University Park, PA：Pennsylvania State University Press, 1962），p. 723.

3. 关于拉姆齐、奥本海默、泰勒以及曼哈顿计划的其他科学家对当量的估计，可参见 Richard Rhodes, *The Making of the Atomic Bomb* （New York：Simon & Schuster, 1986），p. 657。

4. 根据物理学家维克托·魏斯科普夫的说法，对大气层可能被点着的极度担忧导致他在洛斯阿拉莫斯实验室的一个同事精神崩溃。See the interview with Weisskopf in Denis Brian, *The Voice of Genius*：*Conversations with Nobel Scientists and Other Luminaries* （New York：Basic Books, 2001），pp. 74 – 75.

5. 关于这个术语的起源，可参见 Lillian Hoddeson, Paul W. Henriksen, Roger A. Meade, and Catherine Westfall, *Critical Assembly*：*A Technical History of Los Alamos During the Oppenheimer Years*, *1943 – 1945* （New York：Cambridge University Press, 1993），pp. 346 – 48。关于这次危险实验的第一手叙述材料，可参见 Frederic de Hoffmann, "'All in Our Time'：Pure Science in the Service of Wartime Technology," *Bulletin of the Atomic Scientists*, January 1975, pp. 41 – 44。

6. Quoted in James P. Delgado, *Nuclear Dawn*：*From the Manhattan Project to the Bikini Atoll* （Oxford：Osprey Publishing, 2009），p. 59.

7. H. G. Wells, *The World Set Free*：*A Story of Mankind* （New York：E. P. Dutton, 1914），p. 117.

8. Ibid., p. 118.

9. 威尔斯是世界政府的早期支持者之一。对他那关于该主题的复杂且经常矛盾的观点的探讨，可参见 Edward Mead Earle, "H. G. Wells, British Patriot in Search of a World State," *World Politics*, vol. 2, no. 2 （January 1950），pp. 181 – 208。

10. 这封信的全文以及罗斯福的回信，可参见 Cynthia C. Kelly, ed.,

*The Manhattan Project*：*The Birth of the Atomic Bomb in the Words of Its Creators*，*Eyewitnesses*，*and Historians*（New York：Black Dog & Leventhal，2007），pp. 42 – 44。

11. Ibid.，p. 43.

12. 我对纽约市警察局的拆弹小组充满感激之情，不仅因为他们教了我高爆炸药的工作原理，而且因为他们为我现场展示了其中一些爆炸物的爆炸情形。See Eric Schlosser，"The Bomb Squad," *Atlantic Monthly*，January 1994.

13. Ibid.

14. 转引自 Samuel Glasstone，ed.，*The Effects of Nuclear Weapons*（Washington，D. C.：U. S. Government Printing Office，1964），p. 29。葛莱斯栋（Glasstone）的书在解释核武器能够产生什么样的效果方面做出了无人能够超越的工作。该书第一版出版于1950年，最后一个版本出版于1977年。我所引用的版本附带一个圆形的塑料制"核效应计算器"，它的工作原理类似于一把计算尺，可根据离核爆炸的距离，计算出最大的超压、风速以及各种核冲击波抵达的时间。

15. Cited in Schlosser，"The Bomb Squad."

16. See Glasstone，*Effects of Nuclear Weapons*，p. 24.

17. Ibid.，p. 29.

18. Cited in Michael Kort，*The Columbia Guide to Hiroshima and the Bomb*（New York：Columbia University Press，2007），p. 22.

19. See Hoddeson et al.，*Critical Assembly*，p. 86.

20. "Survey of Weapon Development and Technology"（WR708），Sandia National Laboratories，Corporate Training and Development，February 1998（SECRET/RESTRICTED DATA/declassified），p. 112.

21. Ibid.

22. 关于基斯佳科夫斯基对创造出一种对称的内向爆炸的设想，参见 George B. Kistiakowsky，"Reminiscences of Wartime Los Alamos," in Lawrence Badash，Joseph O. Hirschfelder，and Herbert P. Broida，eds.，*Reminiscences of Los Alamos*，*1943 – 1945*（Boston：D. Reidel Publishing，1980），pp. 49 – 65。我所引用的精密装置的内容出现于第54页。

23. 关于这种革命性的新型起爆器的发明故事，可参见 Luis W. Alvarez, *Alvarez：Adventures of a Physicist*（New York：Basic Books, 1987），pp. 132 - 36。关于这种技术的简要概述，可参见 Ron Varesh，"Electric Detonators：Electric Bridgewire Detonators and Exploding Foil Initiators，"*Propellants, Explosives, Pyrotechnics*, vol. 21（1996），pp. 150 - 54.

24. 转引自 Donald Hornig and Robert Cahn，"Atom - Bomb Scientist Tells His Story，"*Christian Science Monitor*，July 11，1995。关于在铁塔上的那一夜的更多细节，可参见 "60th Anniversary of Trinity：First Manmade Nuclear Explosion，July 16，1945，" Public Symposium, National Academy of Sciences，July 14，2005，pp. 27 - 28；and "Babysitting the Bomb：Interview with Don Hornig，" in Kelly, *Manhattan Project*, pp. 298 - 99。

25. See James G. Hershberg, *James B. Conant：Harvard to Hiroshima and the Making of the Nuclear Age*（Stanford，CA：Stanford University Press，1993），p. 234.

26. See Brain, *Voice of Genius*, p. 75.

27. See O. R. Frisch，"Eyewitness Account of 'Trinity' Test，July 1945，" in Philip L. Cantelon，Richard G. Hewlett，and Robert C. Williams，eds.，*The American Atom：A Documentary History of Nuclear Policies from the Discovery of Fission to the Present*（Philadelphia：University of Pennsylvania Press，1992），p. 50.

28. Quoted in "Appendix 6. War Department Release on New Mexico Test, July 16，1945，" in Henry DeWolf Smyth, *Atomic Energy for Military Purposes，1940 - 1945：The Official Report on the Development of the Atomic Bomb Under the Auspices of the United States Government*（Princeton，NJ：Princeton University Press，1945），p. 254.

29. 班布里奇被巨大的爆炸弄得心神不宁，但也精神振奋、如释重负。如果核装置没能成功起爆，他会是第一个爬上铁塔检查哪里出了问题的人。See Kenneth T. Bainbridge，"A Foul and Awesome Display，"*Bulletin of the Atomic Scientist*（May 1975），pp. 40 - 46. "狗娘养的"出现在第 46 页。

30. 罗斯福总统声明的全文可参见 Bertram D. Hulen，"Roosevelt in

Plea；Message to Russia, Also Sent to Finns, Decries 'Ruthless Bombing,'"*New York Times*, December 1, 1939。

31. 当地的巴斯克人政府声称，该城市 5000 名居民中几乎 1/3 的人在这次袭击中丧生。实际死亡人数最有可能是 200～300 人，但格尔尼卡市中的绝大部分建筑物被摧毁，德国人发动袭击是为了恐吓平民（站在我们这边，不然这就是你们的下场）。See Jörg Diehl, "Hitler's Destruction of Guernica：Practicing Blietzkrieg in Basque Country," *Der Spiegel*, April 26, 2007.

32. 在超过 75 年之后，在南京大屠杀中遇难的人数依然是一个有争议的问题。中国学者现在一般主张有 30 万～40 万名平民被屠杀，而日本的民族主义者则声称这些估计是"荒谬的"，日军也没有犯下战争罪行。关于该争议的一个标题恰如其分的介绍，可参见 Bob Todashi Wakabayashi, "The Messiness of Historical Reality," in Bob Tadashi Wakabayashi, ed., *The Nanking Atrocity：Complicating the Picture*（New York：Berghahn Books, 2007）, pp. 3 – 28。

33. Quoted in Hulen, "Roosevelt in Plea."

34. Quoted in Richard R. Muller, "The Orgins of MAD：A Short History of City – Busting," in Henry D. Sokolski, ed., *Getting MAD：Nuclear Mutual Assured Destruction, Its Origins and Practice*（Carlisle, PA：Strategic Studies Institute, U. S. Army War College, 2004）, p. 34.

35. 历史学家约尔格·弗里德里希（Jörg Friedrich）已经写下一份关于英国人如何用大火摧毁德国的精彩叙述。书中关于武器装备以及用来杀害平民的战略的章节尤其令人难以忘怀。关于汉堡的毁灭及制造火焰风暴的欲望，参见 Jörg Friedrich, *The Fire：The Bombing of Germany, 1940 – 1945*（New York：Columbia University Press, 2006）, pp. 90 – 100；另外一本卓越又令人不安的著作是 Keith Lowe, *Inferno：The Fiery Destruction of Hamburg*（New York：Scribner, 2007）。

36. Cited in Lowe, *Inferno*, p. 276.

37. 关于德累斯顿轰炸所导致的死亡人数一直存在争议，人们估计的死亡人数从 3.5 万到 50 万不等。2008 年，一个历史学家小组得出结论，认为实际死亡人数应该介于 1.8 万人到 2.5 万人。Cited in Kate Connolly, "International Panel Rethinks Death Toll from

Dresden Raids," *Guardian*（London）, October 3, 2008.

38. Quoted in Sokolski, *Getting MAD*, p. 34.

39. 受第一次世界大战中徒劳的堑壕战的启发，美国人的轰炸战略力求避免不必要的人员伤亡，并追求仅仅摧毁军事目标，后一个目标在理论上比在现实中更容易实现。对于该战略背后的高尚动机，可参见 Mark Clodfelter, *Beneficial Bombing：The Progressive Foundations of American Air Power, 1917 - 1945*（Lincoln：University of Nebraska Press, 2010）, pp. 1 - 66。

40. 一个关于该"技术奇迹"（一个耗资巨大但从未实现其发明者崇高目标的绝密发明）的妙趣横生的叙述，参见 Stephen L. McFarland, *America's Pursuit of Precision Bombing, 1910 - 1945*（Tuscaloosa：University of Alabama Press, 1995）。

41. 对于到底有多少朝鲜妇女被日本人当成性奴，我们永远不可能知道确切的数字。就像南京大屠杀中中国平民被杀害的数目一样，它也一直是争论的焦点，日本民族主义者声称实际数字很低。一种比较普遍的估计是 20 万人。关于这个问题的一个卓越讨论，参见 You-me Park, "Compensation to Fit the Crime：Conceptualizing a Just Paradigm of Reparation for Korean 'Comfort Women'," *Comparative Studies of South Asia, Africa, and the Middle East*, Vol. 30, No. 2, 2010, pp. 204 - 13。此处的估计数字转引自第 206 页。

42. 死于这些武器的中国人数目将永远不可能知道。根据历史学家杨大庆（Daqing Yang）的研究，在日本投降和美国第一批占领军到达之间的两个星期内，日本官员"系统性地销毁敏感文件达到了史无前例的程度"。尽管如此，最终仍可确定的是，日本人使用了含有芥子气、炭疽、鼠疫、伤寒、霍乱和细菌性痢疾的武器攻击中国平民。See Daqing Yang, "Documentary Evidence and Studies of Japanese War Crimes：An Interim Assessment," in Edward Drea, Greg Bradsher, Robert Hanyok, James Lide, Michael Petersen, and Daqing Yang, *Researching Japanese War Crime Records：Introductory Essays*（Washington D. C.：Nazi War Crimes and Japanese Imperial Government Records Interagency Working Group, U. S. National Archives, 2006）, pp. 21 - 56; and Till Bärnighausen, "Data Generated in Japan's Biowarfare Experiments on Human Victims in

China, 1932 – 1945, and the Ethics of Using Them," in Jin Bao Nie, Nanyan Guo, Mark Selden, and Arthur Kleinman, eds., *Japan's Wartime Medical Atrocities: Comparative Inquiries in Science, History, and Ethics* (New York: Routledge, 2010), pp. 81 – 106.

43. 在整个亚洲范围内惨遭日本人杀害的人数将永远不得而知。许多年来，单单关于中国平民死亡人数的估计就从 1000 万人到 3500 万人不等。尽管这些估计出自中国政府，但它们无疑说明了屠杀规模之巨。Cited in Wakabayashi, *The Nanking Atrocity*, pp. 4, 8.

44. 关于放弃精确轰炸而改用火烧东京的决策，可参见 Wesley Frank Craven and James Lea Cate, eds., *The Army Air Forces in World War II, Volume 5, The Pacific: Matterhorn to Nagasaki, June 1944 to August 1945* (Washington, D. C.: Office of Air Force History, 1983), pp. 608 – 18; William W. Ralph, "Improvised Destruction: Arnold, LeMay, and the Firebombing of Japan," *War in History*, vol. 13, no. 4, (2006), pp. 495 – 522; and Thomas R. Searle, " 'It Made a Lot of Sense to Kill Skilled Workers': The Firebombing of Tokyo in March 1945," *Journal of Military History*, vol. 66, no. 1 (January 2002), pp. 103 – 33。

45. Cited in Craven and Cate, *Army Air Forces in World War II*, p. 615.

46. 这个数字肯定太少了，但实际数字将永远不可能知道。Cited in Ralph, "Improvised Destruction," p. 495.

47. Cited in Craven and Cate, *Army Air Forces in World War II*, p. 617.

48. See John W. Dower, *War Without Mercy: Race and Power in the Pacific War* (New York: Pantheon, 1987).

49. 关于日本六个主要工业城市被摧毁的比例，参见 Craven and Cate, *Army Air Forces in World War II*, p. 643。

50. 陆军航空部队的官方历史称富山市的被破坏比例达到了 "不可思议的 99.5%"。Ibid., p.657.

51. Quoted in Kort, *Columbia Guide to Hiroshima*, p. 200.

52. Ibid.

53. "Notes of the Interim Committee Meeting, Thursday, 31 May 1945" (TOP SECRET/declassified), p. 4; the full document is reproduced in Dennis Merrill, ed., *Documentary History of the Truman Presidency*,

*Volume 1*; *The Decision to Drop the Atomic Bomb on Japan* (Frederick, MD: University Publications of America, 1996), pp. 22 – 38.

54. "A Peitition to the President of the United States," July 17, 1945; the full document is reproduced in Merrill, *Documentary History of Truman Presidency*, p. 219.

55. Ibid.

56. 许多历史学家，尤其是加尔·阿尔佩罗维茨（Gar Alperovitz），认为杜鲁门总统针对日本使用原子弹主要是将其作为恐吓苏联的一种手段。我觉得这种说法没有多大的说服力。See Gar Alperovitz, *The Decision to Use the Atomic Bomb* (New York: Vintage, 1996).

57. Quoted in D. M. Giangreco, " 'A Score of Bloody Okinawas and Iwo Jimas': President Truman and Casualty Estimates for the Invasion of Japan," *Pacific Historical Review*, vol. 72, no. 1 (February 2003), p. 107.

58. Ibid., pp. 104 – 5.

59. 冲绳战役中美国士兵的伤亡率是35%。Cited in Richard B. Frank, *Downfall: The End of the Imperial Japanese Empire* (New York: Penguin, 1999), p. 145.

60. 计划进攻九州岛的"奥林匹克行动"（Operation Olympic）将使用的部队人数为766700人，而进攻本州岛的"小王冠行动"（Operation Coronet）则计划使用1026000人。Cited in ibid., p. 136.

61. Quoted in ibid., p. 143.

62. Quoted in Michael D. Pearlman, *Unconditional Surrender, Demobilization, and the Atomic Bomb* (Fort Leavenworth, KS: U. S. Army Command and General Staff College, Combat Studies Institute, 1996), p. 7.

63. Quoted in Stephen Walker, *Shockwave: Countdown to Hiroshima* (New York: Harper Perennial, 2006), p. 122.

64. See "Letter from J. R. Oppenheimer to Lt. Col. John Landsdale, Jr., September 20, 1944," quoted in ChuckHansen, *The Swords of Armageddon*, vol. 7 (Sunnyvale, CA: Chucklea Publications, 2007), p. 30.

65. See "Memorandum for: General L. R. Groves, Subject: Summary of

Target Committee Meetings on 10 May and 11 May 1945," May 12, 1945 ( TOP SECRET/declassified ), reproduced in Merrill, *Documentary History of Truman Presidency*, pp. 5 – 14.

66. Ibid. , p. 9.

67. Ibid.

68. See Craven and Cate, *Army Air Forces in World War II*, p. 716.

69. Quoted in Martin J. Sherwin, *A World Destroyed*: *Hiroshima and Its Legacies* (Stanford, CA: Stanford University Press, 2003), p. 231.

70. See Walker, *Shockwave*, pp. 213 – 17.

71. 估计留下的人数从 245423 人到 370000 人不等。See Frank, *Downfall*, p. 285.

72. 对温度的估计从 3000℃ 到 9000℃ （或者 5432℉ 到 16232℉） 不等。Cited in "The Effects of Atomic Bombs on Hiroshima and Nagasaki," U. S. Strategic Bombing Survey, June 19, 1946, pp. 31 – 32.

73. 物理学家哈罗德·阿格纽 （Harold Agnew） 向我描述了这次爆炸的情形，当时他正位于"伊诺拉·盖伊"号身后的一架飞机中。阿格纽拍下了蘑菇云升上天空的影像，捕捉到了这次核爆炸中唯一的动态图像。

74. Interview with Bob Peurifoy.

75. Ibid.

76. 根据美国战略轰炸调查团 （U. S. Strategic Bombing Survey） 在广岛和长崎被摧毁之后进行的一项研究，其认为"由于轰炸后的混乱状况，准确的伤亡人数将永远无法得知"。该研究估计广岛的死亡人数在 7 万人至 8 万人。根据历史学家理查德·弗兰克 （Richard Frank） 的研究，广岛市的警察部门估计死亡人数约为 7. 8 万人。另外数千人在接下来的数月或数年中陆续死亡。See "The Effects of Atomic Bombs," p. 15; and Frank, *Downfall*, pp. 285 – 87.

77. 根据日方的估计，广岛市 9 万栋建筑物中的 6. 2 万栋被摧毁，占比 69%。另有 6. 6% 受损程度相当严重。Cited in "Effects of Atomic Bombs," p. 9.

78. 爱因斯坦关于物体的质量转化为等量能量的方程式 （E = MC$^2$）

帮助解释了为何如此小的物体能够产生如此巨大的爆炸。爱因斯坦发现，物体能够释放的能量，等于该物体的质量乘以光速的平方。由于光速为每秒 18.6 万英里（约为每秒 30 万千米），这个等式很容易得出巨大的结果。0.7 克的估计是根据"小男孩"中铀 - 235 的含量，以及假设其爆炸当量为 15 千吨。越初级的核武器的威力越是难以估计。摧毁广岛市的铀 - 235 的量只有一颗胡椒粒或一颗猎枪弹（直径一般为 4.6 毫米）那么大。非常感谢鲍勃·佩里弗伊（Bob Peurifoy）帮助我理解了核武器的潜在当量与它的效率之间的关系。

79. 根据美联储的信息，1 美元纸币重 1 克。

80. See "President Truman's Statement on the Bombing of Hiroshima, August 6, 1945," reproduced in Kort, *Columbia Guide to Hiroshima*, p. 230.

81. Ibid., p. 231.

82. Quoted in "Effects of Atomic Bombs," p. 8.

83. 尽管经过严格的审查，第二年还是发布了一份报告，其中透露了关于安全使用"胖子"的各种挑战。初期的一种组装方法被证明是比较轻率的："由于长长的链条会撞击球体中的雷管，悬空的手拉葫芦是相当危险的。" "Nuclear Weapons Engineering and Delivery," Los Alamos Technical Series, vol. 23, LA - 1161, July 1946（SECRET/declassified），p. 107.

84. Quoted in Rhodes, *Making of the Atomic Bomb*, p. 590.

85. 关于"胖子"最后关头的深夜抢修工作，可参见 Bernard J. O' Keefe, *Nuclear Hostages*（Boston：Houghton Mifflin, 1983），pp. 98 - 101。

86. Ibid., p. 98.

87. 关于飞向长崎途中发生的故障，可参见 Charles W. Sweeney with James A. Antonucci, and Marion K. Antonucci, *War's End：An Eyewitness Account of America's Last Atomic Mission*（New York：Avon, 1997），p. 209 - 10。

88. Peurifoy interview.

89. 关于轰炸广岛和长崎的原子弹的准确当量多年来一直都是争论的主题。测量设备的简陋原始以及美国陆军航空部队关于这些任务的糟糕的文件资料导致了不确定性。广岛原子弹的爆炸威力估计为 6 千吨到 23 千吨。根据洛斯阿拉莫斯国家实验室的最新研究，广岛核弹的爆炸当量为 15 千吨，误差幅度为 20 个百分点。长崎原子弹的爆炸当量为 21 千吨，误差幅度为 10 个百分点。See John Malik, "The Yields of the Hiroshima and Nagasaki Nuclear Explosions," Los Alamos National Laboratory, LA – 8819, September 1985.

90. 1946 年，美国战略轰炸调查团估计长崎的死亡人数超过 3.5 万，次年它就将这一数字提高到 4.5 万。实际死亡人数很可能要高得多，且永远也不可能知道。See "Effects of Atomic Bombs," p. 15; and Frank, *Downfall*, pp. 285 – 87.

91. 在长崎的 5.2 万栋住宅中，27.2% 被完全摧毁，10.5% 有一半被烧毁或摧毁。Cited in "Effects of Atomic Bombs," p. 13.

92. 关于爆炸的《长崎县报告》引自 ibid。

93. 关于各种因素导致的死亡人数的比例仅仅是推测性的。正如美国战略轰炸调查团指出的，"从理论上讲，其中许多人无疑死亡了好几次，因为每个人都遭受了多种伤害，其中的任何一种都是致命的"。尽管如此，还是有人尝试去计算不同冲击波效应下的死伤人数。Ibid, p. 15.

94. 关于热辐射对人体的影响，可参见 Glasstone, *Effects of Nuclear Weapons*, pp. 565 – 76。

95. 关于这种疾病的恐怖症状及其生还率，可参见 ibid., pp. 577 – 626。

96. 正如迈克尔·科特（Michael Kort）已经指出的，史学争论都集中在以下一些问题上，包括：在广岛被原子弹摧毁之前，日本是否就计划投降？美国知道多少有关日本领导层计划的内容？让日本无条件投降的要求是否合理？对美军进攻日本本土的伤亡率的估计准确吗？是苏联对日宣战，还是两颗原子弹促成了裕仁天皇接受战败？科特的分析可见于 *Columbia Guide to Hiroshima*, pp. 75 – 116。关于苏联展开对日作战具有决定性效果的观点，可参见 Tsuyoshi Hasegawa, *Racing the Enemy*: *Stalin, Truman, and the Surrender of Japan*（Cambridge, MA: Belknap Press, 2005）。关于是原子弹终结了战争的观点，可参见 Sadao Asada, "The Shock of the

Atomic Bomb and Japan's Decision to Surrender: A Reconsideration," *Pacific Historical Review*, vol. 67, no. 4, (November 1998), pp. 477 – 512。关于美国军方对更多原子弹可能用于日本的关切，可参见 Barton J. Bernstein, "Eclipsed by Hiroshima and Nagasaki: Early Thinking About Tactical Nuclear Weapons," *International Security*, vol. 15, no. 4 (Spring 1991), pp. 149 – 73。关于这些议题的全面而复杂的探讨，可参见 Frank, *Downfall*, pp. 197 – 364。

97. 引用自阿南惟几"对部队的训导"的广播。全文可见于 Kort, *Columbia Guide to Hiroshima*, pp. 300 – 301。

98. Quoted in John W. Dower, *Embracing Defeat: Japan in the Wake of World War II* (New York: W. W. Norton, 2000), p. 36.

# 隐　患

　　有那么一会儿，鲍威尔和普拉姆只是站在那儿，惊呆了，低头看着燃料从导弹中喷涌而出，白色的雾气慢慢飘上来，到达第6层、第5层、第4层。

　　啊，我的天呐，普拉姆心想，我们得马上离开这里。

　　鲍威尔用无线电对讲机通知了控制中心。他说，第7层的空气里面有某种白色的乳状物质。这就是他说的一切。

　　马扎罗上尉告诉推进剂输送系统工作组组长查尔斯·海涅曼说，他的人必须马上离开发射井。海涅曼下令让他们撤退并返回防爆区。

　　鲍威尔向普拉姆示意说，咱们走吧。导弹现在笼罩在一片燃料蒸气中，并且白色的雾气正在接近他们所站立的平台。

　　马扎罗感觉有点疑惑。他想知道这种白色物质可能是什么。他想起了当天早些时候发射井中曾进行的维护。这种东西可能是什么呢？在搞清楚到底发生了什么事情之前，他不想通知小石城空军基地的指挥部。马扎罗问海涅曼谁在那附近，以看看他是否知道些什么。

　　这时候高音报警器响了，指挥官控制台上的发射导流槽燃料蒸气警示灯也开始闪烁红光。

　　鲍威尔和普拉姆离开了发射井，然后关上了身后的门。鲍威尔想坐电梯下到发射井的更低层，去查看一下导弹的底部以及评估损坏的程度。但是组长命令他和普拉姆离开过道进入防

57　爆区，后备小组正等在那里。罗杰·哈姆和格雷戈里·莱斯特为他们打开了9号防爆门，让他们进去，然后莱斯特迅速把门关上。在哈姆把门锁上的时候，他俩摘掉了作业服上的头盔。鲍威尔把扳手手柄扔在了地上，然后开始咒骂。

　　马扎罗关掉了警报器。发射导流槽燃料蒸气警示灯这时候亮起来实在是讲不通。当推进剂输送系统工作组给第二级的氧化剂箱加压的时候，它为什么会亮呢？他询问矿业安全设备上显示的蒸气读数，它能够在防爆区的仪表板上显示出来。那里的三个老式仪表上显示了发射井中的蒸气水平。当蒸气的量增加时，仪表上的指针将会向右移动。推进剂输送系统工作组报告说氧化剂蒸气的水平为10ppm（空气中污染物浓度的表示方法之一，意为一百万体积的空气中污染物的体积数。——译者注），而燃料蒸气的水平则为40ppm，基本上是仪表的最大读数。其中一个仪表的读数肯定错了。发射井中不可能同时出现燃料蒸气和氧化剂蒸气，因为这两者一旦混合将引发爆炸。马扎罗想知道哪个仪表的读数是正确的。紧接着，燃料蒸气仪表的指针一直向右猛摆，然后矿业安全设备的读数爆表了。

　　高音报警器再一次响了起来，奇尔德斯抬头看了看。第一次响的时候他忽略了，但现在他意识到肯定是哪里出了问题。此时他正坐在指挥官控制台后面的一张桌子旁边填写表格，为他的学生米格尔·塞拉诺推荐另一次战斗值班。突然，控制台上的指示灯都亮了起来，像棵圣诞树一样。一排排的指示灯不停地闪烁红光。然后奇尔德斯听到有人说发射井里着火了，[1]他从桌子边上站了起来，拿起一份技术手册，从手册上找到了消防检查表所在位置，然后开始核对每一个步骤。现在喷淋指示灯已经亮了，这说明灭火系统已经被自动触发。数千加仑的水正倾入发射导流槽。奇尔德斯按下了地面警报控制按钮，打开了地面上的红色信号灯，并联系了上面的推进剂输送系统工作组。

当他从无线电中听到鲍威尔和普拉姆从发射井中撤离时，艾里克·阿亚拉穿着他的火箭燃料处理者服装设备正站在硬质地面的氮气罐旁边。然后，他听到"发射井着火了"和奇尔德斯下令让地面上的人全部撤离现场的声音。艾里克·阿亚拉和他的搭档理查德·维林赫斯特迅速脱下了身上的作业服。小组的第三名成员大卫·阿德霍尔德此时正坐在大门入口处附近的一辆卡车上，监听着无线电。这辆卡车上有四套备用的火箭燃料处理者服装设备、空气包以及给它们充气的杜瓦瓶，还有一个便携式淋浴。在接到撤离的命令之后，他帮助阿亚拉和维林赫斯特收拾好了作业服。接着所有人都跳上了卡车，留下了另一辆空的小卡车，然后维林赫斯特就驾着车朝大门口开去。白色的云雾从发射井的排气竖井里面飘了出来，就像烟雾从烟囱里面冉冉升起一样。

奇尔德斯打电话给指挥部说发射井着火了，马扎罗此时也正在和小石城空军基地通电话。霍尔德跑下楼来，看到下面乱成一团，然后他就坐在指挥官控制台上。这些亮着的指示灯真的是讲不通——发射导流槽燃料蒸气、发射导流槽氧化剂蒸气、发射导流槽火警警示灯都亮了。可能其中一个是正确的，但不是三个同时正确。霍尔德决定过一遍燃料泄漏检查表、氧化剂泄漏检查表和消防检查表。推进剂泄漏核查的第一步是检查推进剂箱体压力监测装置（PTPMU），控制台上可以显示其读数。它清楚展示了导弹四个箱体的压力水平。霍尔德按下了推进剂

58

箱体压力监测装置的那些按钮，并在记事本中记下了这些数字。出于某种原因，导弹第一级燃料箱内的压力似乎有点低。

现在是晚上 6 点 40 分，也就是高音报警器第一次响起大约 10 分钟之后。罗纳德·富勒也正在核查所有三个检查表。他关闭了防爆波阀（blast valve）——封闭通风系统，将控制中心与外界的空气切断——然后开始在 8 号防爆门附近安装一个便携式蒸气探测器。如果有毒烟雾渗透进来，它会发出警报。

大门处的电话响了，奇尔德斯接了起来。地面上的组员说想离开综合发射场。奇尔德斯替他们打开了大门，然后返回来核查燃料蒸气检查表。他实在是搞不明白发射井的排风扇（purge fan）为什么无法启动。排风扇本应该可以清除井中的燃料蒸气。他不停地按排风扇的按钮，但其没有任何反应。然后他想起来，如果发射井中发生了火灾，排风扇是被禁止启动的，因为它会将新鲜的空气吸入发射井中，从而助长火势。

59　　海涅曼问道："现在我的人能回到控制中心来吗？"[2]奇尔德斯回答说可以。他此前认为将鲍威尔、普拉姆以及其他人留在防爆区会很有用，因为他们可以通过仪表板来监测发射井中的蒸气水平。但他转念想起了当喷淋系统开启时，矿业安全设备会自动关闭，以防止蒸气探测器吸入太多水汽。太多的事情似乎一下子就发生了，让人感觉无能为力。鲍威尔和普拉姆穿着他们的作业服进入了控制中心，而哈姆和莱斯特则只穿着长内衣裤。匆匆忙忙从防爆区出来的时候，他俩把装着作业服的箱子落在了里面。8 号防爆门被迅速关闭并锁上。海涅曼走到了他的人那里，他们在门边挤成一团。

"肯定是哪里出了故障。"奇尔德斯将此话重复了三四遍。[3]

太多的警示灯在同时闪烁。但即使是哪里出了故障，值班人员也必须将其当作真实的危险来对待。奇尔德斯问塞拉诺是否曾在地图上标示过有毒通道。

塞拉诺回答说他上过一堂关于这个的课程。

"好吧，那你来这里，"奇尔德斯说道，"看看我是怎么做的。"[4]

有了地图、指南针、油彩笔和量角器，奇尔德斯开始在地图上标注出燃料云团、烟雾或者氧化剂在室外可能经过的路径。当时的风速几乎为零，这对附近的房屋和农场来说是个好消息，但对值班人员来说则相反，有毒的云雾可能会一直徘徊在导弹发射场的上方。

马扎罗上尉依然在和指挥部通话，那里正在组建一个"导弹潜在危害处理小组"（Missile Potential Hazard Team）。在联队指挥部那边，基地里面最了解泰坦－2导弹的军官和士兵都被叫回来值班：维护和运营监理、安全主管、导弹工程师主管、电气工程师、生物环境工程师以及一个后备导弹战斗值班小组，等等。安全警察（security police，美国空军中的安全警察即所谓的宪兵，主要负责交通管制、犯罪防治和各项调查工作，以及保护机密与敏感性数据，以防止数据内容被未经授权的单位或个人知悉。——译者注）正往家里打电话，然后在教室里面集合。一个"导弹潜在危害处理网络"（Missile Potential Hazard Net）也正在建立——这是个将小石城指挥部、奥马哈战略空军司令部总部的专家、犹他州希尔空军基地（Hill Air Force Base）的奥格登空军后勤中心、路易斯安那州巴克斯代尔空军基地（Barksdale Air Force Base）的第八航空队司令部联系起来的电话会议。指挥部最初的一系列命令之一是向发射场派遣一支

"导弹警报反应小组"（Missile Alarm Response Team，MART）。两个驻扎在附近导弹发射场的安全警察抓起他们的防毒面具，匆匆赶往大马士革。

当富勒在防爆门附近安装便携式蒸气探测器的时候，他无意中听到某位工作人员说起关于掉下的套筒的事情。于是，富勒问他们发射井中到底发生了什么事。听完之后，富勒告诉他们必须将此事报告给指挥官。鲍威尔走上前来，承认是自己掉下了套筒，然后开始哭泣。他描述了套筒是如何掉落和撞击到支承环，以及燃料是如何像水从软管中流出一般从导弹中喷射而出。当他说完之后，房间里陷入了一片沉默。

"天啊！"霍尔德心中如此想道。[5]

马扎罗上尉让鲍威尔来到电话这边准确地告诉指挥部此前所发生的一切。鲍威尔接过电话，然后重复了一遍他此前的描述。事情的细节真是令人难以置信，但是合理的。

一直都有东西在发射井中掉落：螺母、螺丝、螺丝起子、手电筒，以及各种各样的工具。它们经常无害地掉落在发射井底部的 W 形的火焰导向器那里，然后会有人爬下去将它们捡起来。你也有可能在第 2 层的平台处将一个套筒掉下去 1000 次，而它不会从支承环上反弹并击中导弹。即使它真的击中了导弹，它也可能只是在导弹表面砸出一个凹痕，仅此而已，并且没人会知道。

在事故发生半个小时之后，每一个人都意识到他们将处理一次重大的燃料泄漏，也有可能是火灾。技术手册里面并没有关于此种情形的检查表。现在是时候即兴发挥一下了，以弄清楚怎么做才能拯救导弹和里面的弹头，以及身处地下控制中心的那 10 个人。

当西德·金（Sid King）接到阿肯色州克林顿市调频广播电台 KGFL 外景人员打来的电话时，他正在朋友家里吃晚饭。[6] 那个人说，大马士革的泰坦－2 导弹发射井似乎发生了事故，诸如泄漏或是其他什么的。金是 KGFL 的经理和股东，也是该电台的巡回记者。他的朋友汤姆·菲利普斯（Tom Philips）是电台的销售代表。克林顿位于大马士革以北约 17 英里，在 65 号高速公路旁边。汤姆住的地方查克托（Choctaw）则离导弹发射场更近。

赶快去那里看看到底发生了什么吧，金如此提议道。菲利普斯觉得这听起来是个不错的主意。他俩告别了妻子然后上了 KGFL 的移动设备，一辆安装了一个甚高频发射器（VHF transmitter）和一根巨大天线的道奇欧米尼轿车（Dodge Omni）。这辆微型车的绰号"顺风耳"（Live Ear）以及电台的呼号（call letters）被喷绘在了车身两边。

金今年 27 岁，他在普罗维登斯（Providence）长大，那是一座位于大马士革以东一小时车程的小镇，仅有约 100 人。他的父亲是个"万事通"（jack-of-all-trades）：数学老师兼房地产经纪人、理发师，还经营着一家电影院以补贴家庭和小农场之用。金有一个淳朴的小镇童年，但他也梦想着有一天能够离开阿肯色州的乡村去好莱坞追梦。受到作为阿肯色州最初一批电视气象预报员之一的大伯父的鼓励，金进入阿肯色州立大学学习广播电视。在夏天的时候，金是"美利坚合众国多帕奇"（Dogpatch USA）——它是欧扎克（Ozarks）一个以漫画家艾尔·凯普（Al Capp）创作的莱尔·艾布纳（Li'l Abner）及其他角色为特色的游乐园——驻场乐队的鼓手。这个乐队每晚表演好几个小时，主要是演奏迪克西兰爵士乐（Dixieland Jazz）、

61

像《普世欢腾》（Joy to The World）之类的慢摇滚，以及演奏像出自《屋顶上的提琴手》（*Fiddler on the Roof*）的《日升日落》（Sunrise，Sunset）之类的旋律。

在多帕奇的工作充满了欢乐，金大学毕业后在那里找到了一份全职工作。然后，他爱上了同样在游乐园工作的踢踏舞者朱迪·克拉克（Judi Clark）并很快就结了婚。在姐夫的支持下，金开始在阿肯色物色一个合适的地方以开办一家新的广播电台，最后他们选定了克林顿。克林顿是范布伦县县城所在地，位于欧扎克山山脚下，约有1600人，市中心吸引了整个区域的购物者。1977年，KGFL作为一个250瓦特的"日落"电台正式开播，但是它只在白天播放节目。金希望它能够承担起重要的职能，就像一份小镇报纸在一代人以前所扮演的那种角色。KGFL以播放国歌来开始一天的节目，接着播出大约半个小时的福音音乐，然后再转向乡村音乐和西部音乐。上午的时候，电台会播出一档叫"交易站"（Trading Post）的听众互动节目，即一个允许当地听众打电话进来买卖商品的无线电跳蚤市场。下午的时候，当孩子们放学时，电台开始播放摇滚乐，一直到夜幕降临电台停播。金的妻子在电台附近开办了一家舞蹈工作室，教小孩跳爵士舞、踢踏舞和芭蕾舞。舞蹈工作室选址相当棒，位于克林顿市中心唯一的两层建筑物的第二层。

西德·金和汤姆·菲利普斯差不多同岁，他俩在多帕奇相识，菲利普斯在那里扮演莱尔·艾布纳，而且他们都比较熟悉大马士革镇的泰坦-2导弹发射场。KGFL几年前报道过那边发生的一次事故。在1978年1月27日凌晨3点的时候，一辆停在发射场停车场上的氧化剂拖车发生了泄漏。[7]然后发射场人员对拖车进行加热，以保证在寒冷的冬天里氧化剂的温度高于

42 ℉（约 5.6℃）。但是，恒温器突然坏了。于是，加热器使氧化剂的温度升高至超过 100 ℉（约 37.8℃），远超过其沸点，而不是将其保持在 60 ℉。拖车上飘出来一道棕色的烟雾，最终形成了一朵长约 1 英里、宽约 100 码的云。

位于地下控制中心的值班人员对地面上的拖车正在泄漏氧化剂的事毫不知情，直到早上赶来发射场值班的人员发现情况不对之后才拉响了警报，而这时氧化剂已经泄漏 5 个小时之久了。值班小组在路上发现了氧化剂形成的云雾，于是掉头开往大马士革镇，在那边用公用电话通知了指挥部。一个带着作业服的推进剂输送系统工作组乘坐直升机赶到了 374 − 7 号综合发射场。他们堵住了泄漏点，然后朝拖车喷了好几个小时的冷水，以降低氧化剂的温度。住在发射场周边的邻居们对这次事故相当不满。氧化剂云飘到了附近的农场上空，杀死了数十头黄牛，让一位早起挤牛奶的农夫生了病，还让一所当地的小学被迫疏散。后来，当地的农夫们对空军及拖车制造商发起了一场索赔金额高达数百万美元的诉讼。

当金和菲利普斯开着他们的"顺风耳"匆匆经过的时候，范布伦县的警长格斯·安格林（Gus Anglin）正和州警察一起站在 65 号高速公路的路肩上，那里靠近发射井的入口小道。[8]安格林当时 40 岁出头，瘦高而结实，看起来就像那种知道镇上所有青少年名字，了解他们的父母，以及能够恰如其分地让孩子们慢下来、回家或者停下他们正在做的事情的小镇警长。范布伦县除了一些小偷小摸、醉酒闹事以及邻里纠纷，并没有太多的犯罪事件出现。不过，安格林也经常会在大半夜接到电话，然后离家去处理各种各样意想不到的事情。他戴着警徽开着警车，但是一般不会带枪，除非情况看起来需要他这么做。他和

63

其他几位副警长管理着这个县数千平方英里上的治安事务，这使他很长一段时间都无法顾及自己的妻子和两个孩子。安格林觉得有义务亲自接听每一个电话，从细微琐事到那些最紧急的事件。他觉得这是范布伦县警长应该做的事情，这也是他从岳父大人那里得到的经验，他的岳父是上一任警长，还聘请了安格林作为他的副手。

在 1978 年清晨的那次泄漏事故中，安格林不得不疏散了氧化剂云雾经过路线上的所有大马士革镇居民。这次经历让他对空军失去了信心。一开始的时候，空军并不知道发生了什么事情，后来则不愿意告诉他。一次又一次，他都被告知这种红棕色的云雾不会造成严重的威胁。在护送居民们离家的时候，他和他的一位副手不小心吸入了相当剂量的氧化剂。这使他俩的身体都出了毛病。当安格林在路上产生干呕和呕吐的症状之后，他俩随即被直升机空运到了小石城空军基地的医院。几个小时之后，他俩都收到了健康证明，然后就被送回了家。但是接下来的几周，安格林都在头疼并且感觉不太舒服。现在，一根白色的烟柱再次从导弹发射场直冲云霄。再一次，空军的人连个电话都懒得给他打。

金向警长以及州警察打了声招呼，然后他建议大家一起去那边看看到底发生了什么事情。光线越来越昏暗，他们四人沿着入口小路走了过去，寻思着这次到底是怎么回事。他们到达了围栏处，然后在那边停留了一会儿。突然，几位空军安全警察不知道从哪里冒了出来，手里拿着 M – 16 步枪，并且质问他们在那里做什么。

安格林回答说："我是这个县的警长。看起来你们这里又出现问题了。我们只是想弄清楚我们需要做什么。我们需要疏散居民吗?"[9]

一位安全警察回答道:"不,不用,一切都在我们的控制之中。"[10]小石城的指挥部已经掌控了局面。

安格林和州警察掉头开始朝来时的路走去。警长看上去并　64
不高兴。金开始朝安全警察连珠炮似的提问:这里到底出了什么问题?那是烟雾吗?是不是着火了?其中一位安全警察正打算回答,然后他问金和菲利普斯是不是警长的同事。金回答说不是,他们是 KGFL 的人,这位安全警察直截了当地回答道:"先生,请你马上滚开!"[11]

当他们朝自己的车走去的时候,这两位年轻人都笑了。菲利普斯说:"哥们儿,那家伙看起来心情不太好啊。"[12]他俩决定沿着高速公路在这附近逗留一会儿,看看接下来会发生什么。不过他们首先得向电台发条消息。欧米尼轿车上的发射器还没有强大到能在 65 号高速公路附近的山里向电台发送消息的程度,于是他俩决定将车开到山顶上。金让电台的技术人员赶紧联系小石城里美国联合通讯社(Associated Press)以及美国广播公司(ABC)下属的 KATV,并告诉他们大马士革镇的导弹发射场出事了。接着他们将车开下了山,停在入口小道附近,然后等在那里。

奇尔德斯和霍尔德轮流坐在指挥官通常坐的那个控制台前。马扎罗站在另一个控制台前,或者在房间里来回踱步。他是他们这群人所遇到的最优秀的战斗值班小组指挥官之一,但是现在他看起来似乎心神不宁。每过几分钟,他们中的一个人就会按下"风险警报逻辑复位"(Hazard Alert Logic Reset)按钮。它的作用是关闭那些出现故障、提示一个不存在的问题的警示灯。在鲍威尔承认掉下了套筒不久后，这个复位按钮就被按下了，发射导流槽氧化剂蒸气的警示灯随即熄灭了。这就确认了奇尔德斯和霍尔德此前的怀疑：氧化剂没有泄漏。现在至少有一个隐患可以排除了。他们知道第一级的燃料箱正在发生泄漏，燃料蒸气正在发射井中四处游走。但是，真的着火了吗？

65 　　霍尔德认为，一旦箱体破损，燃料蒸气就开始与发射井中氧化的铝制工作台发生反应。他不认为发射井中发生了熊熊大火，更可能是在阴燃的小火，但温度足以触发火灾探测器。地面上的推进剂输送系统工作组此前给出了关于从排气孔排出烟雾的相互冲突的报告，一开始将其描述为白色烟雾，之后又说是"绿色烟雾"。[13]奇尔德斯认为这纯粹就是一起简单的燃料泄漏，只是此前有人认为它是火情而已。燃料蒸气很容易被误认为烟雾。不过，他没有办法解释为什么火灾探测器会被触发。火灾探测器是一种含有会在140℉（约60℃）的温度下熔化的金属条的机械装置，它们应该是相当可靠的。可能是风险预警电路发生了故障，在探测器实际上没被触发时错误地显示它们已经被触发了。无论如何，发射井中的喷淋系统都会发挥作用。水将会稀释燃料，使它更加不容易被点燃和引爆。并且即使里面有处阴燃的小火，水也可以将其灭掉。

　　很快，一些新的问题接踵而至。霍尔德每五分钟都会根据推进剂箱体压力监测装置的显示，记录下第一级推进剂箱体的压力水平。理想的燃料箱和氧化剂箱的压力水平为11.5磅每平方英寸（psi）。事故发生半个小时之后，燃料箱的压力已经降到5.5psi，氧化剂箱的压力却升到了18.6psi。水和燃料在发射井中的混合放出了热量，温度升高使氧化剂箱内的压力不断升高。如果压力太大，氧化剂箱将会破裂，氧化剂也将倾泻而出。

它会与发射井中的燃料混合，从而引发爆炸。

与此同时，泄漏也使第一级的燃料箱中的压力不断下降。箱体上的小孔使燃料可以从箱体里面流出，但空气无法进去。第一级的燃料箱位于导弹的底部，它支撑着导弹的绝大部分重量。泰坦－2 导弹的铝制外壳大约相当于一个 5 美分的镍币那么厚。就像轮胎里面的空气而不是橡胶本身支撑一辆汽车的重量一样，体型巨大的火箭也是以第一级燃料箱中那重达 85000磅的燃料来作为支撑的。理论上，这个箱体在其他箱体全满的时候不应该是空的，除非导弹已经飞离地面数百英里。假如最底部的燃料箱塌陷了，位于它正上方的氧化剂箱也会随之倒塌并破裂。这两种推进剂一旦混合在一起，导弹会立即发生爆炸。

眼下，导弹第一级两个箱体的压力水平正朝着相反的方向发生变化：一个由于温度上升而在不断升高，另一个则由于发生泄漏而在不断下降。当压力水平上升到 25~30psi 的时候，氧化剂箱体有可能会破裂；而当压力下降至 -3~-2psi 的时候，　66燃料箱有可能发生塌陷。

晚上 7 点 30 分，即事故发生一个小时之后，燃料箱中的压力是 2.6psi，而氧化剂箱中的压力则是 18.8psi。

霍尔德建议关闭导弹的电力供应。套筒可能已经击中一块配电板，并且引发火情。但是即使没有发生这种情况，维持发射井中的电力供应也可能产生莫名其妙的电火花，从而可能点燃燃料蒸气。尽管这个建议感觉就像要抓住救命稻草，但霍尔德认为，与其干坐在那里，这正是他们实际能做的。在导弹潜在危害处理小组的帮助下，他们拟制了一个检查表。他们一致同意将向推进剂箱体压力监测装置供电的 13 号断路器保持在打开状态，以继续获得推进剂箱体的压力读数。

正当霍尔德读到检查表的第一句话并准备关掉断路器时，指挥官控制台上的一个灯显示喷淋系统已经停止作业。发射井中牢固水箱的水已经用完了。从理论上说，它本来是可以通过地面上的另一个大水箱来自动灌满的。但是，霍尔德和富勒在上午检查时发现的牢固水箱上那个出了故障的开关，早在几个月甚至几年之前，就有人把连接两个水箱的水管关闭了。大约10万加仑的水被注入了发射井，而另外的10万加仑水依然在地面上。然而，值班小组完全没有办法使用那些额外的水。指示灯显示发射井中的水泵依然在运转，但是什么也没有流出来。由于担心电动马达可能引发电火花，奇尔德斯试着关闭水泵。他一直按那个按钮，但水泵就是没有被关闭。

在大约8点过5分的时候，发射导流槽超高温（Launch Duct Temp High High）警示灯开始闪烁红光。发射井中的温度已经达到80℉（约26.7℃），如果没有冷水继续喷淋，温度将继续升高。此时，燃料箱的压力已经下降到0.4psi，而氧化剂箱的压力到了19.5psi，并且在继续快速升高。

马扎罗上尉请求允许撤离控制中心，但是他的请求被拒绝了。

小石城的导弹潜在危害处理小组提出了一个计划。鲍威尔和普拉姆的作业服还有能够使用大约40分钟的空气。防爆区的那些作业服则还没有被使用过，它们至少还可以使用一个小时。根据小石城的计划，推进剂输送系统工作组的组员将返回防爆区取得作业服，穿上它们，检查矿业安全设备，并报告发射井中的设备放置区域的蒸气水平。如果蒸气水平足够低的话，他们将进入设备放置区，然后打开排风扇。这样也许可以清除掉

67

发射井中的一部分燃料蒸气。

　　这值得一试。富勒、莱斯特和鲍威尔站在 8 号防爆门边上。鲍威尔把手放在按钮上，他解锁了防爆门，莱斯特慢慢地将门打开一条缝隙。防爆区中到处弥漫着朦胧的白色雾气，闻起来像燃料和烟雾。莱斯特猛地关上了防爆门，鲍威尔迅速将其锁上。

　　现在，防爆区中的作业服没用了，它们已经被污染，控制中心也没有足够的用来完成这项任务的作业服了。当工作组进行第一类型（Category Ⅰ）的作业时，安全规则要求至少有两人身着作业服作为后备人员。地面的组员倒是在他们的卡车里装着四套作业服，但是没有人能够通过无线电联系上他们。

　　现在是 8 点 20 分。燃料箱中的压力已经下降到 − 0.4psi。至少压力表上是这么显示的。推进剂箱体压力监测装置并没有标注负的读数，因此实际压力有可能更低。氧化剂箱的压力已经上升到 23.4psi。

　　然后，推进剂输送系统工作组组长海涅曼询问他们是否可以撤离了。

　　奇尔德斯和霍尔德完成了关闭导弹供电系统的工作，而在指挥处那一头，他们也关闭了发射井中的空调系统。虽然空调系统能够降低发射井中的温度，但是它同样可能产生电火花从而点燃燃料。奇尔德斯不想撤离，霍尔德也一样。他们想留在原地，他们是很要好的朋友，于是他俩进行了悄声的讨论，并在应该怎么做上达成了一致意见。马扎罗和富勒的妻子都已经怀孕了，而马扎罗的妻子随时可能生小宝宝。奇尔德斯和霍尔德决定让其他人先离开，而自己留下来克服这个困难。他们志愿留在控制中心，而有人留守在这里是非常重要的。他们两人可以监控推进剂箱体压力监测装置，也可以盯着报警指示灯，甚至是打开发射井井盖。他们对防爆门很有信心。霍尔德说："即使导弹爆炸了，我想我们也会没事的。"[14]

68 　　冲击波的强度是通过它产生的超压来衡量的——高出海平面气压的气压量，用磅每平方英寸（psi）来计量。0.5psi 的超压可以震碎窗户玻璃。2psi 的超压能够破坏木制房屋，8psi 的超压则能够击倒砖墙。泰坦－2 导弹发射井的井盖被设计成能够承受超压为 300psi 的核爆炸。[15]地下的防爆门的防护能力更强大。它们不仅能够保护值班小组成员免于遭受外面核爆炸的影响，也能保护他们免遭发射井内导弹爆炸的损害。从理论上讲，防爆区两侧那两扇巨大的门能够承受的超压为 1130psi。[16]

　　8 点 30 分，即事故发生两个小时之后，导弹联队的指挥官下令让发射场内的所有人撤离。第一级中燃料箱的压力已经下降到 -0.7psi。此时，值班小组的人身安全已经无法得到保证。导弹随时可能发生爆炸。

　　当马扎罗和奇尔德斯往保险柜中塞绝密文件的时候，霍尔德和富勒戴上了防毒面具，下到控制中心的第 3 层去打开紧急逃生通道。这可不是件容易的事情。通道的舱门是一个用大螺丝安装在墙壁上的金属圆顶，他们两人轮流用大棘轮去拧开螺丝。每扳动一次棘轮，盖板就打开一点点。霍尔德摘下了他的防毒面具。他都快喘不过气来了，并且觉得眼下防毒面具也不是必要的。他此前在检查的时候开过几次逃生通道舱门，但是他从来没在狭窄的、10 英尺的隧道中打开过它。隧道通往一架嵌在通风竖井的水泥墙壁上的钢铁楼梯，顺着它往上爬 50 英尺就能够到达地面。

　　由于里面塞进了太多的文件，奇尔德斯没法关上保险柜的大门。指挥部告诉他不用担心，敞开保险柜的门也没事。但是这么做让他不放心。尽管发射钥匙和发射密码被安全地锁在另一个保险柜里面，但是这些文件里面有紧急作战指令清单。如果某人得到了它们，他就有可能推敲出关于如何发出和撤销一道发射指令的大量信息。不过这个问题很快就变得毫无意义。保险柜关不上，所有的值班人员都必须撤离，也没有人能够很快就进入控制中心。

一旦逃生通道被打开，推进剂输送系统工作组的成员们就戴着防毒面具下到第 3 层。导弹战斗值班小组成员则拿起他们的手枪并装入枪套。在离开控制中心之前，他们将听筒从电话机上摘了下来，如此一来在电话那头的小石城的人就能够听到高音报警器、警报器或者便携式蒸气探测器万一被触发时发出的声音。值班小组还将柴油发电机切换至手动挡，如此一来等会儿整个发射场的电源被切断之后，发电机不会自动打开。这是个备用的选择。发射井中设备放置区域的马达和泵依然在运行，因为控制它们开关的断路器在发射井里面。在理想的情况下，值班小组应该将所有可能产生电火花的设备关掉。但是他们已经尽力做了在当前的情况下所能做的一切。他们戴上了防毒面具，然后匆匆地往楼下跑去。

富勒拿着一支手电筒首先进入逃生通道。在这狭窄漆黑的隧道里面，他手脚并用地朝通风竖井爬去。推进剂输送系统工作组和塞拉诺紧随其后，奇尔德斯叮嘱他们照顾好这个新兵。

奇尔德斯说："让他走在你们中间，因为我不想他受到伤害。"[17]

霍尔德跟着他们进了通道。他一度很不想撤离这个地方，但是现在必须得离开了，他迫不及待地想离开这个鬼地方。在

69

楼上的控制中心，非法闯入警报响起了。富勒可能已经到了地面并推开了逃生通道的门，中断了指向通风竖井的雷达波束。雷达组件已经探测到移动迹象并激活了警报，就好像有人正试图进入控制中心，而不是从里面出来。

奇尔德斯穿过逃生通道，留下马扎罗上尉最后一个离开。隧道里面又潮又暗，就像下水道一样，他不得不爬过一处积满锈水的地方抵达通风竖井。奇尔德斯心里有点发怵。逃生梯的横档在竖井较远的一侧，必须穿过竖井才能够到它，里面真的是伸手不见五指。当奇尔德斯往上爬的时候，他在防毒面具里面艰难地呼吸着，也看不清楚梯子。他每爬一级，都会把手伸到头上去感觉另一级，想着要尽快地爬出去，但也害怕会往下滑并摔到竖井的底部。此前在控制中心的时候他们是安全的，但是现在他们则相当脆弱且没有任何防护。在逃生梯的顶端，霍尔德和富勒将他从通风竖井中拉到了砾石地面上。他们三个一起等待着马扎罗，把他也拉了出来，然后就开始往外跑。

外面的风似乎正往东吹，将从排风管道出来的白色云雾往进口处的大门那边吹。于是他们一行人往西跑。推进剂输送系统工作组的人已经找到围栏的活动部分，他们移除了快速释放插销，将其推开。马扎罗、奇尔德斯和富勒跟着他们从围栏的开口处钻了出去，试着绕着发射场跑，以绕过云雾笼罩之处，抵达前门那里。防毒面具可以保护他们的肺，但是燃料蒸气可以通过皮肤被人体吸收。他们绕着围栏跑了大约 3/4 的路程，然后发现风向变了，将白雾朝着他们所在的位置吹来。霍尔德心想，"简直是在开玩笑"，[18] 然后准备跑到离这个地方几英里远的地方。

当托马斯·A. 布洛克史密斯（Thomas A. Brocksmith）军士抵达发射场的入口小道处时，他注意到已经有几位执法官员和记者在那边了。他向范布伦县警长做了自我介绍。布洛克史密斯是现场主管，负责发射场的空军安保工作。警长问他发生了什么事情。布洛克史密斯回答说，现在得到的唯一信息是发射场可能发生了一起意外事故，但是现在没有必要疏散当地居民。大约 20 分钟之后，指挥部命令布洛克史密斯驾车前往发射场。他戴上防毒面具，将他的皮卡开到入口小道上，然后就看到了问题比较严重的一些迹象。灰色的浓烟在 50 英尺高的空中不断翻腾，并且笼罩在入口的大门处。他将卡车停在了围栏周边的开阔地带。发射场空无一人，寂静无声。他环顾四周，想发现一些不同寻常之处。除了烟雾，发射场看起来没有什么不寻常的地方。然后，他听到有人用力拍打卡车的侧门，并且大喊："离开这里，快离开这里。"[19]这个声音吓到了布洛克史密斯，他往门外看，然后看到 10 个头戴防毒面具、身穿空军制服的人。他们费劲地挤上了皮卡，然后布洛克史密斯开着车快速逃离了那里。

在被遗弃的控制中心里，危险警报灯一闪一闪，非法闯入警报一直在响，逃生通道的舱门也大开，而水则从隧道顶部慢慢滴落到水泥地面上。

## 注释

1. "Report, Major Missile Accident, Titan II Complex 374 – 7," Statement of Eric Ayala, Airman First class, Tab U – 4, p. 2.

2. Quoted in ibid. , Statement of Allan D. Childers, First Lieutenant, Tab U – 13, p. 2.

3. Ibid.

4. Ibid.

5. Holder interview.

6. Interview with Sid King.

7. 我关于氧化剂泄漏的描述基于对下列人员的采访：杰夫·肯尼迪（Jeff Kennedy），他当时是小石城空军基地推进剂输送系统工作组的技师；格斯·安格林，那位对泄漏做出反应的警长；比尔·卡特（Bill Carter），他是当地一位遭受烟雾毒害的农场主的代理律师。See also Art Harris, "Titan II: A Plague on This Man's House," *Washington Post*, September 22, 1980.

8. Anglin interview.

9. Ibid.

10. Quoted in ibid.

11. Quoted in King interview.

12. Quoted in ibid.

13. Quoted in "Report, Major Missile Accident, Titan II Complex 374 – 7," Childers statement, Tab U – 13, p. 3.

14. Holder interview.

15. Cited in Stumpf, *Titan II*, p. 101.

16. Cited in ibid. , p. 118.

17. "Report, Major Missile Accident, Titan II Complex 374 – 7," Childers statement, Tab U – 13, p. 4.

18. Holder interview.

19. "Report, Major Missile Accident, Titan II Complex 374 – 7," Statementof Thomas A. Brocksmith, Technical Sergeant, Tab U – 9, p. 1.

# 第二部分
# 机械控制

# 最好、最大、最多

终于，汉密尔顿·霍尔特（Hamilton Holt）世界和平的梦
想似乎触手可及。[1]几十年来，他和一个又一个民间团体一起努力，试图终结国家、种族和宗教之间无休止的冲突。作为一名出身富人之家的耶鲁大学毕业生，在第一次世界大战爆发之前他曾与安德鲁·卡耐基（Andrew Carnegie）一起在纽约和平学会（New York Peace Society）亲密地共事过。霍尔特积极拥护美国和平学会（American Peace Society）、世界和平基金会（World Peace Foundation）、强制和平同盟会（League to Enforce Peace）、国际联盟（League of Nations）、调解国际（Conciliation Internationale）、美国国际法学会（American Society of International Law）。他也是全国有色人种协进会（National Association for the Advancement of Colored People）的创始人之一。他主编了一份革新性报纸，参与了1924年参议员竞选但最终大败，次年即成为罗林斯学院（Rollins College）的校长，并在那里创造了一套独特的教育体系。讲课被取消了，教师由学生们来决定是否录用。不过，校园生活并没有终止他在裁军方面的努力。20世纪30年代，霍尔特在佛罗里达州温特帕克（Winter Park）市罗林斯学院的校园内建立了一座和平纪念碑，其造型是石质基座上放置着一枚一战时期的德军炮弹。霍尔特撰写的碑文的开头是："停下，匆匆过客，并羞愧地低下你的头……"[2]

　　1946 年春天，霍尔特在罗林斯学院主持召开了一场关于世界政府的会议。世界政府的想法一直以来都被认为是不切实际和天真的，但现在被广泛认为是至关重要的。欧洲的大部分地区、俄国、中国以及日本，满目疮痍，废墟遍地。在最近的这场世界大战中，5000 万人付出了生命的代价。[3] 美国的城市得以幸免——最开始的时候，原子弹横空出世的惊人消息激发了将快速打败日本的信念，以及美国人知道如何做到这一点的自豪感。然后，这个消息背后的暗示逐渐被人了解。美国陆军航空部队司令亨利·H. 阿诺德（Henry H. Arnold）警告大众说核武器的"破坏性超出能够想象的最疯狂的梦魇"，[4] 某一天它可能安装在导弹上，通过雷达的指引，瞄准美国的城市。这样的攻击一旦启动就不可能停止。尽管美国以前所未见的经济和军事力量从战争之中崛起，但是它突然感觉比历史上的任何时候都更加脆弱。哥伦比亚广播公司记者爱德华·R. 默罗（Edward R. Murrow）指出："历史上几乎从未有过一场战争结束后，它的胜利者会有一种如此不确定的和恐惧的感觉，以及一种未来很模糊且生存难以确定的认识。"[5]

　　就在原子弹轰炸广岛和长崎几周之前，汉密尔顿·霍尔特出席了创立联合国的旧金山会议（San Francisco Conference）。但是，霍尔特认为，联合国并不是一个真正的世界政府。它只是另一个主权国家的联盟，注定要失败。那些参加了罗林斯学院会议的人同样持有这种看法，而且他们并不是一群狂热的激进分子。那些在霍尔特的"致世界各国人民呼求书"（Appeal to the Peoples of the World）上签名的人有俄亥俄州标准石油公司董事长、全国制造商协会主席、三位参议员、一位最高法院法官、一位众议员，以及爱因斯坦。呼求书呼吁联合国大会要转变成一个世界政府的立法机构。[6]联合国大会将授权禁止大规模杀伤性武器，对此类武器进行视察，以及运用武力来执行国际法。呼求书最后总结道："我们相信这些是一个世界政府能够避免原子时代的另一场战争的最低要求。"[7]

就在罗林斯会议的那几周之内，一本要求对原子弹进行国际控制的论文集成为《纽约时报》的畅销书。它的名字是《统一世界或毁灭世界》（*One World or None*）。几个月之后，一项民意调查发现，54%的美国民众希望联合国变成"一个有权力控制世界上所有国家——包括美国——的武装部队的世界政府"。[8]

在相当大的程度上，就连美国军方也认为原子弹应该被禁止或者被置于某种形式的国际托管之下。阿诺德将军是《统一世界或毁灭世界》的作者之一。他一直是战略性空中力量的主要支持者之一，并且监督了美军对德国和日本的轰炸。他已经为身上背负的巨大压力付出了代价。在战争期间，他遭遇了四次心脏病发作，而他的论文也是在退休之前所做的最后一份公开声明。他写道，原子弹的吸引力其实只是一个简单的经济学问题。它们降低了"毁灭的成本"，[9]使毁灭"非常便宜且容易"。[10]过去发动一次空袭需要500架轰炸机，而现在只需要1架。相较于重建城市所需要付出的代价，原子弹那是一点也不贵。唯一想象得到的针对此种武器的防御措施是威慑战略，即威胁将在遭到敌人的核攻击之后迅速用核武器对其进行报复。阿诺德在论文中总结道："一个更好的保护措施是发展出足够强的控制措施和保障措施，全方位地防止它们被使用。"[11]

接替阿诺德成为美国陆军航空部队司令的卡尔·A. 斯帕茨（Carl A. Spaatz）将军是世界政府的公开支持者。最近成立的战略空军司令部的司令乔治·C. 肯尼（George C. Kenney）将军花了大部分的时间与联合国军事人员打交道。曼哈顿计划的军方领导人、坚定的反共反苏分子莱斯利·格罗夫斯将军则认为，原子弹的"存在应该使得战争不可想象"。[12]他赞成对核武器进行国际管控，并且对试图制造核武器的国家施以严厉惩罚。如果没有一种这样的体制，他认为美国只有一种选择。格罗夫斯认为："如果世界上有核武器的话，我们必须拥有最好、最大、最多的。"[13]

76　　在 1945 年 9 月 21 日的内阁会议上，杜鲁门政府的成员们对应该如何利用这种强大的新式武器进行了激烈讨论。对核武器进行国际管控的议题被另一个问题——应该与苏联分享原子弹的秘密吗？——复杂化了。苏联是战时盟友，为了抵抗纳粹德国已经牺牲 2000 多万人，现在拥有强于除美国之外所有国家的军事力量。加拿大和英国都被邀请参与曼哈顿计划，但是苏联甚至都没有被告知这个计划的存在。在即将离任的战争部部长亨利·史汀生致杜鲁门总统的一份备忘录中，史汀生担心将苏联排除于核俱乐部之外会导致"一场破釜沉舟似的秘密的军备竞赛"。[14]他提出了一个安抚苏联的直接措施，即在任何国际论坛之外，作为取缔原子弹的第一步，将与苏联分享原子能的技术信息。否则，苏联人将自己独立研发核武器。史汀生认为，美苏的伙伴关系能够维持世界的长久和平。他告诉总统："让一个人值得信赖的唯一方法，就是你要去相信他。"[15]

史汀生的建议遭到海军部部长詹姆斯·福里斯特尔（James Forrestal）的强烈反对。"我们曾对希特勒这么试过一次，"福里斯特尔说道，"绥靖是不会有回报的。"[16]会议以内阁在是否应该与苏联分享核机密的问题上的意见分裂而告终。几周之后，国务院的一位苏联专家，乔治·F. 凯南（George F. Kennan）从莫斯科的美国大使馆发回了一封长电报，他在其中阐明了自己的意见。凯南写道："在苏联政权的历史上，没有任何一件事情——我要重复的是任何一件事情——能让我们有理由相信苏联现在的当权者，或者甚至是在可预见的将来可能当权的人，在他们认为对我们使用这种（原子）能量将会大幅提高他们自身在世界上的权力地位的情况下，存在片刻的犹豫。"[17]如果没有正式的保证或者严格的控制，给予苏联关于如何制造原子弹的任何技术信息都将可能是"极度危险的"。[18]杜鲁门总统得出了同样的结论，于是事情很快就有了定论。

　　美国人不信任苏联是有理由的。1939年，苏联与德国签订互不侵犯条约之后，纳粹德国很快就侵略了波兰、比利时和法国。两年后苏联又与日本签订了中立条约，然后日本就袭击了珍珠港。在战争期间，苏联又单独对芬兰、波罗的海国家以及波兰发动了突然进攻，随后这些国家数以万计的平民被杀害。[19]在安抚日本外交官并让其相信苏联会在美日之间调解以促使二者达成和平协议之后，苏联在战争即将结束时又进攻并占领了满洲地区（中国东北），可能导致了约30万名日本士兵和平民的死亡。[20]苏联的意识形态也在寻求要推翻像美国之类的资本主义国家。此外，苏联领导人约瑟夫·斯大林，偏执且狂妄自大，"大清洗"导致几十万人被杀。

　　苏联人同样有理由不相信美国。美国曾经武装干涉俄国内战，并且直到1920年都还在派遣军队与红军作战。美国在1933年之前一直不给予苏联外交承认。在二战抗击纳粹德国的过程中美国承受了极小的伤亡，但是它要求在德国占领区政府内发挥与苏联同等的作用。美国政府也有悠久的反对几乎任何形式的社会主义和共产主义的历史。再加上拥有了核武器，它现在成为苏联在欧洲、亚洲以及中东地区发挥影响力的最大的阻碍。

杜鲁门总统决定，在对核武器的国际管控议题得到处理之前，关于原子能的国内政策必须先确定下来。战争部青睐《梅－约翰逊法案》（May-Johnson Bill），它将赋予军队在核事务方面的主导地位。该法案还得到了奥本海默的支持，他在战后名声大噪，被誉为"原子弹之父"。但是这个法案遭到了为曼哈顿计划工作的绝大部分年轻科学家的强烈反对。多年以来，他们恨透了格罗夫斯将军施加的严格的、分割性的保密制度，曼哈顿计划中只有很少的一些科学家被获准知道原子弹将如何被使用。现在，很多科学家都为广岛和长崎的毁灭而懊悔不已。他们认为自己比军队中的任何人都更有资格做出关于原子能的决定，并且警告称《梅－约翰逊法案》的通将会把美国变成一个诡秘的极权主义国家。有一些人仍然对苏联抱有美好的愿景，认为战争部的法案会危及世界和平。总而言之，这场辩论的核心是两种根本不同的看法，即应该由文官还是军人来控制原子弹。

诸如美国科学家联盟（Federation of American Scientists）以及洛斯阿拉莫斯科学家协会（Association of Los Alamos Scientists）的物理学家代表团前往华盛顿特区，在国会作证，撰写社论，发表慷慨激昂的演讲，并且公开抨击格罗夫斯将军。来自康涅狄格州的参议员布赖恩·麦克马洪（Brien McMahon），正处在雄心勃勃的第一个任期，很快就接受了他们的事业。他断言原子弹太重要了，以至于不能将其留在"一个军国主义的寡头"（a militaristic oligarchy）[21]手里。他特别担心格罗夫斯将军不会告诉国会中的任何人美国拥有多少颗原子弹，或者它们被存放在哪里——以及格罗夫斯会拒绝与内阁成员、参谋长联席会议甚至战争部部长分享原子弹的相关信息。杜鲁门总统支持军方基于国家安全的考虑，而坚持将与原子弹储存相关的详细信息列为最高机密的立场。但是在文官控制的议题上，他的立场和那些年轻的科学家是一致的，他支持由参议员麦克马洪发起的那个法案。

麦克马洪的法案，即 1946 年《原子能法》（Atomic Energy Act），在经过稍微的修改之后被国会通过，然后由总统签署生效成为法律。它创立了一个由文官控制的原子能委员会（Atomic Energy Commission，AEC），以及一个由国会监督的原子能联合委员会（Joint Committee on Atomic Energy，JCAE）。军方人员可以在能够为原子能委员会提供建议的联络委员会任职，但是他们不能决定这个机构的政策。

总统有权独自决定美国应该拥有多少颗原子弹，它们应该在什么时候被移交给军方，以及它们是否应该被用来对付敌人。[22] 现在，一个人拥有了这样的权力，他只需要一道命令，就能够剥夺数百万人的生命。隶属于曼哈顿计划的所有实验室、反应堆、加工厂、裂变材料以及原子弹部件都被移交给原子能委员会。至此，对原子弹的文官控制已经成为美国一项由法律牢固确立的原则。但是，这并没有阻止军方几乎立刻就采取措施来削弱它。

———

1946 年 6 月 14 日，在布朗克斯（Bronx）亨特学院的体育馆里，伯纳德·巴鲁克（Bernard Baruch）向一群联合国代表说 79

道："我们来这里是为了在生与死之间做一个抉择。我们必须在世界和平与世界毁灭之间二选一。"[23] 现年 76 岁的巴鲁克是一位优雅、满头银发的金融家，他受杜鲁门总统委托来提出一个对原子弹进行国际控制的建议。"巴鲁克计划"（Baruch plan）呼吁成立一个隶属于联合国的新机构，它将拥有或者控制"所有可能对世界安全造成潜在危险的原子能活动"。[24] 这个机构将拥有视察世界上所有核设施的权力，以此来确保任何试图制造核武器的尝试都将被发现并遭到严惩。这套新的国际控制体系将分阶段实施，并最终使制造、拥有或使用原子弹成为非法行为。巴鲁克说，美国将愿意交出其"制胜武器"，但需要得到比单纯的文字更强有力的"安全保证"（guarantee of safety）。[25]

选择伯纳德·巴鲁克以帮助制订美国的计划，在杜鲁门政府内部是有争议的。许多自由派人士批评巴鲁克年纪太大了，对原子武器所知甚少，对苏联也是疑心重重。巴鲁克计划也遭到包括奥本海默在内的许多人的批评，他们认为这个计划还不够大胆，它强调的是视察和惩罚，而不是与苏联合作。奥本海默支持与苏联分享关于原子能的技术信息以及促进善意的方案。6 月 19 日，苏联给出了它自己的计划。苏联外交部部长安德烈·葛罗米柯（Andrei Gromyko）提出，首先美国应该销毁自己所有的核武器，然后才能就如何防止其他国家获得核武器达成一个协议。苏联的反应确证了自由派人士对巴鲁克计划的怀疑，也确证了保守派人士对苏联的怀疑。

1946 年夏天，将原子弹定为非法的某种形式的国际协议仍然有望达成。尽管苏联抱怨说美国试图延长其核垄断地位，美国的国防政策也很难说是某个帝国主义强权寻求统治世界的那种类型。事实上，美国很快就开始裁减自己的武装部队。美国陆军的士兵人数很快就从大约 800 万人下降到不足 100 万人，[26] 美国陆军航空部队的飞机数目也从近乎 8 万架下降到不足 2.5 万架，[27] 其中只有 1/5 的飞机能够执行飞行任务。[28] 舰船和坦克几乎被永久地拆解了，国防预算被削减了将近90%。[29]

战争结束之后，美国大兵们都渴望回家，恢复他们的正常生活。当复员的步伐看起来很慢的时候，他们在德国占领区内举行了抗议游行。美国人民几乎没有表现出来要建立一个帝国，或者在海外保持强大的军事存在的意愿。尽管战争部试图获得广泛的外国基地，但针对美国的军事挑战的可能性似乎是微乎其微的。美国战略空军司令部副司令圣克莱尔·斯特里特（St. Clair Streett）少将 1946 年 7 月的时候说："我们国家最优秀的战略家认为，现在不存在重大的战略威胁或需求，这样的战略需求在未来三至五年内也不会存在。"[30]

正当对世界政府、世界和平以及对原子弹的国际管控的希望达到顶点的时候，冷战开始了。在纳粹德国这个共同的敌人消失之后，美苏之间的盟友关系开始崩解。苏联对中国东北地区的乘乱打劫，延迟从伊朗撤军，以及对地中海沿岸土耳其领土的要求，使杜鲁门政府极度不安。但是，冷战的根源在德国和东欧，苏联人希望在那里建立一个应对未来入侵威胁的缓冲区（buffer zone）。乔治·凯南告诉美国国务院说苏联人"狂热地"致力于摧毁"我们传统的生活方式"，[31] 而温斯顿·丘吉尔则警告称，随着共产主义和极权统治的扩张，一道横跨欧洲的"铁幕"已经降下。[32]

到 1947 年 3 月，美国与苏联的关系已经变得寒意十足。在向国会发表的一次讲话中，杜鲁门总统宣称将向那些被一个

81　依赖于"恐怖和压迫、受控制的媒体和电台、固定选举以及压制个人自由"[33]的体制威胁的国家提供经济援助。尽管演讲中从未提及苏联，但杜鲁门主义（Truman Doctrine）的目标显而易见。现在，美国郑重宣布要在全世界遏制苏联的势力。几个月之后，当苏联开始阻止己方的盟友通过马歇尔计划（Marshall Plan）获得美国的援助时，东西欧之间的鸿沟越来越大。1948年2月，捷共领导的"二月事件"震惊了美国社会。这次事件唤起了人们对1938年纳粹袭击捷克斯洛伐克、欧洲胆怯的回应以及世界大战接踵而至的一系列回忆。

　　然而，杜鲁门总统强硬讲话的背后并没有一个能够保卫西欧的军事战略作为支撑。在1947年的头几个月，当杜鲁门总统形成他的反共主义的时候，五角大楼并没有一个打击苏联的战争计划，[34]并且美国军队的快速复员似乎也给了苏联在地面战场上的一个巨大优势。当时美国陆军只有1个师驻扎在德国，再加上10个警察团（police regiment），[35]总兵力可能在10万人左右。[36]英国陆军同样只有1个师在那边。[37]而根据美国情报部门的报告，苏军大约有100个师，[38]士兵人数在120万人左右，[39]有足够的能力入侵西欧——并且他们还能在一个月之内动员额外的150多个师的兵力。[40]

　　原子弹很快就成为美国保卫欧洲的战争计划中不可或缺的一个部分，而不是被联合国禁止。1947年6月，参谋长联席会议向杜鲁门总统提交了一份绝密报告，名为《原子弹作为军事武器的评估》（The Evaluation of the Atomic Bomb as a Military Weapon）。该报告的内容中包含了在战争中可能如何使用核武器的最新构想。战后时期的第一次核试验——于头一年7月在马绍尔群岛（Marshall Islands）的比基尼环礁（Bikini atoll）进行［行动代号为"十字路口行动"，包括 7 月 1 日进行的埃布尔（Able）空中核试验和 7 月 25 日进行的贝克（Baker）水下核试验，原定的第三次深水核试验查理（Charlie）因故取消。——译者注］——已经证明这种武器的一些局限性。[41]7 月 1 日试验时使用的核武器是类似于在长崎使用的马克 3 内爆式炸弹，其轰炸对象是一些无人驻守的日军和美军废弃战舰，由于爆心偏离了瞄准点几乎半英里，88 艘战舰中有 83 艘未被炸沉。"一般说来，海上的船只和部队不太可能被视作原子弹的主要打击目标，"[42]该报告总结道，"这种炸弹更应该作为一种针对大型城市和工业区域的人员及其活动的卓越武器。"[43]最重要的是，它是杀伤和恐吓平民的一种极为有用的武器。该报告指出，核攻击将会唤起"人类原始的恐惧"[44]并且"瓦解国家的意志"[45]。原子弹的军事重要性显而易见：它不会被用来打击军队。核武器将被用来摧毁敌人的士气，它最好的一些打击目标是"具有特殊的感情意义的城市"。[46]

尽管参谋长联席会议不太喜欢这些结论，但也认为它们是正确无误的，它们是核时代战略艰难的新现实。假如其他国家也获得了原子弹，它们可能用同样的方式针对美国使用该种武器。这些武器的破坏力如此巨大，以至于针对敌人发动一场先发制人的预防性战争和一次突然袭击的逻辑，可能被证明是难以抗拒的。就像西部传统的枪战一样，只有先开火的人才可能获得核战争的胜利。如果一个国家拥有的原子弹比它的对手少，那么它就有发动突然袭击的特别强烈的动机。出于这个以及其他的一些原因，许多美国高级官员认为应该在苏联获得任何核武器之前对它进行核轰炸。格罗夫斯将军认为，如果"我们是出于冷酷的现实主义考量"，[47]这种方式就将是有意义的。美国

82

空军大学（Air University）校长奥维尔·安德森（Orvil Anderson）将军公开支持对苏联发动进攻。"我不是主张进行先发制人的战争，"安德森告诉一位记者，"我主张戳破幻象。"[48]他认为就是耶稣基督也会赞同将原子弹扔向苏联："我想我可以向他解释称，我拯救了文明。"[49]此后，安德森因为此番言论而被停职。

对首先发动打击的拥护不仅仅局限于美国军方高层。[50]伯特兰·罗素（Bertrand Russell）——那位英国哲学家与和平主义者，曾因反对一战而被监禁——敦促西方民主国家在苏联获得核武器之前对其发动进攻。[51]罗素承认针对苏联的核打击将是恐怖之举，但是"任何事情都要比向其屈服来得好"。[52]温斯顿·丘吉尔同意向苏联人发出最后通牒：将你的军队从德国撤出，否则你的城市将毁于一旦。[53]即便是汉密尔顿·霍尔特，这位和平爱好者、世界政府的热情拥护者、为通过调停和外交以及相互理解来解决争端奋斗终生的倡导者，也不再相信这种方式会起作用。[54]核武器的出现改变了一切，并且苏联不值得信赖。霍尔特说，任何反对联合国管制原子能的国家，"都应该被原子弹从地球表面抹去"。[55]

1948 年春天，参谋长联席会议正式批准了第一个直接针对苏联的紧急作战计划——"半月"（Halfmoon）。[56]该计划假设苏联会由于意外或者误会的刺激而在欧洲发动一场战争。冲突将以美国在一系列陆地战争中失利开始。由于兵力悬殊和无法守住西德领土，美国陆军不得不且战且退，撤退至法国和意大利的港口，然后等待美国海军帮助撤离。苏军将横扫欧洲、中东和朝鲜半岛。第一波战斗打响 15 天之后，美国将通过"原子闪电战"（atomic blitz）的方式发动反击。[57]这一计划开始时要求向苏联扔 50 颗原子弹，后来这一数目增加到 133 颗，打击目标是苏联境内的 70 个大小城市。列宁格勒将遭到 7 颗原子弹轰炸，而莫斯科是 8 颗。[58]这一反击计划背后的理论被称为"灭国理念"（nation-killing concept）。[59]在原子闪电战之后，戴尔·O. 史密斯（Dale O. Smith）上校解释道："一个国家将会死亡，就像一个人被子弹击中心脏后会死去一样。"[60]

"半月"计划的核心目标之一是保卫英国，大部分的原子闪电战都将从英国的空军基地发起。但是，正如美国国防部一位官员警告的那样，此举只会鼓励苏联人对英国发动"毁灭性的、压倒性的攻击"。[61]如果无法使用英国的机场，美国的飞机将被迫使用埃及、印度、冰岛、格陵兰岛、冲绳或阿拉斯加的基地。B-29 和 B-50 轰炸机有限的航程可能需要美军机组人员执行单程的"自杀式"飞行任务。厄尔·E. 帕特里奇（Earle E. Partridge）少将说："这将会是我们所做过的最便宜的事情。一次性派出所有的飞行员、炸弹和飞机。亲吻他们，然后送他们上路。"[62]

1948 年 5 月，杜鲁门总统听取了"半月"计划和原子闪电战的简报。他两个都不喜欢，遂告诉参谋长联席会议准备一个保卫西欧的计划——不能使用核武器。他仍然寄希望于某种形式的国际协议将会禁止这种武器。参谋长联席会议着手制订一个完全依赖于常规部队的紧急作战计划——"橡皮擦"（Eraser）。

一个月之后，苏联人切断了通往西柏林的铁路、公路和水路。杜鲁门现在面临一个艰难的选择。与封锁进行对抗可能导致与苏联开战，但是退缩和放弃柏林又将冒着苏联统治欧洲的风险。德国美占区军政府长官卢修斯·D. 克莱（Lucius D. Clay）决定开始向城中空运物资。杜鲁门总统对此表示支持，但是参谋长联席会议表示了疑虑，担心美国无法处理好与苏联人的军事对抗。在柏林危机期间，"橡皮擦"计划的工作被中止，杜鲁门发布了一系列概述如何使用核武器的指令——并且原子闪电战成为美国应对苏联入侵西欧之举的最可能的回应方式。

这种新战略遭到了乔治·凯南以及国务院其他人的强烈反对，他们提出了关于它的后果的问题。一位官员警告称："此种原子攻击的消极心理及社会后果，危及战后和平的时间可能会长达 100 年。"[63] 但是，对"半月"及其之后的类似战争计划——"弗利特伍德"（Fleetwood）、"双星"（Doublestar）、"特洛伊"（Trojan）和"解索"（Offtackle）——的最强烈的反对意见来自美国海军军官。他们认为，移动缓慢的美国轰炸机有可能在抵达苏联城市上空之前就被击落。他们声称，美国在海外的空军基地很容易遭到苏联的攻击。最重要的是，他们对使用核武器攻击平民目标的想法感到惊愕不已。

海军反对这些战争计划既有伦理上的原因，也有实际操作中的理由。对于从海军航空母舰上起飞的飞机来说，原子弹还是重得难以负载。这一事实也给了新近独立的美国空军在防务经费中的优先权。一个多世纪以来，海军军官们一直认为自己才是美军中的精英。眼下，他们相当不满意空军那咄咄逼人的公关努力、那些贬低海军力量的言论、那些声称远程轰炸机赢得了二战的书籍和文章，以及那些如沃尔特·迪士尼（Walt Disney）的《空中制胜》（*Victory Through Air Power*）之类的宣传电影。在这部动画电影中，伴随着陷入火海的一系列城市的是它的标语："空气中有一阵震颤。"美国海军认为，原子闪电战是一种错误的保卫自由世界的手段，并且五角大楼内部很快就对在欧洲发生的下一场战争应该怎么打爆发了激烈的争论。

期待着能够解决这个纠纷，成为国防部部长的詹姆斯·福里斯特尔任命空军官员休伯特·R. 哈蒙（Hubert R. Harmon）牵头进行一项旨在弄清楚核攻击是否能够打败苏联的研究。1949 年 5 月，哈蒙委员会得出结论[64]认为，美国最新的"特洛伊"作战计划可能削弱 30%～40% 的苏联工业生产能力。[65]它还可以杀死 270 万名平民，[66]并对另外 400 万人造成伤害。[67]这些还只是保守估计，因为它没有考虑 100 多颗原子弹所能够引发的火灾。但是，"特洛伊"计划将无法阻止苏军征服欧洲大陆和中东地区，它也无法导致苏联崩溃。该委员会指出，"对于绝大多数苏联人来说，原子弹轰炸只会证实苏联对外国势力的宣传，激起对美国的憎恨，让这些人团结一心并增强他们战斗到底的决心"。[68]尽管如此，哈蒙不认为存在替代目前战争计划的现实方案。原子闪电战是"快速冲击和伤害"苏联军事努力的"唯一手段"，并且"尽早使用这种手段的优点是巨大的"。[69]

1949 年 8 月 29 日，苏联人在哈萨克斯坦东部的试验场引爆了他们的第一个原子弹装置——RDS－1。[70]这次爆炸的当量为 2 万吨，有充分的理由相信其大致相当于轰炸长崎的原子弹的威力。[71]RDS－1 是马克 3 内爆式炸弹的一种仿制品。尽管美国的决策者们一直在为是否与苏联分享机密的原子弹信息而担心、焦虑和争论不休，一个共产党的谍报网络却渗透曼哈顿计划的实验室，并轻而易举地获得了这些机密。尽管诸如尤里·鲍里索维奇·哈里东（Yuli Borisovich Khariton）之类的苏联物理学家聪明绝顶并且极具创造性，但通过在洛斯阿拉莫斯、汉福德和橡树岭的谍报网络所获得的技术知识，完成这项任务变得更加容易。

86     美国也给苏联提供了运输原子弹的手段。1944 年，3 架美国 B – 29 轰炸机在对中国东北的日军进行轰炸之后被迫紧急降落在西伯利亚。苏联人没收了这些飞机，其中名为"H. H. 阿诺德将军特别"号（General H. H. Arnold Special）的那架飞机被细心地拆解开来。共约 10.5 万个零部件中的每一个都被认真测量、拍照并进行了逆向设计。[72]不到两年的时间，苏联就造出了第一架远程轰炸机图 – 4（Tupolev – 4）。这架飞机几乎和被俘获的那架 B – 29 一模一样，它的机身上甚至也有一个金属补丁，而其位置恰好就是"H. H. 阿诺德将军特别"号曾经修补的那个地方。

苏联原子弹的消息来得真不是时候。格罗夫斯将军曾向美国人民保证，苏联在 20 世纪 60 年代末期之前不可能研制出原子弹。[73]美国刚刚签订《北大西洋公约》，承诺要保卫西欧诸国，而美国的核垄断地位是这一承诺的基础。眼下的情况是，自 1812 年战争以来，北美大陆上的美国本土正首次面临遭受一场毁灭性打击的风险。二战结束后的迅速复员工作，使北美大陆长达一年多的时间里没有一台军用雷达可用来搜寻空中的敌机。[74]迟至 1949 年，美国防空司令部（U. S. Air Defense Command）只有区区 23 台雷达用来守卫其东北部地区，并且它们大多是无法探测到低空飞行的苏联轰炸机的老旧设备。[75]一旦爆发战争，美国城市的安危将依赖于空军下辖的地面观测部队（Ground Observer Corps），即数以千计的用双筒望远镜搜索天空的平民志愿者。

苏联成功研制出原子弹的消息通过在五角大楼内部制造出

的那种混乱感变得更加不祥。由于被压力、睡眠不足和对国际共产主义的恐惧压倒，国防部部长福里斯特尔近来饱受神经衰弱困扰，后来他从贝塞斯达海军医院（Bethesda Naval Hospital）16 层的一个窗户跳下身亡。当新任国防部部长路易斯·A. 约翰逊（Louis A. Johnson）取消建造巨型航空母舰"美国"号的计划时，愤怒的海军军官们散布谣言说空军最新型的远程轰炸机 B-36 有着致命的缺陷。一开始只是兵种之间关于军费开支的竞争，很快演变成了一场关于美国核战略的辛辣、公开的争论。[76]在这场争论中，绝密作战计划被不断泄露给报纸，战争英雄们也互相质疑彼此的爱国之心。

在 1949 年 10 月的国会听证会上，一位接一位的海军高级将领谴责原子闪电战的理念，认为用原子弹轰炸苏联城市不仅是徒劳的，而且是不道德的。他们主张用从美国航空母舰上起飞的飞机，对苏联军队及其补给线进行"精确的"战术轰炸。[77]海军上将威廉·F. 哈尔西（William F. Halsey）将美国空军的新型轰炸机比作用来摧毁中世纪城堡和城镇的攻城器械。"我不相信大规模杀伤非战斗人员的价值，"海军上将亚瑟·W. 雷德福（Arthur W. Radford）作证说，"一场灭绝性的战争可能带来一场皮洛士式的胜利（Pyrrhic Victory，西方谚语，意指代价高昂或得不偿失的胜利。——译者注），但它在政治和经济上是毫无意义的。"[78]对空军的最严厉批评来自海军少将拉尔夫·A. 奥夫斯蒂（Ralph A. Ofstie），此人在战后参观了日本那些被大火烧毁的城市。他将原子闪电战描述为"对男人、女人和小孩的随机大屠杀"。[79]这整个理念都是"残酷而野蛮的"，[80]并且有违美国的价值观念。奥夫斯蒂说："我们必须确保那些军事技术不会剥夺我们的自尊。"[81]

87

海军对战略轰炸的反对——很快就被称为"海军将领的反叛"（revolt of the admirals）——激怒了杜鲁门政府。对欧洲的常规防御看起来不太可能了。国会未能成功更新草案，国防开支被削减，甚至是美国陆军，由于缺乏足够的人力，也支持空军的轰炸计划。通过建造像"美国"号这样的超级航母，海军的道德论点被削弱。这种超级航母大到足够支撑搭载原子弹的轰炸机起飞。参谋长联席会议主席奥马尔·布拉德利（Omar Bradley）将军通过一次引人注目的露面最终在国会终结了这次"反叛"。布拉德利在二战期间因为善于言辞、在陆军中的人性化领导而获得了巨大的尊重，而他为人公正的美誉也让他的证词更有说服力。布拉德利指责海军是在进行对美国文官领导层的"公然反叛"（open rebellion）。[82] 海军将领们都是那种不喜欢遵从命令的浮华之徒（Fancy Dans）[83] 和雄心万丈的殉道者（aspiring martyrs）[84]。对于那种打击城市乃不道德之举的指责，布拉德利则回应说："就我个人而言，战争本身就是不道德的。"[85]

88　　　尽管空军和海军愿意为了如何使用原子弹而打一场让人讨厌的官僚战争，但这两个兵种在谁应该掌控此种武器方面则达成了完全的一致。美国原子能委员会主席大卫·E.利连索尔（David E. Lilienthal）自上任第一天起就持续不断地面对着向军方移交核武库的管理权的压力。参谋长联席会议一再声称，美国最强大的武器应该牢牢掌握在那些可能有一天不得不使用它们的军官手里。在柏林危机达到最高峰的时刻，国防部部长福里斯特尔要求杜鲁门总统向美国空军转交所有的核库存，他警告称如果苏联人发动一次针对原子能委员会存储设施的攻击，美国将会失去防御能力。杜鲁门总统的顾问之一詹姆斯·韦伯

（James Webb）没有被这种论调说服，他告诉利连索尔："那种要将原子弹的监护权交给那些好胜心切、嫉妒心重和不听指挥的兵种，以及为了地位而不停争斗的主意，真是一个可怕的前景。"[86]总统否决了军方的要求，并且公开重申了他对文官管控原子弹的支持。对此，杜鲁门曾在私下解释说，他不想"让某些鲁莽的中校决定什么时间是投下原子弹的合适时刻"。[87]

白宫对原子闪电战的批准赋予战略空军司令部一种独一无二的重要角色：只有它才拥有可以投放原子弹的飞机。"对任何一个胆敢针对美国的未来攻击者来说，毁灭就在不远处，"美国空军一份宣传物警告称，"快速报复是我们的回应，它将以战略空军司令部实施的空中致命一击的形式来实现。"[88]然而，豪言与现实之间存在着一条鸿沟。大规模的复员工作使战略空军司令部外强中干，极度缺乏熟练的飞行员和机械师。[89]在1948年的一次重大演习中，战略空军司令部所辖 B-29 飞机几乎有将近半数未能成功起飞并抵达预定目标上空。[90]围绕着原子闪电战的公众争议掩盖了关键的一点，即美国根本无法发动一次原子闪电战。美国的紧急作战计划声称要使用 100 多颗原子弹对苏联发动反击，但战略空军司令部仅有 26 个飞行小组可以运送它们。[91]其中可能有一半的飞行小组在还未抵达他们的目的地上空时就被击落，而其他小组可能被迫在燃油耗尽后紧急迫降在某地。[92]虽然战略空军司令部的报复可能是灾难性的，但它不会来得很快。据估计，在发动全面核攻击之前，需要 35～45 天的时间来做准备。[93]

战略空军司令部中存在的问题不仅涉及其现役士兵，它的领导班子也不例外。战略空军司令部首任司令乔治·C. 肯尼将军此前的经历很少涉及轰炸机，而他的副司令自 20 世纪 20 年代晚期以来就没在战斗部队服役过。1948 年春，当美苏关系日益紧张起来的时候，查尔斯·A. 林德伯格（Charles A. Lindbergh）受邀来对战略空军司令部的备战状态进行一次秘密评估。林德伯格给出的结论是，士气低落、着陆场高低不平、训练不足、装备维护极差，并且事故频发。[94]在林德伯格的调查结果提交一个月之后，肯尼将军被解除了司令官之职。

接替肯尼的柯蒂斯·E. 李梅（Curtis E. LeMay）将军是一位胆识过人且极具创新精神的官员，二战时他就曾彻底革新了欧洲和太平洋战场上的轰炸实践。作为一名战斗英雄，他被人仰慕、惧怕和崇敬，他的支持者认为他是位伟大的爱国者，批评者则认为他是手上沾满鲜血的刽子手。接管战略空军司令部之后，他很快将该机构转变成致死效率（lethal efficiency）的典范。他创建了一个专事核打击的庞大组织，并赋予它战争史上未曾有过的摧毁能力。李梅的品性、坚忍不拔和世界观不仅塑造了战略空军司令部全新的制度文化，而且影响了美国核运作方式，这种影响甚至延续至今。他那个"铁屁股"（Iron Ass）的绰号，确实名副其实。

柯蒂斯·李梅出生于 1906 年，童年大部分时光是在俄亥俄州哥伦布市度过的。他的父亲是个劳工，做过许许多多不同的工作，其家庭也在俄亥俄州、蒙大拿州、加利福尼亚州和宾夕法尼亚州之间辗转迁移。他的母亲偶尔会去做用人。他一次又一次地成为学校的新生，害羞、局促不安并且经常被人欺负。为了应对家庭生活的这种不稳定和无人管束的状态，李梅学会了自律并且极其勤奋。9 岁的时候，他得到了人生第一份带薪工作：以每只 5 美分的价格打麻雀来喂养一只邻居家的猫。他还送过报纸和电报，尽管学习成绩出众，但他感觉这（用他自己的话说是）"与正常生活脱了节"[95]：其他孩子都在做运动和交朋友，而他则在挣钱和存钱。他高中毕业的时候甚至都从未参加过一次舞会。不过，他已经攒够了钱，足够他支付俄亥俄州立大学（Ohio State University）第一学年的学费。在接下来的四年里，李梅白天在学校上课，从傍晚到凌晨两三点的时候在钢铁厂上班，下班后回家睡几个小时，然后返回校园上 9 点的课程。

在完成土木工程的学业之后，1929 年，李梅加入了陆军航空部队。飞行成为他最喜欢做的事情，然后按照先后顺序是打猎、开跑车和钓鱼。社交则位于这个名单的最后位置。在其他人渴望成为类似一战时"飞行王牌"（air ace）的战斗机飞行员时，李梅认为远程轰炸机将在未来发挥决定性作用。他开始学着驾驶轰炸机，成了美国最优秀的领航员之一，并且演示了飞机可以找到并摧毁海面上的战列舰。1942 年，当李梅领导一个轰炸机群从美国转场飞往英国时，他是那些飞行员中唯一具备飞越大西洋经验的人。

在到达英国之后不久，李梅就开始质疑在白天轰炸纳粹时所采取的战术。为躲避重型防空火力，美军的 B - 17 轰炸机常常采取之字形机动；传统观念认为，如果水平直飞超过 10 秒钟就会被击落。但是，这种规避动作经常使投下的炸弹偏离目标。在对速度、距离和射击速率进行过几次直到深夜的演算之后，李梅提出了一种全新的方法。飞机在直飞时要比进行之字形机动时速度更快，他意识到，由此飞机暴露在敌军火力之下的时间也将更短。他设计了一种"战斗盒子"（combat box），即一种由 18 ~ 21 架轰炸机组成的飞行编队，它可以最大化轰炸机的投弹和防御敌方战斗机的能力。当他手下的人质疑这种直接朝

90

敌人防空火力网飞去的理念时，李梅告诉他们，他将驾驶长机（lead plane）——飞行编队中最有可能被击落的那架。

1942 年 11 月 23 日，在对位于法国圣纳泽尔（Saint-Nazaire）作为纳粹铁路调车场和潜水艇修藏坞（submarine pen）进行最后进场（final approach）的过程中，李梅的轰炸机飞行编队的 B – 17 水平直飞了整整 7 分钟。没有一架飞机被防空火力击落，轰炸精度也得到了极大的提升。几周之内，李梅在第一次战斗任务中所运用的战术就成了在欧洲的每一个美国轰炸机机组的标准操作程序（standard operating procedure）。

李梅作为一名指挥官的最大优势不在于对敌人历史、政治或心理等方面的精妙把握，而在于他对人与机械之间互动的关注，这是一名工程师所设计的战争愿景。他同样深切地关心手下人的安全与士气。战略轰炸需要一种特殊形式的勇气。[96]不像那些独自飞翔在天空、自由地追逐目标的战斗机飞行员，轰炸机机组成员之间必须紧密协作，遵循一条指定的路线，并且保持编组队形。当高射炮炮弹在飞机周边爆炸开来，敌方战斗机也在试图将己方飞机击落的时候，从初始瞄准点到目标之间的那 7 分钟是可能引发无助感和纯粹的恐惧等感觉的。美国轰炸机机组成员的死亡率是相当高的，在完成他们的服役期前，超过一半的人会在轰炸行动中死去。[97]

柯蒂斯·李梅一点也不平易近人和讨人喜爱。他为人粗暴、毫不客气、冷若冰霜、不善交际、沉默寡言，像得了贝尔氏麻痹症（Bell's palsy，也叫面神经麻痹或面神经炎，即俗话说的"面瘫"。——译者注）似的永远眉头紧皱，嘴里还老是叼着一根没点燃的雪茄。但是，通过拒绝容忍无能和尽一切努力保证他们活下去，他也获得了手下人的衷心拥戴。他在战争中某些

（左侧页边）91

最危险的任务里驾驶长机，身先士卒地展现勇气，而不是单单要求手下人勇敢行动。在这些任务中，他就像一名指挥冲锋的传统骑兵军官一样，勇敢无畏。

36 岁的时候，李梅成为美国陆军中最年轻的将军。1944 年夏天，他从欧洲转场到亚洲帮助打击日本。尽管当时已经开始小规模地使用燃烧弹，李梅还是下令要 "用燃烧弹攻击东京"。他的一位副手解释道："如果我们能够点一把火的话，日本将会熊熊燃烧。"[98]

李梅几乎参与了这个计划的每一处细节，从挑选炸弹的混合物——能产生高温的镁，可以飞溅的凝固汽油——到选择能够引发火焰风暴的炸弹类型。他希望燃烧弹轰炸能够摧毁日本人的意志，避免美国登陆作战，迅速结束战争，并挽救美国士兵的生命。李梅认为，大规模的平民伤亡是不幸的，但如果战争继续久拖不决将造成更大的伤亡。一个接一个的日本城市被摧毁，这完美地符合了他运用军事力量的宗旨。"我来告诉你战争的真面目是什么，"李梅说过，"你必须杀人，当你杀得足够多的时候，他们就会停止战斗了。"[99]

李梅在管理和后勤方面的才能让他成为领导战略空军司令部的理想人选。他最近的任务是组织柏林空运，但他也知道很多关于原子弹的事情。他曾参与 "小男孩" 和 "胖子" 的投掷准备工作，之后成为曼哈顿计划的军事顾问，在比基尼环礁核试验期间监管负责投炸弹的飞机，然后作为空军负责研发事务的副参谋长协助制订原子闪电战计划。李梅认识到了核武器的毁灭能力，但一点也没有被它们吓到。"我们先是在东京烧焦、煮熟和烘烤死许多人，"他后来回忆道，"然后在广岛和长崎让许多人变成了蒸气。"[100]他并没有因为杜鲁门决策的道德性而寝食难安。杀戮就是杀戮，不管你用的是石头、刀子，或者是原子弹。李梅被任命为战略空军司令部司令向苏联人发出了一个明确的信息：如果有必要，美国将毫不犹豫地打一场核战争。

1948年秋天，在到达内布拉斯加州奥马哈的战略空军司令部总部之后，李梅被他自己的发现激怒。如果战争来临了，轰炸机机组人员对他们的目标是什么一无所知。领航员缺乏最新的地图，飞行员在起飞之前几乎不查阅检查表。作为一次演习，李梅命令全国所有的战略空军司令部轰炸机机组成员在夜间对俄亥俄州代顿（Dayton）的赖特机场（Wright Field）发动一场模拟攻击，条件类似于他们可能在苏联上空遇到的那种——高海拔、厚云层。许多飞机甚至都没有抵达俄亥俄州的任何地方，更不要说有哪枚炸弹命中了目标。那些确实瞄准地面上的反光器并做出模拟投掷原子弹的投弹手，平均偏离赖特机场2英里。李梅将之称为"大概是美国军事航空历史上最黑暗的一夜"。[101]

93　　战略空军司令部的高层军官被解职，李梅用那些轰炸德国和日本的老兵取而代之。他希望创造出一种相似的团队精神（esprit de corps）。职务晋升并不针对个人，而是整个飞行小组，有时候甚至是当场提拔。当某个人搞砸时，小组的其他成员同样要付出代价。军官们会因为事故和无心之过而丢掉工作。李梅解释道："我无法区分无能和不幸之间的差别。"[102] "标准化"成为战略空军司令部的口号，通过手册、检查表和判定任务是否成功的一系列标准，它被像咒语一样重复和坚定执行。具有团队精神的人会得到奖赏，而标新立异者和不听指挥者则被鼓励另谋高就。李梅想让战略空军司令部像现代轰炸机这种复杂的机器一样流畅地运转。"每个人都是一个连接器或是一根管道；每一个组织都是晶体管的管壁、压缩机的电池，"他在回忆录中写道，"所有的地方都必须擦得闪闪发亮，不许出现锈迹。时刻保持警惕。"[103]

在日本人无条件投降数个小时之后，李梅曾在被他管辖飞机摧毁的城市上空低飞。这次经验确证了他的信念，即美国需要一支占据压倒性优势的空军力量，要使没有敌人胆敢发动突然袭击。珍珠港事件之后，美国花了数年时间才动员起全部战争潜力。核武器消除了这一选项。如果不能够迅速发动反击，那将永远不会再有机会发动。李梅希望战略空军司令部的每一个人都有强烈的忧患意识，要时刻做好战争准备，而不是等到下周或者明天——要觉得"我们现在就处于战争状态"。[104]他的目标是建立一个能够用基地位于美国的飞机攻打苏联并且立刻就能投递所有核武器的战略空军司令部。战略空军司令部的轰炸机机组成员不断训练，并时刻准备着这种全力攻击。他们对美国境内每一个人口超过 2.5 万人的城市发动模拟攻击，练习在午夜向城市目标投下原子弹。旧金山市曾在一个月内就被"轰炸"超过 600 次。[105]

李梅最关心的问题之一是核武器的指挥与控制——指导他手下士兵的规则和程序的系统；由雷达、传感器，以及能够让信息在总部和机场之间往返传达的通信线路组成的网络；能够防止意外引爆和准许特意引爆的机制——所有这些被设计用来确保命令能够准确下达、接收和执行。为了报复突然袭击，你需要知道一次这样的袭击已经发动了，你需要与自己的军队分享这个消息并且确保他们能够立即做出回应。指挥与控制一直以来都是战争中的关键因素。但在一场核战争中，由于需要在几分钟之内做出决策并且武器能够在瞬间摧毁城市，这些管理系统的可靠性对胜利和毁灭来说就是至关重要的。指挥与控制系统的崩溃可能导致无法发动一次核攻击，或者错误地下达一则发动攻击的命令。

李梅认为战略空军司令部应该控制美国所有的原子弹，并且选择它们的目标。这样的安排将通过创立一个统一的指挥链而使事情更加简单，它将赋予一个军事组织——他的战略空军司令部——巨大的监督权和责任。根据战略空军司令部的主张，核武器将被视为"一种单一的工具……如果有必要，将被一个单一的机构指挥和控制"。[106]陆军、海军和空军中的其他单位不喜欢这种理念。当李梅努力争取对美国核武器的控制权时，他在国防部的对手们正在竭力争取他们自己的控制权，扩大他们的影响力，并限制战略空军司令部的权力。

路易斯·斯洛廷眼下正在洛斯阿拉莫斯的一个实验室"搔弄龙尾巴"，他小心翼翼地把球形的铍壳（beryllium shell）放在一枚马克3内爆式炸弹的钚芯上。[107]铍的作用是中子反射剂，它能够反射中子，增加裂变的数量，进而使组件更接近发生链式反应。盖格计数器的嘀嗒声是一种用声音表征裂变增殖速度的测量方式。斯洛廷知道他自己在做什么。他此前组装过"三位一体"试验的钚芯，并且做过几十次和现在所做的类似的临界试验。一位同事曾要求观看怎么做这种试验，斯洛廷临时起意，决定向他演示一番。钚芯看起来就像一颗巨大的灰珍珠，被置于一个闪闪发光的铍壳里面。斯洛廷用一把螺丝刀控制着铍壳的上半部分慢慢往下放——然后，在1946年5月21日下午大约3点20分的时候，螺丝刀滑落了，球形铍壳合在了一块，钚芯立即达到超临界状态（或称瞬发临界），一道蓝色荧光照亮了整个房间。斯洛廷立即将铍壳的上半部分扔在地上，终止了链式反应。但这已经来不及了：他已经吸收到致死的辐射剂量。那个房间里没有人比他自己更清楚这个事实了。

随后几个小时里斯洛廷一直在呕吐，他的双手变得红肿，指甲也变成了蓝色。格罗夫斯将军用军用飞机将斯洛廷的父母从温尼伯（Winnipeg）接来见他最后一面。一个星期之后，斯洛廷去世了，他的死亡过程是极度痛苦的，就像广岛和长崎成千上万的人那样。在他的同意下，他的死亡过程被拍摄了下来，以当作铭记核安全重要性的一个发人深省的教训。在当时身处实验室的那七个人当中，有三个最终也死于辐射引发的疾病。但是，由于斯洛廷脑子转得很快并及时终止了链式反应，他让他们多活了几年。一份关于此次事故的报告后来总结道，在实验室中缺乏任何能快速起效的安全机制时，"斯洛廷就是那个安全装置"。[108]

夺去斯洛廷生命的那颗钚芯之前就已经杀死他的一名助手哈里·达格利恩（Harry Daghlian）。1945 年 8 月，当达格利恩夜里孤身一人在实验室进行试验的时候，一小块钨砖从他手里滑落。钨砖落到了钚芯附近，导致它在那一会儿变得超临界，其释放出的辐射使达格利恩一个月内就去世了。由于它夺去了两位年轻有为的科学家的生命，它得到了一个绰号"恶魔之芯"（Demon Core），后来被放进一颗马克 3 炸弹里面，于在比基尼环礁进行的一次核试验中被引爆了。

斯洛廷的不测是洛斯阿拉莫斯一年之内的第四起临界事故，引起了人们对美国核武器设施管理行动的担忧。汉福德的那些反应堆不仅非常危险，而且很大程度上不能生产出钚。绝大部分曾效力于曼哈顿计划的著名科学家在战后都离开了政府部门。

当世界正准备禁止原子弹之时，制造它们看起来并不是个十分明智的职业选择。

1947 年 4 月，大卫·利连索尔在成为原子能委员会主席之后第一次视察洛斯阿拉莫斯。[109]他被眼前的那一幕惊呆了：简陋的设备、破旧的建筑、糟糕的住房、满是泥泞的土路，更惊人的是，钚芯被存放在冰库的笼子里。利连索尔是个自由主义者，是杜鲁门政府中仅存的新政支持者之一，在大萧条期间掌管田纳西河流域管理局（Tennessee Valley Authority）时他就见惯了农村的贫困场景。但在抵达洛斯阿拉莫斯的第一天，如他后来指出的那样，是"我人生中最沮丧的一天"。[110]对美国的国防事业来说，核武器现在被认为是不可或缺的；利连索尔一度希望自己会看到它们整齐且安全地被存放着，并且可以随时付诸使用。"我们及军方高层认为大量原子弹已经在那里准备就绪，但实际上它们并不存在，"利连索尔随后写道，"并且，能够使我们生产出大量原子弹的那些生产设施……同样不存在。"[111]

美国军械库中原子弹的数目被视为绝密信息，以至于不能让参谋长联席会议知情，甚至不能白纸黑字记录下来。在视察完洛斯阿拉莫斯之后，利连索尔在白宫椭圆形办公室面见了杜鲁门总统，并告诉他在与苏联开战时美国将准备好多少颗原子弹：至多一颗。[112]这枚炸弹尽管还未组装，但在利连索尔看来，"大概是可以使用的"。[113]总统惊呆了。他刚刚在国会里面宣告了杜鲁门主义，发誓要在全球遏制共产主义的扩张。三军将领们正在为核库存斗得难解难分，没有人意识到其实一颗原子弹也不存在。"我们不仅没有一堆，"利连索尔回忆说，"我们连一件存货都没有。"[114]威胁要在苏联入侵西欧时摧毁它，完全就是虚张声势。

96

在他的新墨西哥州之行中，利连索尔也发现缺少能够被培训去制造原子弹的科学家。那些在第二次世界大战末期曾组装原子弹的物理学家、化学家和工程师现在分散在整个美国境内。用奥本海默的话来说，马克3内爆式核弹就是一个"失控的玩意儿"（haywire contraption）[115]，组装起来又难又危险十足。但是，在洛斯阿拉莫斯至少还是有一些科学家仍然知道如何制造出原子弹的。没有人曾费心去保存制造另一枚"小男孩"——那枚扔在广岛的用铀制造的枪式炸弹——所需要的所有技术图纸。[116]炸弹各个组成部分的详细结构从来就没有记录在纸上，这种疏忽，再加上眼下钚的短缺，导致了某些不安。正当人们在洛斯阿拉莫斯的文件堆和储藏室中全面搜寻有关"小男孩"设计的信息时，一位机械师主动提出要演示核弹中的一种铝管是如何锻造的。他直接把金属片缠在了可口可乐的瓶身上。[117]

97

二战结束后，洛斯阿拉莫斯负责制造了那两颗原子弹的引信和发火装置的Z部门，搬到了阿尔伯克基（Albuquerque）附近的一个老旧陆军航空部队基地，该地位于洛斯阿拉莫斯以南一个半小时车程处。Z部门的总部很快被重新命名为桑迪亚（Sandia）实验室，同时，一个名为"武装部队特种武器项目"（AFSWP）的军事机构也落户于此。当马克3炸弹的生产恢复后，这一工作由三个组织完成：洛斯阿拉莫斯制造钚芯和炸药透镜；桑迪亚负责制造武器的其他部分；武装部队特种武器项目则培训军人现场完成核弹组装。时任洛斯阿拉莫斯实验室主任的诺里斯·布拉德伯里（Norris Bradbury）努力推动改进设计方法，试图让原子弹变得更简单、更小、更轻便，并且操作起来更安全。要完成这些改进还需要数年的时间。直到那之前，美国核武器的安全主要依赖于无数的检查表、标准操作程序，以及精益求精的实验室文化。

让布拉德伯里担心的是，如果一架搭载着完全组装好的马克 3 核弹的 B - 29 轰炸机在美国境内坠毁，接下来会发生什么。[118] B - 29 轰炸机一直有较高的事故率——在轰炸长崎的头一天晚上，两架轰炸机在起飞时不幸坠毁在天宁岛机场的跑道上，并起火燃烧。1947 年，武装部队特种武器项目做出决定，马克 3 核弹的最后组装工作必须在美国领土之外进行。这种武器的电子、机械及爆炸性部件的可靠性是未知的，布拉德伯里认为如果轰炸机在起飞阶段坠毁的话，将会对"邻近的一大片区域产生非常严重的潜在危害"。[119]

完全组装好的马克 3 核弹被认为过于危险，以致不能载着它在美国领土上空飞过。但是，对于载着此种核弹在英国领空飞行则没有任何安全限制。在英国的斯卡尔索普（Sculthorpe）和莱肯希思（Lakenheath）皇家空军基地里，原子弹制造设施被秘密建立了起来。[120] 在对苏联人发动攻击之前，美国的 B - 29 飞机将载着部分组装的马克 3 核弹起飞，然后降落在英国的空军基地里。在那里，钚芯将被插入核武器，然后 B - 29 飞机将会朝着苏联境内的目标径直飞去。如果某一架 B - 29 飞机在起飞时坠毁，那么皇家空军基地连同其周边城镇，都会被从地图上抹去。由于预计到了这种可能性，美国空军在诺福克郡（Norfolk）和萨福克郡（Suffolk）的乡村地区寻找可以隐藏原子弹的地方，如此一来，"万一有哪颗原子弹爆炸了，其他的也可以保存下来"。[121]

在武装部队特种武器项目组装一颗原子弹的最初尝试中，一个 36 人小组花了两周的时间才完成这项工作。对于要对苏联的攻击发动迅速报复的计划来说，这并不是个好兆头。通过不断的练习，组装时间最终缩短到了一天。但是，马克3核弹仍有一些固有的缺陷。它是一个手工制作的复杂精密的玩意儿，保质期极短。它的电力系统由一块汽车电池供电，在放入核弹之前要充三天的电。在放进核弹里面之后，这种电池还可以再充电两次，但是一个星期之内就必须更换电池。而要更换电池，就得拆开整颗核弹。核弹的钚芯辐射出太多的热量，如果它被放置在核弹里面的时间过长，就有可能熔化炸药透镜。此外，钚芯里面的钋中子发生器也必须在几个月内就更换一次。到1948年底，美国终于有了可以组装出56颗原子弹的必要部件和钚芯，这足够发动原子闪电战了。[122]但是，武装部队特种武器项目只能在海外部署一个核弹组装小组。[123]要组装完这么一些原子弹需要花费这个小组数月的时间——并且，一根接错的线、一些静电，或者稍有不慎就可能在一瞬间让整个行动化为泡影。

　　当一位来自桑迪亚的招聘人员来到得克萨斯农工大学（Texas A&M）进行校园招聘的时候，鲍勃·佩里弗伊正是一名即将毕业的大四学生。[124]美国的核武器项目正在扩张，它需要工程师。佩里弗伊非常感兴趣。不像他的父亲——一位设计公路、房屋、大坝和其他混凝土结构的知名土木工程师——佩里弗伊被电学深深吸引。诸如雷达、电视、晶体管和计算机之类的最新发明注定要改造整个美国社会。拿了电气工程学位的典型农工大学学生毕业后一般会在达拉斯电力与照明公司（Dallas Power & Light）或其他公用事业公司谋得一份工作。在一个充满神秘色彩并且处于绝密状态的实验室设计核武器，对佩里弗伊来说，这个好像更加有意思。此外，他也是极其热情的爱国者。1952年春天，美国正在打一场战争。由于有斯大林和毛泽

99

东的支持，朝鲜的共产主义政权于两年之前和韩国开战，这场冲突最终导致 200 多万平民死亡。[125]共产主义的威胁不再是假设性的；年轻的美国士兵再一次在海外扛枪打仗，流血牺牲。当桑迪亚向佩里弗伊发出工作邀约时，他欣然接受了。这似乎是一个很好的服务于他的祖国的方式，也能够满足他的好奇心。

刚一毕业，佩里弗伊就和他的妻子芭芭拉收拾好他们在学校中的行李，搬到了阿尔伯克基的一个小出租屋里，那里离实验室不远。他当时才 21 岁，准备好要为国家的战争努力贡献自己的力量，他也很兴奋自己能够得到一份月薪 395 美元的工作。不过在最初的 90 天里，他被迫在桑迪亚的"隔离区"（leper colony）工作，不能进入实验室的机密区域。当联邦调查局在进行背景调查时，他一周花六天时间用铅笔在 IBM 公司的电脑卡上记录天气信息。这不是一个让人兴奋的工作。1952 年秋天，佩里弗伊得到了"身份清白"（Q clearance）的鉴定，这使他能够接触到绝密材料以及进入实验室的研究设施第一技术区（Tech Area I）之内。不过，他在桑迪亚的早期工作并没能让他进入第二技术区，那是由警戒塔和围墙包围着的一组独立建筑。那里是美国第一个原子弹工厂。

几年前在马绍尔群岛进行的试验已经表明，用钚和铀混合制成的"复合"弹芯是可以被引爆的，这终结了五角大楼内部对潜在的裂变材料短缺的担忧。美国可以制造出足够大的原子弹库存。1949 年，桑迪亚开始全面生产一种新型的内爆式炸弹：马克 4。它采用的是复合弹芯，能够在几个小时内被组装好，还可以存放好几个星期；较之此前的设计，它也更加安全。根据最终的评估报告，马克 4 核弹有诸多特点，可以"在所有可预见的情况防止早爆"。[126]直到炸弹从飞机中掉落那一刻开始，

X 单元才会通电，这极大地降低了机组人员的风险。更重要的是，在起飞的时候，弹芯存放在飞机驾驶舱中；飞行在半空中的时候，它才通过一个活门（trap door）被插入炸弹的鼻锥里面。只要弹芯与炸弹的其他部分保持物理上的分离状态，飞机坠毁的时候就不可能会导致一次核爆炸。

手工制造核武器的时代一去不复返了。在桑迪亚，马克 4 现在正在用标准化、可互换的零部件制造出来，它的替代品马克 6 也是一样，后者是一种质量更轻、造型更优美的武器，但其爆炸当量是摧毁广岛的"小男孩"的 10 倍。一旦一枚核武器在第二技术区被组装完毕，它就会被用船运送到埃布尔场（Site Able），那里是原子能委员会在曼扎诺山区（Manzano Mountains）附近的一个隧道式存储设施；或者是得克萨斯州基林（Killeen）的贝克场（Site Baker）；或者是田纳西州克拉克斯维尔（Clarksville）的查理场（Site Charlie）。所有的存储场都位于战略空军司令部的基地附近，如此在紧急情况下便可以将原子弹迅速取出并装载到飞机上。

军方对核武器的需求如此之大，以至于桑迪亚再也无力独自生产了。一个"集成承包商综合体"（integrated contractor complex）[127] 日渐成形，核武器的生产逐渐外包给遍及全美的工厂。钋中子发生器在俄亥俄州迈阿密斯堡（Miamisburg）的孟山都化学公司（Monsanto Chemical Company）制造；炸药透镜由艾奥瓦州伯灵顿（Burlington）的赛拉斯梅森公司（Silas Mason Company）生产；电气组件则由密苏里州堪萨斯城（Kansas City）的本迪克斯航空公司（Bendix Aviation Corporation）负责供应；如此等等。开始时是作为实验室的手工试验，但现在它成了正在成长的产业体系的焦点。那种将原子弹置于国际控制之下的想法，那种要取缔它们的想法，以及世界政府和世界和平的整个理念，现在看起来就是荒谬的幻想。

鲍勃·佩里弗伊被要求帮助重新设计马克 5 和马克 7 的保险和引信装置，这二者都是小得可以用海军飞机搭载的新型核弹。马克 12、马克 13 和马克 15 的相关工作也已经展开，据信马克 15 将是所有核弹里面威力最大的。

## 注释

1. See Warren F. Kuehl, *Hamilton Holt: Journalist, Internationalist, Educator* (Gainesville: University of Florida Press, 1960).

2. 霍尔特撰写的碑文接下来是："这种破坏、折磨和死亡的工具象征着发明者的玷污、制造商的贪婪、政治家的血罪、士兵的暴行、公民扭曲的爱国心、人类的堕落……" 1943 年，和平纪念碑被人破坏和摧毁了。

3. 实际数字将永远不得而知。我选择使用较为保守的估计。See Martin Gilbert, *The Second World War: A Complete History* (New York: Holt Paperbacks, 2004), p. 1.

4. See "General Arnold Stresses Preparedness Need in Statement," *Washington Post*, August 19, 1945.

5. 转引自 Paul Boyer, *By the Bomb's Early Light: American Thought and Culture at the Dawn of the Atomic Age* (Chapel Hill: University of North Carolina Press, 1994), p. 7。默罗广播稿的全文可见于 Edward Bliss, Jr., ed., *In Search of Light, 1938 - 1961: The Broadcasts of Edward R. Murrow* (New York: Alfred A. Knopf, 1967), pp. 102 - 3。"没有人试图评估原子弹与俄国人的宣战对日本人战败产生的相对影响力，"在广岛被摧毁不到一个星期之后默罗补充道，"人们都愿意将这种争论留给历史学家。"

6. See George C. Holt, "The Conference on World Government," *Journal*

*of Higher Education*, vol. 17, no. 5（May 1946）, pp. 227 – 35.

7. Quoted in ibid. , p. 234.

8. Quoted in Boyer, *Bomb's Early Light*, p. 37.

9. H. H. Arnold, "Air Force in the Atomic Age," in Dexter Masters and Katharine Way, eds. , *One World or None: A Report to the Public on the Full Meaning of the Atomic Bomb*（New York: New Press, 2007）, p. 71.

10. Ibid. , p. 70.

11. Ibid. , p. 84.

12. "Memorandum by the Commanding General, Manhattan Engineer District, Leslie R. Groves: Our Army of the Future—As Influenced by Atomic Weapons"（CONFIDENTIAL/declassified）, in United States Department of State, *Foreign Relations of the United States, 1946, Volume 1, General; the United Nations*（Washington, D. C. : U. S. Government Printing Office, 1972）, p. 1199.

13. Ibid. , p. 1203.

14. Henry L. Stimson, "Memorandum for the President, Subject: Proposed Action for the Control of Atomic Bombs," September 11, 1945（TOP SECRET/declassified）, reproduced in Merrill, *Documentary History of Truman Presidency*, p. 222.

15. Ibid. , p. 224.

16. Quoted in Walter Millis and E. S. Duffield, eds. , *The Forrestal Diaries*（New York: Viking, 1951）, p. 96.

17. "The Charge in the Soviet Union（Kennan）to the Secretary of State," Moscow, September 30, 1945, in United States State Department, *Foreign Relations of the United States: Diplomatic Papers, 1945, Volume 5, Europe*（Washington, D. C. : U. S. Government Printing Office, 1967）, p. 885.

18. Ibid.

19. 在 1939 年秋天入侵波兰之后不到一年的时间里，苏联人囚禁并处决了超过 2 万名波兰军官、警察和平民。但在之后 50 多年的时间里苏联一直对此持否认态度。See Anna M. Cienciala, Natalia S. Lebedeva, Wojciech Materski, eds. , *Katyn: A Crime Without*

*Punishment*（New Haven, CT：Yale University Press, 2008）.

20. See Frank, *Downfall*, pp. 325 – 26.

21. Quoted in Peter Douglas Feaver, *Guarding the Guardians：Civilian Control of Nuclear Weapons in the United States*（Ithaca, NY：Cornell University Press, 1992）, p. 100.

22. 历史学家加里·威尔斯（Garry Wills）辩称，给予行政部门无限制权力的决定对美国民主产生了持久和深远的影响。See Garry Wills, *Bomb Power：The Modern Presidency and the National Security State*（New York：Penguin Press, 2010）. 有关这种权力的宪法和法律基础，可参见 Frank Klotz, Jr., "The President and the Control of Nuclear Weapons," in David C. Kozak and Kenneth N. Ciboski, eds., *The American Presidency：A Policy Perspective from Readings and Documents*（Chicago：Nelson-Hall, 1987）, pp. 47 – 58。

23. 关于伯纳德·巴鲁克演讲的全文，可参见 "Baruch Reviews Portent of A-Bomb," *Washington Post*, June 15, 1946。

24. Ibid.

25. Ibid.

26. 1945 年 8 月，美国陆军有超过 800 万名士兵，到 1947 年 7 月 1 日时，只剩下 989664 人——对于获胜之师来说，这是一个速度惊人的复员过程。See John C. Sparrow, *History of Personnel Demobilization in the United States Army*（Washington, D. C.：Department of the Army, 1952）, pp. 139, 263.

27. See Bernard C. Nalty, ed., *Winged Shield, Winged Sword：A History of the United States Air Force, Volume 1, 1907 – 1950*（Washington, D. C.：Air Force History and Museums Program, 1997）, p. 378.

28. Ibid.

29. 1945 年美国的国防开支大约为 830 亿美元，而在 1948 年时则为约 90 亿美元。Cited in "National Defense Budget Estimates for FYH 2013," Office of the Under Secretary of Defense（Comptroller）, March 2012, p. 246.

30. Quoted in Walton S. Moody, *Building a Strategic Air Force*（Washington, D. C.：Air Force History and Museums Program, 1995）, p. 78.

31. 凯南的话出自他那著名的 "长电报"，其全文可参见 "The Charge in the Soviet Union（Kennan）to the Secretary of State," February 22, 1946（SECRET/declassified）, in United States State Department, *Foreign Relations of the United States*：*1946, Volume 6, Eastern Europe*；*The Soviet Union*（Washington, D. C.：U. S. Government Printing Office, 1969）, pp. 696 – 709。

32. 关于丘吉尔首次使用 "铁幕" 一词的演讲全文，可参见 "Text of Churchill's Address at Westminister College," *Washington Post*, March 6, 1946。

33. 关于杜鲁门的演讲，可参见 "Text of President's Speech on New Foreign Policy," *New York Times*, March 13, 1947。

34. 1947 年夏天对苏联境内的潜在目标进行了第一次重大研究。关于美国缺少战争计划的讨论，可参见 L. Wainstein, C. D. Creamans, J. K. Moriarity, and J. Ponturo, "The Evolution of U. S. Strategic Command and Control and Warning, 1945 – 1972," Institute for Defense Analyses, Study S – 467, June 1975（TOP SECRET/RESTRICTED DATA/declassified）, pp. 11 – 14; Ernest R. May, John D. Steinbruner, and Thomas W. Wolfe, "History of the Strategic Arms Competition, 1945 – 1972," Pt. 1, Office of the Secretary of Defense, Historical Office, March 1981（TOP SECRET/RESTRICTED DATA/declassified）, pp. 21 – 22; and James F. Schnabel, *The Joint Chiefs of Staff and National Policy*；*Volume 1, 1945 – 1947*（Washington, D. C.：Office of Joint History, Office of the Chairman of Joint Chiefs of Staff, 1996）, pp. 70 – 75。

35. Cited in Steven T. Ross, *American War Plans, 1945 – 1950*：*Strategies for Defeating the Soviet Union*（Portland, OR：Frank Cass, 1996）, p. 40.

36. 1945 年 5 月时，美国在欧洲大约部署了 200 万人的部队，而两年之后只剩下了 10.5 万人。Cited in "History Timeline," United States Army Europe, U. S. Army, 2011.

37. Cited in Ross, *War Plans*, p. 40.

38. See Schnabel, *Joint Chiefs of Staff, Volume 1*, p. 71.

39. Cited in Ross, *War Plans*, p. 53.

40. Cited in ibid. , p. 33. 一些情报报告声称苏联在欧洲部署了 175 个师，其中 40 个随时准备进攻西德。五角大楼对苏联部队人数的估计相差很大，而且根据历史学家马修·A. 埃万杰利斯塔（Matthew A. Evangelista）的说法，这是故意夸大苏联红军的力量。一个更无辜的动机在于他们希望为最坏的状况做好准备。不管如何，到 1947 年初，美国陆军在欧洲大陆的兵力与苏军相差极大。See May et al. , "History of Strategic Arms Competition," Pt. 1 pp. 37，139 – 41；and Matthew A. Evangelista, "Stalin's Postwar Army Reappraised," *International Security*, vol. 7，no. 3（1982），pp. 110 – 38.

41. 关于这次试验——实际上其名字的灵感来自某位妇女的两件式泳衣——的一个爱国主义色彩浓厚的叙述，可参见 W. A. Shurcliff, *Bombs at Bikini*：*The Official Report of Operation Crossroads*（New York：Wm. H. Wise，1947）。

42. "The Evaluation of the Atomic Bomb as a Military Weapon," Enclosure "A," The Final Report of the Joint Chiefs of Staff Evaluation Board for Operation Crossroads, June 30，1947（TOP SECRET/declassified），p. 12.

43. Ibid. , p. 32.

44. Ibid. , p. 36.

45. Ibid.

46. Ibid. , p. 37.

47. Quoted in Marc Trachtenberg, *History & Strategy*（Princeton, NJ：Princeton University Press，1991），p. 100.

48. Quoted in "The Five Nests," *Time*, September 11，1950，p. 24.

49. Quoted in ibid.

50. 马克·特拉亨伯格（Marc Trachtenberg）提供了一个关于美国人对"预防性战争"（preventive war）思考的很好的总结，可参见他的 *History & Strategy*, pp. 103 – 7。关于这个主题的其他观点，可参见 Russell D. Buhite and W. Christopher Hamel, "War for Peace：The Question of an American Preventive War Against the Soviet Union，1945 – 1955," *Diplomatic History*, vol. 14，no. 3，（1990），pp. 367 – 84；and Gian P. Gentile, "Planning for Preventive War,"

*Joint Force Quarterly*, Spring 2000, pp. 68 – 74。

51. 伯特兰·罗素和他的崇拜者后来否认他曾呼吁发动这样的攻击。但在与苏联人打交道方面，他对和平主义的拒绝是显而易见的。See "Russell Urges West to Fight Russia Now," *New York Times*, November 21, 1948; Bertrand Russell, "The Atomic Bomb and the Prevention of War," *Bulletin of the Atomic Scientists* (October 1, 1946), pp. 19 – 21; and Ray Perkins, "Bertrand Russell and Preventive War," *Russell: The Journal of Bertrand Russell Studies*, vol. 14, no. 2 (1994), pp. 135 – 53.

52. Quoted in *New York Times*, "Russell Urges West to Fight."

53. See Trachtenberg, *History & Strategy*, p. 105.

54. See Kuehl, *Hamilton Holt*, pp. 250 – 51.

55. Quoted in ibid., p. 250.

56. 关于"半月"计划的节略版，可参见"Brief of Short Range Emergency War Plan (HALFMOON)," JCS 1844/13, July 21, 1948 (TOP SECRET/declassified), in Thomas H. Etzold and John Lewis Gaddis, *Containment: Documents on American Policy and Strategy, 1945 – 1950* (New York: Columbia University Press, 1978), pp. 315 – 24。更多的细节可参见 May et al., "History of Strategic Arms Competition," Pt. 1, pp. 38 – 39; Ross, *War Plans*, pp. 79 – 97; and Kenneth W. Condit, *The Joint Chiefs of Staff and National Policy, Volume 2, 1947 – 1949* (Washington, D.C.: Office of Joint History, Office of the Chairman of Joint Chiefs of Staff, 1996), pp. 156 – 58。

57. See "Conceptual Developments: The Atomic Blitz," in Wainstein et al., "Evolution of U. S. Command and Control," pp. 11 – 16.

58. Cited in Condit, *Joint Chiefs of Staff, Volume 2*, p. 158.

59. Quoted in Wainstein et al., "Evolution of U. S. Command and Control," p. 15.

60. Quoted in Robert F. Futrell, *Ideas, Concepts, Doctrine, Volume 1, Basic Thinking in the United States Air Force, 1907 – 1960* (Maxwell Air Force Base, AL: Air University Press, 1989), p. 240.

61. Quoted in Jeffrey G. Barlow, *Revolt of the Admirals: The Fight for Naval Aviation, 1945 – 1950* (Washington, D.C.: Government

Reprints Press, 2001）, p. 109.

62. Quoted in Moody, *Building a Strategic Air Force*, p. 109.

63. 这位国务院官员是查尔斯·E. 波伦 （Charles E. Bohlen）, quoted in Futrell, *Ideas*, vol. 1, p. 238。

64. 哈蒙委员会报告的节略版——名为 "Evaluation of Effect on Soviet War Effort Resulting from the Strategic Air Offensive" （TOP SECRET/declassified）——可见于 Etzold and Gaddis, *Containment*, pp. 360 - 64。

65. Ibid., p. 361.

66. Ibid., p. 362.

67. Ibid.

68. Ibid.

69. Ibid., pp. 363 - 64.

70. 关于苏联第一颗原子弹的制造, 可参见 Ibid。David Holloway, *Stalin and the Bomb*: *The Soviet Union and Atomic Energy*, *1939 - 1956* （New Haven, CT: Yale University Press, 1994）.

71. Cited in ibid., p. 218.

72. 关于 B - 29 如何被逆向设计的非凡故事, 可参见 Van Hardesty, "Made in the U. S. S. R. ," *Air & Space*, March 2001; and Walter J. Boyne, "Carbon Copy," *Air Force Magazine*, June 2009。

73. 1947 年, 格罗夫斯将军预测苏联人制造出原子弹需要 20 年时间。See Gregg Herken, " ' A Most Deadly Illusion ': The Atomic Secret and American Nuclear Weapons Policy, 1945 - 1950," *Pacific Historical Review*, vol. 49, no. 1 （February 1980）, pp. 58, 71.

74. See Wainstein et al. , "Evolution of U. S. Command and Control," p. 90.

75. Cited in ibid. , p. 94.

76. 一个很棒的关于不仅导致了"海军将领的反叛", 而且导致五角大楼支持研发氢弹的概述, 可参见 David Alan Rosenberg, "American Atomic Strategy and the Hydrogen Bomb Decision," *Journal of American History*, vol. 66, no. 1 （June 1979）, pp. 62 - 87。关于这次反叛的文化底蕴的叙述, 可参见 Vincent Davis, *The Admirals Lobby* （Chapel Hill: University of North Carolina Press, 1967）。关于这次争论本身, 可参见 Barlow, *Revolt of the Admirals*,

p. 109。

77. See John G. Norris, "Radford Statement Sparks Move for Curb Over Money Powers of Johnson," *Washington Post*, October 8, 1949.

78. Quoted in Ibid.

79. See "Text of Admiral Ofstie's Statement Assailing Strategic Bombing," *New York Times*, October 12, 1949.

80. Ibid.

81. Ibid.

82. Quoted in William S. White, "Bradley Accuses Admirals of 'Open Rebellion' on Unity; Asks 'All – American Team,'" *New York Times*, October 20, 1949.

83. Quoted in ibid.

84. Quoted in Hanson W. Baldwin, "Bradley Bombs Navy," *New York Times*, October 20, 1949.

85. Quoted in *New York Times*, "Bradley Accuses Admirals."

86. Quoted in David E. Lilienthal, *The Journals of David E. Lilienthal, Volume 2, The Atomic Energy Years, 1945 – 1950* (New York: Harper & Row, 1964), p. 351.

87. Quoted in Millis and Duffield, *Forrestal Diaries*, p. 458.

88. Quoted in Futrell, *Ideas*, *Volume 1*, p. 216.

89. 使这一点变得更可信的著作，可参见 Harry R. Borowski, *A Hollow Threat: Strategic Air Power and Containment Before Korea* (Westport, CT: Greenwood Press, 1982)。

90. See Thomas M. Coffey, *Iron Eagle: The Turbulent Life of General Curtis LeMay* (New York: Crown, 1986), p. 271.

91. Cited in "The View from Above: High-Level Decisions and the Soviet-American Strategic Arms Competition, 1945 – 1950," Samuel R. Williamson, Jr., with the collaboration of Steven L. Reardon, Office of the Secretary of Defense, October 1975 (TOP SECRET/declassified), p. 118.

92. Cited in Wainstein et al., "Evolution of U. S. Command and Control," p. 14.

93. See ibid., p. 18.

94. See Moody, *Building a Strategic Air Force*, pp. 226 – 27.

95. 这句话出自李梅的回忆录。Curtis E. LeMay with MacKinlay Kantor, *Mission with LeMay: My Story* (Garden City, NY: Doubleday, 1965), p. 32.

96. 在二战中，美国轰炸机机组人员执行了压力最大、危险最大的任务之一。保持编组队形飞行意味着直接飞过防空火力封锁区，而打乱队形则是上军事法庭的罪行之一。有关这项工作的压力和对团队合作的需要，可参见 Mike Worden, *Rise of the Fighter Generals: The Problem of Air Force Leadership, 1945 – 1982* (Maxwell Air Force Base, AL: Air University Press, 1998), pp. 8 – 11。

97. 一位美国轰炸机机组成员的典型服役期是执行完 25 次任务。一项对 2051 位执行过欧洲上空轰炸任务的机组成员的研究表明，其中的 1295 位在行动中死亡或失踪。可参见 Bernard C. Nalty, John F. Shiner, and George M. Watson, *With Courage: The U. S. Army Air Forces in World War II* (Washington, D. C.: Air Force History and Museums Program, 1994), p. 179。

98. 这个预测是由大卫·A. 伯奇纳尔（David A. Burchinal）将军做出的，他曾参与早期的一次对日本的燃烧弹轰炸。Quoted in Richard H. Kohn and Joseph P. Harahan, eds., *Strategic Air Warfare: An Interview with Generals Curtis E. LeMay, Leon W. Johnson, David A. Burchinal, and Jack J. Catton* (Washington, D. C.: Office of Air Force History, 1988), p. 61.

99. Quoted in Warren Kozak, *LeMay: The Life and Wars of General Curtis LeMay* (Washington, D. C.: Regnery, 2009), p. xi.

100. 虽然在广岛和长崎死亡的日本人要比东京多得多，但李梅的言论简明扼要地传达了他对核武器的观点。See LeMay, *Mission with LeMay*, p. 387.

101. Ibid. , p. 433.

102. Quoted in Kohn and Harahan, *Strategic Air Warfare*, p. 98.

103. LeMay, *Mission with LeMay*, p. 496.

104. Ibid. , p. 436.

105. Cited in ibid.

106. 这句话出自空中力量理论家杰里·D. 佩奇（Jerry D. Page）上

校和罗亚尔·H. 鲁塞尔（Royal H. Roussel）上校共同撰写的一篇文章。参见 Michael H. Armacost, *The Politics of Weapons Innovation: The Thor-Jupiter Controversy* (New York: Columbia University Press, 1969), p. 101。

107. 关于斯洛廷的这次事故及其后果，可参见 Stewart Alsop and Ralph E. Lapp, "The Strange Death of Louis Slotin," in Charles Neider, ed., *Man Against Nature* (New York: Harper & Brothers, 1954), pp. 8 – 18; Clifford T. Honicker, "America's Radiation Victims: The Hidden Files," *New York Times*, November 19, 1989; Richard E. Malenfant, "Lessons Learned from Early Criticality Accidents," Los Alamos National Laboratory, submitted for Nuclear Criticality Technology Safety Project Workshop, Gaithersburg, MD, May 14 – 15, 1996; and Eileen Welsome, *The Plutonium Files: America's Secret Medical Experiments in the Cold War* (New York: Dial Press, 1999), pp. 184 – 88。

108. "Report on May 21 Accident at Pajarito Laboratory," May 28, 1946, in Los Alamos, "Lessons Learned from Early Criticality Accidents."

109. 关于洛斯阿拉莫斯的混乱状态以及原子弹的缺乏，参见 Richard G. Hewlett and Francis Duncan, *Atomic Shield: A History of the United States Atomic Energy Commission, Volume 2, 1947 – 1952* (University Park: Pennsylvania State University Press, 1969), pp. 30, 47 – 48; May et al., "History of Strategic Arms Competition," Pt. 1, p. 2; Gregg Herken, *The Winning Weapon: The Atomic Bomb in the Cold War 1945 – 1950* (New York: Vintage, 1982), pp. 196 – 99; Necah Stewart Furman, *Sandia National Laboratories: The Postwar Decade* (Albuquerque: University of New Mexico Press, 1990), pp. 233 – 36; and James L. Abrahamson and Paul H. Carew, *Vanguard of American Atomic Deterrence: The Sandia Pioneers, 1946 – 1949* (Westport, CT: Praeger, 2002), p. 120。

110. Quoted in Herken, *Winning Weapon*, p. 196.

111. Quoted in Furman, *Sandia National Laboratories*, p. 235.

112. 利连索尔后来告诉历史学家格雷格·赫尔肯（Gregg Herken）："实际上，当我第一次去洛斯阿拉莫斯时，我们有一枚大概可以使用的（原子弹）：一枚有相当大的可能性可以正常运转的炸弹。"尽管洛斯阿拉莫斯很有可能存储着 12 个核芯，但其他零部件的缺乏致使不可能组装出 12 枚原子弹。曾领导桑迪亚国家实验室原子弹组装营的吉尔伯特·M. 多兰德（Gilbert M. Dorland）上校对形势所持的看法比利连索尔更加暗淡。"杜鲁门总统和国务院纯粹就是吓唬人，"多兰德后来写道，"我们甚至都无法组装并使用一枚原子弹。"关于利连索尔的说法，参见 Herken, *Winning Weapon*, p. 197。关于多兰德的说法，参见 Abrahamson and Carew, *Vanguard of Atomic Deterrence*, p. 120。

113. Quoted in Herken, *Winning Weapon*, p. 197.

114. Quoted in ibid, p. 235.

115. Quoted in Hansen, *Swords of Armageddon*, Voulme 1, p. 133.

116. 根据原子能委员会的官方历史记录，当原先曼哈顿计划的那些科学家离开洛斯阿拉莫斯时，他们"没有留下生产线或者印刷好的手册，只有少数助手，一些有经验的技术员，一些实验设备，以及记录在成千上万份详细报告中的零散技术"。参见 Hewlett and Duncan, *Atomic Shield*, p. 134。关于缺少能指导人们制造出另外一枚"小男孩"的材料的说法，参见 Abrahamson and Carew, *Vanguard of Atomic Deterrence*, pp. 41 – 42。

117. See Abrahamson and Carew, *Vanguard of Atomic Deterence*, p. 42.

118. Ibid. , pp. 60 – 61.

119. Quoted in Hansen, *Swords of Armageddon*, Volume 1, p. 137.

120. 1946 年夏天，英国皇家空军的负责人和美国陆军航空部队的负责人已经决定，"以防万一"，英国的基地里面应该配备原子弹组装设备。See Abrahamson and Carew, *Vanguard of Atomic Deterrence*, pp. 115 – 17; Ken Young, "No Blank Cheque: Anglo – American (Mis) understandings and the Use of the English Airbases," *Journal of Military History*, vol. 71, no. 4 (October 2007), pp. 1136 – 40; and Ken Young, "US 'Atomic Capability' and the British Forward Bases in the Early Cold War," *Journal of Contemporary History*, vol. 42, no. 1 (January 2007), pp. 119 – 22.

121. Quoted in Abrahamson and Carew, *Vanguard of Atomic Deterrence*, p. 119.

122. See Wainstein et al. , "Evolution of U. S. Command and Control," p. 34.

123. 到 1948 年底，武装部队特种武器项目已经有两个训练有素的小组，但缺乏在同一时间将这两个小组都送往战场的支持人员。See ibid. , p. 17; and Abrahamson and Carew, *Vanguard of Atomic Deterrence*, pp. 68 – 69, 150.

124. Peurifoy interview.

125. 这还是保守估计的数字；朝鲜战争对非战斗人员来说更为残酷。根据韩国真相与和解委员会（Truth and Reconciliation Commission of South Korea）常务委员金东椿（Dong – Choon Kim）的说法，"这场战争中平民死亡的比例比 20 世纪的任何其他战争都高"。关于估计数字和此处的引用，参见 Dong – Choon Kim, "The War Against the 'Enemy Within': The Hidden Massacres in the Early Stages of the Korean War," in Gi – Wook Shin, Soon – Won Park, and Daqing Yang, eds. , *Rethinking Historical Injustice and Reconciliation in Northeast Asia: The Korean Experience* （New York: Routledge, 2007）, p. 75。

126. "Final Evaluation Report, MK IV MOD O FM Bomb," The Mk IV Evaluation Committee, Sandia Laboratory, Report No. SL – 82, September 13, 1949 （SECRET/RESTRICTED DATA/declassified）, p. 60.

127. See Furman, *Sandia National Laboratories*, pp. 310 – 12.

# 违 规

　　当电话响起时，杰夫·肯尼迪刚刚打完壁球回到家中。[1]当时的时间大约是晚上 7 点，他正准备与妻子和两个年幼的孩子吃晚饭。电话是从作业控制中心打来的。

　　调度员说，374－7 号发射场出问题了。高音报警器正发出报警声，一团白烟正从通风口冒出。我们认为发射井着火了。

　　肯尼迪处理过燃料泄漏、氧化剂泄漏以及各种机械故障。但是，他还从来没有见过泰坦－2 导弹综合发射场发生火灾。

　　作业控制中心说，立即返回指挥部报告。我们将用直升机把你送去发射场。

　　肯尼迪心想，事情肯定相当糟糕。他已经在空军中服役许多年头了，这还是第一次有人提出要用直升机来接他。他认识查尔斯·海涅曼，那天在 374－7 号发射场作业的推进剂输送系统工作组组长。海涅曼能力相当强，他能够区分出燃料、烟雾和氧化剂之间的不同之处。很可能发射井中出现了火情。这确实让人难以置信。

　　肯尼迪穿好他的制服，告别家人，然后朝指挥部赶去。他是第 308 战略导弹联队导弹检测与维护中队的质量控制评估员。比这个官方头衔更重要的是以下这个在 308 联队广为人知的事
实：他是基地中最棒的导弹技师。他比任何一个人都更了解泰坦－2 导弹的推进系统。他知道如何修理它，他看起来也很好地代表了推进剂输送系统工作组成员那目空一切的态度与精神。

肯尼迪为人倔强、直率，并且无所畏惧。他身高 6 英尺 5 英寸（约 1.96 米），身材魁梧，是整日在发射井中拿自己生命冒险的那群士兵中的佼佼者。尽管指挥官们并不总是喜欢他，但他们还是愿意听他的意见。

在小石城空军基地，导弹联队指挥官约翰·T. 莫泽（John T. Moser）和检测与维护中队主管詹姆斯·L. 莫里斯（James L. Morris）向肯尼迪简要说明了情况。套筒扳手上的那个大套筒掉在了发射井里，砸穿了导弹并导致第一级的燃料箱发生泄漏。喷淋系统已经开启，正在往发射井中注水。导弹战斗值班小组的人正在试图弄明白控制中心里所有危险警报灯闪烁的意思。副指挥官艾伦·奇尔德斯认为仅仅发生了燃料泄漏。导弹系统分析技师罗德尼·霍尔德则认为是发生了火情。发射场地面上的推进剂输送系统工作组成员曾报告说他们看到了烟雾——但是之后他们就匆匆离开了现场，到现在还没有联系上。没人知道他们现在在哪里。导弹第一级中燃料箱的压力一直在下降，而氧化剂箱的压力则在上升。前一个有可能崩塌，而后一个则可能爆开。

肯尼迪被套筒掉下去后一个多小时内压力水平变化的迅捷程度惊呆了。第一级燃料箱现在的压力水平是 2.2psi，只有其规定应达到水平的 1/5；同一级中氧化剂箱的压力水平则是 18.8psi，几乎是规定应达到水平的两倍高。他还从来没有见过变化得如此之快的压力水平。

莫里斯上校正准备乘直升机去 374 – 7 号发射场，并希望肯尼迪能和他一道。这两人其实并不是特别喜欢对方。莫里斯是位 45 岁左右的军官，谨慎并照章办事，恰好是经常被推进剂输送系统工作组无视的那种人。他想知道发射场中发生了什么事情，并且认为肯尼迪是能弄明白这事的不二人选。导弹潜在危害处理小组提出了一个初步的行动方案：进入发射井，查清楚导弹上孔洞的大小，排出燃料蒸气，努力稳定第一级燃料箱的压力水平，以使其不至于崩塌。当然，如果发射井里面着了火，上述行动都将是不可能展开的。从通风口出来的烟雾是火灾的烟，还是燃料蒸气，或两者都有？这是关键的问题。莫里斯和肯尼迪离开指挥部朝停机坪跑去，爬上一架直升机，然后起飞了。

肯尼迪此前从未坐过空军直升机。他的工作主要是与地底下的机械设备打交道。像推进剂输送系统工作组的大多数成员一样，他那导弹维护的职业生涯其实是个意外，而不是毕生愿望的实现。肯尼迪在缅因州的南波特兰（South Portland）出生和长大。高中的时候他是个篮球运动员，毕业之后，他结了婚，然后在卡斯科湾航运公司（Casco Bay Lines）当一名普通水手，这个公司主营连接波特兰及其周边岛屿的轮渡服务。到 1976 年，他觉得当一名水手已经不能承担家庭开支了。他已经有了一个 1 岁的女儿，而他的妻子此时正怀着另一个孩子。他需要赚更多的钱，他的兄弟建议他参军。肯尼迪先后面见了来自海军、空军和海军陆战队的招募人员。最后他选择了空军，因为空军的基础训练时间是三者中最短的。

入伍后，肯尼迪希望能够成为驻佛罗里达或加利福尼亚的飞机机械师。相反，身处伊利诺伊州兰图尔（Rantoul）沙努特空军基地（Chanute Air Force Base）的他很快就发现自己所学的全部是关于导弹推进剂转移的知识。这次培训课程很好地提供了关于导弹系统技术细节的知识，但它并没有让人感觉到这项工作可能有多么危险。沙努特空军基地里的泰坦－2 导弹模型里面装的是水，而不是氧化剂或者燃料，意外泄漏看起来也不是什么要紧事。肯尼迪是在阿肯色州的第 308 联队在职培训时才了解到这项工作的风险的。在他初到某个综合发射场时，有一次他刚好碰到推进剂输送系统工作组正在进行整修作业，从导弹中移除氧化剂。一个被称为"燃烧瓶"（burn bot）的巨大丙烷罐位于发射井顶上的井盖附近，当多余的推进剂被排出时将其点燃，发出喷气发动机般的咆哮并喷射出一阵阵火焰。这种有控制的燃烧只是例行公事，就像油田燃烧油气一样。然后燃烧瓶熄灭了，氧化剂泄漏出来，整个发射场上空飘浮着一团肮脏的橙色云彩，肯尼迪身边的那位军士说："你知道那边的玩意儿吗？如果你的皮肤上沾上一点那东西，它就会变成硝酸。"

肯尼迪心想："哇！"然后有些担忧地看着那团云彩飘到拖车上空，然而推进剂输送系统工作组的那些人就像没有注意到一样，继续埋头工作。[2]他好想离得远远的。显然，沙努特的那些教科书并没有告诉他现场到底会发生什么。肯尼迪很快就意识到这就是应该做事情的方式，以及事情做好的方式。火箭燃料处理者服装设备穿起来又热又笨重，还磨得屁股特别疼。如果维护作业能够很快完成，并且没有军官注意到的话，维护人员有时候并不会穿这套服装。推进剂输送系统工作组成员进入防爆区后，会把工作服藏在防爆门后面，然后没有任何防护进入发射井。风险看起来没有避免麻烦那么重要。在一次进行断开通气管的作业时，肯尼迪忘记要关闭一个阀门，结果他吸入了少量的氧化剂，然后咳嗽了整整一个星期。而在另一个场合，氧化剂烧坏了他左手上方的皮肤。不穿火箭燃料处理者服装设备进行作业违反了许多条技术条令。但它也迫使你去思考燃料和氧化剂，以及节省一些时间和做出一些极其愚蠢之事之间的合适界限。

几年之内，肯尼迪就成了一个推进剂输送系统工作小组的负责人。他热爱这份工作以及它所带来的责任。他也很热爱空军。没有其他地方能够像这里那样，把一个 25 岁的没有大学文凭的孩子，放在价值数百万美元的导弹发射场里主管复杂、危险和至关重要的作业流程。设计核弹头的这一事实使这份工作看起来更酷。随着时间的推移，肯尼迪也学会了欣赏泰坦－2导弹，将它视作美的象征，变幻不定但也让人畏惧。他认为应该用尊重的态度对待导弹，就像对一位淑女所做的那样。保持泰坦－2导弹燃料供应充足并且做好起飞的准备，保证他手下人的安全——这些都是他优先考虑的目标，他也享受那种把工作做好的感觉。

整修是肯尼迪最喜欢的工作内容之一。他们会提前几个星期做好准备工作。作业时的天气要恰好，风速至少要达到 3 节（约每小时 5.6 千米），并且室外的温度要逐渐升高，如此泄漏出来的燃料或者氧化剂不会停留在发射场上方。一旦阀门被打开，燃料或者氧化剂开始流动，工作组组长就开始掌控整个作业流程，肾上腺素也开始上升。当推进剂被注入或排出的时候，危险程度是最高的；这时也是糟糕的、意想不到的和可引发严重灾难的事情最有可能发生的时候。在漫长的一天要结束时，完成整修作业，收拾好工具，装上卡车，然后把推进剂输送系统工作组成员送回小石城的家，这种感觉常常都是极好的。

肯尼迪认为，在一起工作的时候，与导弹战斗值班小组的某些指挥官的相处还是蛮愉快的，但也有一些人——那些喜欢插手他们自己一无所知的事情的军官——真心让人觉得讨厌。尽管发射控制中心和导弹发射井相隔只有几百英尺，但对于那些在其中工作的人来说，他们之间的距离像有几英里那么远。曾经有一次，当时肯尼迪还正处于摸索阶段，他的小组组长由于略过了几行技术条令，在无线电通话器遭到了导弹战斗值班小组指挥官的指责。"长官，假如你想告诉我怎么做我自己的工作，"小组组长回答道，"那么请你先离开你的座位，来我这边试试看。"[3]肯尼迪很快就接受了类似的与战斗值班小组军官们打交道的方式，那些人看起来都有点害怕推进剂：只要你别来乱管我，这项工作很快就会用正确的方法完成——然后我就会从你的发射场离开。

最重要的是，肯尼迪特别珍视推进剂输送系统工作组成员之间那种高度的忠诚感，这种感觉也因工作的压力和危险性进一步增强。他们互相照顾彼此。在深夜班的结束时刻，肯尼迪所在小组的成员们会抛硬币来看看谁会照顾他的孩子。然后，肯尼迪的妻子会穿上工作服偷偷溜进基地里来参加大伙儿在自助餐厅举行的午夜聚餐。这些人不喜欢那种开不起玩笑的人，他们也不喜欢那种无法与其他人愉快共事的人，此外他们也发现了诸多执行纪律的非正式途径。有一次在某个导弹发射场，推进剂输送系统工作组的成员们耐心等待一名态度恶劣的空军士兵穿上他的那套作业服。然后，他们抓住他，往他作业服脖子的连接处插了一根软管，接着就向那套衣服里面注入冷水。此后就任由那个人躺在地上大声呼救，他站不起来，也没法脱掉作业服，只能在地上滚来滚去，活像一个巨大的水球。这下他可知道厉害了。

在过去的一年里，肯尼迪担任质量控制评估员，这个工作需要他走访所有的综合发射场，以确保相关作业都是正确进行的。他去过374 – 7号发射场许多次。当直升机正接近它的时候，指挥部通过无线电通话器告知了最新的压力水平：第一级氧化剂箱的压力上升到 23.4psi，而该级的燃料箱的压力则下降到了 -0.7psi。燃料箱的压力读数让肯尼迪感到不安。负压意味着支撑导弹其他部分的燃料箱内部正在形成真空。导弹第一级的燃料箱像一个空气正在被从中抽出的锡罐——它上面还可以放一个 10 磅重的罐子。首先燃料箱会产生褶皱变形，然后它就会崩塌。导弹战斗值班小组的成员刚刚从指挥中心撤离的消息让他大为光火。肯尼迪认为，这是懦夫行为，只会让所有事情变得更加糟糕。他们在那些防爆门后面就可以安然无恙。

飞行员驾着直升机绕着发射场飞行，并且朝地上打开了聚光灯。在一片黑暗之中，肯尼迪能够看到一团从通风口冉冉升起的厚厚的白色云雾。他告诉莫里斯上校这白色云雾看起来像燃料蒸气，而不是烟。肯尼迪认为，这是燃料泄漏，而没有着火。这可能意味着他们能找到解决问题的办法，但仅仅是可能而已。

大约在肯尼迪接到作业控制中心电话的同一时刻，詹姆斯·R. 桑达克（James R. Sandaker）也接到了一个电话。桑达克是个 21 岁的推进剂输送系统技术员，家里有老婆和出生不久的女儿，电话打给他时他恰好在基地的家中。[4]作业控制中心的人说 374-7 号发射场发生燃料泄漏，需要他召集其他推进剂输送系统工作人员一块去那边。桑达克挂了电话之后向他妻子说"好吧，我得走了"[5]，穿上他的制服然后朝兵营走去。桑达克是从明尼苏达州埃文斯维尔（Evansville）来的乡下男孩，脾气很好，广受喜爱，为人低调可靠，在 17 岁的时候从高中十一年级辍学加入了空军。当他到达兵营说这是紧急情况且需要志愿者的时候，没人相信他。他们都认为这是个恶作剧。

"好吧，"桑达克说，"那你们可以打电话去作业控制中心问问他们。"[6]

有人打了个电话确认桑达克没有开玩笑。空军士兵们开始匆匆地穿上制服并迅速赶往推进剂输送系统车间（PTS shop），这不是因为他们不得不去，而是因为这么做是正确的。他们在374 - 7号发射场的兄弟们需要帮助。推进剂输送系统工作组 B小组由一群临时志愿者组成，他们都很齐心。他们拿上了事故现场可能用得上的东西：火箭燃料处理者服装设备、空气包、装满液态空气的杜瓦瓶、工具包以及无线电通话器。他们的小组组长，迈克尔·A. 汉森（Michael A. Hanson）技术军士，告诉他们说要假设374 - 7号发射场的所有设备都没法用，他们要自备另一套。推进剂输送系统车间是一个改装的飞机库，大到能够放下几枚泰坦 - 2导弹，里面被划分成了可完成专门任务的诸多小房间。B 小组的工作人员把他们的设备装上了6辆卡车，急忙出发，就像是救援现场的增援力量。

除了派出另一个推进剂输送系统工作组，一辆载着450加仑漂白剂的平板货车和一辆载着5000加仑矿物油的牵引拖车也正前往大马士革镇。漂白剂可用来中和火箭燃料，让它变得不那么容易爆炸。矿物油则可以通过软管注入发射井的通风管道，以在燃料上方形成一个油层，从而压住燃料蒸气。这种"婴儿油拖车"[7]——正如某些人叫它的那样——是全新的，之前还从来没有人试过要用婴儿油来防止泰坦 - 2导弹发射场发生爆炸。

在小石城空军基地的其他地方，灾难反应部队（Disaster Response Force）正准备出发。该部队的指挥官威廉·A. 琼斯（William A. Jones）上校也是基地指挥官，以及第314战斗支援小组（314th Combat Support Group）的负责人，该小组下辖一个驻当地的运输机中队。琼斯两个月前才来到小石城，在这里他是个新手。他从未上过灾难控制的课程，也没有多少与泰坦－2导弹打交道的经验。他手下的运输机是军事空运司令部（Military Airlift Command）所辖飞机的一部分，导弹则是战略空军司令部的一部分。尽管这两个司令部共同分享一个基地，但它们的任务很少有交叉。灾难反应部队本应该处理涉及小石城空军基地所驻部队的军事紧急情况，不论大小。此前在作为指挥官的短暂任期内，琼斯遇到的唯一的紧急事件就是搜寻一架B－52轰炸机那失踪的尾炮（tail gunner）。由于担心飞机即将坠毁，尾炮被错误地从飞机上弹射出去。最终，这架B－52安全着陆，那门尾炮也一样，它的降落伞很容易就被发现漂浮在阿肯色河（Arkansas River）之上。

在听说374－7号发射场的事之后，琼斯决定不召集整支灾难反应部队。在他看来，灾难还没有发生。这支部队没有携带任何防毒面具、有毒蒸气探测器、辐射探测器，或者消防设备。不过，琼斯倒是带上了一位与媒体打交道的新闻官（press officer）与一位军队律师（JAG），后者主要处理导弹发射场附近居民提出的合法索赔主张（legal claims）。

108     在大约晚上9点的时候，搭载了这支部队十几名成员的一支小型车队离开了基地。他们中的几个人坐在移动指挥部里面，这是一辆有两排座位和一个帐篷式外壳的皮卡。一位生物工程师坐在厢式货车里，那辆车还装有可以探测燃料泄漏时逸出的蒸气的设备。后面跟着的是载着一位医生和两位医护人员的救护车。新闻官和琼斯上校则坐在基地指挥官的车里，军队律师也在，他带上了自己的灾难索赔文件包。

　　夜幕中，西德·金站在他的"顺风耳"旁边，它停在 65 号高速公路的路肩上，恰好俯瞰着导弹发射场的入口。KATV 的一个摄制组正在来这边的路上，小石城其他电视台和当地报社的人也不甘落后，正在来的路上。似乎这里没发生太多的事情。白色云雾依然在从基地上升起，但似乎没有人正在处理这个问题。大约 12 位身穿制服的空军人员在入口小道尽头处的蓝色皮卡边上来回走动。一位安全警察坐在车上，正通过无线电与指挥部联系。头上有一架直升机在盘旋，雪白的聚光灯打在地面上，正寻找某个地方降落。

　　导弹战斗值班小组的人很高兴能够回到室外，现在他们隔着发射井有足够的半英里远了。这个夜晚很温暖，救援即将抵达，每个人也都从发射场中安然无恙地出来了。尽管导弹存在的问题尚未解决，但大家的情绪还是比较冷静的。罗德尼·霍尔德抬头朝天上望去，恰好看到直升机马上就要撞到电线上。直升机驾驶员在黑暗中没法看清他们，飞机直接朝他们所在的方向下降。霍尔德开始大喊并拼命挥舞双臂，然后指挥官马扎罗也注意到了这个情况。他俩都疯狂地朝皮卡里面的安全警察大喊道："告诉直升机不要降落。""告诉它别降落！"[8] 在那一刹那，霍尔德从冷静放松的状态变得毛骨悚然，他确信直升机将撞到电线上，失去控制，然后发生爆炸。但事实并非如此。就在千钧一发之际，飞行员看到了电线，避开了它们，然后在高速公路另一边的一栋农舍附近的农田上安全降落。

　　莫里斯和肯尼迪从直升机中爬了出来，走到等在入口小道处的那群人那里。当马扎罗向莫里斯上校汇报这次事故的时候，肯尼迪和霍尔德则在讨论接下来该做什么。肯尼迪对马扎罗的

109

印象并不太好，并且不敢相信他和手下人竟然放弃了基地。但肯尼迪与霍尔德关系不错。他俩在基地的时候一起上过一些大学课程，并且互相敬重对方。然而，眼下他俩就发射井里是否发生了火情产生了分歧。肯尼迪决定亲自去确认一下。他向莫里斯上校征求进入现场的许可，并且他还想带上掉落了套筒的大卫·鲍威尔。

鲍威尔是肯尼迪在空军中最亲密的朋友之一。当肯尼迪还是推进剂输送系统工作组负责人的时候，鲍威尔就是他的得力助手。肯尼迪可以指望鲍威尔做任何事。他让鲍威尔培训工作组的新技师，鲍威尔也希望自己有一天能够成为小组负责人，或者未授军衔的士官。鲍威尔向来冷静和可靠，但现在他看起来十分焦躁不安、心烦意乱。在直升机降落之后，鲍威尔就一路跑向肯尼迪，并说道："杰夫，你可能不会相信，我把事情搞砸了。"[9]

鲍威尔还补充了另外一个细节：他不仅将套筒掉了下去，而且他将它与错误的工具一起使用。最近的技术条令规定，当要在发射井中拧紧或者松开燃料箱盖时，必须使用力矩扳手（torque wrench）。力矩扳手可以确保施加在燃料箱盖上的压力达到一个精确的量。这天晚上的早些时候，鲍威尔和普拉姆来到了发射井的第 2 层，将作业服穿戴整齐，然后才意识到他们把力矩扳手落在了卡车里面。

推进剂输送系统工作组 A 小组当天已经在这项作业上花了 10 个小时。大家都很累，为了不浪费另外 10 分钟或 15 分钟时间——让地面上的人将力矩扳手送过来——鲍威尔抓起了 9 号防爆门附近墙上挂着的棘轮扳手。套筒可以套在棘轮扳手上，多年来推进剂输送系统工作组都曾用棘轮扳手替代力矩扳手，并没有出现任何问题。鲍威尔这么做过，肯尼迪也这么做过，所有的工作组都这么做过。但就是这一次，套筒滑落了。并且，使用错误的工具可能让鲍威尔陷入更大的麻烦。

"噢，大卫，"肯尼迪说道，"大卫，大卫，大卫。"[10]

莫里斯上校喜欢肯尼迪的主意。他们可以认真看看从通风口逸出来的到底是什么。但是，莫里斯不希望任何人去冒险靠发射井太近。马扎罗上尉也批准了这个计划。从技术上讲，他现在仍然是发射场的指挥官。在当天早上到达基地的时候，他就已经接手了导弹和弹头——它们是他的责任所在——并且他也不想肯尼迪和鲍威尔在没人陪同的情况下太靠近发射场。马扎罗和他的副手奇尔德斯，仍然拿着他们的手枪，将和前两人一起过去。两名军官和两位士兵拿着手电筒，在黑暗中沿着入口小道向基地走去。

萨姆·赫托（Sam Hutto）的家族世代在这片土地上耕作。[11]他的高曾祖父的墓碑碑文如此写道：范布伦县开拓先锋和大马士革镇创建者。赫托家族在南北战争之前就来到了阿肯色州，他们那时居住的镇子最初被称作赫托镇（Huttotown）。直到萨姆的另一群祖先，布朗家族（the Browns），决定为镇子取一个更带有圣经意味的名字。"大马士革"听起来像那种终有一天会变得更加重要的地方，会成为与阿肯色州耶路撒冷（Jerusalem）平分秋色的地方，后者在大马士革以东30英里的地方。几十年来，大马士革的生活基本没有发生什么变化，农民们依然是靠那少量的贫瘠土地挣扎度日。贫困看起来就和当地的地表景观一样，未曾发生变化。即使大萧条也没有在当地留下多少印记。"我们进入、通过和走出了大萧条，"赫托的父亲曾说道，"不知道我们有过大萧条。"[12]

尽管农村生活颇为艰辛，但萨姆·赫托觉得自己的童年还算是完美的。他出生于1954年，那一年他父亲放弃了养鸡事业，在大马士革镇开了一家饲料加工厂。不知何故，社区里的每一个人看起来都像是相互认识，并且相互之间还有某种亲戚关系。孩子们晃荡在每一个人的土地上，并在他们喜欢的任何地方追逐打闹。饲料加工厂离赫托的家大约有2英里，他的父母早上的时候会让他拿着一根钓鱼竿出门，让他慢慢往加工厂赶去，只要他在下班时间到达那里就行。赫托的学校离农场有几英里远，后来他离开镇子去位于费耶特维尔（Fayetteville）的阿肯色大学（University of Arkansas）学习，不过只待了一年多他就退学了，接着他又在拉塞尔维尔（Russellville）的阿肯色理工大学（Arkansas Tech University）待了一学期，然后就回家了。在大马士革之外的世界，他几乎没有什么用。在他父亲的加工厂工作，这使他有机会参加全美饲料行业的各种会议——不过赫托从不会去那种他去了就不再想回家的地方。

多年来，范布伦县的泰坦－2导弹基地都没有引起人们太多的注意。它们的建造一度提供了一些高薪的工作，此外瑟西镇导弹发射井的火灾也曾夺走大马士革几位居民的性命。但是，一旦这些综合发射场投入运营，大部分人从来都没有想起过它们。萨姆·赫托偶尔会看到那些开着空军蓝色皮卡的工作人员，抵达或者离开大马士革附近的基地。有时候他们也会在小镇上的杂货铺停留，以购买汽水和糖果。这个发射场是当地的另一个地标，对指路特别有帮助。如果有人想去拜访拉尔夫和里芭·乔·帕里什夫妇（Ralph and Reba Jo Parish），你可以告诉他：先从大马士革沿着65号高速公路往北走几英里，经过通往导弹基地的入口小道，左手边第一栋就是他们家的房子。

1978 年 1 月发生的氧化剂泄漏事件，是与泰坦 – 2 导弹比邻而居可能会产生问题的第一个迹象。当他听到氧化剂泄漏消息的时候，赫托正在畜栅里干活。那时他 23 岁，正帮他父亲和哥哥汤米经营农场。几年之前，他们家把饲料加工厂卖掉了，然后做起来乳制品生意。当一辆运乳车返回畜栅的时候，那位司机说他在路上曾穿过一团亮橙色的云雾。赫托走出畜栅去外面看看。他们家的农场位于综合发射场东南方 0.75 英里外的一处山坡上，65 号高速公路从二者之间穿过。赫托向下看到一团橙色的云雾正笼罩在基地上方，并有缓缓向南飘移的势头。当时他并没有想太多，回去继续干活。他的父亲那时候正好在 374 – 7 号基地正南方 2 英里处砍柴，当云雾从他身边飘过时他还觉得这团云雾的气味有点奇怪。它使他产生了头疼的感觉，但并没有让他生病。当有消息传开说这种橙色烟雾杀害了几头牛并且让安格林警长进了医院时，大马士革的居民们开始担心那个离镇上小学只有 1 英里远的泰坦 – 2 导弹的安全性。空军对泄漏事件做出了回应，他们保证一切都在控制之中，并且导弹绝对安全，但此举并没有打消居民们的疑虑。

112

1980 年 9 月 18 日晚上，萨姆·赫托与他怀孕的妻子和 1 岁的小女儿正待在家里，肚子里的小家伙随时可能降生。赫托的父亲大概在 7 点 30 分到达他们家，告诉他们赶紧从屋里出来，导弹基地再一次发生了泄漏事故。安格林警长曾到基地那里去查看发生了什么事情，恰好在铁丝围栏附近碰到一名空军安全警察，于是问他是否有撤离该地的必要。安全警察回答说，不用，一切都在控制之中。警长于是拿起他的无线电通话器，下令导弹基地周边 1 英里范围内的所有家庭必须撤离。帕里什夫妇住的地方离导弹基地最近，离导弹本身的距离甚至不足半英里，撤离区内大概还有其他 25 家住户，主要位于高速公路东侧。在发射场西边，树林和田野绵延数百英亩。警长的副手们一家家敲门，邻居们互相打电话传递这个消息。萨姆·赫托开着车把家人送到大马士革镇上哥哥汤米家中，帮助他们安顿下来，然后就离开了。

在这样的一个夜晚撤离农场真的很糟糕。小母牛的发情期好巧不巧地凑在一块了，其中大概有 20 头即将产仔。它们之前正在 374 – 7 号基地与高速公路之间的地里吃草。赫托希望能够确保母牛和牛犊都很安全。他对大马士革的乡间小路熟悉得不得了，他信心十足地认为自己可以安全地回到农场。

下午 6 点 47 分，空军通知阿肯色州紧急服务办公室（Arkansas Office of Emergency Services），大马士革镇外的泰坦 – 2 导弹发射场发生了燃料泄漏事故，还可能发生了火灾。然而，这个夜晚剩下的时间里，空军很少再提供关于发生了什么、这次泄漏是否可能对公共安全造成威胁的其他详细信息。[13] 尽管紧急服务办公室一直致电小石城空军基地询问情况，但它仅仅被告知这个问题正在解决——并且更多的信息很快就会传送过来。战略空军司令部奥马哈总部的发言人也无法提供更多的帮助，他声称空军不知道是什么导致了燃料泄漏，从导弹发射井中升起的云雾没有毒，也没有发生核事故的危险。

州政府官员对联邦政府的安慰之词抱持怀疑态度有很正当的理由。就在几个月之前，拉塞尔维尔之外的一个核电站里 5 万加仑放射性废水发生了泄漏，[14] 直到事故发生 5 个小时之后，核管理委员会（NRC）才向紧急服务办公室通告此事。然后，核管理委员会还不顾阿肯色州卫生署（Arkansas Department of Health）的强烈反对，允许该核电站将反应堆中的放射性气体排放到波普县（Pope County）上空的空气中。

战略空军司令部和阿肯色州州政府之间的文化差异可能是导致二者互不信任的原因之一。战略空军司令部忠于命令、纪律、保密和检查表，这与指导小石城制定政策的更宽松、更傲慢的精神相冲突。阿肯色州司法部部长史蒂夫·克拉克（Steve Clark）33 岁，州务卿保罗·里维尔（Paul Revere）也是 33 岁，而 34 岁的威廉·杰斐逊·克林顿（William Jefferson Clinton，即后来的美国总统比尔·克林顿。——译者注）则是当时美国最年轻的州长。

对于美国空军来说，先后就读于乔治城大学、牛津大学和耶鲁法学院的比尔·克林顿不像是一个能让它与之协商弹道导弹命运的人。[15]他曾经组织了一场反对越南战争的示威活动，从未在军队服役，并且支持大麻合法化。在他 1978 年首次竞选州长期间，《纽约时报》将克林顿描述为"高大、英俊，风格和说话方式像阿肯色玉米穗一样顺滑的平民主义–自由主义者（populist–liberal）"。[16]他在竞选中的压倒性胜利看起来标志着一个世代的交替——20 世纪 60 年代反主流文化（youth counterculture）中杰出、具有超凡魅力的代表开始掌权。许多保守派人士对克林顿与他那些年轻、颇具理想主义情结的朋友执掌州政府的理念嗤之以鼻。"他是一个留着长发的朋克小孩，"阿肯色州一位州议员说，"他让所有那些留着长发的人替他工作，而且他是位自由主义者。"[17]

克林顿州长带着为美国最贫困州之一制定的一项雄心勃勃的议程开始了他的两年任期。他提出的阿肯色州历史上公共教育方面最大规模开支增加的提案获得通过。他创建了一个能源部门来补贴节约型、替代型燃料以及太阳能的研究。他还提出了一个能够将医护人员和医疗护理带入低收入社区的农村卫生政策。此外，他着手解决这个州陈旧不堪的高速公路体系，承诺要通过基础设施投资来创造就业并改善阿肯色州普通民众的生活。克林顿的许多高级助手和州政府官员都是从其他州招募过来的，这发出了一个明确的信息，即他建立的州政府中的职位将以功绩为基础，而不是对政治恩惠的回报。相较于拥有一位首席幕僚，克林顿主要依赖三位亲密顾问，这三人都留着长发、蓄着胡子，并且厌恶穿夹克衫或打领带。绰号"胡须三人组"（Three Beards）[18] 的这三人看起来就像伯克利的初级教员。在全国的民主党官员中，小石城现在被认为是一个很酷的地方，而且这位年轻的州长成了卡特在白宫中的常客。

在克林顿州政府成立的第二年，大部分的热情和理想主义就消失得差不多了。个性差异、政治纷争和背叛感导致"胡须三人组"中的两人退出了政府。行业团体在不遗余力地阻止或者削弱克林顿的诸多改革措施，州长妥协的意愿也疏远了许多之前的盟友。克林顿同意提高旧皮卡和小汽车车主缴纳的税金，而不是对使用重型卡车征收重税以补贴道路建设——后者遭到了州内货运公司和家禽公司的一致反对。一旦人们意识到他们将不得不花更多的钱来更新他们的汽车牌照，这位年轻州长的高谈阔论和豪情壮志就失去了它们的大部分吸引力。1980 年春天，一系列的龙卷风袭击了阿肯色州。当年夏天，该州又遭遇热浪袭击，并出现了半个世纪来最严重的旱情。州内发生了数百起森林火情。被联邦政府拘禁在州内一处陆军基地中的古巴难民也发生了骚乱。他们试图逃离那个基地，并与阿肯色州国民警卫队发生了一次短暂的小规模冲突，吓坏了巴灵镇（Barling）附近的居民。每个新的一天似乎都会有另一场危机或者自然灾害从天而降。

1978 年获得了全体选民中近 2/3 选票的比尔·克林顿，在眼下这次竞选连任中面临着艰难的局面，他不仅要对抗自己州内的愤怒和沮丧情绪，还要对抗席卷全美的保守主义浪潮。共和党的州长候选人弗兰克·怀特（Frank White）得到了宗教右翼势力和与克林顿对抗的行业团体的大力支持。怀特的竞选运动附和罗纳德·里根的总统竞选活动，攻击克林顿与吉米·卡特过从甚密，发布广告影射黑皮肤的古巴人在通往巴灵的道路上暴动，质疑所有从外州来的看起来可能要管理阿肯色州的留长发者，并且批判州长的妻子希拉里·罗德姆（Hillary Rodham）为一个拒绝接受自己丈夫姓氏的女权主义者。

当阿肯色州紧急服务办公室主任李·埃珀森（Lee Epperson）试图弄明白大马士革镇的泰坦－2 导弹基地发生了什么的时候，克林顿州长当晚在温泉镇（Hot Springs）过夜。该州的民主党代表大会即将在那里召开，副总统沃尔特·蒙代尔（Walter Mondale）将于第二天上午出席会议。希拉里·罗德姆则留在小石城，她计划在州长官邸与他们 7 个月大的女儿切尔西（Chelsea）共度周末。

杰夫·肯尼迪想仔细查看一番那飘浮在 200 英尺之外、位于围栏另一边的白色云雾。

肯尼迪说："马扎罗上尉，我们必须将那个丙烷罐从基地里挪走。"[19]发射井里发生的火灾可能将其引爆。丙烷罐位于通风口附近的硬质地面上，与一辆皮卡连在一起。肯尼迪建议他们进入基地，然后用皮卡把那个罐子运出来。

马扎罗认为这听起来是个好主意，但他和奇尔德斯不愿意做这个。他们没有戴防毒面具，而不戴防毒面具就从燃料蒸气的云雾中穿过的想法真的没有任何吸引力。肯尼迪和鲍威尔看起来急着去挪走丙烷罐；马扎罗于是让他们马上行动起来。他和奇尔德斯则在围栏外面等着。

基地的大门仍然紧锁着，因此肯尼迪和鲍威尔只能离开入口小道，围着基地转，穿过了围栏的活动部分。肯尼迪穿着军靴和制服，鲍威尔仍然穿着作业服中的长内衣裤和黑色乙烯基靴子。他们沿着铁丝网走，寻找那个开口。

肯尼迪其实没有任何想移走丙烷罐的打算。他计划进入地下控制中心，以获得导弹第一级燃料箱和氧化剂箱的最新压力读数。这是至关重要的信息。为了挽救这枚导弹，他们必须知道里面发生了什么。马扎罗肯定不会喜欢这个计划，这也是肯尼迪不告诉他这个计划的原因。问题的关键在于要避免一场灾难。"假如马扎罗没有放弃控制中心，"肯尼迪认为，"我现在就没有这么做的必要。"

燃料蒸气盘旋在入口上方，但是逃生通道那边看起来还是很安全的。肯尼迪跑到那边，鲍威尔在他后面有几步远。在过去几年中，肯尼迪到过泰坦－2导弹发射场许多次，去修理这种或那种东西，但是他还从来没有进过逃生通道。通道上方的金属格栅已经被移开，这两人爬进了通风竖井，肯尼迪走在前面。

"你留在这里。"肯尼迪如此说道。[20]

"才不。"鲍威尔回答道。[21]

如果我一个人下去会更安全，肯尼迪朝鲍威尔说，我能够

116

更快地从里面出来。

"我给你3分钟的时间——然后我就会下来。"[22]

肯尼迪戴着他的防毒面具顺着梯子往下爬，然后爬着穿过了狭窄的钢铁隧道。他信心十足地认为防爆门密封得好好的，因此控制中心没有被燃料蒸气污染。但是，他并不想在那里待太久。控制中心第3层的空气看起来很干净，里面的灯依然亮着。于是他从逃生通道中出来，然后跑上楼梯。一切看起来都很好，也没有8号防爆门已经被破坏的任何迹象。肯尼迪坐在指挥官控制台的椅子上，然后按下推进剂箱体压力监测装置的按钮。当箱体的压力数字闪现时，他将它们记录在一张纸上。

肯尼迪心想："我们现在的处境真是糟透了。"

导弹第一级氧化剂箱的压力已经上升到29.6psi。这个数值本来不应该超过17psi。位于箱体上方的爆炸隔膜（burst disk）被设计成当压力超过50psi时才会爆开。如果到那时候箱体还没有破裂，爆炸隔膜就将起到安全阀的作用，将氧化剂释放到发射井中，以减小箱体内的压力。通常情况下这是件好事，但眼下发射井里有数千加仑燃料了。

第一级燃料箱的压力已经降到－2psi。肯尼迪曾被告知，一旦燃料箱内的压力达到－3psi至－2psi之间的某个数值，箱体就会破裂。对于压力水平在过去几个小时内下降得如此之多，他感到很吃惊。

在肯尼迪消失于逃生通道片刻之后，鲍威尔突然意识到他甚至都没有戴块手表。在数了一会儿秒数之后，鲍威尔觉得3分钟时间已经过了。他爬下梯子去找肯尼迪，刚爬到一半的时候就听到了肯尼迪的喊声："这里的空间容不下两个人！"[23]肯尼迪正快速地往回爬。

117

在听到最新的箱体压力水平数值之后，鲍威尔说："啊，天哪。"[24]他们从逃生通道中爬了出来，穿过围栏的活动部分离开了发射场，然后回到了大门处。

肯尼迪告诉马扎罗他们搬不动丙烷罐——仅此而已。他们4人又沿着入口小道走回到65号高速公路。莫里斯上校正坐在道路旁边的一辆皮卡里面。肯尼迪前来向他汇报，并把他叫到了一旁。

肯尼迪说："长官，这是箱体压力读数。"[25]

莫里斯问："你是从哪里得到这些的？"[26]

肯尼迪把自己进入控制中心的事情告诉了他。情况十分紧急。他们需要立即对导弹采取处理措施。

莫里斯很高兴能够得到这些最新的读数，但他也对肯尼迪刚刚所做的事情有些恼火。

肯尼迪说，必须马上采取一些措施。在当天晚上的早些时候，他还想着箱体压力能够稳定下来，但事实是它们并没有。他向莫里斯解释了事情已经变得多么岌岌可危。这是一次重大的燃料泄漏事故，而不是火灾——第一级的燃料箱将支撑不了更久了。如果不马上采取措施，它就会像被挤压的手风琴一样崩塌。

莫里斯上校问马扎罗是否知道肯尼迪刚刚做了什么。当听到肯尼迪的所作所为之后，马扎罗火冒三丈。

118 莫里斯用无线电通话器呼叫指挥部，向其提供了最新的箱体压力读数，但是没有透露他是如何获得这些信息的。然后马扎罗再次用无线电通话器通话，告诉小石城基地肯尼迪违背了技术指令，并且违反了双人制规定。

肯尼迪并不在乎马扎罗所说的那些话。他想拯救导弹。然后他有了个计划，一个能够起到作用的好计划。

莫里斯同意听听他的计划。

肯尼迪说，首先需要打开发射井井盖，这将释放出大量的燃料蒸气，降低发射井中的温度，以及减轻第一级氧化剂箱的压力。接着需要放下那些工作平台——所有的九层——用它们来支撑导弹，以让导弹保持直立状态。工作平台可以防止导弹崩塌或者倒向发射井井壁。然后需要派出一个推进剂输送系统工作小组下到发射井里去稳定第一级燃料箱箱体的压力水平，往里面注入氮气并恢复正压（positive pressure）。

肯尼迪的计划要想起作用，必须有人重新进入控制中心，如此才能够将工作平台降下来并打开发射井井盖。艾伦·奇尔德斯和罗德尼·霍尔德说他们愿意做这事，如果还有任何挽救导弹的机会的话。

莫里斯上校仔细地听，然后向指挥部报告。

大约 15 分钟之后，莫里斯告知肯尼迪指挥部的回复：在没有得到奥马哈战略空军司令部总部的批准之前，任何事情都绝对不要做。战略空军司令部副司令小劳埃德·R. 莱维特（Lloyd R. Leavitt, Jr.）中将现在全面负责大马士革的综合发射场。他们正在讨论导弹存在的问题以及如何解决它。现在是晚上 9 点 30 分，自套筒掉下去已经过了快 3 个小时。莫里斯说，在奥马哈的新命令下达之前，所有人都得老老实实地坐着。

## 注释

1. Interview with Jeffrey Kennedy.

2. Ibid.

3. Quoted in ibid.

4. Interview with James Sandaker.

5. Ibid.

6. Ibid.

7. See "Report, Major Missile Accident, Titan II Complex 374 – 7," Statement of Archie G. James, Staff Sergeant, Tab U – 42, p. 1.

8. Holder interview.

9. Quoted in Kennedy interview.

10. Ibid.

11. Interview with Sam Hutto.

12. Quoted in ibid.

13. Interview with Robert Lyford, Governor Bill Clinton's liaison to various state agencies, including the Department of Emergency Services and the Department of Public Safety. See also "Missile Fuel Leaks; 100 Forced to Leave Area Near Arkansas," *Arkansas Gazette*, September 19, 1980; Tyler Tucker, "Officials Had No Early Knowledge of Missile Explosion, Tatom Says," Arkansas *Democrat*, September 25, 1980; and Carol Matlock, "Air Force Listens to Complaints, Says Notification Was Adequate," *Arkansas Gazette*, September 25, 1980.

14. Cited in "Arkansas Office of Emergency Services, Major Accomplishments During 1979 – 1980," Attachment 1, Highlights of Response to Emergencies in 1980.

15. 关于 1980 年时美国最年轻州长那良好意识的描述，可参见 David Maraniss, *First in His Class: A Biography of Bill Clinton* (New York: Simon & Schuster, 1996), pp. 352 – 86; Bill Clinton, *My Life* (New York: Alfred A. Knopf, 2004), pp. 254 – 89; and Phyllis Finton Johnston, *Bill Clinton's Public Policy for Arkansas: 1979 – 1980* (Little Rock, AR: August House, 1982)。

16. Quoted in Wayne King, "Rapidly Growing Arkansas Turns to Liberal Politicians," *New York Times*, May 14, 1978.

17. Quoted in Roger Morris, *Partners in Power: The Clintons and Their America* (New York: Henry Holt, 1999), p. 218.

18. See Maraniss, *First in His Class*, pp. 364 – 65.

19. Kennedy interview.

20. Quoted in Powell interview.

21. Ibid.

22. Ibid.

23. Quoted in ibid.

24. Quoted in Kennedy interview.

25. Kennedy interview and "Report, Major Missile Accident, Titan II Complex 374 – 7," Kennedy statement, Tab U – 46, p. 4.

26. "Report, Major Missile Accident, Titan II Complex 374 – 7," Statement of James L. Morris, Colonel, Tab U – 60, p. 1.

# 百万人死亡

弗雷德·查尔斯·伊克尔（Fred Charles Iklé）是在芝加哥
大学念研究生的时候开始对炸弹的摧毁效应进行研究的。[1]他出
生和长大于圣莫里茨（Saint Moritz）附近的一个阿尔卑斯山间
小村，在中立国瑞士的安全环境中度过了第二次世界大战那些
岁月。1949 年，他离开芝加哥大学的研究事业，前往被炸得面
目全非的德国旅行。战争并没有直接触及他的家庭，他想知道
人们是如何应对这种规模如此之大的破坏的。在他探访的诸多
城市中，汉堡遭受了和长崎大致相同数量的人员伤亡，但前者
被摧毁房屋的数量要多得多。盟军一系列的空袭杀死了汉堡总
人口中大约 3.3% 的人，[2]并摧毁了大约 50% 的房屋。[3]然而，伊
克尔发现，汉堡人非常具有适应性，他们并没有仓皇逃离这座
城市。他们试图保持日常生活的熟悉套路，眼下更是决心在原
来的位置上重建房屋、商店，重开生意。伊克尔后来写道："从
某种程度上来说，一个城市会重新调整以适应被破坏的状况，
就像一个生物体对伤害做出反应那样。"[4]

返回美国之后，伊克尔写了一篇考察空中轰炸强度与城市
幸存人口密度关系的博士论文。他暗示道，空中力量的支持者
们高估了它的致死效应。在二战之前，英国规划者就假定，每
往一个城市投下 1000 千克高爆炸药，就能杀死或杀伤大约 72
人。[5]实际效率结果只有每 1000 千克炸药导致 15 ~ 20 人伤亡。
皇家空军那针对居民区和"拆除"平民房屋的战略被证明是让

人失望的。当人们依然有房子可以邀请无家可归的朋友、邻居和家人前来入住时，城市住房的供应比预期的要更富有弹性。

伊克尔设计了一个简单的公式来预测被炸得面目全非的城市里住房状况会变得多么拥挤。[6]如果 P1 代表该城市被摧毁之前的人口总数，P2 代表该城市被摧毁之后的人口总数，H1 代表被摧毁之前的房屋总数，H2 代表被摧毁之后的房屋总数，F 代表死亡人数，那么，"住房密度的充分代偿性增加"[7]可以用如下数学方程来表示：

$$\frac{P1 - F}{H2} - \frac{P1}{H1}$$

伊克尔对人们可容忍的城市生活的艰难和拥挤程度印象特别深刻。但是，那也有个限度。当城市中 70% 的住房被摧毁时，这似乎就达到了临界点。[8]此时人们就会开始成群结队地离开，去乡下寻找容身之处。

伊克尔的论文引起了兰德公司的注意，他很快就被邀请加入其社会科学部。"兰德计划"（Project RAND）作为陆军航空部队和道格拉斯飞机公司（Douglas Aircraft Company）的合作项目创建于 1946 年，它成为美国第一个智库，一所没有学生的大学。在那里，来自诸多不同学科的众多学者和诺贝尔奖得主可以整日思考空中力量的未来。[9]该组织在初期获得了来自柯蒂斯·李梅将军的支持，他早年接受的土木工程师训练极大地影响了他的军事思想。李梅希望利用全国最优秀的民间人才来为陆军航空部队开发新的武器、战术以及技术。

兰德公司的第一项研究《一艘环绕世界的试验性飞船的初步设计》（Preliminary Design of an Experimental World-Circling Spaceship）就概述了卫星在军事方面的重要性，这比第一颗发

射升空的卫星早了十多年。兰德公司随后对博弈论、计算机网
络、人工智能、系统分析及核战略进行了开创性研究。在与道
格拉斯飞机公司断绝联系之后，兰德公司成为一个非营利组织，
在美国空军的独家合同下运作。在加利福尼亚州圣莫尼卡
（Santa Monica）兰德公司的总部——那里离海滩不远——弥漫
着一种随心所欲的知识氛围，没有什么稀奇古怪的理念是不能
探索的，物理学家、数学家、经济学家、社会学家、心理学家、
计算机科学家以及历史学家合作进行绝密研究。在该机构背后
的是将科学和理性运用于战争的深刻信念。这个地方的文化特
别讲究实事求是。兰德公司的分析家们被鼓励要考虑每一种可
能性，冷静、理性和不带个人感情——去思考不可能的事情，
从而保卫美国。

　　在兰德公司的时候，尽管忙于一系列的项目，但弗雷德·
伊克尔继续研究当城市遭到轰炸时会发生什么事情。他关于这
个主题的著作《炸弹破坏的社会影响》（*The Social Impact of
Bomb Destruction*）出版于 1958 年。书中内容包括他早期对汉堡
被轰炸摧毁的研究成果，并讨论了城市人口将如何应对核攻击。
伊克尔警告称，人们现在更多考虑的是如何策划一场核战争，
而不是准备应对核战争的后果。"要现实地处理这些潜在的大规
模和可怕的毁灭并不是一个愉快的任务，"伊克尔在序言中写
道，"但由于我们生活在核战争的阴影中，我们必须明智地面对
它的诸多后果，并准备去妥善处理。"[10]

　　主要依赖于统计资料，排除了任何道德或人道主义的考虑，
并辅之以冷酷的瑞士式精密笔法，伊克尔认为第二次世界大战
中打击平民的战略并未实现其目的。伤亡人数中绝大部分是妇
女、儿童和老人，而不是对战争努力至关重要的工人。[11]城市适

应了轰炸，人们的士气并没有被轻易摧毁。即使是在广岛，反攻的欲望也在核爆炸之后幸存下来：当有传言说旧金山、圣迭戈和洛杉矶已经被日本的原子弹摧毁时，当地的人们变得轻松欢快，希望仍然可以赢得这场战争。[12]

然而，一场美国与苏联之间的核交换大战（nuclear exchange）将呈现一种新的困境。第一颗攻击某个城市的原子弹可能不是唯一的一颗，因此逃往乡下并留在那里可能就是顺理成章的事情。伊克尔提出了"不间断的核攻击"（ongoing nuclear attacks）这种噩梦般的场景，数以百万计的人员伤亡，不可计数的火焰风暴，"对巨大破坏的纯粹恐惧"[13]，农村居民和城市难民之间的摩擦，辐射病的受害者焦急地等待数天或数星期以确定他们是否吸收了致死剂量的辐射。认为美国人眼下面临的选择是"统一世界——或毁灭世界"的想法是天真的。核武器可能永远不会被废除，使用它们可能也并不意味着人类的终结。伊克尔希望人们可以用一种现实主义的态度，而不是乌托邦主义或世界末日式绝望，来应对核战争的威胁。一个愿意为最坏情况做好准备的国家是可能生存下来的，不管以什么样的方式。

伊克尔花了多年时间思考美国的城市会如何被摧毁的残酷细节。他对这个主题的兴趣不仅仅是学术上的；他有老婆和两个年幼的女儿。假如美国或者苏联的战争计划被有意地启动，像其他人一样，伊克尔能够理解它将释放的是何种恐怖事物。一种新的令人不安的担忧进入了他的脑海：如果一枚核武器被意外引爆，那接下来会发生什么事情？如果一枚核武器在没得到总统批准——被某个技术故障、某个破坏分子、某个不听命令的军官，或某个无心之失引发——的情况下被使用，那会发生什么事情？这些真有可能发生吗？真的可能在不经意间开启一场核战争吗？在兰德公司的支持下，伊克尔开始调查核武器被意外使用或者未经授权而被引爆的风险。他调查得出的结果还真是不太能让人放心。

意外事件的威胁在过去十年间有所增加，因为核武器数量越来越多，分布更加分散——以及威力异常强大。1949年秋天，美国科学家们就是否研制氢弹——外号为"超级炸弹"（Superbomb）或"超级"（Super）——展开了一场激烈辩论。它可以释放出比用于广岛和长崎的原子弹大几千倍的毁灭性力量。虽然那两枚原子弹完全是从核裂变（重元素分裂为更轻的元素）中获得爆炸威力，但氢弹将利用另一种能量来源，即热核聚变（thermonuclear fusion，轻元素结合成更重的元素）。裂变和聚变都能够释放对链式反应至关重要的中子，但聚变释放得更多。一枚原子弹的潜在当量受限于弹体内裂变材料的多寡。但一件热核武器的潜在当量看起来是无限制的；它可能只需要更多的氢来作为燃料。为太阳和星星提供动力的同一种能源可以被利用起来使一个个城市从地球上消失。

在为曼哈顿计划工作期间，物理学家爱德华·泰勒将他的绝大部分时间都用在了关于氢弹的理论工作之中。但是，如何引发和维持聚变反应的问题从来没有得到解决。在1949年8月苏联爆炸了第一颗原子弹之后，泰勒开始为建造一颗氢弹的应急计划进行游说。他是个不知疲倦、性格倔强、才华横溢的家伙，决心要实现自己的计划。"我确信，只有拥有对俄国人的压倒性优势，我们才能与他们达成和平协议，"泰勒辩称，"假如俄国人在我们拥有氢弹之前先爆炸了一颗氢弹，我们的处境就会陷入绝望。"[14]

美国原子能委员会的一般顾问委员会（General Advisory Committee of the Atomic Energy Commission）讨论了泰勒的提议并一致投票表示反对。由 J. 罗伯特·奥本海默领导的这个委员会认为，氢弹没有任何真正的军事价值，并且它将鼓励"灭绝平民人口的政策"。[15]委员会中的六位成员签署了一份声明，警告称这种炸弹可能成为"种族灭绝的武器"（weapon of genocide）。[16]另外两位物理学家恩里科·费米和伊西多·拉比（Isidor Rabi）则希望氢弹能够通过国际协议被禁止，他们辩称这种炸弹将会成为"对人类的威胁……在任何社会中都会被认为是邪恶的东西"。[17]

像原子能委员会的绝大部分委员那样，主席大卫·利连索尔也反对开发氢弹。但其中一位委员，刘易斯·L. 斯特劳斯（Lewis L. Strauss）很快就冒头成为这种武器的有力捍卫者。斯特劳斯既不是物理学家，也不是前曼哈顿计划的科学家，他只是一位仅具高中学历的退休华尔街金融家，但他对科学颇具热情并对苏联抱有深度的不信任。在原子能委员会工作期间，他主要负责侦测苏联原子弹试验的监控系统。眼下，他希望美国能够来一次"巨大突破"（quantum leap）[18]以超越苏联人，并且"推进所有可能有助于发展热核武器的考察工作"。[19]

原子能联合委员会负责人布赖恩·麦克马洪参议员同意斯特劳斯的看法。几年之前，麦克马洪还是原子弹的批判者以及反对军方控制原子弹的代表人物。但是现在，政治气候已经发生变化：民主党人被攻击为"对共产主义太软弱"。苏联现在隐约被视为一个危险的死敌，此外，麦克马洪也面临连任的压力。假如苏联人研制出了氢弹而美国人没有，麦克马洪预言道：

124

"绝对邪恶势力手里所掌握的绝对实力等同于毁灭。"[20]美国空军也支持研发氢弹,武装部队特种武器项目和参谋长联席会议也一样,尽管后者的主席奥马尔·布拉德利将军也承认这种武器的最大好处最有可能在于"心理层面"。[21]

1950 年 1 月 31 日,杜鲁门总统召集大卫·利连索尔、国务卿迪安·艾奇逊(Dean Acheson)以及国防部部长路易斯·约翰逊开会讨论氢弹问题。艾奇逊和约翰逊此前就已经表达他们对研发氢弹的支持。总统问苏联人是否可以制造出来,他的那些顾问认为可以。"如果是这样的话,我们别无选择,"杜鲁门说,"我们也开始吧。"[22]

在杜鲁门总统的决定公开宣布两周之后,爱因斯坦在全国性电视台上宣读了一份事先准备好的关于氢弹的声明。[23]声明中他对美国社会的军事化、恐吓任何反对这一倾向的人、要求宣誓效忠和保守秘密、核军备竞赛的"歇斯底里的特性"[24],以及这种新型武器将会让美国更加安全的"灾难性幻觉"[25]进行了批评。"每一步看起来都像是前一步那不可避免的结果,"爱因斯坦说,"到最后,这越来越清楚地昭示着全人类的灭绝。"[26]

杜鲁门做出要制造氢弹的决定具有很大的象征意义。它向苏联领导层以及全体美国人发出了一条信息。在不流血或不打仗的冷战时期,对实力的认知与现实一样重要。一份机密的五角大楼报告后来强调了"心理因素"(psychological considerations)[27]在核威慑中所发挥的核心作用。该报告辩称:"武器系统本身只说明了必要故事的一部分。"[28]美国国防计划的成功依赖于一个针对公众的有效的"信息项目"(information program)[29]:

发挥威慑作用的不是我们所拥有的实力和意图，而是
敌人认为我们所拥有的实力和意图。因此，一种威慑性武
器系统的中心目标是心理方面的。使命在于说服。[30]

125

氢弹的有效性不是问题所在，制造出一枚氢弹的意愿才是。这
种逻辑将指导接下来 40 年的核军备竞赛。

关于氢弹的辩论增强了军方在核武器政策中的影响力，削
弱了原子能委员会的地位，并且在曾服务于曼哈顿计划的大部
分科学家和物理学家中间制造了一种持久的怨恨。但是，所有
那些关于种族灭绝、道德以及人类命运的充满激情的论据，都
被证明是无关紧要的。至少从 1948 年开始，苏联就已经在秘密
地从事氢弹研究。根据物理学家安德烈·萨哈罗夫——此人被
认为是苏联的氢弹之父——的说法，约瑟夫·斯大林已经下定
决心要拥有这种武器，而不管美国是否这样做。"任何美国放弃
或暂停热核武器研究工作的举动，都将被视为一种狡猾的欺骗
手段，或是愚蠢和软弱的证据，"萨哈罗夫在回忆录中写道，
"不论何种情形，苏联人的反应都将是一样的：避免可能的陷
阱，并利用对手的愚蠢。"[31]

在朝鲜军队南进作战，朝鲜战争爆发两周之后，杜鲁门总
统批准了向位于英国境内的美国空军基地移交 89 颗原子弹的行
动。[32]参谋长联席会议害怕朝鲜战争的爆发可能是苏联入侵西欧
的前奏。原子能委员会欣然同意交出原子弹，但会减掉一个关
键组成部分：核芯。它们依然被留在了美国的核存储设施中，
假如战争迫在眉睫，它们随时可以被空运至海外。美国国防部
则依旧在努力争取要获得对核武库的监管权。武装部队特种武

器项目负责人肯尼斯·D. 尼科尔斯（Kenneth D. Nichols）将军
126 声称，美国军方不仅要控制原子弹，还要负责设计和制造它们。
面对如此多的洛斯阿拉莫斯科学家反对研制氢弹，爱德华·泰
勒十分沮丧，但他也开始寻求建立一个获得空军支持的新的武
器实验室，实验室选址在科罗拉多州的博尔德（Boulder）。

在承认战备需要的同时，美国原子能委员会也在同上面那
些提议进行坚决的斗争。1950 年 8 月，杜鲁门批准向正朝地中
海驶去的"珊瑚海"号（Coral Sea）航空母舰移交 15 颗没有核
芯的原子弹。[33]美国空军不太喜欢这个先例，他们坚持认为，在
未来，所有存储在航空母舰上的核武器的正式控制权都应该属
于战略空军司令部，而不是海军。次年，当联合国军队在朝鲜
与中国军队开战时，美国空军终于获得了原子弹及其核芯的监
管权。在当时，允许军方获得原子弹及其核芯被认为是迈出了
重要的一步。美国空军参谋长霍伊特·范登堡（Hoyt
Vandenberg）将军为这 9 颗原子弹承担个人责任。[34]它们被运往
关岛的空军基地，并且如果有需要的话，将被用在中国人身上。

到 1950 年底，美国已拥有大约 300 颗原子弹，[35]其中超过
1/3 被存储在航空母舰或海外军事基地中，[36]不过没有装配核芯。
其余的原子弹则存储在原子能委员会位于美国境内的存储设施
中，表面上处于文官控制之下。然而，由《原子能法》规定的
由文官来监管的原则，在很多方面就变成了法律拟制（legal
fiction，指法律事务上为权宜之计而在无真实依据的情况下所做
的假定。——译者注）。例如，在得克萨斯州基林的存储设施贝
克场中，原子能委员会有 11 名雇员，[37]然而军方雇员则有 500
人，其中包括 200 名保安人员。存储场很好地防范了破坏者和
闯入者，但并没有防范任何种类的非授权使用。李梅将军后来

承认，桑迪亚附近曼扎诺山区的存储设施埃布尔场已经形成一些特殊安排：

> 我们的部队守卫（原子弹），但我们并不拥有它们……完全由文官控制。我记得曾派一个人……去和管着钥匙的那个家伙谈。我觉得在一定的条件下——比如说某天早上我们醒来时，华盛顿或者其他地方都已经灰飞烟灭——我将去掌控原子弹。那个人甚至都没有指责我。尽管我从来没有这样或那样做，但我们之间达成了相互理解。[38]

考虑到当时指挥与控制系统实在是粗糙简陋得不行，这种安排似乎是必需的。"假如仅靠我自己，并且我们国家的一半领土都被摧毁，而我又无法接到命令或其他消息，"李梅解释道，"我不会坐在那里痴等，傻傻地什么也不做。"[39]

在苏联正努力制造一颗氢弹的事情被确证后，美国人在研制氢弹方面的工作变得更加紧迫。在杜鲁门总统宣布美国将开发氢弹之后几天，英国物理学家克劳斯·福克斯（Klaus Fuchs）供认正为苏联人当间谍。在洛斯阿拉莫斯，福克斯曾从事内爆式原子弹的原始设计工作，并对热核武器进行了一些早期的研究。1951 年 1 月，尽管经过了一年的艰辛努力，但美国科学家们离造出一颗氢弹还差很远。泰勒曾建议利用一个裂变装置来引发聚变过程，但是他没能弄明白如何控制热核反应，以使其持续时间长到足以产生一个显著的爆炸当量。数学家斯塔尼斯拉夫·乌拉姆（Stanislaw Ulam）提出了一些新的思路：氢燃料在被点燃之前应该先被压缩，并且炸弹的爆炸应该分阶段展开。泰勒受到了乌拉姆思路的巨大启发，1951 年 3 月他俩在洛斯阿拉

127

莫斯提交了一篇论文《论第一阶段异质催化爆轰：流体力学透镜和辐射镜》（On Heterocatalytic Detonations I：Hydrodynamic Lenses and Radiation Mirrors），在其中阐述了热核武器的基本工作原理。然后，他们为自己的氢弹设计申请了专利。[40]

乌拉姆曾将他最初的建议叫作"盒子中的炸弹"（a bomb in a box）。[41]泰勒－乌拉姆构型（Teller-Ulam design）最初就是在一个盒子里面放置两枚裂变炸弹，以及作为热核燃料的如氘（deuterium）和氚（tritium）之类的氢的同位素。如果一切都按计划进行，接下来就是会发生的事情：一个内爆装置将在一个以铅作为内衬的厚金属筒中被引爆。此处爆炸放射出的 X 射线会通过金属筒向下传递到包裹着铀－235"火花塞"（spark plug）的氢燃料。氢燃料和火花塞将会被包裹在呈圆筒状的铀－238 里面，就像桶内的啤酒一样。X 射线将会压缩铀筒壁和氢燃料。这种压缩将使氢燃料密度变得极其大，然后将位于其内部的铀火花塞引爆。介于两次核爆炸之间，第一次核爆炸向内挤压，第二次则向外推，氢原子将会融合（发生聚变）。它们会突然释放出大量的中子，并且这股中子洪流会加速铀火花塞的裂变进程。它们同时会导致铀筒发生裂变。所有这一切都将发生在百万分之几秒以内，然后将所有这些包含其中的金属筒炸得四分五裂。

泰勒－乌拉姆构型背后的物理学和材料科学是高度复杂的，没有人能确保这种炸弹会正常工作。它依赖于一个叫作"辐射内爆"（radiation implosion）的概念，其在理论上看起来是可行的，但从未在实验中实现过。第一个装置（被称作"主装置"，primary）爆炸所释放的 X 射线需要被准确地聚集起来，并被反射至容纳了氢燃料和火花塞的铀筒（被称作"副装置"，

secondary）之上。利用 X 射线去使副装置发生内爆是个绝妙的主意：以光速移动的 X 射线，其速度要比主装置爆炸产生的爆轰波的速度快很多。如果各种材料的相互作用可以被正确地理解的话，那这种速度上的差异将延长聚变的过程。

氢弹内部的钢、铅、泡沫塑料、铀，以及其他固体将承受每平方英寸数十亿磅的超压。它们都将变成等离子体（plasma），而要预测它们的运动轨迹需要完全掌握流体力学——关于运动中的液体的科学。关于这种炸弹的合适大小、形状以及组成部分排列顺序的数学计算，看起来具有压倒一切的重要性。"除了所有关于裂变的问题……中子学、热力学、流体力学，"乌拉姆后来回忆道，"在热核问题中还出现了诸多新的至关重要的问题：更多种物质的运动、有关时间尺度的问题，以及所有几何与物理因素的相互作用。"[42] 不过，泰勒－乌拉姆构型也蕴含了一个朴素的原则。除了启动主装置的引信和发火装置外，氢弹里面并没有其他活动的部件。

1951 年 5 月，在南太平洋进行的两次核试验证明了核爆炸可以引发核聚变。一个代号为"乔治"（George）的里面含有液化氘和氚的装置，产生了有史以来最大的核爆炸当量——22.5 万吨，是长崎原子弹威力的 10 倍多。尽管核聚变对此次如此大的当量贡献不大，但辐射内爆厥功至伟。几天之后被引爆的"条款"（Item）当量要低得多，但意义更加重大。它证实了泰勒的看法，即裂变弹可能被"增强"（boosted），换句话说就是，它们的爆炸威力可以通过在其被引爆之前的瞬间，往其核芯中放入少量氘和氚气体的方式来极大地增强。当升级后的核芯爆炸之后，氢的同位素会发生聚变然后释放出大量中子，使得随后发生的裂变爆炸的威力增强 10 ~ 100 倍。升级后的武器相比现在的武器体积更小，效率更高，并且用更少的裂变材料就能够产生更大的当量。

对泰勒－乌拉姆构型的全面试验发生在 1952 年 11 月 1 日。为了完成诸多必需的计算工作，世界上第一批电子数字计算机中的一台在洛斯阿拉莫斯被组装起来。这台机器叫作"曼尼亚克"（MANIAC，意为数学分析数值积分计算机），[43] 它帮助制造的装置叫"迈克"（Mike），后者看起来更像一个巨大的圆筒式威士忌酒瓶，而不是大规模杀伤性武器。"迈克"高约 20 英尺（约 6 米），重量超过 12 万磅（约 54.4 吨）。该装置被安放在伊鲁吉拉伯岛（Elugelab Island）上的一座波纹铝建筑里面。当"迈克"被引爆的时候，这个岛屿消失了。它变成了尘土，向天上飞起并形成高达 27 英里的壮观蘑菇云。[44] 这次爆炸产生的火球宽度达到了 3.5 英里。[45] 伊鲁吉拉伯小岛所剩下的只有一个里面灌满了海水的圆形火山口，其直径超过 1 英里，有 15 层楼那么深。[46] 该装置的当量达到了 1040 万吨，威力大致相当于 500 枚轰炸长崎的原子弹。[47]

泰勒－乌拉姆构型起了作用，现在美国看起来有能力制造氢弹了。几个月之后，杜鲁门总统在告别演说中说："在未来的战争中，人类可以一击就灭绝数百万条生命，摧毁世界上最伟大的城市，抹掉过去的文化成就。"然后，他又带有某种希望地补充道："这样的战争对于理性的人来说，不是个可能的政策选择。"[48]

---

130　　对杜鲁门来说，使用核武器的想法可能看起来不理性，但使用它们的可信威胁却是威慑的核心所在。而且，对美国最聪

明的一群人来说，规划使用它们已经成为一份全职工作。核战略的根本问题依然没有得到解决。加州理工学院（California Institute of Technology）所进行的名为"远景计划"（Project Vista）的绝密研究，再次引发了关于如何保卫西欧免遭苏联入侵的军事讨论。[49]1950 年，北大西洋公约组织（NATO）同意组建一支由 54 个师组成的同盟军，[50]其足以阻挡苏联军队，后者据信有 175 个师。[51]然而，北约组织的欧洲成员并没能提供必需的部队，到 1952 年，联盟似乎无法向任何地方部署必要数量的部队。美国陆军在西欧部署的小规模部队，其作用是在前线充当"绊网"（trip wire）和一道"平板玻璃墙"（plate glass wall）。[52]美国部队将是第一批抵挡苏联进攻的人，并且他们将被很快消灭，从而迫使美国参战。战略空军司令部将通过摧毁苏联大部分国土来做出回应，但苏军仍会征服大部分欧洲领土，并且平民伤亡率将特别高。

那些领导"远景计划"的杰出学者和军官，其中包括罗伯特·奥本海默，得出结论认为，战略空军司令部针对苏联入侵做出原子闪电战的反应是错误的。轰炸苏联城市可能刺激苏联人对西欧和美国的城市进行核报复。"远景计划"中的成员们敦促北约用技术来取代人力，使用低当量的战术原子弹打击苏军先头部队，并把"战斗带回到战场"，[53]而不是依赖于战略轰炸。这样的政策可能限制任何一场核战争的规模并拯救无数生命，"防止针对友好城市的袭击"。[54]美国陆军的一线指挥官（field officers）和战术空军司令部（TAC）中的战斗机飞行员们基于人道的理由，完全同意这些结论。他们也坚持那些会让自己从中获益的任何可以削弱战略空军司令部影响力的政策。

131 　　正如所料，柯蒂斯·李梅讨厌低当量战术核武器的理念。在他看来，它们只是在浪费裂变材料，不太可能在战斗中起到决定性的作用，并且不容易将其置于集中控制之下。根据战略空军司令部的看法，赢得一场核战争的唯一方法在于先下手为强，并且施以重击。李梅告诉麾下的指挥官说："成功的进攻会带来胜利，而成功的防守眼下只能减轻失利。"[55] 此外，针对苏联城市的原子闪电战也不再是战略空军司令部的首要任务。李梅现在认为，摧毁苏联使用其核武器的能力将会更为重要。苏联机场、轰炸机、指挥中心与核设施成为战略空军司令部的首要目标。李梅并不主张预防性战争——一场美国针对苏联的完全出乎意料的突然袭击。但是，他所赞同的"打击军事力量"（counterforce）战略[56]则是某种形式的先发制人战争（preemptive war）：战略空军司令部计划在苏联看起来正准备好自身核力量的那一刻发动进攻。平民伤亡，尽管难以避免，但不再是目标。"现在，进攻性空中力量必须旨在防止针对美国及其盟友的大规模杀伤性武器的发射，"李梅辩称，"这个目标胜过所有其他的考虑，因为失败的代价可能是国家的灭亡。"[57]

　　新当选的总统德怀特·D.艾森豪威尔不得不调和武装力量之间的竞争性要求，并且制定一个有意义的核战略。艾森豪威尔已经为这项工作做了充足的准备。二战期间他曾担任欧洲盟军的最高统帅，战争结束后担任美国陆军参谋长，最近又担任了北约部队的最高指挥官。他很明白保卫西欧的军事挑战，以及核武器的革命性影响。曼哈顿计划一度向他报告，直到原子能委员会开始履行它的职责。他曾和李梅亲密共事，也听取过奥本海默关于"远景计划"研究结果的汇报。艾森豪威尔虽不喜欢苏联，但也没有任何要打第三次世界大战的意愿。在听取了"迈克"如何使一个岛屿消失无踪的细节之后，他私下质疑那种"我们要打造出足够摧毁一切的破坏性力量"[58]的需要。

在替换了参谋长联席会议中杜鲁门任命的人员之后，艾森豪威尔要求他的国家安全团队"重新审视"美国的国防政策。他在总统竞选期间曾许诺要降低税收，以及削减联邦政府的规模。虽然他有军方背景，但他十分渴望能够削减国防预算，该数字在杜鲁门政府执政期间增加了两倍。1953 年 6 月，当一系列广泛的提案正在被考虑时，苏联人在东德镇压了一次人民起义。两个月之后，他们又引爆了一个热核装置，RDS－6。尽管 RDS－6 的爆炸当量相对较低，它的设计也不太成熟，这次试验还是产生了不祥的影响。艾森豪威尔完全致力于维护西欧的自由，以及遏制苏联的力量——而不会导致美国破产。在他看来，实现这些目标的最简单、最经济的方法是部署更多的核武器。相较于在以大型热核武器为基础的战略和以小型战术核武器为基础的战略之间做出选择，艾森豪威尔决定美国应该同时拥有这两种战略。

1953 年秋天，艾森豪威尔政府的国家安全政策在绝密文件 NSC－162/2 中被勾勒出来。该文件承认，美国没有足够的武装部队来保护西欧免于遭受苏联的全面入侵。它还明确指出，苏联的攻击将引发压倒性的回应："在发生敌对行动时，美国将把核武器等同于其他弹药，纳入可投入使用的考虑范围。"[59]

在 1954 年 1 月的国情咨文演说中，艾森豪威尔总统公开宣布了新政策，宣称美国及其盟国将"维持一种大规模的反击能力"。[60]五天之后，国务卿约翰·福斯特·杜勒斯（John Foster Dulles）说美国的安全将依赖于"一种庞大的报复能力，它能够即刻以我们所选择的方式和地点进行报复"。[61]这两次演说都给人留下了美国将对苏联发动的任何攻击还以全面核打击的印象，该战略很快就以"大规模报复"（massive retaliation）[62]战略而为人所知。

美国空军以及战略空军司令部从艾森豪威尔的"新面貌"（new look）政策中受益最大。战略空军司令部成为美国最卓越的军事组织，它的使命被认为对确保国家安全是不可或缺的，它的司令官直接向参谋长联席会议汇报。在其他军种面临着开支和人手的削减时，战略空军司令部的预算则是增长的。几年之内，战略空军司令部的人员就增加了几乎 1/3，飞机的数量也几乎翻了一番。[63]受到新关注重点转移到打击军事力量的目标的驱动，战略空军司令部对核武器的需求量也猛增。苏联拥有比大城市多得多的机场，因此要摧毁它们就需要更多的核弹。美国海军的造船预算没有任何增长，但"新面貌"政策并没有引发海军将领发动又一次"反叛"。海军也不再被认为是过时的，它获得了增加新航空母舰的许可，每一艘都可搭载核武器。海军同样开始寻求用如原子深水炸弹、原子鱼雷以及原子反舰导弹之类的高科技武器，来替代许多常规武器。

虽然艾森豪威尔曾在陆军中服役将近 40 年，但陆军遭受了最严重的预算削减，很快就失去了超过 1/5 的资金以及 1/4 的部队。[64]陆军参谋长马修·B. 李奇微（Matthew B. Ridgway）将军成为大规模报复战略直言不讳的批评者。在指挥第二次世界大战以及朝鲜战争的地面部队时，李奇微就已经展示出杰出的领导能力和正直品性。他认为，美国仍然需要一支强大的陆军来打常规战争；对核武器的过度依赖是非常危险和不道德的；艾森豪威尔的政策将毫无必要地威胁到平民；以及"相较于民族精神的崩溃，国家财政的崩溃将是更加可取的目标"。[65]李奇微对"新面貌"政策的执着批评导致他提前退休。然而，陆军还是找到了适应的方法。它努力游说以获得原子炮弹、原子防空导弹以及原子地雷。在一个国会委员会面前秘密作证时，李奇微最亲密的助手之一詹姆斯·M. 加文（James M. Gavin）将军后来确切而清楚地说明了陆军所需要的核武器数目：151000枚。[66] 根据加文的说法，陆军在战场上使用的核武器数量为106000枚，另有25000枚用于防空，剩下的20000枚则可以与美国的诸多盟国共享。

在洛斯阿拉莫斯和桑迪亚，远在泰勒－乌拉姆构型被证明会起作用之前，一个为制造出氢弹的应急计划就已经启动。一周工作六天成了家常便饭，当然星期天的时候实验室也往往会很忙碌。目标在于制造出少量的氢弹，以便在西欧遭遇突然入侵的时候，空军能够使用它们。不像正在美国各地的工厂中制造的裂变炸弹，这种拥有"应急能力"（emergency capability）[67]的武器将在桑迪亚国家实验室被手工组装起来，然后存储在附近的埃布尔场。它们的组件不需要像正在存储中的其他炸弹一样，经受相同的现场试验。当泰勒和乌拉姆在努力克服如何维持热核聚变的理论问题时，桑迪亚国家实验室的工程师们则面临着一个更加现实的问题：在载着氢弹飞向目标的时候，如何才能让它不会摧毁飞机？

最新的计算表明，一枚氢弹将重达 4 万磅（约 18 吨），而唯一大到能够将其运往苏联的美国轰炸机 B－36，由于速度太慢将无法躲避爆炸产生的冲击波。美国空军调查了将新型的 B－47 中程喷气式轰炸机转换成无人驾驶飞机的可能性。B－47里面将搭载一枚氢弹，然后由 B－36 运往苏联上空。该计划的

134

代号叫"铜戒"（Brass Ring），但它被为无人机开发一套导航系统的成本和复杂性阻碍了。[68]

洛斯阿拉莫斯的一位年轻物理学家哈罗德·阿格纽提出了一个更简单的想法。阿格纽是一位来自科罗拉多的独立的、不墨守成规的思考者，他已经在核时代的一些关键时刻出现过。作为一名来自芝加哥大学的研究生，他曾于1942年帮助恩里科·费米制造了第一次人工核链式反应。随后，阿格纽参与了曼哈顿计划，在"小男孩"被从广岛上空投下时，他作为科学观察员正在飞机上，并暗中打开了他的摄影机，然后拍下了关于蘑菇云的唯一镜头。他曾帮助制造了"迈克"，并在30英里之外的一条船上看着它被引爆，震惊地看着小岛消失无踪。爆炸产生的热量越来越强，仿佛永远不会结束一样。当在思考着要如何安全运送一枚氢弹时，阿格纽想起来自己看过一个纳粹坦克利用降落伞被从飞机上空投下来的镜头。[69]他联系了空军中的一位朋友，然后说："我们必须搞清楚他们是怎么做到这一点的。"[70]

空军早就对这些降落伞产生了兴趣。它们的发明者特奥多尔·W. 克纳克（Theodor W. Knacke）在二战结束后就被带到美国，此举是一个招募纳粹航空和火箭科学家的绝密计划的一部分。这个计划被称为"回形针行动"（Project Paperclip）[71]，由柯蒂斯·李梅负责，他后来解释该行动的目的道："从铁丝网后面拯救那些有能力又聪明的德国人，让他们参与我们的各种军事项目，将他们送入美国的产业体系。"[72]特奥多尔·克纳克现在在加利福尼亚州埃尔森特罗（El Centro）的一个空军基地为美国海军工作。阿格纽立即飞往加利福尼亚，和克纳克见了面，然后假设性地问道，他是否可以设计出一种降落伞，其强度足以承受某种重达 4 万磅的东西。"哦，可以，"克纳克答道，"没有问题。"[73]

受德国人设计的启发，一个名为"高加索人计划"（Project Caucasian）的合作项目在空军和桑迪亚国家实验室之间展开，目的在于开发出一种"三伞系统"（three-parachute system），以放缓氢弹下降的速度并给予美国轰炸机足够时间来飞离现场。B－36 轰炸机将在大约 4 万英尺（约 1.2 万米）的高空投下氢弹。一副小型的引导伞（pilot chute）将立即打开，然后打开的是一副稍微大点的拖曳伞（extraction chute）。头两副降落伞将保护氢弹不会被猛烈地拉动，然后第三副降落伞将会打开——它是一副巨大的条带式降落伞（ribbon parachute，也叫带条伞），为特奥多尔·克纳克的发明，伞衣之间有狭窄的缝隙，可以让空气通过，进而防止整副伞被撕裂。氢弹将会在空中轻轻地向下漂浮大约 2 分钟时间，看起来就像天空中的一个小小斑点。然后，在距离地面大约 1.5 英里的位置，它将发生爆炸。

在桑迪亚国家实验室，鲍勃·佩里弗伊领导着为这种具备应急能力的武器设计保险、引信和发火装置。[74]雷达引信有望成为引爆炸弹的最精确手段，但对预期爆炸当量大约为 1000 万吨的武器来说，高精确度并不是必不可少的。克劳斯·福克斯很有可能已经将阿齐斯雷达及其他用于原子弹之中的雷达引信的信息泄露给了苏联人，这导致人们担心苏联人可能用某种措施来干扰那些雷达，使美国人的氢弹变成哑弹。气压开关（barometric switch）或者机械计时器看起来会是触发 X 单元、击发起爆器并引发热核爆炸的一个更可靠的方法。然后，那些引信中的每一个都有潜在的缺点。如果使用机械计时器但主伞

136　没有打开，炸弹将垂直落到地面上，并在计时器跑完之前摔成碎片。但如果使用气压开关而主伞没有打开，炸弹将过快降到预定高度并过早起爆，进而导致 B－36 在逃离现场之前被摧毁。

　　佩里弗伊要求空军考虑这两种引信的风险然后做出选择。一种引信可能无法引爆炸弹，另一种则可能杀死机组人员。当空军无法做出选择时，佩里弗伊下令将这两种引信都装到击发装置里面。这个选择将在炸弹被装上飞机之前做出，而不管机组人员是否知情。

　　桑迪亚不再是洛斯阿拉莫斯的一个小小的分支了。它现在是拥有超过 4000 名雇员、可用来进行高爆炸药研究的带有防爆墙的国内最先进建筑，以及位于加州沙漠地区的全年都可进行试验的场地。在加利福尼亚州利弗莫尔（Livermore）开设另一个部门的计划也正在推进，原子能委员会已经在那个地方建立了一个新的武器实验室，以与洛斯阿拉莫斯竞争。加利福尼亚大学（University of California）管理着利弗莫尔和洛斯阿拉莫斯的实验室，但桑迪亚是一个由美国电话电报公司（AT&T）负责运营的非营利组织。这种公共和私人管理、学术研究和工业生产的混合，促使桑迪亚形成了一种独特的、与世隔绝的文化：严谨、扎实与注重实效；渴望推动技术的发展，但也怀疑狂热的和抽象的计划；干劲十足、共同掌权以及十分爱国。在桑迪亚工作的人没有一个是抱着发家致富的念头来的。这份工作的吸引力在于它的紧迫性和重要性，需要解决的技术问题，以及由保守秘密的需要激发的团队意识。大部分的工程师都像佩里弗伊一样，年纪轻轻，他们不能告诉自己的朋友、亲戚甚至配偶自己所从事的工作内容。他们在桑迪亚国家实验室大门内的科罗纳多俱乐部（Coronado Club）开展社交活动，在附近的山区徒步或者滑雪，开展对新型引信、雷管和炸弹壳体的试验。他们完善了美国的大规模杀伤性武器，以使那些武器将永远不会被付诸使用。

将伊鲁吉拉伯岛蒸发的热核装置太大了，以至于无法用飞机运输。此外，这种装置也展示了许多后勤方面的挑战。"迈克"的热核燃料，液态氘，其温度必须始终维持在 –423℉（约 –253℃）。[75] 尽管科学家们正在探索使用液态燃料的氢弹的可行性，但是那种使用诸如氘化锂之类的固态燃料的武器处理起来会更加容易。1954 年 3 月 1 日，一个名为"小虾"（Shrimp）的固体燃料装置在比基尼环礁的一处珊瑚礁上进行了测试。这次测试的代号为"布拉沃"（Bravo），这个装置测试成功了。但是，洛斯阿拉莫斯的计算失误导致其爆炸当量比预期的大得多。意味着事情有些不对劲的第一个迹象被设在恩尤岛（island of Enyu）上的地下掩体探测到，该地距离爆炸地点 20 英里远。在等待冲击波到来的时候，掩体中首席科学家伯纳德·奥基夫开始担心起来。他几乎不是那种容易神经紧张的人。在突袭长崎之前的那个晚上，他就曾违反安全规则并秘密更换了"胖子"主击发电缆的那些插销。1953 年，在内华达试验场的一个内爆装置神秘地未能引爆之后，他爬上 200 英尺高的制弹塔（shot tower）顶端，用手拔出了那些击发电缆。[76] 但是现在，他感到不安了。在"小虾"爆炸大概 10 秒钟后，地下掩体似乎在移动。但这说不通了。混凝土地堡牢固地嵌在岛中，它的墙体厚度也有 3 英尺。

另一位科学家问道："是建筑物正在移动还是我头晕了？"[77]

137

奥基夫说:"天啊,是它,是建筑物在移动。"[78]

奥基夫开始觉得恶心,就像晕船一样,他紧紧抓住工作台,而房间内的东西正在四处溜动。地堡此刻正在摇晃和震动,他后来回忆说:"好像它被放在一个装满果冻的碗里一样。"[79]爆炸产生的冲击波,其在土地中的传播速度要比在空气中传播时快得多,很快就抵达了他们所在的地下。

"小虾"的爆炸当量为 1500 万吨,[80]几乎是其设计者预期的 3 倍。[81]爆炸形成的火球宽 4 英里,大约 2000 亿磅的珊瑚礁和海底移位,[82]其中的大部分上升到天空中形成蘑菇云,并很快就在天空中延伸超过 60 英里。[83]爆炸 15 分钟之后,奥基夫和其他 8 位试验小组的成员试探性地走出地堡。小岛被阴暗的灰色薄雾笼罩。树木成片倒下,棕榈枝散落得到处都是,所有的鸟儿也都消失了——这是距离地面零点 20 英里的地方。奥基夫注意到他的放射量测量计(dosimeter)显示的放射性水平迅速攀升。一种看起来像雪花的带有白色灰尘的小雨开始从天上落下,然后鹅卵石和岩石也从空中掉下来。这些人赶忙跑回地堡,猛地把门关上,然后检测到地堡内的高放射性水平,在几分钟的混乱之后,他们关上了空调机组。在地堡内部,辐射水平快速回落,但是在外面则继续攀升。这些人被困住了。

放射性沉降物的危害性自曼哈顿计划时期就已经被认识到了,但从未被充分重视。[84]核爆炸的早期会产生大量的 γ 射线,它是导致广岛和长崎辐射中毒的主要原因。爆炸也会产生剩余辐射(residual radiation),因为裂变材料和高能中子会与火球所吞没的一切发生交互作用。在爆炸中形成的放射性物质可能发出 β 粒子、γ 射线,或者两者皆有。β 粒子的放射性较弱,无法穿透衣服。γ 射线则是致命的,可以穿透房子的墙壁并杀死里面的人员。

在一次核爆炸之后，一些元素会变得具有杀伤力，而其他的元素依然是无害的。例如，当氧元素被高能中子轰击时，它会变成半衰期只有7秒的氮同位素，这意味着在7秒的时间内，它一半的放射性就已经被释放。这就是为什么在地面之上发生的核爆炸——空中爆炸，如发生在广岛和长崎上空的爆炸——不会产生大量的放射性沉降物。但是，当锰元素被高能中子轰击时，它会变成锰-56，这种同位素会发出γ射线，其半衰期为两个半小时。锰在土壤中很常见，这就是一次地面核爆炸能形成大量致命的放射性沉降物的原因之一。在火球内部，岩石、泥土甚至海水都能够转化成放射性元素，向上攀升，随风飘散，并最终从天上降落下来。

核爆炸的"早期沉降物"（early fallout）通常是最危险的。[85] 在最初的24小时内从蘑菇云中掉落下来的大颗粒放射性物质，能够降落到风或者雨携带着它们所到的任何地方。在地面上，辐射水平会随着沉降物的累积而稳步上升。不像核爆炸初期释放出来的大量γ射线，剩余辐射的危害性可以保持好几天，好几个月，甚至好几年。大约700伦琴的辐射剂量对人类来说就是致命的，而且这种剂量并不需要被一次性接受。[86] 辐射中毒，就像晒伤一样，可以缓慢地发生。γ射线是看不见的，并且放射性沉降物看起来和其他尘埃是一样的。当一个人感觉到辐射损伤的效果时，已经无力回天了。

"延迟沉降物"（delayed fallout）会造成一种不同的风险。[87] 放射性物质的微小颗粒可能会被拉入高层大气，并随着冲击波经历数千英里的行程。大部分γ射线早在这种沉降物下落之前很久就已经被释放了，但许多放射性同位素可以长时间地释放

139

出 β 粒子。锶 – 90 是一种软金属，很像铅，其放射性半衰期长达 29.1 年。它常常出现在热核爆炸所释放的沉降物中。当锶 – 90 进入土壤，它可以被生长在该土壤中的植物吸收，然后被吃了这些植物的动物吸收。一旦进入人体内部，锶 – 90 就会模拟钙，在骨骼上累积，并继续发出辐射，往往会导致白血病或者骨癌。锶 – 90 对儿童和青少年构成极大的威胁，因为他们的骨骼仍在生长之中。此外还有铯 – 137，一种半衰期为 30 年的放射性同位素，它可能污染农田长达几代人的时间。

1952 年，"迈克"的热核爆炸就在试验场周围的海洋堆积了高水平的放射性沉降物。第二年，受到锶 – 90 污染的纽约牛奶就被与内华达试验场的裂变装置爆炸联系起来。但是，"小虾"那意料之外的巨大爆炸当量，被移位的珊瑚礁和海底的量，以及强于预期的大风三者结合起来，产生的沉降物之多震惊了参与"布拉沃"测试的每一个人。[88]数以千计的科学家和军事人员，尽管是在 30 英里外的船舶上看着氢弹被引爆，但还是被迫进入船舱之内，并在闷热之中待上好几个小时。奥基夫与他的部下只好被直升机救援出来。在逃离地堡之前，他们在自己身上裹了厚厚的床单，试图避免与沉降物有任何接触。

水上飞机疏散了距地面零点 153 英里的一处空军气象站，爆炸两天之后，美国海军从马绍尔群岛的朗格拉普岛（island of Rongelap）上撤走了许多村民。这些村民在 115 英里之外的地方看到了壮观的爆炸场景，但他们没人知道此后从天空中降落的白色尘埃是有害的。[89]尘埃降落在他们的皮肤和头发上，他们还光着脚在上面走了好几个小时。他们中约有 80 人得了辐射病。由于吸收了落在他们皮肤上的沉降物放射出的 β 粒子，许多人还发展成烧伤、器官损害以及皮肤变色。朗格拉普岛上覆盖了如此之多的白色尘埃，以至于岛上居民三年之内都不准回到那里。

当一艘日本渔船"福龙丸"号（Lucky Dragon）在"布拉沃"测试两周之后返回母港烧津（Yaizu）时，沉降物的危害性在无意之中被公之于众。[90]23 名船员全部遭受辐射中毒的痛苦。他们的渔船具有了放射性，他们捕获的金枪鱼也是一样。"福龙丸"号当时距离爆炸地点约 80 英里远，恰好位于军事禁区之外。一名船员死亡，其余的人则住了 8 个月的医院。这一事件唤醒了人们对广岛和长崎的记忆，在日本境内引发了普遍抗议。当日本医生询问沉降物的相关信息时，美国政府却拒绝提供，担心这次爆炸的详细信息可能泄露使用氘化锂作为武器燃料的秘密。在对辐射中毒的全球公愤中，苏联取得了宣传上的胜利。在联合国，苏联人呼吁立即停止核试验，并且全面废除核武器。虽然对这些要求有好感，但艾森豪威尔总统几乎无法同意这些要求，因为眼下美国的整个国家安全政策都依赖于它的核武器。

"福龙丸"号的命运很快就被忘记了。不过，"布拉沃"测试导致武器实验室、五角大楼和白宫产生了一种让人惊恐的认识：氢弹产生的沉降物很有可能比最初的爆炸杀死更多的人。在原子能委员会，"布拉沃"测试的沉降物分布图被叠加在一幅美国东北部地图上面，首都华盛顿为地面零点。[91]根据这幅地图所示，假如一颗类似的当量为 1500 万吨的氢弹击中首都并发生地面爆炸，华盛顿、巴尔的摩和费城的所有人都可能遭受致命剂量的辐射。[92]纽约市的居民可能暴露在 500 伦琴的辐射之下，这足够杀死其中一半以上的人。再往北至波士顿，甚至远在加拿大边境的人们，也都有可能遭受辐射中毒。

141

英国首相温斯顿·丘吉尔被"布拉沃"测试的结果搅得心神不宁。丘吉尔早前一直支持用核武器来保卫西欧，而不是常规武装力量。1952年，英国爆炸了第一个裂变装置，它的第一枚原子弹"蓝色多瑙河"（Blue Danube）也于最近移交给了皇家空军。[93]"蓝色多瑙河"的当量约为16千吨，[94]现在看起来就是微不足道的和过时的。"除了能够制造诸多恐惧，原子弹看起来似乎并不是无法控制的战争手段，"丘吉尔在"布拉沃"测试一个月之后对下议院说道，"但是氢弹将我们带入了一个维度……其一直局限于幻想和想象力的范围之内。"[95]一个小的、人口稠密的国家在这种武器面前尤为脆弱。丘吉尔要求英国中央战争计划秘书处（Central War Plans Secretariat）的官员威廉·斯特拉斯（William Strath）去领导一项绝密研究，以弄清楚一次热核攻击会对英国造成什么样的影响。

1955年春，斯特拉斯提交了他的报告，其结果是可怕的世界末日。[96]根据最新的情报，苏联对英国的攻击将有三个主要目标：摧毁所有能让美国或英国轰炸机起降的机场，摧毁英国政府，以及"使英国失去成为任何形式的军事行动之基地的能力"。[97]这种攻击相对容易做到。"一颗氢弹爆炸时产生的强热，"斯特拉斯报告写道，"将能在一个周长为60~100英里的建筑密集区内引发10万处火情。"[98]如果苏联人沿着英国西海岸引爆10颗氢弹，盛行风将让英国大部分国土被沉降物覆盖。[99]近1/3的英国人口将立即死亡或受伤。[100]绝大部分英国农田将在接下来的两个月内变得毫无用处，一些生产效率最高的土地可能会"丧失很长一段时间"，[101]饮用水的供给也将会受到污染。在一个题为"机械控制"（Machinery of Control）[102]的章节，该报告警告称英国绝大部分地区的社会将陷入崩溃。当地的军事指挥官将被授予"广泛的紧急权力"（drastic emergency powers），而社会秩序可能不得不通过使用"简单粗暴但有效的方法"来恢复正常。[103]斯特拉斯敦促政府发布有关氢弹的准确信息，如此一来英国家庭就能够建造沉降物遮蔽所，储存罐头食品，并做好最坏的打算。

斯特拉斯报告被列为机密，而对它更大程度的开放请求也被置之不理。丘吉尔首相下令英国广播公司（BBC）不要播送有可能打击国民士气的关于氢弹的新闻。[104]英国政府担心，道出核武器的真相将会削弱公众对一种需要核武器作支撑的国防政策的支持。针对热核战争的威胁，丘吉尔已经选择一种不同的回应方式。就在"布拉沃"测试之后不久，他就告诉顾问们："影响力取决于对武力的占有。"[105]英国将开发自己的氢弹。再一次，氢弹的吸引力在于其所拥有的象征意义。"我们必须这么做，"丘吉尔解释道，"这是我们作为世界强国所要付出的代价。"[106]

艾森豪威尔政府也挣扎于如何处理公众对氢弹的担忧。原子能委员会负责人刘易斯·斯特劳斯几乎等了一年才得知"布拉沃"测试曾在几千平方英里的范围内散播致命的沉降物。尽管斯特劳斯试图限制对沉降物危害性的宣传，联邦民防管理局（FCDA）却传达出一种不同的信息。联邦民防管理局局长瓦尔·彼得森（Val Peterson）建议每一个美国家庭都要"马上"建造一个地下遮蔽所。[107]一旦苏联人部署了他们的氢弹，彼得森补充道："我们最好已经挖好遮蔽所并向上帝祷告。"[108]

多年来，联邦民防管理局一直辩称，通过利用某种形式的遮蔽所人们可以在一次核攻击中幸存下来。动画角色乌龟伯特（Bert the Turtle）敦促美国学童们"卧倒并掩护"（duck and cover），即一旦看到原子弹的闪光，就要尽快躲在教室的课桌下面。被广泛分发的民防小册子《原子攻击下的求生之道》（Survival Under Atomic Attack）提供了诸多有用的和鼓舞人心的生活小贴士：

> 您从原子攻击中幸存下来的可能性比您曾想过的要大得多。[109]……哪怕是一点点材料也可以保护您免遭闪光烧伤，因此您一定要穿上合适的衣物。[110]……我们对放射性的了解要超过对感冒的了解。[111]……随身携带一个手电筒。[112]……水下核爆炸之后要避免将自己弄湿。[113]……注意不要让放射性物质进入室内。[114]……

143

氢弹的破坏力迫使民防系统设计者改变他们的建议。郊区的家庭被劝告要在热核爆炸之后四五天内尽量留在地下遮蔽所、没有窗户的地下室或者后院的壕沟里面；城市家庭则被告知在攻击似乎要发生时，要尽量离开自己的家园。在战争时期从美国城市疏散的需求，赋予了艾森豪威尔建造州际高速公路系统计划的正当性。瓦尔·彼得森呼吁沿着新的公路铺设水泥管道，如此一来难民们便可以睡在里面并且避免沉降物。[115]一位记者写道，"卧倒并掩护"正在被一个新的民防口号替代——"逃到山上去"。[116]

为了能够鼓舞士气，并且证明一场核战争并不意味着世界末日，联邦民防管理局在当年 6 月举行了"1955 警戒行动"（Operation Alert 1955），这是美国历史上规模最大的民防演习行动。[117]在一次模拟攻击中，61 个城市遭到核武器攻击，当量从 20 千吨到 500 万吨不等。[118]随着空袭警报响起，提醒苏联轰炸机正在接近，1.5 万名联邦雇员从华盛顿撤离。总统及其阁僚被开车送往秘密地点并在那里待上三天。在整个美国，每个家庭都爬进遮蔽所或者演练他们的逃生路线。在纽约市，所有人都不允许出现在街头，而要在室内待上十分钟，准备迎接即将到来的苏联氢弹——出于某种原因，它的地面零点将是布鲁克林区威廉斯堡（Williamsburg）北七街（North 7th Street）和肯特大道（Kent Avenue）的交汇处。[119]

政府官员宣称警戒行动取得了巨大的成功。财政部部长乔治·M. 汉弗莱（George M. Humphrey）说，这次演习证明了美国将"能够承受它"并且"恢复得出奇快"。[120]在美国 1.65 亿人的总人口中，将只有 820 万人死亡、660 万人受伤，[121]其中超过一半的伤亡发生在纽约市。[122]如果每个人都采取了正确的预防措施，瓦尔·彼得森向记者保证道："在理想状况下，我们可能不用付出任何生命代价就从沉降物危害中逃生。"[123]

在一份公开声明中，艾森豪威尔说这次演习给了他"巨大的鼓舞"。[124]但是在一次内阁会议上，他用一个词总结了自己的感受："令人震惊"（staggering）。[125]在警戒行动的第一天，总统就宣布戒严，将权力从州政府转移给六个陆军野战司令部（Army field command）。向新闻界公布的伤亡数字极大地低估了一场热核战争可能造成的影响。一个新词进入了核战争规划词典：百万人死亡（megadeath）。[126]这个词是一个测量单位，1 megadeath 等于 100 万人死亡——并且国家在一场热核战争中势必会遭受许多个百万人死亡。1956 年 1 月 23 日，艾森豪威尔总统在日记中记录了一项绝密研究——内容关于在遭受苏联核进攻之后真的会发生什么事——的结果：

美国经历了几乎全面的经济崩溃，在六个月到一年之内无法恢复到任何形式的可正常工作状态。……联邦政府成员被消灭殆尽，新的联邦政府只能由各州临时拼凑。……据计算，总人口中 65% 的人将需要某种医疗护理，并且在绝大多数情况下，他们将没有任何机会得到它。……[127]

艾森豪威尔被陆军不断要求增派更多部队帮助保卫西欧激怒。他告诉一位助手："当我们国家的 15 个城市都变成一片废墟时，谈论往海外运送更多部队简直是荒谬至极。"[128]陆军需要在国内处理混乱状况。"你不能打这样的战争，"几年之后艾森豪威尔在一次国家安全会议上说道，"到时候在街头清理尸体的推土机都会捉襟见肘。"[129]

## 注释

1. Interview with Fred Charles Iklé. 关于他在这个主题上的早期研究，可参见 Fred C. Iklé, "The Effect of War Destruction upon the Ecology of Cities," *Social Forces*, vol. 29, no. 4 (May 1951), pp. 383 – 91; and Fred C. Iklé, "The Social Versus the Physical Effects from Nuclear Bombing," *Scientific Monthly*, vol. 78, no. 3 (March 1954), pp. 182 – 87。

2. Cited in Fred Charles Iklé, *The Social Impact of Bomb Destruction* (Norman: University of Oklahoma Press, 1958), p. 16.

3. Cited in ibid.

4. Ibid., p. 8.

5. 对第二次世界大战时期空中轰炸致死效率的研究，参见 ibid., pp. 17 – 18。

6. 对炸弹破坏效应与人口损失之间关系的计算，参见 ibid., pp. 53 –

56。

7. Ibid. , p. 55.

8. Ibid. , p. 72.

9. 一个关于兰德公司及其对战后战略政策影响的无法被超越的叙述，参见 Fred Kaplan, *The Wizards of Armageddon: The Untold Story of the Small Group of Men Who Have Devised the Plans and Shaped the Policies on How to Use the Bomb* ( Stanford, CA: Stanford University Press, 1983 )。一个最近的关于其历史的研究，参见 Alex Abella, *Soldiers of Reason: The RAND Corporation and the Rise of the American Empire* ( New York: Harcourt, 2008 )。

10. Iklé, *Social Impact of Bomb Destruction*, p. viii.

11. Cited in ibid. , p. 205.

12. Ibid. , p. 180.

13. Ibid. , p. 120.

14. Quoted in Hansen, *Swords of Armageddon*, vol. 2, pp. 85 – 86.

15. Quoted in May et al. , "History of Strategic Arms Competition," Pt. 1, p. 65.

16. Quoted in Hewlett and Duncan, *Atomic Shield*, p. 384.

17. 费米和拉比声明的全文，参见 "Minority Report on the H – Bomb," *Bulletin of the Atomic Scientists*, December 1976, p. 58。

18. Quoted in McGeorge Bundy, *Danger and Survival: Choices About the Bomb in the First Fifty Years* ( New York: Random House, 1988 ), p. 204.

19. Quoted in "View from Above," p. 203.

20. Quoted in Hewlett and Duncan, *Atomic Shield*, p. 402.

21. Quoted in Herken, *Winning Weapon*, p. 316.

22. Quoted in Robert H. Ferrell, *Harry S. Truman: A Life* ( Columbia: University of Missouri Press, 1994 ), p. 350.

23. See "Einstein Fears Hydrogen Bomb Might Annihilate ' Any Life, ' " *Washington Post*, February 13, 1950.

24. 爱因斯坦声明的全文，参见 "Dr. Einstein's Address on Peace in the Atomic Era," *New York Times*, February 13, 1950。

25. Ibid.

26. Ibid.

27. "Effect of Civilian Morale on Military Capabilities in a Nuclear War Environment: Enclosure 'E,' The Relationship to Public Morale of Information About the Effects of Nuclear Warfare," WSEG Report No. 42, Weapons Systems Evaluation Group, Joint Chiefs of Staff, October 20, 1959 (CONFIDENTIAL/declassified), p. 53.

28. Ibid.

29. Ibid. , p. 54.

30. Ibid.

31. Quoted in Hans Bethe, "Sakharov's H – Bomb," *Bulletin of the Atomic Scientists*, October 1990, p. 9.

32. See Wainstein et al. , "Evolution of U. S. Command and Control," p. 31: and Feaver, *Guarding the Guardians*, pp. 134 – 36.

33. Wainstein et al. , "Evolution of U. S. Command and Control," p. 31.

34. Ibid. , p. 32.

35. Ibid. , p. 34.

36. 其中有 89 颗原子弹在英国, 15 颗在 "珊瑚海" 号航母上, 9 颗在关岛。

37. See "History of the Custody and Deployment of Nuclear Weapons: July 1945 Through September 1977," Office of the Assistant to the Secretary of Defense (Atomic Energy), February 1978 (TOP SECRET/RESTRICTED DATA/declassified), p. 13.

38. Quoted in Kohn and Harahan, *Strategic Air Warfare*, p. 92.

39. Quoted in ibid. , p. 93.

40. 自曼哈顿计划开展以来, 关于核武器设计的发明创造就能够秘密申请专利。专利最初是用来确保公众获得相关知识的法定程序, 但在核武器方面被用来阻碍公众获得相关知识, 关于这一点的精彩论述, 参见 Alex Wellerstein, "Patenting the Bomb: Nuclear Weapons, Intellectual Property, and Technological Control," *Isis*, vol. 99, no. 1 (March 2008), pp. 57 – 87。

41. Quoted in Hansen, *Swords of Armageddon, Volume 1*, p. 182.

42. Quoted in Anne Fitzpatrick, "Igniting the Elements: The Los Alamos Thermonuclear Project, 1942 – 1952," (thesis, Los Alamos National

Laboratory, LA – 13577 – T, July 1999), p. 121.

43. 制造氢弹的努力不仅依赖于利用电子计算机来进行高速计算，它也帮助了计算机被制造出来。对热核武器的设计与战后美国计算机科学之间那不可割裂的联系的探讨，参见 "Nuclear Weapons Laboratories and the Development of Supercomputing," in Donald MacKenzie, *Knowing Machines: Essays on Technical Change* (Cambridge, MA: MIT Press, 1998), pp. 99 – 129; "Why Build Computers?: The Military Role in Computer Research," in Paul N. Edwards, *The Closed World: Computers and the Politics of Discourse in Cold War America* (Cambridge, MA: MIT Press, 1996), pp. 43 – 73; Francis H. Harlow and N. Metropolis, "Computing and Computers: Weapons Simulation Leads to the Computer Era," *Los Alamos Science*, Winter/Spring 1983, pp. 132 – 41. Herbert L. Anderson, "Metropolis, Monte Carlo, and the MANIAC," *Los Alamos Science*, Fall 1986, pp. 96 – 107; N. Metropolis, "The Age of Computing: A Personal Memoir," *Daedalus*, A New Era in Computation, vol. 121, no. 1, (1992), pp. 119 – 30; and Fitzpatrick, "Igniting the Elements," pp. 99 – 173。

44. See "Progress Report to the Joint Committee on Atomic Energy, Part III: Weapons," United States Atomic Energy Commission, June Through November, 1952 (TOP SECRET/RESTRICTED DATA/declassified), p. 5.

45. Cited in Hansen, *Swords of Armageddon*, *Volume 3*, p. 67.

46. See Appendix A, Summary of Available Crater Data, in Operation Castle, Project 3. 2: Crater Survey, Headquarters Field Command, Armed Forces Special Weapons Project, June 1955 (SECRET/FORMERLY RESTRICTED DATA/declassified), p. 60.

47. Cited in "Operation Ivy 1952," United States Atmospheric Nuclear Weapons Tests, Nuclear Test Personnel Review, Defense Nuclear Agency, DNA 6036F, December 1, 1982, p. 17.

48. 关于杜鲁门的演讲，参见 "Text of President's Last State of the Union Message to Congress, Citing New Bomb Tests," *New York Times*, January 8, 1953。

49. 关于这项研究的一个很好的叙述，参见 David C. Elliott，"Project Vista and Nuclear Weapons in Europe，" *International Security*，vol. 11，no. 1（Summer 1986），pp. 163 – 83。

50. Cited in May et al. ，"History of Strategic Arms Competition，" Pt. 1，p. 140.

51. Cited in ibid. ，p. 139.

52. Ibid. ，p. 172.

53. Quoted in Kai Bird and Martin J. Sherwin，*American Prometheus: The Triumph and Tragedy of J. Robert Oppenheimer*（New York: Vintage 2006），p. 445.

54. Quoted in Elliott，"Project Vista，" p. 172.

55. "Remarks: General Curtis E. LeMay at Commander's Conference，" Wright – Patterson Air Force Base，January 1956（TOP SECRET/ Declassified），NSA，p. 17.

56. 关于打击军事力量战略背后的思路，参见 T. F. Walkowicz，"Strategic Concepts for the Nuclear Age，" *Annals of the American Academy of Political and Social Science*，vol. 299，Air Power and National Security，May 1955，pp. 118 – 27，and Alfred Goldberg，"A Brief Survey of the Evolution of Ideas About Counterforce，" prepared for U. S. Air Force Project RAND，Memorandum RM – 5431 – PR，October 1967（revised March 1981），NSA。

57. Quoted in Futrell，*Ideas，Volume 1*，p. 441.

58. Quoted in Richard G. Hewlett and Jack M. Holl，*Atoms for Peace and War，1953 – 1961: Eisenhower and the Atomic Energy Commission*（Berkeley: University of California Press，1989），p. 3.

59. "A Report to the National Security Council by the Executive Secretary on Basic National Security Policy，" NSC 162/2，October 30，1953（TOP SECRET/declassified），p. 22.

60. "Text of President Eisenhower's State of the Union，" *Washington Post*，January 8，1954.

61. "Text of Dulles' Statement on Foreign Policy of Eisenhower Administration，" *New York Times*，January 13，1954.

62. 这种新战略的名称掩盖了一个事实，即李梅将军和战略空军司令部并没有任何让美国首先遭受打击的打算。关于艾森豪威尔对核武器以及苏联似乎构成的威胁的看法，参见 Samuel F. Wells, Jr., "The Origins of Massive Retaliation," *Political Science Quarterly*, vol. 96, no. 1 (Spring 1981), pp. 31－52; and Richard K. Betts, "A Nuclear Golden Age? The Balance Before Parity," *International Security*, vol. 11, no. 3 (Winter 1986), pp. 3－32。

63. 1952 年，战略空军司令部拥有各种飞机 1638 架，雇员 166021 人；到 1956 年，数字分别达到 3188 架和 217279 人。Cited in Norman Polmar, ed., *Strategic Air Command: People, Aircraft, and Missiles* (Annapolis, MD: Nautical and Aviation Publishing Company of America, 1979), pp. 28, 44.

64. 根据历史学家 A. J. 巴塞维奇 (A. J. Bacevich) 的说法，1953 年，艾森豪威尔将美国陆军 1955 财年的预算从 130 亿美元削减至 102 亿美元，并将部队人数从 154 万人削减至 116.4 万人。See Bacevich, "The Paradox of Professionalism: Eisenhower, Ridgway, and the Challenge to Civilian Control, 1953－1955," *Journal of Military History*, vol. 61, no. 2, (April 1997), p. 314.

65. Quoted in ibid., p. 321.

66. 关于美国陆军希望获得的核武器的数量，以及希望怎么使用它们，参见 "History of the Custody and Deployment," p. 50。

67. 关于这个短语的定义，参见 "History of the Early Thermonuclear Weapons: Mks 14, 15, 16, 17, 24, and 29," Information Research Division, Sandia National Laboratories, RS 3434/10, June 1967 (SECRET RESTRICTED DATA/declassified), p. 17。

68. See ibid., p. 15; and Hansen, *Swords of Armageddon*, *Volume 2*, pp. 119－20, 262.

69. Agnew interview.

70. Ibid.

71. 关于该行动的细节，参见 John Gimbel, "U. S. Policy and German Scientists: The Early Cold War," *Political Science Quarterly*, vol. 101, no. 3 (1986), pp. 433－451; Linda Hunt, *Secret Agenda: The United States Government, Nazi Scientists, and Project Paperclip, 1945 to 1990* (New York: St. Martin's 1991); and Tom Bower, *The Paperclip*

Conspiracy: *The Hunt for the Nazi Scientists* ( Boston: Little, Brown, 1987)。

72. LeMay, *Mission with LeMay*, p. 398.

73. Agnew interview.

74. Peurifoy interview.

75. Cited in Hansen, *Swords of Armageddon*, *Volume 3*, p. 56.

76. 伯纳德·奥基夫和一个朋友用抛硬币来决定谁去解除核装置的击发电缆。奥基夫输了，于是钻进一辆吉普车，朝着制弹塔开去。See O'Keefe, *Nuclear Hostages*, pp. 154 – 6.

77. Quoted in ibid., p. 178.

78. Ibid.

79. Ibid., p. 179.

80. Cited in Hewlett and Holl, *Atoms for Peace*, p. 174.

81. Cited in ibid.

82. 此次爆炸造成的弹坑大约有 2000 码宽，最大深度为 80 码。正如鲍勃·佩里弗伊和他那作为工程师的儿子史蒂夫向我解释的那样，这个弹坑是"一个倒立的、高纵横比的直立圆锥形"。这样一个圆锥的体积是 1/3 的底部面积乘以它的高度。根据他们的计算，"布拉沃"弹坑的体积大约为 8000 万立方码——1 立方码的沙质表层土壤重约 2500 磅。这意味着此次爆炸移走的物质总量重约 2000 亿磅。要知道这个数值的视觉感，可以想象一堆足球场面积大小的沙子和珊瑚向天空延伸 70 英里高。我很感谢佩里弗伊父子向我提供这些数字。关于"布拉沃"测试所形成弹坑的尺寸，参见"Operation Castle, Crater Survey,"p. 24。

83. 蘑菇云能够达到的最大高度约为 31 万英尺，最大宽度约为 35 万英尺。See Vincent J. Jodoin, "Nuclear Cloud Rise and Growth" ( dissertation, Graduate School of Engineering, Air Force Institute of Technology, Air University, June 1994), p. 89.

84. 一个关于剩余辐射是如何产生的、它能够持续多久，以及它能对人类造成何种影响的很好的解释，参见 Glasstone, *Effects of Nuclear Weapons*, pp. 414 – 501, 577 – 663。

85. See ibid., pp. 416 – 42.

86. See ibid., p. 461.

87. See ibid. , pp. 473 – 88.

88. See ibid. , pp. 460 – 61; and Hewlett and Holl, *Atoms for Peace*, pp. 171 – 82, 271 – 79.

89. See Hewlett and Holl, *Atoms for Peace*, p. 174.

90. 这位不幸的船员的故事可见于 ibid. , pp. 175 – 77; and Ralph E. Lapp, *The Voyage of the Lucky Dragon* (New York: Harper & Brothers, 1958)。

91. 这幅地图可见于 Hewlett and Holl, *Atoms for Peace*, p. 181。

92. Ibid. , p. 182. 在大约 6000 平方英里——大约 135 英里长，35 英里宽——的范围内，那些没有撤离或者找到遮蔽掩体的人，致死率将接近 100%。See Glasstone, *Effects of Nuclear Weapons*, p. 461.

93. 相较于用数字指示的方法，英国人给自己的核武器取了各种让人产生共鸣的名字，其中包括："蓝色孔雀"（Blue Peacock），一种核地雷；"蓝色钢铁"（Blue Steel），一种搭载了热核弹头的空射导弹；"绿色奶酪"（Green Cheese），一种拟议中的搭载了核弹头的反舰导弹；"靛蓝铁锤"（Indigo Hammer），一种与防空导弹一起使用的小型核弹头；"红胡子"（Red Beard），一种战术核炸弹；"托尼"（Tony），一种装备在防空导弹中的核弹头；以及"田螺"（Winkle），一种专门为皇家海军研发的核弹头。一份关于英国核武器的完整清单，参见 Richard Moore, "The Real Meaning of the Words: A Pedantic Glossary of British Nuclear Weapons," UK Nuclear History Working Paper, no. 1, Mountbatten Centre for International Studies (March 2004)。

94. Cited in ibid. , p. 3.

95. Quoted in "Debate in House of Commons, April 5, 1954," *Hansard*, vol. 526, p. 48.

96. 关于这份报告的详细内容，参见 Jeff Hughes, "The Strath Report: Britain Confronts the H – Bomb, 1954 – 1955," *History and Technology*, vol. 19, no. 3 (2003), pp. 257 – 75; Robin Woolven, "UK Civil Defence and Nuclear Weapons, 1953 – 1959," UK Nuclear History Working Paper, no. 2, Mountbatten Centre for International Studies, (n. d.); and Peter Hennessy, *The Secret State: Whitehall and the Cold War* (New York: Penguin, 2003), pp. 132 – 46。

97. 这句引文来自提交给斯特拉斯的一份情报报告。See Hennessy, *Secret State*, p. 133.

98. Quoted in Hughes, "The Strath Report," p. 268.

99. See Hennessy, *Secret State*, p. 121.

100. See Hughes, "The Strath Report," p. 270.

101. Quoted in ibid. , p. 269.

102. 关于所提议的戒严令的运作方式，参见 Hennessy, *Secret State*, p. 139; and Hughes, "The Strath Report," p. 270。

103. Quoted in Hughes, "The Strath Report," p. 270.

104. Ibid. , pp. 272 – 73.

105. Quoted in Hennessy, *Secret State*, p. 54.

106. Quoted in ibid. , p. 44.

107. Quoted in Allen Drury, "U. S. Stress on Speed," *New York Times*, March 12, 1955.

108. Quoted in ibid.

109. "Survival Under Atomic Attack," The Official U. S. Government Booklet, Distributed by Office of Civil Defense, State of California, Reprint by California State Printing Division, October 1950, p. 4.

110. Ibid. , p. 8.

111. Ibid. , p. 8.

112. Ibid. , p. 19.

113. Ibid. , p. 23.

114. Ibid. , p. 27.

115. See Anthony Levieros, "Big Bomb Blast Jolted Civil Defense Leaders; But Program Still Lags," *New York Times*, June 10, 1955.

116. See Bernard Stengren, "Major Cities Lag in Planning Defense Against Bomb Attack," *New York Times*, June 12, 1955.

117. 历史学家盖伊·奥克斯（Guy Oakes）和安德鲁·格罗斯曼（Andrew Grossman）就曾辩称，这次警戒行动以及其他民防演习的根本目标就是"情绪管理"（emotion management）——让民众放心，以维持他们对核威慑的支持。相较于在面对苏联核攻击时的潜在有效性，此类演习的宣传价值被认为是更加重要的。See Guy Oakes and Andrew Grossman, "Managing Nuclear Terror:

The Genesis of American Civil Defense Strategy," *International Journal of Politics, Culture, and Society*, vol. 5, no. 3 (1992), pp. 361 – 403; and Guy Oakes, "The Cold War Conception of Nuclear Reality: Mobilizing the American Imagination for Nuclear War in the 1950's," *International Journal of Politics, Culture, and Society*, vol. 6, no. 3 (1993), pp. 339 – 63. 对官方保护国家首都的各种（字面上和象征性的）努力的概述，参见 David F. Krugler, *This Is Only a Test: How Washington D. C. Prepared for Nuclear War* (New York: Palgrave Macmillan, 2006)。

118. 关于这次想象中的攻击以及估计会被屠杀的人数，参见 Anthony Leviero, "H – Bombs Test U. S. Civil Defense," *New York Times*, June 16, 1955; and Edward T. Folliard, "Tests Over U. S. Indicate Centers Might Suffer Heavily in Raid," *Washington Post*, June 16, 1955。

119. See Anthony Leviero, "U. S. H – Bomb Alert Today; Eisenhower, Top Officials Among 15, 000 Slated to Leave Capital," *New York Times*, June 15, 1955.

120. Quoted in Anthony Leviero, "Mock Martial Law Invoked in Bombing Test Aftermath," *New York Times*, June 17, 1955.

121. Cited in ibid.

122. 关于这座城市伤亡人数的估计值相当具体——2991285 人死亡，1776889 人受伤。不过，这些数字并没有使关于这次演练的乐观报告稍显暗淡。Cited in Peter Kihss, "City Raid Alert Termed a Success," *New York Times*, June 16, 1955.

123. Quoted in Anthony Leviero, "Eisenhower Hails Operation Alert as Encouraging," *New York Times*, June 18, 1955.

124. Quoted in ibid.

125. Quoted in Betts, "A Nuclear Golden Age?," pp. 3 – 32.

126. 根据《牛津英语词典》（*Oxford English Dictionary*）的说法，这个词首次见于印刷品是在 1953 年 6 月 21 日的亚拉巴马州报纸《伯明翰新闻》（*Birmingham News*）上。

127. 关于这段引文的编辑过的版本，参见 Betts, "Nuclear Golden Age?," p. 14；原始版本可参见 Robert H. Ferrell, ed., *The

*Eisenhower Diaries* (New York: W. W. Norton, 1981), p. 311。

128. 在白宫的一次会议上,艾森豪威尔失去了冷静,多次拍桌子,并且说道:"你看,实际上,我们唯一担心的事情就是从空中对我们的城市进行原子攻击。该死的!当我们国家的 15 个城市都变成一片废墟时,谈论往海外运送更多部队简直是荒谬至极。在城市里和周围的道路上,你会看到毫无秩序可言和几乎一片混乱的景象。你将不得不去恢复秩序,那由谁来恢复秩序呢?你是否认为那些城市的警察和消防部门能够重整秩序呢?完全是瞎扯!这种秩序将不得不由纪律严明的武装部队来恢复。"根据艾森豪威尔的新闻秘书的说法,那一刻房间里面鸦雀无声。Quoted in "Diary Entry by the President's Press Secretary (Hagerty)," Washington, D. C., February 1, 1955, United States State Department, *Foreign Relations of the United States, 1955 – 1957, vol. 19, National Security Policy* (Washington, D. C.: U. S. Government Printing Office, 1990), pp. 39 – 40.

129. Quoted in Gregg Herken, *Counsels of War* (New York: Oxford University Press, 1987), p. 116.

# 第三部分
## 不测风云

# 可接受的风险

凭借在《费城故事》(*The Philadelphia Story*)中的出色表演而获得(第13届)奥斯卡金像奖最佳男演员奖的三周之后,詹姆斯·史都华(James Stewart)应募入伍。[1]当时是1941年春天,离珍珠港事件爆发还有一段时间,但史都华认为美国很快就将处于战争状态并自愿加入空军以一展所长。就在前一年,他还因为体重比规定的轻了10磅而没能通过陆军体能测试。这一次他通过了,但只是刚刚够而已,32岁的时候他进入了美国陆军航空部队成为一名二等兵。到1944年,詹姆斯·史都华少校已经在轰炸德国的行动中驾驶长机了。在二战中,当其他的好莱坞明星,如罗纳德·里根和约翰·韦恩(John Wayne)成功逃避了战斗时,史都华在第八航空队中获得了"幸运的"指挥官的声誉,因为他总能够将手下的人从危险任务中安全地带回来。他执行了几十次那种任务,对自己战时的英勇行为不事张扬,并且从来不和家人谈论那些事。[2]"他总是冷静从容,"一位同僚回忆说,"他手下的飞行员对他有绝对的信心,并且愿意随他赴汤蹈火。"[3]

战争结束后,史都华上校回到了好莱坞,在空军预备队服役的同时出演了一系列广受欢迎的电影,如《生活多美好》(*It's a Wonderful Life*)、《迷离世界》(*Harvey*)和《后窗》(*Rear Window*)。出于对苏联威胁的深切关注,他打算拍摄一部关于美国核威慑的重要性的影片。1952年,史都华造访战略空

148 军司令部总部与柯蒂斯·李梅将军讨论了此事。[4]早在第八航空队服役的时候，他们两人就在英国见过。李梅对这个计划予以大力支持，还与编剧小贝尔尼·莱（Beirne Lay, Jr.）紧密合作，并允许他们进入战略空军司令部的空军基地拍摄相关场景。

1955年，电影《战略空军》（*Strategic Air Command*）上映。该片讲述了大联盟内野手达奇·霍兰德（Dutch Holland）的故事，此人的棒球生涯在空军召他回现役时被中断。在影片的大部分情节中，由史都华扮演的霍兰德一直在享受平民生活的愿望和保护美国免遭苏联攻击的责任之间进退维谷。《战略空军》聚焦于战略空军司令部的成员们所忍受的艰难困苦，他们所从事工作的危险性，以及海外任务加诸他们家庭之上的那些牺牲。即便是在影片中扮演史都华妻子的热情奔放、乐观开朗的女演员琼·阿利森（June Allyson），也一度被嫁给一个战略空军司令部官员所带来的诸多挑战弄得灰心丧气。该片用彩色和维士宽屏（VistaVision）技术拍摄，拥有壮观的航拍镜头和振奋人心的配乐，洋溢着一种对美国空中力量的公开颂扬。在初次瞥见新型的B-47轰炸机时，史都华说："它是我一生中见过的最美丽的东西。"

比电影情节——如屏幕上阿利森和史都华之间的情投意合，或者战略空军司令部的轰炸机飞行途中的震撼镜头——更引人注目的是演员弗兰克·洛夫乔伊（Frank Lovejoy）的表演，他在片中扮演将军恩尼斯·C.霍克斯（Ennis C. Hawkes）。这个角色粗暴无情、爱抽雪茄，不愿容忍任何差错，并且做好了一接到通知就发动大规模报复的准备，被认为是为迎合柯蒂斯·李梅而露骨地虚构的角色。这部电影是在公关领域对战略空军司令部技能的又一次证明。《生活》杂志形容李梅为"西方世界最坚忍不拔的警察"，[5]并重复了一则关于他自信心爆棚的逸闻。有人曾警告说，如果他不把手中的雪茄熄灭，他所乘坐的轰炸机可能会发生爆炸，李梅是这么回答的："它不敢。"[6]

《战略空军》的首映式是在纽约时代广场举行的，现场诸多探照灯刺破天空，3000 余名嘉宾云集，这些人包括空军将领、政治家、商人，以及好莱坞的年轻明星，阿瑟·戈弗雷（Arthur Godfrey）在派拉蒙剧院（Paramount Theatre）大厅为这个首映式做现场电视直播。戈弗雷是个颇受欢迎的广播和电视名人，也是李梅的好朋友，经常在自己的节目中推介战略空军司令部。《战略空军》是 1955 年最卖座的电影之一。它迎合了国民情绪。几年之后，作为空军预备队一员的詹姆斯·史都华被任命担任战略空军司令部负责执行行动的副处长，这是司令部中最高的职位之一。

在这种天下无敌的光鲜表象之下，五角大楼秘密地提出了关于战略空军司令部能否在苏联攻击下生存下来的问题。李梅花了许多年时间在海外——如格陵兰岛、英国、西班牙、摩洛哥、沙特阿拉伯和日本——建造空军基地，以使手下的飞机能够在那里执行针对苏联的轰炸任务。但是，兰德公司分析员艾伯特·沃尔斯泰特（Albert Wohlstetter）的一项研究认为，针对那些基地的一次突然袭击就能让战略空军司令部退出战争，让美国失去防御能力。[7]李梅十分自信地认为这种事情永远不可能发生，因为他的侦察机每天都在沿着苏联边界飞行，能够探测到任何异常活动。不过，他还是加快推进战略空军司令部在全美部署大部分所辖飞机，以及在它们飞向苏联境内目标的途中为其补充燃料的相关计划。李梅对手下的军官一直求全责备。"战略空军司令部的训练比打仗还艰难，"其中一人回忆道，

"去打仗可能还是种解脱。"[8]

由于冰雪覆盖的地形特别类似于苏联，威斯康星州的小镇莱茵兰德（Rhinelander）成为战略空军司令部最喜爱的目标之一，在雷达标记下被秘密地轰炸了数百次。[9]到 1955 年，战略空军司令部的作战计划要求 180 架轰炸机（其中大部分从美国起飞），在接到美国总统的紧急作战指令后 12 小时之内，发动对苏联的攻击。[10]但是，持续的训练和对威斯康星的雷达轰炸并不能保证携带真炸弹的轰炸机机组人员在战时会正确无误地实施相关操作。1956 年 5 月，在比基尼环礁的测试中，空军首次得到了从飞机上投掷一枚氢弹的机会。这枚爆炸当量为 380 万吨的氢弹由战略空军司令部的一架新型 B－52 远程轰炸机携带，预定目标是纳穆岛（island of Namu）。B－52 安然无恙地躲过了冲击波，但投弹手瞄准的是错误的小岛，结果氢弹偏离纳穆岛 4 英里远。[11]

然而，战略空军司令部从海外基地撤回大部分飞机的做法并没有消除遭受突然袭击的威胁。美国本土——代号为"后方"（ZI）——也被认为在面临苏联轰炸机的进攻时，是十分脆弱的。在"顺风行动"（Operation Tailwind）期间，94 架战略空军司令部的轰炸机通过从加拿大接近的方式，对"后方"的防空系统进行了测试。[12]这些飞机在夜间飞行，并且利用电子对抗措施来模拟苏联的突袭。只有 7 架飞机被雷达标记并被"击落"。未能成功拦截其他 87 架飞机增加了美国遭受毁灭性打击的可能性。由于苏联人已经拥有氢弹和喷气式轰炸机，参谋长联席会议建议对美国的防空和预警系统进行大规模投资。李梅强烈反对这个提议，辩称在核时代浪费钱来"玩防御"几乎毫无意义。如果苏联人用 200 架轰炸机发动进攻，并且美国军队设法成功击落了其中的 90%，那么美国仍然要遭受至少 20枚氢弹（如果不是更多的话）的轰炸。

相较于投资防空，李梅更希望所能获得的每一分钱都用到为战略空军司令部制造更多炸弹和更多轰炸机之上，如此苏联飞机在能够起飞之前就可能被摧毁殆尽。他的立场在国会得到了支持，因为发生了后面这件事。在 1955 年莫斯科的"航空日"（Aviation Day）上，苏联展示了新型的喷气式远程轰炸机"野牛"（Bison，即"米亚 – 4"重型喷气式轰炸机）。10 架"野牛"轰炸机飞过检阅台，然后折返，用新的队形再次飞过检阅台。[13]这一举动成功地欺骗了美国观察员们，让他们认为苏联空军已经拥有超过 100 架该型号的飞机。[14]中情局预测称，几年之内苏联人就能用 700 架这样的飞机对美国发动攻击。[15]参议院中的民主党人在最有希望的总统候选人斯图尔特·赛明顿的领导下，声称苏联人很快就会拥有比美国更多的远程轰炸机，引发对"轰炸机差距"（bomber gap）的恐惧，并指责艾森豪威尔政府防御不力。赛明顿警告称："很明显，美国及其盟友可能失去制空权。"[16]此后，不顾艾森豪威尔总统的反对，国会投票批准为建造新的 B – 52 轰炸机额外拨款 9 亿美元。[17]苏联人的虚张声势产生了一个意外的效果：它加大了对美国更加有利的轰炸机差距。到 20 世纪 50 年代末期，苏联拥有大约 150 架远程轰炸机，[18]而战略空军司令部则拥有近 2000 架。[19]

---

尽管对美国能保护自己免遭核打击存在深刻怀疑，打造防空和预警系统的工作也已经开始了。参谋长联席会议得出结论认为，这样的系统至少可以"为发动战争能力（war – making capacity）的基本要素提供合理程度的保护"，[20]这些要素包括战略空军司令部的基地、海军基地、指挥中心，以及位于"后方"的核武器存储场。美国陆军竖起一排排"奈基"防空导弹（Nike antiaircraft missile），以保卫军事设施和美国城市。美国海军装备了搭载了雷达的"警戒舰"（picket ship），建造了"得克萨斯天线塔"（Texas tower，建于海中的平台上，塔上装有雷达，用来监视来自空中的袭击，也叫海上雷达站。——译者注），以搜寻从海洋上空接近美国的苏联轰炸机。警戒舰在美国海岸 500 英里远的海面上来回巡逻；得克萨斯天线塔固定在海床上，就像石油钻井平台，靠近海岸。美国空军则组建了许多喷气式战斗截击机中队，如 F - 89"蝎子"（Scorpion）截击机，并研发了自己的防空导弹"波马克"（BOMARC）——这让美国陆军大为光火，因为传统上是它来掌控这个国家的防空武器。

更重要的是，在北极圈以北 200 英里的地方，空军着手建造由一系列雷达站组成的远程预警线（DEW Line）。远程预警线从阿拉斯加的阿留申群岛（Aleutian Islands）起，横穿加拿大，延伸至格陵兰岛，被期望能够扫描到苏联的北极航线，并提供对苏联攻击的至少两小时的预警。[21]后来，预警线向西延伸到太平洋中的中途岛（Midway Island），向东延伸到苏格兰的摩蒙德山（Mormond Hill），全长约为 1.2 万英里。[22]预警线的建设工作需要将近 50 万吨建筑材料运进北极地区，[23]在那里，数千名工人在低至 - 70℉（约为 - 57℃）的环境中卖力苦干。[24]一种紧张感弥漫于这种努力之中；美国似乎在携带氢弹的苏联飞机面前毫无防护之力。远程预警线 57 个北极雷达站的建设工作开始于 1955 年 2 月，只用了大约两年半的时间就大体上完成了。其中一些雷达站的无线电天线有 40 层楼高，机场跑道长超过 1 英里，里面还住着平民和 24 小时操作相关设施的空军人员。

通过与加拿大政府签署的一项协议，北美防空司令部（NORAD）在 1957 年组建，总部设在美国科罗拉多州的科罗拉多斯普林斯（Colorado Springs）。北美防空司令部的使命是提供攻击的预警并且布置对其的防御。如果探测到苏联轰炸机正接近北美领空，战斗截击机将起飞并在尽可能远离美国的地方击落它们。对于那些躲过了截击机的敌机，迎接它们的将是防空导弹，首先是"波马克"导弹，然后是"奈基"导弹。在攻击期间，协调这一系统中的诸多要素将是一个极其艰巨的任务。无数的信号将从警戒舰、得克萨斯天线塔、远程预警线雷达站和机载雷达发出。数以百计的苏联轰炸机可能需要被发现和跟踪，它们的位置信息也需要被发送给相隔数千英里的防空阵地和战斗机基地。在第二次世界大战期间，陆军雷达操作员就曾通过口头的方式来跟踪敌机和使用关于它们的飞行路线的共享信息。假如大量高速轰炸机从不同方向接近美国，这种人际互动将是不可能的事情。美国空军提出了一个激进的解决方案：将该系统自动化，并且将它的大部分指挥与控制功能转移给机器。

"社会的计算机化"，技术作家弗兰克·罗斯（Frank Rose）后来观察道，本质上是一个"战争的计算机化的副作用"。[25]美国第一台大型电子数字计算机埃尼阿克（ENIAC）[26]在 20 世纪 40 年代制造出来，就是为了帮助陆军确定火炮和防空炮弹的弹道。二战在埃尼阿克完工之前结束了，于是它的首次正式使用就是在洛斯阿拉莫斯设计热核武器的工作中进行初期计算。后

152

来，洛斯阿拉莫斯依靠更加先进的"曼尼亚克"和它的后继者"曼尼亚克-2"（MANIAC Ⅱ），开展氢弹的研发工作。在武器设计师和其他军事规划者的需求的驱动下，美国国防部很快就成为世界上在电子计算领域投资最多的负责者。

在麻省理工学院（MIT），研究人员得出结论认为，最初为海军建造出来当飞行模拟器使用的旋风计算机（Whirlwind computer），可用于将防空和预警任务自动化。不像其他计算机需要花费数天或数周时间来执行计算，旋风计算机设计之初就可以进行实时操作。[27]经过空军的大量测试，旋风计算机的改进型号被选中用作半自动地面防空系统（SAGE，也叫赛其系统）的"心脏"。赛其系统是一个集中的指挥与控制系统，它将预警雷达与防空导弹和战斗截击机直接联系起来，不仅可以实时处理信息，也能够将信息实时传送，其以技术取代人工的程度让人联想起科幻小说中展现的规模。它是人类社会第一个计算机网络。[28]

赛其系统的建成时间大致和远程预警线相同，它由分布在全美境内的 24 个"指挥引导中心"（direction center）和 3 个"作战中心"（combat center）组成。指挥引导中心是巨大的 4 层高无窗堡垒，里面安装了一对 AN/FSQ-7 电脑，它们是 IBM 公司生产的首批大型主机（mainframe）。它们是当时世界上占地面积最大、运行速度最快、造价最昂贵的电脑。每一台这种电脑里面有大约 2.5 万个真空管，占地面积约为半英亩（合 2023 平方米）。[29]

来自预警雷达站的模拟信号会被转换成数字信息，然后通过美国电话电报公司的电话线传送到赛其系统的指挥引导中心，在那里巨大的计算机会决定某架飞机是敌是友。如果它看起来是一架敌方轰炸机，计算机会自动将它的飞行路线的详细信息传送到最近的导弹联队和战斗机处。这些详细信息也会被传送到北美防空司令部总部。决定是否击落这架飞机是由人来做出的，但这个决定的做出是基于机器所收集、分类和分析的信息。在许多方面，赛其系统为现代计算机产业创造了模板，引入了后来将成为司空见惯事物的诸多技术：模数转换，通过电话线的数据传输，视频监视器，图形显示器，磁芯存储器，双工（duplexing），多重处理（multiprocessing），大规模软件编程，以及光笔（light gun），后者是一种手持的早期版本的鼠标。[30]试图防御苏联轰炸机的努力帮助发动了一场技术革命。

　　尽管对赛其系统的效用半信半疑，李梅将军还是认为战略空军司令部的指挥与控制系统必须改进。他想知道每时每刻他麾下的飞机在哪里，并且如果战争迫在眉睫的话，他也想能同时和麾下所有基地指挥官通话。开发出这些能力花费了多年时间。

　　当战略空军司令部的战略运营控制系统（SOCS）在 1950 年揭开神秘面纱时，它的电传信息并没有以光速从一个基地传到另一个基地。在这个系统的一次早期测试中，它们几乎是在发出快 5 个小时后才被接收到。[31]另外，美国电话电报公司也可能要花上半个小时才能使战略运营控制系统的线路投入使用。这种时间上的滞后将使该系统很难对苏联的攻击做出迅速反应。传输速率逐渐得到改善后，这个系统使李梅能够在奥马哈的战略空军司令部总部拿起一台特殊的红色电话，[32]拨出一个号码，获得对所有线路的控制权，然后通过那些安装在全美所有战略空军司令部基地的扬声器发布公告。后来，单边带电台（single-sideband radio）的引入让他可以与战略空军司令部海外基地的指挥官们，以及所有飞在空中的轰炸机飞行员进行语音通信。来自世界各地的飞机和空军基地的大量信息不断流入战略空军司令部总部，导致一个自动化的指挥与控制系统[33]被创造出来，它所使用的计算机与为赛其系统研发的 IBM 大型主机是同一类型。这个指挥与控制系统的设计初衷是，当战略空军司令部的轰炸机执行飞行任务时，它可以实时跟踪它们。但是直到 20 世纪 60 年代早期，在战略空军司令部总部显示出来的位置信息，总是比飞机的实际位置信息晚上 1.5～6 个小时。[34]

然而，如果战略空军司令部的指挥官们没能在苏联的首轮攻击下幸存下来，那么在指挥与控制方面的所有这些优势都可能被证明是无关紧要的。李梅将军对民防的态度与对防空的态度相差无几。他有一次曾这么说道："我不认为我会把太多的钱投入在地里挖掘可以爬进去的洞穴，我宁愿首先将更多的钱花在可以慑止战争的进攻性武器系统上面。"[35]话虽如此，战略空军司令部新总部的建设规划里还是包括了建造一个巨大的指挥地堡。它的地下结构有 3 层，能够维持大约 800 人生活几个星期。[36]该建筑最具特色的特征之一是一堵高约 20 英尺（约 6 米）的墙，长度延伸近 50 码（约 45.7 米），上面覆盖着各种图表以及一幅世界地图。这幅地图显示了战略空军司令部麾下轰炸机的飞行路线。一开始时，空军士兵站在梯子上用手移动飞机模型；信息随后会被投影到电影银幕上。一块长长的帘布可以通过遥控器打开或者关闭，以隐藏或者显示银幕的不同部分。一排排空军士兵坐在世界地图下方的计算机终端前面，高级军官则在第二层玻璃封闭的楼厅观察着下面的一切，这赋予了地下指挥中心一种静默的、剧院般的感觉。

当普通家庭被鼓励在自家后院挖掘放射性沉降物庇护所时，

美国军方和文官领导人则被提供了精心设计的绝密住所。在第二次世界大战期间，白宫东翼的地下就为罗斯福总统建造了一个小型防空洞，以防纳粹袭击华盛顿特区。[37]杜鲁门政府时期，这个防空洞被扩建为一个拥有20个房间的地下综合体。[38]新地堡可以经受当量为20千吨的原子弹空爆打击。[39]但是，苏联氢弹的威胁使美国有必要把最高统帅转移到地下更深的地方。在宾夕法尼亚州南部的雷文洛克山区（Raven Rock Mountain，也叫乌鸦岩），距离白宫大约80英里，距离戴维营60英里，一个巨大的地堡被从坚硬的花岗岩中挖了出来。被称为R场（Site R）的地堡坐落于雷文洛克山内部半英里处，那里离山顶的最高峰也有半英里。[40]它里面有发电站、地下水库、一个小教堂、一片片位于开阔洞穴内部的三层建筑，以及足够多的床，可以让来自五角大楼、国务院和国家安全委员会的约2000名[41]高级官员安睡。尽管地堡规模庞大，但对其内部空间的竞争也极为激烈；多年来，空军和其他武装部队就一直对谁应该被允许留在那里而龃龉不断。[42]

总统也能够在气象山（Mount Weather）找到庇护所，它是一个位于蓝岭山脉（Blue Ridge Mountains）的类似设施，在弗吉尼亚州的贝里维尔（Berryville）镇附近。[43]这个地堡代号为"顶点"（High Point），目的在于保证"政府持续运作"。它可以容纳最高法院法官和内阁成员，以及文官机构的数百名官员。在为戒严做准备之外，艾森豪威尔也曾秘密授予9位重要人物在核战争之后运行美国政府大部分社会管理职能。[44]农业部部长艾兹拉·塔夫特·本森（Ezra Taft Benson）同意出任紧急食物署（Emergency Food Agency）负责人；欧文斯科宁玻璃纤维公司（Owens Corning Fiberglas Company）总裁哈罗德·

156　伯申斯坦（Harold Boeschenstein）将领导紧急生产署（Emergency Production Agency）；哥伦比亚广播公司的总裁弗兰克·斯坦顿（Frank Stanton）将成为紧急通讯署（Emergency Communications Agency）的领导人；哥伦比亚广播公司的副总裁西奥多·F. 库普（Theodore F. Koop）将管理紧急审查署（Emergency Censorship Agency）。"顶点"里面也有电视工作室，从那里可以向全美广播战争的最新进展。来自阿瑟·戈弗雷和爱德华·R. 默罗的爱国信息也已经预先录制好，以准备在核战争之后用来提振国民士气。[45]

　　在西弗吉尼亚州白硫磺泉镇（White Sulphur Springs）的绿蔷薇酒店（Greenbrier Hotel）地下，为参众两院议员及数百名工作人员建造了一个地堡。[46]被称为"希腊岛工程"（Project Greek Island）的地堡拥有重达 25 吨的防爆门、可供参议院和众议院集会的独立会议室、净化淋浴，以及一个垃圾焚烧炉，当然其也可以用作火葬场。后来，在弗吉尼亚州的库尔佩珀（Culpeper）的小马山（Mount Pony）为美联储也建造了一个地堡，那里存储着数十亿美元的现金，被包裹在塑料膜之中，以帮助恢复战后经济。[47]北约将其紧急指挥与控制中心安置在金茨巴赫洞穴（Kindsbach Cave）里面，那是一个位于西德的有 67 个房间的地下综合体。[48]这个洞穴曾经是在西线作战的纳粹军事总部。

　　二战期间，英国政府也曾计划要依赖在伦敦建造的一系列深层避难所。但是，斯特拉斯的报告建议要在远离首都的地方另找一个可以安置政府的候补地点。在伦敦以西约 100 英里的威尔特郡（Wiltshire）乡下，一个隐藏在石灰石矿山中的秘密废弃飞机引擎工厂被改造成了冷战地堡，其比美国的任何一个地堡都要更庞大。它在不同时期使用过不同的代号，如"诡计"（SUBTERFUGE）、"伯灵顿"（BURLINGTON）和"旋转门"（TURNSTYLE），规模大到可以提供 100 万平方英尺的办公空间，容纳近 8000 人。[49]尽管规模比最初的计划要小，但已经完工的地堡里面有几英里长的地下道路，为首相和数百名其他官员准备的起居设施，一个英国广播公司工作室，一个能够被英格兰银行用来存放黄金储备的保险库，以及一个名叫"玫瑰与皇冠"（Rose & Crown）的酒吧。[50]

––––––––

在杜鲁门政府任期的最后几个月，参谋长联席会议再次要求掌控美国的核武器。然而，他们的要求再一次被拒绝。不过，苏联轰炸机的威胁和"新面貌"的后勤需求强化了军方监管的理由。通过将核武器存放在六个大型存储场，原子能委员会维持了对核武器储备的集中化文官控制。[51]这种安排减小了原子弹被盗或错放的风险。然而，原子能委员会的那些存储场对苏联来说，也是十分诱人的目标——针对它们发动一次突袭就能彻底消灭美国的核武库。参谋长联席会议辩称核武器应该被存放在军事基地，并且应该废除那些授权使用核武器的耗时的程序。文官监管被描绘成对战争准备和国家安全的严重威胁。这个理论上看起来相当妙的民主原则在紧急情况下可能被证明是灾难性的。

根据原子能委员会的规章，如果战略空军司令部想获得原子弹的核芯，美国总统将不得不先签发一份指令。[52]原子能委员会和国防部驻当地的办事处也必须被告知指令的内容。那些办事处的代表必须与原子能委员会的存储场联系。一旦双方用正确的暗语（code words）接了头，钥匙将被取回，打开存储室，

157

然后核芯会被装在金属容器里面提出来。在最顺利的情况下，战略空军司令部能够在大约 12 分钟的时间内得到核芯。[53]但是，这个过程可能要花费更长的时间。当地官员可能会在假期中被召回或者在午夜时分被叫醒，他们可能不得不被说服相信这是真实的事情，而不是一次测试。

1953 年 6 月，艾森豪威尔总统批准将核芯运往美国海军舰艇和海外基地，在这些地方已经存有原子弹的其他部件，不过外国政府无权决定怎么使用这些武器。[54]核芯被从原子能委员会的存储场取出，置于军方控制之下，并且被用船运往满足那些标准的场地：美国海军舰艇和关岛。第二年，参谋长联席会议要求允许在战略空军司令部的基地里存储原子弹部件和核芯。五角大楼辩称，将核武器分散到多个地点，将使核武器储备更不容易遭受攻击。[55]原子能委员会没有反对移交更多的核芯。委员会主席刘易斯·斯特劳斯同意李梅的绝大部分战略观点，原子能委员会新任总经理肯尼斯·尼科尔斯将军不仅多年来一直支持军方应该控制美国的原子弹，也在朝鲜战争期间努力推动将之用在中国军队身上。[56]

艾森豪威尔总统允许陆海空三军开始将核芯运到它们在美国境内和海外的存储场地。但是，他对军方管制核武器的信念也有限度。艾森豪威尔坚持认为，即便是在紧急情况下，原子能委员会也保有对美国所有氢弹之核芯的控制权。新规章规定："除非得到原子能委员会监管人的明确批准而且监管人在场，否则不得在任何高当量武器中插入活性舱（active capsule）。"[57]原子能委员会文职雇员的肖像被张贴在存放有氢弹的航空母舰、弹药船和空军基地里。这些原子能委员会的监管人的职责是让核芯被安全地锁起来并牢牢掌握住钥匙，直到总统命令他们做相反的事情。但是，参谋长联席会议认为这种安排极为不便，很大程度上是象征性的，并且是对军方的侮辱。国防部部长查尔斯·威尔逊（Charles Wilson）也同意此说。1956 年，原子能委员会的监管人员从舰船和空军基地撤出。作为替代，艾森豪威尔总统允许那些舰船的舰长和空军基地的指挥官担任"指定的原子能委员会军方代表"（Designated Atomic Energy Commission Military Representatives）[58]，还给了他们核存储室的钥匙。

在法律上，氢弹仍处于文官监管之中。但在实际中，经过近十年的不懈努力，军方已经获得对美国核武器的控制权。美国海军将核武器装在船上，在大西洋、太平洋和地中海游弋。战略空军司令部将它们存放在"后方"和海外的空军基地里。这些地方包括：佛罗里达州的霍姆斯特德（Homestead）和南达科他州的埃尔斯沃斯（Ellsworth），得克萨斯州的卡斯韦尔（Carswell）和南卡罗来纳州的比格斯（Biggs），纽约州的普拉茨堡（Plattsburgh）和加利福尼亚州的卡斯尔（Castle），密苏里州的怀特曼（Whiteman），堪萨斯州的席林（Schilling），新罕布什尔州的皮斯（Pease）；英国的费尔福德（Fairford）、莱肯希思、格林汉康蒙（Greenham Common）、布莱兹诺顿（Brize Norton）和米尔登霍尔（Mildenhall）；法属摩洛哥的努瓦塞（Nouasseur）、本格里（Ben Guerir）和西迪苏莱曼（Sidi Slimane）；西班牙的托雷洪（Torrejón）、莫隆（Morón）和萨拉戈萨（Zaragoza）；冲绳的嘉手纳；以及其他至少 19 个地方。[59] 原子弹和氢弹已经从文官监管下解放出来，并分布在世界各地，随时准备由军方人员组装起来。

出于安全原因，核芯和炸弹的其他部件被分开存放。在海军舰船上，它们被存放在不同的舱房内；在战略空军司令部的

159

基地里，它们被存放在不同的地堡中，并由土堤和 10 英尺厚的墙遮蔽。按照参谋长联席会议的命令，被称为"冰屋"（igloo，原指因纽特人用硬雪块砌成的拱形圆顶小屋，此处指存放核武器的内部温度很低的圆顶弹药库。——译者注）的核武器存储地堡被建在飞机跑道旁边，"以便能够快速地付诸使用"并减少"被虏获的可能性"。[60]

除了获得核武器的监管权，美国军方还在核武器的设计工作中发挥了更大作用。由于 1954 年《原子能法》的修订以及前一年与国防部签署的一份协议，原子能委员会的权威被削弱了。一度享有对核武器库存的完全控制权的文官机构，实际上变成了向军方提供核武器的供应者。陆海空三军现在成了其要求必须被满足的客户。在利弗莫尔和洛斯阿拉莫斯的原子能委员会实验室为了获得武器合同而展开激烈竞争，使军方在武器设计的过程中能够施加更大的影响力。两个实验室之间的竞争如此激烈，以至于有时候它们对彼此的反感似乎超过了它们对苏联的憎恨。当利弗莫尔前三个氢弹设计被证明是哑弹之时，这本是美国核武器计划一个代价高昂的挫折，但它也成为洛斯阿拉莫斯消遣取乐的笑料之一。

随着存储场地数目的增加，对核武器更容易组装和维护的要求也增大了。现在要求普通士兵也能操作氢弹。20 世纪 50 年代中期存储的核武器相比第一代原子弹要简单得多，但它们仍需要进行大量的维护工作。它们的电池大且笨重，电量只够使用大约一个月。当电池电量消耗完之后，炸弹不得不被拆开；在电池充好电之后，又得将炸弹重新组装好，还得检查它的电气系统。这些最后步骤中的一步是测试炸弹的所有雷管是否已经正确连接。假如雷管不能正常工作，炸弹将会成为哑弹；但如果它们不知何故在维护过程中被触发的话，炸弹可能发生爆炸。20 世纪 50 年代，至少在三个不同的场合，核武器的电桥式雷管在电气系统的测试中被错误地引爆。[61]这些事故都发生在例行训练期间，所幸没有造成任何生命的损失。但它们也揭露了一个令人担忧的设计缺陷。在例行维护或者急着为战争做准备期间，一个小小的失误就可能引爆原子弹。

鲍勃·佩里弗伊在桑迪亚领导着一个小组，他们试图制造出一种所谓的"木弹"（wooden bomb），即一种不需要频繁维护或测试的核武器，它能够在架子上一放多年，完全是惰性的，就像一块木板一样，然后可以从存储场拉出来，随时准备付诸使用。[62]佩里弗伊已经听说过一种不需要充电的电池。纳粹火箭科学家格奥尔格·奥托·埃尔布（Georg Otto Erb）已经发明了用于 V-2 导弹的"热电池"（thermal battery），这种导弹在二战期间对英国造成了威胁。[63]战后，在接受美国情报官员的一次审讯期间，埃尔布透露了这种电池的工作原理。相较于液体电解质，热电池里面使用的是固体电解质，这种电解质一般情况下不会产生任何电流，直到其内部达到很高的温度并熔化。佩里弗伊认为热电池将是核武器的理想电源。它们体积小，坚固耐用并且重量轻，存储时间至少为 25 年，如果不是更长的话。[64]在被电脉冲点燃之后，它们能够快速地产生大量电流。对绝大多数民用设施来说，热电池的主要缺点就是它不能被重复使用或者充电。但佩里弗伊并不认为这个是问题，因为核武器中的电池只需要工作一次就够了。

大约在热电池被添加到美国的原子弹和氢弹之中的同一时间，洛斯阿拉莫斯正在开发另一项重要的设计变革。一种被氙和氚气"增强"的核武器将使用更少的裂变材料来产生更大威力的爆炸。就在爆炸瞬间的前一刻，这些氢元素气体将会被释放到武器的核芯中。当核芯爆炸时，这些气体将融合，释放出中子，使裂变成倍增加，极大地增加爆炸当量。此外，因为裂变核芯是中空且很薄的，使用更少数量的炸药就能使其发生爆炸。如此一来，这种增强型武器就能重量更轻且体积更小。第一种广泛部署的氢弹马克 17 就有 25 英尺长，重量也有大约 4 万磅。马克 17 是如此大而沉，以致美国空军最大的轰炸机也只能携带 1 枚这种核弹。战略空军司令部希望最终能够使用增强型的马克 28 来替换它们。根据结构的不同，马克 28 长为 8 英尺到 12 英尺不等，重量只有 2000 磅。它足够小和轻，以至于战斗机就能够投送，而一架 B - 52 更是能够携带至少 4 枚马克 28。

增强型核弹的军事优势是显而易见的。但是，这种革命性的新设计也引发了一些安全问题。增强型武器的核芯不是单独存放的，它将会被密封在核武器内部，就像李子的果核一样。增强型的"密封 - 核"（sealed - pit）式武器是在完全组装后再存放的，它们的核芯已经被高爆炸药包围，它们的热电池也随时准备被点燃。在许多方面，它们都像是木弹。然而，在发生事故时，这也是它们可能变得十分危险的原因所在。

首枚被安排进入存储状态的"密封 - 核"式武器叫"妖怪"（Genie），一种用于防空目的的火箭。[65] 在一次热核攻击中，常规防空武器似乎不足以摧毁数百架苏联轰炸机。没有击落其中一架飞机可能意味着要失去一座美国城市。空军人士相信，在美国和加拿大上空引爆原子弹头可能出现取得成功的最佳希望——这种观点在 1955 年 3 月得到了麻省理工学院校长詹姆

斯·R. 基利安（James R. Killian）的背书，此人领导着一个关 162
于突然袭击威胁的绝密专家组。[66]在美国人对轰炸机差距的恐惧
达到最高点时，原子防空武器有望抵消苏联在远程轰炸机数量
方面的优势，这在很大程度上类似于用战术核武器弥补在欧洲
针对苏联红军更大数量部队时西方国家兵力不足的问题。"妖
怪"火箭将由美国空军的战斗截击机携带，上面搭载了一个爆
炸当量为 1.5 千吨的小型弹头，还有一个固体燃料火箭发动机。
不像常规防空武器，它在消灭目标时不需要直接命中对方。不
管是针对单架苏联轰炸机，还是针对它们所组成的大型编队，
它都能被证明是同样有效的。

一旦发现敌人，美国战斗机的火控系统（fire - control
system）将计算出自身与目标之间的距离，并且设置好"妖怪"
弹头的计时器。然后，战斗机飞行员将发射出"妖怪"火箭，
上面安装的火箭发动机会工作大约 2 秒，而火箭则将以 3 倍于
音速的速度直接射向目标。当计时器走完时，"妖怪"火箭的
弹头将被引爆。接踵而至的火球将摧毁大约 100 码内的所有飞
机，而爆炸形成的冲击波会对更远距离内的飞机造成严重损害。
但是，爆炸所释放的强烈辐射才会对苏联机组人员构成最致命
的威胁。"妖怪"可能会偏离目标很远，不过其依然被证明是
有效的。它有一个半径约为 1 英里的"致死范围"（lethal
envelope），[67]在这个范围之内的"杀伤概率"（PK）很可能达到
92%。[68]苏联空勤人员因辐射而死亡可能需要长达 5 分钟的时
间——这种延迟使在离城市地区尽可能远的地方发射"妖怪"
火箭变得更加重要。核弹在高空被引爆，它只会产生少量的放
射性沉降物，同时不会卷起地上的碎石瓦砾形成蘑菇云。在耀
眼的白色闪光之后，一团圆形云彩会从爆炸点飘开，在天空中

形成一个巨大的烟雾环。

美国空军希望能够在 1957 年 1 月 1 日时开始部署"妖怪"火箭,但首先原子能委员会必须确定这种武器是否安全。数以千计的"妖怪"火箭将被存储在美国机场。此外,数以千计的"奈基"导弹,以及数以百计的"波马克"导弹,它们都配备了小型核弹头,很快就将部署在几十个美国城市之中及其周边地区。所有这些武器都被设计成要在北美大陆的天空中爆炸;它们在地面上被引爆将是一场巨大的灾难。随着"妖怪"火箭部署日期的临近,原子能委员会的一位官员在一份绝密的备忘录中写道:"国防部最迫切的需要是获得有关核武器安全的信息。"[69]在第一颗原子弹被投下以后的十余年间,核武器安全这一主题几乎没有得到人们的注意。此前,这种炸弹一直是在没有核芯的情况下被存储和运输的。如果一个"密封-核"式武器发生燃料着火、被高速冲撞或遭受附近爆炸所产生弹片的撞击,会发生什么情况呢?原子能委员会匆忙展开了一系列测试来找出这个问题的答案。

"56 计划"(Project 56)是原子能委员会在内华达试验场一个偏僻山谷对"密封-核"式武器秘密进行的安全调查的代号。[70]当时的计算机仍然缺乏模拟核武器遭遇意外事件时会发生什么的处理能力,因此必须使用真实设备。在正常情况下,当所有围绕其核芯的炸药透镜同时发生爆炸时,"密封-核"式武器将会被完全引爆,并引发对称的内爆。原子能委员会最大的担忧在于一次不完美的、非对称性的内爆——例如,由一颗击中了部分高爆炸药的子弹所引起——所能产生的核当量。

"56 计划"的相关测试的关注点在于,假如某个点上的一个炸药透镜发生爆炸接下来会发生什么。据信,在事故发生期间，不止一颗子弹或弹片在不同的点上同时击中核武器几乎是不可能的。这些高爆炸药发生反应的速度是如此之快，以至于炸药透镜在被击中之后数微秒内就会发生爆炸，从而没有时间让别的物体再击中它。如果核武器的高爆炸药在一个单独点上发生爆炸，核芯可能只是简单地炸成碎片，而不会产生任何当量。这就是"56 计划"的科学家们希望观察到的：具备"单点安全"（one-point safe，也叫一点安全）的武器。[71] 但是，核芯也可能发生内爆并足以引发核爆炸。

1955 年 11 月至 1956 年 1 月，四个武器装置中的核部件在内华达沙漠进行了安全测试。每个装置都被放在一栋小型的木制建筑内，然后引爆其中的一个雷管。其中三个装置通过了测试，它们内部的某一点发生爆炸没有产生任何当量。第四个装置没能通过测试，它用一次实实在在的爆炸震惊了所有人。[72] "妖怪"火箭的弹头属于那些宣称达到了"单点安全"的装置之列。但是，"56 计划"显示，核爆炸不是一次核武器事故可能造成的唯一危险。"妖怪"火箭的核心包含钚，当它被炸成碎片时，所形成的钚尘可以通过空气传播。

20 世纪 50 年代中期，钚暴露的风险变得更加明显。虽然钚放出的 α 粒子威力太弱而无法穿透人体皮肤，但是当钚尘被吸入时，它们可以破坏肺部组织。一次核武器事故散布的钚尘，能够使其周边几百英尺范围内的所有人快速吸入致死剂量。肺癌、肝癌、淋巴癌和骨癌都能够由吸入微量的钚尘引发。并且，这种事故产生的放射性沉降物能够污染很大一片区域长达很久。钚元素的半衰期约为 2.4 万年。在这个时期内，它一直都是危险的，而且钚尘很难被清理干净。在"妖怪"火箭"单点安全"测试一个月后，洛斯阿拉莫斯一份加密的报告记录道：

164

"对事故现场进行净化的问题很可能是无法解决的，它可能必须永久地被'一笔勾销'。"[73]

原子能委员会就是否将钚从"妖怪"火箭的核芯中移除并改用高浓缩铀进行了辩论。从某个方面来说，铀–235 似乎更安全。虽然它的半衰期约为 7 亿年，但它放射出辐射的速度要比钚慢非常多，这就大大降低了被吸入的危害性。不过，"妖怪"改用铀制核芯的话也有自身的风险。洛斯阿拉莫斯实验室主任诺里斯·布拉德伯里警告原子能委员会称，铀制核芯"在发生单点爆炸时可能不安全"。[74] 如此，要么接受可能导致一次核爆炸的事故风险，要么接受可能在美国城市上空形成的钚云，二者必须择其一，而空军更偏向后者。于是，手工制造、具备应急能力的"妖怪"火箭匆匆投产，其核芯含有钚。

一旦苏联轰炸机进入射程，像"妖怪"之类的防空武器必须立即被发射出去。在授权使用它们方面的任何延迟，都可能使一些苏联轰炸机飞抵它们的目标。到 1955 年底，参谋长联席会议寻求获得在不必问总统的情况下使用原子防空武器的许可。他们辩称，这种权限是"预先授予的"（predelegated），军方可以立即对攻击做出回应。[75] 国防部部长威尔逊支持参谋长联席会议，认为空军拥有某种预先授权是"很关键的"。[76]

哈里·杜鲁门一再坚持美国总统应该是唯一能够下令使用核武器的人。但是，苏联威胁的性质已经改变了，并且艾森豪威尔总统对美国军方的规章制度有更大的信心。1956 年 4 月，艾森豪威尔签署了一项预授权令，授权在美国境内及边境地区使用原子弹进行防空。在关于交战的规则被国防部部长批准之后，这项命令在同年 12 月开始生效。那些规则允许美国飞机针对任何显示出"敌意"的苏联飞机发射"妖怪"火箭。[77]空军指挥官被授予广泛的行动自由（wide latitude），以决定在何时可以使用这些核武器。不过，参谋长联席会议也要求"严格指挥和控制那些从事防空任务的部队"。[78]"妖怪"火箭必须被锁在存储"冰屋"之中，在美国遭到攻击之前，绝不允许它在美国的天空中飞越。

多年来，国防部一直拒绝讨论美国核武器部署在什么地方的问题。当有记者询问是否有原子弹或者氢弹被存放在某个特定位置时，标准的回应一直是："我们既不承认也不否认。"军事保密的需要为这种政策提供了正当性，然而，避免争议和保持良好公共关系的愿望同样重要。当原子弹第一次被运到位于法属摩洛哥的战略空军司令部基地时，法国政府并没有被告知这种武器的信息。[79]但是，在全美空军基地部署"妖怪"火箭的消息却在空军新闻稿里予以公布。根据一份秘密的五角大楼备忘录，强调这种新型武器的安全性和有效性的宣传材料"应该对国民士气有积极的影响"。[80]此外，关于"妖怪"火箭致死半径的信息应该尽可能让苏联机组人员灰心丧气。

国防部部长威尔逊向公众保证道："由撞击或火灾一类的意外事件引发任何核爆炸事故的可能性几乎是不存在的。"[81]他关于"妖怪"火箭的新闻稿没有提到钚污染的风险，然而其确实提到，直接站在"妖怪"火箭高空爆炸点下方地面上的人，将会暴露在比"一次标准（医疗）X射线辐照时所接受剂量的1%"还少的辐射之中。[82]为了证明这一点，在内华达试验场，一枚"妖怪"火箭在五名空军军官和一名摄影师上方1.8万英尺的高空中被引爆。这些军官身着夏装，并且没有任何防护装备。拍摄于爆炸瞬间的一张照片显示，其中两人本能地做出躲避动作，另外两人则遮住了他们的眼睛，还有一人向上看，直视着爆炸的地方。"它就像一颗新生的太阳般瞬间发出炫目的光芒，"《时代》杂志报道称，"然后逐级消散成一团甜甜圈形状的玫瑰色云彩。"[83]

1957 年 1 月，空军部部长唐纳德·A. 夸尔斯（Donald A. Quarles）访问了桑迪亚实验室，参加了关于最新的"密封－核"式武器的一系列简报会。等那些会议结束后，夸尔斯开始担心"妖怪"火箭的安全问题，他也是有资格做出判断的不二人选。[84]他曾出任主管研究与开发的助理国防部部长两年时间，帮助筛选新的武器系统，指导五角大楼在新技术方面的投资，以及思虑未来的战争形态。他也担任过一年的桑迪亚实验室的主任，一度沉浸在原子弹的诸多细节之中。夸尔斯个子虽小，但身体结实，且聪明伶俐，为人热情，15 岁高中毕业后进入耶鲁大学学习数学和物理，他感觉到自己所肩负责任的重大，他所处的位置恰好处于军备竞赛的中心。他很少休假，经常能在五角大楼的办公室里找到他，一周工作六七天，且几乎都直到深夜。[85]只有少数人了解——当然也包括夸尔斯自己——美国的核武器是如何运作的，以及军方打算如何使用它们。

在参加桑迪亚那些简报会的几周中，武装部队特种武器项目成立了一个安全委员会，负责审查每一件研发中的"密封－核"式武器的设计。[86]空军很快就委托有关机构对核武器是否可能被意外引爆进行广泛研究。1957 年 7 月，夸尔斯要求原子能委员会就增进核武器安全的可能性的问题，在美国进行第一次全面调查。[87]原子能委员会同意了，一个由桑迪亚实验室工程师组成的小组被赋予了领头的角色。

这次调查的首批任务之一是编制一份已经发生的核武器事故的清单。这份清单不仅有助于预测新型的"密封 – 核"式设计在实际应用中可能会发生什么，还有助于预测灾难的频率。国防部并不总是会通知原子能委员会关于核武器事故的信息，而且对这种事故信息的彻底清算也被证明是难以实现的。空军最终提交了一份关于 1950 年到 1957 年 12 月所发生的 87 起事故（accident）和事件（incident）的清单。[88]桑迪亚还发现了另外 7 起，它们不知何故被空军忽略了（未出现在清单中）。[89]陆军和海军都没有提交清单：它们都没能记录自己拥有的核武器所发生的事故。空军提供的清单中超过 1/3 的事故都与作为"战备物资"（war reserve）的原子弹或氢弹有关，这些武器都可能被用于实战。[90]其他的则与训练用武器有关。[91]所有这些事故都清楚地显示出，事情可能以许多种不可预见的方式出错。

**机械问题可能引发事故**。1950 年 2 月 13 日，一架 B – 36 轰炸机从阿拉斯加州费尔班克斯（Fairbanks）以南约 30 英里的艾尔森空军基地（Eielson Air Force Base）起飞。[92]机组成员正在进行一项训练任务，学习如何在北极附近的前沿基地进行相关操作。艾尔森当时的天气是风雪交加，在此前几个小时里，地面温度有所上升，大约为 – 27℉（约为 – 32.8℃）。上尉哈罗德·L. 巴里（Harold L. Barry）和 16 名机组成员此前已经获知了此次任务的详情：飞往蒙大拿州，掉头，飞往加利福尼亚州南部，再次掉头，向北飞往旧金山，在城市上空模拟投放一枚马克 4 原子弹，然后降落在得克萨斯州沃思堡（Fort Worth）的战略空军司令部基地。这次任务需要大约 20 小时。

午夜时分，当 B – 36 轰炸机到达 1.5 万英尺的高度时，它开始失去动力。冰已经堆积在飞机引擎上，以及机翼和螺旋桨上。轰炸机机组人员看不到冰，因为黑夜、云层和窗户上的霜导致当时的能见度非常差。但是，他们可以听见冰块撞击飞机的声音。听起来就像遭遇了雹暴（hailstorm）。

冰也堵塞了化油器（carburetor），轰炸机 6 个引擎中的 3 个着了火，飞机随即迅速下降。巴里上尉成功引导飞机飞过大公主岛（Princess Royal Island）不远处的海上，该岛属于加拿大不列颠哥伦比亚省（British Columbia）。他命令副驾驶打开炸弹舱舱门并扔下马克 4，但是舱门被卡住了，打不开。副驾驶再试了一次，这次打开了，于是马克 4 从飞机中掉落下去。在水面上 3000 英尺的空中，它里面的高爆炸药爆炸了，一团耀眼的闪光点亮了夜空。这枚炸弹没有核芯。

仅仅依靠雷达导航，巴里上尉将飞机转向陆地方向，然后下令全体机组成员跳伞。其中一位副驾驶西奥多·施莱尔（Theodore Schreier），错误地在其降落伞外穿上了一件救生衣。此后他再也没有被看到了。首先从飞机中跳下的四个人同样消失了，很可能被大风吹到了海里。最后一个跳伞的巴里上尉安全降落在一个封冻的湖上，在深雪中朝岸边徒步走了好几英里，然后得救了，一同得救的还有其他的机组成员。被放弃的 B-36 不知何故又飞行了 200 英里，然后坠毁在温哥华岛（Vancouver Island）上。

**在装卸或移动核武器时可能发生事故**。至少在 4 个不同场合，当马克 6 原子弹被从飞机中不正确地移除时，里面的电桥式雷管着火了。[93] 幸好它们都是训练弹，没有人受伤。但如果是新型的"密封－核"式武器，这种类型的错误可能导致一次完全的核爆炸。至少有 6 次，用来运载马克 6 原子弹的拖车从拖曳它的车辆上脱开。[94] 在一次事故中，拖车翻进了路边的一条沟渠里；一份加密的报告指出，假如它朝另一个方向翻滚，"一颗现役的马克6"可能"跌入陡坡路堤之下"。掉下一枚核武器从来不是个好主意。[95]冲击试验表明，当"妖怪"火箭解除保险后，它不需要发射信号来引爆。[96]仅仅是撞击到地面，"妖怪"就能够产生一次核爆炸。

**不恰当的反应有可能让事故变得更加糟糕。**在朝鲜战争初期，由于担心日本和台湾地区遭受攻击，一架 B-29 轰炸机准备从加利福尼亚州的费尔菲尔德-休松空军基地（Fairfield-Suisun Air Force Base）起飞。[97]当时是夜间 10 点。这次任务被认为是非常紧急的，所载货物为最高机密——应杜鲁门总统的要求，9 枚正准备运往关岛的马克 4 原子弹中的一枚。它们的核芯将分开空运。罗伯特·F. 特拉维斯（Robert F. Travis）准将坐在驾驶舱中，作为高级护航人员。特拉维斯在二战中展现了巨大的勇气，为第八航空队领导了 35 次轰炸任务。随着 B-29 轰炸机提速，它的一个发动机在跑道尽头附近失灵了。轰炸机从地面拉起后，第二台发动机也失灵了。

轰炸机驾驶员尤金·斯特弗斯（Eugene Steffes）上尉试图收起起落架并减小阻力，但是轮子卡住了，然后飞机直接朝着一座山飞过去。他操纵飞机做了个 180 度的转向，希望能够降落在基地中。随后轰炸机开始失速，它的飞行路线上恰好有一个拖车停车场。斯特弗斯操纵飞机向左方倾斜，勉强避开了这些移动的房屋。接着，B-29 撞到了地面上，滑过一片田野，着了火并裂成碎片。当飞机停止滑动时，机组成员挣扎着试图逃生，但是紧急出口被堵住了。

第九食品服务中队（Ninth Food Service Squadron）28 岁的面包师保罗·拉莫内达（Paul Ramoneda）中士是最早抵达轰炸

169

机坠落地点的人之一。他帮助把斯特弗斯从驾驶舱中拉了出来。特拉维斯将军在附近被找到，躺在地上不省人事。救护车、消防车和警车很快就到达现场，同时来的还有数百名士兵和平民，其中很多人都是被坠机声惊醒，现在渴望施以援手，或者单纯只是好奇发生了什么事。中队指挥官雷·霍尔西（Ray Holsey）告诉大家远离飞机，并且命令消防员让它燃烧。在那堆残骸中，照明弹和点 50 口径弹药已经开始爆炸，霍尔西开始担心原子弹里面的 5000 磅高爆炸药很快就会发生爆炸。人群和消防员们忽略了他。霍尔西，现场最高阶的军官，尽可能快地逃走了。

拉莫内达中士将他那面包师的围裙缠在头上，以保护自己免受火焰伤害，然后返回到燃烧的飞机那边，试图寻找更多的幸存者。片刻之后，马克 4 原子弹中的高爆炸药发生了爆炸。30 英里外的地方都能够听到这次巨大的爆炸声。它杀死了拉莫内达和 5 名消防员，并使近 200 人受伤，它还摧毁了基地的所有消防车，点燃了附近的建筑物。在大约 2 平方英里的范围内，散落了许多正在燃烧的燃料和已经熔化的机身碎片。斯特弗斯和其他 7 名机组成员幸免于难，仅受轻伤。不过，12 名机组成员和机上乘客死了，包括特拉维斯将军。为了纪念他，基地很快就以他的名字更名了。空军告诉新闻界，这架 B - 29 正在进行"一项长途训练任务"，[98] 根本没有提及是一枚原子弹导致了这次爆炸。

**事故可能涉及多枚核武器。**1956 年 7 月 27 日，一架美国 B - 47 轰炸机从英国萨福克郡的莱肯希思空军基地起飞。[99] 实际上，这是一次例行飞行训练。这架飞机没有携带核武器。拉塞尔·鲍林（Russell Bowling）上尉和他的机组成员计划要演示一次空中加油，一系列的连续起落（touch-and - go landing），以及对 B-47 的雷达系统进行测试。在莱肯希思的前三次连续起落进行得很顺利。但是在第四次时，飞机偏离了跑道，猛烈地撞向里面放着马克6原子弹的存储室。战略空军司令部的一名官员在一份加密电报中向李梅描述了这次事故：

> B-47 将存储室撞得四分五裂，并撞倒了 3 枚马克6原子弹。A/C（指飞机）然后发生爆炸，并将正在燃烧的燃料洒得到处都是。机组成员全部殒命。绝大部分的 A/C 残骸都围绕着存储室转动，然后在恰好位于存储室外面的 A/C 机头附近停止移动，从而使主要的燃料火焰没能接近被撞毁的存储室。炸弹处理官员进行的初步检查显示现场发生了一个奇迹，一枚马克6的雷管暴露出来但被切断了，从而没有被引爆。消防员们快速地将马克6附近的火扑灭了。[100]

它们的核芯被放在另一个存储室。假如这架 B-47 撞击的是那个存储室，将其撞碎并引爆里面的核芯，一团钚云很可能就会飘浮在英格兰乡村的上空。

桑迪亚实验室的工程师们都知道核武器永远不可能被做得万无一失。普林斯顿大学卓越的经济学家、军事战略家和五角大楼顾问奥斯卡·摩根斯恩（Oskar Morgenstern）指出，追求这一目标完全是徒劳无益的。摩根斯恩写道："总有一天会出现核武器意外爆炸的事故，人类心智无法制造出绝对可靠的东西……概率论则实质上确保了此类意外事故定会发生。"[101] 每一个拥有核武器的国家都必须面对这种伴随核武器而来的固有风

171

险。桑迪亚实验室的一份报告承认道："维持某种战备状态的核武器能力，从根本上来说就是在玩弄百分比。"[102]为了降低危险，武器设计师和军事官员在两个棘手但又相互关联的问题上纠结不已：意外核爆炸"可接受"的概率是多大？什么样的技术手段可以让这种可能性保持得尽可能低？

陆军特种武器发展办公室（The Army's Office of Special Weapons Developments）在1955年的一份报告中就强调了第一个问题，该报告名为《核武器意外爆炸的可接受的军事风险》（Acceptable Military Risks from Accidental Detonation of Atomic Weapons）。[103]报告回顾了过去50年中美国所发生的自然灾害的频率，并根据它们所造成的财产和生命损失，对其有害影响进行了量化处理，然后声称在美国领土上发生意外核爆炸的概率应该被允许等同于发生破坏性地震、洪水和龙卷风的概率。根据该公式，陆军认为，一年的时间内，一枚氢弹在美国境内意外爆炸的可接受概率为1/100000。[104]一枚原子弹意外爆炸的可接受概率则定为1/125。[105]

在空军部部长夸尔斯表达对"密封－核"式武器安全性的担忧之后，武装部队特种武器项目开始了自身关于可接受概率的研究。陆军曾假定美国人民会将核事故等同于上帝的旨意。不过，武装部队特种武器项目的一项研究质疑了这一假设，警告称"核爆炸的心理影响可能是灾难性的"，[106]并且"很可能出现一种将责任归咎于'不负责任的'军方与科学家的倾向"。[107]此外，该研究还指出，已经进入美国核武库的核武器的安全性仅是通过技术故障的风险来衡量的。人为错误已经被排除在可能导致事故发生的因素之外；它被认为太复杂而无法量化。[108]武装部队特种武器项目的研究批评了这种遗漏："在处理核武器时，人类不可预测的行为是一个重大问题。"[109]

1957 年，武装部队特种武器项目提供了一套新的可接受概率。例如，它提出一枚氢弹意外爆炸的概率应该为 1/10000000，[110]这个概率考虑到了核武器整个生命周期中的存储期间的所有因素。一般认为一枚典型核武器的生命周期是 10 年。乍一看，这个概率使核灾难的发生看起来遥遥无期。但是，如果美国将 1 万枚氢弹存储 10 年的话，发生一次意外爆炸的概率就变得更高了——1/1000。如果这些武器被从存储场中取出并装载到飞机上，美国公众（要是他们被告知的话）可能就并不会认为武装部队特种武器项目提出的那些可接受概率是能够接受的了。在这种状况下，每 10 年发生一次氢弹意外爆炸事故的概率将为 1/5。[111]而在同一时期内，美国境内发生一次原子弹意外爆炸事故的概率将约为 100%。[112]

所有那些可接受的和不可接受的概率仅仅是设计目标而已。它们都是基于专业知识所做的猜测，而并没有真凭实据，特别是涉及人类行为时。核武器的"单点安全"似乎是一个更直接的问题。它取决于那些可以被量化的因素：高爆炸药的爆炸速度，核芯的质量和几何形状，以及在不对称内爆过程中可能发生的裂变数量。但即使是这些东西，也被数学上的不确定性困扰。尽管内华达试验场的那些单点安全测试提供了鼓舞人心的结果，但人们对核武器在"反常环境"（abnormal environment）——比如，由飞机失事引发的燃油起火——中会发生什么仍知之甚少。在一次火灾中，核武器的高爆炸药可能燃烧；它们也可能发生爆炸；或者它们可能先燃烧然后发生爆炸。[113]并且，不同类型的武器在面对同样的火情时，也可能发生不同的情况，这取决于它们内部的高爆炸药的种类、重量和布局。出于消防的目的，每一件武器都被分配了一个"时间因子"（time factor），即一旦该武器被火焰吞没，扑灭火情或远离它至少 1000 英尺所需要的时间。"妖怪"火箭的时间因子是 3 分钟。[114]

即便一件核武器可以完全做到单点安全，它也仍然可能被意外地引爆。电气系统的故障可能解除核武器的保险并触发里面的所有雷管。桑迪亚实验室年轻的物理学家卡尔·卡尔森（Carl Carlson）[115]就相信，核武器电气系统的设计是防止意外爆炸的"真正关键所在"。[116]火焰的热量可能启动热电池，释放高压电流进入 X 单元，然后引爆核弹。为了消除这种风险，每一件"密封－核"式武器都增加了热敏引信（heat-sensitive fuse）。当温度达到 300°F （约 148.9℃）时，引信将烧断，切断电池和武器保险系统之间的联系。这是一种直截了当的、历史悠久的中断电路的方法，它可以确保高温不会触发雷管。但是，卡尔森依然担心在其他情况下，发射信号仍可能被意外或错误地发送到核武器之中。

卡尔森非常相信系统分析和利用多学科知识来解决复杂问题，他认为光是在核武器中增加热敏引信还不够。真正的安全性问题解决起来比说要更难：核弹没有智能。它们只是对简单的电气输入做出反应，它们无从得知一个信号是不是故意发送过来的。在战略空军司令部轰炸机的驾驶舱中，T－249 控制箱很容易就能够解除一件核武器的保险。[117]首先，你扳动一个钮子开关（toggle switch）到"ON"（开）的位置，使电流能够从飞机流向炸弹。然后，你将旋钮从"SAFE"（安全）位置转到"GROUND"（地面）或"AIR"（空中）位置，设定炸弹发生爆炸的高度。这就是解除核武器保险需要做的所有事情——假如有人忘记将旋钮转回到"SAFE"位置，炸弹依然会保持解除保险状态，即便电流开关已经关掉。卡尔森代表桑迪亚和其他武器实验室写道，过于简单的电气系统增加了事故过程中发生全面核爆炸的风险："一种只需要从投掷系统接收信息就能够解除保险的武器，将只会接收这种信息并对此做出反应，而不论这种信息是不是有意为之。"[118]（下划线为原文所有。——译者注）

对核武器安全性的需要和对它的可靠性的需要，总是处于冲突之中。一种可以让炸弹在事故期间不容易发生爆炸的安全装置，也能够让它在战争时期更容易成为哑弹。这两个设计目标之间的矛盾可以简明扼要地归结为两个词："总是或绝不"（always/never）。[119]在理想状态下，当需要它爆炸时，核武器将总是发生爆炸；当不需要爆炸时，它绝不应该爆炸。战略空军司令部希望核炸弹安全和可靠，但最重要的是，它希望炸弹能够正常工作。承担个人风险的意愿深深嵌入了战略空军司令部的制度文化。轰炸机机组成员每执行一次和平时期的飞行任务都是在拿他们的生命冒险，而他们训练要参与的紧急战争计划任务更是极其危险。在飞往目标的过程中，机组成员将不得不小心避开苏联战斗机和防空导弹，扔下核弹之后还得从冲击波效应和辐射中生存下来，然后再以某种方式找到一个没有被摧毁的友好空军基地降落。在热核战争的喧哗混乱中，如果得知扔下的炸弹由于安全装置而没能发生爆炸，他们是不会乐意的。

平民身份的武器设计师必定拥有不同的观点，他们会思考在和平时期发生事故的风险，以及在"绝不"方面发生的差错。空军部部长夸尔斯理解双方的论点。他时刻担心来自苏联的威胁，并且他已经推动原子能委员会去找到实现"更高程度的核安全"的方法。[120]但如果要在"总是"和"绝不"之间直

174

接做出妥协，他已经清楚地显示出自己将倒向哪一边。夸尔斯
曾做出指示："此种安全，当然只应该对战备状态和可靠性造成
最低程度的干扰。"[121]

## 注释

1. 对史都华服役状况的极佳描述，可参见 Starr Smith, *Jimmy Stewart:*
   *Bomber Pilot*（Minneapolis: Zenith Press, 2005）。

2. Cited in ibid. , p. 263.

3. 这位同僚是第 453 轰炸组的指挥官拉姆齐·波茨（Ramsay Potts）
   上校。Quoted in ibid. , p. 125.

4. 关于这部电影的缘起，可参见 Hedda Hopper, "General LeMay Briefs
   Stewart for Film," *Los Angeles Times*, December 27, 1952。以下内容
   也花了相当一部分篇幅介绍这部电影："The Heyday of SAC: The
   High Point of the Popular Culture Crusade," in Steve Call, *Selling Air*
   *Power: Military Aviation and Popular Culture After World War II*
   （College Station, TX: Texas A&M University Press, 2009）, pp. 100 –
   131。

5. See Ernest Havemann, "Toughest Cop of the Western World," *Life*,
   June 14, 1954.

6. Quoted in ibid.

7. See A. J. Wohlstetter, F. S. Hoffman, R. J. Lutz, and H. S. Rowen,
   "Selection and Use of Strategic Bases," a report prepared for United
   States Air Force Project Rand, R – 266, April 1954（SECRET/
   declassified）.

8. 这名军官是杰克·J. 卡顿（Jack J. Catton）将军，他与李梅共事
   过 16 年。Quoted in Kohn and Harahan, *Strategic Air Warfare*, p. 97.

9. See Thomas M. Coffey, *Iron Eagle: The Turbulent Life of General Curtis*
   *LeMay*（New York: Crown Publishers, 1986）, p. 342.

10. Cited in Wainstein et al. , "Evolution of U. S. Command and Control,"

p. 257.

11. See Hansen, *Swords of Armageddon*, *Volume IV*, pp. 160 – 2.

12. 关于"顺风行动"的结果，可参见 Wainstein et al. , "Evolution of U. S. Command and Control," pp. 103 – 4。

13. 后来中情局承认了自己的错误；这 10 架飞过检阅台的飞机是仅有的 10 架。See Donald P. Steury, ed. , *Intentions and Capabilities*: *Estimates on Soviet Strategic Forces*, *1953 – 1983* ( Washington, D. C. : History Staff, Center for the Study of Intelligence, Central Intelligence Agency, 1996), p. 5.

14. 李梅将军曾公开作证称苏联人已经拥有这么多的飞机，甚至他可能也已经相信了这个数字。在对手下官员的一次绝密演讲中，李梅说苏联很快就将每年都制造出 300 架新的轰炸机。关于 100 这个数字的估计，参见"Bison vs. B – 52: LeMay Testifies," *New York Times*, May 6, 1956。关于他对苏联轰炸机产量的估计，参见 "Remarks: LeMay at Commander's Conference," p. 13。

15. Cited in "Soviet Gross Capabilities for Attack on the US and Key Overseas Installations and Forces Through Mid – 1959," National Intelligence Estimate Number 11 – 56, Submitted by the Director of Central Intelligence, 6 March 1956 ( TOP SECRET/declassified), p. 3, in *Intentions and Capabilities*, p. 16.

16. Quoted in "The Nation: Wilson Stands Ground," *New York Times*, July 8, 1956.

17. 在这个例子中，民主党控制的国会批准了一次共和党总统并不想要的国防开支的大幅增加。See "Wilson Raps Any Air Fund Boost," *Los Angeles Times*, June 22, 1956, and "House – Senate Group Agrees to Hike Air Force Budget by $900 Million," *Wall Street Journal*, June 29, 1956.

18. 1958 年，苏联拥有约 50 架"野牛"轰炸机以及 105 架"熊"式轰炸机。Cited in May et al. , "History of Strategic Arms Competition," p. 186.

19. 1959 年，战略空军司令部拥有 488 架 B – 52 轰炸机，以及 1366 架 B – 47 轰炸机。See Polmar, *Strategic Air Command*, p. 61.

20. Quoted in Wainstein et al. , "Evolution of U. S. Command and

Control，" p. 201.

21. Cited in ibid. , p. 203.

22. Cited in ibid. , p. 207.

23. 大约有459900吨建筑材料由驳船、飞机和拖拉机牵引的雪橇送到北极地区。Cited in James Louis Isemann，"To Detect，to Deter，to Defend：The Distant Early Warning（DEW）Line and Early Cold War Defense Policy，1953 – 1957，" dissertation，Department of History，Kansas State University，2009，p. 299.

24. Cited in ibid. , p. 304.

25. 我第一次遇到这句引语是在 Edwards 的 *The Closed World* 当中，第65页。其最初来源是一本相当有意思的书：Frank Rose, *Into the Heart of the Mind：An American Quest for Artificial Intelligence*（New York：Harper & Row, 1984）。

26. ENIAC 是 Electronic Numerical Integrator and Computer 的缩写。

27. 很难夸大大旋风计算机和从它演化发展而来的赛其防空系统的重要性。历史学家托马斯·P. 休斯（Thomas P. Hughes）将赛其的发明描述为"技术史上重大的学习经验之一"，其重要性可与伊利运河的建设相提并论。历史学家肯特·C. 雷德蒙德（Kent C. Redmond）和托马斯·M. 史密斯（Thomas M. Smith）则将赛其称作"20世纪重大人类成就之一的技术创新的结果"。不过赛其系统的巨大讽刺之一，根据历史学家保罗·N. 爱德华兹（Paul N. Edwards）的说法，就是它可能不会正常运作。爱德华兹写道："它很容易失灵，而在实战条件下对系统进行的测试都是为了避免暴露出它的许多缺陷。"它创造了现代计算机产业并改变了社会，但它很可能探测不到苏联轰炸机发动的一次进攻。关于这些引语的出处，以及有关赛其系统如何影响了未来的描述，可参见 Thomas P. Hughes, *Rescuing Prometheus：Four Monumental Projects That Changed the Modern World*（New York：Vintage, 1998），p. 15；Kent C. Redmond and Thomas M. Smith, *From Whirlwind to Mitre：The R&D Story of the SAGE Air Defense Computer*（Cambridge, MA：MIT Press, 2000），p. 429；and Edwards, *Closed World*, p. 110。

28. See Edwards, *Closed World*, p. 101.

29. Cited in Hughes, *Rescuing Prometheus*, p. 51.

30. See Redmond and Smith, *From Whirlwind to Mitre*, pp. 436 – 43; and Edwards, *Closed World*, pp. 99 – 104.

31. 在 1950 年 9 月一次战略空军司令部的指挥演习中，电传信息的平均传送时间是 4 小时 45 分钟。See Wainstein, et al., "Evolution of U. S. Command and Control," p. 78.

32. See ibid., p. 162.

33. 它被称为战略空军司令部 456L 系统，或战略自动化指挥与控制系统 (Strategic Automated Command and Control System, SACCS)。1958 年，该系统开始服役，但直到 1963 年才开始完全投入运营。See ibid., pp. 169 – 70; and "The Air Force and the Worldwide Military Command and Control System, 1961 – 1965," Thomas A. Sturm, USAF Historical Division Liaison Office, DASMC – 66 013484, SHO – S – 66/279, August 1966 (SECRET/declassified), NSA, p. 12.

34. See Wainstein, et al., "Evolution of U. S. Command and Control," p. 170.

35. Quoted in "Supersonic Air Transports," Report of the Special Investigating Subcommittee of the Committee on Science and Astronautics, U. S. House of Representatives, Eighty – sixth Congress, Second Session, 1960, p. 47.

36. See "Welcome to Strategic Air Command Headquarters," Directorate of Information, Headquarters Strategic Air Command, Offutt Air Force Base (n. d.).

37. 关于罗斯福的地堡以及为杜鲁门修建的新地堡，参见 Krugler, *This Is Only a Test*, pp. 68 – 75。

38. Cited in ibid., p. 73.

39. Cited in ibid., p. 70.

40. 关于 R 场的详细信息，可参见 ibid., p. 63 – 6。

41. 实际数字为 2200。Cited in Wainstein et al., "Evolution of U. S. Command and Control," p. 232.

42. 美国空军将 R 场视为军事指挥部，且应由那些需要在战时下达指令的人使用，而不是作为五角大楼官员或非必要人员的避难所。

See ibid. , pp. 226 – 32.

43. 有关该地堡的详细信息及其运作，可参见 *This Is Only a Test*, pp. 106 – 7, 165 – 6; Ted Gup, "Doomsday Hideaway," *Time*, December 9, 1991; and Ted Gup, "The Doomsday Blueprints," *Time*, August 10, 1992。

44. CONELRAD 是一个致力于冷战史和文化研究的网站，它获得了艾森豪威尔总统的那些信件，其指定了在国家处于紧急状态时出任下文提到的这些职位的人。在其上一任辞职后，最终有 10 人被指定要出任相关职务。See "The Eisenhower Ten" at www. conelrad. com.

45. CONELRAD 网站的创始人之一比尔·盖尔哈特（Bill Geerhart）已经获阿瑟·戈弗雷关于核战争的公开广播声明的副本 20 多年了。See "Arthur Godfrey, the Ultimate PSA" and "The Arthur Godfrey PSA Search: Updated" at www. conelrad. com. 阿瑟·戈弗雷和爱德华·R. 默罗这些信息的存在曾被《时代》杂志提及。See "Recognition Value," *Time*, March 2, 1953.

46. See Ted Gup, "Last Resort: The Ultimate Congressional Getaway," *Washington Post*, May 31, 1992; Thomas Mallon, "Mr. Smith Goes Underground," *American Heritage*, September 2000; and John Strausbaugh, "A West Virginia Bunker Now a Tourist Spot," *New York Times*, November 12, 2006.

47. 曾被称为小马山的地方现在被国会图书馆用来存储过时的录音和电影材料。See "A Cold War Bunker Now Shelters Archive," *Los Angeles Times*, August 31, 2007.

48. See A. L. Shaff, "World War II History Buried in Kindsbach," *Kaiserslautern American*, July 1, 2011.

49. 关于中央政府紧急作战总部（Central Government Emergency War Headquarters）的故事，可参见 Nick McCamley, *Cold War Secret Nuclear Bunkers: The Passive Defense of the Western World During the Cold War* (Barnsley, South Yorkshire: Pen & Sword Military Classics, 2007), pp. 248 – 77, and Hennessy, *Secret State*, pp. 186 – 205。

50. 这个细节可参见 Maurice Chittenden, "For Sale: Britain's Underground City," *Sunday Times* (London), October 30, 2005。

51. 原子能委员会另增加了三个国家存储场——路易斯安那州博西尔（Bossier）的"狗场"（Site Dog）、得克萨斯州梅迪纳（Medina）的"国王场"（Site King），以及内华达州米德湖（Lake Mead）的"洛夫场"（Site Love）。

52. 关于转运程序，可参见 Wainstein, et al., "Evolution of U. S. Command and Control," pp. 34 – 5。

53. Ibid., p. 35.

54. 在离任之前，杜鲁门总统就已正式授予国防部在美国本土之外的地区监管核武器的权力，在国内则要"确保行动的灵活性和战备完好性"。但是，杜鲁门并没有让军方获得额外的武器。在他任期结束时，原子能委员会保管着 823 件核武器，而军方只控制着在朝鲜战争期间被送到关岛的 9 件核武器。艾森豪威尔在 1953 年 6 月做出的决定使得新政策开始生效，几年之内军方就单独监管着 1358 件核武器，这是美国核武器存储量的约 1/3。关于艾森豪威尔命令的文本，可参见"History of Custody and Deployment," p. 29。关于那些年军方和文官各自监管的核武器的数量，可参见 Wainstein, et al., "Evolution of U. S. Command and Control," p. 34；而关于权力从原子能委员会向国防部转移的透彻的阐述，可参见 Feaver, *Guarding the Guardians*, pp. 128 – 63。

55. 查尔斯·威尔逊和参谋长联席会议都使用了这个论点。See Feaver, *Guarding the Guardians*, p. 162, and "History of Custody and Deployment," p. 37.

56. 在 1952 年给陆军部部长的备忘录中，尼科尔斯辩称，美国应该"将正在朝鲜半岛进行的战争作为首次使用核武器的合理机会"。尼科尔斯认为，针对朝鲜的军事目标和中国东北的空军基地使用核武器，可能"使一场我们有最大可能获得胜利且对美国造成的损害最小的重大战争一锤定音"。See Kenneth D. Nichols, *The Road to Trinity: A Personal Account of How America's Nuclear Policies Were Made* (New York: William Morrow, 1987), pp. 291 – 92.

57. Quoted in "History of Custody and Deployment," p. 39.

58. 这些核芯的新保管员的缩写词为 DAECMR。See Feaver, *Guarding the Guardians*, p. 167, and "History of Custody and Deployment," p. 111.

59. 关于基地名称及其所存储核武器类型的清单，可参见 History of the Strategic Air Command, 1 January 1958—30 June 1958, Historical Study No. 73, Volume I 1958（TOP SECRET/RSTRICTED DATA/ declassified）, pp. 88 - 90。

60. Quoted in "History of Custody and Deployment," p. 37.

61. 在一次事故中，一名技师在测试马克 6 核弹时不小心滑倒，失手拔出了它的引信保险丝，引爆了里面的雷管。See "Accidents and Incidents Involving Nuclear Weapons: Accidents and Incidents During the Period 1 July 1957 Through 31 March 1967," Technical Letter 20 - 3, Defense Atomic Support Agency, October 15, 1967（SECRET/ RESTRICTED DATA/declassified）, p. 1, Accident #1 and #3; p. 2, Accident #5.

62. 关于研发具有更长储藏寿命的核武器的努力，可参见 Furman, Sandia: Postwar Decade, pp. 660 - 66, and Leland Johnson, Sandia National Laboratories: A History of Exceptional Service in the National Interest（Albuquerque, NM: Sandia National Laboratories, 1997）, pp. 57 - 8。

63. 关于热电池的历史、用途和基础科学的相关知识，可参见 Ronald A. Guidotti, "Thermal Batteries: A Technology Review and Future Directions," Sandia National Laboratory, presented at the 27th International SAMPE Technical Conference, October 9 - 12, 1995, and Ronald A. Guidotti and P. Masset, "Thermally Activated（'Thermal'）Battery Technology, Part I: An Overview," Journal of Power Sources, vol. 161（2006）, pp. 1443 - 49。

64. Cited in Guidotti, "Thermal Batteries: A Technological Review," p. 3.

65. 有关第一种空对空核火箭的诸多细节，可参见 Hansen, Swords of Armageddon, Volume VI, pp. 2 - 50, and Christopher J. Bright, Continental Defense in the Eisenhower Era: Nuclear Antiaircraft Arms and the Cold War（New York: Palgrave Macmillan, 2010）, pp. 65 - 94。

66. 基利安的专家组被称为科学咨询委员会技术能力小组（Technological Capabilities Panel of the Science Advisory Committee），其报告的标题是《应对突然袭击的威胁》（Meeting the Threat of

Surprise Attack）。

67. See Hansen, *Swords of Armageddon*, *Volume VI*, pp. 45 – 46.

68. Cited in ibid. , p. 46.

69. Quoted in ibid. , p. 21.

70. 在一次口述历史访谈中，洛斯阿拉莫斯科学家哈里·乔丹（Harry Jordan）道出了进行测试的一个理由：“人们担心在运送这些武器时它们可能发生意外爆炸……一次意外的雷管爆炸可能让芝加哥铁路调车场或其他什么地方陷入核武器的灾难。”See “Harry Jordan, Los Alamos National Laboratory,” National Radiobiology Archives Project, September 22, 1981, p. 1.

71. 我很感谢鲍勃·佩里弗伊和哈罗德·阿格纽向我解释“单点安全”的决定因素。

72. 哈里·乔丹将其称为“一次小小的核事件”。尽管此次爆炸的当量小于1000 吨，但它表明核武器设计并不能达到单点安全。See “Harry Jordan,” p. 2.

73. “Plutonium Hazards Created by Accidental or Experimental Low – Order Detonation of Nuclear Weapons,” W. H. Langham, P. S. Harris, and T. L. Shipman, Los Alamos Scientific Laboratory, LA – 1981, December 1955（SECRET/RESTRICTED DATA/declassified）, p. 34.

74. Quoted in Hansen, *Swords of Armageddon*, *Volume VI*, p. 32.

75. 基利安的报告认为：“要想在防空作战中有效使用原子弹，需要贯彻一种一旦敌袭得以确认就立即使用的原则。”这句引文及对新政策的彻底检视可参见 Peter J. Roman, “Ike’s Hair – Trigger: U. S. Nuclear Predelegation, 1953 – 60,” *Security Studies*, vol. 7, no. 4, pp. 121 – 64。

76. Quoted in ibid. , p. 133.

77. Quoted in ibid. , p. 138.

78. Quoted in ibid.

79. 1952 年 1 月，杜鲁门总统授权向摩洛哥部署原子弹，但里面不带核芯，也没有法国的授权。See Wainstein, et al. , “Evolution of U. S. Command and Control,” p. 32.

80. “Letter, Herbert B. Loper, assistant to the secretary of defense

（Atomic Energy）, to Lewis L. Strauss, chairman, Atomic Energy Commission,” December 18, 1956 （SECRET/declassified）, NSA, p. 1.

81. 威尔逊的新闻稿全文发布于 1957 年 2 月 20 日，可见于 Hansen, *Swords of Armageddon, Volume VI*, pp. 37 – 38。这句引文出自第 37 页。

82. Ibid. , p. 38.

83. “National Affairs: The A – Rocket,” *Time*, July 29, 1957.

84. See “The Origins and Evolution of $S^2C$ at Sandia National Laboratories 1949 – 1996,” William L. Stevens, consultant to Surety Assessment Center, Sandia National Laboratories, SAND99 – 1308, September 2001 （OFFICAL USE ONLY）.

85. 这些细节出自 “Quarles Held a Unique Niche,” *Washington Post and Times Herald*, May 9, 1959; “Donald A. Quarles, Secretary of the Air Force,” Department of the Air Force, Office of Information Services, May 1956, NSA; and George M. Watson, *The Office of the Secretary of the Air Force, 1947 – 1965* （Washington, D. C. : Center for Air Force History, 1993）, pp. 149 – 63。

86. See Stevens, “Origins and Evolutions of $S^2C$ at Sandia,” p. 30.

87. See “A Survey of Nuclear Weapon Safety Problems and the Possibilities for Increasing Safety in Bomb and Warhead Design,” prepared by Sandia Corporation with the advice and assistance of the Los Alamos Scientific Laboratory and the University of California Ernest O. Lawrence Radiation Laboratory, RS 3466/26889, February 1959 （SECRET/RESTRICTED DATA/declassified）, p. 10.

88. Cited in ibid. , p. 15.

89. Cited in ibid.

90. See ibid. , p. 16.

91. See ibid.

92. 对此次事故的描述可参见 Michael H. Maggelet and James C. Oskins, *Broken Arrow: The Declassified History of U. S. Nuclear Weapons Accidents* （Raleigh, NC: Lulu, 2007）, pp. 33 – 44, and Norman S. Leach, *Broken Arrow: America's First Lost Nuclear Weapon*

（Calgary, Ontario, Canada: Red Deer Press, 2008）, pp. 75 – 111。

93. See "Accidents and Incidents Involving Nuclear Weapons," p. 1, Accident #1.

94. See ibid. , p. 8, Incident #1.

95. 根据武装部队特种武器项目在 1958 年发布的一份研究报告，"极端的冲击能够导致一个或多个目前正在使用的安全装置和弹头部件发生故障，从而导致全面的核爆炸，特别是在 X 单元已经通电的情况下"。See "A Study on Evaluation of Warhead Safing Devices," Headquarters Field Command, Armed Forces Special Weapons Project, FC/03580460, March 31, 1958, （SECRET/RESTRICTED DATA/declassified）, p. 18.

96. See "Vulnerability Program Summary: Joint DOD – AEC Weapon Vulnerability Program," Armed Forces Special Weapons Project, FC/010 May 1958 （SECRET/RESTRICTED DATA/declassified）, p. 44.

97. 有关飞机坠毁及其后果的故事，参见 Jim Houk, "The Travis Crash Exhibit," *Travis Air Museum News*, vol. XVII, no. 3 （1999）, pp. 1, 5 – 11; John L. Frisbee, "The Greater Mark of Valor," *Air Force Magazine*, February 1986。这次事故的报告可参见 Maggelet and Oskins, *Broken Arrow*, pp. 65 – 77。

98. Quoted in "Bomb – Laden B – 29 Hits Trailer Camp; 17 Killed, 60 Hurt," *New York Times*, August 7, 1950.

99. 我是从美国国家档案馆的一份文件中第一次获知此次事故的，参见 "B – 47 Wreckage at Lakenheath Air Base," Cable, T – 5262, July 22, 1956 （SECRET/declassified）。有关这次事故的报告也可见于 Maggelet and Oskins, *Broken Arrow*, pp. 85 – 87。

100. "B – 47 Wreckage at Lakenheath Air Base. "

101. 摩根斯特恩是在 1959 年做出此断言的。Quoted in Joel Larus, *Nuclear Weapons Safety and the Common Defense* （Columbus, OH: Ohio State University, 1967）, p. 17 – 18.

102. "A Survey of Nuclear Weapon Safety Problems," p. 14.

103. 虽然我没有获得陆军的这份研究报告，但它的结论在以下文献中得到了探讨： "Acceptable Premature Probabilities for Nuclear Weapons," Headquarters Field Command, Armed Forces Special

Weapons Project, FC/10570136, October 1, 1957 （ SECRET/ RESTRICTRED DATA/declassified）。

104. See ibid. , p. 4.

105. See ibid. , p. 4

106. Ibid.

107. Ibid.

108. Ibid. , p. 6.

109. Ibid.

110. Ibid. , p. 13.

111. 对于一件爆炸当量大于 10 千吨的核武器来说，将其从存储场中移出时，这个研究认为，在 10 年的周期内，其发生意外爆炸的概率为 1/50000。将 1 万件此类型的武器置于"装卸、维护、组装和测试"时，其发生意外爆炸的可能性升高到每 10 年为 1/5。See Ibid. , p. 14.

112. 对于一件爆炸当量低于 10 千吨的核武器来说，将其从存储场中移出时，这个研究认为，在 10 年的周期内，其发生意外爆炸的概率为 1/10000。如果美国拥有 1 万件此类型的武器，10 年之内至少会有一件这种核武器被意外引爆。See Ibid. , p. 14.

113. See "Factors Affecting the Vulnerability of Atomic Weapons to Fire, Full Scale Test Report No. 2," Armour Research Foundation of Illinois Institute of Technology, for Air Force Special Weapons Center, February 1958 （ SECRET/RESTRICTED DATA/ declassified）, and "Vulnerability Program Summary," pp. 10 - 20, 58 - 60.

114. Cited in "Vulnerability Program Summary," p. 59.

115. 关于卡尔森的简短传记式描述——他热情洋溢地支持核武器安全相关设计，在单点安全方面遇到挫折时从桑迪亚辞职，后来自杀身亡——可见于 Stevens, "Origins and Evolution of $S^2C$ at Sandia," p. 236。

116. "A Survey of Nuclear Weapon Safety Problems," p. 28.

117. See ibid. , pp. 21 - 27.

118. Ibid. , p. 51.

119. 彼得·道格拉斯·费弗（Peter Douglas Feaver）在他的书中简洁

地解释和定义了控制核武器的"总是或绝不"问题，参见 *Guarding the Guardians*, pp. 12 – 20, 28 – 32。

120. Quoted in "A Survey of Nuclear Weapon Safety Problems," p. 13.

121. Quoted in ibid.

# 毁灭性打击

1957 年 8 月的最后一个星期，苏联宣布了这么一条消息："一枚超远程洲际多级弹道火箭已于几天之前发射。"[1]对于五角大楼的官员来说，这个新闻并没有让他们惊讶，因为他们在位于伊朗的雷达站的帮助下秘密监测了这次试验飞行。但六个星期之后，苏联人已经成功将第一颗人造卫星送入预定轨道的公告，让美国人猝不及防，并在美国人民中造成了一种恐慌感。斯普特尼克 1 号（Sputnik 1）是一个金属球，尺寸大概和一个沙滩球（beach ball）相当，只能绕着地球转圈，并发出"哔哔"的无线电信号。[2]然而，它还是给了苏联一个巨大的宣传胜利。它制造出一种"第一个社会主义国家"已经在导弹技术和科学专业知识方面领先于美国的印象。1957 年 11 月 3 日，斯普特尼克 2 号的成功发射看起来更是不祥之兆。这颗新卫星重约半吨；具备托起此种载荷的足够大推力的火箭发动机，也能够用于运载一枚核弹头。斯普特尼克 2 号还携带了第一只动物进入地球轨道，一条名叫"莱卡"（Laika）的小狗——这也是苏联计划将人送入太空的证据。虽然苏联人声称身穿小型宇航服、住在一个有充足食物和水的加压舱内的莱卡在地球轨道上生存了一个星期，[3]但实际上它在起飞后的几个小时内就死了。[4]

国会中的民主党人激起了对苏联导弹的恐惧，并攻击艾森豪威尔政府允许美国落后于苏联。民主党咨询委员会（Democratic Advisory Council）称艾森豪威尔总统已经"削弱自由世界"并且让"国防忍饥挨饿"。[5]来自华盛顿、外号叫"勺子"（Scoop）的民主党参议员亨利·杰克逊（Henry Jackson），称斯普特尼克是对"美国威望的毁灭性一击"。[6]参议院多数党领袖林登·贝恩斯·约翰逊（Lyndon Baines Johnson）安排了许多听证会，想要弄清楚美国国防政策到底出了什么问题。约翰逊的幕僚长乔治·里迪（George Reedy）敦促他在关于导弹争论的议题中"豪赌一把"（plunge heavily），[7]认为这可以"将共和党人轰出水面，团结民主党人，并且选举你为总统"。[8]另一位民主党参议员约翰·F. 肯尼迪（John F. Kennedy），后来则指责艾森豪威尔将"财政安全置于国家安全之上"，并使"导弹差距"（missile gap）成为他自己竞选总统期间的核心议题之一。[9]

苏共中央委员会第一书记尼基塔·赫鲁晓夫（Nikita Khrushchev）在为民主党人制造对导弹差距的担忧的努力方面，起到了火上浇油的作用。在一系列关于未来几年的公开评论中，赫鲁晓夫极力贬低美国军方，并大肆吹嘘他的国家的技术成就：

> 美国没有洲际导弹，否则也很容易发射自己的卫星。……现在我们能够引导火箭飞到地球上的任何一个地方，假如有需要的话，它可以携带氢弹弹头……当我们说我们已经组织起洲际弹道火箭的批量生产时，这并不是纯粹的演说辞令……让国外的人民知道它，对此我将不予保密——那就是，在我们参观的工厂里，一年之内就有250枚搭载氢弹弹头的导弹从装配线上下来。……我们的国家幅员辽阔。我们能够将火箭设施分散部署，并且很好地伪装它们。……200枚火箭足以摧毁英国、法国和德国；300

枚火箭则将摧毁美国。目前，苏联拥有如此多的火箭，以至于大规模生产都早已经被削减了，只有最新的型号正处在制造之中。[10]

177　1956 年时，赫鲁晓夫就谴责了斯大林的错误，释放政治犯，获得了改革者的声誉，并提议在中欧禁止核武器。但是，他也命令苏联军队入侵匈牙利并推翻其政府，造成了大量人员伤亡，[11]后来还有数百人遭到处决。[12]因此，想想赫鲁晓夫指挥着如此之多的远程导弹，就让人不寒而栗。

　　艾森豪威尔总统试图平息对苏联导弹的那种歇斯底里的情绪，以及直面对他所领导政府已经变得被动、胆怯、不顺应民意的有关批评。他极为相信大规模增加国防开支是不必要的，并且战略空军司令部拥有足够多的核武器可用来威慑苏联。他对 11 月第一周提交给他的一份秘密报告大为光火。[13]由福特基金会（Ford Foundation）前主席 H. 罗恩·盖瑟（H. Rowan Gaither）领导的一个高级别委员会要求在诸多新的导弹计划和一个全国范围的放射性沉降物防护系统投入数百亿美元。艾森豪威尔认为盖瑟委员会夸大了苏联威胁。在 1957 年 11 月 7 日的一次电视演讲中，艾森豪威尔强调没有理由恐慌：自由世界掌握的军事力量远远大于共产党人的。他沮丧地说道："认为眼下我们必须增加对所有种类的武器装备和国防的支出的说法简直是离题万里。"[14]

　　这次演讲没有什么效果。11 月 25 日上午，林登·约翰逊在参议院听证会开场的时候就断言："在某些非常重要的领域，我们已经非常危险地落后于苏联。"[15]还有一位颇具影响力的报纸专栏作家将盖瑟报告描述为美国历史上一次"差不多是最严重的警告"。[16]当天在椭圆形办公室工作时，艾森豪威尔突发中风并无法说话。一个半星期之后，当着数百名记者以及众多收看电视直播的观众的面，佛罗里达州的卡纳维拉尔角（Cape Canaveral）发射了一枚携带着美国第一颗人造卫星的"先锋"号（Vanguard）运载火箭。"先锋"号大概上升了4英尺，然后停顿并掉回发射台，接着就发生了爆炸。

不管实际数量有多少，五角大楼都有很好的理由去关心苏联的远程导弹。一架苏联轰炸机将以每小时500英里的速度接近美国，而一枚苏联导弹弹头则将以每小时1.6万英里的速度来袭。如果运气好的话，还有可能将轰炸机击落，但现有技术还无法摧毁一枚处于中段飞行的核弹头。并且，导弹攻击会使美国很少有时间来做好应对的准备。要抵达最重要的美国目标，苏联轰炸机将飞行8或9个小时，而苏联导弹能够在30分钟或更短的时间内击中它们。针对弹道导弹攻击的预警对保护国家领导层，以及确保战略空军司令部的报复打击力量从地面起飞来说将是必要的。然而，这种形式的预警可能永远不会到来。远程预警线上的雷达是设计用来跟踪敌方飞机而不是导弹的，并且一旦洲际弹道导弹发射升空，五角大楼连探测它们的手段都没有。

在斯普特尼克事件之后，空军获得了建造弹道导弹预警系统（BMEWS）的快速批准，这一系统有三个巨大的雷达，可用来探明朝美国飞来的苏联导弹。其中的一个雷达将建在格陵兰岛的图勒空军基地（Thule Air Base）；另一个在阿拉斯加州的克利尔空军基地（Clear Air Force Base）；第三个则建在英格兰的北约克郡沼泽区（North Yorkshire Moors）。然而，在弹道导弹预警系统完工之前，苏联导弹攻击的第一个迹象将很可能是在战略空军司令部基地和美国城市上空升起的蘑菇云。建立一个轰炸警报系统（Bomb Alarm System）的工作立刻展开了，以便让总统迅速得知被摧毁的城市和空军基地的时间。在全美境内，数以百计的小型、外表看起来平淡无奇的金属罐子被放置在建筑物和电线杆顶端。一份关于这个系统的加密文件显示，金属罐内装有光学传感器，可以用来探测核爆炸的特有闪光，据此"确定精确的爆炸位置，并指出攻击的强度和模式"。[17]在战略空军司令部总部，散布于一幅美国地图上的灯泡将从绿色转为红色，以显示每一次核爆炸。轰炸警报系统所能提供的预警时间远不够理想，特别是如果苏联成功地同时发射其导弹以使所有的弹头同时落地。不过，有这个总比没有好。

李梅将军多年来一直担心导弹可能对战略空军司令部造成的威胁。1956年，战略空军司令部就已经开始测试一个计划，即让所辖的一部分轰炸机一直保持警戒状态，并能在接到进攻警报的半小时内升空。这种"地面警戒"（ground alert）的后勤保障是让人生畏的。[18]机组人员需要睡在跑道附近，并在听到高音报警器响起后立刻朝他们的飞机跑去。轰炸机应该载着足够的核武器和燃料停在机坪；这些飞机被称为处于准备"击发的状态"，像一把手枪的击锤。用于空中加油的加油机也要装满燃油，并随时准备起飞。到1957年秋天，地面警戒已经成为位于美国、英国和摩洛哥的战略空军司令部基地的常规。并且，战略空军司令部希望，在一年之内，辖下至少1/3的轰炸机将一直停在跑道旁边，并准备好在15分钟之内起飞。

两颗斯普特尼克卫星的成功发射创造了这么一种可能，即在一次导弹攻击中，战略空军司令部可能没有15分钟来让辖下处于地面警戒的飞机升空。李梅最近被提升为空军副参谋长，他在战略空军司令部的继任者托马斯·S. 鲍尔（Thomas S. Power）将军正努力推动批准一个更为大胆的战术："空中警戒"（airborne alert）。在战略空军司令部的同事中，鲍尔被普遍认为是个"卑鄙的狗崽子"。[19] 鲍尔出生在纽约市，在长岛的大颈（Great Neck）长大，高中就辍学，然后成为一名建筑工人，在 20 岁的时候又回到高中念书，后获得了一个学位并在 1928 年加入了陆军航空部队。他后来在东京大轰炸时驾驶过长机，并担任了战略空军司令部的副司令。他经常扮演李梅的"刀斧手"（hatchet man）的角色，开除人、执行纪律，以及确保命令得到执行。这两人有着共同的战略观念，但管理风格极不相同。李梅倾向于用冷淡的态度或者少数经过斟酌的字词来表达自己的不满，但鲍尔会对下属吼叫和咒骂。李梅粗暴外表之下的温暖，对手下之人福祉的强烈关怀，在他的继任者身上都找不到一星半点。甚至李梅本人也承认鲍尔是个施虐狂，"一个专横的混蛋"——但是"他可以把事情做好"。[20] 仁慈、敏感以及和蔼可亲并不是一个要赢得核战争的指挥官的基本特质。

战略空军司令部空中警戒理念的基本前提很难反驳：已经在空中飞行的飞机不会被击中地面基地的导弹摧毁。[21] 保持一定比例的轰炸机一直在空中飞行，将允许美国在遭到偷袭之后进行报复打击。在空中警戒时，美国轰炸机迅速起飞并飞抵针对苏联的打击距离之内。假如飞机没能够收到"开始"代码（Go code），它们将在一个预先安排好的位置掉头，绕圈飞行好几个小时，然后返回基地。如果计划在安全方面出现了差错，如在战略空军司令部和某架轰炸机之间的通信出现故障，任务将会被终止，且不会投下任何炸弹。这个任务将会进入"失效安全"（fail safe）状态，这借用的是一个工程学术语，本意指的是零部件特意被设计出故障而不会导致损害。[22]一旦美国进入战争状态，空中警戒的失效安全措施会削弱战略空军司令部核报复的有效性：没有收到"开始"代码的轰炸机将在空中转圈然后返回基地，使得目标毫发未损。但另外一种情形——处于空中警戒状态之下的机组成员被命令飞向苏联并轰炸它，除非他们接到总部发来的某种"不开始"代码——很容易错误地引发一场战争。在某种程度上，这种任务势必会导致"致命的失败"。

"不管白天还是黑夜，我都对自己在空中的指挥权有相当的信心，"在第二颗斯普特尼克卫星发射成功后的那个星期，鲍尔将军对新闻界如此宣称道，"这些飞机都携带着炸弹，而不是弓和箭。"[23]其中透露给苏联的信息是确凿无疑的：战略空军司令部的报复打击能力是不会被洲际弹道导弹削弱的。但是鲍尔是在虚张声势。空中警戒只存在于纸面上，而且美国并没有在白天和黑夜都保有轰炸机在天上飞行，时刻准备发动打击。携带核武器飞越人口稠密地区仍然被认为太危险。武器实验室的设计师在听说战略空军司令部的"地面警戒"状态时大吃一惊。[24]除了偶尔的训练演习，原子能委员会一直想当然地认为氢弹和原子弹都被安全地锁在"冰屋"里面，直到国家迈入战争。那个将装载核武器和燃料的轰炸机停放在跑道旁边的主意是李梅提出的，它得到了参谋长联席会议的支持，被艾森豪威尔总统批准执行，但并没有征询洛斯阿拉莫斯和桑迪亚的意见。

空中警戒的风险将更高。关于新型"密封-核"式武器的安全问题还没有得到解决。假如要在一次空中警戒中使用老式武器，它们的核芯将在起飞之前放在一个叫作"空中插入"

（in-flight insertion）的机械装置之中。也就是说，当轰炸机正往目标飞去之时，核芯要一直被放在离球形炸药 1 英尺远的地方。然后，当炸弹要被投下时，利用一把电动螺旋（motor-driven screw）将核芯直接推入球形炸药内部。这个精巧的机械装置使核武器在运输的时候更加安全，但也不会是万无一失。根据桑迪亚的一份报告，一旦核芯被置于这个装置之中，"核安全将不是'绝对的'，核安全根本就不存在"。[25] 在一次坠机或火灾事故中，发生核爆炸的概率将约为 1/7。[26]

　　核武器安全问题成为战略空军司令部和原子能委员会之间不断争论的焦点所在。鲍尔将军不仅希望尽可能快地将空中警戒付诸实践，还希望战略空军司令部那些处于地面警戒状态的轰炸机在训练期间也能够带着完全组装好的武器起降。原子能委员会建议用训练弹（dummy weapons）替代，但是空军提出了一系列论据来证明这种做法为什么"在操作上是不合适的"。[27] 战略空军司令部的行动主管辩称，在紧急情况下，在飞机上使用训练弹将"让反应时间下降到不可接受的程度"。[28] 它们将伤害"机组人员的士气和积极性"，[29] 而这二者都是很难获得的。战略空军司令部宣称，典型的空军基地只有 7 枚训练弹，它们是如此稀缺以至于很有必要使用真炸弹来进行训练。[30] 虽然原子能委员会不再实质占有存储在战略空军司令部基地之中的那些氢弹，但它仍然有法定监管权。原子能委员会不允许任何完全组装好的炸弹被装载在战略空军司令部的轰炸机上。[31] 这项禁令适用于"密封-核"式武器以及附有核芯的较老式武器。然而，轰炸机机组人员还是可以用完全组装好的炸弹来训练并把它们装上飞机——只要飞机不离开地面就行。

　　战略空军司令部为了支持空中警戒而提出的论点因美国导

弹项目的明显缺陷而得到了加强。在斯普特尼克 1 号发射之前

182 的那个星期，"阿特拉斯"（Atlas，又译作"宇宙神"。——译者注）远程导弹在佛罗里达州卡纳维拉尔角上空引人注目地发射失败了。这是"阿特拉斯"在一年内的第二次发射失败。在第二次世界大战行将结束之时，美国和苏联曾在招聘纳粹火箭科学家方面展开激烈竞争。虽然德国 V - 2 火箭项目的三位杰出人物——韦恩赫尔·冯·布劳恩（Wernher von Braun）、阿图尔·鲁道夫（Arthur Rudolph）、瓦尔特·多恩贝格尔（Walter Dornberger）——被秘密带往美国并免于遭受战争罪审判，但美国空军在战争结束后将近十年内都没有对远程导弹显示出多大的兴趣。V - 2 被证明是很不精确的，相较于击中特定的目标，它在伦敦制造恐惧气氛的效率方面更胜一筹。一枚在精确度方面和 V - 2 一样的洲际弹道导弹，如果从美国的发射台上往苏联发射，很有可能偏离目标约 100 英里远。[32] 柯蒂斯·李梅认为轰炸机比导弹更加可靠，更加通用和精确。他希望战略空军司令部能够研发出可在空中飞行数周时间的核动力轰炸机。[33] 但是，随着热核武器变得足够小和轻以至于能够装载在导弹顶部，精确度就变得不那么成问题了。一颗氢弹能够偏离目标许多，但仍可以将之摧毁。甚至李梅本人也承认，一枚精确的洲际弹道导弹将成为"终极武器"（ultimate weapon）。[34]

在 1957 年秋天时，美国正在研发六种不同类型的战略导弹，其所涉及的官僚机构不仅为了经费，也为了在紧急作战计划中凸显自身作用而展开激烈竞争。代表美国陆军的韦恩赫尔·冯·布劳恩团队正在研发名为"朱庇特"（Jupiter）的中程导弹，其可以飞行 1500 英里，能够从位于欧洲的基地打击苏联境内目标。美国空军也正在研究一种几乎相同的中程导弹——

"雷神"（Thor）导弹，以及另外三种远程导弹——"阿特拉斯"、"泰坦"和"民兵"（Minuteman）。由于此前决定不在潜艇上部署陆军的"朱庇特"导弹，美国海军正在追求开发自己的中程导弹："北极星"（Polaris）。军种之间关于导弹的竞争被希望制造它们的国防承包商之间的竞争加剧了。[35]通用动力公司（General Dynamics Corporation）为了"阿特拉斯"导弹，马丁公司（Martin Company）为了"泰坦"导弹，波音公司（Boeing）为了"民兵"导弹，道格拉斯飞机公司为了"雷神"导弹，克莱斯勒汽车公司（Chrysler）为了"朱庇特"导弹，以及洛克希德公司（Lockheed）为了"北极星"导弹而分别开展积极的游说工作。艾森豪威尔总统曾计划要根据它们的优点和国家战略需要，来资助这些导弹项目中的两个或三个，而撤销其他的。但是，在民主党人关于导弹差距的攻讦声中，艾森豪威尔最终同意资助所有六个导弹项目。

斯普特尼克卫星的两次成功发射也使美国与北约盟国的关系复杂化。苏联似乎已经获得一种技术方面的优势，美国似乎也不再无敌于天下。北约的部长们开始怀疑美国总统是否真的愿意保卫柏林或巴黎，当此举可能意味着在一个小时之内就会有核弹头击中纽约市的时候。赫鲁晓夫关于远程导弹的自吹自擂，伴随着苏联要求核裁军和停止核试验的一场"和平运动"（peace campaign）。[36]许多年来，得到苏联和中国支持的世界和平理事会（World Peace Council）一直在推动"禁止核武器"（Ban the Bomb）的努力。这一口号在那些感觉被困于两个超级大国之间的军备竞赛泥潭，已经经历两次世界大战且现在正在反抗为第三次世界大战做准备的国家——如英国、德国、荷兰和法国——之间引发了强烈共鸣。虽然西欧国家的公众舆论逐渐转向反对核武器，但北约的领导层正寻求对它们的更大依赖。特别是法国人，他们就一直认为美国应该将其部署在欧洲的核武器的控制权移交出来。将核武器交给北约将允许其在紧急情况下迅速使用它们，并且防止美国总统截留它们，而不管任何最后关头的疑虑，这将证明欧洲和美国的命运是不可割裂的。

1957 年 12 月，艾森豪威尔总统在他中风愈后几个星期去往巴黎参加北约首脑会议，并宣布美国将给予欧洲盟国使用核武器的权利。他建议为北约创建一个独立的核存储库，并在北约国家建造中程导弹基地。这个建议由于没有实际转交导弹和核炸弹而作罢。《原子能法》禁止美国向外国转移核武器；北约核武器的监管权必须属于美国。艾森豪威尔政府试图在实际控制和法定监管之间，在以有意义的方式和同盟国分享核武器 184 与遵循国会意愿之间分别达到平衡。[37] 随着在英国、意大利和土耳其部署中程导弹，以及在全欧洲的北约基地存储原子弹、氢弹和原子炮弹的计划相继出台，有关指挥与控制的棘手问题通过一个技术方案得到解决。导弹的发射控制以及打开存储武器的"冰屋"的锁都将需要至少两把钥匙，而其中一把将由美国官员掌管。

马克 36 是第二代氢弹。[38] 它的重量大约只有早期热核炸弹重量的一半，但相较于很快就将为战略空军司令部大规模生产的新型"密封-核"式炸弹，它是后者重量的 10 倍。马克 36 是一种过渡型武器，混杂了新旧技术，里面有多个热电池、一个可移动的核芯，以及一个针对地下目标的触发引信（contact fuze，也叫碰炸引信）。炸弹的鼻锥部分包含许多压电晶体

（piezoelectric crystal）。当鼻锥撞击地面时，压电晶体会变形，继而向 X 单元发送信号，触发雷管，然后形成一个非常深的洞。马克 36 的爆炸当量约为 1000 万吨。它是美国所拥有的威力最强大的武器之一。

1958 年 1 月 31 日，在摩洛哥西迪苏莱曼的战略空军司令部基地中，一架 B-47 轰炸机正沿着跑道滑行。[39] 这架正在练习跑道机动的飞机处于地面警戒状态，做好了随时起飞的准备，但又被禁止起飞。它上面搭载了一枚马克 36 氢弹。为了让演练尽可能逼真，一个核芯被放进了这架飞机的空中插入机械装置之中。当 B-47 的速度达到约每小时 20 英里时，它的一个后胎爆了。飞机的轮舱（wheel well）开始着火，然后迅速蔓延到机身。机组成员毫发无损地逃脱了，但是轰炸机裂成了两部分，完全被火焰吞没。消防员朝着燃烧的残骸喷了 10 分钟——完全超出了马克 36 的时间因子[40]——然后撤离了。火焰烧到了氢弹，西迪苏莱曼的指挥官下令整个基地立即疏散。满载着空军士兵及其家属的汽车向着摩洛哥的沙漠之中高速驶去，担心置身于一场核灾难之中。[41]

大火持续了两个半小时。马克 36 的高爆炸药发生了燃烧，但是没有出现核爆炸。根据一份事故报告，这枚氢弹和 B-47 轰炸机的一些部件熔化成为"一块重约 8000 磅的熔渣板，其宽度为 6~8 英尺，长度为 12~15 英尺，厚度为 10~12 英寸"。[42] 为了将这块板打成小块，人们使用了风镐（jackhammer）。这些"特别'热'的碎片"[43] 被密封在罐子里，而其他的放射性熔渣则被埋在了跑道旁边的地里。西迪苏莱曼缺乏用来测量污染水平的合适设备，许多空军士兵的鞋子沾上了钚尘，其不仅扩散到了他们的车里，也被带到了另一个空军基地。[44]

185

空军计划发布一份关于此次事故的新闻稿，以强调轰炸机起火并没有导致"核武器爆炸、辐射或者其他意想不到的结果"。[45]国务院认为这是一个糟糕的主意；[46]关于此次事故的详细情况还没有传播到欧洲或美国。在一次讨论应该公布多少关于该事故的信息的会议上，一位国务院官员辩称："关于摩洛哥事故，说得越少越好。"[47]公开声明有可能被苏联的宣传机构歪曲并在欧洲制造不必要的恐慌。国防部同意对此次事故保密，尽管已经通知了摩洛哥国王。当一位驻巴黎的美国外交官要求提供有关在西迪苏莱曼所发生之事的信息时，国务院只是告诉他，那里的基地指挥官此前已经决定要举行一次"疏散演练"（practice evacuation）。[48]

在有可能于摩洛哥引爆一枚氢弹的事故发生两个星期后，美国国防部和原子能委员会发表了一份关于核武器安全问题的联合声明。"在回答关于可能涉及核武器运输的危害的诸般询问时，"联合声明称，"可以很肯定地说，一次意外核爆炸的可能性……太小了，以至于可以忽略不计。"[49]

又过了不到一个月，当沃尔特·格雷格（Walter Gregg）和他的儿子小沃尔特在南卡罗来纳州火星崖（Mars Bluff）家门口的工具房里时，一枚马克6原子弹从天而降，砸到了他们的院子里。[50]格雷格夫人当时正在屋里缝衣服，她的两个女儿海伦（6岁）和弗朗西丝（9岁）正在屋外和她们9岁的堂哥玩耍。根据所使用的核芯的不同类型，马克6的爆炸当量从8千吨到160千吨不等。幸运的是，这枚砸到格雷格一家院子里的原子弹并没有安装核芯，但当炸弹撞击地面时，里面的高爆炸药发生了爆炸，炸出了一个50英尺宽、35英尺深的大坑。[51]爆炸产生的冲击波和横飞的碎石将多扇门从格雷格家的门框中炸飞，震碎了窗户，让屋顶垮塌，使墙壁千疮百孔，还摧毁了一辆停在私家车道上的新雪佛兰汽车，杀死了6只鸡，也让格雷格一家受轻伤进了医院。

这枚原子弹是从一架B-47轰炸机上掉落的，当时这架飞机正在从佐治亚州萨凡纳（Savannah）附近的亨特空军基地（Hunter Air Force Base）飞往英国莱斯特郡（Leicestershire）的布伦汀索普（Bruntingthorpe）空军基地的途中。在起飞之前，防松栓（locking pin）被从原子弹上移除，这是战略空军司令部的一个标准操作程序。在起飞和降落期间，核武器总是会被从其所在的炸弹架（bomb rack）上解除锁定，以便在碰到紧急情况时可以投弃核武器。但飞行中的其他时段，它们一直被锁在炸弹架上。B-47轰炸机所载炸弹的锁定和解除锁定是远程控制的，利用的是驾驶舱中的一个小控制杆（lever）。控制杆通过一条系索（lanyard）连在炸弹的防松栓上。当南卡罗来纳州上空的B-47爬升到1.5万英尺的高度时，仪表板上的一个指示灯显示防松栓未能重新插入。控制杆似乎无法正常发挥作用。驾驶员让领航员布鲁斯·库尔卡（Bruce Kulka）上尉进入炸弹舱，手动插入防松栓。

库尔卡不可能对这个主意感到兴奋。炸弹舱没有加压，进入其中的门太小了，他无法带着降落伞进入其中，并且他也不知道防松栓在哪里，更别提如何将其重新插入了。库尔卡在炸弹舱中待了约10分钟，寻找防松栓，但是没能找到。他心想，这东西肯定在炸弹上方的某个位置。马克6是一种大型武器，约有11英尺长，直径则为5英尺。当库尔卡试图看一下炸弹上方时，他不经意间抓住了手动投弹装置（manual bomb release）作为支撑。然后，马克6突然就掉到了炸弹舱的舱门上，库尔卡也摔倒在上面。过了一会儿，8000磅重的炸弹破开了舱门。库尔卡滑了下来，但在打开的炸弹舱中抓住了某个东西，并且牢牢地抓住了。伴随着阵风以及耳边咆哮的风声，在火星崖的小农场和棉花田上空3英里高的地方，他设法将自己拉回到飞机之中。不管是驾驶员还是副驾驶员，都没有意识到炸弹已经被扔了下去，直到它撞击地面并发生爆炸。

187　　　　火星崖事故是不可能瞒着新闻媒体的。尽管沃尔特·格雷格和他的家人不知道是什么东西摧毁了他们的家园，但无法联络上亨特空军基地的B-47飞行员告诉附近一个民用机场的塔台说他们刚刚丢失了一个"装置"（device）。[52] 有关爆炸的新闻迅速传开。州警察局设置了检查站，以让人们远离格雷格的房子，一个空军净化小队（decontamination team）来到这里搜寻马克6的残存部件。不像西迪苏莱曼的那次事故，这回没有产生任何核当量。然而，它还是获得了全世界的关注，并引发了极多的恐惧。《纽约时报》问道："我们的核武器对我们自身来说是安全的吗？"[53] 伦敦的《每日邮报》（*Daily Mail*）则附和道："你是在担心卡罗来纳吗？"[54] 苏联宣称，"纯粹的好运"才避免了一次核爆炸，南卡罗来纳州已经遭受放射性沉降物的污染。[55]

　　　　战略空军司令部试图用真相，即从来就没有核爆炸以及有害辐射的风险，来反击苏联的宣传之词。但是，战略空军司令部也误导了记者。在一个名为《致命的原子弹击中美国城镇》的短片中，广受大众喜爱的美国新闻影片解说员埃德·赫利希（Ed Herlihy）为官方背书，告诉紧张的影片观众这是"历史上第一次发生此类事故"。[56] 事实上，就在上一年，一枚氢弹由于失误而被从阿尔伯克基上空扔下。[57] 当一位站在B-36轰炸机炸弹舱中的领航员因为空气湍流而失去平衡时，他抓住了离他最近的一个手柄来保持身体平衡。不巧的是，这个手柄正是手动投弹装置。掉下来的炸弹砸开了炸弹舱舱门，而领航员则靠紧紧抓住那个手柄侥幸逃生。氢弹落在了一个无人居住区，离桑迪亚实验室大约1/3英里。氢弹中的高爆炸药爆炸了，但没有产生核当量。这枚氢弹没有核芯。

在火星崖事故之后，空军让所有的轰炸机都降落在地面上，然后宣布了一项新的政策：在和平时期的飞行中，防松栓不得从核武器上移除。但是，这个公告并没有消减英国日益高涨的反核运动势头。鲍尔将军在回答一位英国记者关于是否有美国飞机经常携带核武器在英国上空飞行时的一席话，更是给公众舆论火上浇油。他是这么说的："好吧，我们制造这些轰炸机的时候，就不是让它们携带玫瑰花碎片的。"[58] 反对党工党（Labour Party）的成员批评首相哈罗德·麦克米伦（Harold Macmillan）允许这类飞行，并强烈要求结束它们。麦克米伦真是两边都不讨好。[59] 出于安全原因，战略空军司令部不允许他透露这些炸弹是没有核芯的，甚至不让他知道什么时候美国飞机会携带核武器飞在英国领空之中。

火星崖事故发生之后的几个星期内，一个新成立的组织，核裁军运动（CND）带领成千上万的人进行了一次从伦敦的特拉法尔加广场（Trafalgar Square）到奥尔德马斯顿（Aldermaston）的英国核武器工厂的游行示威。核裁军运动否认了核威慑的整个概念，并认为核武器是"不道德的"。[60] 在为这次长达四天的游行示威活动准备的过程中，艺术家杰拉德·霍尔顿（Gerald Holtom）为反核运动设计了一个标志。"我画的是我自己，"霍尔顿回忆说，"一个绝望之中的人的代表，双手下垂，掌心向前，姿势就像戈雅笔下面对行刑队的农民那样。"[61]（此处指的

188

是戈雅的名画《1808 年 5 月 3 日夜枪杀起义者》。——译者注）
他在自画像（人物线条画）的周围放置了一个圆圈，创造了后
来被称为"和平标志"（peace sign）的图像。

苏联努力将注意力集中于战略空军司令部的空中警戒所带
来的危险，以及发生意外核战争的可能性。"想象一下，某个飞
行员可能——即便没有任何邪恶的意图，但由于神经性精神紊
乱或错误理解指令——将致命性载荷扔在某个国家的领土上，"
赫鲁晓夫在一次演讲中说道，"然后根据战争的逻辑，随之而来
的就是立即的反击。"[62]苏联驻联合国代表阿尔卡季·A. 索博列
夫（Arkady A. Sobolev）在安理会发表了类似的论点，警告称
"世界上还没有一个万无一失的系统"，并且"美国轰炸机的飞
行带来了原子战争的巨大危险"。[63]苏联人的担忧可能是出自真
心。但是，他们也推广了美国轰炸机是世界和平的最大威胁的
理念，而绝口不提他们自己那瞄准西欧诸国首都的数以百计的
中程导弹。伯特兰·罗素和其他人一样，也已经改变关于应该
责怪谁的看法。尽管曾经呼吁美国要利用原子弹对苏联发动预
189 防性战争，但罗素现在认为应该关闭美国在英国的空军基地，
并且英国应该单方面弃核。

战略空军司令部官员精神上的不稳定性成为苏联宣传经常
会提及的主题。根据某东德报纸获得的并在莫斯科广播电台
（Radio Moscow）详细讨论的一份五角大楼报告，美国空军中
67.3% 的飞行人员都患有某种精神性神经症。[64]这份报告当然是
苏联人伪造的。但是，其中的官僚主义语调，关于普遍的酗酒、
性变态、鸦片瘾和战略空军司令部的人抽大麻的说法，似乎说
服了许多欧洲人担心美国的核战略。在这份伪造的报告出现后
不久，关于某个疯子很可能故意开启一场世界大战的说法由于

一件真事的发生而变得合乎情理。当时,一位美国机械师在英国的奥尔肯伯里空军基地(Alconbury Air Force Base)偷了一架 B-45 轰炸机,想开着它在空中兜风。[65] 不过,这位机械师从来没有接受过飞行训练,于是在起飞后不久就坠机了,机毁人亡。

在对战略空军司令部的空中警戒的争论中,皇家空军前军官彼得·乔治(Peter George)出版的一部小说捕捉到了关于核武器的新的时代精神(zeitgeist),即对意外核战争的广泛恐惧。尽管像《我们的一枚氢弹丢失了》(One of Our H Bombs Is Missing)之类的通俗小说已经强调了其中的一些主题,但乔治的小说《红色警戒》(Red Alert)在美国的销量还是超过 25 万册,还给予一部好莱坞经典电影以灵感。[66] 乔治是用"彼得·布莱恩特"(Peter Bryant)的笔名来写作的,他在书中描绘一个发疯的美国将军如何靠一己之力就发动了一次核攻击。[67] 这个疯子的观点类似于伯特兰·罗素在十多年前表达过的:美国必须在苏联毁灭西方世界之前先摧毁苏联。"一些人会罹难,"这位将军相信,"但是数百万人将幸存。"[68]

当这个计划被发现时,这位将军的空军基地遭到了美国陆军的攻击。美国总统尝试召回战略空军司令部的轰炸机但没能成功,而苏联人质疑迫在眉睫的进攻是否真的是一个误会。作为一个善意之举,战略空军司令部披露了那些 B-52 轰炸机的飞行路线,如此一来它们便可被击落。在两国领导人谈判和披露"终极威慑"(ultimate deterrent)[69]——如果苏联人面临被击败的局面,能够消灭地球上所有生命的末日武器将被付诸使用——之后,战略空军司令部的所有轰炸机,除一架之外,都被击落或召回。因此双方达成了一个交易:假如这架飞机摧毁

190　了一个苏联城市，总统将选择一个美国城市供苏联人摧毁以作为报复。总统选择了新泽西州的大西洋城（Atlantic City）。仅剩的这架 B－52 轰炸机将氢弹扔在了苏联领土上，但它成了哑弹还偏离了目标。尽管大西洋城幸免于难，末日也得以避免，《红色警戒》却标志着一次重要的文化转向（cultural shift）。战略空军司令部逐渐被描绘为精神病人和战争贩子的避难所，而不是能够找到詹姆斯·史都华一类人的地方。

　　英国的游行示威，对世界末日的恐惧，新闻界的批评，千奇百怪的事故，原子能委员会的强烈反对，艾森豪威尔总统的不情愿，甚至李梅表达的对该理念的怀疑，都没有让鲍尔将军心生困扰。[70]鲍尔想要实现空中警戒，而授权展开空中警戒的决定将由艾森豪威尔总统做出。"失效安全"这一短语被从空军关于空中警戒计划的描述中删掉。"失效"（fail）这个词含有"错误"的意味，用来取代它的新术语听起来则没有那么负面："积极控制"（positive control）。[71]在国会议员的强力支持下，战略空军司令部提出要对空中警戒进行一次测试。该测试拟让 B－52 轰炸机从美国各地的基地起飞，并且搭载着"密封－核"式武器。在 1958 年 7 月的一份白宫简讯（White House briefing）中，艾森豪威尔总统被告知，"在一次坠机事故中发生任何核爆炸的可能性基本上为零"。[72] 8 月，总统授予该测试暂时性批准（tentative approval）。但是，原子能委员会新任主席约翰·A. 麦科恩（John A. McCone）希望限制这次测试的规模。麦科恩认为，那些轰炸机应该只被允许使用缅因州的洛灵空军基地（Loring Air Force Base）。如此一来，即便是发生意外或者要投弃一枚核弹，也只会发生在大西洋上空，而不是美国本土上空。[73]在 10 月的第一周，艾森豪威尔总统授权战略空军司令部的轰炸机，携带完全组装好的氢弹，在洛灵空军基地起降。这些飞行秘密地开始了，战略空军司令部的空中警戒不再是虚张声势了。

在艾森豪威尔做出上述决定的两周之后，弗雷德·伊克尔完成了他名为《论意外或未经授权的核爆炸的风险》（On the Risk of an Accidental or Unauthorized Nuclear Detonation）的兰德报告的撰写。伊克尔那可以阅览绝密文献的权限（top secret clearance），让他能够很方便地获得桑迪亚实验室、武装部队特种武器项目以及空军特种武器中心（Air Force Special Weapons Center）有关核武器安全问题研究的最新材料。[74]他阅读了事故报告，和桑迪亚的核弹设计师会面，沉浸在核武器的技术文献中。他和许多人讨论过战略空军司令部空中警戒的后勤细节问题，这些人不仅有负责空中警戒具体实施的指挥官，还有在1956年时提出这一理念的兰德公司分析员。伊克尔的报告是美国国内关于核武器安全问题的第一份透彻、广泛和独立的分析报告，并且它没有证实艾森豪威尔总统刚刚给出的那种乐观的保证。

"我们并不能从至今未发生未经授权的核爆炸的事实中获得太多信心，"伊克尔警告称，"过去的安全记录对未来没有任何意义。"[75]核武器的设计有一条学习曲线，他担心某些知识的获得可能要付出高昂的代价。技术缺陷和技术故障"在发现之后能够很快被解决……但要预先防止它们发生，则需要大量的创造性和直觉"。[76]正如国防部和空军所宣称的，风险并不是微不足道的。风险是不可能确定的，在将来，事故很可能发生得更加频繁。在1957年空军的例行训练之中，每320次飞行就有1

枚原子弹或氢弹被非故意地投弃，[77]而 B – 52 轰炸机则似乎会以每飞行 2 万小时就有 1 架坠毁的速度发生事故。[78]根据伊克尔的计算，这意味着战略空军司令部的空中警戒每年将导致大约 12 次携带核武器的坠机事故出现，另加 7 次核弹被从轰炸机上投弃。[79]"最重要的任务，"他辩称，"是从轻微事故中汲取足够多的教训，以防止毁灭性灾难的发生。"[80]

比技术挑战更让人忧心的是人为错误和破坏的风险。伊克尔指出，美国空军在训练有素的武器操作人员方面的紧缺"有时候使得有必要委托非专业人员完成与核武器相关的复杂任务"。[81]一个错误——或更可能的是一系列错误——就会导致核爆炸的发生。诸如检查表，在旋转旋钮前必须破开的密封装置，以及持续的训练之类的安全措施，可能会减少发生人为错误的可能性。但是，伊克尔认为，所有这些东西都不能防止像通俗小说中出现的那种威胁：故意的、未经授权的引爆核弹的企图。现在所使用的技术防护措施有可能被"了解引信和发火装置工作原理的人"规避。[82]至少有一次，一名醉酒的士兵击倒了核武器存储场的一名守卫，并试图接近核弹。伊克尔写道，"几乎无法否认存在未经授权的行为的风险"，[83]而搞清楚如何阻止它们发生依然是"有关核武器安全的最恼人问题之一"。[84]

在精神病学家杰拉尔德·J. 阿伦森（Gerald J. Aronson）的帮助之下，伊克尔列出一些促使某人违反命令并引爆核武器的动机。这种风险并不是假设性的。大约有 2 万名空军人员从事与核武器有关的工作，而为了做好这件事，他们必须获得阅览（并从事）秘密或绝密信息（和工作）的权限。[85]但是，他们并不必须接受精神疾病筛查。事实上，"短暂的精神失常史"[86]也不再会让新兵失去加入空军的资格。每年都有几百名空军军官和士兵因为他们的精神失常而被解职,[87]并且每年可能有 10 到 20 名从事与核武器相关工作的人会面临严重的精神崩溃问题。[88]

在这份报告的附录中,阿伦森提供了一份看起来与核武器安全相关的"精神错乱案例的档案材料"。[89]最危险的精神错乱与妄想症(paranoia)有关。阿伦森提供了一个需要远离原子弹的军官类型的个案:

> 一名 23 岁的飞行员,中尉,在维持人际关系方面存在困难,害怕被人指责并总是急于讨好他人。在对某个人说完"长官"几个小时之后,他满脑子都幻想着要撕碎那个人……在拥挤的餐厅中,他感觉自己像要爆炸似的;而当"撕碎这个地方"的邪恶幻想产生之后,他这种要爆炸的感觉就减轻了。大概每两个星期或再长一些时间,他都得承受与敌对或性想法有关的焦虑症的发作。对他来说,飞行是相当让人兴奋的事情,他能够在对敌意和权力的表达过程中获得满足。[90]

在另一个个案中,阿伦森描述了一位在 33 岁时发展成为全面的妄想型精神分裂症(paranoid schizophrenia)的空军上尉。他的行为变得"自以为是、举止不当、强人所难"。他认为自己是小队的真正指挥官,并对上级颐指气使。然而,在这些幻想发作的最盛时期,这名上尉还是成功在飞行日志中记下了"在 B - 25(轰炸机)上的 8 个小时中展现出未受削弱的熟练程度"。[91]

阿伦森认为,未经授权的核爆炸对患有各种各样幻想错觉

193

的人具有独特的吸引力。这类人包括那些追名逐利的人，那些相信自己"投身于一种让其不同于社会上其他人的特殊使命"[92]的人，那些想要拯救世界并认为"当局……暗中希望摧毁敌人但又受到过时公约的令人不安的约束"[93]的人。除了精神类疾病，控制冲动能力很糟的军官和士兵也可能被核武器吸引。如同纵火癖（pyromaniac）所经常展示的那种对即时快感（immediate gratification）的需求，即满足"随视觉上的浩劫而来的看到自身权力施展的有形结果的欲望"，[94]很可能在引爆原子弹的行为中表现出来。这份报告中的很多个例都说明了因一时冲动而做出的行为之不可预测且往往是很幼稚的本质：

（一名）助理厨师为了炸鱼，通过非正当渠道获得了一块 TNT 炸药。他用一根香烟点燃了它。当他正在检查炸药是否被点燃之时，炸药发生了爆炸。这个人被炸得粉身碎骨。[95]

"二等兵 B 和我每个人都找到了一枚枪榴弹（rifle grenade）。我们将其带回帐篷之中。二等兵 K 告诉我们最好不要瞎摆弄这些枪榴弹，并建议我们尽快将它们处理掉。B 说：'如果我拉一下这个栓会发生什么事？'然后，枪榴弹就爆炸了。"[96]

一名海军士兵捡到了一枚 37 毫米的哑弹，然后将其上交到军需官的帐篷。后来，一位中士走进帐篷，看到这枚哑弹。在无视有关命令和安全的情况下，他将这枚炮弹瞄准了帐篷木地板上的一个洞，接着就松手让它掉了下来。他评论称他将会成为"一名相当出色的投弹手"。此人将

> 这枚炮弹来来回回投了至少 6 次。最后，不可避免地，它发生了爆炸。这名中士当场死亡，另有两人受了伤。[97]

即使是相对无害的动机，如蔑视权威的冲动、想显摆的渴望，以及"那种不太相信自己行为的后果的好奇心"，[98]都可能导致核爆炸的发生。

未经许可而摧毁一座城市或一个军事基地将是灾难性的，伊克尔还重点提出了这样一件事是否会引发更加糟糕的事情的问题。尼基塔·赫鲁晓夫最近放言称："一次意外的原子弹爆炸也可能引发另一次世界大战。"[99]这种情境似乎有点牵强，但也不能完全不放在心上。在核爆炸之后的一片混乱之中，人们可能并不清楚这次爆炸是由技术故障、人为失误、某个疯子，还是一众破坏者引发的。发生核爆炸的国家可能认为这是一次突然袭击进而展开报复，而它的对手，由于害怕遭受核报复，也可能先下手为强。

伊克尔相信，在这种时候，发生意外战争的风险比较小。他认为，美国和苏联的领导层在发动全面进攻之前都会仔细调查这仅有的一次核爆炸发生的原因。他也对美国能够承受一个主要城市的损失而没有较长期的社会或经济动荡充满信心。但是，在美国或西欧发生的一次未经授权的核爆炸很可能导致"不幸的政治后果"。[100]它很可能助长对裁军和中立的支持，增加对美国海外军事基地的反对力度，削弱北约联盟，并且推动"苏联势力范围的和平扩展"。[101]实际上，苏联的军事和政治收益是如此之大，以至于它很可能忍不住来蓄意破坏美国的核武器。

伊克尔总结认为："通过加强对核武器的安全保护，针对未经授权的核爆炸提供一个几近绝对禁止的保障，美国的防卫态势可以得到实质性的增强。"[102] 他敦促对核武器的安全问题进行更多研究，在弹头和核弹上加装新的安全装置，以及空军人员应该对精神病问题进行更彻底的筛查。另外，他还提出了针对未经授权使用核武器问题（其看起来很明显，但还没有人试过）的一个解决方案：在核武器上面安装密码锁。[103] 如此一来，只有知道正确密码的人才能够引爆核弹。然而，上述措施都无法使武器变得完全安全，美国必须为意外或未经授权的核爆炸做好准备。

195

在随后的一份兰德公司报告中，伊克尔就如何使意外核爆炸的危害最小化提供了一些建议：

> 如果这种事故发生在偏远地区，这样一来就可以防止将消息泄露给新闻媒体，因此任何信息都不应该对外公布。……如果事故已经造成损害并且必须做出公开声明，他们应该将事故描绘为与其他武器的安全性无关的偶发事件。在某些情况下，它可能被视为一次试验。……当然，在内部，关于此类事故的信息不应该被压制。[104]

应该成立一个由军事专家和杰出政治家领导的官方的"调查委员会"（board of inquiry），将其作为一个"拖延时间的重要工具"。[105] 在理想状况下，委员会将需要好几个月的时间才能得出结论：

> 在这个拖延期，公共信息部门应该向新闻媒体提供关于事故人员康复和救济的所有可能的消息。在灾难发生之

后，人们总是对这种消息有强烈且持久的兴趣。在一个相对较短的时期内，人们对康复消息的兴趣趋向于排斥满是破坏和伤亡数字的报告。[106]

如果是一架美国轰炸机向苏联发起了未经授权的攻击，伊克尔认为美国应该"避免做出公开的自我暗示，并且延迟发布任何有关此次事故的细节信息"。[107]然后，它应该和苏联展开秘密的外交谈判。在冷战的紧张局势之中，基于那种让美国及其北约盟友完全依赖核武器的军事战略，伊克尔得出了一个有悖常理但合乎逻辑的结论。在原子弹发生意外爆炸之后，美国总统可能有强烈的动机要去告诉苏联事故的真相，而同时对美国人民撒谎。

196

　　弗雷德·伊克尔关于核武器安全的报告在空军和国防部的最高领导层之间被广泛传阅。但对于绝大多数武器设计师和中层官员来说，他的工作还是不为他们所知的。1958年时，鲍勃·佩里弗伊是桑迪亚实验室的一个部门主管，主要从事与W–49弹头的电气系统相关的工作。[108]W–49弹头的研发工作被认为是紧急任务；这种轻型热核弹头将被安装在"阿特拉斯"、"雷神"和"朱庇特"弹道导弹的顶部。在忙着将它投入生产时，佩里弗伊对他所读到的一份有关W–49弹头初步安全研究文件的某些文字大吃一惊。"这种弹头，像所有其他被考察的弹头一样，都能够被破坏，也就是可以被全面引爆，"空军研究文件一笔带过地提到，"任何人，只要了解弹头电路，拥有少量工具，具备一点时间以及意图，就可以引爆弹头。"[109]佩里弗伊没有花太多时间思考核武器安全的问题；他在桑迪亚的工作是确保核弹能够爆炸。但是，有人能够故意引爆一枚 W－49 弹头的轻而易举性，对他来说似乎难以置信。这是不可接受的。这对空军来说同样是不可接受的，因为它主要依靠物理安全（physical security）——武装警卫、外部围栏等——来作为防止未经授权的使用的唯一手段。

佩里弗伊决定要让弹头拥有一个内部装置，以防止弹头因破坏或人为错误而被引爆。在新型的马克 28 核弹中加装一个弹道感应开关（trajectory-sensing switch）的计划已经付诸实践，佩里弗伊认为 W－49 也应该有一个这样的装置。这种开关会随着重力的变化而做出反应。它里面有一个加速度计（accelerometer）——一个安装在弹簧上的轻型装置，封装在一个圆柱形壳体之中。随着重力的加大，加速度计将压缩弹簧，就像一个乘客在加速行驶的汽车中被往座椅靠背上推。当弹簧被完全压缩时，一个电路会闭合，从而允许核弹被引爆。在马克 28 核弹中，这个开关将由降落伞的突然打开而触发。佩里弗伊想利用弹头下降时所产生强大的重力来闭合电路。由于必要的重力不会在地面上出现，当空军士兵在处理或者维护核弹时，弹道感应开关将能够防止它们发生爆炸。熟练的技术人员可以绕过这个开关，但它在弹头内部所处的极深的位置，能够使破坏行为变得更加棘手，需要耗费更多时间。

陆军不喜欢佩里弗伊的主意。陆军的人争辩称，在 W－49 弹头朝地面坠落时发生作用的一个开关，可能让武器在使用时更不可靠。陆军也不太喜欢桑迪亚实验室的工程师们称呼这种开关的方式："操作性安全装置"（handling safety device）或"防止出错装置"（goof-proofer）。[110] 这两个术语都意味着陆军的相关人员会犯错误。佩里弗伊认为这种思想愚蠢至极。但是，正是陆军自己运行着"朱庇特"导弹项目，并在其引信和发火系统方面有最后的决定权。在完成弹头电气系统设计的巨大压力下，佩里弗伊说了句"让它见鬼去吧"，[111]然后只是将那个微小弹簧的方向来了个调转。现在，这个开关将对导弹向上飙升而不是弹头向下坠时的重力做出反应，同时陆军也无法再抱怨它对导弹的引信和发火系统的控制权遭到了挑战。为了避免伤害任何人的感情，桑迪亚重新命名了这种开关，将其称为"环境传感器"（environmental sensing device）。[112]

在洛斯阿拉莫斯，当战略空军司令部的飞机搭载着完全组装好的核弹飞行时，"单点安全"的议题再次引发了关注。年轻的物理学家罗伯特·K. 奥斯本（Robert K. Osborne）开始担心，轰炸机在执行空中警戒时所搭载的一些核弹可能达不到"单点安全"。[113]其中最引人关注的要数马克 28，这种氢弹的爆炸当量大约为 100 万吨。马克 28 所出现的任何问题都将是一个大问题。美国空军不仅将它作为在战略空军司令部基地中部署最广泛的核弹，还让其作为北约战斗机的"战术"武器。1957 年 12 月，洛斯阿拉莫斯的裂变武器委员会（Fission Weapon Committee）就曾试图界定作为一个设计目标的"单点安全"应该是什么意思。如果核武器的高爆炸药在某一点上发生了爆炸，核芯在爆炸之前必然发生了某些裂变，因此"零当量"被认为是不可能实现的。

武装部队特种武器项目的一位海军军官建议，核武器事故的爆炸当量不应该超过 4 磅 TNT 爆炸时产生的威力。4 磅这个限制基于在海上发生事故时可能出现的状况。如果在航空母舰的武器存储区发生的核爆炸当量大于 4 磅 TNT，它可能杀伤轮机舱的船员，从而使船只失去动力。[114]洛斯阿拉莫斯方面认为，当量大于 4 磅 TNT 的爆炸发生的概率应该控制在 1/100000。[115]美国国防部则对"单点安全"有着更为严格的定义：发生概率应该为 1/1000000。[116]

现在，奥斯本认为，马克 28 在遭遇飞机失事或火灾时，发生更大规模爆炸的可能性令人难以接受地高。在内华达进行的关于"单点安全"的测试基于一种假设，即核武器内部最脆弱的地方是雷管与高爆炸药透镜相接之处，这也是那些测试均为用一个雷管引爆一个炸药透镜的原因所在。但是，奥斯本意识到核武器有一个更加脆弱的地方：高爆炸药球表面三个炸药透镜相交之处。假如一颗子弹或一块弹片击中了那些地方中的一处，它就能够同时引爆三个炸药透镜，而这就可能导致比 4 磅 TNT 爆炸所产生的威力还要大得多的核爆炸。

对马克 28 进行新一轮的全面测试将是确证或者反驳奥斯本理论的最好方式，但这些测试很难进行。艾森豪威尔总统不顾参谋长联席会议的强烈反对，在最近宣布美国要暂停核试验。他厌倦了军备竞赛，并试图寻找一条从其中脱身的道路。他越来越不相信五角大楼的说法。"试验对武器研发来说至关重要，"查尔斯·H. 巴尼斯蒂尔（Charles H. Bonesteel）将军简要表达军方的观点时辩称，"并且对于维持对俄国人的领先地位来说，快速的武器研发也是至关重要的。"[117]但是，艾森豪威尔怀疑美国正处于落后的风险之中。美国空军和中央情报局都曾断言，到 1961 年苏联将拥有 500 枚远程弹道导弹，[118]以高于 7 比 1 的比例在数量上超越美国。[119]艾森豪威尔认为那些数字是严重夸大的；U-2 侦察机在苏联上空执行的绝密飞行从来未曾发现俄国人拥有接近此数目的导弹。

尽管有民主党人对他领导政府的攻击以及对导弹差距的可怕警告，艾森豪威尔总统还是认为保持美国获取情报方法的秘密性比反驳对他的批评更加重要。核试验的禁令是自愿性的，但是他也希望能够将其永久化。用某位顾问的话来说，艾森豪威尔已经"完全专注于核战争的恐怖"。[120]对他的政策的尖锐批评——不仅来自民主党人，也来自国防承包商[121]——导致艾森豪威尔相信存在一个"军工复合体"（military-industrial complex），[122]即一系列既威胁美国民主，又不顾实际需要而寻求新型武器的强大的利益集团。

空军处于进退两难的境地。这种氢弹按计划将成为主力，被部署在分布于美国和欧洲各地的空军基地之中，并且可能在飞机失事时发生爆炸。然而，对这种核弹进行全面测试又将违反艾森豪威尔刚刚向世界做出的暂停核试验的承诺。当空军和原子能委员会正讨论要做什么时，马克28被禁止搭载升空了。

洛斯阿拉莫斯实验室主任诺里斯·布拉德伯里建议秘密进行一系列试验。这些试验将被称为"流体核试验"（hydronuclear experiment）。[123]含有少量裂变材料的马克28核芯将经受单点爆炸（one-point detonation），并且每一次新的击发都伴随着添加更多一点的裂变材料，直到产生核当量。可能产生的最大当量将大致相当于1磅TNT爆炸时的威力。没有总统的批准，所有这些"试验"都不会开展。尽管艾森豪威尔致力于禁止核试验、裁军和世界和平，但他也清楚马克28的重要性。由于可能产生的当量将是如此之低，他接受了它们"不是核武器试验"[124]的论调，授权展开这些爆炸试验。[125]在洛斯阿拉莫斯一个偏远的试验场，在未知会实验室的绝大多数科学家的情况下，核芯在地面以下50~100英尺深的隧道中被引爆。这些测试证实了奥斯本的怀疑。马克 28 达不到"单点安全"。一种装有更少量钚的新型核芯取代了旧的核芯。然后，这种核弹又能被搭载升空了。

在宣布大规模报复政策四年之后，国务卿约翰·福斯特·杜勒斯疑虑渐生。"我们是否正在成为战略构想的囚徒，"他在艾森豪威尔的军事顾问的一次会议上如此发问道，"并且陷入了恶性循环？"[126]在冷战的最初时期，一种几乎完全依赖核武器的防御政策是有意义的。有关的替代政策看起来更加糟糕：维持一支规模庞大且耗资甚巨的军队，或者将西欧拱手让给共产党人。但现在，苏联拥有了氢弹和远程导弹，于是美国人要对苏联每一次不论大小的侵略回报以全面核攻击的威胁似乎不再可信了。它可能迫使总统在一次小型冲突中做出一个"苦涩的选择"（bitter choice），[127]并危及美国的生存。杜勒斯敦促参谋长联席会议提出一种新的战略理念，这种理念将给总统提供各种各样的军事选择，并且允许美国去打小规模的、有限的战争。

陆军参谋长马克斯韦尔·D. 泰勒（Maxwell D. Taylor）将军真心地认同杜勒斯的想法。多年来，泰勒一直敦促艾森豪威尔在常规部队中投入更多的钱，并且接受"灵活反应"（flexible response）战略。[128]美国陆军讨厌仅仅充当在欧洲的绊网的理念；它仍然希望能够在战场上与敌一较高下。对一种更加灵活的政策的需要得到了兰德公司一众分析人员和年轻的哈佛大学教授亨利·A. 基辛格的支持。1957 年时，基辛格的著作《核武器与对外政策》（*Nuclear Weapons and Foreign Policy*）出人意料地成为一本畅销书。基辛格认为，与苏联的核战争并不一定会以同归于尽而告终。超级大国之间可以心照不宣地建立交战的规则。[129]这种规则将禁止使用氢弹，鼓励对战术核武器的依赖，以及宣布距离战场 500 英里以外的城市可免遭攻击。不像大规模报复战略，"渐进威慑"（graduated deterrence）[130]战略将允许双方的领导层"暂停以盘算"（pause for calculation），[131]悬崖勒马，并通过谈判来解决问题。基辛格相信，由于军官们卓绝的"胆量和领导能力"，[132]美国是一定能够赢得一场有限战争的。理由是这种战争是由分散的指挥架构来打的，而在这种指挥架构中，战场指挥官能够决定如何以及何时使用核武器。

美国海军同样开始质疑大规模报复战争之后的思维理念。它准备采用一种新型武器系统——"北极星"潜艇（Polaris submarine），这种潜艇可以彻底改革打核战争的方式。每艘"北极星"潜艇都可搭载 16 枚导弹，但都不太精确以致无法瞄准如机场之类的军事目标。不过，导弹所携带的当量为 100 万吨的核弹头，则是摧毁如城市之类的"软"目标的理想选择。"北极星"潜艇将最适合作为一种报复性的、第二次打击的武器，促使海军去挑战首先打击苏联的整个理念。[133]

美国海军作战部部长阿利·伯克（Arleigh Burke）上将成为"有限威慑"（finite deterrence）[134]的直言不讳的支持者。相较于在空军轰炸机和陆基导弹中维持数以千计的战略武器以摧毁苏联的每一个军事目标——这是一个看起来不可能完成的任务——伯克认为，美国只需要数百枚，而不是数千枚核弹头。它们可以由海军的"北极星"潜艇搭载，藏在海洋之中，如此一来就不怕遭受突然袭击。并且它们将瞄准苏联的主要城市，以威慑苏联会发动的进攻。将国家的核武器放置在潜艇上将消除危机期间做出瞬间决策（split-second decision）的必要。它将给予总统思考的时间，允许美国逐步施加武力，并减少全面核战争的威胁。伯克认为，大规模报复的战略不再有意义："没有人能在自杀协议中获胜。"[135] 早在十年之前，美国海军就曾批评空军将苏联城市作为打击目标，称这种政策是"无情和野蛮的"。而现在，海军则声称这种政策是确保世界和平的唯一理智和道德的方式。

当艾森豪威尔政府内部和新闻界对核战略的争论越来越激烈时，柯蒂斯·李梅将军则对有限战争、渐进威慑、有限威慑——或任何没有全面胜利（total victory）的理念毫无兴趣。李梅觉得，除非能够在其中取胜，否则美国绝不应该迈入一场战争。而且，相较于那种威胁苏联城市的战略，一种以苏联核资产为目标的打击军事力量的政策更有可能防止战争爆发。他辩称，不同于担心核毁灭的"普罗大众"，两国"专业的军人团体"都更担心保存战斗能力，更担心失去机场、导弹基地以及指挥中心。[136] 战略空军司令部声称打击军事力量的战略也是"进行战争的最人道的方法……因为那样就没有必要去轰炸城市"。[137] 但是，这种论调有些道貌岸然。为了打击到军事目标，李梅承认道："武器必须具有非常高的精确度，或者非常大的当量，或者两者兼而有之。"[138] 由于核弹的精确度相较其当量更不容易预测，他赞成使用威力更强大的武器。如此一来，它们即便偏离了目标也能够将之摧毁，或者一次摧毁多个目标。不可避免的是，它们也将杀害数以百万计的平民。李梅希望战略空军司令部部署一枚当量为 6000 万吨的氢弹，它的威力是摧毁广岛的核弹的 4000 多倍。[139]

到 20 世纪 50 年代末期，明确的打击目标政策的缺乏以及美国核武库的规模导致了严重的指挥与控制问题。美国陆军、海军和空军都计划要使用核武器攻击苏联，但是几乎没有做出协调它们各自行动的努力。直到 1957 年，战略空军司令部都还拒绝与其他武装部队分享打击目标名单。[140]当海陆空三军最终碰头比较战争计划时，它们发现了数以百计的武器"飞临目标时间"（time over target）冲突。[141]其中的一个例子就是，空军和海军不经意地计划要在同一时间轰炸同一个目标。这些冲突必然导致不必要的"超杀"（overkill，即过度杀伤），并威胁美国空军机组人员的生命安全。参谋长联席会议很快就认识到，战争的混乱将会极其糟糕，更不用说相互抵触的核战争计划会使情况雪上加霜。他们决定美国必须建立"原子协调机关"（atomic coordination machinery），[142]即一个可以控制攻击何种目标、谁来攻击目标、使用何种武器以及这类攻击如何计时的行政系统。这个决定的做出，使陆海空三军之间为了谁来控制这一系统展开了更为激烈的斗争。

美国空军想要一个单一的原子战争计划，其由一个集中的指挥机构掌管。战略空军司令部将领导这个指挥机构，并接管海军的"北极星"潜艇。海军对这个想法怒火中烧，于是联合其他兵种提出了一个反建议：海军、空军和北约应保留各自的战争计划，但相互之间的协调要更加有效率。这里涉及的诸多议题是根本性的，而且还有许多需要加以解决的基本问题：指挥架构应该是集中的还是分散的？攻击应该是全力以赴的还是逐步加大的？应该采取打击军事力量的战略还是摧毁城市的战略？再一次，美国总统不得不出面做出决定，他所选择的最佳方案是不仅要打击苏联，而且要解决好五角大楼内部在核武器方面的纷争。

在 1956 年白宫的一次会议上，艾森豪威尔总统耐心地听取了泰勒将军为"灵活反应"提出的诸多论点。不过,艾森豪威尔并没有被说服以相信没有氢弹也能赢得战争。他告诉泰勒:"认为美国和苏联在陷入一场攸关生死的斗争时而不使用这种武器的想法,真的是愚蠢之至。"[143]艾森豪威尔认为双方都会立即使用它们。四年之后,他的观点几乎没有发生变化。在另一场关于有限战争的白宫讨论会上,他说,假如北约的武装部队遭到了攻击,"一场针对苏联的全面打击"将是唯一"实际的"选择。[144]停下来通过外交谈判解决问题看起来是不切实际的;那种事情只能发生在诸如《红色警戒》之类的小说中。在面对摧毁苏联军事目标或城市的选择时,艾森豪威尔做出决定认为,美国应该同时摧毁两者。这种新的打击目标哲学结合了空军和海军的主张。它被称为"最佳搭配"(optimum mix,或译为毁灭性打击)。[145]

1960 年 8 月,参谋长联席会议主席内森·特文宁将军解决了一场关于核战争应该如何计划和控制的纷争。一个名为"联合战略目标规划参谋部"(Joint Strategic Target Planning Staff)的机构将成立,其中的大部分官员来自空军,不过其他兵种也会有代表。该机构的工作人员将以战略空军司令部在奥马哈的总部为基地,并接受战略空军司令部司令的领导。海军可以保留它的"北极星"潜艇,但其导弹的瞄准点将在奥马哈决定。特文宁下令要在当年年底完成一份"统一作战行动计划"(SIOP),作为美国的核战争计划。该计划将准确无误地列出每一个敌方目标将在何时、经由何种方式以及由谁来发动打击,而且该计划将是不可改变的。特文宁指示说:"原子战争行动必须预先规划,以达到最大限度的自动执行。"[146]

海军对这种新的安排很是愤怒。伯克上将认为它代表着空军攫取了权力，后来他指责战略空军司令部使用了与备受共产党人喜爱的"完全相同的技巧……以及控制方法"，[147] 并且他警告称，一旦接受了统一作战行动计划，要改变它就会很艰难。"系统将被铺设，"[148] 伯克告诉时任海军部部长的威廉·B. 弗兰克（William B. Franke）：

204

> 沟槽也会挖好。因为钱会流向那里，所以权力也就在那边。电子产业和所有那些东西。假如我们不谨小慎微的话，我们将会毁掉这个国家。[149]

针对伯克对统一作战行动计划的批评、该计划隐含的战略以及它的指挥与控制机构，艾森豪威尔总统坦然自若。他说："这整件事情都必须建立在一个完全统一的基础上，首波攻击必须同时进行。"[150]

战略规划人员在奥马哈集合以撰写第一份统一作战行动计划，他们面临着巨大的压力，因为要在四个月之内就完成这项任务。他们在这个过程中要尽可能理性、不带个人情感和自动化。[151] 第一步是创建一份国家战略目标清单（National Strategic Target List）。他们开始钻研空军的《轰炸百科全书》（*Bombing Encyclopedia*），[152] 其中汇集了分布在世界各地的 8 万多个潜在目标。[153] 这本书为每个目标都提供了简介，它的经纬度、海拔、类别——如军事的或工业的，机场或炼油厂——以及它的"B. E. 号"（B. E. number），后者是一个唯一的八位数字标识符。在这一冗长的名单中，规划人员选出了位于苏联、东欧国家和中国的 1.2 万个候选目标。[154] 一个"目标权衡系统"（target weighing system）被用来衡量它们的相对重要性。[155] 每一个目标都被赋予了一定的分值：那些分值最高的目标被认为是最需要被摧毁的；作为一个整体，国家战略目标清单被赋予了总数高达 500 万的分值。[156] 所有这些数据、B. E. 号、目标位置以及每个目标的分值，都被输进了战略空军司令部里最新型的 IBM 计算机中。随后出现的是一系列 "预期爆心投影点"（Desired Ground Zero，DGZ），里面包含着多个目标，而它们就是美国的核武器将要瞄准的地方。

一旦目标清单完成并且爆心投影点被确定，规划人员就开始计算摧毁它们的最有效方式。这个过程必须考虑各式各样的变量，包括：不同武器系统的精确性和可靠性，苏联防空系统的有效性，黑夜或恶劣天气的影响，以及低空飞行的飞机很可能发生坠机事故 ［由某些被称为 "破坏因素"（clobber factor）[157] 的未知原因导致］ 时的速度。参谋长联席会议规定目标被摧毁的概率至少要达到 75%，而对于一些目标来说，确保摧毁的概率还要更高。[158] 而要实现那种极高的确保概率，就需要交叉瞄准（cross‐targeting），即一个爆心投影点被多枚核武器瞄准。在对这些数字进行反复处理后，统一作战行动计划经常要求一个目标在不同时间被来自不同方面的多枚武器命中。例如，仅仅是为了确保它被摧毁，苏联的一处高价值目标就将遭受 1 枚 "朱庇特" 导弹、1 枚 "泰坦" 导弹、1 枚 "阿特拉斯" 导弹以及从 3 架 B‐52 轰炸机上投下的 3 颗氢弹的攻击。[159]

统一作战行动计划将分阶段展开。"战备值班部队"（alert force）将在第一个小时内发动攻击，在接下来的 28 小时内一波波 "整编部队"（full force）将接踵而至。[160] 然后，统一作战行动计划就结束了。战略空军司令部负责打击绝大部分的爆心投影点。"为统一作战行动计划所规划的战术有两个主要类别，"参谋长联席会议主席后来解释道，"分别用于突破阶段和投送阶段。"[161]战略空军司令部将"从前向后"攻击苏联，[162]首先沿着边界摧毁它的防空系统，然后向苏联领土内部深入并摧毁沿途目标，这种战术被称为"用轰炸开路"（bomb as you go）。[163]

英国的战略武器也由统一作战行动计划控制。对于战略空军司令部打击军事力量的理念，皇家空军不太感兴趣。自第二次世界大战以来，英国的战略轰炸理念几乎没有发生改变，并且皇家空军轰炸机司令部希望核武器仅用来摧毁城市。[164]统一作战行动计划尊重英国人的偏好，要求轰炸机司令部负责摧毁3个空军基地、6个防空目标和48座城市。[165]

总统的科学顾问乔治·基斯佳科夫斯基于1960年11月造访战略空军司令部总部，以了解统一作战行动计划的工作是如何展开的。基斯佳科夫斯基很难说是一个和平主义者（peacenik）。他在年轻时就逃离了苏联，为"三位一体"核试验的装置设计了高爆炸药透镜，后来还与空军一样极为担心导弹差距。但就是他，也被统一作战行动计划的毁灭性吓了一跳。仅仅由战备值班部队造成的破坏水平就是如此之高，以至于任何额外的核打击看起来都是"不必要和不需要的过度杀伤"。[166]基斯佳科夫斯基认为，整编部队会投送足够多的"百万吨级的核弹，足以将那些已经死去的人再杀死四五遍"，[167]并且战略空军司令部应该只被允许对每个苏联目标进行"一次重击，而不是十次"。[168]然而，他仍然告诉艾森豪威尔："我相信，目前制订的统一作战行动计划是在此种情况下可以预期的最好的，而且它应该付诸实施。"[169]

在开始设计新的战争计划时，艾森豪威尔就曾做出表态，

说他反对任何需要 "100% 摧毁苏联" 的战略。[170]他仍然记得五角大楼方面说过，苏联人拥有的值得摧毁的目标不超过 70 个。"很明显会有一个限制，"他告诉国家安全委员会的成员，"一个人类的极限，即人类可以承受的毁灭程度。"[171]1960 年 12 月 2 日，艾森豪威尔批准了统一作战行动计划，而且没有要求做出任何修改。

统一作战行动计划将在 1961 年 4 月生效。它重点列出了 3729 个目标，分为 1000 多个爆心投影点，[172]将被 3423 枚核武器击中。[173]这些目标分布在苏联、中国、朝鲜和东欧国家。其中大约 80% 是军事目标，剩下的则是平民目标。[174]在计划要予以摧毁的 "城市 – 工业复合体"（urban-industrial complex）中，295 个位于苏联境内，78 个位于中国。[175]统一作战行动计划对损害和伤亡的估计都是相当保守的。它们完全基于冲击波效应，而排除了可能由热辐射、大火或放射性沉降物引起的危害，这些都是很难进行精确计算的。在初始攻击的三天之内，统一作战行动计划中的整编部队将消灭苏联人口中的 54%，中国人口中的 16%，[176]总计约 2.2 亿人。[177]另有数百万人随后将死于烧伤、辐射中毒和暴露在辐射之中。统一作战行动计划是为国家紧急状态而设计的，在那种情况下，美国的生存正受到威胁；启动统一作战行动计划的决定也将承担几乎不可承受的重压。一旦统一作战行动计划启动，它就不可能被改变、放缓或停止。

统一作战行动计划很快就成为美国保密最为严格的秘密之一。但是，授权开展核攻击的程序的保密程度则更为严苛。多年来，参谋长联席会议不仅要求保管美国的核武器，而且要求有权使用它们。1956 年 12 月，美国军方获准在防空行动中使用核武器。1959 年 2 月，军方获得对存储在陆军、海军和空军设施中的所有热核武器的监管权，而原子能委员会则只保有对存放在它自身存储场中的核武器的监管权。1959 年 12 月，军方终于获得了它自二战结束以来就一直寻求的那种控制权。艾森豪威尔同意在紧急情况下，当无法联系到总统本人时，让军方高层指挥官来决定是否使用核武器。[178]他已经仔细斟酌了这一决定，完全知道这种预先授权可能会让某人"在指挥链中的某个环节做出些蠢事"，[179]从而引发一场全面的核战争。但是，如果与华盛顿的通信中断了，可能出现的后果就是任美国和北约的部队被击溃和摧毁。

起初，艾森豪威尔告诉参谋长联席会议，他"非常害怕有关这件事情的书面文件"。[180]后来，他同意签署一份预先授权命令，并坚持不要披露这道命令的存在。他强调："保持（使用核武器的）所有权力仅仅归于总统而不会被授予其他人的那种氛围，是符合美国的国家利益的。"[181]艾森豪威尔的命令既对国会保密，也不为美国人民和北约盟友所知。作为一种军事策略，这是有意义的。但是，它也为决策过程带来了不确定性的因素。统一作战行动计划是集中化的、不灵活的和机械的，而这道预先授权命令则恰恰相反。它将依赖个人判断，其决定是在离白宫数千英里远的战场之上做出的。在某些情况下，一位遭到常规武器攻击的美国指挥官将被允许使用核武器作为还击。艾森豪威尔十分清楚，对总统授权的转授意味着失去对是否打、如何打以及为什么打一场核战争的控制权。他明白美国的指挥与控制体系核心中的诸多矛盾，但在总统任期的最后几个星期中，他也找不到一个可以解决这些矛盾的方法。

# 注释

1. "Text of Soviet Statement," *New York Times*, August 27, 1957.

2. 一些专家错误地猜测认为，这种"哔哔"声是苏联的某种密码。See Marvin Miles, "Russ Moon's Code Sending Analyzed," *Los Angeles Times*, October 9, 1957.

3. See Max Frankel, "Satellite Return Seen as Soviet Goal," *New York Times*, November 16, 1957.

4. 和苏联的其他太空狗一样，莱卡也是一条在莫斯科街头抓到的流浪狗。它死于太空舱过热。See Carol Kino, "Art: Boldly, Where No Dog Had Gone Before," *New York Times*, November 4, 2007.

5. Quoted in "Rocket Race: How to Catch Up," *New York Times*, October 20, 1957.

6. Quoted in "Why Did U. S. Lose the Race? Critics Speak Up," *Life*, October 21, 1957.

7. 关于斯普特尼克卫星如何影响了美国和苏联的政治和官僚对抗的极佳描述，可参见 Matthew Brzenzinski, *Red Moon Rising*: *Sputnik and the Hidden Rivalries That Ignited the Space Age* (New York: Henry Holt, 2007)。乔治·里迪的那句话可在第 213 页找到。

8. Quoted in ibid. , p. 182.

9. Quoted in Christopher A. Preble, "Who Ever Believed in the 'Missile Gap'?: John F. Kennedy and the Politics of National Security," *Presidential Studies Quarterly*, vol. 33, no. 4 (December 2003), p. 806.

10. 这些引语可在中央情报局为新当选总统约翰·F. 肯尼迪准备的报告中找到："Compendium of Soviet Remarks on Missiles," February 28, 1961 (SECRET/declassified), NSA。

11. Cited in Mark Kramer, "The Soviet Union and the 1956 Crises in Hungary and Poland: Reassessments and New Findings," *Journal of Contemporary History*, vol. 33, no. 2 (April 1998), p. 210.

12. Cited in ibid. , p. 211.

13. 报告的名称为 "Deterrence & Survival in the Nuclear Age," Security Resources Panel of the Science Advisory Committee, November 7, 1957 (TOP SECRET/declassified), NSA。

14. Quoted in Robert J. Donovon, "Killian Missile Czar: Ike Picks M. I. T. Head to Rush Research, Development," *Daily Boston Globe*, November 8, 1957.

15. Quoted in "Excerpts from the Comments of Senator Johnson, Dr. Teller, and Dr. Bush," *New York Times*, November 26, 1957.

16. Stewart Alsop, "We Have Been Warned," *Washington Post and Times Herald*, November 25, 1957.

17. Wainstein, et al., "Evolution of U. S. Command and Control," p. 218. 关于轰炸警报系统背后的原理，可参见 "Operation Dominic II, Shot Small Boy, Project Officers Report—Project 7. 14: Bomb Alarm Detector Test," Cecil C. Harvell, Defense Atomic Support Agency, April 19, 1963 (CONFIDENTIAL/FORMERLY RESTRICTED DATA/declassified)。

18. 关于战略空军司令部地面警戒的缘起和运作方式，可参见 "The SAC Alert Program, 1956 – 1959," Headquarters, Strategic Air Command, January 1960 (SECRET/declassified), NSA, pp. 1 – 79, and "History of the Strategic Air Command, 1 January 1958—30 June 1958," pp. 25 – 57。

19. 在他的回忆录中，鲍尔很鄙视军队在维和行动、捍卫国家安全和维持威慑方面的作用。他写道："将所有的花哨词汇和学术双关语放在一边，拥有一支军队的基本原因是做好两件事：杀人和摧毁人类的成就。" See Thomas S. Power, with Albert A. Arnhym, *Design for Survival* (New York: Coward – McCann, 1964), p. 229.

20. Quoted in Coffey, *Iron Eagle*, p. 276.

21. 关于这种大胆战略的缘起，可参见 "The SAC Alert Program, 1956 – 1959," pp. 80 – 140, and "History of Strategic Air Command, June 1958—July 1959," Historical Study No. 76, Volume I, Headquarters, Strategic Air Command (SECRET/RESTRICTED DATA/declassified), pp. 107 – 36。

22. 兰德公司在 1956 年的一份报告中首先提出了依靠失效安全程序

让轰炸机飞往苏联的理念。See "Protecting U. S. Power to Strike Back in the 1950's and 1960's," A. J. Wohlstetter, F. S. Hoffman, H. S. Rowen, U. S. Air Force Project RAND, R - 290, September 1, 1956, (FOR OFFICIAL USE ONLY), pp. 59 - 62. 有关战略空军司令部对失效安全的采用，可参见 "History of the Strategic Air Command, 1 January 1958—30 June 1958," pp. 66 - 74。

23. Quoted in "Alert Operations and Strategic Air Command, 1957 - 1991," Office of the Historian, Headquarters Strategic Air Command, December 7, 1991, p. 7. 鲍尔是在巴黎的一个新闻发布会发表这通讲话的，这种吹嘘吓坏了美国的一些北约盟友。See "Lloyd Defends H-Bomb Patrols by U. S.," *Washington Post and Times Herald*, November 28, 1957.

24. Peurifoy interview. See also "A Review of the US Nuclear Weapon Safety Program—1945 to 1986," R. N. Brodie, Sandia National Laboratories, SAND86 - 2955, February 1987 (SECRET/RESTRICTED DATA/declassified), p. 11.

25. "A Survey of Nuclear Weapon Safety Problems," p. 53.

26. 根据空军的说法，"在用空中插入装置安放核芯后，如果核武器发生单点爆炸，其当量在 4 万磅 TNT 以上的可能性为 15％"。空军还宣称："在'密封 - 核'式武器中，钚的危害并不大。"See "History of the Strategic Air Command, 1 January 1958—30 June 1958," pp. 78 - 79.

27. 战略空军司令部的官方历史是这么说的。See ibid. , p. 82.

28. Quoted in ibid. , p. 83.

29. Quoted in ibid.

30. Cited in ibid.

31. 在 1958 年 7 月即将举行的一次空中警戒的简报会上，艾森豪威尔被告知，在战略空军司令部开展的演习中，"完全组装好的或可在实战中使用的武器还从未被飞机载着飞过"。See "Briefing for the President on SAC [Strategic Air Command] Operations with Sealed-Pit Weapons," Briefing Paper, July 9, 1958 (TOP SECRET/declassified), NSA, p. 2.

32. 平均而言，V - 2 在 200 英里的飞行过程中就会偏离预定路线 4 英里。如果一枚具有同样"平均误差"的美国导弹从科罗拉多州瞄准莫斯科发射，它将会飞行约 5000 英里，如此就可能偏离苏联首都约 100 英里。关于 V－2 的命中精确度及其与美国空军对导弹的愿望的关系，可参见 Donald MacKenzie, *Inventing Accuracy：A Historical Sociology of Nuclear Missile Guidance*（Cambridge, MA：MIT Press, 1993），p. 99。

33. 不仅李梅将军相信这样的飞机是必不可少的，他的继任者鲍尔将军也认为战略空军司令部同样需要一支外太空部队（Deep Space Force），即一支拥有 20 艘太空船、能够携带核武器并在近月轨道停留多年的舰队。这些太空船可以由引爆小型原子弹来驱动。在 1958 年至 1965 年间，制造这种太空船的秘密努力，即"猎户座计划"（Project Orion）得到了五角大楼的资助。试图研制核动力轰炸机的计划则从 1946 年延续至 1961 年。在飞机上安放一个核反应堆凸显了一些设计上的问题：保护机组人员所必需的屏蔽装置将极其沉重；没有这种屏蔽装置，机组人员可能暴露在有害的辐射水平之中；如果飞机坠毁，坠机地点周边地区很可能受到严重污染。然而，李梅认为这些挑战都是能够被克服的。关于核动力飞机（Aircraft Nuclear Propulsion, ANP）的故事，可参见 Herbert F. York, *Race to Oblivion：A Participant's View of the Arms Race*,（New York：Simon & Schuster, 1970），pp. 60－74。关于让外太空部队利用"核脉冲推进"（Nuclear Pulse Propulsion）的尝试，可参见 George Dyson, *Project Orion：The True Story of the Atomic Spaceship*（New York：Henry Holt, 2002），pp. 193－207。

34. See "SAC［Strategic Air Command］Position on Missiles," letter from General Curtis E. LeMay, commander in chief of Strategic Air Command, to General Nathan F. Twining, chief of staff, U. S. Air Force, November 26, 1955（SECRET/declassified）, NSA.

35. 关于就这些新型武器所展开的激烈的官僚主义战争，可参见 Michael H. Armacost 的 *Politics of Weapon Innovation*, 以及 Samuel P. Huntington, "Interservice Competition and the Political Roles of the Armed Services," *American Political Science Review*, vol. 55, no. 1（March 1961）, pp. 40－52。

36. 通过世界和平理事会和世界科学工作者联合会（World Federation

of Scientific Workers）之类的组织，苏联试图将欧洲的舆论扭转向反对美国的核政策。See Laurence S. Wittner, *Resisting the Bomb, 1954 - 1970: A History of the World Nuclear Disarmament Movement* (Stanford: Stanford University Press, 1997), pp. 86 - 92.

37. 关于总统所面临的冲突性需求的极佳描述，可参见 "Eisenhower and Nuclear Sharing," a chapter in Marc Trachtenberg, *A Constructed Peace: The Making of the European Settlement, 1945 - 1963* (Princeton: Princeton University Press, 1999), pp. 146 - 200。

38. See Hansen, *Swords of Armageddon, Vol. V*, pp. 395 - 7.

39. 我对此次事故的描述主要基于以下材料: "Accidents and Incidents Involving Nuclear Weapons," pp. 4 - 5, Accident #24; "Summary of Nuclear Weapons Incidents (AF Form 1058) and Related Problems, Calendar Year 1958," *Airmunitions Letter*, Headquarters, Ogden Air Material Area, June 23, 1960 (SECRET/RESTRICTED DATA/declassified), p. 13; 以及对熟悉此次事故的武器设计师的采访。

40. 这种武器的时间因子仅有 3 分钟。See "Vulnerability Program Summary," p. 58.

41. 一份事故报告称这次疏散是由 "发生核爆炸的可能性" 驱使的。See "Summary of Nuclear Weapons Incidents, 1958," p. 13.

42. Ibid.

43. Ibid.

44. 一份事故报告提到了 "α粒子" 和 "灰尘"，但没有提及其来源: 钚。See "Accidents and Incidents Involving Nuclear Weapons," p. 5.

45. 这句引文是国务院对空军想说的话的改写。See "Sidi Slimane Air Incident Involving Plane Loaded with Nuclear Weapon," January 31, 1958 (SECRET/declassified), NSA, p. 1.

46. See ibid.

47. 这句引文是对该官员诸多看法的总结，其看法可见于 "Sidi Slimane Air Incident," p. 2。

48. Letter, from B. E. L. Timmons, director, Office of European Regional Affairs, U. S. State Department, to George L. West, political adviser, USEUCOM, February 28, 1958 (SECRET/declassified), NSA.

49. "Joint Statement by Department of Defense and Atomic Energy

Commission," Department of Defense Office of Public Information, February 14, 1958, NSA, p. 1.

50. 我对火星崖事故的描述基于以下材料： "Summary of Nuclear Weapons Incidents, 1958," pp. 8 – 12; "Mars Bluff," *Time*, March 24, 1958; "Unarmed Atom Bomb Hits Carolina Home, Hurting 6, " *New York Times*, March 12, 1958; and Clark Rumrill, "Aircraft 53 – 1876A Has Lost a Device: How the U. S. Air Force Came to Drop an A – Bomb on South Carolina," *American Heritage*, September 2000。迄今为止，克拉克·兰姆里尔（Clark Rumrill）对该事故的描述是最好和最详细的。

51. 关于这个坑的大小，不同材料有不同的说法。我在此处引用的是当代一份事故报告中所陈述的尺寸。See "Summary of Nuclear Weapons Incidents, 1958," p. 8.

52. Quoted in Rumrill, "Aircraft 53 – 1876A Has Lost a Device. "

53. Hanson W. Baldwin, "Are We Safe from Our Own Atomic Bombs?," *New York Times*, March 16, 1958.

54. Quoted in "The Big Binge," *Time*, March 24, 1958.

55. Quoted in "On the Risk of an Accidental or Unauthorized Nuclear Detonation," Fred Charles Iklé, with Gerald J. Aronson and Albert Madansky, U. S. Air Force Project RAND, Research Memorandum, RM – 2251, October 15, 1958 ( CONFIDENTIAL/RESTRICTED DATA/declassified), p. 65.

56. " 'Dead ' A – Bomb Hits U. S. Town," Universal Newsreel, Universal – International News, March 13, 1958.

57. 我是从武器设计师们那里得知此次事故细节的。战略空军司令部前总参谋长、洛斯阿拉莫斯国家实验室前副主任克里斯托弗·S. 亚当斯（Christopher S. Adams）将军在他的回忆录中讲述了此事：*Inside the Cold War: A Cold Warrior's Reflections* ( Maxwell Air Force Base, AL: Air University Press, September 1999), pp. 112 – 13。

58. Power, *Design for Survival*, p. 132.

59. 当有核武器通过飞机运往英国时，美国有通知英国人，但并没有透露什么时候 "具体哪一架飞机携带了特种武器"。See "U. S.

Bombers in Britain," cable, from Walworth Barbour, U. S. State Department Deputy Chief of Mission, London, to Secretary of State John Foster Dulles, January 7, 1958 (TOP SECRET/declassified), NSA.

60. 核裁军运动的一些成员希望英国能够进行单边核裁军；其他人则要求终止氢弹试验并且不再让美国飞机使用英国基地。这句引语出于该组织写给伊丽莎白女王 (Queen Elizabeth) 的一封信。See "Marchers' Letter to the Queen," *The Times* (London), June 23, 1958.

61. Quoted in Clare Coulson, "50 Years of the Peace Symbol," *Guardian* (U. K. ), August 21, 2008. 霍尔顿还将该标志描述为信号字母表中两个字母的组合：N 表示核 (nuclear), D 表示裁军 (disarmament)。

62. Quoted in Iklé, "On the Risk of an Accidental Detonation," p. 61.

63. See "Excerpts from Statements in Security Council on Soviet Complaint Against Flights," *New York Times*, April 22, 1958.

64. 这份报告于 1958 年 5 月发布。See Iklé, "On the Risk of an Accidental Detonation," pp. 65 – 66; "CIA Says Forged Soviet Papers Attribute Many Plots to the U. S. ," *New York Times*, June 18, 1961; and Larus, *Nuclear Weapon Safety and the Common Defense*, pp. 60 – 61.

65. 在被 16 岁的英国女友甩了之后，这位机械师在偷飞机之前喝了 6 品脱的啤酒。See "Eight Killed in Plane Crashes," *The Times* (London), June 14, 1958; "AF Mechanic Killed in Stolen Plane," *Washington Post*, June 15, 1948; Iklé "On the Risk of an Accidental Detonation," p. 66; and Larus, *Nuclear Weapon Safety and the Common Defense*, p. 61.

66. Cited in David E. Scherman, "Everybody Blows Up!," *Life*, March 8, 1963.

67. 多年来，乔治用其他笔名写了好多惊悚小说。在《红色警戒》大获成功之后，他写了另外一部甚至更加黑暗的关于核战争威胁的小说，但他在 41 岁的时候自杀身亡，当时他关于该主题的第三本书还未写完。关于乔治的作品及它对导演斯坦利·库布里克

（Stanley Kubrick）的影响，参见 P. D. Smith, *Doomsday Men*：*The Real Dr. Strangelove and the Dream of the Superweapon*（New York：St. Martin's, 2007），pp. 402 - 30。还可参见 "Peter George, 41, British Novelist：Co - Author of 'Strangelove' Screenplay Is Dead," *New York Times*, June 3, 1966。

68. Peter Bryant, *Red Alert*（New York：Ace Books, 1958），p. 97.

69. Ibid. , p. 80.

70. 艾森豪威尔总统认为，空中警戒在紧急状态时是有用的，但他不觉得战略空军司令部有必要让轰炸机一直飞在空中。李梅同意总统的看法，担心空中警戒的开支太大，并且会缩短 B - 52 轰炸机的使用寿命。国防部部长尼尔·H. 麦克尔罗伊（Neil H. McElroy）和参谋长联席会议主席内森·F. 特文宁（Nathan F. Twining）将军同样认为全日制的空中警戒是不必要的。但是，鲍尔将军将其打造成了在政治上是相当重要的，并且是美国权力的象征。关于李梅的疑虑，可参见 "The SAC Alert Program, 1956 - 1959," pp. 94 - 99, 118 - 29, and "History of Strategic Air Command, June 1958—July 1959," pp. 114 - 15。关于艾森豪威尔反对将空中警戒常态化，可参见 "Editorial Note," Document 53, in United States State Department, *Foreign Relations of the United States：1958 - 1960, National Security Policy, Arms Control and Disarmament, Volume III*（Washington, D. C.：Government Printing Office, 1967），p. 201。关于特文宁的反对和国会的压力，可参见 "Memorandum of Conference with President Eisenhower, February 9, 1959," Document 49, in ibid. , pp. 49 - 50。

71. 战略空军司令部认为这个术语在"语调上要比失效安全更不容质疑"，将能阻碍苏联意欲让世界舆论反对该计划的企图。See "History of the Strategic Air Command, 1 January 1958—30 June 1958," p. 66.

72. "Briefing for the President on SAC Operations with Sealed - Pit Weapons," p. 8.

73. See "Memorandum of Conference with the President, August 27, 1958"（TOP SECRET/declassified），NSA, p. 1.

74. 伊克尔向我详细说明了他的研究是如何展开的。

75. Iklé, "On the Risk of an Accidental Detonation," p. iv.

76. Ibid., p. 12.

77. Cited in ibid., p. 48.

78. B-52 轰炸机发生重大事故的概率是每飞行 10 万小时 5 次。Cited in ibid., p. 75.

79. Cited in ibid., p. 76.

80. Ibid., p. 10.

81. Ibid., p. 16.

82. Ibid., p. 34

83. Ibid., p. 102.

84. Ibid., p. 21.

85. 当时，有 6000 名飞行军官被分配了核任务，另有 1.6 万人从事测试、操作或维护核武器。Cited in ibid., p. 32.

86. Ibid., p. 27.

87. 1956 年，有 88 名军官和约 176 名士兵因为精神失常而"被隔离或者退役"。See ibid., p. 29.

88. 1956 年，由于精神失常而被迫离开现役的空军官员的比例是 0.61‰；在士兵中的比例则是前述数字的两倍。考虑到当时空军中从事与核武器相关工作的约有 2 万人，这些数字意味着该群体中每年将有 10 到 20 人会罹患精神崩溃。See ibid., p. 29.

89. Ibid., pp. 120-49.

90. Ibid., pp. 124-25.

91. Ibid., p. 125.

92. Ibid., pp. 130-31.

93. Ibid., p. 131.

94. Ibid., p. 141.

95. Ibid., p. 134.

96. Ibid., p. 135.

97. Ibid., p. 136.

98. Ibid., p. 137.

99. Quoted in ibid., p. 90.

100. Ibid., p. 83.

101. Ibid., p. 84.

102. Ibid. , p. 95.

103. Ibid. , pp. 99 – 102.

104. "The Aftermath of a Single Nuclear Detonation by Accident or Sabotage: Some Problems Affecting U. S. Policy, Military Reactions, and Public Information," Fred Charles Iklé, with J. E. Hill, U. S. Air Force Project RAND, Research Memorandum, May 8, 1959, RM – 2364 (SECRET/RESTRICTED DATA/declassified), pp. vii, 32.

105. Ibid. , p. 62.

106. Ibid. , p. 63.

107. Ibid. , p. 88.

108. 鲍勃·佩里弗伊和威廉·L. 史蒂文斯（William L. Stevens，即比尔·史蒂文斯）两人都曾从事电气系统的工作，他们告诉了我 W – 49 弹头成为第一种带有环境传感器的弹头的故事。史蒂文斯在一份文件中记载了陆军对这种理念的抗拒，参见"Origins and Evolution of S$^2$C at Sandia," pp. 32 – 34。

109. Quoted in "A Summary of the Program to Use Environmental Sensing Devices to Improve Handling Safety Protection for Nuclear Weapons," W. L. Stevens and C. H. Mauney, Sandia Corporation, July 1961 (SECRET/RESTRICTED DATA/declassified), p. 6. 另一份研究清楚地描述了如何做到："一个了解弹头相关知识的破坏者，通过弹头连接器，就可以用简易的设备来操作任何解除保险或保险开关。" See "Evaluation of Warhead Safing Devices," p. 26.

110. Stevens interview.

111. Peurifoy interview.

112. Ibid.

113. 我关于单点安全标准的形成的描述基于对哈罗德·阿格纽和鲍勃·佩里弗伊的采访，以及以下文件："Minutes of the 133rd Meeting of the Fission Weapon Committee," Los Alamos National Laboratory, December 30, 1957; "One-Point Safety," letter, from J. F. Ney to R. L. Peurifoy, Jr. , Sandia National Laboratories, May 24, 1993; and "Origin of One-Point Safety Definition," letter, from D. M. Olson, to Glen Otey, Sandia National Laboratories, January

6，1993。

114. 目的是避免让轮机舱的船员暴露于"立即失能剂量"的辐射之中。See "Origin of One-Point Safety Definition," p. 1.

115. Agnew interview.

116. Ibid.

117. Quoted in May, et al., "History of Strategic Arms Competition, Part 1," p. 235.

118. See "Soviet Capabilities in Guided Missiles and Space Vehicles," NIE 11 – 5 – 58（TOP SECRET/declassified）, p. 1, in *Intentions and Capabilities*, p. 65.

119. 在有关导弹差距的争议中，尽管估计数字多有不同，但《纽约时报》表示，到1961年美国将拥有大约70枚远程导弹。Cited in Richard Witkin, "U. S. Raising Missile Goals as Critics Foresee a 'Gap,'" *New York Times*, January 12, 1959.

120. Quoted in Benjamin P. Greene, *Eisenhower, Science Advice, and the Nuclear Test Ban Debate, 1945 – 1963*（Stanford: Stanford University Press, 2007）, p. 209.

121. 到20世纪60年代初期，企业对艾森豪威尔的攻击是毫不客气且广为人知的。"阿特拉斯"导弹制造商、通用动力公司的一名董事就指责艾森豪威尔在"与我们人民的生存相关的问题上进行危险的赌博"。艾森豪威尔没有订购足够多的"阿特拉斯"导弹也是其罪行之一。See Bill Becker, "'Gamble' Charged in Defense Policy," *New York Times*, February 5, 1960.

122. See "Transcript of President Eisenhower's Farewell Message to Nation," *Washington Post and Times Herald*, January 18, 1961.

123. 我对这些测试的描述基于我对哈罗德·阿格纽的采访，以及下面这份报告："Hydronuclear Experiments," Robert N. Thorn, Donald R. Westervelt, Los Alamos National Laboratories, LA – 10902 – MS, February 1987。

124. Quoted in Thorn and Westerveldt, "Hydronuclear Experiments," p. 5.

125. 总统的科学顾问乔治·B. 基斯佳科夫斯基一开始并不相信这些试验是必要的。他认为，"没有合理数量的安全测试能够证明一件武器是绝对安全的",而且军方应该"承担操作使用具有有限的、尽管是极小的核爆炸概率的设备的责任"。后来,基斯佳科夫斯基同意应该进行单点安全测试。See George B. Kistiakowsky, *A Scientist at the White House*: *The Private Diary of President Eisenhower's Special Assistant for Science and Technology* (Cambridge, Mass.: Harvard University Press, 1976), pp. 33, 79.

126. Quoted in "Memorandum of Conversation," April 7, 1958 (TOP SECRET/declassified), NSA, p. 4.

127. Quoted in ibid., p. 9.

128. 我对基辛格在 20 世纪 50 年代末期的战略观念的描述基于他的著作 *Nuclear Weapons and Foreign Policy* (New York: Harper and Brothers, 1957),以及他在这本著作出版前于期刊上发表的一篇文章 "Force and Diplomacy in the Nuclear Age," *Foreign Affairs*, vol. 34, no. 3 (April 1956), pp. 349 – 66。关于同时代的一次对有限战争理论的有意思的批判,参见 P. M. S. Blackett, "Nuclear Weapons and Defence: Comments on Kissinger, Kennan, and King-Hall," *International Affairs* (Royal Institute of International Affairs), vol. 34, no. 4 (October 1958), pp. 421 – 34。

129. 关于他提出的核战争的限制,可参见 Kissinger, *Nuclear Weapons and Foreign Policy*, pp. 227 – 33。

130. 基辛格关于此种战略的一个短语是:"渐进式地运用武力"。See Kissinger, "Force and Diplomacy," p. 359.

131. Kissinger, *Nuclear Weapons and Foreign Policy*, p. 226.

132. Ibid., p. 400.

133. 战略空军司令部基地在苏联导弹攻击面前的脆弱性使得美国海军有机会扩大其核作用,而且美国陆军也非常渴望这么做。1959 年,陆军提出了一个计划,即"冰虫计划"(Project Iceworm),它意欲在格陵兰岛的冰盖之下隐藏 600 枚导弹。这些导弹将部署在火车上,而这些火车将沿着数千英里长的、隐藏在冰下几乎 30 英尺深的隧道内的铁路不断移动。将导弹藏起来能保护它们免遭苏联的突然袭击,并可将它们当作报复性武器,就像海军的"北极星"潜艇一样。虽然陆军对部署这些"冰人"(Iceman)导弹热情十足,但它们并没有被建造出来。See Erik D.

Weiss, "Cold War Under the Ice: The Army's Bid for a Long – Range Nuclear Role," *Journal of Cold War Studies*, vol. 3, no. 3 (Fall 2001), pp. 31 – 58.

134. 关于空军和海军在核打击目标上的争议的历史性和知识性框架, 可参见 David Alan Rosenberg, "U. S. Nuclear War Planning, 1945 – 1960," in Desmond Ball and Jeffrey Richelson, *Strategic Nuclear Targeting* (Ithaca: Cornell University Press, 1986), pp. 35 – 56。伯克上将在他的备忘录中简明扼要地介绍了自己对此问题的看法: "Views on Adequacy of U. S. Deterrent/Retaliatory Forces as Related to General and Limited War Capabilities," Memorandum for All Flag Officers, March 4, 1959 ( CONFIDENTIAL/declassified), NSA。

135. "Summary of Major Strategic Considerations for the 1960 – 70 Era," CNO Personal Letter No. 5, Office of the Chief of Naval Operations, July 30, 1958, NSA, p. 1.

136. "The Operational Side of Air Offense," remarks by General Curtis E. LeMay to the USAF Scientific Advisory Board, at Patrick Air Force Base, May 21, 1957 (TOP SECRET/declassified), NSA, p. 2.

137. "The Air Force and Strategic Deterrence 1951 – 1960," George F. Lemmer, USAF Historical Division Liaison Office, December 1967, (SECRET/RESTRICTED DATA/declassified), NSA, p. 57.

138. "Operational Side of Air Offense," p. 4.

139. 李梅认为这种炸弹作为威慑手段将具有巨大的价值, 而且假如将其付诸使用, 它可以一次性消除好几个目标。他和鲍尔将军想要在战略空军司令部的 B – 52 轰炸机上装备这种 A 级武器。但是, 艾森豪威尔拒绝测试或建造它们。See "History of the Strategic Air Command, 1 January 1958—30 June 1958," pp. 85 – 88.

140. See Ball and Richelson, *Strategic Nuclear Targeting*, p. 50.

141. See Wainstein, et al., "Evolution of U. S. Command and Control," p. 182.

142. See ibid., p. 179.

143. Quoted in Richard M. Leighton, *Strategy, Money, and the New Look, 1953 – 1956* (Washington, D. C.: Historical Office, Office of the

Secretary of Defense, 2001), p. 663.

144. 这句引文是基斯佳科夫斯基对艾森豪威尔说的话的改写。See Kistiakowsky, *A Scientist at the White House*, p. 400.

145. 关于这个术语的缘起，可参见 Desmond Ball, "The Development of the SIOP, 1960 – 1983," in Ball and Richelson, *Strategic Nuclear Targeting*, p. 61。

146. See "Target Coordination and Associated Problems," memorandum from General Nathan F. Twining, Chairman, Joint Chiefs of Staff, to Neil H. McElroy, Secretary of Defense, JSC 2056/131, August 17, 1959 (TOP SECRET/declassified), NSA, p. 1147.

147. See "Conversation Between Admiral Arleigh Burke, Chief of Naval Operations, and William B. Franke, Secretary of the Navy," transcript, August 12, 1960 (TOP SECRET/declassified), NSA, p. 17. 无法得知是谁录下了这次谈话——或者伯克是否知道这次谈话被录音了。

148. Ibid., p. 8.

149. Ibid.

150. Quoted in Ball and Richelson, *Strategic Nuclear Targeting*, p. 54.

151. 我对统一作战行动计划的创作的描述主要基于以下文件："Development of the SIOP"; Scott C. Sagan, "SIOP – 62: The Nuclear War Plan Briefing to President Kennedy," *International Security*, vol. 12, no. 1 (Summer 1987), pp. 22 – 51; SIOP – 62 Briefing: The JCS Single Integrated Operational Plan—1962 (SIOP – 62), (TOP SECRET/declassified), Ibid., pp. 41 – 51; "History of the Joint Strategic Target Planning Staff: Background and Preparation of SIOP – 62," History and Research Division, Headquarters, Strategic Air Command, 1963 (TOP SECRET/declassified), NSA; "History of the Joint Strategic Target Planning Staff: Preparation of SIOP – 63," History and Research Division, Headquarters, Strategic Air Command, January 1964 (TOP SECRET/declassified), NSA; and "Strategic Air Planning and Berlin (Kaysen Study)," memorandum for General Maxwell Taylor, Military Representative to the President, from Carl Kaysen, Special Assistant to McGeorge

Bundy, National Security Adviser, September 5, 1961 (TOP SECRET/declassified), NSA。

152. 关于这本不同寻常的参考书的缘起和命名, 可参见 Lynn Eden, *Whole World on Fire: Organizations, Knowledge & Nuclear Weapons Devastation* (Ithaca: Cornell University Press, 2004), pp. 107 – 9。

153. Cited in "SIOP – 62 Briefing," p. 44.

154. Cited in "Preparation of SIOP – 63," p. 18.

155. See "Background and Preparation of SIOP – 62," p. 19.

156. Cited in "Strategic Air Planning and Berlin," Annex B, p. 2.

157. See "Preparation of SIOP – 63," p. 34.

158. Cited in "Strategic Air Planning and Berlin," Annex B, p. 2.

159. See ibid. , p. 4.

160. Ibid.

161. "SIOP – 62 Briefing," p. 48.

162. 对 "从前向后" 政策的描述, 可参见 "Air Force and Strategic Deterrence," p. 56。

163. See "SIOP – 62 Briefing," p. 48.

164. 此处转引自空军元帅乔治·米尔斯爵士 (Sir George Mills), 他在 1955 年明确表示英国人更青睐摧毁 "士气目标", 即苏联的城市, 而不是机场。米尔斯写道: "我们的目标在于报复, 即打击能够让其真正受伤的目标。" See Ken Young, "A Most Special Relationship: The Origins of Anglo – American Nuclear Strike Planning," *Journal of Cold War Studies*, vol. 9, no. 2, 2007, pp. 5 – 31. 引文可见于第 11 页和第 24 页。

165. Cited in ibid. , p. 27.

166. Quoted in Ball and Richelson, *Strategic Nuclear Targeting*, p. 55.

167. Quoted in Ibid.

168. Quoted in ibid. , p. 56.

169. "Annex: Extract from Memorandum for the President from the Special Assistant to the President for Science and Technology, dated 25 November 1960," in "Note by the Secretaries to the Joint Chiefs of Staff on Strategic Target Planning," January 27, 1961 (TOP SECRET/declassified), NSA, p. 1913.

170. Quoted in "Discussion at the 387th Meeting of the National Security Council, Thursday, November 20, 1958" (TOP SECRET/declassified), NSA, p. 5.

171. Ibid. , p. 5.

172. Cited in "Strategic Air Planning and Berlin," Annex B, p. 2.

173. Ibid. , p. 4.

174. Cited in "SIOP – 62 Briefing," p. 50.

175. See "Strategic Air Planning and Berlin," Annex B, p. 2.

176. See Ibid. , Annex A, p. 2; Annex B, p. 12.

177. 当时，苏联的人口约为 2.1 亿人，中国的人口约为 6.82 亿人。

178. 关于军方如何获得首先使用核武器的权力的最好的描述，可参见 Roman, "Ike's Hair – Trigger," pp. 121 – 164。

179. Quoted in ibid. , p. 156.

180. 这句引文是备忘录作者的改写，可见于 "Memorandum of Conference with the President, June 27, 1958," A. J. Goodpaster (TOP SECRET/declassified), NSA, p. 3。

181. 这句引文是备忘录作者的改写，可见于 "Memorandum of Conference with the President, December 19, 1958," John S. D. Eisenhower (TOP SECRET/declassified), NSA, p. 1。

# 破门而入

　　当电话铃声响起的时候，约翰·T. 莫泽上校和他的妻子刚刚吃完晚餐，正准备出门去参加一场音乐会。[1]

　　调度员说，374－7 号综合发射场出问题了，有可能是火情。

　　于是，莫泽让他妻子自己一个人去听音乐会，然后他穿上了制服，进到车里，接着就朝指挥部开去。他们住在基地旁边，所以开车用不了多久就能到。还在路上的时候，莫泽就用无线电通知调度员，让他集合好导弹潜在危害处理小组。此时是晚上 6 点 40 分，距发射井上方出现一团神秘的白色云雾已经有大约 10 分钟了。

　　第 308 战略导弹联队的指挥部有些像一个行政会议室，中间有一张长长的会议桌，里面还有通信设备和一块黑板。它里面可以容纳 25～30 人。莫泽是导弹联队的指挥官，当他抵达指挥部的时候，里面基本上是空的，而且导弹的状态也不甚明了。喷淋系统仍然开着，正往发射井中注水。导弹第一级中的燃料箱的压力正在下降，而氧化剂箱的压力则在上升。374－7 号发射场控制中心里面诸多闪烁的红灯，警示发射井中发生了燃料泄漏、氧化剂泄漏以及火情——而这三件事情是不可能同时发生的。更加让人困惑的是，导弹战斗值班小组指挥官马扎罗上尉和副指挥官奇尔德斯中尉两人曾用单独的线路致电指挥部，一个提到了燃料泄漏，另一个则说发生了火情。现在，马扎罗正站在通话器旁边，报告导弹的箱体压力数值。他的小组成员正仔细查阅各种检查表，试图弄明白事情的全貌。

莫泽是检查表的虔诚信徒。1955 年从富兰克林与马歇尔学院（Franklin & Marshall College）毕业后，他加入了战略空军司令部。两年之后，他成为 KC－97 同温层加油机（Stratotanker）的领航员，这种飞机可以在空中为 B－47 轰炸机加油。同温层加油机是螺旋桨飞机，而 B－47 则是喷气式飞机，在低速飞行时容易失速。这两种飞机必须在一个精确的位置会合，轰炸机在加油机后面飞行，且位置略微低于加油机。[2]在海拔 1.8 万英尺的高空中，它们会通过一根中空的钢制桁杆（steel boom）连接并一起飞行 20 分钟，进入一种小角度俯冲的状态，以便加油机可以跟上轰炸机的速度。空中加油是一个精巧且往往很危险的过程。同温层加油机的飞行机组成员必须仔细协调每一步行动，不仅是和 B－47 的机组成员，也包括他们自己飞机中的每一个人。自发之举和即兴行为是不会受到赞赏的。莫泽后来成为 KC－135 加油机上的领航员，这种飞机可以为处于空中警戒状态的 B－52 轰炸机加油。这些任务的成功取决于检查表。当用一根加油桁杆连接起来的两架大型飞机在相距 40 英尺远的位置上一同飞行，且其中一架载着热核武器，另一架每分钟可以卸载 1000 加仑喷气燃料，不管是白天或黑夜，还要经历空气涡流和恶劣天气时，相关操作的每一步都必须是标准化的和可预见的。

莫泽上校问马扎罗，是不是推进剂输送系统工作小组在发射井中做了某些可能导致该问题发生的事情。马扎罗撂了通话器去问了问，然后带回来一个解释：空军下士鲍威尔在发射井中掉落了一个套筒，而套筒在导弹第一级的燃料箱上砸出来一个洞。马扎罗让鲍威尔来到通话器前面并让他描述所发生的事情，这是一个违反了指挥链的不寻常决定。听完细节之后，房间里鸦雀无声。莫泽意识到这是一个严重的事故，需要做出紧急反应。他激活了"导弹潜在危害处理网络"，这种电话会议将把奥马哈的战略空军司令部总部、犹他州的奥格登空军后勤中心以及路易斯安那州的第八航空队司令部连接起来。但是，通信设备无法正常工作，于是在接下来的 40 分钟里面，小石城空军基地的调度员一直在努力建立呼叫线路。

210

导弹潜在危害处理小组的成员现在挤满了指挥部，他们都是多年来一直与泰坦－2 导弹及其推进剂打交道的军官和士兵。导弹联队的安全主管坐在会议桌旁边，桌边还有联队技术工程部门的领导、一位生物环境工程师、一位电气工程师以及 K 小队成员。"K"代表着"随叫随到"（on－call）。这个四人小队——一位指挥官、一位副指挥官、一位导弹设施技师以及一位导弹系统分析员——是作为 374－7 号发射场那个发射值班小组的后备。K 小队成员能够帮助解释来自现场的数据，仔细翻阅技术手册和其他操作手册，提供第二意见（second opinion）。房间里的每一个人的技能都集中于如何挽救导弹的问题。战略空军司令部此前没有一份关于眼下他们正面临的问题的检查表，于是他们必须撰写出一份。

莫泽需要他能够得到的所有技术援助。对这份工作来说，他还是个新手，到小石城的时间才大约 3 个月。在这短短的 3个月内，他已经被认为是个聪明、公平和思想开明的指挥官，听得进别人的意见。作为战略空军司令部的一名联队指挥官，他广受属下爱戴。但是，莫泽对泰坦－2 导弹了解得不多。他此前在战略空军司令部总部担任负责导弹维护事务的副主任，在密苏里州的怀特曼空军基地担任导弹维护指挥官。然而，这些职务所需要的都是对"民兵"导弹的广泛了解，它是一种完全不同的武器系统。"民兵"导弹使用的是固体燃料，而不是液体推进剂。它比泰坦－2导弹小，弹头的威力也更小。每一处"民兵"导弹综合发射场都有10枚而不是1枚该型号导弹，其分散分布的发射井距离发射控制中心最远有17英里。一位"民兵"导弹的发射小组成员可以几个月都不去发射井。泰坦－2导弹是美国武器库中唯一依靠液体燃料以及需要战斗值班小组住在地下的弹道导弹。它是一种数量稀少且极具特色的"大鸟"。在战略空军司令部所控制的1000多枚远程导弹中，泰坦－2导弹只有54枚。

莫泽并没有假装自己是泰坦－2导弹的专家，并且从他抵达小石城空军基地的第一天起，他就展现了极大的学习热情。每周的三四个上午，他都会参加发射小组和推进剂输送系统工作小组的行前简报会。他发誓要在年底之前走遍所有的综合发射场。但是，有些发射场离小石城很远，他还没来得及造访所有的地方。

当詹姆斯·L. 莫里斯上校在晚上7点左右到达指挥部时，他已经知道发射井中所发生的事情了。莫里斯是维护业务的副指挥官，在大约半小时之前，他无意中听到了马扎罗上尉在无线电通话器中的对话，听起来似乎对某事很兴奋。莫里斯告诉作业控制中心接通374－7号发射场，并询问推进剂输送系统工作小组A小组的头儿查尔斯·海涅曼那边发生了什么事。海涅曼说鲍威尔在发射井中掉落了一个套筒，并在导弹上砸出了一个洞。他说鲍威尔看到了许多燃料蒸气，但没有发生火情。莫里斯掌握了这些信息，然后告诉作业控制中心要找到杰夫·肯尼迪，并命令调度员不要再与综合发射场联系。

在事故发生后的一个小时内，第一级燃料箱的压力已经下降约80%。随着燃料外流，里面正在形成真空。假如压力继续下降，燃料箱可能崩塌。在杰夫·肯尼迪与莫里斯在指挥部碰面之后，莫泽上校向他们简要介绍了情况，并指示他们乘坐直升机飞往374 - 7号综合发射场。莫里斯将担任现场指挥，而肯尼迪将帮助他弄清发生了什么事情，是否发生了火情，以及需要做什么。在离开小石城空军基地之前，肯尼迪要求作业控制中心联系综合发射场，让他们准备好一套适合他穿的作业服。但是调度员说，他们被命令不要再电联发射场，所以这需要肯尼迪自己准备。肯尼迪没有时间拿齐所有必要的装备——一顶头盔、一个新的空气包，以及一套大小合适的作业服——于是他没拿作业服就离开了。

导弹潜在危害处理小组提出了一个计划：推进剂输送系统技师重新进入发射井，排空第一级的燃料箱，平衡压力，并且防止导弹崩塌。时间是至关重要的，必须尽快重新进入发射井。地面上的那个推进剂输送系统工作组的成员们将作业服、空气包以及一整套的设备放在了他们的卡车里。理想的情况是，让他们进入发射场，但眼下没人知道他们在哪里。在离开发射场之后，他们很可能驾车离开了其头盔中所安装的无线电通话器可接收信号的范围，而且他们的卡车也没有能够与基地联系的无线电通信设备。假如他们想和指挥部通话的话，他们必须开车去大马士革并使用公用电话，或者在附近的居民房里打电话。

在控制中心避难的推进剂输送系统工作组成员必须完成这

项工作，穿上被他们落在防爆区的作业服。由于他们的套筒现在正躺在发射井底部的某个地方，他们不得不用钳子去移除导弹第一级燃料箱上的压力帽。假如这个不起作用的话，他们可能必须用扫帚把推开燃料箱上的提升阀（poppet valve）。

在莫泽上校批准并启动这个计划之前，战略空军司令部总部通过扬声器加入了讨论。在大约 7 点 45 分的时候，导弹潜在危害处理网络终于建立并运转起来，战略空军司令部副司令劳埃德·莱维特中将正在线上。莱维特明确表示，从现在开始，在未得到批准的情况下，不许在发射控制中心、发射井以及发射场的任何地方做任何事情。[3]并且，在没有就什么才是该做的正确的事情达成共识之前，他不会批准任何具体行动。

莱维特 50 岁出头，个子不高但身体结实，且自信满满。他是二战结束后第一批进入西点军校的学员之一。当那场战争的英雄主义正在大众图书和电影中受到庆祝之时，他的同学很快就在一场很大程度上被公众忽视的冲突中拿他们的生命冒险。在朝鲜战争中，莱维特成为一名战斗机飞行员，并且执行了 100 次战斗任务。他经常遭遇敌方飞机和防空炮火。在一次任务中，他驾驶的 F - 84 飞机被高射炮火击中并遭遇了电气故障；在最终安全降落在一个美国基地之前，他不得不在没有飞行仪表或无线电通话器帮助的情况下飞行了 250 英里。在另一次任务中，他的飞机在暴风雪中失去了控制；莱维特不得不在 8000 英尺的高空跳伞，幸运的是他被韩国军队而不是共产党游击队找到。后来，他还在越南执行了 152 次作战任务。这两场战争，再加上诸多的飞行训练，夺去了他许多好友的生命。在与莱维特同期从飞行学校毕业的 119 名西点军校学员当中，7 人死于朝鲜，2 人死于越南，还有 13 人死在飞机失事中。[4]对于他的同

213

学来说，在工作中遇难的概率大约是 1/6。

莱维特所执行的一些最危险的任务发生在和平时期。从
1957 年到 1960 年，他驾驶 U - 2 间谍飞机。U - 2 被设计为可
远距离飞行，且能够在 7 万英尺的高空向地面拍照，而不会被
发现或被击落。为了能够这么做，飞机本身必须尽可能轻，而
且飞行员那本就很小的救生包也有一些限制。在即将起飞去执
行一次拍摄位于西伯利亚的苏联机场和雷达站的任务前，莱维
特被给予了一个选择：带一艘充气救生筏或一件温暖的大衣
（parka）。他不被允许两件都带。莱维特选择了大衣，想着假如
他不得不在白令海（Bering Sea）上空跳伞，不管有没有救生
筏，他都有可能被冻死。U - 2 飞行员都是单独飞行，坐在一个
很小的驾驶舱中，穿着笨重的增压服，并保持长达 9 个小时的
完全的无线电静默。这种飞机很难驾驶，它很脆弱并且容易失
速。强大的重力能够在空中将它撕碎。为了减轻重量，它只有
两套起落架，一前一后。"让 U - 2 着陆，"莱维特在回忆录中
写道，"就像骑着一辆速度为每小时 100 英里的自行车着陆。"[5]
在他训练出来的 38 名 U - 2 飞行员中，8 人死于飞行之中。[6]

导弹潜在危害处理网络很少被激活，而且通常由战略空军
司令部的司令领导。但恰好理查德·H. 埃利斯（Richard H.
Ellis）将军不在这里，于是二把手莱维特暂代其职。在战略空
军司令部地下指挥部的楼厅上，莱维特介入了该网络，并俯视
着下面的世界地图。尽管他驾驶过一年时间的 B - 52 轰炸机，
在五角大楼工作过，指挥过空军的训练中心，并且担任过一位
北约将军的参谋，但莱维特仍然有一位老式战斗机飞行员的做
派：骄傲、果断以及依靠自己。然而，他没有与泰坦 - 2 导弹
打交道的一手经验。战略空军司令部总部的导弹维护事务主任

拉塞尔·肯尼迪（Russell Kennedy）也没有类似经验，他正和莱维特一起待在楼厅上。他们必须依靠其他人的建议和专业知识。

———————

弥漫在 8 号防爆门另一侧的白色朦胧雾气是个不祥的征兆。不管它是燃料蒸气还是烟雾，当格雷戈里·莱斯特打开门期待着取出作业服时它都不应该出现在那里。这意味着通向过道和发射井的 9 号防爆门，不知何故已经被突破了。这也意味着 8 号防爆门是躲在发射控制中心里面的那些人与一团有毒的且可能是爆炸性的烟雾中间的唯一一道防线了。重新进入发射井的计划已经泡汤。马扎罗上尉此前就已经要求批准他们撤离了。现在他又问了一次，而代表他所在小组全体成员发言的海涅曼也全心全意地支持这个请求。

在小石城指挥部，危害处理小组讨论了下一步该如何行事。就眼下的情形来说，他们的选择是有限的。地面上的推进剂输送系统工作小组仍然不知所踪。莫里斯上校和杰夫·肯尼迪正在飞来这里的直升机上，但是没有随身携带空气包和作业服。374－7 号发射场的导弹系统分析技师罗德尼·霍尔德正准备关闭导弹的电力供应，如此一来，杂散电火花就不会引燃发射井内的燃料蒸气。一旦主电路断路器被关闭，身处控制中心的人除了能够盯着推进剂箱体压力监测装置上不断变化的箱体压力数值，其他什么也做不了。

K 小队很担心身处 374－7 号发射场的同事的安全。作为 K 小队的成员之一，杰基·威尔斯（Jackie Wells）上尉认为，如果导弹垮塌，已经泄漏到防爆区的燃料蒸气很可能被点燃并炸开 8 号防爆门。即便防爆门抵挡住了爆炸，大爆炸所产生的各种碎片也可能困住所有身处控制中心的人。发射场里面的那些防爆门和逃生通道理应保证工作人员能够生存下来，即便是在遭遇核爆炸之后。但是，泰坦－2 导弹综合发射场还从未面临过这种考验，并且威尔斯认为，将人留在控制中心的风险远超过任何潜在的收益。

K 小队建议莫泽上校下令撤离。迈克尔·汉森——他是身处指挥部的推进剂输送系统工作组 B 小组组长，正准备带领一支车队赶往现场——同意了。他并不认为控制中心能够在一次爆炸中幸免于难，他想让自己的人离开那里，并且是立刻离开。

导弹联队的首席技术工程师查尔斯·E. 克拉克（Charles E. Clark）上尉说，组员们应该待在他们现在身处的位置。他对防爆门很有信心，并且他警告莫泽上校，如果组员们离开了，指挥部将无从得知导弹内部的箱体压力数值，也无法在发射场里面操作设备。克拉克辩称，组员们应该留在控制中心里面，随时监控导弹的状态，并且打开那个巨大的发射井井盖。打开发射井井盖能够使燃料蒸气被空气稀释，从而变得不那么易燃。发射井中的温度也会降低，并且随着氧化剂箱逐渐冷却，它们也会变得不再那么容易爆裂。打开发射井井盖将不会对大马士革造成太大的威胁。不像氧化剂，燃料会在大气中快速消散。它不会飘出去好几英里，不会使人生病，也不会杀死牛羊。生物环境工程师迈克尔·J. 鲁斯登（Michael J. Rusden）中尉已经计算出，在目前的风向下，毒气走廊（toxic corridor）只会从发射井向外延伸 400～600 英尺。

在与战略空军司令部总部协商之后，莫泽上校下令所有人撤离控制中心。[7]此外，他还问总部，组员们是否应该在离开之前打开发射井井盖。

莱维特将军说，这个井盖在任何情况下都不能打开。这种想法甚至都不值得讨论。莱维特想让燃料蒸气完全封在发射井之中，他不想让一团混肼 50 云雾飘浮在附近的民房和农场上空。更重要的是，他不想冒失去对一枚热核武器的控制的风险。假如导弹爆炸了，上面搭载的弹头不会被引爆，莱维特对此持绝对肯定的态度。他围着核武器打转已经有将近 30 年了。1952年，他就曾接受秘密训练，用一架战斗机来投送原子弹，以防在朝鲜战争期间需要使用它们。他完全相信搭载在泰坦－2 导弹上的 W－53 弹头的安全装置。但是，如果导弹发生爆炸时发射井井盖是打开的，那么没有人能够预测弹头会被炸飞到什么地方。莱维特可不想让一枚热核武器降落在小石城和圣路易斯之间某户人家的后院里。他认为，保持对弹头的控制权比任何其他考虑都重要得多。

K 小队的成员们焦急地等待着，想知道那些人是否成功地从控制中心出来了。在放弃综合发射场之前，发射小组的成员没有把电话挂掉——如此一来，当非法闯入警报突然响起时，指挥部这一边的电话就能听到警报声。那意味着地面上有人打开了逃生通道的舱门。更多的时间过去了，那边没有传来任何消息，然后布洛克史密斯军士接通了无线电通话器，说所有人都在他的皮卡里面。

汉森军士离开指挥部来到推进剂输送系统车间，在那里，桑达克和其他志愿者正在收集他们的装备。灾难反应部队大概在 9 点的时候离开了基地，但是推进剂输送系统工作组 B 小组需要更多的时间来做准备。一旦他们抵达 374－7 号发射场，汉森认为计划将会按照如下方式展开：两个人会穿上作业服，通过入口处进入综合发射场，打开防爆门，沿着长过道进入发射井，然后尝试给导弹通风。可能他们也会打开排气扇，以便从发射井中清除掉那些燃料蒸气。

由于不确定 374－7 号发射场中还有哪些设备是可以使用的，汉森决定 B 小组必须把所有用得上的东西都带着。他们不得不收集装备，将其装进了 5 辆卡车，中途还在另外两个综合发射场停留，拿上他们自己车间没有的那些东西。虽然 B 小组希望能够尽快到达 374－7 号发射场，但后勤问题拖了他们的后腿，包括一次意外的停车取水。汉森所乘坐的卡车是唯一一辆安装了无线电通话器的车。每当他需要和其他人交流时，整个车队都必须在路边停下来，然后会有人从那辆卡车上下来，向其他人解释他们的下一步行动。

小石城指挥部也继续遇到通信困难。一旦控制中心里的人员撤离，布洛克史密斯军士皮卡上的无线电通话器就成为与导弹发射场人员通话的唯一工具。不幸的是，他皮卡上的无线电传输并没有出于防窃听而改变频率，或者说就是不安全的。任何人只要知道正确的频率，都能够窃听他们的通话，并且他们通话声音的质量也远称不上理想。导弹联队安全警察的头头约瑟夫·A. 金德曼（Joseph A. Kinderman）少校，也就是在指挥部负责无线电通信的那个人发现，他们之间的通话有时候还是错乱的，以致很难理解对方的意思。

在大约 9 点 30 分的时候，金德曼少校报告了最新的箱体压力数值，然后一位中士将它们增添到黑板上。有那么一阵子，每个人都将注意力的焦点放在导弹第一级燃料箱的压力数值上。自上一次获得读数后的一个小时内，这个数值已经从 －0.7psi

降到 - 2psi。那些数字真是让人寝食难安，它们意味着燃料箱正处于崩塌的边缘——然后 K 小队的一个成员突然发出疑问，怎么会有人知道箱体的压力读数？控制中心里面的人员早在大约 8 点 30 分的时候就撤离了。于是金德曼询问莫里斯上校，想知道那些数字是从哪里来的。

莫里斯提供了这些数字，但没有回答这个问题。此时他正坐在布洛克史密斯的安全警察用车里，停在从 65 号高速公路下来的那条入口小道的尽头。

金德曼等待着答复，然后马扎罗上尉接通了无线电通话器，并说肯尼迪未经许可进入了控制中心，违反了双人制规定。

K 小队的成员不敢相信肯尼迪刚刚做的事情。相较生气，莫泽上校更感到心烦意乱，他对能告诉战略空军司令部总部的那些信息不太有兴致。但是，肯尼迪提供的信息确实非常有用。莫泽与导弹潜在危害处理网络上的其他人分享了那些数值，并且描述了肯尼迪那未经授权的行为。莱维特将军看起来依然镇定自若。虽然战略空军司令部的基本规定之一刚刚被违反了，但莱维特还是领会到了获得最新的箱体压力数值的重要性，以及肯尼迪为了获得这些数值所冒的个人风险。

莫里斯上校被告知，在没有得到战略空军司令部总部的批准之前，不能在综合发射场采取任何进一步的行动。当推进剂输送系统工作组的车队正往 374 - 7 号发射场开去的时候，危害处理网络中的讨论转向了是否应该完全关闭综合发射场的电力供应。在离开控制中心之前，除了发射井第 8 层的几个水泵，以及一系列风扇、马达和连接在空调机与通风系统上的继电器仍在运转外，值班小组的成员关闭了他们所能关掉的一切设备。莱维特将军担心，如果这些马达中的某个产生了电火花或者出

现哪怕最轻微的电弧，也可能点燃发射井中的燃料蒸气。指挥
部往大马士革当地的公用事业公司——珀蒂·琼电力公司
（Petit Jean Electric Company）打了个电话，让他们调派能够爬
上电线杆并切断通往发射场的电力供应的工人。

小石城中危害处理小组的绝大部分人都希望能够保留电力
供应。假如电力被切断了，控制中心的电话将会断掉，他们就
再也无法监测留在里面的便携式蒸气探测器的状况。探测器的
报警声响起将表明燃料蒸气已经渗过 8 号防爆门。如果没有电
力供应，任何重新进入发射场以挽救导弹的人都将发现这项任
务更难完成。你将无法在发射井中检查箱体压力、打开排气扇，
或者做其他事情，除了手动卸下压力帽并排空第一级的燃料箱
之外。

来自珀蒂·琼电力公司的工人被告知在现场待命，电力供
应暂时还继续维持着。一位来自泰坦－2 导弹的制造商马丁·
玛丽埃塔公司（Martin Marietta）的主管人员也加入了危害处理
网络，他给出了导弹第一级燃料箱很可能崩塌和氧化剂箱很可
能爆裂的那个时刻的箱体压力估计数值。形势真的是相当严峻。
尽管如此，危害处理网络的成员还是讨论了一旦推进剂输送系
统工作组 B 小组到达 374－7 号发射场应该如何一步步推进的事
情。首先，所有人必须就适当的行动方案达成共识，然后为此
编写一份检查表。这次电话会议的通话质量不敢恭维，由于有
如此之多的人参与讨论，并且分布在六个不同的地方，常常很
难搞清楚谁正在说些什么。

其中最有权威性的声音之一带有强烈的得克萨斯口音。它
属于本·斯科伦（Ben Scallorn）上校，此人是身处路易斯安那
的第八航空队总部负责导弹事务的副参谋长。莫泽在怀特曼空

军基地服役时，就是在斯科伦麾下。他听到大马士革发生事故的消息时，第一时间就给斯科伦打了电话，想私下听听后者对情形有多糟糕的意见。斯科伦并没有"粉饰太平"；他认为这次事故听起来真的相当糟糕。他对泰坦－2导弹的了解就像他对战略空军司令部里其他人的了解一样多。他曾穿着火箭燃料处理者服装设备在发射井中工作很长时间，亲身体验了这种导弹有多危险。在参与导弹潜在危害处理网络的讨论时，他对374－7号发射场需要做什么直言不讳，而不管是否会有人听他的。

———————

1962年，当本·斯科伦第一次来小石城空军基地报到时，那边的泰坦－2导弹发射井还正在挖掘之中。[8]导弹维护部门由三个人组成：一名负责管理的中尉、一名担任中尉属下办事员的中士，以及一名秘书。当时，第308战略导弹联队还未投入现役，空军心急火燎地想让那些泰坦－2导弹尽快进入地下。斯科伦很高兴能够进入小石城基地，并做好了研究导弹维护的准备。此前他在空军中的任务基本都是些"娱乐服务"。多年来，他一直管理着战略空军司令部所辖基地中的垒球场、游泳池、电影院和军人俱乐部，那些基地分布在从美国密西西比州到摩洛哥的各地。那一年，他33岁，带着妻子和三个小男孩。在导弹时代初露曙光之际，帮助部署美国最大型的弹道导弹，肯定是一条前景更为光明的职业发展道路。他被送往得克萨斯威奇托福尔斯（Wichita Falls）的谢波德空军基地，以学习泰坦－2导弹的工作原理。六周之后，他回到了小石城空军基地，并担任第308战略导弹联队维护培训事务的主管。

斯科伦走访了小石城基地周边那些正处于建设之中的综合发射场。每一个都花费甚巨，需要大约 450 万磅钢铁[9]和 3000 万磅混凝土[10]。精心设计的供水、供电和液压系统都必须铺设在地下。发射井井盖太重了，以至于无法通过公路完整运送过来；它被拆成八块，并在现场完成组装工作。为了能让导弹尽可能快地进入战斗值班状态，美国空军采取了一种被称为"齐头并进"（concurrency）的管理实践，即早在泰坦－2 导弹能够飞起来之前，泰坦－2 导弹综合发射场的建设工作就已经开始。[11]这两项工作将在大致相同的时间完成。

美国空军也将"齐头并进"的举措用在了加速部署其他弹道导弹之上。在陆军工程兵团的领导下，数以万计的工人挖掘了好几百个发射井，以将导弹藏在美国农村的景观之下。这是美国国防部曾主持的最大规模的建设项目之一。[12]除了阿肯色州，亚利桑那州、加利福尼亚州、科罗拉多州、爱达荷州、堪萨斯州、密苏里州、内布拉斯加州、新墨西哥州、纽约州、俄克拉何马州、南达科他州、得克萨斯州、华盛顿州和怀俄明州也都建有地下综合发射场。在蒙大拿州马姆斯特罗姆空军基地（Malmstrom Air Force Base）和北达科他州迈诺特空军基地（Minot Air Force Base）之间，导弹发射井散布在一块面积达到 3.2 万平方英里的区域内。[13]

在圣巴巴拉往北约一小时车程的地方，沿着加利福尼亚州中部海岸的一段，延伸分布着 40 英里的人迹罕至的海滩和岩石峭壁，美国空军在这里修建了一个导弹研究中心和第一个现役导弹发射场。这里后来被称为范登堡空军基地，对位于马绍尔群岛的埃尼韦塔克（Eniwetok）和夸贾林（Kwajalein）靶场来说，它提供了一个极佳的发射点。像位于美国中心地带的其他导弹发射场一样,范登堡也急于完工。在 1957 年开始投入使用之后的短短几年内,该基地就建好了那些发射台、发射井、地下控制中心、存储设施、行政大楼,并聚集了大约 1 万人。[14]

尽管"齐头并进"加速了新武器的服役进度,但它也造成了问题。导弹上一个小小的设计变更,就可能需要对已经安装完毕的发射井设备做出代价高昂的修改。一款新型飞机的原型机可以重复进行飞行测试以发现其缺陷,但一枚导弹只能飞行一次。此外,导弹造价昂贵,这也限制了对其进行飞行测试的次数,以及发现它在哪些地方可能出错的机会。一次成功的发射取决于人力和技术因素之间错综复杂的交互作用。设计差错的纠正往往要比提前预料更加容易。因此,美国早期部署的导弹的可靠性还有许多不尽如人意的地方。李梅将军就曾轻描淡写地记录道:"像任何机器一样,它们也并不总是能正常运转。"[15]

美国部署的第一款洲际导弹"蛇鲨"(Snark)带有机翼和一台喷气式发动机,其射程大约为 6000 英里。[16]它是一款造型抢眼的导弹,线条明快,颇具未来风,弹体表面喷涂了火红的色彩。但是,"蛇鲨"很快就因为偏离目标而出名。在数次远程飞行测试中,它平均偏离目标 20 多英里远。[17]在佛罗里达州卡纳维拉尔角的一次发射测试中,一枚本应最远飞到波多黎各的"蛇鲨"导弹不知何故继续保持飞行,尽管在这一过程中靶场的安全人员多次发送指令试图让其自毁。[18]当这枚飞行缓慢的导弹经过波多黎各时,多架战斗机升空准备将其击落,但他们就是找不到它在哪里。"蛇鲨"导弹最终耗尽了燃料,并坠毁在巴西亚马孙雨林中的某个地方。美国空军后来的测试表明,在战争期间,只有 1/3 的"蛇鲨"导弹能够飞离地面,而能够击中目标的将只有 1/10。尽管如此，缅因州的普雷斯克艾尔空军基地（Presque Isle Air Force Base）几十枚"蛇鲨"导弹还是进入了警戒状态。这种导弹搭载了 400 万吨当量的弹头。

导弹的象征意义看起来总是比它的军事用途更加重要。在苏联发射斯普特尼克卫星之后不久，美国陆军的"红石"（Redstone）导弹就匆匆投入现役。[19]这款导弹由韦恩赫尔·冯·布劳恩及其德国火箭科学家团队在亚拉巴马州亨茨维尔（Huntsville）的红石兵工厂设计，是纳粹 V-2 火箭的更大、更先进版本。"红石"导弹常常搭载 400 万吨当量的弹头，但飞行距离不超过 175 英里。这种短射程加强大的热核弹头的组合是不幸的。从位于西德的北约基地发射的"红石"导弹，也将对西德本身造成相当程度的破坏。[20]

艾森豪威尔总统向北约提供的中程导弹也是有问题的。运到英国的"雷神"导弹是存储在地面上的，并且是水平放置。在起飞之前，它们需要先被竖立起来然后再注入燃料。一个"雷神"中队最少需要花 15 分钟时间才能发射辖下的一枚导弹，全部发射则需要更长的时间。[21]导弹缺少实物保护，倒计时程序冗长，以及与东欧国家极为接近，都保证了它们位于首先就会被苏联攻击摧毁的事物之列。英国雷达系统所提供的 4 分钟预警时间，对掌管一个"雷神"中队的皇家空军官员来说帮不上太大的忙，因为"雷神"中队完成自己的使命差不多需要两天的时间。[22]他们可能没有时间来发射任何"雷神"导弹。然而，这种导弹在对苏联发动突然袭击方面可能是有用的[23]——这一事实使苏联人有更大的动力率先发动打击并摧毁它们。相较于阻止针对英国的袭击，"雷神"导弹看起来更容易让英国遭受打击。

提供给意大利和土耳其的"朱庇特"导弹的军事价值同样是令人怀疑的。"朱庇特"导弹准备发射的过程很慢，它也存放在地面上，并且很容易遭到攻击。不过不像"雷神"导弹，它们是竖立着的，被隐藏在金属板下面的发射设备包围。当金属板在导弹起飞之前向外打开时，朱庇特就像是一朵巨大的白色恶之花的雌蕊。这种导弹高达 60 英尺，上面搭载着 140 万吨当量的弹头，并且部署在乡下，特别容易遭受闪电打击。

在斯普特尼克卫星上天之后的一段日子里，"阿特拉斯"导弹隐约成为美国最大的希望。[24] 这是美国的第一款洲际弹道导弹，被设计用来从位于美国的基地打击苏联境内的目标。但是，生产出一款能够可靠地飞抵苏联境内的导弹所花费的时间，比预期的长得多。美国空军的一位导弹专家后来在描述导弹的推进剂系统时，将其形容为一场"势必会发生的火灾"。[25] 导弹的氧化剂液氧（LOX）极其不稳定。大约 2 万加仑的液氧必须在 −297℉（约为 −182.8℃）的条件下，存储在"阿特拉斯"导弹之外的箱体里，然后在发射倒计时的时候泵入导弹之中。[26] 这一过程所能允许的误差限度非常小。在范登堡基地所发生的一系列戏剧性的、广为人知的不幸事故中，"阿特拉斯"导弹或是在发射台上发生爆炸，或是大大偏离预定路线，甚或是从未飞离地面。尽管如此，首枚"阿特拉斯"导弹还是于 1959 年进入战备状态。在两年后的一次绝密听证会上，一位美国空军官员向国会承认，一枚"阿特拉斯"导弹击中苏联境内目标的概率不会超过 50%。[27] 不过，更青睐轰炸机的战略空军司令部司令托马斯·鲍尔将军则认为，这种概率接近于零。[28]

作为"阿特拉斯"导弹替代品而研制出来的"泰坦"导

222

弹，吸收了多项新技术。它增加了能够在高层大气中点火的第二级，因此能够发射更重的有效载荷。尽管它和"阿特拉斯"导弹用的是同样的推进剂，但"泰坦"导弹由于将以地下发射井为基地，因此能够在一定程度上防御来自苏联的攻击。"泰坦"导弹将于发射之前大约15分钟内在地下注入推进剂，然后在点火之前用电梯升到地面。这种电梯规模巨大，能够升起超过50万磅的重量，但它并不总是能够正常运转。在范登堡基地第一个能俯瞰太平洋的"泰坦"导弹发射井的一次运行测试中，电梯液压系统里的一个控制阀发生了故障。[29]这部电梯，连同"泰坦"导弹以及大约17万磅液氧和燃料一路跌到了发射井底部。[30]虽然爆炸产生的碎片落到了1英里开外的地方，但它并没有造成人员伤亡。这个发射井毁于一旦，也再没有被重建。

223 　　当"阿特拉斯"导弹和"泰坦"导弹正在为进入综合发射场做准备的时候，美国空军也在讨论是否应该部署另一种使用液体燃料的远程导弹：泰坦-2。它将更加准确和可靠，能携带更大的弹头，可在弹体内存储推进剂，能从发射井中发射，并可在不到1分钟的时间内就升空。这些都是支持泰坦-2导弹的颇有说服力的论据，然而对该导弹持批判意见的人问了一个极好的问题：空军真的需要四种不同类型的洲际弹道导弹吗？此时空军已致力于研发"民兵"导弹，而这将是一种小型的、可批量生产且价格低廉的导弹。"民兵"导弹的固体燃料就像一支大雪茄一样能从一端开始慢慢燃烧，而且不会造成同液体推进剂一样的风险。

　　唐纳德·夸尔斯是五角大楼中主要的怀疑论者之一，他渴望精简开支，并避免武器系统的不必要重复。[31]虽然不再是空军部部长，但他依然是五角大楼中排位第二的官员，据传还是艾森豪威尔下一任国防部部长的人选。然而，由于长时间的工作以及工作中的巨大压力，夸尔斯突然因心脏病发作而去世了。

泰坦－2导弹的资金很快就获得批准，这主要是因为其所能携带的弹头的规模。李梅将军不太关注"阿特拉斯"、"泰坦"或"民兵"导弹，这些导弹的唯一战略用途是摧毁城市。但搭载着900万吨当量弹头的泰坦－2导弹，绝对是他所喜欢的那种武器。即便没有直接击中，它也可以摧毁苏联领导层可能藏身其中的深层地下堡垒。

泰坦－2导弹设计师所面临的诸多挑战之一就是如何将弹头带到目标处。[32]泰坦－2导弹的那些火箭发动机只能在飞行阶段的前5分钟内工作。[33]它们为导弹提供了良好的、强大的推力，足以将弹头送到地球大气层之上。但在剩下的半个多小时的飞行时间内，它的飞行轨迹仅受重力和自身动量的影响。弹道导弹是非常复杂的机器，是由数以千计的运转部件组成的太空时代的象征物，而它们的制导系统也都是基于17世纪的物理学知识和艾萨克·牛顿的运动定律。决定弹头轨迹的原则和指导向窗户投掷的一块石头的原则是一样的。精确度取决于弹头的形状、与目标之间的距离，以及投掷的瞄准位置和力度。

"阿特拉斯"导弹和"泰坦"导弹的早期型号都安装了一套无线电控制的制导系统。在起飞之后，飞行路线上的地面站能够接收数据并向导弹传送指令。这种系统最终被证明是相当精确的，能够让大约80%的弹头降落在离目标约1英里的范围内。[34]但是，自然的无线电干扰、故意干扰和地面站的破坏都能让导弹偏离预定路线。

泰坦－2导弹是美国第一款从一开始就设计了惯性导航系统（inertial guidance system）的远程导弹。它不需要任何外部信号或数据来寻找目标。它是一个完全独立的系统，不会在飞行时被干扰、欺骗或者侵入。它背后的理念总结自古老的导航原则：如果你确切地知道你是从哪里出发，你已经走了多久，你朝着的方向，以及你所一直保持的速度，然后你就能精确地计算出你现在所处的位置，以及如何抵达你的目的地。

形式各异的"航位推算法"（dead reckoning）已经被使用几千年了，在海上航行的船长们更是经常使用，其成功的关键在于每次测量的精确度。对航位推算法的错误理解可能导致了克里斯托弗·哥伦布（Christopher Columbus）去了北美而不是印度，这个导航偏差大约有 8000 英里。在船上，航位推算的基本工具是罗盘、钟表和地图。在导弹上，加速度计能够测量三个方向上的速度，而不断旋转的陀螺仪（gyroscope）能让惯性导航系统始终将真正的北方——北极星（原文如此，但此说法不准确，它不会指向北极星，而是一个轴指向正北，一个轴指向正东，一个轴垂直指向地心。——译者注）——作为一个固定的参考点。此外，一台小型的计算机自导弹发射后就开始记录飞行时间，计算弹道，并发出一系列指令。

在无线电控制的制导系统中，制导计算机的尺寸是不重要的，因为它位于地面站之中。但是，一旦这种计算机要被导弹带着飞到空中的时候，它的尺寸就很重要了。美国空军对完全独立的惯性导航系统的需求，在计算机的小型化和集成电路的发展——两者都是现代电子工业的基石——中扮演了关键角色。[35]到 1962 年，美国生产的所有集成电路都被国防部采购，并主要用于导弹的制导系统。[36]虽然泰坦－2 导弹上面搭载的计算机并未依赖集成电路，重量也有 8 磅，但它依然被认为是一个技术奇迹，是迄今为止最强大的小型计算机之一。它的内存储器容量约为 12.5 千字节，[37]而现在许多智能手机的内存大小是这个数字的 500 多万倍。[38]

短程的 V - 2 是第一款使用惯性导航系统的导弹，[39]发明它的纳粹科学家们在二战结束之后被美国陆军的红石兵工厂招募。[40]后来，他们帮助改进了"朱庇特"导弹的制导系统，使其圆概率误差（Circular Error Probable）——围绕目标所画圆圈的半径，瞄准该目标的导弹能有一半以上击中这个圆圈——达到了让人印象深刻的小于 1 英里。[41]但是，导弹飞得越远，它的惯性导航系统就必须越精确。小小的错误会随着时间的积累而不断放大。导航系统必须考虑诸如地球向东自转之类的各种因素。随着地球的自转，不仅目标会向东移动，导弹的发射点也同样如此。在纬度不同的地区，地面也会以稍微不同的速度旋转。所有这些因素都必须予以精确测量。哪怕导弹的速度仅被错误计算了0.05%，弹头偏离目标的程度也可能达到大约 20 英里。[42]

泰坦 - 2 导弹的发射精确度将在飞行的早期时段确定下来。[43]事情发生的顺序没有给任何错误留下余地。在指挥官和副指挥官转动他们的钥匙 59 秒之后，泰坦 - 2 导弹将从发射井中升起，一开始速度很慢，在打开的发射井井盖上方几乎还会停顿一瞬间，然后向上发射，尾部拖着烈焰。起飞后大约 2 分 30 秒时，在约 47 英里的高度上，推力室（thrust chamber）的压力开关将感应到导弹第一级箱体中的大部分氧化剂已经用完。它将关闭主发动机，引爆爆炸螺栓（staging nut），径直将泰坦 - 2 导弹的第一级抛落地面，并点燃第二级的发动机。大约 3 分钟之后，在约 217 英里的高空中，制导系统将检测到导弹已经达到正确的速度。计算机将会关闭第二级的发动机，然后启动小型游动发动机（vernier engine），以在飞行速度或方向上做出最后的调整。游动发动机将工作约 15 秒，然后计算机会让喷嘴从发动机上分离并点燃爆管（explosive squib），以从第二级上释放鼻锥。当导弹的其余部分渐渐远离时，载有战斗部的鼻锥会继续向上爬升。

226        大约 14 分钟之后，鼻锥将到达最高点（apogee），此时距离地面约为 800 英里。然后它会开始下落，速度迅速增加。它会再下降约 16 分钟，其速度将达到每秒 2.3 万英尺，比高速飞行的子弹要快——是要快很多，约为其 10 ~ 20 倍。[44] 如果所有的事情都按照正确的顺序发生，那么在恰当的时候——准确地说——弹头将在以目标为圆心、半径为 1 英里的圆圈范围内起爆。

除了制造一个精确的制导系统，导弹设计师们还必须确保弹头不会在重返大气层时被烧毁。与弹头尺寸相当的落体以同样的速度坠落时所产生的摩擦力，会使其表面的温度达到大约 15000℉（约为 8315.6℃），[45] 这一温度高于任何金属的熔点。[46] 在"阿特拉斯"导弹的早期型号中，鼻锥——也被称为"再入体"（RV）——中含有一大块金属铜作为散热装置（heat sink）。铜块吸收了热量，并使其远离弹头。但是，铜块也为导弹增加了极大的重量。泰坦 - 2 导弹采用了不同的技术。它的鼻锥增加了一种厚厚的塑料涂层，在重返大气层的过程中，那些塑料涂层被烧蚀——它们被烧焦、熔化然后汽化，并且吸收一部分热量。塑料涂层烧蚀所释放的气体云在鼻锥的前端形成了缓冲区（buffer），这是一种隔热层（insulation），从而进一步降低其温度。

鼻锥不仅能够使战斗部免于受热，它里面还安装武器的保险和引信系统。在上升的阶段，当到达特定高度时，一个气压开关会闭合，使电流能够从热电池流向战斗部。在下降的阶段，一个加速度计会激活热电池并解除弹头的保险。[47]如果弹头已被设置为空爆,当气压开关闭合时,它就会在 1.4 万英尺的空中发生爆炸。[48]如果弹头被设置为在地面爆炸(或者出于某种原因,它的气压开关失灵了),当鼻锥中的压电晶体在与目标相撞而被压碎时,它也会发生爆炸。弹头不会在重返大气层时被汽化,相反,它能够在较长时间内保持较低温度和不受损坏,并足以使它周围几英里内的一切汽化。

三个战略导弹联队被组建起来以部署泰坦 - 2 导弹,每个联队拥有 18 枚,分别位于阿肯色州、堪萨斯州和亚利桑那州。美国空军相信泰坦 - 2 导弹将会比其前任更加可靠。在一开始时,预计 70% ~ 75% 的导弹能击中目标,[49]而随着发射人员经验的积累,这一比例将上升到 90%。[50]全国各地的报纸都在为泰坦 - 2 导弹的面世而欢呼,称它为美国的超级武器,"西方世界的最大撒手锏"。[51]在与苏联的对抗中,这种导弹将扮演双重的、爱国的角色。它能够搭载战略空军司令部最致命的弹头,同时,其稍微改进的版本也可以作为将美国国家航空航天局(NASA)双子座计划的宇航员送入太空的运载火箭。在小石城空军基地,人们对泰坦 - 2 导弹的进入持有紧张的乐观情绪。第一批发射小组成员不得不以硬纸板做的模拟设备进行培训,[52]而且阿肯色州进入运转状态的综合发射场的数目很快就超过了有资格掌管它们的发射小组成员的数目。当导弹进入战备状态时,重要的检查表仍然在编撰和修改的过程中。

本·斯科伦成为第 308 战略导弹联队的现场维护军官,最终监管 6 个泰坦 - 2 导弹综合发射场。他喜欢这项新工作,并且毫不犹豫地穿上作业服与他手下的人一起长时间地工作。瑟西的 373 - 4 号综合发射场也是他管理的场地之一。在那里发生

227

了杀死 53 个人的火灾之后，他是把导弹从发射井中拖出来的小组中的一人。这是一次发人深省的经历。厚厚的黑色尘埃几乎覆盖了一切。但是，梯子的横档上仍然可以看到手印，而工人的身体倒下时在地板上形成的轮廓也清晰可见。斯科伦可以辨认出他们手臂和腿的形状，以及他们死亡时身体的位置，周边满是黑色的尘埃。他们所剩下的就只有这些暗淡的、鬼怪般的轮廓了。

杰夫·肯尼迪火冒三丈。当导弹即将发生爆炸时，他们只是坐在入口小道尽头的黑暗之中，什么也做不了。莫里斯上校说，他们被命令要等待进一步的指令——一段时间之内。其他地方正在做出决定，在没有得到战略空军司令部总部的批准之前，任何事情，强调是任何事情都不许做。莫里斯没有和指挥部分享肯尼迪的最新计划，也没有谁要求听一听。事实上，没有任何人要求在现场的推进剂输送系统工作组成员或者发射小组成员发表应该做什么的意见。

228

肯尼迪认为这是鬼扯。他们就在现场。他们已经准备好要出发。他们拥有需要的所有知识和经验。他们到底是在等什么呢？每多等待一分钟，他们再做这项工作时就要更危险一分。

在晚上 10 点 15 分左右，即事故发生差不多 4 个小时之后，灾难反应部队终于抵达了。但是，部队领导威廉·琼斯在现场没有任何权力——因为到目前为止灾难还未发生。他的那支由 5 辆车组成的车队驶离 65 号高速公路，沿着入口小道停了下来。部队成员从他们的卡车上下来，做了自我介绍，然后开始分发食物和水。

莫里斯上校请求随救护车而来的航空军医（flight surgeon）

唐纳德·P. 米勒（Donald P. Mueller）上尉帮他个忙。米勒此前还从未和灾难反应部队共事过。他 28 岁，当晚恰好在基地医院值班。莫里斯让他和导弹战斗值班小组指挥官马扎罗说说话。莫里斯很担心马扎罗：他看起来情况不太好。他似乎很焦虑且紧张。米勒和马扎罗一起待了约 45 分钟，后者承认很担心他那怀有身孕的妻子。马扎罗希望有人能给他妻子打个电话报声平安。米勒向他保证已经有人联系过他妻子，富勒怀孕的妻子也已经有人联系了。两位夫人都已经知道她们的丈夫是安全的。这个消息让马扎罗感觉好多了，他躺在救护车后面想休息会儿。

布洛克史密斯军士在监督当地居民疏散方面遇到了麻烦。琼斯上校和莫里斯上校会定期坐到他的车里使用无线电通话器与指挥部联系。当他们两人中有人在访问安全警察网（Security Police Net）时，布洛克史密斯的同僚们无法互相联系。此外，他的同僚们还没有当地的地图，而且他们没有一个疏散计划或任何关于如何推进一次疏散的正式指导。布洛克史密斯的卡车里唯一一张地图倒是显示了附近那些泰坦－2 导弹综合发射场的位置，但上面并没有显示任何房屋、农场、学校甚或街道的位置。

导弹潜在危害处理小组指示布洛克史密斯在 374－7 号发射场周边大约方圆 0.75 英里的范围内部署安全警察。两个导弹警报反应小组已处于可供调遣的状态，另有几个移动火力小组（Mobile Fire Team，MFT）也已经从小石城基地出发。这使得布洛克史密斯有了 10 名安全警察来守卫该地区。导弹警报反应小组被训练来保卫泰坦－2 导弹发射场，而移动火力小组则被训练用来防御空军基地免遭破坏和攻击，后者配备的武器包括机枪、榴弹发射器以及 M－16 步枪。移动火力小组——其中绝大部分人从未见过泰坦－2 导弹发射场——将他们的机枪和榴弹发射器留在了小石城。布洛克史密斯在 65 号高速公路上设置了路障，并在 836 号县道和 26 号县道上派驻了安全警察。这两条县道都是土路，从发射场南北两端穿过高速公路。计划派驻到 836 号县道上的警员被迫停在了指定位置之外。他们遇到了一座老木桥，害怕从上面开过会把它压垮。

安全警察（或宪兵）对平民财产并没有法定管辖权，也不能命令任何人疏散。当安全警察们手持手电筒和 M－16 步枪在半夜敲门时，他们发现绝大多数房子都是空的。安格林警长或者州警察早就已经到那里了。少数拒绝离开家园的当地居民大体上可以分为两类：其中一些人比较固执且肆无忌惮，而其他人，比如萨姆·赫托，则是偷偷摸摸地回去。赫托不断地通过乡间小道回到他的农场，去照顾他家的奶牛。

安全警察中队的大约 200 名军官已被召回至小石城空军基地。当听到召回的命令时，唐纳德·V. 格林（Donald V. Green）军士正在一场橄榄球比赛中担任裁判。[53]格林迅速返回家中，换上制服，然后就返回基地报到。他 30 岁出头，在佛罗里达州的奥尔德敦（Old Town）出生和长大，那是盖恩斯维尔（Gainesville）以西约 40 英里外的一个小农村。眼下他和妻子及 6 岁的儿子住在基地里。不管绝大多数人如何看待这份工作，他倒是挺喜欢成为一名宪兵军官的。在战略空军司令部所提供的各种职务中，厨师和宪兵是大家都不想要担任的。他经常觉得，那些从空军的技术学校中退学的家伙将会被分配去当宪兵。但是，这些人之间的战友情谊是相当深厚的，他们的工作既有意思，也很重要——即便很少被人欣赏。

格林是第 308 战略导弹联队负责培训事务的士官。他给导弹警报反应小组教授他们所需要了解的关于泰坦－2 导弹的一切知识。这些小组的任务是护送向发射场运送和从发射场运出的弹头，密切留意弹头往导弹上安装或从上面卸下的过程，以及一旦警报响起就马上做出反应。军官们学会了如何处理反战示威者、破坏者以及各种虚假警报。一只小鸟飞过"醉汉"雷达也会触发警报，然后导弹警报反应小组的一个两人小队必须去现场并搞清楚是什么触发了它们——因为综合发射场并没有在地面上安装监控摄像机。导弹发射小组的人无从知道到底是一只松鼠还是一队苏联突击队员触发了警报。导弹警报反应小组经常在发射场的发射控制中心过夜，用这种"大本营"（home complex）作为监控三四个临近发射场安全状况的基地。

374－7 号发射场就经常被当作大本营，而且格林军士所在小组的一个人在事故发生前几周就指出了那里存在的一个严重的安全漏洞。格林被这个发现惊呆了：仅靠一张信用卡，就可以闯入一个泰坦－2 导弹发射场。在他们向他展示了如何做到这件事之后，格林立即开始申请在 374－7 号发射场进行一次"黑帽行动"（black hat operation）——这是一种突击式的示范，以证明有人可以不被发现就偷偷潜入发射控制中心——的许可。为了测试所辖机构的安保体系，战略空军司令部很早就开始采取这种黑帽行动了。黑帽小组会在轰炸机上安装假炸药，在机场跑道上布撒金属钉子，潜入指挥部然后交给基地指挥官一封信，上面写着："你死定了。"李梅将军很喜欢进行这种测试，然后惩罚那些不能通过测试的军官。[54]在格林得到可以在 374－7 号发射场进行一次黑帽行动的回复之后，他手下的人秘密实施了这次闯入。

在演习当天，格林和他的两名军官，小唐纳德·G. 莫勒斯（Donald G. Mowles，Jr.）和拉里·克劳德（Larry Crowder）通过触发 374-8 号综合发射场——离大马士革镇约有 10 英里，在小得克萨斯镇（Little Texas）——的"醉汉"雷达开始了他们的调虎离山之计。当那里的警报开始响起时，驻守在 374-7 号导弹发射场的导弹警报反应小组接到了电话，然后驱车去看看出了什么问题。格林和他的人迅速赶往大马士革，翻过374-7 号发射场的围栏，小心翼翼地避开了能够触发"醉汉"的雷达波束，然后抵达入口处。格林拿起电话告诉导弹发射小组的指挥官，"怀亚特将军"——一名虚构的高级军官——需要看某本技术手册中的一幅示意图。当发射小组的指挥官正犹豫的时候，格林要求对方报出他的名字，并警告他说将军对他的这种反应会不高兴。指挥官于是说他马上就开始找那幅图。

利用发射小组分神之机，克劳德和莫勒斯用身份证件撬开了外面那扇钢铁大门的锁，跑下楼梯，然后又在几秒钟之内撬开了截留区域的那扇门。两人迅速跑过了发射场中唯一的监控摄像机，但导弹发射小组的人根本就没看电视监控器——他们很可能在寻找那幅技术手册中的示意图——截留区域也没有安装一个麦克风来捕捉闯入行动的声响。

格林跑回到围栏处，从上面爬了过去，然后回到车上，在开出离发射场有一段安全距离之后就停了下来。

克劳德和莫勒斯躲在 6 号防爆门外面，静静地等待着。当导弹警报反应小组在另一个发射场处理完虚假警报并返回的时候，他们被允许重新进入 374-7 号发射场。当小组成员们吵吵嚷嚷地穿过头两扇大门并走下楼梯来到 6 号防爆门的时候，他们突然听到一个声音说道："你们死定了。"

格林手下的一个人拿起挂在墙上的电话然后说道："安全团队的人在 6 号防爆门外面。"

6 号防爆门打开了，接着是 7 号和 8 号。克劳德和莫勒斯走进控制中心，感到非常高兴。

泰坦 -2 导弹发射场外面的门很快就被焊接上了钢板，如此一来，闯入者仅凭信用卡是再也打不开它们了。

开往大马士革镇的过程花了很长时间，因为推进剂输送系统工作组的车队在两个发射场取了装备，停了三次，还老老实实地遵守了限速规定。

"关于此行我有种不好的预感，"空军下士大卫·利文斯顿说道，"今晚会有人死在那里。"

B 小组的其他成员可不喜欢听利文斯顿这么说。他不是那种胆小怯懦或极易紧张的人，相反，他是基地中最随和、最不慌不忙的人之一，甚至有时候他真的是太"不慌不忙"了。因为能够随时随地睡着，他已成为基地中的传奇人物——而且一旦他睡着，几乎不可能叫醒他。在某些早晨，杰夫·肯尼迪不得不猛敲利文斯顿家的房门，朝他大喊并将他从床上拽起来。但没人真的在意，因为一旦他醒过来并保持警觉，利文斯顿工作还是相当努力的。他知道如何解决问题。在空闲的时间里，他会一直摆弄各种机械，如民用波段收音机、割草机引擎、变速箱，以及老式大众甲壳虫汽车，那是他在几年前购买的，彼时刚刚高中毕业。他很喜欢骑摩托车，能够让前轮离地，身体则靠在椅背上，然后就这么骑着兜风。

在之前的夏天，利文斯顿回了趟在俄亥俄州希思（Heath）的家。他家所在的小镇位于该州中部，周边满是玉米地。他爸爸是卡车司机，他妈妈则在附近的空军基地担任文书。他骑着摩托车往返，度过了一个长周末，来回的行程约为 1500 英里。他住在基地外面的一辆加宽拖车里面，并计划向他房东的侄女求婚，但他无法决定是和她一起搬到加利福尼亚，还是和战略空军司令部签约再干四年。利文斯顿认为，离开空军时最难过的事情要算和他那些吵吵嚷嚷的工作伙伴说再见了，他们彼此就像家人一样。

空军下士格雷格·德夫林（Greg Devlin）坐在利文斯顿身边。起初，他认为利文斯顿是在对这糟糕的气氛和死亡的预感开玩笑。但这一点都不好笑。然后，利文斯顿又说了一遍。

"今晚有人要死，我能感觉到。"

德夫林接过话茬："不要拿这种事情开玩笑，不要再谈论这个了。"

德夫林不是很迷信，他只是不喜欢喋喋不休地谈论不好的事情。这项工作本身就充满了各种风险，而且如果要做什么危险的事情，他的态度是：好的，那我们去做吧。谈论它或者想得太多，都没有任何用处。他是那种本能地就朝危险之处跑的人，而不是相反，他也不喜欢一开始就浪费时间去担心所要做的事情。

和利文斯顿一样，德夫林也在俄亥俄州长大，他于 1977 年高中毕业，并于当年加入了空军。德夫林不得不错过了他的高中毕业典礼；它的举办时间在他向空军报到后的第二天。在入伍训练的时候，他才 17 岁。德夫林的父亲和叔伯们都是海军陆战队员，但他被空军吸引，希望成为飞行员或飞机机械师。事与愿违的是，空军决定让他成为泰坦 – 2 导弹推进剂输送系统的一名技师。在培训学校的时候，他疯狂地想念高中时的女朋友安妮特·布坎南（Annette Buchanan）。在她母亲的祝福下，他俩很快就结婚了，而且安妮特跟随他来到了阿肯色州，当时她才16岁。这对新婚夫妻一开始住在一辆小拖车上，当德夫林19岁的时候，他们凑齐了第一栋住宅的首付款。这栋宅子位于杰克逊维尔（Jacksonville），离小石城空军基地不远。他的朋友们不喜欢在宿舍开派对，因为他们老得担心宿舍管理员和宿舍门卫。如此一来，德夫林家的宅子几乎每个周末都会举办派对。每次派对都会喝掉不少酒，而且如果派对开始有点不受控制时，德夫林知道如何应对。他很友善且彬彬有礼，脾气也很温和。他还是一位金手套拳击手，这一点就像他父亲和叔伯以及一位祖父辈长辈那样。德夫林在当地的健身房进行训练，他作为一名次中量级拳击手参加比赛，并在最近取得了五次直接击倒对手的胜绩。当他要求人们在派对上安静下来的时候，他们一般都能够做到。

在小石城的指挥部，一份检查表正在慢慢成形。其中的每一个步骤都需要在导弹潜在危害处理网络上进行讨论，然后再由莱维特将军批准。在听取了K小队和网络上所有人的建议之后，莫泽上校代表他的小组发了言。在晚上11点左右，大家似乎达成了共识，莫泽上校大声宣读了最新的计划：

1. 一位穿着火箭燃料处理者服装设备的空军士兵携带一台便携式蒸气探测器靠近发射井的某个排气孔，然后将探测器的探头放置在从排气孔中升起的白色云雾里，测量燃料蒸气的浓度。这次测量将使他们了解进入发射井是否安全。在18000ppm的浓度水平下，作业服会开始熔化。达到 20000ppm 时，燃料蒸气可以经由空气运动产生的摩擦就自发燃烧，而不用暴露在电火花或火焰之下。在此种浓度之下，你的手划过燃料蒸气，就可以将其点燃。便携式蒸气探测器——它是一个蓝色的长方形钢铁盒子，重约 12 磅，其上方有一个圆形测量仪——并不是执行此项任务的理想工具。当蒸气浓度达到最大值 250ppm 时，它就会"爆表"（peg out）并关掉。但是，它是他们眼下所拥有的最好工具。

2. 如果从排气竖井中升起的燃料蒸气浓度低于 200ppm，几名身着作业服的空军士兵将通过入口处进入综合发射场。导弹潜在危害处理网络上的所有人一致认为，逃生通道太狭窄，以至于身着作业服的人很难从中通过。

3. 在通过外面的两扇门之后，空军士兵们将利用便携式液压泵打开 6 号和 7 号防爆门。利用电力打开防爆门可能产生电火花。

4. 然后，这些空军士兵进入防爆区并查看蒸气探测器上的读数。该装置可以告诉他们发射井中的蒸气浓度。如果蒸气浓度低于 200ppm，这些人将打开 9 号防爆门，沿着过道进入发射井，之后再排空导弹第一级的燃料箱。

5. 这些空军士兵会随身带一个便携式蒸气探测器。如果在前面四个步骤中的任何一处测到的蒸气浓度超过了 200ppm，这些人需要尽快离开发射场，而让打开的那些门敞开着。

235　　　斯科伦上校对该计划中的一部分不太满意。他担心发射井中一直在上升的温度，氧化剂箱体因为受热而破裂的风险，以及可能随之而来的猛烈爆炸。在与推进剂输送系统工作组进行户外作业时，他就见识过氧化剂对温度的细微升高有多敏感。在阿肯色州某发射场的一个寒冷的晴日里，氧化剂软管的不锈钢网眼仅仅是被置于阳光之下，其温度也能够升高至足以炸飞一个人偶。他认为，在不知道导弹内部箱体压力的情形下进入发射井是愚蠢的行为。不值得冒这样的风险。它会使这些年轻人身处危险之中。在过去的那些年岁里，他发现战略空军司令部中的某些人把维护人员和推进剂输送系统工作人员当成了消耗品。

斯科伦在危害处理网络上建议道，首先应该让两名空军士兵进入发射控制中心，查看推进剂箱体压力监测装置，并打开排气扇以清除发射井中的燃料蒸气。之后他们可以随时进入发射井。

莱维特将军不赞成这个建议。"斯科伦，闭嘴，不要告诉别人该做什么，"他不耐烦地说道，"我们正在努力弄清楚这件事情。"[55]

"好的，将军，"斯科伦回答道，"你明白了吗，莫泽？"[56]

这是个尴尬的时刻。没有人愿意听到战略空军司令部的泰坦－2导弹顶尖专家之一被告知要闭嘴。

不久之后，马丁·玛丽埃塔公司的副总裁查尔斯·E.卡纳汉（Charles E. Carnahan）发话了，他一直在安静地听着他们的讨论。

"小石城，这里是马丁－丹佛（Martin-Denver），"卡纳汉说，"你对我们在这件事情上的判断感兴趣吗？"

莱维特告诉他，当然有兴趣，请讲。

"如果是我们，我们会认真考虑在几个小时之内都不要进入发射井区域。"

卡纳汉被问道他指的是发射井还是整个综合发射场。

"我说的是综合发射场，"卡纳汉说，"完全有可能泄漏仍在继续发生。我们的判断是，当泄漏持续时，发射井和周边区域的蒸气含量会继续上升。随着蒸气含量上升，单元推进剂爆炸的可能性也会升高。一旦泄漏完了，如果还没有发生爆炸，我们的判断是该区域的蒸气含量将会下降。我们不明白的是，及早进入发射场或在某一时刻及时进入发射场将分别获得何种收益。"[57]

在就应该做什么进行了几个小时的争论之后，导弹潜在危害处理小组现在不得不考虑制造该型号导弹的公司的建议：什么都不做。

一小群记者站在 65 号高速公路边上，看着空军的卡车先后抵达。此时是晚上 11 点 30 分左右，西德·金对突然出现的空军人员和装备印象深刻。当宪兵试图让新闻媒体人员离开入口小道时，当地电视台的人将灯光和摄像机都对准了那些车辆。离高速公路约 30 英尺远的一道防畜栏被当成了禁止平民穿越的线。记者们大声嚷嚷的问题被置之不理。随灾难反应部队一同抵达的公关事务官员约瑟夫·W.科顿（Joseph W. Cotton）军士已经告诉媒体说这里发生了燃料泄漏并已经控制住了。科顿拒绝透露更多消息。他给记者们留了战略空军司令部奥马哈总部的电话，以防他们有其他更进一步的问题。

金和他的朋友汤姆·菲利普斯在考虑要不要偷偷靠近发射场，看看到底发生了什么。金认识拉尔夫和里芭·乔·帕里什夫妇，这对夫妻拥有位于导弹发射场北边的农场。虽然帕里什夫妇已被疏散，但金肯定他们不会介意自己进入他们的领地并穿过农场向西朝发射井行进。金和菲利普斯悄悄地讨论了这个计划，自信他们不会被人抓住。那边漆黑一片。但是，他们也在想如果自己被抓住了会发生什么——然后决定暂时按兵不动。

推进剂输送系统工作组 B 小组的人在通往发射场的路上刚过防畜栏的地方卸下了装备，靠着微弱的手电筒光来给自己照明。电视台的人倒是有更明亮的灯光照着。

当火箭燃料处理者服装设备和头盔被取出来时，西德·金心想，啊，那些东西看起来就像太空服。他也对那些空军士兵看起来有多年轻而感到震惊。他曾期盼会看到许多头发灰白的科学家和高级空军官员来这里修导弹。然而，这些人比他自己还要年轻，他们都还是孩子。

一旦那些作业服被摆开，空气包充好气，以及一切都准备就绪，汉森军士走到了莫里斯上校身边。他告诉莫里斯有几个人将会通过入口处进入发射井。

莫里斯还没有听到过任何有关再次进入发射场的计划。

"喂，等一下，"莫里斯说，"在我接到指示之前，我们什么也不要做。"

莫里斯打开无线电通话器连接到指挥部，然后问道，有什么计划吗？他被告知继续待命，他们仍然在想办法。

莫泽上校问战略空军司令部总部，他们是否应该听从马丁·玛丽埃塔公司的意见。

莱维特将军说："好吧，让我们仔细研究一下这里都发生了些什么吧。"

大约半小时前，莱维特给身在温泉镇的州长克林顿打了个电话。他们的谈话很简短，也很有礼貌。他告诉克林顿有个小组正准备重新进入发射场，形势也在控制之下。克林顿感谢他提供了最新的情况说明，然后就去睡觉了。

但是，莱维特已经改变主意。他决定，在派人靠近导弹之前，他们应该等待并让燃料蒸气消散。他要求危害处理网络上的所有人来讨论 374 - 7 号发射场都发生了些什么，从套筒掉落那一刻开始。

杰夫·肯尼迪躺在一个小山丘顶上的草地上，推进剂输送系统工作组 B 小组成员赛拉斯·斯潘（Silas Spann）坐在他身旁。斯潘是少数从事导弹维护工作的非洲裔美国人之一，他在阿肯色州的这个乡下地区相当扎眼。每当他走进当地的商店时，人们看起来都很惊讶。肯尼迪和斯潘能够看见山下的发射场。一团厚厚的白色云雾依然在从排气孔中升腾。他们两人都在想，如果导弹爆炸的话接下来会发生什么。那些防爆门和沉重的发射井井盖抵挡得住吗？它们是否可以挡住冲击波？两人都同意防爆门抵挡得住。他们对那些巨大的门有信心。这是一个温暖而美丽的夜晚，天空中繁星密布，还有阵阵微风拂过。

唐纳德·格林在小石城空军基地守卫武器存储区，午夜时分新来了一队安全警察过来换班。格林被告知他可以回家了。在离开之前，他在中央安全控制中心停留了一下，想看看是否有人需要帮助。他碰到了另一名安全警察，吉米·罗伯茨军士，后者来此也抱着和他相同的目的。罗伯茨工作的地方与格林相距一个大厅，他们两人是很要好的朋友。他们都觉得自己很有用；这真是个忙碌的夜晚。第三名安全警察走进办公室并要求获得一张地图。此人本应该护送一辆装有一台全地形叉车（铲车，forklift）的平板货车去 374 - 7 号综合发射场，但不知道那里该怎么走。这项工作听起来相当紧急：他们需要这台叉车把所有轻型物体运到发射场，这样一来推进剂输送系统工作组就可以看看他们能够做什么。

格林和罗伯茨说他们很乐意护送这辆平板货车。他们知道路怎么走并且能够很快将叉车送到那里。于是他们没有回家并上床休息，而是跳上一辆皮卡，然后朝大马士革开去。

莫泽上校离开了导弹潜在危害处理网络，并使用安全警察网络直接与莫里斯对话。此时已经是第二天的凌晨 1 点了，终于做出了一个决定。他告诉莫里斯应该让三名空军士兵穿上作业服。一份检查表已经准备妥当，莫泽希望莫里斯能够逐字逐句地抄写下来。

莫里斯坐在布洛克史密斯卡车的前排座位上，拿起纸和铅笔，抄下了那些指示。

这其实就是指挥部两个小时前所准备的那张检查表，只不过燃料蒸气浓度的限值从 200ppm 提高到了 250ppm。

莫里斯花了 15 分钟时间仔细聆听，并一字不差地写下了莫泽所说的话。当他们结束的时候，莫泽停顿了下来，告诉他先待命，然后就结束了无线电通话。

莫里斯坐在卡车上等着。20 分钟之后，莫泽上校再次接通了无线电通话器。这次计划略微有变：身着作业服的两位空军士兵不是进入发射井，而应进入控制中心。

莫泽强调，两位空军士兵应该避免穿过任何有燃料蒸气弥漫的地方。他不想让任何人受伤。此外，他还传达了莱维特将军的指示，即没有战略空军司令部总部的许可，不得开启或者关闭任何电气开关。

莫里斯上校离开了卡车，召集推进剂输送系统工作组 B 小组的成员，并向他们宣读了最终的检查表。他仔细读了每一个步骤，然后说道，我们不想有人在那里逞英雄。我们只做这张纸上写的内容，这就够了，然后我们所有人都要返回。

杰夫·肯尼迪说："上校，这不现实。"肯尼迪不敢相信这就是全部计划。这简直是疯了。让人经由入口处而不是逃生通道进入发射场内部完全没有任何意义。通过入口处进入是一条更加危险的线路。如果你通过逃生通道进入控制中心，这个过程会更快捷且直接，而且不必用该死的手动泵来打开任何防爆门。如果你通过逃生通道进入控制中心，你会得到那些防爆门的保护，而不是受到它们的阻碍。此外，逃生通道位于发射场导弹所在位置的相反一侧，入口处离导弹更近。为什么要让人去那里？当然，这一路上的每一步你都将必须抽样检测燃料蒸气的浓度；这一路上的每一步你都将身处危险之中。为了抵达控制中心，这些人必须穿过防爆区——那里 6 个小时之前就已经充满燃料蒸气了，当时推进剂输送系统工作组 A 小组的人将防爆门打开了一道小缝隙，往里偷瞄了一眼，然后就不得不赶紧关上。为什么要派人走那条最长、最危险，且最有可能被污染了的路线呢？肯尼迪认为，这个检查表肯定是由某个从未踏足过泰坦－2 综合发射场的人所写的。肯尼迪辩称，你当然可以让一个身着作业服的人穿过逃生通道。他刚刚就穿过了逃生通道，所以他应该是知道这一点的。

240　　　莫里斯说，肯尼迪，这就是全部计划。这就是上方传下来的计划，情况就是这样。讨论到此为止。

汉森军士已经挑选好三个要进入这个发射场的人，以及另外三个身着作业服在入口小道的半路上等候的人，后面三人作为后备力量。肯尼迪不是其中之一。肯尼迪和汉森不太合得来。汉森希望肯尼迪已经同 A 小组的其他人一起返回了基地。作为小组组长，汉森负责这项行动。他不认为可以身着作业服从逃生通道中穿过。他喜欢这份检查表，而如果肯尼迪不喜欢的话，那就太糟糕了。

大卫·利文斯顿、格雷格·德夫林和来自堪萨斯州的农场男孩雷克斯·哈克勒（Rex Hukle）一起爬上了一辆皮卡的后车厢，身着他们的作业服。莫里斯上校坐到了皮卡的前排座位上，与他一起的还有汉森和第 308 战略导弹联队现场维护支队的主管乔治·肖特（George Short）上尉。在皮卡朝着发射场的小道开去之前，杰夫·肯尼迪也跳上了车的后车厢。

在大门之外，利文斯顿、德夫林和哈克勒通过抽签来决定谁第一个进去。在燃料蒸气正从排气孔源源不断地涌出时，独自一个人走到那边似乎是一件需要极大勇气的事情。他们三个人都愿意去，但抽签感觉是做出决定的最好方式。

大卫·利文斯顿抽中了最短的那支签。

在任何人进入发射场之前，必须在周边围栏上开个大洞。大门依然紧锁着，没人有钥匙，而穿着作业服翻越围栏很可能把它弄坏。莫里斯、汉森和肖特用断线钳花了约 15 分钟时间在围栏上剪开了一个大洞。凌晨 2 点时，他们完成了这项工作。利文斯顿戴上了头盔，拿上空气包，做好了进入的准备。虽然空气包被设计用来保存足够消耗 1 个小时的空气量，但指挥部已经发出指示，说它只能使用半个小时。这些空气包被认为是不可靠的，而在厚厚的燃料蒸气云雾中耗尽了空气能够置人于死地。

汉森和莫里斯又坐回到皮卡的前座上。莫里斯将通过安全警察网络与指挥部保持联系，而汉森则利用发射场的无线电网络与利文斯顿进行通话。这两个无线电系统是不兼容的。如果241 莱维特将军想向利文斯顿下达一道命令，莱维特需要先告诉莫泽，然后由莫泽告诉莫里斯，后者再告诉汉森，最后再由汉森告诉利文斯顿。虽然汉森带了一个中继器来加强信号，但发射场的无线电信号接收能力还是不太稳定。

携带着手电筒和一个蒸气探测器，利文斯顿穿过了围栏上的大洞。他看见一团白色蒸气云雾从发射井的那些排气孔中不断涌出，就像水汽从煮开了的水壶中冒出来那样。他走进发射场，穿过硬质地面旁边的砾石，接近了其中一个排气孔。汉森曾告诉他要让蒸气探测器尽可能地接近云雾，但又不要让自己在风向改变时被云雾包围。利文斯顿将探测器置于云雾之中，测量仪上的指针一直朝右偏转。

利文斯顿报告说，便携式蒸气探测器已经爆表了。

汉森将这一消息告诉了莫里斯，后者通知了指挥部。该消息很快就被危害处理网络上的所有人获悉。

斯科伦上校认为任务已经结束了——探测器已经爆表。

汉森军士告诉利文斯顿，让他把手放在排气孔上方，尝试去感知蒸气的温度。汉森曾打算要从基地中带来一支温度计，但忘记拿了。

斯科伦一直期待着网络上能够有人下令取消这次行动，让这个男孩平安回车里。他不明白为什么他们要在凌晨 2 点的时候将人派往发射场。他们等着做些事情已经超过 7 个小时了，而现在看起来已经太迟了。

利文斯顿把手放在金属隔栅上。他能够透过手套感受到热量。

莫里斯上校告诉指挥部，他准备把利文斯顿叫回来。

利文斯顿从发射场回来了，他脱下头盔，然后靠在皮卡的车身上。

他说："那里热得要命。"[58]

在指挥部里，K 小队的成员们认为这次任务已经结束。燃料蒸气没有消散——像马丁·玛丽埃塔公司的人曾说的那样——而且便携式蒸气探测器无法显示其真正的浓度水平。它的浓度至少已经达到 250ppm，这是每个人都同意的最低数值。战略空军司令部总部的人命令德夫林和哈克勒进入发射场。

两人戴上头盔，然后拿上了他们的装备和空气包。他们携带的装备比利文斯顿多得多。德夫林和哈克勒两人拿了一个便携式蒸气探测器、几支手电筒、一个液压手泵，以及一个工具包，包里装着螺丝刀、月牙扳手（Crescent wrench）和老虎钳。他们还带了几根撬棍。

外面的钢铁大门和截留区域底部的大门都被锁上了——而且再也不能用信用卡打开了。德夫林和哈克勒将不得不用撬棍破门而入。没有人知道这将有多困难，因为此前还没有人这么干过。

这两名年轻的空军士兵身穿作业服，拿着他们的手电筒、撬棍和其他工具，穿过了围栏上的那个洞。

**注释**

1. Interview with Colonel John T. Moser.
2. 关于这种棘手但基本的流程的诸多细节，可参见 Richard K. Smith, *Seventy-Five Years of Inflight Refueling：Highlights，1923 – 1998*

（Washington, D. C. : Air Force History and Museums Program, 1998）, pp. 38 – 9。

3. Interview with General Lloyd R. Leavitt.

4. Cited in Lloyd R. Leavitt, *Following the Flag: An Air Force Officer Provides an Eyewitness View of Major Events and Policies During the Cold War* (Maxwell Air Force Base, AL: Air University Press, 2010), p. 57.

5. Ibid. , p. 175.

6. See ibid. , p. 185.

7. Moser interview.

8. Interview with Colonel Ben G. Scallorn.

9. 大约使用了 2255 吨钢铁。Cited in Stumpf, *Titan II*, p. 112.

10. 大约使用了 7240 立方码混凝土，1 立方码混凝土重约 2 吨。Cited in ibid.

11．"齐头并进"的巨大优势在于它可以快速研发新的武器系统；它的主要劣势在于这些武器往往不甚可靠，甚至无法正常运作。See Stephen Johnson, *The United States Air Force and the Culture of Innovation: 1945 – 1965* (Washington, D. C. : Air Force History and Museums Program, 2002), pp. 19 – 22, 89 – 94.

12. 关于发射井及综合发射场如何建造的细节问题，可参见 Joe Alex Morris, "Eighteen Angry Men: The Hard-Driving Colonels Who Work Against Crucial Deadlines to Ready Our Missile Launching Sites," *Saturday Evening Post*, January 13, 1962; John C. Lonnquest and David F. Winkler, *To Defend and Deter: The Legacy of the United States Cold War Missile Program* (Washington, D. C. : Department of Defense, Legacy Resource Management Program, Cold War Project, 1996), pp. 77 – 88; and Stumpf, *Titan II*, pp. 99 – 127。

13. 驻守迈诺特空军基地的第 91 战略导弹联队的那些发射场散布在 8500 平方英里的范围内，这一面积约占北达科他州面积的 12%；而驻守马姆斯特罗姆空军基地的第 341 战略导弹联队的发射场则散布在蒙大拿州 23500 平方英里的土地上。See "Fact Sheet," 91st Missile Wing—Minot Air Force Base, April 14, 2011; and "Fact Sheet," 341st Missile Wing—Malmstrom Air Force Base, August 2,

2010.

14. Cited in "History of Air Research and Development Command, July – December 1960" Volume III, Historical Division, Air Research & Development Command, United States Air Force (n. d.), (SECRET/ RESTRICTED DATA/declassified), p. 19.

15. Quoted in "USAF Ballistic Missile Programs, 1962 – 1964," Bernard C. Nalty, USAF Historical Division Liaison Office, April 1966 (TOP SECRET/declassified), NSA, p. 47.

16. 关于这枚命途多舛的导弹的精彩描述，可参见 Kenneth P. Werrell, *The Evolution of the Cruise Missile* (Maxwell Air Force Base, AL: Air University Press, 1985), pp. 82 – 96。

17. 更重要的是，只有1/3的"蛇鲨"导弹能够飞离地面。See ibid. , pp. 95 – 96.

18. 关于这枚失控导弹的故事，可参见 J. P. Anderson, "The Day They Lost the Snark," *Air Force Magazine*, December 2004, pp. 78 – 80。

19. 虽然这种导弹的射程很短，但它的性能相当可靠，以至于美国国家航空航天局将其用来把第一位宇航员送入了太空。See "History of the Redstone Missile System," John W. Bullard, Historical Division, Army Missile Command, AMC 23 M, October 15, 1965.

20. 鲍勃·佩里弗伊告诉了我"红石"导弹弹头当量与其射程的不匹配性。

21. 关于"雷神"导弹的技术和操作细节，可参见 Stephen Twigge and Len Scott, *Planning Armageddon: Britain, the United States and the Command of Western Nuclear Forces, 1945 – 1964* (Amsterdam: Harwood Academic Publishers, 2000), pp. 109 – 12。

22. Ibid. , p. 111.

23. 对"雷神"导弹和"朱庇特"导弹（这是美国为其北约盟国提供的一种中程导弹）固有缺陷的出色总结，可参见 Philip Nash, *The Other Missiles of October: Eisenhower, Kennedy, and the Jupiters, 1957 – 1963* (Chapel Hill, NC: University of North Carolina, 1997), pp. 80 – 85。

24. 关于"阿特拉斯"项目的权威论述，可参见该项目管理人员之一与他人共同撰写的一部著作：Chuck Walker, with Joel Powell,

*ATLAS*：*The Ultimate Weapon by Those Who Built It*（Ontario，Canada：
Apogee Books Production，2005）。

25. 关于"阿特拉斯"导弹和"泰坦"导弹推进剂的危险性的描述，
可参见 Charlie Simpson，"LOX and RP1—Fire Waiting to Happen，"
*Association of Air Force Missileers Newsletter*，vol. 14，no. 3
（September 3，2006）。这篇文章的作者辛普森上校是美国空军协
会的执行主任，且从事于泰坦 – 1 导弹相关的工作。

26. Cited in Walker，*ATLAS*，Appendix D，p. 281.

27. 空军系统司令部弹道系统司（Ballistic Systems Division，Air Force
Systems Command）司长托马斯·P. 格里蒂（Thomas P. Gerrity）
慷慨地提供了这一估计值。另一名军官则乐观地预测，"阿特拉
斯"的可靠性将达到 85%。相反，所有这些导弹都在几年之内就
被停用并退出现役了。对可靠性的诸般估计，可参见"Missile
Procurement，Air Force，"pp. 529 – 30。

28. See Jacob Neufeld，*The Development of Ballistic Missiles in the United
States Air Force，1945 – 1960*（Washington，D. C.：Office of Air
Force History，1990），p. 216.

29. 关于此事故的更多细节信息，可参见 Stumpf，*Titan II*，pp. 23 –
26。

30. 这枚导弹满载了推进剂。

31. 在去世之前几个月，夸尔斯遭到专栏作家约瑟夫·艾尔索普
（Joseph Alsop）的猛烈抨击，因为前者反对新的导弹计划并让美
国在此方面落后于苏联。See Joseph Alsop，"Mister Missile Gap，"
*Washington Post*，April 24，1959.

32. 我对弹道导弹制导系统的描述基于：半个多世纪前发表的一篇极
好的杂志文章，Maya Pines，"The Magic Carpet of Inertial
Guidance，"*Harper's*，March 1962；泰坦 – 2 导弹发射人员的一份训
练手册，"Missile Launch/Missile Officer（LGM – 25）：Missile
Systems，"Student Study Guide 3OBR1821F/3121F – V1 through 4，
Volume I of II，Department of Missile and Space Training，Sheppard
Technical Training Center，September 1968；以及一本关于导弹如何
击中目标的出色著作，Donald MacKenzie，*Inventing Accuracy：A
Historical Sociology of Nuclear Missile Guidance*（Cambridge，MA：MIT

Press，1993）。

33. 在助推器阶段（booster phase），泰坦－2 导弹第一级发动机的工作时间约为 165 秒；在主发动机阶段（sustainer phase），第二级发动机的工作时间约为 125 秒；在游动发动机阶段（Vernier Stage），两台小型固体推进剂发动机的工作时间约为 10 秒。See "Missile Launch/Missile Officer（LGM－25），" p. 3.

34. Cited in MacKenzie, *Inventing Accuracy*, p. 122.

35. See ibid. , pp. 159－61, 206－7; Edwards, *Closed World*, pp. 63－65.

36. See MacKenzie, *Inventing Accuracy*, p. 207. 1965 年，五角大楼购买了 72% 的集成电路，其中被用于军事应用的比例直到 1967 年才下降到一半。See Table 6 in Gregory Hooks, "The Rise of the Pentagon and U. S. State Building: The Defense Program as Industrial Policy," *American Journal of Sociology*, vol. 96, no. 2（September 1990），p. 389.

37. 这是个粗略的估计，仅是为了简单起见。泰坦－2 导弹上搭载的制导计算机能够存储 100224 个二进制位。它们都被存储在由 58 条轨道组装成的磁鼓存储器上。每条轨道都能存储包含 27 个二进制位的 64 个字（或"字节"）。为了便于比较，我将 27 位字节转换成了今天更加常用的 8 位字节。通过这种转换，泰坦－2 导弹计算机的内存约为 12.5 千字节。关于计算机的规格，可参见 "Missile Launch/Missile Officer（LGM－25），" p. 24。我很感谢查克·彭森（Chuck Penson）、鲍勃·佩里弗伊、理查德·佩里弗伊和史蒂夫·佩里弗伊帮我进行了这些计算。

38. 现在，很多智能手机都有 64 兆字节的内存。1 兆字节约等于 100 万千字节（实际上为 1048576KB）。泰坦－2 导弹计算机的 12.5 千字节的内存与智能手机的 64 千字节内存的比较是不准确的。不过，它仍然表达了很重要的一点：即便是泰坦－2 导弹上初期的计算设备，它也能够引导核弹头以相当准确的方式击中世界上半数的目标。

39. 关于纳粹在这个领域的努力，参见 MacKenzie, *Inventing Accuracy*, pp. 44－60。

40. 在"回形针行动"中，在研发 V－2 火箭制导系统方面发挥了重要作用的瓦尔特·霍伊瑟曼博士（Dr. Walter Haeussermann）被带到了美国，并与其前雇主韦恩赫尔·冯·布劳恩聚首。霍伊瑟曼之后从事了与"红石"导弹和"朱庇特"导弹制导系统相关的工作，后来离开陆军去了美国国家航空航天局，接着领导了马歇尔太空中心（Marshall Space Center）的宇航电子学实验室（Astronics Laboratory），帮助设计了引导美国宇航员安全抵达月球的导航设备。See Dennis Hevesi, "Walter Hauessermann, Rocket Scientist, Dies at 96," *New York Times*, December 17, 2010.

41. See MacKenzie, *Inventing Accuracy*, p. 131.

42. 在泰坦 – 2 导弹弹头重返大气层的最后 15 分钟，它的速度为每小时 1.6 万英里。在这 15 分钟里，它可以覆盖 4000 英里的距离。0.05% 的测量误差会让其行进距离增加或减少约 20 英里。关于重返大气层的速度，可参见 Penson, *Titan II Handbook*, p. 169。玛雅·派因斯（Maya Pines）在《惯性制导的魔毯》（Magic Carpet of Inertial Guidance）一文中进行了类似的计算，但结果有些不同。

43. 我对泰坦 – 2 导弹的发射、弹道和飞行的描述基于以下文献：Penson, *Titan II Handbook*, pp. 118 – 39, 169; Stumpf, *Titan II*, pp. 177 – 78; and "Final Titan II Operational Data Summary," Rev 3, TRW Space Technology Laboratories, September 1964, p. 3 – 1。在这些文献中，其中一些数字略有不同。例如，查克·彭森说，转动钥匙之后，导弹会在 58 秒后开始上升，大卫·斯顿夫则说是 59.2 秒。我试图给出泰坦 – 2 导弹的发射过程展开的要点。彭森的说法尤其生动和详细。

44. 每小时行进 1.6 万英里的物体，其一秒可以行进 4.44 英里，即大约 23467 英尺。从普通手枪中射出的子弹，在 50 码的距离内，其速度为每秒 800 英尺至 1200 英尺。步枪子弹的速度更快，可高达每秒 4000 英尺。

45. 尽管可能短暂地遇到这么高的温度，但弹头下落时其前方产生的强大的冲击波会在大气中消散大量的热量。Cited in "Ballistic Missile Staff Course Study Guide," 4315th Combat Crew Training Squadron, Strategic Air Command, Vandenberg Air Force Base, July 1, 1980, p. 3 – 1.

46. 钨的熔点是最高的，为 6170℉（约为 3410℃）。Cited in Stumpf,

*Titan II*, p. 56.

47. 我从一位从事 W‑53 弹头相关工作的武器设计师那里得知了这些细节信息。

48. Cited in Penson, *Titan II Handbook*, p. 135.

49. Cited in "Missile Procurement," p. 532.

50. Cited in ibid.

51. "Nuclear 'Guns' Ready, Aimed at Likely Foes," *Los Angeles Times*, June 22, 1964.

52. 关于第一批成员中的某些人所面临的挑战，可参见 Grant E. Secrist, "A Perspective on Crew Duty in the Early Days, the 308th SMW," *Association of Air Force Missileers Newsletter*, vol. 13, no. 4, December 2005, pp. 4–6。

53. Interview with Donald V. Green.

54. 这在电影《战略空军》和《生活》杂志关于李梅的文章《西方世界最坚忍不拔的警察》中有重点展现。作家和历史学家詹姆斯·卡罗尔（James Carroll）描述了他的父亲，五角大楼一位高级安全官员，作为与之进行友好对抗的一部分，花了数年时间尝试针对李梅采取"虚假破坏"（faux sabotage）的行为。See James Carroll, *House of War: The Pentagon and the Disastrous Rise of American Power* (Boston: Mariner Books, 2006), pp. 214–19.

55. Quoted in Scallorn interview and Moser interview.

56. Quoted in ibid.

57. 导弹潜在危害处理网络上的讨论都用磁带录了下来，后来据此整理出了一份三卷本的事故报告。卡纳汉那什么也不做的建议是这份报告中唯一直接引用的话。这个引用很长，并且是逐字逐句的——它免除了马丁·玛丽埃塔公司对后来出现的错误的责任。这份录音是在马丁‑丹佛进行的。See "Report, Major Missile Accident, Titan II Complex 374–7," Testimony of Charles E. Carnahan, Tab U–11, pp. 1–2.

58. Quoted in "Report, Major Missile Accident, Titan II Complex 374–7," Kennedy statement, Tab U–46, p. 10.

# 第四部分
# 失去控制

# 斩首打击

1961 年 1 月 23 日，一架 B - 52 轰炸机从北卡罗来纳州戈尔兹伯勒（Goldsboro）的西摩·约翰逊空军基地（Seymour Johnson Air Force Base）起飞，执行一次空中警戒任务。[1]它的飞行计划是沿着美国东海岸的远距离环形飞行。在第一圈飞行快结束的时候，B - 52 轰炸机比预定时间提前几分钟遇到了加油机，并进行空中加油。在第二圈结束的时候，由于已经在空中飞行了超过 10 个小时，轰炸机再次进行了空中加油。此时已接近午夜时分。在漆黑的夜空之中，加油机的加油杆操作员注意到 B - 52 轰炸机的右翼发生了燃油泄漏。从漏油口喷射出的燃油很快就在飞机身后形成了一道宽阔的羽流（wide plume），2分钟之内，大约 4 万加仑喷气燃料就从机翼中喷涌而出。位于西摩·约翰逊空军基地的指挥部告诉轰炸机飞行员沃尔特·S. 塔洛克（Walter S. Tulloch）少校，让他把剩余的燃油倾泻到海中，并准备进行紧急降落。但是，燃油没法从左翼中排出，这造成了轰炸机重量失衡。在大约 0 点 30 分的时候，随着襟翼和起落架放下，B - 52 进入了尾旋失控状态。

当飞机在大约 1 万英尺的高空开始解体时，塔洛克少校听到了一声巨大的爆炸声响并命令机组成员跳伞。其中四人安全地弹射逃生，包括塔洛克本人。亚当·C. 马托克斯（Adam C. Mattocks）中尉在轰炸机机腹朝天的时候，从应急出口跳伞逃生，得以幸存。[2]尤金·谢尔顿（Eugene Shelton）少校也弹射逃

246 生，但头部遭受了致命伤害。雷达领航员尤金·H. 理查德斯
（Eugene H. Richards）少校和技术军士弗朗西斯·R. 巴尼什
（Francis R. Barnish）则在坠机中身亡。

这架 B－52 轰炸机搭载了两枚马克 39 氢弹，爆炸当量均为
400 万吨。在飞机尾旋向下掉落时，离心力拉动了炸弹舱内的
一根系索。这根系索连接在投弹器上。当系索被拉扯时，其中
一枚氢弹上的所有防松栓被扯了出来。这枚马克 39 氢弹从飞机
上掉了出去。那些引信保险丝（arming wire）也被拉了出来，
就好像机组人员在目标上空故意投弹一样，氢弹随即做出反应。
脉冲发生器（pulse generator）激活了低压热电池。减速伞
（drogue parachute）打开，然后主伞也打开。气压开关闭合。计
时器走完，激活高压热电池。此后氢弹撞到地面，鼻锥内部的
压电晶体被压碎。它们发出了发火信号，但氢弹并没有被引爆。

所有的安全装置都失效了，除了其中一个：驾驶舱中的就
绪（安全）开关（ready/safe switch）。当氢弹掉下来的时候，
这个开关处于 SAFE 位置。如果开关被设置为 GROUND 位置或
AIR 位置，X 单元就会通电，从而触发那些雷管，接着热核武
器就将在北卡罗来纳州法罗（Faro）附近的某个地方发生爆炸。
当空军人员在那天早上的晚些时候发现马克 39 时，它正人畜无
害地插在地面上，鼻锥先着地，降落伞则挂在附近一棵树的树
枝上。

另一枚马克 39 垂直下落，落在了老爷子路（Big Daddy's
Road）旁边的一个草甸上，那里离纳洪塔沼泽（Nahunta
Swamp）不远。它的降落伞没能打开。氢弹中的高爆炸药也没
有被引爆，主要部分基本没有遭到损坏。但是，这枚氢弹中的
次要部分，浓缩铀，则扎入那片潮湿之地 70 多英尺的深处。一

个回收小队（recovery team）在那里挖掘了好几个星期，但也没能找到它。

美国空军向公众保证说，这两枚武器都没有被解除保险，因此并没有发生核爆炸的任何风险。[3]那些言论具有误导性。安装在战略空军司令部所有轰炸机中的 T - 249 监控箱和就绪（安全）开关，已经在桑迪亚引起了关注。[4]这种开关在操作时只需要极短时间的低电压信号，而当满是电子设备的 B - 52 在空中解体时，一根散线或一次短路就能轻而易举地提供那种信号。

在北卡罗来纳事故一年之后，战略空军司令部的一名地勤人员在从一架 B - 47 轰炸机中移除四枚马克 28 时，发现所有这些武器都被解除了保险。[5]但是，轰炸机驾驶舱中就绪（安全）开关上的封签完好无损，旋钮也没有转动到 GROUND 或 AIR 位置。这些核弹并不是被机组人员解除保险的。桑迪亚实验室对此进行了为期 7 个月的调查，结果发现一个小小的金属螺母从飞机内的某个螺栓上脱落，滞留在一个未使用的雷达加热电路中。[6]这个螺母创建了一条新的电气通路，可以让电流抵达一条炸弹引信保险丝，从而绕过了就绪（安全）开关。如果坠毁在戈尔兹伯勒附近的 B - 52 也出现类似的故障，那无疑将发生一次爆炸当量为 400 万吨的热核爆炸。"坦率地说，那本将是个坏消息，"[7]桑迪亚的安全工程师帕克·F. 琼斯（Parker F. Jones）在一份关于该事故的备忘录中如此写道，"一个简单的、发电低压开关横亘在美国与一次重大灾难之间，阻止了灾难的发生。"[8]

由于强劲的北风，戈尔兹伯勒那枚 400 万吨当量的氢弹如果在地面发生爆炸，其致命的放射性沉降物将覆盖华盛顿哥伦比亚特区、巴尔的摩、费城和纽约市。[9]而且，这个发生时间也将是不幸的：美国新任总统约翰·F. 肯尼迪三天之前刚发表了就职演说，承诺更新和变革，发誓"不管付出何种代价，忍受何种重负，应付何种艰辛，支持何种朋友，反对何种敌人，都要确保自由的存在与实现"。[10]那种横扫美国的朝气蓬勃的乐观主义精神，本有可能被北卡罗来纳州氢弹的爆炸和该国首都的疏散弄得黯淡无光。

戈尔兹伯勒事故远不是孤立的或不大可能发生的事件，它是肯尼迪政府将必须面对的核威胁的一个先兆。新任国防部部长罗伯特·S. 麦克纳马拉（Robert S. McNamara）在上任三天之后得知了此次事故。这个事故把他吓个半死。[11]麦克纳马拉对核武器知之甚少。就在上个月，当肯尼迪要他领导国防部时，麦克纳马拉还是福特汽车公司的总裁。他是个年轻且极为自信的商人，致力于系统分析和效率。在哈佛商学院的时候，他教过会计学。除了在陆军航空部队服役三年——他在统计管理办公室（Office of Statistical Control）工作，并帮助李梅将军计算轰炸日本的最佳燃料使用方案——麦克纳马拉没有任何军事经验，而且他很少花时间考虑军事战略或采购。下定决心要改变五角大楼现状的麦克纳马拉，却发现自己在走马上任的第一周就被深深地震惊了。

B-52 轰炸机在北卡罗来纳坠毁并不是涉及完全组装好的"密封-核"式武器的唯一一次事故，麦克纳马拉很快就知道了其他事故。在得克萨斯州阿比林（Abilene）附近的戴斯空军基地（Dyess Air Force Base），一架搭载了一枚马克 39 核弹的 B-47 轰炸机在起飞时着火了。[12]在大约 200 英尺左右的高度时，飞行员意识到飞机着火了，于是倾斜飞行以避开人口稠密地区，并下令让机组人员跳伞。四名机组人员中的三名及时逃出生天。后来飞机垂直下降，撞向地面，消失在一团大火之中。这枚氢弹的高爆炸药发生了爆炸，但没有产生核当量。几个星期之后，另一架携带马克－39 核弹的 B－47 轰炸机在路易斯安那州莱克查尔斯（Lake Charles）陈纳德空军基地（Chennault Air Force Base）的跑道上着了火。[13]机组人员成功逃生，核弹也没有发生爆炸。它化成了带有放射性的熔渣。

在肯塔基州哈丁斯堡（Hardinsburg）的上空，一架载有两枚氢弹的 B－52 轰炸机在尝试空中加油时与加油机撞到了一起。[14]B－52 的机组人员听到一阵"吱嘎作响"，[15]然后所有的灯都熄灭，机舱开始迅速减压，飞机开始解体。四名机组人员安全地弹射出去，另外四名死了，加油机上的所有四名机组人员也遭遇了同样的命运。两架飞机的残骸散落在约 27 平方英里的范围内。两枚氢弹被撞击的力量撕扯开，它们主要部分的核心此后被找到，完好无损，落在一堆堆破碎的高爆炸药之上。

在新泽西州杰克逊镇（Jackson Township）的某防空基地，一个氦气罐在"波马克"导弹旁边破裂，引发了火灾。[16]不久之后，存放该导弹的混凝土掩体内相继发生两次爆炸。在附近的波纹钢屋顶之下，相似的掩体里还放着另外 55 枚"波马克"导弹。当紧急救援人员赶到的时候，火情已经失去控制。他们把消防水带放在起火燃烧的掩体入口处，然后就逃离了这个地区。一名空军安全官员给州警察打电话，错误地报告称现场发生了一次核爆炸[17]——这在新泽西州中部地区散布了恐慌，并使北边 70 英里处纽约市的民防部门进入全面戒备状态（full alert）。它担心，"波马克"导弹爆炸当量为 10 千吨的弹头产生的放射性沉降物能够抵达州首府特伦顿（Trenton）、普林斯顿（Princeton）、纽瓦克（Newark），可能还有曼哈顿。[18]在初始爆炸发生大约一个半小时之后，消防员们返回了导弹场，并且扑灭了大火。弹头从导弹鼻锥中掉了出来。高爆炸药已起火烧毁，而不是被引爆，而核芯则已经熔化在地板上。掩体遏制住了绝大部分的射线。但是，消防水带里面的水从门底下冲走了钚残渣，沿着街道流入了一条排水沟。

发生在北卡罗来纳州和得克萨斯州的事故最让罗伯特·麦克纳马拉担心。[19]在其中一次事故中，单个机械开关的故障本可能导致一次全面的热核爆炸；在另一次事故中，引爆马克39的高爆炸药就是那种你永远都不希望在现实世界中进行的单点安全测试。这一次，马克39通过了测试。这不是麦克纳马拉想要再次见到的东西。武器安全方面的失误看起来是一个更大问题的一部分：五角大楼从预算过程延伸到核战争规划的混乱和管理不善。在他看来，国防部已经背上了上一届政府"在战略政策和部队结构方面的智力破产"。[20]麦克纳马拉决心为五角大楼的运作引入秩序、理性管理和常识，并且越快越好。

在1960年的总统竞选期间，约翰·F.肯尼迪一再攻击艾森豪威尔总统，说他放任苏联在军事力量方面超过美国。"到1963年，苏联将在洲际导弹方面处于危险的领先地位"，民主党的竞选纲领如此声称，并且"共和党政府在迎头赶上方面没有任何计划"。[21]肯尼迪认为，艾森豪威尔的大规模报复战略让美国处于束手无策的境地，无法阻止苏联人颠覆和推翻对西方世界友好的政府。对核武器的过度依赖已经使美国保卫自由世界的承诺看起来空洞无物。肯尼迪警告称："我们已经把自己赶入一个死角，在那里唯一的选择是拥有一切或一无所有，世界毁灭或臣服。"[22]

马克斯韦尔·泰勒将军的著作《不定的号角》（*The Uncertain*

*Trumpet*），及其对灵活反应战略的呼吁给肯尼迪留下了深刻的印象。[23]他同意泰勒的中心论点：在危机中，总统应该拥有广泛的军事选择。肯尼迪想要拥有打有限战争、传统战争，以及一场能够在相互湮灭之前戛然而止的对苏核战争的能力。"受控制的回应"（controlled response）、"受控制的升级"（controlled escalation）和"暂停以谈判"（pauses for negotiation）成为肯尼迪政府的时髦术语。假如美国军事力量拥有各种各样的取胜手段，而不管有没有核武器，美国都可以在全世界抵抗苏联的影响力。肯尼迪后来告诉他的国家安全委员会成员："罗马人的记录清楚地表明，他们的成就依赖于他们在帝国的边缘地带成功战斗的意愿和能力。"[24]

尽管在竞选期间遭到了猛烈的人身攻击，但艾森豪威尔还是用重新评估核战略帮了新政府一把。他的科学顾问那关于统一作战行动计划之缺陷的备忘录被转交给麦克纳马拉和肯尼迪。这份备忘录支持泰勒将军和一众海军领导人员提出的许多反对统一作战行动计划的论点。美国海军作战部部长阿利·伯克上将警告称，对苏联进行如此大规模的无差别攻击，不仅会让如韩国和日本之类的美国盟友遭受致命的放射性沉降物伤害，美国的太平洋舰队也将在劫难逃。[25]对国家的整个军事立场进行重新评估现在看起来十分迫切，而且肯尼迪要求麦克纳马拉领导此事——提出关于武器如何采购，它们应该服务于何种目的，以及它们是否必要等一系列基本问题。

虽然比总统大一岁，但44岁的麦克纳马拉仍然是到当时为止最年轻的领导国防部的人。他还招募了一群自命不凡、离经叛道的年轻人加入政府，以及来自哈佛大学和麻省理工学院的学者、兰德分析师、经济学家以及罗德学者（Rhodes scholar）。

先后毕业于哈佛和牛津的亨利·罗恩（Henry Rowen）很快就在核规划方面扮演了重要角色，当时才 36 岁。被选为指导五角大楼关于新武器系统和技术研究的哈罗德·布朗（Harold Brown），当时 33 岁。对国防预算进行严苛的成本收益分析的经济学家阿兰·恩索文（Alain Enthoven），当时只有 30 岁。麦克纳马拉的团队后来被人描述为"精明小子"（whiz kids）、"防务知识分子"（defense intellectuals），以及"出类拔萃之辈"（the best and the brightest），[26]他们决心改革美国的核战略和防务开支。

在戈尔兹伯勒事故发生三天之后，麦克纳马拉会见了五角大楼武器系统评估小组（Weapons Systems Evaluation Group，WSEG）的成员。这个机构最近完成了一项名为"武器系统评估小组第 50 号报告"（WSEG Report No. 50，以下简称"50 报告"）的研究，其描述了美国到 20 世纪 60 年代中期时最有可能面对的苏联军队，并且比较了针对他们的不同战术的优点。[27]艾森豪威尔政府的国防部部长托马斯·B. 盖茨（Thomas B. Gates）几个月前就看过这份报告，他认为麦克纳马拉应该知道这事。麦克纳马拉关于"50 报告"的简报会按计划只需持续数小时，但最终用了一整天时间。报告的那些作者测算了美国各种武器系统的经济效益——例如，它解释认为，将一架 B - 52 轰炸机保持地面警戒一年的运营费用大约是一枚"民兵"导弹一年所需维护费用的 9 倍。[28]这正是麦克纳马拉渴望的那种数据。但是，"50 报告"的作者也得出了一个肯尼迪政府中没人想要听到的结论：美国的指挥与控制系统如此复杂、过时和不可靠，以致针对苏联攻击的"可控制的"或"灵活的"回应是不可能的。[29]事实上，美国总统可能无法做出任何回应；他很可能在核战争爆发的那一刻就已经罹难了。

通过针对白宫、五角大楼、戴维营、R 场和"顶点"5 个目标发动突然袭击，苏联有很大的机会消灭美国的文职领导层。[30]这 5 个地点的所有地堡都无法在百万吨级当量核弹的爆炸中幸存下来。而那两个紧急指挥部，R 场和"顶点"，并没有高层官员定期驻守。通过打击另外 9 个目标，苏联也可以消灭美国的军事领导层。[31]苏联只需使用区区 35 枚导弹，[32]就有 90% 的可能性成功摧毁美国的指挥与控制系统。[33]为了确保击杀美国总统，4 枚导弹会瞄准白宫，5 枚瞄准戴维营。[34]报告总结道："遭受突然袭击时，在最高指挥部被摧毁之前，总统做出决策并且战略核力量的作战部队收到军事执行命令的可能性几乎没有。"[35]

此外，艾森豪威尔时期建造的那些指挥地堡缺乏合适的通信设备，其可让核战争的升级得到控制或者暂停同苏联人谈判——即便总统在第一波攻击中幸存下来。用来同战略空军司令部的轰炸机保持通信的高频无线电系统，以及用来联系海军的"北极星"潜艇的甚低频无线电系统皆依赖于少数几个终端设备，很容易被摧毁。根据一份机密文件的说法，艾森豪威尔政府已经安装了"一种一次性的指挥、控制和通信系统"。[36]它并没有被设计用来打一场有限的或旷日持久的核战争。统一作战行动计划只需要发送一个"开始"代码，之后就什么都不需要说了——因为没有任何办法来改变或者中止战争计划的执行。那些地下指挥部不仅是藏身之所，军事和文职领导人可以在其中安然度过核攻击，而且他们也许还能从其中出来，去重建美国。

美国的预警系统同样严重不足。在北极地区延伸分布的远程预警线雷达站、赛其系统的指挥引导中心，以及强大无比的

252

IBM 计算机——耗资巨大且建造时间特别紧——都被设计用来追踪苏联轰炸机，但它们无法探测到苏联导弹。旨在探测苏联导弹的弹道导弹预警系统刚刚开始投入运营。在最理想的情况下，如果来袭导弹是从苏联本土发射的，该系统能够在其击中美国之前约 15 分钟内发现它们。换句话说就是，预警时间约为 15 分钟。但是，如果导弹是从位于美国沿海地区的苏联潜艇上发射的，预警时间将为 0。[37] 弹道导弹预警系统无法在如此低的高度探测到来袭导弹。麦克纳马拉还认识到，该系统的可靠性仍有许多待改进的地方。

几个月前，贝尔和豪厄尔公司（Bell & Howell Company）执行副总裁彼得·G. 彼得森（Peter G. Peterson）走访了位于科罗拉多州科罗拉多斯普林斯的北美防空司令部总部，其间他被允许坐在指挥官的椅子上。[38] 与彼得森同行的还有贝尔和豪厄尔公司总裁查尔斯·H. 珀西（Charles H. Percy）以及 IBM 公司的总裁小托马斯·J. 沃森（Thomas J. Watson, Jr.）。位于格陵兰岛图勒空军基地的弹道导弹预警系统的第一个雷达综合体已经于那一周开始上线，这种新型系统的数字所代表的威胁级别正被解释给到访的商人们听。

如果世界地图上的数字 1 以红光闪烁，这表示有不明飞行物正朝美国飞来。如果数字 3 闪烁，这表示威胁级别很高，必须立即通知战略空军司令部总部和参谋长联席会议。最高威胁级别是 5——由计算机生成的一种判定美国正遭受攻击的警告，确定性为 99.9%。[39] 当彼得森坐在指挥官的椅子上时，世界地图上闪烁红光的数字开始增大。当它达到 4 时，北美防空司令部的军官们匆匆跑进房间。当它达到 5 时，彼得森和其他高管被迅速护送出去,进入一个小型办公室。门随后被关上,被留在办公室里的他们开始相信一场核战争刚刚拉开了序幕。

北美防空司令部的副司令官 C. 罗伊 · 斯莱蒙(C. Roy Slemon)空军中将是个矮小机灵的加拿大人,嘴唇上方留着小胡子。他设法找到了北美防空司令部的司令劳伦斯 · S. 库特(Laurence S. Kuter)将军,后者当时正在南达科他州上空的一架空军飞机上。

斯莱蒙说:"长官,这次很棘手。"[40]

弹道导弹预警系统显示,苏联已对北美发动全面的导弹攻击。参谋长联席会议的官员正在电话旁,等待确认。美国只有几分钟时间做出回应。

"赫鲁晓夫在哪里?"斯莱蒙问他手下的军官。[41]

北美防空司令部情报部门主管回答道,赫鲁晓夫今天在纽约,在联合国总部。

斯莱蒙马上松了口气。苏联不太可能发动一次将杀死苏共中央委员会第一书记的袭击。20 分钟过去了,没有任何苏联导弹落地的消息传来。这三位商人被从小办公室里放了出来,很高兴自己还活着。当虚假警报的消息被泄露给新闻界时,空军否认他们曾认真对待这次导弹警报。后来成为伊利诺伊州共和党参议员的珀西对这种说法表示了异议。他回忆起当时的北美防空司令部弥漫着一种恐慌感。[42]随后展开的调查发现了计算机发生故障的原因。位于图勒空军基地的弹道导弹预警系统雷达场误将正从挪威上方冉冉升起的月亮,当成了从苏联西伯利亚地区发射的数十枚远程导弹。

美国的这两种预警系统都存在很大的缺陷,因此,苏联攻击的最可靠指标可能就是这些系统被核爆炸摧毁了。轰炸警报系统传感器将被安装在赛其系统的指挥引导中心以及图勒。然而，在这些炸弹传感器爆炸的时候，美国总统可能已经死了。在国会指定的总统职位的 14 名潜在继任者中，只有副总统和国防部部长才对统一作战行动计划有些了解。在一次突然袭击中，如果所有 14 名继任者都在华盛顿哥伦比亚特区，那么他们都可能被杀死或丧失行动能力。

在一片混乱之中，很可能无法确定谁是美国的总司令。总统继任者名单上的所有人都被给了一个电话号码，以防出现全国紧急状态。这个电话号码将使他们与五角大楼的联合作战室（Joint War Room）建立联系。但是，电话服务必然会被核攻击破坏，五角大楼也可能不复存在——即使它能够躲过攻击，第一个向联合作战室打电话的人很可能被任命为美国总统，而不管他或她是否在继任者名单上。武器系统评估小组的"50 报告"概述了这个问题：

> 倘若总统在一次核攻击中被解除了控制权，接下来也并不存在任何被赋予了找到、识别在那份名单上的高级别且具备行动能力的人，并向其提供至关重要的国防通信之责任的机制或组织。……以下这种可能性是存在的，即在最危急关头，执掌总统权力的那个人实际上可能是由一名校级军官选出的。[43]

针对美国军事和文职领导人的"斩首"打击的理念看起来并不完全是异想天开。事实上，它是苏联针对美国发动打击的最合情合理的方案，并且它有最大的成功机会。报告写道："目前还不存在其他的打击目标系统，能够给如此少的武器提供同等数量的潜在回报。"[44]

麦克纳马拉随后发现，指挥与控制的问题并不局限于美国。五角大楼一个特别工作组告诉他："我们一直关注美国内部的国防机器的脆弱性，但它与欧洲的情况比较起来简直就是小巫见大巫。"[45]所有的北约指挥掩体，包括位于金茨巴赫洞穴内部的作战中心，都很容易被摧毁，哪怕用的是常规武器。[46]尽管北约让其战斗机保持着地面警戒状态，15 分钟之内可以起飞升空，但它缺乏可以探测苏联导弹的预警系统。它也没有轰炸警报系统。在最理想的情况下，北约的指挥官们可能会收到苏联进攻已经开始 5 ~ 10 分钟的警报——这些时间都不够让那些飞机起飞。[47]而且这种警报很可能永远都不会被收到，因为北约的通信系统没有任何防护措施。[48]通信系统的破坏会使北约不仅无法在欧洲内部传递信息，也没法在欧洲和美国之间传递信息。一旦战斗爆发，美国总统就不能指望联系上北约的高级军官或给他们下达任何命令，[49]而且他们之间也没法相互沟通。

五角大楼工作组发现，北约在战时指挥权力下放方面准备工作做得相当少：

> 以下事项都极其重要：每一位指挥官都需要知道一个更高级别的指挥部在何时被清除或被从指挥链上孤立；需要知道当情况恶化时他自己所承担的责任；需要知道在别的地方的同级别指挥中心的状况；需要知道更低级别梯队的状况，以及他们可以承担哪种责任。眼下的欧洲看起来并不是这样的。[50]

预警能力缺位、糟糕的通信状况，以及北约内部缺乏继任计划，

256

都造成了严峻且紧迫的风险。"我们不但可以因为失误在欧洲开启一场战争，"麦克纳马拉被如此告知，"而且可以借由欧洲那松散的指挥与控制系统让苏联发动先发制人的行动。"[51]艾森豪威尔此前秘密授予军方的"预授权限"（predelegation authority）使情况更加危险。遭受攻击的北约部队被允许使用手中掌握的核武器，而不用等待总统的批准。新上任的国家安全顾问麦乔治·邦迪（McGeorge Bundy）简明扼要地向肯尼迪总统解释了这些规则："如果没法联系上你（不管是因为通信线路上哪一端的失败），面对俄国人大规模军事行动的下级指挥官就都可以主动地开启一场热核浩劫。"[52]

麦克纳马拉现在相信，在欧洲使用核武器将迅速升级为一场全面战争。而且对美国在欧洲的核武器部署状况了解越多，他越担心这样一场灾难。在戈尔兹伯勒事故三周之后，美国国会的原子能联合委员会基于最近对北约各基地的巡视，向肯尼迪和麦克纳马拉呈送了一份绝密报告。[53]该报告警告称在欧洲发生意外的或未经授权的核爆炸的风险高得让人难以接受——不仅是在战时，也会发生在北约的例行演习期间。这个两党委员会发现，北约的指挥与控制问题如此严重，以至于在许多方面美国都不再拥有对自己的核武器的监管权。在接下来的几个月内，北约的核武库中就将拥有原子弹、氢弹、热核弹头、核炮弹、核深水炸弹、核地雷，以及像火箭炮一样可由步兵携带的、能发射小型核弹头的无后坐力炮戴维·克罗克特（Davy Crockett）。但是，除了核地雷——正式的名称为"原子爆破弹药"（Atomic Demolition Munitions）——所有这些武器都没有任何形式的可用来防止有人未经允许将其引爆的锁。而且，核地雷上的三位数机械锁，就像在健身房储物柜上经常能够看到的

那种锁一样，很容易被撬开。根据某位顾问的说法，当国防部　257
部长麦克纳马拉听到存储在欧洲的数以百计的核武器守卫不严、
容易遭窃且没有上锁时，"他大吃一惊"。[54]

　　原子能联合委员会近一年来一直担心北约的监管安排是不
够的——并且违反了美国的法律。[55]1946 年《原子能法》严格禁
止将核武器以及关于它们的机密信息转交给其他国家。这部法
案在 1954 年进行了修改，如此一来北约部队便可接受训练以使
用战术核武器。在斯普特尼克卫星上天之后，艾森豪威尔总统
要求国会再次修改法律，以允许北约建立核武库。艾森豪威尔
说："我一直相信，我们不应该拒绝给予我们的盟友以那些潜在
的敌人已经拥有的东西。"[56]他的建议在国会遭到了很多人反对，
那些人担心美国可能很难控制那些部署在欧洲的核武器。苏联
也强烈反对这一理念。第二次世界大战所激发的怨恨依然阴魂
不散——而苏联人尤其对装备了核武器的德国军队的前景不满。
为了获得国会的批准，艾森豪威尔政府承诺，那些武器将始终
保持在美国军事人员的监管之下。在战争爆发之前，核芯都将
由美国持有，然后才会将其转交给北约部队。国务卿克里斯蒂
安·A. 赫特（Christian A. Herter）向苏联保证说，北约核武库
的"一个基本要素"是"美国单独享有原子弹头的监管权"。[57]

　　1960 年 1 月 1 日，北约欧洲盟军最高司令官（supreme allied
commander in Europe）劳里斯·诺斯塔德（Lauris Norstad）将军
让北约所有装备了核武器的部队进入 15 分钟的警戒状态，而没
有咨询国会。每个北约空军中队被命令要保持至少两架载有燃料
和一枚核武器的战斗机，停在跑道附近；而热核弹头也被安装到
意大利的"朱庇特"中程导弹以及英国的"雷神"导弹之上。　258

这种新的警戒政策得到了艾森豪威尔总统的全力支持，他认为北约应该有能力对苏联的攻击做出迅疾回应。艾森豪威尔对北约部队的纪律很有信心，而且他极有可能与诺斯塔德达成了类似于与李梅达成的那种私人理解[58]——授予其使用核武器的许可，以防华盛顿哥伦比亚特区在战时紧急状态下被摧毁或出于其他原因而无法联系上。北约最高司令官直接向总统而不是向参谋长联席会议报告，而且诺斯塔德义无反顾地保护他自己的权威。他不喜欢战略空军司令部司令托马斯·鲍尔将军，希望保持北约摧毁苏联的能力，而不用借助任何来自战略空军司令部的力量。安装在北约"朱庇特"导弹上的热核弹头都瞄准着苏联城市。有了这些导弹，再加上处于北约掌控之下的数以百计的其他核武器，诺斯塔德可以根据自己的想法，与苏联打一场用他自己的方式来打的战争。

　　1960 年 12 月，原子能联合委员会的成员走访了 15 个北约军事基地，急切地想知道美国的核武器是如何部署的。这个小组由洛斯阿拉莫斯物理学家哈罗德·阿格纽陪同，此人提出了在氢弹上加装降落伞的想法，后来还帮助制定了单点安全标准。阿格纽是炸弹设计方面的行家里手，而且知道如何恰当地运用它们。在德国境内的一个北约基地，阿格纽望着外面的跑道，用他自己的话来说是，"差点尿了裤子"。[59]处于警戒状态的F-84F 战斗机——每一架都搭载了一枚完全组装好的马克 7 核弹——正由一名美军士兵看守着。阿格纽走近了那位拿着一把过时的栓式步枪的年轻士兵，并向他问道，如果有人跳进其中一架飞机且试图起飞，他会怎么做。他会朝飞行员射击，还是朝那枚核弹？这位士兵从来没有被告知他要如何做。这些战斗机的双翼都装饰着铁十字图案，这种标志很容易让人回想起过去的那两场世界大战。阿格纽意识到，这里几乎没有什么措施可以防止某位德国飞行员驾驶其中一架飞机飞往苏联，然后投下一颗原子弹。

意大利"朱庇特"导弹发射场的监管安排更让人惊恐。每个发射场都有 3 枚导弹，每枚都安装了爆炸当量为 140 万吨的核弹头——这种武器能够在 30 平方英里的范围内引发火焰风暴并夷平所有的砖制建筑物。发射场的所有安保工作都由意大利部队提供。发射认证官（launch authentication officer）是场地内唯一的美国人。发射导弹需要两把钥匙：一把由美国人掌管，另一把由一名意大利军官持有。这两把钥匙经常会用细绳穿起来挂在脖子上，就像身份识别牌一样。

原子能联合委员会主席、国会众议员切特·霍利菲尔德（Chet Holifield）惊奇地发现，3 枚携带热核弹头的弹道导弹，仅由一名拿着手枪的美国军官看管。在巡视结束后该委员会召开的一次闭门听证会上，霍利菲尔德说："（意大利人）所需要做的只是拿起棍子猛敲他的头，然后他们就能拿到他的钥匙了。"[60] 这些"朱庇特"导弹位于一处森林附近，没有任何防护伪装，大晚上的仍然灯火通明。对于狙击手来说，这真是手到擒来的极好目标。"那里有 3 枚'朱庇特'导弹位于露天之下——所有的都直指天空，"他告诉委员会，"为了这场小小的'演出'已经花费了超过 3 亿美元，而 3 颗步枪子弹就能将其摧毁。"[61]

外国人本不应该进入北约基地中存放核武器的"冰屋"，但也没有什么措施来阻止他们采取此种行动。这些"冰屋"的入口处都配备了一名美国士兵，但其角色是武器保管人，而不是武装警卫。再一次，安保工作是由东道国的部队提供的，他们也将武器从存储设施中搬进搬出。参议员老艾伯特·A. 戈尔

（Albert A. Gore, Sr.）几乎不能相信这种安排："驾驶着非美国车辆的非美国人正在国外将核武器从一个地方运到另一个地方。"[62]将这些武器委托给战略空军司令部是一回事，因为它具备严格的操作程序，且严格按照检查表来执行。但是，北约诸部队之间的能力则相差甚大。在守卫美国核武器方面，他们的专业水平并不是最重要的考虑因素。联合委员会称："那些警卫的首要忠诚对象当然是他们自己的国家，而不是美国。"[63]

核武器可能被一个精神错乱或有精神病的北约士兵偷走；也可能会被一群寻求掌握政治权力的军官掌控；或者被东道国政府控制，用以对付苏联以外的敌人。很不幸，这些情况都是可能发生的。北约中的两个国家，希腊和土耳其，互相蔑视且很快就将为了塞浦路斯岛而开战。就在前一年，土耳其的右翼军官发动了两次政变，而"朱庇特"导弹按计划将于1961年秋天部署在那里。得到苏联秘密资助的意大利共产党，在"朱庇特"导弹即将部署的区域有强大的民意支持基础。该党党员可能寻求破坏或窃取核武器。对核武器被窃的担忧并不荒谬或牵强附会。在联合委员会巡视完北约基地几个月之后，作为政变的一部分，一群持不同政见的法国军官就曾试图控制阿尔及利亚的一个核装置。[64]当时，阿尔及利亚是法国开展核试验的场所，它也是正在争取独立的法国殖民地。在撒哈拉沙漠中迅速进行了一次代号为"绿跳鼠"（Gerboise verte）的核试验，如此一来，那些试图推翻戴高乐总统的军官就无法掌控核装置。这次政变的领导人之一，莫里斯·沙勒（Maurice Challe）将军就曾督促特种武器司令部的负责人："不要引爆你那小小的炸弹。将它留给我们，它永远是有用的。"[65]

除了被美国松散地控制之外，北约核武库中的核武器往往老旧不堪，而且维护不力。根据联合委员会的报告，北约已经变成"过时的弹头与武器系统的倾倒场"，尽管如此，它还是被置于"15 分钟的'警戒'状态，而且没有足够的安全防护措施"。[66]众议员霍利菲尔德估计，如果发射命令下达，将有约一半的"朱庇特"导弹无法飞起来。[67]这些导弹结构复杂，使用液体燃料，还有很多漏洞。参谋长联席会议主席也承认，从军事角度来看，"朱庇特"导弹的主要作用是增加了苏联将要在第一波打击中必须击中的目标的数量。[68]艾森豪威尔后来在评价该导弹时也说："把它们扔进海洋之中，而不是试图把它们扔给我们的盟友，会更好一些。"[69]

在差不多十年前的朝鲜战争期间，北约战斗机所携带的那种马克 7 原子弹匆匆投入生产。[70]这种原子弹里的镍镉电池需要不断充电，而且在起飞前，它的核芯也必须被小心地放入"空中插入"装置。这种核弹并不是被设计用于警戒状态的。一旦插入核芯，马克 7 就不再是单点安全。这种炸弹还必须进行至少 20 种不同的诊断测试（diagnostic test），加大了在组装和拆卸过程中出现错误的可能性。它一直受到机械问题的困扰，而且似乎很容易招致人为错误。

哈罗德·阿格纽惊讶地看到一群北约武器操作人员在将一枚马克 7 从飞机上卸下来时，将其引信保险丝拉了出来。[71]当炸弹引信保险丝被拉出时，解除保险序列（arming sequence）开始启动——如果 X 单元充了电，马克 7 可能被它的雷达、它的气压开关、它的计时器，或者仅仅因从几英尺高的飞机掉落在跑道上引爆。从理论上讲，它也可能被散射的宇宙射线引爆。这种武器似乎很容易招致错误。1960 年春天，一枚用火箭推动的马克 7 被从一架海军飞机上卸下来，它完全解除了保险，

261

X 单元也充了电。[72]事后发现是地勤人员早先在无意之中将它的引信保险丝拉了出来。一份事故报告记录了另一枚马克 7 的缺陷：

> 在收到战备物资一枚马克 7 Mod 5 炸弹后进行的初步检查中，发现它的保险丝和引信保险丝在解除保险或保险保持器（Arm/Safe Retainer）部件中处于恰好相反的位置。换句话说就是，它的引信保险丝安装在了保险丝应该安装的位置，而保险丝安装在了引信保险丝应该在的位置。这个部件中少了四颗螺丝。[73]

而且马克 7 里面偶尔还会有不应该有的东西。其中一枚炸弹中发现了一把螺丝刀；在另一枚炸弹中发现了一把不知何故被留在里面的艾伦扳手。[74]在这两枚炸弹中，这些松动的工具都可能导致里面的线路发生短路。

欧洲基地发生核事故的风险因为马克 7 的训练和操作手册——实际上是北约核武库中所有武器的类似手册——是用英文写成的这一事实而增大了。[75]但是，负责处理那些武器的许多北约人员都不认识或不会说英文，而且很少有人知道如果出错了应该怎么办。联合委员会发现："在我们所巡视的许多地方，如果因为火灾、疏忽或意外事故而发生放射性污染，或万一核武器的监管和安保工作遇到威胁而需要紧急处置时，他们很少或根本就不具备任何爆炸性军械处理（EOD）能力。"[76]西欧的人口分布要比美国稠密得多，如果核武器释放出钚云，它可能威胁到大量人口。根据联合委员会的看法，发生这种事故"并非遥不可及"。[77]它引用了发生在 1961 年 1 月 16 日的一场灾祸，其恰好发生在肯尼迪就任总统的前几天。[78]美国空军一架F-100D战斗机的飞行员在启动飞机引擎时，错误地将机翼下方的副油箱抛弃。当时这架飞机正在英国萨福克郡的莱肯希思空军基地执行警戒任务。副油箱撞击在跑道上并破裂开来，一些燃料随即起火燃烧，将安装在飞机下方的一枚马克28氢弹吞噬在烈焰之中。消防员成功在氢弹内部的高爆炸药被引爆或点燃之前扑灭了大火。由于此次事故发生在军事基地里面，不受新闻媒体和公众的监督，所以美国政府和英国政府都不承认事故的发生。

原子能联合委员会的所有成员一致认为，应该将"朱庇特"导弹从意大利移出，也不应该将其部署在土耳其。从各方面来看，这些导弹看起来是对北约，而不是对苏联，造成了更多的威胁。而且将搭载着热核弹头的导弹部署在土耳其这样一个与苏联接壤的政治不稳定的国家中，可能被克里姆林宫认为是一种挑衅。联合委员会还建议要么将马克7核弹从北约核武库中移除，要么在它上面安装一个弹道感应开关，如此一来地勤人员发生的错误将不太可能引发一场意外的核爆炸。此外，目前"形同虚设的"监管安排必须被能够让美国"真正地"拥有和控制它在欧洲的核武器的措施取代。[79]单独一个美国哨兵，被命令一次在跑道上站岗八个小时，必定会开始"消磨时间"。[80]委员会希望能有至少两名美国士兵能够盯着"冰屋"、导弹以及处于警戒状态的战斗机。它希望每一个北约基地都配备美国车辆和部队，他们有能力疏散或摧毁那些其敌人或盟友可能想要控制的核武器。最重要的是，委员会希望能够给北约的核弹装上某种机械装置，以防止未得到授权的人引爆它们。

哈罗德·阿格纽最近在与桑迪亚实验室的主管唐纳德·R.
科特（Donald R. Cotter）会面，探讨在核武器上安装使用控制
装置的最佳方法。科特提到了桑迪亚实验室正在为原子地雷开
发的电动机械锁（electromechanical lock）。从本质上来说，这
种武器就是北约部队在解除其保险之后扔在那里以摧毁建筑物、
桥梁、机场或入侵的苏军部队的定时炸弹。这种新型锁一开始
时被当作一种安全装置。由于这些武器不会从飞机上投下或用
导弹发射，在其上安装弹道感应开关也起不到防止意外爆炸的
作用。原子地雷在解除保险之前通常会承受的重力和它们被带
在士兵身上时一样大，而且这种武器可能会在爆炸之前在原地
待上几个小时或好几天。但是，安装在地雷内部的电动锁，通
过长电缆连接在一个手持解码器（handheld decoder）上，能够
让部队从较为安全的距离将其解除保险。阿格纽认为这种锁可
以解决北约核武器的大部分监管问题。安装在每一件核武器中
的密码开关（coded switch），能够阻断关键的引信线路。它能
够明确地区分对武器的实体占有和使用该武器的能力。它将成
为一种远程控制的形式，而且施加这种控制以禁止或允许引爆
核武器的权力，将保留在掌握了密码的人手中。

为了参与原子能联合委员会的一次闭门听证会，阿格纽带
了一个早期版本的电动机械锁定系统返回华盛顿，在从阿尔伯
克基起飞的一趟商业航班上，他就把密码开关和解码器放在旁
边的座位上。[81]要安装在武器内部的那个密码开关重约 1 磅，[82]解
码器则重约 40 磅。[83]解码器是一个黑色的盒子，上面有旋钮、数
字和一系列彩色显示灯，还有一块大型的内置电池作为电源。
要想解锁一件核武器，一个两人监管队将用电缆把核武器与解码
器连接上，然后这两人将旋转解码器上的旋钮以输入一个四位数

的密码。这是一种"分割知识"（split-knowledge）密码——每一个监管人都只会被告知四个数字中的两个。一旦输入正确的密码，武器内部的开关将会用 30～150 秒的时间去解锁,[84]在这个过程中，它里面的小齿轮、凸轮以及凸轮从动件会一直快速地呼呼旋转。当阿格纽和科特向委员会展示这种新型锁是如何工作的时候，它却没有任何反应。肯定是哪里出了什么问题。但是，无论参议员、众议员还是委员会成员都没有意识到它没有解锁，不管正确的密码被输入了多少次。解码器看起来让人印象深刻，上面彩灯闪烁，听证会会议室内的所有人都认为它对国家安全来说是绝对必要的。

　　然而，美国军方强烈反对给核武器安装任何锁定装置。美国陆军、海军、空军、海军陆战队、参谋长联席会议、战略空军司令部的鲍尔将军以及北约的诺斯塔德将军——所有人都一致认为加锁是一个坏主意。总是或绝不两难摆在军方思维的核心位置。参谋长联席会议辩称："没有一个装置能够同时增进安全和战备状态。"[85]而战备状态被认为是更重要的：欧洲的核武器是"足够安全的，处于加诸其上的作战要求的限度之内"。[86]

　　尽管"足够安全"的描述很难让人放心，但在战时，当它们的锁不知何故失灵的时候，美国核武器会成为无用之物的可能性更让参谋长联席会议担心。即便锁定和解锁装置运转得完美无缺，使用那些武器也将取决于有效的密码管理。假如只有少数几个人被允许知道密码，那么在紧急状态出现时，这少数几个人死亡或无法联系上他们，也可能使这些武器无法解锁。但如果知道密码的人过多，这种锁就无法起到防止未经授权的使用的作用。联合委员会那强化使用控制的愿望，威胁着要增加对核武器之指挥与控制的复杂性和不确定性。一位国务院官员总结了军方的立场："原子武器库项目一切都很好，没有做出任何改变的必要。"[87]

肯尼迪政府相当愿意接受委员会的建议。五角大楼的前兰德公司分析员们很清楚两年之前弗雷德·伊克尔的工作及其建议，即应该给核武器安上锁。总统的科学顾问杰罗姆·威斯纳（Jerome Wiesner）会见了阿格纽，并同意有必要对北约的核武库采取些措施。威斯纳很是担忧未经授权使用核武器或核武器发生意外爆炸的风险。[88]他接受专业训练成为一名电气工程师，曾在洛斯阿拉莫斯短暂工作过一段时间，后为艾森豪威尔提供核议题方面的建议。威斯纳支持在核武器上安锁，但他也没对这种锁可以彻底解决问题抱任何幻想。熟练的技术人员能够在几个小时内就打开一件偷来的核武器并将其解锁。但是，威斯纳认为，这种锁可以在核武器被人取走后帮助"拖延时间"，[89]阻止"单个精神病患者"，[90]以及防止"掌握核武器的军队在高度紧张或展开战斗时未经授权就使用它们"。[91]

对于国防部部长麦克纳马拉来说，锁是一种更大的努力的一部分。这种努力不仅在于重新获得美国对核武器的控制权，还在于重新获得文官对核武器的控制权。他坚信美国总统应该拥有下令使用核武器的独有权力。麦克纳马拉认为，自杜鲁门以来，军方获得的核武库方面的权力太多了，而对北约的民间监督的缺位也让人不寒而栗。戴维·克罗克特无后坐力炮尤其问题重重。它的原子弹头重约50磅，很容易失窃。它们体积非常小，可以装进行李袋或者双肩背包中。在读了联合委员会的报告之后，肯尼迪总统停止了在北约盟友中散发核武器。有关武器安全和指挥与控制的研究课题也被委派给相关机构。在桑迪亚，对一种加密的电动机械锁的研发也紧急上马。这种锁一

开始被称为"规定行动连接装置"（Prescribed Action Link），[92]
后来换了一个新名字，一个听起来约束性更少，以期能够安抚
军方的名字。"准许启动连接装置"（Permissive Action Link）听
起来更加友好，它的首字母缩写词 PAL 也一样。

在肯尼迪总统就职后的七周内，他的防务政策大纲就已经
确定。[93]常规部队的军费开支将增加；建造更多的"北极星"潜
艇；洲际弹道导弹将取代大部分轰炸机。导弹被认为飞行速度
更快、花费更少，而且更不容易在突然袭击中被摧毁。此前不
久才匆匆服役的"阿特拉斯"、"泰坦"、"朱庇特"以及"雷
神"导弹将尽快退出现役，更便宜的、使用固体燃料的导弹将
取代它们。麦克纳马拉和他的团队已经相信，低当量的核武器
更划算。"民兵"导弹搭载着当量为 100 万吨的弹头，而相关
计算表明，5 枚"民兵"导弹所造成的损害要比携带一个 900
万吨当量弹头的泰坦－2 导弹更大。[94]然而，眼下还是会保留一
小部分的泰坦－2 导弹。它们在摧毁海军基地、导弹发射场和
地下指挥中心方面还是很有用的。

对于肯尼迪政府的战略目标来说，"北极星"潜艇似乎是
理想的武器系统。每艘潜艇所携带的 16 枚导弹将对苏联起到强
大的威慑作用，极大地增加了美国在遭受突然袭击后能够进行
某种核回应的可能性。这些潜艇安全地隐藏在海洋之中，能够
在危机时期给予总统更多的时间来思考或谈判。1958 年，美国
海军曾要求装备 12 艘"北极星"潜艇；[95]在国会的强大压力之
下，艾森豪威尔后来同意部署 19 艘。肯尼迪则决定建造 41
艘。[96]这支"北极星"潜艇编队所拥有的 656 枚导弹将完全瞄准
"打击社会财富"目标，即生活在苏联主要城市中的平民。

266

美国空军并不喜欢五角大楼的绝大部分新的优先开支项目，它们看起来更有利于陆军和海军。B-47 轰炸机——长期以来都是战略空军司令部的柱石以及詹姆斯·史都华上校最喜欢的坐骑——即将退出服役序列，也不会再建造额外的 B-52 轰炸机。B-52 轰炸机的超音速替代品的命运突然变得不确定，而核动力轰炸机的相关计划也被废止。麦克纳马拉曾得出结论认为，轰炸机不仅运行成本高昂，而且在面对苏联的防空系统时很脆弱。B-47 和 B-52 都是设计用来进行高空轰炸的；它们现在必须从低空发动进攻以躲开苏联的雷达。此外，苏联人也开始在他们的防空导弹上安装原子弹头。在对苏联展开进攻时，战略空军司令部的轰炸机机组成员中大约会有一半人——如果不是更多的话——失去生命。[97]

对麦克纳马拉以及他的那群"精明小子"来说，空军指挥官中的二把手柯蒂斯·李梅将军没有什么用处。那些人中很少有人曾在武装部队中服役，更不用说看过打仗了——但他们还是像军事专家一样行事。他们看起来妄自尊大且一无所知。空军参谋长托马斯·D. 怀特（Thomas D. White）将军也有类似的疑虑，后来批评他们为"被带进这个国家之首都的抽着烟斗、像猫头鹰般聪明机警的所谓专业'防务知识分子'"。[98]李梅对远程轰炸机依然是战略战争的最佳武器深信不疑。尽管屡屡提出要求，但战略空军司令部从来不被五角大楼允许试射一枚搭载了激活的核弹头的弹道导弹。由于飞行路径经过美国上空，这样的一次发射被认为太冒险了。相反，模拟弹头被多次成功测试过，其安装在从范登堡空军基地发射的导弹上——同样的引信和发火装置想必也能够引爆一个真正的弹头。但是，李梅不希望美国的生存依赖于一种从未被全面测试过的武器，而且

"有限战争"的理念在他看来依然是十分可笑的。这个短语是一种逆喻（oxymoron）。李梅辩称，如果你不想打赢的话，那你根本就不应该开打。他在战略空军司令部的门徒（protégé）鲍尔将军持相同的看法，并且继续推行打击军事力量的战略，瞄准那些军事目标。对于这项任务，"北极星"上的导弹——相对没那么精确，而且无法同时发射以形成一次大规模齐射——是没什么用的。

为了安抚空军并且获得针对突然袭击的额外安全防范，麦克纳马拉将战略空军司令部执行地面警戒的轰炸机的比例从1/3提高到了一半。执行空中警戒的轰炸机数量同样增加了。[99]很快，12架B-52轰炸机就携带着热核武器全天候飞在空中，作为"圆铬顶行动"（Operation Chrome Dome）的一部分。每一天，其中的6架轰炸机都会朝北飞去，绕着加拿大的边界飞行。另外4架会穿过大西洋然后绕着地中海飞行。剩下的2架会飞往格陵兰岛图勒空军基地的弹道导弹预警装置，然后绕着它飞行几个小时，保持与该基地的视线或无线电接触——只是为了确认它依然在那里。在突然袭击的最开始阶段，图勒很可能被苏联的导弹命中。被称为"图勒监视器"的B-52能够让战略空军司令部确信美国还未处于战争状态，其可靠性比任何轰炸警报系统都好。

尽管麦克纳马拉发誓五角大楼将只有"一种国防政策，而不是三种相互矛盾的国防政策"，[100]但美国陆军、海军和空军之间依然龃龉不断。军种间的对抗再一次使制定理性核战略的努力变得复杂。参谋长联席会议曾得到指示要修改统一作战行动计划，如此一来肯尼迪总统在核战争期间就会有多种选择。使这一事情变成可能的研究正在开展，但陆军、海军和空军各自的核野心看起来仍然是不相容的，有时候甚至让人难以理解。

马克斯韦尔·泰勒将军在他的畅销书中据理力争，认为陆军需要更多的资金来打常规战争。这个主张帮助他成为肯尼迪总统的首席军事顾问。不管怎么说，由于有泰勒的支持，陆军眼下正在追求可在战场上使用的3.2万件核武器。[101] 戴维·克罗克特无后坐力炮尽管有遭窃的风险，却依然被描绘成一种不可或缺的武器。陆军声称，这种手持的无后坐力炮就和洲际弹道导弹一样，都是迫切需要的。[102] 麦克纳马拉还是无法理解使用战场核武器（battlefield nuclear weapon，也可称为战术核武器）的理由，他向陆军抛出了一系列关于它们的问题，并要求其做出回答：我们使用战术核武器的目的是要防止苏联人使用他们的战术核武器吗？陆军能否做到用战术核武器保卫欧洲而不是摧毁它？我们的军队如何在放射性沉降物中幸存？戴维·克罗克特无后坐力炮的最大射程如此之短——约为1.5英里——以致用其开火的士兵们很有可能被其杀死。

在对麦克纳马拉诸问题的回应中，陆军承认其3.2万件核武器的要求可能"看起来高得离谱"。[103] 但是，泰勒将军坚持认为，战术核武器将成为核升级阶梯中价值不可估量的第一步。它们可以展现美国人的决心——而且"如果敌人有（战术核武器）的话"，[104] 显而易见美国也必须有。

关于苏联的最新情报报告为美国核战略的争论增添了一种新的转折。肯尼迪总统上台几周内就发现，导弹差距是不存在的。就像轰炸机差距一样，它也是一个谎言。多年以来，由于错误的假设、苏联的欺骗，以及美国国防部愿意相信最坏的情况——特别是要用它作为理由来争取更多的国防开支——这个谎言一直得以维持。中央情报局曾估计，到1961年中期，苏联可能拥有 500 枚远程弹道导弹。空军情报局（Air Force Intelligence）曾警告称，苏联人很快就会拥有 1000 枚。[105] 但是，U-2 间谍飞机和新型的"发现者"（Discoverer）间谍卫星所拍摄的航空照片，眼下都表明那些估计是错误的。这些照片证实苏联只有 4 枚导弹可以打到美国。[106]

苏联没有部署远程导弹来打击美国，相反它制造了数以百计的中程和中远程导弹来摧毁西欧的主要城市。这种战略在很大程度上是不得已而为之。赫鲁晓夫的夸夸其谈——例如他的工厂一年可以生产出 250 枚远程导弹，苏联拥有的导弹比以往任何时候都要多——都是虚张声势。多年来，苏联的导弹计划一直受到工程和设计问题的困扰。中程导弹的技术要求相对较低，而要制造一种可以飞 6000 英里并将弹头投送到目标附近的武器则不是那么容易。1960 年 10 月 24 日，苏联的导弹计划秘密地遭受了一次重大挫折。[107]

和"阿特拉斯"导弹一样，苏联的第一款远程导弹也是使用液氧作为推进剂，在发射之前也需要相当长的时间来注入燃料。苏联的新型导弹 R-16，就像泰坦-2 导弹一样，使用的是单独存储在弹体内的自燃推进剂。R-16 可以在几分钟之内起飞。它是到当时为止人类所制造的最大的导弹，赫鲁晓夫很希望能够在 11 月 7 日"十月革命"周年纪念之前看到它的首次发射。苏联战略火箭军总司令米特罗凡·伊万诺维奇·涅杰林（Mitrofan Ivanovich Nedelin）元帅跑到哈萨克斯坦，监督在拜科努尔航天发射场（Baikonur Cosmodrome）进行的 R-16 发射准备工作。

当那枚巨大的导弹满载氧化剂和燃料竖立在发射台上时，一系列故障接踵而至。在克里姆林宫的巨大压力之下，涅杰林 270

对发射延迟很是生气，也渴望知道到底出了什么问题，于是驱车来到发射台这边。在预定发射时间前的半小时内，当一群技术人员在导弹旁作业时，导弹第二级的发动机毫无警告地启动了。发动机的火焰向下喷射而出，引燃了第一级的燃料箱。当爆炸发生的时候，涅杰林元帅正坐在离导弹 50 英尺远的一把椅子上。他在这次事故中遇难，一同遇难的还有许多顶尖火箭科学家以及约 100 名其他人。R-16 的首席设计师米哈伊尔·扬格利（Mikhail Yangel）恰好在一个地下堡垒中抽烟，由此躲过一劫。设置好要记录发射场景的电影摄像机捕捉到了一些可怕的画面——当巨大的火球从后面袭来并将人们包围时，他们挣扎逃生；有人倒在地上，身上的衣服着了火；带有暗淡红光的致命烟云无处不在，笼罩着现场。第二天，苏联的官方通讯社塔斯社宣布涅杰林在一起空难中身亡。[108]

导弹差距的不存在远没有成为庆祝的理由，反而成了肯尼迪政府尴尬的一个潜在源头。民主党人在此前总统竞选过程中做出的许多断言现在看起来是毫无根据的。虽然鲍尔将军仍坚称苏联人正在伪装物之下隐藏远程导弹，但美国显然还是没有在核军备竞赛中落后。不太方便让公众知晓这一事实，于是政府选择了向公众保密。当麦克纳马拉在一次有记者参加的非正式简报会上承认导弹差距是个谎言时，肯尼迪总统不太高兴。

在第二天举行的新闻发布会上，肯尼迪强调称："现在就做出差距是否存在的判断为时尚早。"[109]很快，这整个问题就被遗忘了。是政治考量而不是战略考量决定了美国将建造多少枚远程陆基导弹。在斯普特尼克卫星上天之前，艾森豪威尔总统一度认为 20~40 枚就够了。[110]杰罗姆·威斯纳向肯尼迪总统建议，要达到威慑的目的，前述数字的大约 10 倍才足够。[111]但是，鲍尔将军希望战略空军司令部拥有 1 万枚"民兵"导弹,瞄准苏联每一处可能威胁到美国的军事目标。[112]而不知道导弹差距是谎言的国会议员同样寻求打造更大规模的陆基力量。经过多次讨价还价,麦克纳马拉决定建造 1000 枚"民兵"导弹。一位五角大楼顾问后来解释道,这是"一个约整数"(a round number)。[113]

虽然白宫和五角大楼在核战略上仍有分歧,但需要改进指挥与控制系统是无可争议的。对麦克纳马拉来说,这是美国面临的最紧迫的国家安全问题,"其重要性压倒一切"。[114]在听取完有关"武器系统评估小组第 50 号报告"以及突然袭击之威胁的简报会之后,麦克纳马拉向肯尼迪概括了问题所在:

> 自总统向下到我们的战略进攻与防卫武器系统之指挥链上的每一个环节都非常脆弱。摧毁大约 12 个地点——其中绝大部分都是软目标,没有一个被充分加固——将剥夺对美国军队的所有高层指挥与控制权……如果其中一些地点(包括里面躲有总统、他的继任者,或任何指定替补人员的地点)没法与其通信设备一同幸存下来,在发生针对美国的核攻击时,就不会做出任何得到授权的回应。[115]

如此一来,苏联要打赢一场核战争可能就不需要 1000 枚导弹,20～30 枚可能就足够了。苏联人的相对弱势,即导弹库的较小规模,很奇怪地成为焦虑的来源之一。它可能促使苏联展开先发制人的打击。来一次事先没有任何警告的斩首打击,就像一道"晴天霹雳"那样,很可能是克里姆林宫获胜的唯一希望。

一个集中、有效的指挥与控制系统将确保美国能够进行报复打击——而且将是由总统下达这样的命令。假如苏联发动了攻击，对这样一种系统的需求将是巨大的。这种系统将必须"能够区分进攻类型，不论规模大小"，五角大楼的一份报告后来如此指出，"是意外之举还是蓄意为之，是有选择性的还是无差别的，是否针对城市，是否针对高级指挥层……以支持做出'恰如其分的'报复性回应"。[116]这种系统必须实时处理这些事情，而且它必须在整个核战争期间维持总统、参谋长联席会议与军事指挥官之间的通信联系。

在委托开展许多项有关指挥与控制课题的研究之中，麦克纳马拉批准创建一个新的实体：全球军事指挥控制系统（WWMCCS）。该系统将不同武装部队的雷达、传感器、计算机和通信网络整合为一个单一的集成系统。挑战之巨大不言而喻。要使这一系统运作不仅需要在技术和行政方面进行改革，而且需要在指挥方面有新的思维方式。陆军、海军和空军试图在各自的设施上保留尽可能多的权力，并且反对任何由文职官员掌控的集权制，这些努力使该任务进一步复杂化。

尽管集权制和权力下放之间的官僚斗争被证明在五角大楼是很难解决的，但兰德公司的研究人员保罗·巴兰（Paul Baran）提出了一种在数字通信网络中协调这两者的绝妙方法。集中式网络甚至是分散式网络——像传统的广播或电视，通过电报或电话传递信息——都会因为少数关键节点被摧毁而停摆。任何分级网络（hierarchical network）在其顶点处，即所有通信线路合流的那个点都会是脆弱的。巴兰辩称，"指挥与控制系统的首要任务就是生存"，[117]他提出了分布式网络（distributed network）的设想，其中成百上千个独立节点通过多条路线连接在一起。信息将会被打散成更小型的"块"（block），通过第一条可用的线路传递出去，然后在它们的最终目的地重新组合。[118]
如果其中一些节点失效或者被摧毁了，这个网络会自动做出调整并沿着依然完好的线路发送数据。巴兰的研究为后来五角大楼的绝密通信网络及其民用版本因特网（Internet）提供了概念基础。

美国军事和文职领导层的生存要更难以实现。作为全球军事指挥控制系统的一部分，一种新型行政架构被建立起来。在五角大楼内部，国家军事指挥中心（National Military Command Center, NMCC）取代了联合作战室，它将在核战争期间作为国家的军事总部。由于五角大楼很可能在战争一开始时就被摧毁，所以在雷文洛克山内部的 R 场建立了一个备用的国家军事指挥中心。它拥有管理统一作战行动计划所需的数据处理和通信设备，全年以及每天 24 小时都有工作人员驻守，只等总统和参谋长联席会议的人员在紧急状态时抵达。但是，固定的地点对苏联导弹来说是很容易摧毁的目标。麦克纳马拉认为，美国同样需要移动的指挥中心，其很难被找到并摧毁。美国空军希望这些指挥中心能够建立在飞机上。战略空军司令部已经有了这么一款飞机，代号为"窥镜"（Looking Glass），它一直飞在空中作为奥马哈总部的备份。海军则想让这些指挥中心落户于舰船上。麦克纳马拉决定两手都抓，同时创建国家紧急空中指挥所（National Emergency Airborne Command Post）以及国家紧急海上指挥所（National Emergency Command Post Afloat）。

如果美国遭受核攻击之后没有办法传送"开始"代码，所有这些指挥所的存在都没有意义。美国海军开始研发一种机载系统，用来联系"北极星"潜艇。"塔卡莫"（TACAMO）飞机可以迅速起飞，大角度爬升，并利用一根 5 英里长的天线在甚

273

低频无线电台上发送紧急作战指令。战略空军司令部也开始研发"攻击后指挥与控制系统"（Post Attack Command and Control System）。它将依靠多个机载指挥所，一个火车上的指挥所、一个位于科罗拉多州克里普尔克里克（Cripple Creek）某废弃金矿底部的指挥所，以及一个被称为"诺奇"（Notch）的指挥所，其位于马萨诸塞州阿默斯特（Amherst）附近的秃山（Bare Mountain）内部。克里普尔克里克的地堡从未建成；相较那些地下指挥所，机载指挥所花费更少，且更可能生存下来。应急火箭通信系统（Emergency Rocket Communications System）提供了另一种备用手段。如果战略空军司令部的机载指挥所不知何故无法发送"开始"代码，其也可以通过安装在少数"民兵"导弹内部的无线电发射器来传送。当这些特种导弹飞过战略空军司令部的基地时，一段长约90秒的提前录制好的语音信息会被广播给轰炸机机组成员和发射组成员听。

　　最棘手的问题在于找到一种能让总统活下来的方式。国家紧急空中指挥所被安排在首府华盛顿附近的安德鲁斯空军基地（Andrews Air Force Base）保持24小时警戒，但是飞机需要至少10～15分钟才能起飞，而且它飞离热核爆炸的致死范围还需要另外10分钟。总统可能需要至少30分钟警报时间才能抵达安德鲁斯空军基地，进入机载指挥所然后避开爆炸。乘坐直升机抵达国家紧急海上指挥所（一艘停泊在海岸边的海军巡洋舰）将需要更长的时间。而且，苏联的导弹袭击很可能毫无警告地就来了。

　　在考虑了各种选择之后，国防部部长麦克纳马拉和国务卿迪安·腊斯克（Dean Rusk）支持建设"国家深层地下指挥中心"（National Deep Underground Command Center）。麦克纳马拉将这个堡垒描述为"指挥架构中一个逻辑上能够幸存下来的节点……一个在正式组建的政治当局管理下的统一战略指挥与控制中心"。[119]它将位于五角大楼下方 3500 英尺深的地底。它将由多部高速电梯、一套轻轨系统以及超过半英里长的地下水平隧道与白宫连起来。该堡垒可以容纳 50～300 人,这取决于肯尼迪选择建造"朴素的"版本还是"中等规模的"版本。[120]它被设计成可"经受当量为 2 亿吨到 3 亿吨级的武器多次直接命中并在地表发生爆炸,或者当量为 1 亿吨级的武器穿透至地下70～100 英尺并发生爆炸"。[121]如果苏联以这种规模发动进攻并且新地堡达到了那些设计目标,总统及其幕僚很可能就是华盛顿哥伦比亚特区中少数幸存下来的人。

在以下所有这些考虑——如何保护总统和参谋长联席会议,如何实时搜集信息,如何传递作战指令,如何设计技术和行政手段以实现灵活反应——之中,一个重要的问题基本被忽视了:如何结束一场核战争?早在 1961 年,哈佛大学经济学教授、兰德分析师、博弈论拥护者以及肯尼迪政府顾问托马斯·谢林(Thomas Schelling)就开始担心这个问题。在领导一个关于由事故、错误计算或是意外引发的战争之风险的委员会时,他很惊讶地发现在白宫和克里姆林宫之间竟然没有任何直接、安全的联系方式。[122]这看起来几乎让人难以相信。谢林几年之前就读过《红色警戒》这部小说,还买了 40 本送给同事。这本书很好地展示了什么地方会出错——然而,总统给他的苏联对手打"热线"电话的能力只存在于小说中。事实上,美国电话电报公司的电话线和西联电报公司(Western Union)的电报线是美国和苏联之间仅有的直接联系。这两种直接联系都将被热核爆炸切断,绝大部分无线电通信同样会被破坏。两国的指挥与控制系统没有正式的、可靠的互动方式。谢林认为，这个问题如此严峻和明显，每个人都会假定其他人已经处理好了该问题。如果没有谈判的渠道，停下来以展开谈判将是浪费时间。一旦核战争开始，不管多没意义、多具摧毁性和多可怕，在双方用光核武器之前，它可能都不会结束。

## 注释

1. 我对这起事故的描述基于对鲍勃·佩里弗伊和比尔·史蒂文斯的采访，以及通过《信息自由法案》所公布的文件。参见 "Summary of Nuclear Weapon Incidents（AF Form 1058）and Related Problems—January 1961," *Airmunitions Letter*, No. 136 – 11 – 56G, Headquarters, Ogden Air Material Area, April 18, 1961（SECRET/RESTRICTED DATA/declassified）, pp. 1 – 27; and "Official Observer's Report, Air Accident, Goldsboro, North Carolina," Ross B. Speer, AEC/ALO, February 16, 1961（SECRET/RESTRICTED DATA / declassified）。桑迪亚核武器安全部门主管帕克·F. 琼斯撰写的备忘录中可以找到对此次事故如此危险的极佳解释："Goldsboro Revisited, or How I Learned to Mistrust the H-Bomb, or To Set the Record Straight," Parker F. Jones, SFRD Memo, SNL 1651, October 22, 1969（SECRET/RESTRICTED DATA/declassified）。乔尔·多布森（Joel Dobson）在 *The Goldsboro Broken Arrow: The Story of the 1961 B - 52 Crash, the Men, the Bombs, the Aftermath*（Raleigh, NC: Lulu, 2011）一书中对事故本身及机组成员的命运做了极佳描述，但多布森的书对那些武器内部运作原理的描述不太可靠。

2. 马托克斯本有可能被飞机机尾立即杀死。但当他跳伞逃生的时候，飞机正在解体，机尾已经消失不见。他的降落伞刚打开，B - 52 轰炸机就发生了爆炸，随后就崩塌了。他于半夜时分降落在一个农场之中，向担惊受怕的农场主保证他不是从天而降的火星人，然后被开车送到了西摩·约翰逊空军基地——然后在基地前门处被守卫逮捕。守卫们没有得到关于此次事故的消息，而他本人也无法提供任何军方身份证明。成功逃离轰炸机的机组成员之一理查德·拉丁（Richard Rardin）上尉，也搭车返回基地并在马托克斯之后不久抵达前门处。守卫同样威胁要逮捕拉丁，马托克斯成功说服守卫相信他俩确实是空军军官，以及一架 B – 52 刚刚从天上掉了下来。See Dobson, *Goldsboro Broken Arrow*, pp. 55 – 60.

3. See Noel Yancey, "In North Carolina: Nuclear Bomber Crashes; 3 Dead," *Fort Pierce News Tribune* (Florida), January 24, 1961.

4. Interviews with Peurifoy and Stevens. 对于被称为飞机监控箱（Aircraft Monitor and Control Box）的 T – 249 的一些缺陷，两年之前的一份报告就已经提出："A Survey of Nuclear Weapon Safety Problems," pp. 19 – 23。

5. Stevens interview. See also Stevens, "Origins and Evolution of $S^2C$ at Sandia," p. 60.

6. See ibid.

7. "Goldsboro Revisited," p. 1.

8. Ibid., p. 2.

9. 这次事故的沉降物量将不会像威力更加强大的布拉沃试验那样大，但戈尔兹伯勒事故中的那枚氢弹也能够在美国东北部的大部分地区散播致命的放射性物质。

10. "Text of Kennedy's Inaugural Outlining Policies on World Peace and Freedom," *New York Times*, January 21, 1961.

11. Interview with Robert S. McNamara.

12. Peurifoy and Stevens interviews. See also *Airmunitions Letter*, June 23, 1960, p. 37, and Maggelet and Oskins, *Broken Arrow*, pp. 113 – 18.

13. See *Airmunitions Letter*, June 23, 1960, p. 53.

14. See *Airmunitions Letter*, Headquarters, Ogden Air Material Area, No. 136 – 11 – 56B, June 29, 1960 (SECTET/RESTRICTED DATA/declassified), pp. 13 – 46, Maggelet and Oskins, *Broken Arrow*, pp. 129 – 32.

15. Quoted Maggelet and Oskins, *Broken Arrow*, p. 132.

16. 关于"波马克"导弹事故的细节，参见"Report of Special

Weapons Incident ... Bomarc Site, McGuire AFB, New Jersey,"
2702nd Explosive Ornance Disposal Squad, United States Air Force,
Griffiss Air Force Base, New York, June 13, 1960 ( SECRET/
RESTRICTED DATA declassified); *Airmunitions Letter*, No. 136 - 11
- 56C, Headquarters, Ogden Air Material Area, September 8, 1960
( SECRET/RESTRICTED DATA/declassified ); and George Barrett,
"Jersey Atom Missile Fire Stirs Brief Radiation Fear," *New York
Times*, June 8, 1960。

17. See "Jersey Atom Missile Fire. "

18. See "Civil Defense Alerted in City," *New York Times*, June 8, 1960.

19. McNamara interview. See also "Memorandum of Conversation
( Uncleared ), Subject: State - Defense Meeting on Group I, II, and IV
Papers," January 26, 1963 ( TOP SECRET/declassified ), NSA, p.
12.

20. "Robert S. McNamara Oral History Interview—4/4/1964," John F.
Kennedy Oral History Collection, John F. Kennedy Presidential Library
and Museum, p. 5.

21. Quoted in Desmond Ball, *Politics and Force Levels: The Strategic
Missile Program of the Kennedy Administration* ( Berkeley: University of
California Press, 1980 ), p. 18. 虽然德斯蒙德·鲍尔（Desmond
Ball）的著作写成于肯尼迪时代的许多重要国家安全文件解密之
前，但该书的核心论点仍然让人信服。关于肯尼迪政府的诸多目
标，我从下面这本书中获益匪浅：Alain C. Enthoven and K.
Wayne Smith, *How Much Is Enough? 1961 - 1969: Shaping Defense
Program* ( Santa Monica, CA: RAND Corporation, 1971 )。作者之一
是麦克纳马拉手下最杰出的顾问之一。关于肯尼迪对艾森豪威尔
政府战略思想的攻击，可参见 Christopher A. Preble, " 'Who Ever
Believed in the "Missile Gap"?': John F. Kennedy and the Politics of
National Security," *Presidential Studies Quarterly*, vol. 33, no. 4
( December 2003 ), pp. 801 - 26。

22. Quoted in William W. Kaufmann, *The McNamara Strategy* ( New
York: Harper & Row, 1964 ), p. 40.

23. 泰勒辩称，美国需要"有能力应对从全面的原子战争到渗透和侵

略的所有可能的挑战"。他后来成为越南战争的主要设计师。See Maxell D. Taylor, *The Uncertain Trumpet* ( New York: Harper & Brothers, 1960), p. 6.

24. "Summary of President Kennedy's Remarks to the 496th Meeting of the National Security Council," January 18, 1962 ( TOP SECRET/ declassified), in United States Department of State, *Foreign Relations of the United States, 1961 – 1963, Volume VIII, National Security Policy* ( Washington, D. C. : U. S. Government Printing Office, 1996), p. 240.

25. 西欧将遭受美国对苏联大规模攻击所形成的放射生物学效应（radiological effects），但韩国很可能遭受更严重的放射性沉降物影响。See "Chief of Naval Operations Cable to Commander-in-Chief Atlantic Fleet, Commander-in-Chief Pacific Fleet, Commander-in-Chief U. S. Naval Forces Europe," November 20, 1960 ( TOP SECRET/ declassified), NSA, p. 1.

26. 直至今日，大卫·哈伯斯塔姆（David Halberstam）关于这个极其自信的团队的著作仍然是权威性的: *The Best and the Brightest* ( New York: Ballantine Books, 1992)。

27. "Evaluation of Strategic Offensive Weapons Systems," Weapon Systems Evaluation Group Report No. 50, Washington, D. C., December 27, 1960 ( TOP SECRET/RESTRICTED DATA/declassified), NSA.

28. See ibid. , Enclosure "F," p. 19.

29. 对"50 报告"中关于指挥与控制问题的附件 C 的长篇摘录，收录于 Wainstein, et al. , "Evolution of U.S. Strategic Command and Control," pp. 239 – 47。

30. Ibid. , p. 243.

31. Ibid. , p. 242.

32. Cited in ibid.

33. Cited in ibid.

34. Ibid. , p. 243.

35. Quoted in ibid. , p. 239.

36. Ibid. , p. 284.

37. Cited in Ibid. , p. 241.

38. 我对此次虚假警报的描述基于："'Missile Attack' Terror Described," *Oakland Tribune*, December 11, 1960; "When the Moon Dialed No. 5, They Saw World War III Begin," *Express and News* (San Antonio), December 11, 1960; John G. Hubbell, "You Are Under Attack!, The Strange Incident of October 5," *Reader's Digest*, April 1961, pp. 37 – 39; and Donald MacKenzie, *Mechanizing Proof: Computing, Risk, and Trust* (Cambridge, MA: MIT Press, 2001), pp. 23 – 4。唐纳德·麦肯齐（Donald MacKenzie）对劳伦斯·S. 库特将军进行了一次口述史访谈，在很大程度上证实了媒体当时对此事故的描述。

39. Cited in "'You Are Under Attack!'"

40. Quoted in MacKenzie, *Mechanizing Proof*, p. 23.

41. Quoted in "'You Are Under Attack!'"

42. 查尔斯·H. 珀西后来在想，如果此次雷达信号没被判定为虚假警报，那些人可能会做出什么样的决定。See Einar Kringlen, "The Myth of Rationality in Situations of Crisis," *Medicine and War*, Volume I (1985), p. 191.

43. Quoted in Wainstein, et al., "Evolution of U. S. Strategic Command and Control," p. 243.

44. Quoted in ibid., p. 246.

45. 麦克纳马拉在上任几周后就得知欧洲的指挥与控制问题相当严峻。此处及以下的引文皆摘自 1961 年秋天厄尔·E. 帕特里奇（Earle E. Partridge）将军提交给他的一份报告。帕特里奇是已经退休的空军军官，他受邀来领导对指挥与控制相关问题的调查。"Interim Report on Command and Control in Europe," National Command and Control Task Force, October 1961（TOP SECRET/ declassified），NSA, p. 2.

46. See ibid.

47. See ibid., p. 4.

48. See ibid., pp. 3 – 4.

49. See ibid., p. 5.

50. Ibid.

51. Ibid., p. 6.

52. "Memorandum from the President's Special Assistant for National Security Affairs (Bundy) to President Kennedy," January 30, 1961 (TOP SCERET/declassified), in *Foreign Relations of the United States*, *1961–1963*, *Volume VIII*, National Security Policy, p. 18.

53. See "Report of Ad Hoc Subcommittee on U. S. Policies Regarding Assignment of Nuclear Weapons to NATO; Includes Letter to President Kennedy and Appendices," Joint Committee on Atomic Energy, Congress of the United States, February 11, 1961 (SECRET/RESTRICTED DATA/declassified), NSA.

54. 这位顾问是托马斯·谢林，转引自 Webster Stone, "Moscow's Still Holding," *New York Times*, September 18, 1988。

55. 我对原子能联合委员会巡视北约基地之旅以及准许启动连接装置（PAL）之研发的描述，基于以下材料："Report on U. S. Policies Regarding Assignment of Nuclear Weapons to NATO"; "Letter, From Harold M. Agnew, to Major General A. D. Starbird, Director of Military Applications, U. S. Atomic Energy Commission," January 5, 1961 (SECRET/RESTRICTED DATA/declassified); Clinton P. Anderson, with Milton Viorst, *Outsider in the Senate: Senator Clinton Anderson's Memoirs* (New York: World Publishing Company, 1970), pp. 165–73; "Command and Control Systems for Nuclear Weapons: History and Current Status," System Development Department I, Sandia Laboratories, SLA–73–0415, September 1973 (SECRET/RESTRICTED DATA/declassified); "PAL Control of Theater Nuclear Weapons," M. E. Bleck, P. R. Souder, Command and Control Division, Sandia National Laboratories, SAND82–2436, March 1984 (SECRET/FORMERLY RESTRICTED DATA/declassified); Peter Stein and Peter Feaver, *Assuring Control of Nuclear Weapons: The Evolution of Permissive Action Links* (Cambridge, MA: Center for Science and International Affairs, John F. Kennedy School of Government, Harvard University, and University Press of America, 1987); Stevens, "Origins and Evolution of $S^2C$ at Sandia," pp. 50–52；以及我对哈罗德·阿格纽的采访，他参与了欧洲之旅，并在接受 PAL 的过程中发挥了重要作用。

56. 总统于 1960 年 2 月 3 日举行的新闻发布会，相关内容载于 *Public Papers of the Presidents of the United States：Dwight D. Eisenhower, Containing the Public Messages and Statements of the President, January 1, 1960 to January 20, 1961*（Washington, D. C.：Office of the Federal Register, 1961），p. 152。

57. Quoted in Anderson, *Outsider in the Senate*, p. 170.

58. See Trachtenberg, *Constructed Peace*, p. 170.

59. Agnew interview.

60. Transcript, Executive Session, Joint Committee on Atomic Energy, Meeting No. 87 – 1 – 4, February 20, 1960, NSA, p. 73.

61. Ibid, p. 66.

62. Ibid, p. 47.

63. "Report on U. S. Policies Regarding Assignment of Nuclear Weapons to NATO," p. 33.

64. 我是从前空军部部长、里根总统顾问托马斯·里德（Thomas Reed）那里第一次听说此事的。里德曾在他与洛斯阿拉莫斯技术情报部（Los Alamos Technical Intelligence Division）前主管丹尼·B. 斯蒂尔曼（Danny B. Stillman）合著的图书中简要提及这一插曲：*The Nuclear Express：A Political History of the Bomb and Its Proliferation*（Minneapolis：Zenith Press, 2009），pp. 79 – 80。布鲁诺·泰尔特雷（Bruno Tertrais）在以下文章中详细讲述了这个故事："A Nuclear Coup? France, the Algerian War and the April 1961 Nuclear Test," Fondation pour la Recherche Stratégique, Draft, October 2, 2011。

65. Quoted in Tertrais, "A Nuclear Coup?," p. 11.

66. "Report on U. S. Policies Regarding Assignment of Nuclear Weapons to NATO," p. 45.

67. Transcript, Executive Session, Joint Committee on Atomic Energy, Meeting No. 87 – 1 – 4, p. 82.

68. See Nash, *Other Missiles of October*, p. 56.

69. Quoted in ibid. , p. 3.

70. Agnew, Stevens, Peurifoy interviews.

71. 对阿格纽的采访。这枚炸弹没有安装弹道感应开关，因此即便不从飞机上掉落，也有可能发生爆炸。安德森参议员指出，在荷兰的沃格尔空军基地（Vogel Air Base），"一根设计用来保持发火开关处于打开状态的保险丝被从核武器中扯出，这个装置如果跌落，很可能发生爆炸"。See Anderson, *Outsider in the Senate*, p. 172. "Letter, From Harold M. Agnew," p. 8; "Report on U. S. Policies Regarding Assignment of Nuclear Weapons to NATO," p. 37.

72. See "Incidents and Accidents," Incident #3, p. 21.

73. See ibid. , Incident #1, p. 52.

74. See ibid. , Incident #1, p. 70.

75. See "Letter, from Harold M. Agnew," p. 2.

76. "Report on U. S. Policies Regarding Assignment of Nuclear Weapons to NATO," p. 38.

77. Ibid. , p. 2.

78. See ibid. and "Incidents and Accidents," Incident #3, p. 38. 我确认了事故发生地。

79. "Report on U. S. Policies Regarding Assignment of Nuclear Weapons to NATO," p. 39.

80. See ibid. , p. 32.

81. Agnew interview.

82. 武器中通常包含两套这样的开关，以确保至少有一套可以正常工作。See "Command and Control Systems for Nuclear Weapons," p. 13.

83. Ibid. , p. 14.

84. Ibid. , p. 13.

85. Quoted in "Subject: Atomic Stockpile, Letter, From John H. Pender, Legal Adviser, Department of State, To Abram J. Chayes, Legal Adviser, Department of State," July 16, 1961 (TOP SECRET/declassified), NSA, p. 4.

86. Quoted in ibid.

87. Ibid.

88. See Carl Kaysen, "Peace Became His Profession," in Walter A. Rosenblith, ed. , *Jerry Wiesner: Scientist, Statesman, Humanist* (Cambridge, MA: MIT Press, 2003), p. 102.

89. 这句引文出自 "Memorandum for the President, From Jerome B. Wiesner, May 29, 1962," in "PAL Control of Theater Nuclear Weapons," p. 84。

90. Ibid.

91. Ibid.

92. See Stein and Feaver, *Assuring Control of Nuclear Weapons*, pp. 36 - 37.

93. 德斯蒙德·鲍尔写道: "1961 年 3 月做出的那些决策, 在很大程度上决定了接下来十年美国战略理论态势的特征。" 最重要的那些决策是在 3 月的头两周做出的。See Ball, *Politics and Force Levels*, pp. 107 - 26. 引文在第 121 页。

94. 这个比较是在 5 件 100 万吨当量的武器和 1 件 1000 万吨当量的武器中做出的——可证明数量更多的小型武器能够导致更大程度的损害。See Enthoven, *How Much Is Enough?*, pp. 179 - 84.

95. See Ball, *Politics and Force Levels*, pp. 45 - 46.

96. See ibid. , pp. 46 - 7, 116 - 17.

97. Cited in "Statement of Robert S. McNamara on the RS - 70," Senate Armed Services Committee, March 14, 1962 (TOP SECRET/declassified), NSA, p. 12. 这份文件不知何故逃脱了五角大楼审查员的黑笔涂抹——它揭示了当时主要战略武器系统的爆炸当量和打击精度。该信息可在第 18 页找到。

98. 我第一次看到这句引文是在弗雷德·卡普兰 (Fred Kaplan) 的杰出著作 *Wizards of Armageddon: The Untold Story of the Small Group of Men Who Have Devised the Plans and Shaped the Policies on How to Use the Bomb* (Stanford: Stanford University Press, 1991), p. 255。它出自怀特所撰写的关于掌管五角大楼的 "精明小子" 的文章: "Strategy and the Defense Intellectuals," *Saturday Evening Post*, May 4, 1963。

99. 艾森豪威尔强烈抵制的那些政策早在肯尼迪政府执政初期就成了常态。在竞选总统期间, 肯尼迪就承诺战略空军司令部将会执行 24 小时空中警戒任务。关于战略空军司令部新警戒政策的细节, 可参见 "History of Headquarters Strategic Air Command, 1961," SAC Historical Study No. 89, Headquarters, Strategic Air Command,

Offutt AFB, Nebraska, January 1962 (TOP SECRET/declassified),
NSA, pp. 58 – 65。关于肯尼迪的竞选承诺，参见 Ball, *Politics
and Force Levels*, p. 18。

100. Quoted in Jack Raymond, "M' Namara Scores Defense Discord,"
*New York Times*, April 21, 1963. 麦克纳马拉从一开始就明确表达
了对军种间竞争的反对。

101. Cited in "Memorandum from Secretary Defense McNamara to the
Chairman of the Joint Chiefs of Staff (Lemnitzer)," May 23, 1962
(TOP SECRET/declassified), *Foreign Relations of the United States*,
*1961 – 1963, Volume VIII, National Security Policy*, p. 297.

102. See "History of the XW – 51 Warhead," SC – M – 67 – 683, AEC
Atomic Weapon Data, January 1968 (SECRET/RESTRICTED
DATA/declassified), p. 10.

103. 作为对麦克纳马拉诸问题的回复，陆军提交的那份文件受到了
严格审查，然而寻求如此之多的核武器的理由看起来是明确的。
陆军希望使用"快速杀伤、快速反应的武器"在西欧打败苏联
的地面部队。报告的作者也意识到这一要求似乎不合理。完整
的引文是这样的："初读起来，所建议的武器数量看起来高得离
谱。"无论如何，陆军的理由都没有说服力。See "Requirements
for Tactical Nuclear Weapons," Special Studies Group (JCS),
Project 23, C 2379, October 1962 (TOP SECRET/RESTRICTED
DATA/declassified), p. 55.

104. 泰勒批评了某些人不希望向美国在欧洲的部队提供成千上万件
小型核武器的观点。See "Memorandum from the President's
Military Representative (Taylor) to President Kennedy," May 25,
1962 (TOP SECRET/declassified), *Foreign Relations of the United
States, 1961 – 1963, Volume VIII, National Security Policy*, pp. 299 –
300. 引文在第 300 页。

105. 根据美国空军的说法，到 1964 年中期，苏联将拥有多达 950 枚
远程导弹，到 1965 年中期则有 1200 枚。相反，直到 20 世纪 60
年代末期，苏联实际拥有的远程导弹也从未超过 209 枚。Cited
in Raymond L. Garthoff, "Estimating Soviet Military Intentions and
Capabilities," in Gerald K. Haines and Robert E. Leggett, eds.,

*Watching the Bear*: *Essays on CIA's Analysis of the Soviet Union* ( Washington, D. C. : Central Intelligence Agency Center for the Study of Intelligence, 2003), p. 141.

106. Cited in ibid.

107. 一位杰出的苏联火箭设计师撰写了被后人称为"涅杰林灾难"的最权威文字。See Boris Chertok, *Rockets and People*, *Volume II*: *Creating a Rocket Industry* ( Washington, D. C. : NASA History Series, 2006), pp. 597 – 641.

108. See Osgood Caruthers, "Chief of Rockets Killed in Soviet," *New York Times*, October 26, 1960.

109. See "Transcript of the Kennedy News Conference on Foreign and Domestic Matters," *New York Times*, February 9, 1961.

110. Cited in "The Ballistic Missile Decisions," Robert L. Perry, The RAND Corporation, October 1967, p. 14.

111. 威斯纳认为大约200枚导弹就足够了。See Ball, *Politics and Force Levels*, p. 85.

112. Cited in Herbert F. York, *Race to Oblivion*: *A Participant's View of the Arms Race* ( New York: Simon Schuster, 1970), p. 152.

113. 这位顾问是赫伯特 · F. 约克 ( Herbert F. York )。Quoted in Herken, *Counsels of War*, p. 153.

114. "Memorandum for the Chairman, Joint Chiefs of Staff; Subject: Command and Control," Robert S. McNamara, August 21, 1961 ( TOP SECRET/declassified), NSA, p. 1.

115. "Letter, From Secretary of Defense McNamara to President Kennedy," February 20, 1961 ( TOP SECRET/declassified), in *Foreign Relations of the United States*, *1961 – 1963*, *Volume VIII*, *National Security Policy*, p. 39.

116. Wainstein, et al. , "Evolution of U. S. Strategic Command and Control," p. 292.

117. Paul Baran, "On a Distributed Command and Control System Configuration," U. S. A. F. Project RAND, RM – 2632, Research Memorandum, December 31, 1960, p. 19.

118. See Paul Baran, "On Distributed Communications Networks," The

RAND Corporation, P – 2626, September 1962.

119. "Memorandum for the President, Subject: National Deep Underground Command Center as a Key FY 1965 Budget Consideration," Robert S. McNamara, November 7, 1963 (TOP SECRET /declassified), NSA, p. 2, 4.

120. Ibid. , p. 3.

121. Ibid. , p. 1.

122. 在与我进行的电子邮件交流中，托马斯·谢林描述了他对白宫和克里姆林宫之间缺乏安全可靠通信的担忧、他在创建"热线"过程中所扮演的角色，以及他对小说《红色警戒》的钦佩之情。

# 核战边缘

　　1961 年 9 月 25 日，约翰·F. 肯尼迪总统在联合国召开的一次世界领导人会议上发言称："人类必须消灭战争，否则战争就会消灭人类。"[1] 广受爱戴的联合国秘书长达格·哈马舍尔德（Dag Hammarskjöld）一个星期前死于飞机失事，为了缅怀他，肯尼迪发表了一次演讲，呼吁世界和平并强调联合国作为和平卫士的中心角色。肯尼迪也重新唤起了通过一项国际协议禁止核武器的希望：

> 今天，这个星球上的每一个居民都必须思虑这个星球不再适合居住的那一天。每个男人、女人和孩子都生活在核武器这把达摩克利斯之剑下。这把剑由最纤细的线悬挂，而这根线随时有可能被意外事件、错误判断或神经错乱斩断。在我们被战争武器消灭之前，我们必须先将其消灭……接下来十个月里发生的事件和做出的决策可能决定未来一万年里人类的命运。这些事件将避无可避，而这些决策也无法上诉更改。我们这些身处现在这个大厅的人，要么作为将这个星球变成熊熊燃烧的葬礼柴堆之世代的一部分，要么作为践行"要拯救后代免受战祸之困扰"的誓言之世代的一部分而被人铭记。[2]

相较于军备竞赛，肯尼迪向苏联发起挑战，让其参与同美国的

"和平竞赛"（peace race）。所谓的"和平竞赛"是指在联合国监督之下最终达到"全面和彻底裁军"的一系列步骤。[3]他提议禁止核试验，停止生产核武器用裂变材料，禁止向其他国家转运核武器，以及销毁所有核武器及其运载系统。肯尼迪对人类的完美性没有任何幻想，有的只是保持其生存的渴望：

> 这样的一个计划并不会使世界摆脱冲突或贪婪——但它将使世界免于大规模毁灭的恐惧。它不会开创一个超级大国的时代——但它会开创一个没有哪个国家可以消灭另一个国家或被另一个国家消灭的时代。[4]

废除核武器不能再被推迟了。他说："我们应该一起拯救我们的星球，或者我们一起毁灭在它的火焰之中。"[5]

就在肯尼迪于联合国呼吁结束军备竞赛的同一周，他在白宫会见了几名军事顾问，讨论对苏联发动一次突然袭击的议题。托马斯·鲍尔将军鼓励他这么做。根据9月20日这次会议的会议记录，鲍尔警告称，美国现在面临着遭受苏联核打击的最严峻危险。他辩称："如果一场普遍的原子战争不可避免，美国应该先发制人。"[6]鲍尔并不是高级军官中唯一持此种想法的人。肯尼迪刚刚收到一份来自马克斯韦尔·泰勒将军的备忘录，其总结了美国先发制人的打击可能如何展开的过程。[7]泰勒并没有推荐它，但也没有反对它。他写道："这种做法风险和机会共存。"[8]

当时，美国和苏联正在进行自1948年柏林空运以来最严重的对抗。柏林再次成为危机的中心。[9]在打败纳粹16年之后，这个城市依然为4个占领国所分区占领，它们是占领西边的英国、 278

法国和美国，苏联则占据着东边。这种分裂既是经济上的，也是政治上的。当共产主义的东柏林陷入停滞时，资本主义的西柏林则是一片欣欣向荣的景象，但它的繁荣也是极为脆弱的。柏林位于德意志民主共和国（亦称民主德国或东德）内部，通过飞机和一条110英里长的高速公路与德意志联邦共和国（亦称联邦德国或西德）相联系，西柏林也被苏东集团的部队包围，北约在这个城市中的兵力远远无法与之抗衡。美国的核武器是保护西柏林免于被侵占的唯一手段。

自1958年以来，苏联一直威胁要与东德签署条约，以将柏林的东部交给其共产主义盟友（即苏联），并且封锁北约进入柏林的通道。1961年6月，这一威胁在肯尼迪总统和赫鲁晓夫的首脑峰会上被有力地重申。在前不久将人类首次送入太空之后，苏联看起来占有优势地位。而肯尼迪的影响力则被前不久的猪湾入侵事件大大削弱，那是一次失败的推翻古巴共产党政府的企图。赫鲁晓夫认为新总统年轻又没经验，可能还因为胆怯而不敢为那些被压制在古巴海滩上、得到中央情报局支持的军队提供空中支援。肯尼迪一度希望这次峰会可以缓和两个超级大国之间的关系。相反，赫鲁晓夫用一个最后通牒让他更难以下台：如果美国不同意建立一个"自由"和非军事化的柏林，苏联将在本年底与东德签署一份条约，并且严格限制北约在这座城市中的权利。当肯尼迪明确表示这无法接受时，苏联领导人并没有退缩。

赫鲁晓夫说："由美国来决定是战是和。"[10]

肯尼迪回答道："那么这将会是个寒冷的冬天。"[11]

在艾森豪威尔政府时期，如果苏联试图关闭通往柏林的高速公路，参谋长联席会议看起来没有多少选择。[12]一支美国车队很可能会经由此路从西德出发——假如他们遭受攻击，美国将面临巨大的压力，要对苏联进行大规模核打击。国防部部长麦克纳马拉希望能够设计出一种微妙的回应方式。他希望拥有一个能够允许冲突逐步升级的计划，并且尽可能地推迟使用核武器。但是，法国总统夏尔·戴高乐和英国首相哈罗德·麦克米伦对可以用常规武器来保卫西柏林的想法几乎没有信心。他们担心，任何美国可能不会立即使用核武器的建议，都会削弱威慑的可信性并鼓励苏联采取冒险的行动。

北约欧洲盟军最高司令官劳里斯·诺斯塔德将军同意英国人和法国人的看法。诺斯塔德认为，一旦战争开打，升级就不会是逐渐的。它会是"爆炸性的"，[13]而且北约必须为全面的核战争做好准备。在猪湾行动失败之后，诺斯塔德说服麦克纳马拉将"朱庇特"导弹留在土耳其和意大利。他说："现在是打造实力，而不是削弱实力的时候。"[14]

当赫鲁晓夫继续对西柏林发出公开威胁并释放战争幽灵的时候，肯尼迪总统遵循了前国务卿迪安·艾奇逊的建议。艾奇逊曾建议："如果危机被挑起，采取大胆而危险的应对之策有可能是最安全的。"[15]美国应该提高赌注，向德国派驻更多常规部队，并展现出愿意一战的决心。7月25日，肯尼迪就此次柏林危机发表了电视讲话。肯尼迪声称，苏联没有权利限制北约在西柏林的存在，"而且我们已经保证，对这座城市的攻击将是对我们大家所有人的攻击"。[16]他提议征召预备役人员和国民警卫队，扩大征兵范围，向陆军额外增加超过10万人的部队，推迟战略空军司令部 B-47 轰炸机的退役工作，以及计划在美国修建更多的民用防空设施。被这次演讲激怒的赫鲁晓夫让此时正在苏联访问的白宫顾问约翰·麦克洛伊（John McCloy）代为传达一则消息："告诉肯尼迪，如果他开启战端，他有可能会成为美国的最后一位总统。"[17]

280　　虽然肯尼迪和麦克纳马拉现在都知道了美国指挥与控制系统问题的紧迫性，但并没有采取什么措施来纠正它们。自新总统上任以来才过去了不到 6 个月，对该系统做出根本性的改变还需要更多时间。随着柏林危机步步升级，北约诸部队的指挥官们被命令在没得到诺斯塔德将军的明确批准之前，不能使用他们手中的核武器。但是，这些武器中都没有安装锁，而麦克纳马拉很快就同意为前线的美国军队装备戴维·克罗克特无后坐力炮。它们很可能是向入侵的苏联军队开火的第一种武器。

　　更重要的是，统一作战行动计划依然保持不变。尽管肯尼迪还没有参与关于该计划的正式简报会，但它在 4 月中旬的时候就已正式成为美国的核战争计划。肯尼迪的国家安全顾问麦乔治·邦迪认为，既然与苏联的战争看起来很可能要开打，那么统一作战行动计划就需要一个替代方案。"目前的战略战争计划死板得很危险，"邦迪告诉总统，"而且，如果不做出修改就继续执行的话，它可能让你在面临热核现实时很少有选择的余地。"[18]邦迪的助手之一，卡尔·凯森（Carl Kaysen），被赋予了迅速准备一份新的战争计划的任务。在第二次世界大战期间，凯森曾从事选定德国境内轰炸目标的工作。后来他在兰德公司任职，并在哈佛大学担任经济学教授。凯森认为，北约应该越来越依赖常规武器，而且德国应该最终成为一个无核武器区。尽管如此，他还是从麦克纳马拉的助手之一亨利·罗恩那里得到了帮助，提出了总统可能会实际使用的核战争计划。他们都认为，目前的统一作战行动计划所要求的"痉挛战争"（spasm war）是一种"荒谬的和不切实际的理念"。[19]

8月13日午夜刚过，在没有任何警告的情况下，东德的部队开始在东柏林和西柏林之间设置带刺铁丝栅栏。几个星期以来，数以千计的民众穿过城市逃离东德，当时这里是东西德之间最后一段未被军事化的边界。眼下，当栅栏变成一堵高墙时，北约的部队只能无能为力地看着。

在做出最初的临时回应之后，8月18日，肯尼迪总统下令让一个由1500名官兵组成的战斗群经由高速公路从西德赶往柏林。麦克纳马拉一度反对这个举动，担心它可能引发一场核战争。苏联部队并没有对这支车队做出任何挑衅之举。当他们最终抵达西柏林时，美军官兵们受到了成千上万兴高采烈的德国人以及副总统林登·B.约翰逊的欢迎，副总统还有种如释重负之感。12天之后，苏联再次让肯尼迪政府大吃一惊，其宣布单方面终止暂停核试验的协议，将之恢复。作为实力展示，苏联在9月先后引爆了26枚核武器。

9月第一周的时候，卡尔·凯森的战争计划就已经准备妥当。它是为在此次柏林危机期间使用而设计的。"我们应该准备好利用我们的先发制人的打击来开启一场全面战争，"凯森写道，"我们应该寻求尽可能小的打击目标名单，重点打击苏联的远程攻击能力，并且尽可能地避免造成苏联平民伤亡。"[20]如果肯尼迪总统启动目前的统一作战行动计划，美国将不得不杀死苏联超过一半的人口——以及东欧和中国的数百万人——而这仅仅是为了维护西柏林的自由。[21]如此行事不仅在道义上是有疑问的，而且不现实。统一作战行动计划要求的军事行动规模如此之大，它将"不可避免地"暗示苏联，一次核打击迫在眉睫。[22]这将给予其时间展开报复打击。凯森提出了一个突然袭击计划，即利用 41 架美国轰炸机，从低空接近并摧毁苏联约 82 个远程导弹基地和轰炸机基地。在第一枚炸弹落下之后，整件事情将在"15 分钟之内"[23]结束。

在袭击过后，凯森建议说："我们应该可以和赫鲁晓夫沟通两件事情：第一，我们打算专注于军事目标，除非他们愚蠢到打击我们的城市；第二，我们随时准备从进攻行动中撤回大部分部队……只要他接受我们的条件。"[24]相较于杀死上亿人口，这种袭击可能只会杀死"不到 100 万人，甚至不会超过 50 万人"。[25]

参谋长联席会议主席莱曼·兰尼兹尔（Lyman Lemnitzer）并没有对该计划有太深的印象。在第二周的一次会议上，兰尼兹尔告诉肯尼迪总统，美国仍然缺乏打一场有限的核攻击战的指挥与控制能力。任何按捺住发动先发制人打击念头的部队，都有可能再也没法发动第二次打击。而且在核战争的混乱情势中，谁也无法保证赫鲁晓夫将明白只有他的军事目标遭到了攻击。凯森的计划并没有提出要打击苏联的中程和中远程导弹——如果赫鲁晓夫没有得到这个消息并屈服，英国和欧洲大部将毁于一旦。兰尼兹尔反对对统一作战行动计划做出任何修改：

> 这个计划制订出来就是要作为一个整体执行的，排除任何一个或多个类别目标的攻击行为，将在不同程度上削弱该计划的有效性。[26]

柯蒂斯·李梅将军完全赞同兰尼兹尔的看法。事实上，如果战争来临，李梅认为苏联应该遭到更多而不是更少的核武器打击，以确保其所有的战略目标都被清除。尽管在政治和哲学上存在巨大的分歧，但出于对其职业技能的尊重，肯尼迪总统最近还是将李梅提拔为空军参谋长。"如果你不得不开始（一场战争），你会希望李梅坐在领头的轰炸机中，"肯尼迪后来解释道，"但你永远不会希望由李梅来决定你是否不得不开始（它）。"[27]

这两种核战争计划暗含的逻辑是无法逃避的：杀或被杀。兰尼兹尔将军说，不管统一作战行动计划如何执行，"苏联的一部分……核力量将会打击到美国"。[28]到1961年秋天，苏联已经拥有约16枚远程导弹、150架远程轰炸机以及60枚潜射导弹能够打到北美地区。[29]很难找到所有这些武器并一一摧毁。凯森估计，由其计划所导致的美国人死亡数目，"虽然只会占很小的百分比——（在美国总人口中）占3%～7%"[30]——但仍然会在500万人到1300万人之间。仅仅是少数几枚大当量核武器击中纽约市和芝加哥，就能够造成上述数目的人死亡。"在热核战争中，"凯森指出，"人们很容易被杀死。"[31]但是，抛弃对苏联发动一次突然袭击的方案而选择其他替代计划，结果可能更糟糕。苏联发动一次先发制人的核打击就可能杀死1亿美国人。[32]

在于联合国发表演讲之前的那些日子里，肯尼迪总统一直在苦苦思索这些议题。五角大楼年轻文职人员的那些建议在许多方面都与参谋长联席会议的相矛盾。总统必须决定谁说的是对的。两个超级大国都不想要一场核战争，但是两个国家也都不愿意退缩、疏远各自的盟友，或者显示出虚弱迹象。在幕后，美苏两国政府正在进行各种正式的和非正式的接触，包括肯尼迪与赫鲁晓夫之间的秘密通信。然而，他们之间的立场似乎是不可协调的，特别是在截止日期即将来临的时候。对赫鲁晓夫来说，西柏林就是一颗"必须被拔掉的烂牙"、[33]美国间谍活动的中心、对东德未来的威胁；对肯尼迪来说，西柏林是自由的前哨，被极权主义统治包围，其200万名居民不能被抛弃。从目前来看，柏林墙至少维持了现状。就在铁丝网被建立起来的那一天，肯尼迪说："这不是一个很好的解决方案，但一堵墙可比一场战争好得多。"[34]

9月19日，即在白宫开会讨论是否要发动一次突然袭击的前一天，肯尼迪向鲍尔将军发送了一份问题清单：

> 柏林事态的发展可能让我们面临如下这种情形，即我们可能希望主动将冲突从地方层面升级为全面战争。……在这样的条件下，我们可以通过检视当下的计划来实现突然的效果（也就是只有15分钟或更少的预警时间）吗？……你将如何策划一次只使用最小规模的部队且只针对苏联远程打击力量的袭击？你将如何尝试让其成为一次战术奇袭？制订这样一个计划需要多长时间？……这种针对苏联远程打击力量发动先发制人打击的理念是可行的吗？……我假设如果我收到敌方已经屈服的消息，那么我就可以随时停止这种战略进攻。这是否正确？[35]

284　此外，总统还想知道美国的先发制人的打击是否可以摧毁那些瞄准欧洲的导弹。在20日召开的会议中，鲍尔将军表达了对赫鲁晓夫正在隐藏他的大部分远程导弹的担忧。[36]如果没有更好的情报信息，针对苏联的一场有限打击就会是过于冒险之举。选择只能是孤注一掷的——而鲍尔主张完全按照统一作战行动计划展开进攻。[37]

几天之后，肯尼迪在联合国大会上说："西方国家冷静地决心捍卫它们的义务以及它们与西柏林自由公民的联系，不管它们会面临什么样的手段。"[38] 接下来的那个星期，国防部部长麦克纳马拉告诉媒体，"在我们感觉到有必要保护我们生死攸关的利益时"，[39] 美国将毫不犹豫地使用核武器。而且他自信地补充道，美国的核武库要比苏联的大得多。行政当局现在发现有必要戳破导弹差距的神话了。关于战略空军司令部摧毁苏联之能力的详细信息被提供给北约官员——如此一来，已渗透北约的苏联情报官就能够将这些信息与克里姆林宫分享。当欧洲的紧张局势升级的时候，对美国军事力量的认知是相当重要的。苏联战斗机会逼近朝西柏林飞去的民航班机，并扔箔条干扰它们的导航系统。东柏林的边防人员会朝试图翻越柏林墙的平民开枪。西柏林的警察则会通过发射催泪瓦斯的回应方式帮助难民们逃跑——并且与东德警察展开枪战。

虽然与苏联的谈判在悄悄地继续，但在 10 月 10 日，肯尼迪总统、国务卿、国防部部长、参谋长联席会议主席以及其他几位顾问在白宫碰头，以将军事保卫西柏林的计划定下来。所有人都同意了该计划的前三个阶段，即一种使用常规武器的逐渐升级的回应。但是在讨论第四阶段的时候分歧出现了，大家对何时引入核武器意见不一。麦克纳马拉认为应该首先使用战术核武器，以保护北约部队，并向苏联人展示美国不怕打一场核战争。保罗·H. 尼采（Paul H. Nitze）是麦克纳马拉的助手之一，也是要遏制和推翻全世界共产主义政权的政策的倡导者。他认为，使用战术核武器是一个错误。根据此次会议的记录，尼采说第四阶段应该以美国对苏联发动一次全面的先发制人的打击为开始，因为"有了这样的一次打击，我们才能有真正意义上的胜利"。[40]麦克纳马拉辩称，任何一方都没有信心可以赢得一场你来我往的核战争，结果很可能是双方同归于尽。会议在这个问题上无果而终。

当肯尼迪总统后来就防卫西柏林问题向诺斯塔德将军发出指示时，第四阶段由三个部分组成：

A. 选择性的核打击，主要目的是表明使用核武器的意愿。

B. 对核武器的有限的战术运用……

C. 全面核战争。[41]

虽然诺斯塔德理应在进入 C 部分之前先尝试 A 部分和 B 部分，但苏联的行为可能导致美国直接从 C 部分开始。

诺斯塔德在 10 月 27 日收到了这些命令，当时苏联和美国的坦克正在柏林最后一个边境通道查理检查站（Checkpoint Charlie）对峙。在前一周，一名美国外交官被东德边防部队扣押，一场围绕进入东柏林的过程的争端开始出现。美国坦克被派往查理检查站来作为实力的展示。[42]27 日下午 5 点，苏联坦克也出现在那里。英国人很快就部署了两门反坦克炮支援美国人，而在西柏林的法国部队则安全地龟缩在军营内部。自冷战开始以来，这还是美国军队和苏联军队的坦克第一次互相用炮瞄准对方，中间只隔了约 100 码。诺斯塔德将军已经下令，如果东德守卫阻止美国平民的合法通行，他的坦克指挥官们就将拆毁柏林墙。在边界爆发装甲对峙的氛围下，国务卿腊斯克撤销了那些命令。任何一方的一次误判，一次不必要的挑衅，都可能引发战争。

286　　苏联外交部部长与美国驻莫斯科大使会面讨论局势。总统的弟弟、司法部部长罗伯特·F. 肯尼迪（Robert F. Kennedy）

在首都华盛顿与苏联情报官员格奥尔基·博利沙科夫（Georgi Bolshakov）进行了一次秘密的深夜会晤。谈判取得了成功。在抵达边界 16 个小时后，苏联坦克掉头离开了。又过了半小时，美国坦克也离开了。

之前赫鲁晓夫就已经放弃他在最后通牒中提出的要求，即北约部队必须于本年年底离开西柏林，而首先撤出坦克看起来是另一个示弱之举。两天之后，赫鲁晓夫发表了一个直率且充满挑衅意味的声明。在北冰洋的一个岛上，苏联引爆了被称作"炸弹之王"（King of Bombs）的"沙皇炸弹"（Tsar Bomba）——这是有史以来制造出的威力最强大的核武器。它的爆炸当量为 5000 万吨。爆炸形成的蘑菇云升至大约 40 英里的高空，离地面零点 600 多英里的地方都能看见那个大火球。[43] 爆炸产生的冲击波在绕地球三圈之后，其力量还能够在新西兰被探测到。[44]

柏林危机的紧张程度有所缓解。不过，赫鲁晓夫没有放弃他的核心要求，肯尼迪不相信苏联人，而且这个城市仍然威胁着要成为第三次世界大战爆发的导火索。麦乔治·邦迪后来回忆说："那时候几乎没有一个星期不会被如果发生……应该怎么办的老生常谈的问题困扰。"[45] 11 月 6 日，东德和西德警察之间爆发了催泪瓦斯战斗。11 月 20 日，5 万人聚集起来抗议柏林墙，游行示威最后以骚乱告终，大约 1000 人与警察混战。11 月 24 日黎明之前，战略空军司令部奥马哈总部与格陵兰岛图勒的弹道导弹预警系统的雷达失去了联系。[46] 战略空军司令部的一名调度员拿起电话给科罗拉多斯普林斯的北美防空司令部总部打去，想弄清楚发生了什么事。线路出故障了，电话里一片静寂。

从奥马哈往东西两个方向延伸的通信系统同时崩溃的可能性似乎是极低的。于是战略空军司令部的所有警戒部队被命令随时准备起飞。在全球各地的空军基地中，高音报警器也开始响起来，飞行员们爬进了数以百计的飞机之中。几分钟之后，命令被撤销了。那架绕着图勒飞行的 B－52 与基地取得了联系，287 它没有被苏联人摧毁。随后展开的调查发现，美国电话电报公司在科罗拉多州黑森林（Black Forest）的一台交换机出了故障，关掉了所有弹道导弹预警线路、战略空军司令部与北美防空司令部诸指挥部之间的语音通信，以及连接战略空军司令部指挥官和北美防空司令部总部的"热线"。虽然美国电话电报公司曾保证要这么做，但它还是忽略了要为这个国家最重要的某些通信线路提供冗余线路（redundant circuit）。当"黑森林事件"（Black Forest incident）的消息泄露出来时，莫斯科广播电台声称这种虚假警报是"美国军事基地中的任何一个疯子，在惊慌之下很容易就把人类带入核战争深渊"的证据。[47]

柏林危机使国防部部长麦克纳马拉更加坚信，北约对战术核武器的依赖会让核浩劫的威胁日益严峻。1962 年 5 月的第一周，在希腊雅典举行的北约部长级会议上，麦克纳马拉敦促美国的欧洲盟友们要将更多的钱花在自身的防务上。尽管拥有比苏联更多的人口和更大的经济体量，但北约中的欧洲成员拒绝在能够阻挡苏联军队推进的常规力量上花钱。在他的绝密发言中，麦克纳马拉警告说，北约绝不能被迫在遭受军事失败和开启一场核战争之间做出选择。他说："很难对高度分散在各部队手中的核武器进行集中控制，双方都可能发生意外事故和未经授权的行为。"[48]

除了要在常规武器方面加大开支，麦克纳马拉还提出了新的核战略。后来它被人称为"不打击城市"（no cities，这是直译，不过学界一般称其为"打击军事力量"或"有限摧毁"战略。——译者注），有些类似凯森的计划，受到了兰德公司的影响——也像亨利·基辛格早期的著作，希望能够人道地打一场核战争。它的目标是拯救平民的生命。麦克纳马拉说："我们最大的希望在于针对敌人的重要核能力打一场集中化控制的战争。"[49] 只攻击军事目标将给予苏联人同样这么做的强烈动机。这种战略的关键在于对核武器的集中控制，而最终的控制权在美国总统手里。麦克纳马拉的言论部分针对的是法国人，后者计划将自己的核武器保留在北约的指挥架构之外。[50] 法国在与苏联的冲突中独自行事会威胁到其他人的生存。麦克纳马拉解释说，某个国家的独立行动可能"恰好在我们强迫苏联人停止其侵略行径的战略即将取得成功的时候，导致我们的抵押品——苏联城市——毁于一旦"。[51] 没有对核武器的集中化指挥与控制，北约可能遭受"我们原本极力希望避免的灾难"。[52]

在接下来的那个月，麦克纳马拉在他的家乡安阿伯市（Ann Arbor）密歇根大学的一次毕业演讲中重复了上述主题里的大部分内容。但这次演讲的反响很不好。麦克纳马拉的计划是要拯救平民的生命——没有支持其中心论点的机密信息——听起来就像在吹嘘美国能够打且能打赢一场核战争。英国和法国公开否定这一战略。在它们看来，全面毁灭（total annihilation）的威胁，要比一种用常规武器作战，规模更有限、代价更高昂的战争形式更具威慑力。而且，美国的北约盟友也怀疑"不打击城市"的方式将主要是为了拯救美国的城市。尼基塔·赫鲁晓夫也不喜欢这次演讲。"不瞄准城市——多么具有攻击性的说法！"[53]赫鲁晓夫如此向苏联最高苏维埃主席团说道。他认为麦克纳马拉的言论有一个邪恶的目的："要让民众习惯核战争将会发生的理念。"[54]

虽然美国和苏联在公开场合都支持和平、外交以及通过谈判来解决它们之间的分歧，但它们私下里的行动可没有那么高尚。1962年夏天，肯尼迪政府试图推翻古巴政府并暗杀其领导人菲德尔·卡斯特罗。罗伯特·肯尼迪指导了中央情报局的秘密行动"猫鼬计划"（Operation Mongoose），并得到了古巴流亡者和科萨·诺斯特拉（Cosa Nostra，美国最大的黑手党犯罪集团。——译者注）的帮助。如果"猫鼬计划"取得成功，罗伯特·麦克纳马拉将会监督全面入侵古巴岛的计划。与此同时，赫鲁晓夫也批准了克格勃（KGB）的计划，要破坏和推翻萨尔瓦多、危地马拉和尼加拉瓜等国的政府。更重要的是，他决定把古巴变成一个用核武器武装起来的苏联军事前哨。

假如赫鲁晓夫的计划能够奏效，[55]到1962年底，苏联将在古巴部署24枚中程弹道导弹、16枚中短程弹道导弹、[56]42架轰炸机、一个战斗机联队，以及几个坦克营、防空导弹营和大约5万名军事人员。[57]中程导弹将能够打击到最北至华盛顿的目标；中短程导弹则能够摧毁美国西部和中西部的战略空军司令部的军事基地。在古巴部署的导弹将使能够打击到美国的苏联陆基导弹数量增加到原来的3倍。[58]整个夏天，苏联商船队都在把这些武器藏在甲板之下秘密运进古巴，而军事人员则穿着便服作为伪装。一旦古巴的导弹基地投入使用，赫鲁晓夫就准备在联合国发表演说时宣布它们的存在。然后他会提出将其从古巴撤走的条件，即北约部队同意离开西柏林。否则，他就会继续让它们留在离佛罗里达州只有100英里远的古巴岛，并且在岛上为苏联的弹道导弹潜艇建造一个海军基地。

赫鲁晓夫曾亲口向肯尼迪保证："我们在古巴没有基地，我们也不打算在那里建立任何基地。"[59]苏联大使阿纳托利·多勃雷宁（Anatoly Dobrynin）在与罗伯特·肯尼迪会晤时重申了这一承诺。9月11日，塔斯社发布了一份彻底的否认声明："我们的核武器爆炸威力非常强大，苏联也有极其强大的火箭来搭载那些核弹头，因此没有必要在苏联的边界之外为它们寻找部署地点。"[60]一个月之后，一架美国 U-2 侦察机拍摄的照片显示，在哈瓦那以西约 50 英里圣克里斯托瓦尔（San Cristobal）附近的乡下，正在建设多个苏联导弹发射场。肯尼迪曾警告苏联，美国不会容忍其在古巴部署弹道导弹。眼下，他不得不弄清楚应该如何处理它们。

在接下来的 13 天中，肯尼迪政府就应该如何回应进行了辩论，担心一个错误的举动可能开启一场核战争。许多关键的讨论都被秘密地记录下来了；总统和他弟弟是参会人员中知道有台录音机正在运转的仅有的两人。起初，肯尼迪总统认为应该在苏联导弹投入使用之前将其摧毁。他的大部分顾问人员持有相同的看法。他们之间的主要分歧在于空袭行动的规模——是仅限于导弹，还是将其扩大至包括古巴空军基地及其附属设施。随着时间一天天过去，他们开始产生疑虑。发动一场突然袭击最有可能取得成功；但它也可能激怒美国在欧洲的盟友，特别是如果赫鲁晓夫以此为借口乘机夺取西柏林的话。一次小规模的袭击可能无法摧毁岛上的所有导弹和核武器；但要摧毁所有的目标则可能需要一场全面的入侵。封锁岛屿将阻止苏联向古巴运送更多武器；但它可能对已经在那里的武器影响甚微。

参谋长联席会议的人员一致同意，必须马上攻击苏联的导弹，且不发出任何警告。就像美国在意大利和土耳其的"朱庇特"导弹，苏联在古巴的导弹也没有得到混凝土发射井的保护。从严格的军事角度来看，它们只在苏联的第一次打击中有用，而且它们的战略目的似乎是对美国的军事和文职领导层发动斩首打击。[61]美国的弹道导弹预警系统朝向北方和东方，而不是南方。从古巴发射的导弹，可能只有在三四分钟后它们所搭载的热核弹头命中美国目标时才能被探测到。参谋长联席会议建议针对苏联在古巴的导弹、飞机和武器发动一场大规模空袭。他们辩称，一场有限的攻击将不仅更加危险，它甚至可能比什么都不做还要糟糕。从这种袭击中幸存下来的导弹很可能被隐藏起来或发射出去——而到那时，能够摧毁它们的一次机会已经丧失了。

对肯尼迪总统来说，导弹的战略意义要比它们所造成的无形威胁小得多。在导弹被发现之后的那天，他说："你是被从苏联飞来的还是被从 90 英里开外的地方飞来的洲际弹道导弹炸飞，并没有什么区别。"[62]没能摧毁它们或者迫使它们被移走，将使美国看起来很虚弱。这可能鼓励苏联针对柏林采取行动。但是，攻击那些导弹会带来一系列全新的风险。在 10 月 19 日，即危机爆发 4 天后与参谋长联席会议召开的一次会议上，肯尼迪总统及其弟弟与总统的国家安全顾问就应该采取何种行动进行了反复讨论，会上，美国文职领导层与军事领导层之间的明显差别暴露出来。

291

肯尼迪总统说："如果我们攻击古巴、导弹或者古巴的任何地方，那么都将给（苏联）一条明确的线路去占领柏林。"[63]

李梅将军不同意这种说法。

"我们时刻都在注意着柏林问题，"李梅说，"如果我们不对古巴采取任何行动，他们就会在柏林施压，并且是极大的压力，因为他们已经让我们疲于奔命。"[64]

李梅认为战略空军司令部是如此强大，美国的核优势是如此巨大，苏联将不敢对柏林或美国发动攻击。他告诉肯尼迪，任何不对古巴发动空袭的方案，都将像导致了第二次世界大战的"慕尼黑绥靖一样糟糕"。[65]这番言论特别指出：肯尼迪的父亲长久以来都因为支持绥靖希特勒而饱受批评。很快，在美国三军总司令和他麾下最杰出的将军之一的人之间发生了一次非同寻常的对话：

> 李梅：我认为封锁和政治对话将会被我们的很多朋友和中立人士视为对此事的一次相当软弱的回应。而且我相信我们国内的许多公民会有同样的感受。换句话说，你眼下的处境相当不妙。
>
> 肯尼迪总统：你说什么？
>
> 李梅：你的处境相当不妙。
>
> 肯尼迪总统：私下讲，我们是难兄难弟。（总统微微一笑，有点强迫的样子。）[66]

当会议结束时，肯尼迪离开了内阁会议室（Cabinet Room），不知道该如何是好。录音机仍然在运行。海军陆战队司令官大卫·舒普（David Shoup）将军转向李梅。"我同意你的看法，"舒普说，"百分之百地同意。"[67]

10月22日晚上，美国的电视网络打断了它们的定期节目，插播了一则来自总统的特别消息。肯尼迪在椭圆形办公室的办 292

公桌后面显得有些严肃和忧郁，他告诉这个国家，在古巴发现了苏联导弹。他呼吁赫鲁晓夫"消除这种对世界和平的秘密的、鲁莽的和挑衅性的威胁"。[68]他提醒观众，那种绥靖政策、那种允许侵略性行为不受制约地发生的政策，已经导致第二次世界大战的发生。他宣称，美国正在对向古巴运送进攻性武器的船只实施一种改进型的封锁，叫"检疫"（quarantine）。苏联导弹必须被移走，并且赫鲁晓夫必须"让世界从毁灭的边缘移开"。[69]否则，肯尼迪说，美国将采取更进一步的、非特定的行动。

参谋长联席会议已经为武装部队建立五个级别的国防战备状态（DEFCON）。第五级战备状态是正常和平时期的军事准备状态；第一级战备状态意味着战争迫在眉睫。在肯尼迪总统向全国发表讲话时，参谋长联席会议下令美国军队进入第三级战备状态。"北极星"潜艇离开所驻港口，前往能够将苏联纳入其射程的地点。战斗截击机搭载着原子防空火箭——"妖怪"和"猎鹰"（Falcon）在美国领空巡逻，以防苏联飞机试图从古巴发动进攻。将近200架B-47轰炸机从战略空军司令部的基地起飞，飞往全国各地的几十个民用机场——飞往波特兰、斯波坎、明尼阿波利斯；飞往芝加哥和底特律；飞往伯明翰、费城和塔尔萨。[70]将轰炸机从战略空军司令部诸基地分散开，可使它们更不容易遭受苏联导弹的袭击。当民航客机在旁边的跑道上起降时，机组人员就睡在他们飞机旁边的地上，身旁的飞机里则装着氢弹。

执行空中警戒任务的B-52增长了5倍多。每天都有大约65架轰炸机在可对苏联进行空中打击的空域内盘旋。[71]每一架轰炸机都携带一枚搭载着热核弹头的"大猎犬"（Hound Dog）导弹，以及 2 枚马克 39 或 4 枚马克 28 氢弹。10 月 24 日，当对古巴的"检疫"开始生效时，战略空军司令部在历史上首次进入第二级战备状态。"我与你们联络是为了再次强调这个国家所面临形势的严峻性，"鲍尔将军在一条传送给他下属的全球所有指挥官的信息中说道，"我们现在所处的战备状态能使我们应对任何紧急情况……我希望你们每个人在这一紧张时期都能保持严密的安保措施并做出冷静的判断。"[72] 这条消息是用无线电发送的，没有做任何加密处理，他那战略空军司令部已经做好战争准备的通报，苏联人也能够监听到。

约 25 万人的美国部队做好了入侵古巴的准备。国防部部长麦克纳马拉担心数千件进入高度警戒状态的核武器可能会出问题。肯尼迪总统最近批准了安装准许启动连接装置的行动。但他的行政命令只适用于北约的核库存，而且这种锁定装置还一个都没有安装。部署在欧洲的美国空军部队还处在第五级战备状态，北约部队的战备状态也没有提升。任何欧洲部队动员的迹象都可能警醒苏联人，从而为核战争制造另一个潜在诱因。麦克纳马拉同样担心，如果美国攻击苏联在古巴的导弹，苏联可能以攻击在土耳其的"朱庇特"导弹作为报复。出于担心土耳其人会试图在没得到肯尼迪批准的情况下发射那些"朱庇特"导弹，美国在那里的导弹保管人被命令要使导弹处于无法使用的状态。[73]

白宫与克里姆林宫之间缺乏直接、安全的通信联络，肯尼迪对苏联领导人的不信任，以及赫鲁晓夫冲动的、不可预知的行为，都使和平结束危机的努力复杂化。在听了肯尼迪的讲话后，赫鲁晓夫松了一口气，因为总统并没有宣布要入侵古巴。赫鲁晓夫深知苏联的战略力量与美国差距甚大，他也不想发动核战争。然而，他确实想测试一下肯尼迪的勇气，并看看苏联能够从危机中获得多少收益。赫鲁晓夫暗中命令那些装载了导弹的船只不要违反"检疫"。但在给肯尼迪的私人信件中，他发誓称那些船将永远不会掉头，否认在古巴部署了进攻性武器，并谴责所谓的"检疫"是"将人类推向……全球性核导弹战争的侵略行径"。[74]

294　　伯特兰·罗素赞同苏联领导人的看法，并向肯尼迪总统发出了一份广为人知的电报。电报写道："你的行动是孤注一掷。威胁到人类的生存。简直想不出任何正当的理由。文明人都谴责它……终止这种疯狂行为吧。"[75]赫鲁晓夫关于这次导弹危机的第一份公开声明是对英国哲学家的诚挚回复，他提议召开一次峰会。当肯尼迪政府焦急地想知道苏联是否会退缩时，赫鲁晓夫依然保持着一种表面上挑衅的立场。然后在10月26日，由于受到美国对古巴的进攻箭在弦上的错误情报的影响，他给肯尼迪写了一封信，提出了一项交易：如果美国承诺永不侵略古巴，苏联将把导弹从古巴移除。

　　赫鲁晓夫的信件在傍晚5点左右送到了莫斯科的美国大使馆，当时是美国东部标准时间上午10点。花了差不多11个小时，这封信才全部通过电报传送到华盛顿的国务院。肯尼迪及其顾问因其缓和的语气而受到鼓励，并决定接受这笔交易——但他没有回复而是上床睡觉了。又过了7个小时，赫鲁晓夫开始确信美国终究并不打算攻击古巴。他又给肯尼迪写了一封信，增加了一个新要求：如果美国将"朱庇特"导弹从土耳其移除，那么古巴的导弹也将撤走。这封信没有被送到美国大使馆，而是在莫斯科广播电台播发，以让全世界都听到。

　　10月27日上午，当肯尼迪总统正在起草对赫鲁晓夫第一个提议的回复时，白宫获悉了他的第二个提议。肯尼迪及其顾问拼命想搞清楚克里姆林宫发生了什么事。眼下，互相冲突的信息不仅来自赫鲁晓夫本人，而且来自不同的外交官、记者，以及秘密与肯尼迪政府成员会面的苏联情报人员。由于确信赫鲁晓夫是个阴险小人，麦克纳马拉现在努力推动发起一次有限的空袭行动以摧毁那些导弹。眼下出任参谋长联席会议主席的马克斯韦尔·泰勒将军建议发动大规模的袭击。当一架美国 U-2 侦察机在古巴上空被击落、飞行员被杀时，肯尼迪总统发动空袭的压力极大地增加了。看起来有可能与苏联打一场核战争。"在那个美丽的秋日夜晚……当我离开白宫时，"麦克纳马拉后来回忆道，"我害怕我可能再也无法活着见到下一个周六的夜晚。"[76]

古巴导弹危机在混乱和沟通不畅中结束了，而同样的混乱和沟通不畅也出现在 13 天中的大部分时间。肯尼迪总统向克里姆林宫发了一份电报，接受了赫鲁晓夫第一个提议中的条件，而对他第二个提议中的要求当作不知情。但肯尼迪还是指示他的弟弟与多勃雷宁大使私下会面，同意了赫鲁晓夫在第二封信件中提出的要求——只要对方不将美国把"朱庇特"导弹从土耳其撤走的承诺公开。放弃危险且过时的美国导弹以避免核浩劫，这似乎是个好主意。而有关这个秘密协议的事情，只有肯尼迪总统的少数亲密顾问才被告知。

与此同时，在克里姆林宫，赫鲁晓夫突然再次害怕美国即将对古巴展开进攻。他决定将苏联导弹从古巴撤出，而没有坚持要求"朱庇特"导弹从土耳其撤走。在他有机会将他的这个决定传送给在华盛顿的苏联大使馆之前，多勃雷宁那里传来了有关肯尼迪总统的秘密承诺的消息。赫鲁晓夫对肯尼迪那意外

295

而且不必要的让步感到高兴。时间似乎所剩不多了，而且美国的进攻行动很可能仍然蓄势待发。相较于通过外交电报接受这笔交易，赫鲁晓夫那个从古巴撤出导弹的决定立即通过莫斯科广播电台对外播发。没有任何字眼提及美国人发誓会从土耳其撤走他们的导弹。

　　两位领导人都害怕任何军事行动都将迅速升级为一场核武器大战。他们也有充分的理由这么认为。虽然赫鲁晓夫在危机期间从未打算对柏林采取行动，但参谋长联席会议大大低估了驻扎在古巴的苏联军事力量。除了战略武器，苏联在这个岛屿之上还有将近100件战术核武器，它们很有可能被本地的指挥官用来击退美国人的进攻行动。[77]其中一些的威力和摧毁广岛的那颗原子弹一样强大。如果这些武器的潜在目标——靠近古巴海岸的美国舰队，以及美国在关塔那摩的海军基地——被摧毁，那么一场全面的核战争将避无可避。

296　　被推至核战边缘的肯尼迪和赫鲁晓夫选择了退让。但是，肯尼迪从危机中走出来显得更加艰难——他对苏联人的让步不仅是保密的，还遭到了极力否认。和其他人一样，李梅也怀疑背后达成了某种交易。当在参议院听证会上被问到土耳其的"朱庇特"导弹是否与古巴的导弹做了交易时，麦克纳马拉答道："绝对没有……苏联政府确实提出了这个问题……（但）总统甚至拒绝讨论这个问题。"[78]国务卿腊斯克重复了这个谎言。为了将人们的注意力从这个指控上转移开，肯尼迪政府的有关成员非正式地告诉友好的记者，美国驻联合国大使阿德莱·史蒂文森（Adlai Stevenson）曾敦促肯尼迪把在土耳其、意大利和英国的北约导弹与苏联在古巴的导弹做交换，但总统拒绝了——这是另一个谎言。[79]罗伯特·肯尼迪死后，人们在他的日记中发现了有关这次秘密交易的文字。政府促成了这么一个颇具男子气概的神话：当两个超级大国的领导人四目相对，威胁要争夺古巴时，赫鲁晓夫是先眨眼的那个人。

在接下来的那年中，肯尼迪总统在美利坚大学（American University）发表演讲，呼吁缓和冷战局势并与苏联实现"真正的和平"。[80]美国、苏联和英国签署了《部分禁止核试验条约》（Limited Test Ban Treaty），禁止在大气层、水下和外层空间进行核爆炸。克里姆林宫和五角大楼最终建立了一条热线将彼此联系起来，并在白宫和莫斯科的苏共总部安装了额外的终端装置。[81]苏联欢迎这种新型系统。在古巴导弹危机最严峻的时刻，苏联驻华盛顿大使发出的紧急信息先是经由手工译成密码，然后交给一名骑自行车抵达大使馆收件的西联电报公司信使。"我们在大使馆只能祈祷，"多勃雷宁大使回忆说，"他将毫不延迟地把它带到西联公司的办公室，而不会在路上停下来和某些女孩谈天说地。"[82]

与好莱坞电影中经常出现的热线电话不同，这种新型系统并没有给总统提供可在紧急情况下使用的特殊通话装置。它依赖的是能够快速且安全地发送文本信息的电传打字机。书面声明被认为要比口头声明更容易翻译，更深思熟虑，而且更不容易被误解。这种系统在每天的每个小时都会发送一条测试信息，用俄语从莫斯科、用英语从华盛顿交替发送。该系统在两个城市中的设备都无法从核攻击中幸存下来，但它的安装就是为了防止那种攻击行动发生。

在古巴导弹危机期间，战略空军司令部进行了 2088 次空中警戒任务，累计飞行时间将近 5 万小时，而没有发生一次事故。[83]在最需要它的时刻，李梅和鲍尔所引入的标准操作流程、无休止的训练以及检查表帮助实现了卓有成效的安全纪录。然而，在危机结束之后，公众对核战争的焦虑很快就聚焦在战略空军司令部的空中警戒之危险性上。正如 1964 年的电影《奇幻核子战》（Fail-Safe）和《奇爱博士》（Dr. Strangelove）所描绘的，巨大的风险并不是某颗氢弹可能在 B‒52 坠机事故中发生意外爆炸，而是攻击苏联的命令能够在没获得总统授权的情况下，因为某个机械故障（如《奇幻核子战》所展示的）或某个疯子的阴谋策划（如《奇爱博士》所展示的）而被发送出去。

这两部电影的情节与小说《红色警戒》极其相似。小说的作者彼得·乔治与他人共同创作了《奇爱博士》的电影剧本，并以侵犯版权为由起诉了《奇幻核子战》的制片人。这个案子最终在庭外和解。[84]这些电影的核心主题都是意外核战争的威胁——而且《奇爱博士》虽然是一部黑色喜剧，但两者之中它更真实可信。它绝妙地模仿了兰德分析师们、肯尼迪政府的一众成员，以及参谋长联席会议主推的那些战略理论。它捕捉到了关于死掉几百万平民才算取得军事胜利的那种辩论的荒谬之处。最后，电影以军备竞赛的末日式隐喻作结，它构想出了苏联所拥有的一种末日机器，其能够按照计算机的引导，通过威胁发动核报复来慑止美国人的进攻，这一过程是全自动的，不需要任何人为介入。但是，苏联没能把有关这一精巧设计的消息告诉美国，违背了自己的初衷，无意之中带来了世界的毁灭。总统那古怪的科学顾问奇爱博士向苏联大使解释称："如果你完全将之保密，那么末日机器就没有任何意义了。"[85]

公众对意外战争的担忧与日俱增，这为美国的指挥与控制系统提供了一个极其有力的辩解理由。著名的保守派知识分子西德尼·胡克（Sidney Hook，也译作悉尼·胡克）写了一本小册子，试图消除由虚构类的冷战作品所传播的那种恐惧。胡克在他的《失效安全谬论》（*The Fail-Safe Fallacy*）中写道："防御系统中出现机械故障的可能性眼下正保持着极低的水平，以至于不能够对其发生的可能性做出精确的定量估计。"[86]伊利诺伊州民主党人、联邦参议员保罗·H. 道格拉斯（Paul H. Douglas）褒扬了这本书，并谴责了那种认为是美国的核威慑而不是"共产主义统治世界的决心"[87]对人类构成了严重威胁的错误观念。麦克纳马拉最亲密的顾问之一罗斯威尔·L. 吉尔帕特里克（Roswell L. Gilpatric）向《纽约时报》的读者们保证称，指挥与控制系统中的任何故障都将会使其处于"'失效安全'，而不是不安全"。[88]吉尔帕特里克还暗示，准许启动连接装置可以阻止《奇爱博士》里面描述的那种未经授权的攻击。

事实上，没有什么能够阻止 B-52 的机组人员将氢弹投向莫斯科——可能除了苏联的防空系统以外。"开始"代码仅仅是来自战略空军司令部总部的一道发动攻击的命令；执行空中警戒任务的轰炸机并没有任何可以阻止叛变机组成员的技术手段。鲍尔将军发动了一场成功的官僚斗争，反对在战略空军司令部的武器中安装准许启动连接装置。它的所有炸弹和弹头都依然未加装锁定装置，这和海军的那些武器一样。防止未经授权使用核武器的努力在很大程度上仍然是行政性的。1962 年，战略空军司令部制订了"人员可靠性计划"（Human Reliability Program），以筛查在心理问题、滥用药物和酗酒方面有问题的空军官兵。轰炸机中也引入了某种形式的双人制规定。驾驶舱中增加了第二个解除保险开关。为了使用核武器，就绪（安全）开关和新增加的"战争（和平）开关"必须由两名不同的机组成员打开。尽管有这些措施，对苏联发动未经授权的攻击仍然是可能的。但是，战略空军司令部的轰炸机机组成员的纪律、训练和团队精神使它不太可能会发生。

作为小说和电影中的情节设计，空中警戒任务出错能够设置悬念。一架在空中游荡的轰炸机至少需要一个小时才能抵达它的目标所在地上空，这就足够讲述一个好故事了。但战略空军司令部辖下轰炸机的真正优势之一是，如果"开始"代码以某种方式被错误地发送出去，能够通过无线电联系上机组成员并告诉他们终止行动。弹道导弹系统面临更大的未经授权或意外使用的风险。一旦被发射出去，就没办法召回它们了。处于飞行测试的导弹通常会安装自毁指令装置（command destruct mechanism）——附着在导弹弹体上的炸药，可以通过远程遥控的方式将其引爆，在导弹偏离航线时将之摧毁。战略空军司令部拒绝给作战导弹增加这种装置，因为它担心苏联可能找到在导弹中段飞行时将其全部摧毁的方法。出于类似的原因，战略空军司令部反对任何需要代码才能发射"民兵"导弹的系统。鲍尔将军辩称："锁定能力的存在，将为头脑聪明的间谍创造出一种使整支'民兵'导弹部队哑火的潜在能力。"[89]

在仔细查看了"民兵"导弹的发射程序之后，监督五角大楼战略武器研发的约翰·H. 鲁贝尔（John H. Rubel）并不担心这些导弹会成为哑弹。[90]他所担心的是，一整个中队的"民兵"导弹会被一对流氓军官发射出去。一个"民兵"导弹中队有 50 枚导弹，由分处地下不同位置的五个发射小组负责监督。在这五个发射小组中，只需要两个人就能发射导弹——这就使苏联更难以通过攻击控制中心的方式来使该导弹中队瘫痪。如果两位分别处于两个不同控制中心的军官转动他们手里的钥匙并且"投票"决定发射导弹时，这个中队的所有导弹都会发射升空。没有办法只发射其中的几枚：要么全部发射，要么一枚也不发射。发射命令不能被撤销。在转动钥匙之后，50 枚导弹将离开它们的发射井，要么是同时，要么是一枚接一枚。

通过需要至少两个发射小组投票决定是否发射导弹的程序，战略空军司令部希望能够防止"民兵"导弹在未得到适当授权的情况下发射出去。但是，鲁贝尔很惊讶地发现战略空军司令部在每个"民兵"导弹控制中心里都安装了一个定时器。这种定时器是作为一种后备手段——自动投票决定发射——以防在某次突然袭击中五个发射小组有四个全部丧生。如果某个控制中心的发射官们转动了他们手里的钥匙，定时器就开始启动。但定时器跑完时，如果没有收到来自其他控制中心的赞成或反对发射命令的信息时，所有的导弹都会发射出去。鲁贝尔很快意识到，定时器的问题在于某个发射小组成员可能将它设置为六个小时、六分钟，甚或是零。如果落在坏人手中，它可能给予两名战略空军司令部的军官在地图上抹掉苏联 50 个城市的能力。据"民兵"导弹计划的一份加密历史文献记载，一次这种规模的未授权的攻击将是"一起事后道歉为时已晚的意外"。[91]

1959 年，鲁贝尔向五角大楼弹道导弹科学咨询委员会（Scientific Advisory Committee for Ballistic Missiles）的每个成员都赠送了一本《红色警戒》。他认为应该极大地强化"民兵"导弹发射控制系统的保障措施，以防止未经授权的使用，同时该系统还需要具备某种"停止发射"（stop-launch）的能力。委员会赞成他的建议。不过，美国空军反对对该系统进行任何修改，理由是这会导致高昂的经费支出，而且作为美国最重要的

300

陆基导弹,"民兵"导弹是"绝对安全的"。[92]

鲁贝尔的担忧得到了肯尼迪政府的认真对待,后者委派了一个独立的专家小组对其进行调查。[93]调查小组发现,"民兵"导弹确实容易遭到未经授权的使用,而且整个中队的导弹可能因一系列微弱电涌(minor power surge)而被意外地发射出去。[94]尽管此类错误不太可能发生,但还是有发生的可能性。在某个平常的日子里,两名年轻的战略空军司令部军官可能会傻傻地坐在自己的控制台前,他们的发射钥匙锁在不远处的保险箱中,而与此同时,通往控制中心的电流的微小波动正默默地模拟着那种可开启发射开关的脉冲。当50枚"民兵"导弹突然离开地面时,发射小组成员将大吃一惊。

"我当时吓得屁滚尿流,"一位从事"民兵"导弹发射控制系统原始版本相关工作的工程师说道,"这种技术永远都不值得信赖。"[95]国防部部长麦克纳马拉坚持要对"民兵"导弹进行一系列指挥与控制方面的改进,重新设计的费用大约为8.4亿美元。[96]新的系统取消了定时器,允许单独发射导弹,并可防止因微弱电涌而导致的意外发射。在古巴导弹危机期间,"民兵"导弹首次投入使用。为安全起见,爆炸螺栓被从发射井井盖上取下。[97]如果某枚导弹被意外地发射,它将在发射井内爆炸。而如果肯尼迪总统决定发射其中一枚导弹,那么一些倒霉的士兵将不得不跪在发射井井盖上,用手将爆炸螺栓重新连接好,然后匆匆离开那个地方。

在国防部公开驳斥对意外核战争的恐惧时,古巴导弹危机却让麦克纳马拉比以往更担心这种危险。在危机过后几个月的一次国家安全会议上,他反对允许除美国总统之外的任何人授权使用核武器。关于此次会议的秘密备忘录总结了他的观点：

> 麦克纳马拉先生接下来描述了针对苏联意外发射导弹
> 的诸多可能场景。他指出，我们花了数百万美元来克服这
> 一问题，但我们依然无法百分之百地杜绝此类意外。此外
> 他还暗示，在试图减小意外发射的可能性方面，苏联人所
> 花的钱不太可能和我们一样多……他接着描述美国飞机坠
> 毁的情况，一架在北卡罗来纳，一架在得克萨斯，而在得
> 克萨斯，简直就是由于两根电线没能交叉到一块，才堪堪
> 躲过一次核爆炸。他最后总结说，尽管我们做出了最大的
> 努力，但发生意外核爆炸的可能性依然存在。[98]

麦克纳马拉认为，北约的最高指挥官不应该被给予任何形式的
"发射核武器"[99]的预先授权——而且即便是总统本人，在不知
道某次核爆炸的所有细节，如它是蓄意的还是意外的，"它是不
是由苏联发射的，爆炸当量有多大，发生的地点，等等"，[100]都
不应该下令使用核武器。国务卿腊斯克同意麦克纳马拉的看法。
但他们的观点并没能占据上风。北约的最高领导人保留了在紧
急情况下使用核武器的权力，条件是"必须尽一切努力来与总
统取得联系"。[101]

由兰德公司提出并得到麦克纳马拉支持的精心设计的核战 302
略现在看起来用处不大。在古巴导弹危机之后，不打击城市的
政策失去了吸引力。报纸批评它，北约盟友拒绝接受它，战略
空军司令部的轰炸机向民用机场的散布也已经模糊了军事目标
和平民目标之间的界限。而随着苏联制造越来越多的远程导弹，
打击武装部队的战略要求美国部署更多的导弹来摧毁它们。军

备竞赛将永无尽头。试图通过第一次打击来消除苏联威胁并保卫美国免遭攻击的希望现在看起来就是痴人说梦。数以千计的新型导弹，建造更多的防空洞，甚至是反导系统都无法改变对两个超级大国来说看起来不可避免的事实：发动任何核攻击都是自杀之举。

在肯尼迪总统遇刺后的几周内，麦克纳马拉正式批准了"确保摧毁"（Assured Destruction）的战略。[102]伴随着肯尼迪就职典礼的那种理想主义和乐观主义已经远去。这种新的战略基于一种无力感（sense of futility）。它计划通过威胁要摧毁苏联至少"30%的人口，50%的工业能力，以及150个城市"[103]来慑止苏联的攻击。麦克纳马拉的参谋人员已经计算出，大约4亿吨当量的核武器在苏联上空引爆将足以完成这项任务。[104]再多就是超杀了。一名记者告诉麦克纳马拉说，苏联人正在加固他们的发射井以防卫来自美国的导弹攻击，麦克纳马拉听后的回应是："感谢上帝。"[105]苏联人的这一举措将改善"危机稳定性"（crisis stability）。[106]一旦苏联人确信自己能够在遭受攻击之后进行报复，他们发动先发制人的打击的压力就会变得更小。麦克纳马拉现在认为，让美国和苏联的城市容易被对方摧毁将能够保证它们的安全。这种战略很快就被人称为"相互确保摧毁"（MAD）。

然而，白宫和国防部的战略思维并不符合战略空军司令部奥马哈总部的瞄准政策。理论与现实之间的鸿沟依然巨大。尽管统一作战行动计划在肯尼迪政府期间进行了修改，鲍尔将军却在武器分配方面阻止了重要的变革。新的统一作战行动计划将"毁灭性打击"分成三个独立的目标组：苏联核力量、常规军事力量，以及城市工业区。[107]总统可以决定只攻击第一个目标组、前两个目标组，或者是全部三个。莫斯科、中国以及东欧集团国家的城市可以选择性地免遭摧毁。统一作战行动计划可以作为第一次打击或者报复打击而发动。但所有的攻击选项依然会让苏联遭到数千件核武器的攻击，远超过"确保摧毁"的数量。统一作战行动计划的三个目标类别——A 类、B 类和 C 类——和 1950 年战略空军司令部提出的计划别无二致，而且新的统一作战行动计划和之前的一样具有毁灭性，不灵活和机械呆板。肯尼迪和麦克纳马拉第一次得知其存在时所认为的那种可怕到不能加以考虑的战争计划，此时已经制度化了。

到 1968 年 2 月罗伯特·麦克纳马拉从五角大楼退休时，美国的指挥与控制系统已经得到改善。如果苏联人发动进攻，新型导弹防御系统——带有红外传感器的卫星能够探测到导弹发射时发出的热量——保证可以提供长达半小时的预警时间。战略空军司令部的"窥镜"指挥所整天都在空中飞行，加大了美国遭到袭击后发送"开始"代码的可能性。新型计算机和通信系统也正被添加到全球军事指挥控制系统之中。但许多潜在的问题尚未得到解决。

自艾森豪威尔政府以来，美国武器库中的核武器数量增加了 50% 以上。[108] 美国现在大约有 3 万件，每一个都有可能遗失、遭窃、被破坏或者发生事故。战术核武器也并未从欧洲撤出。相反，战术核武器的数量增加了一倍多，[109] 而且它们在"冰屋"中也不再安全。在北约的核武器中增加锁定装置使得它们被广泛地分散到作战部队手中，它们在这些地方更容易失窃。而对于如何让总统生存下来并行使指挥权这个问题，依然没有令人满意的答案。在肯尼迪被刺杀之后，深层地下指挥中心的计划也被废弃。这种地下堡垒有很大的机会能够从苏联弹头的多次

304

命中中幸存下来，但这种幸存将被证明是毫无意义的。在遭受袭击后，总统及其助手很可能发现自己被困在五角大楼废墟下2/3英里的地下，无法与世界上其他地方联系，甚至无法离开这个堡垒。该设施的主要作用将是一个价值数百万美元的坟墓。

虽然麦克纳马拉避免核战争的努力是孜孜不倦且真心诚意的，他离任时却是美国最遭鄙视的人之一。50万美国官兵正在越南作战，这场战争看起来无法取胜，绝大部分美国人因此次惨败而指责这位鼓捣数字的国防部部长及其来自常春藤联盟的一众顾问。集中化的指挥与控制系统——在管理核战争时是如此重要——在运用到东南亚的内战中时已被证明是灾难性的。[110]由于不信任参谋长联席会议并确信通过成本收益分析可以在战场上取得胜利，国防部部长对越南战争进行微观管理。麦克纳马拉在五角大楼的办公室中亲自挑选轰炸目标并监督空袭行动的进展。他在1964年时曾说："我并不反对它被称作麦克纳马拉的战争，事实上我以与它相关为荣。"[111]

四年之后，几十万越南平民已被杀害，几万名美国官兵伤亡，反战游行示威活动在全美各地蔓延，五角大楼成为官僚主义恶意（bureaucratic malevolence）和无意义屠杀的代名词。麦克纳马拉以冷静和超脱而著称，眼下则在自己的办公室中抽泣。在退休前一天接受总统自由勋章（Presidential Medal of Freedom）时，他因自己情绪激动得无法说话而向听众们道歉。林登·约翰逊总统把一只手搭在麦克纳马拉的肩膀上，结束了这个仪式并引导他离开房间。

1965年，柯蒂斯·李梅从空军离开，1968年从公众视野中引退。他一度是好莱坞和媒体的宠儿，现在却遭到普遍挖苦和嘲笑。他与肯尼迪政府的众所周知的分歧让他赢得了右翼尼安德特人（right-wing Neanderthal，尼安德特人因其化石发现于德国尼安德特山谷而得名，是生活在大约 12 万年到 3 万年前的欧洲及西亚晚期智人的一种。此处指他极端保守。——译者注）的名声。当虚构版本的李梅将军出现在电影中时，这个角色不再是英雄般的自由捍卫者。他成了一个丑角，就像《奇爱博士》中的巴克·特吉德森（Buck Turgidson）将军，愿意为了击败苏联而牺牲 2000 万美国人的生命。或者他是一个秘密的法西斯分子，就像《五月中的七天》（*Seven Days in May*）里的詹姆斯·马顿·斯科特（James Mattoon Scott）将军那样，宁愿在美国国内发动政变，也不愿与苏联达成裁军协议。

李梅似乎在 1968 年 10 月证实了那些刻板印象，当时他同意担任美国独立党（American Independent Party）的副总统候选人。总统候选人则是直言不讳的种族主义者和隔离主义者乔治·C. 华莱士（George C. Wallace）。李梅在整合空军方面发挥了主导作用，他对平等权利、工会、节育和堕胎的支持看起来和华莱士的竞选运动格格不入。[112]但是，李梅对越南战争的打法的愤怒之情——以及他相信民主党总统候选人休伯特·H. 汉弗莱（Hubert H. Humphrey）和共和党总统候选人理查德·M. 尼克松都将绥靖共产主义者——促使他参与此次竞选。这也许是他这一生中最糟糕的决定。

李梅作为一名司令官坚韧又纪律严明，但他作为政治家极其无能。在宣布参加竞选的新闻发布会上，他拒绝排除在越南使用核武器的可能性。16 年之前，艾森豪威尔曾为结束朝鲜战争而做出了将使用核武器的隐含威胁；16 年之后，随着越南妇女和儿童被凝固汽油烧死的画面出现在晚间新闻中，同样的威胁听起来冷酷无情且野蛮残忍。李梅曾强烈反对向越南派遣地

305

面部队，并且不赞成麦克纳马拉在那里打一场有限战争的战略。"战争从来都不'划算'，"李梅辩称，"人们被杀戮。对于他们来说，战争就是全部。"[113] 在新闻发布会上，他强调说美国应该总是设法去避免武装冲突，"但当你开始一场武装冲突时，你就应该全心全意并尽快取得胜利"。[114] 他这一论点的逻辑所获得之关注比之前装聋作哑的评论——"我们似乎对核武器心存恐惧"[115]——还要少。

在竞选过程中，这位曾无数次冒着生命危险与纳粹分子做斗争的将军，被大叫着纳粹分子致敬用语"Sieg Heil"（胜利万岁）的游行示威者嘲笑起哄。[116] 他告诉记者，反战运动是由"共产党人煽动的"，[117] 最终他失去了作为华莱士竞选副手的工作，并在两人失败后基本消失在公共生活中。李梅和麦克纳马拉曾在许多国家安全问题上争斗不休，互为对立的两端，每个人都确信对方危险地错了，现在却发现他们的处境极其相似。他们都在 1968 年以羞愧和耻辱作为结束，他们的观点遭到美国人民的否定。

## 注释

1. "Text of President Kennedy's Address to the United Nations General Assembly," *New York Times*, September 26, 1961.

2. Ibid.

3. Ibid.

4. Ibid.

5. Ibid.

6. Quoted in "Memorandum of Conference with President Kennedy," September 20, 1961 (TOP SECRET/declassified), in *Foreign Relations*

*of the United States*, *1961 - 1963*, *Volume VIII*, *National Security Policy*, p. 130.

7. See "Memorandum from the President's Military Representative ( Taylor ) to President Kennedy," September 19, 1961 ( TOP SECRET/ declassified), in ibid. , pp. 126 - 29.

8. Ibid. , p. 128.

9. 有关肯尼迪政府时期发生在柏林的事件，可参见 McGeorge Bundy, *Danger and Survival*: *Choices About the Bomb in the First Fifty Years* ( New York: Random House, 1988 ), pp. 358 - 90; Vladislav M. Zubok, "Khrushchev and the Berlin Crisis ( 1958 - 1962 )," *Cold War International History Project—Working Paper Series*, Working Paper No. 6, Washington, D. C. , May 1993; Trachtenberg, *Constructed Peace*, pp. 251 - 351; Aleksandr Fursenko and Timothy Naftali, *Khrushchev's Cold War*: *The Inside Story of an American Adversary* ( New York: W. W. Norton, 2006 ), pp. 338 - 408; and Frederick Kempe, *Berlin 1961*: *Kennedy*, *Khrushchev*, *and the Most Dangerous Place on Earth* ( New York: G. P. Putnam's Sons, 2011 )。

10. Quoted in Fursenko and Naftali, *Khrushchev's Cold War*, p. 364.

11. Quoted in ibid.

12. 历史学家马克·特拉亨伯格认为，艾森豪威尔的核战略可能比后来所宣称的更具有"灵活性"。但是，要对苏联发动一场全面核攻击的压力———一旦美国和苏联的军队在欧洲战场交锋———本来就是极其巨大的。See Trachtenberg, *Conflict & Stragegy*, pp. 209 - 12.

13. Quoted in Trachtenberg, *Constructed Peace*, p. 289.

14. "Telegram from the Supreme Allied Commander, Europe ( Norstad ) to Secretary of Defense McNamara," April 25, 1961 ( TOP SECRET/ declassified), in United States Department of State, *Foreign Relations of the United States*, *1961 - 1963*, *Volume XVI*, *Eastern Europe*; *Cyprus*; *Greece*; *Turkey* ( Washington, D. C. : Government Printing Office, 1994 ), p. 699.

15. Quoted in Kempe, *Berlin 1961*, p. 129.

16. "Text of Kennedy Appeal to Nation for Increases in Spending and

Armed Forces," *New York Times*, July 26, 1961.

17. Quoted in Zubok, "Khrushchev and the Berlin Crisis," p. 25.

18. Quoted in Kaplan, *Wizards of Armageddon*, p. 297.

19. "Memorandum of Conversation with Mr. Henry Rowen, Deputy Assistant Secretary of Defense for International Security Affairs," May 25, 1961 (TOP SECRET/declassified), *Foreign Relations of the United States*, *1961 – 1963*, *Volume VIII*, *National Security Policy*, p. 82.

20. "Memorandum for General Maxwell Taylor, Military Representative to the President, Subject: Strategic Air Planning and Berlin," September 5, 1961 (TOP SECRET/declassified), NSA, p. 3.

21. See ibid, "Annex B, SIOP – 62 An Appreciation," Table IX, p. 12.

22. "Strategic Air Planning and Berlin," p. 3.

23. Ibid. , "Annex A, An Alternative to SIOP – 62," p. 3.

24. Ibid. , Annex A, p. 6.

25. Ibid. , Annex A, p. 3.

26. 兰尼兹尔将军是在 1961 年 9 月 13 日与肯尼迪总统会面时发表这些评论的。尽管这些评论并非专门针对凯森的提议,但兰尼兹尔在前一周已经收到这份提议并且不太喜欢它。引文出自"SIOP – 62 Briefing,"p. 50。

27. Quoted in "Bomber on the Stump," *Time*, October 18, 1968.

28. Quoted in Sagan, "SIOP – 62: The Nuclear War Plan Briefing," p. 22.

29. See Steven J. Zaloga, *The Kremlin's Nuclear Sword: The Rise and Fall of Russia's Strategic Nuclear Forces*, *1945 – 2000* (Washington, D. C. : Smithsonian Institution Press, 2002), pp. 241 – 47.

30. "Strategic Air Planning and Berlin, Annex A, An Alternative to SIOP – 62," p. 10.

31. Ibid.

32. 两个月前,凯森计算了大规模的民防计划可能挽救多少美国人的生命。在缺少地堡和避难所的情况下,凯森发现,苏联如果对美国城市使用 100 枚核武器的话,将杀死 6200 万人至 1 亿人。而在当时,美国总人口大约为 1.8 亿人。See "Carl Kaysen, Memorandum

for Mr. Bundy, Subject: Berlin Crisis and Civil Defense," July 7, 1961, NSA, Appendix, p. 3.

33. 赫鲁晓夫是 1961 年在维也纳与肯尼迪会晤时做出这个比喻的。Quoted in "Memorandum of Conversation, Subject: Germany and Berlin; Possible Visit by Khrushchev," October 18, U. S. Department of State, *Foreign Relations of the United States, 1961 – 1963, Volume XV, Berlin Crisis, 1962 – 1963* (Washington, D. C.: Government Printing Office, 1994), p. 372.

34. Quoted in Kempe, *Berlin 1961*, p. 379.

35. Quoted in "Memorandum to General Lemnitzer, From Maxwell D. Taylor," September 19, 1961 (TOP SECRET/declassified), NSA.

36. See "Memorandum of Conference with President Kennedy," September 20, 1961, p. 130.

37. Ibid.

38. "Text of Kennedy's Address to United Nations."

39. Quoted in Alfred Goldberg, Steven L. Rearden, Doris M. Condit, *History of the Office of the Secretary of Defense: The McNamara Ascendancy, 1961 – 1965* (Washington, D. C.: Government Printing Office, 1984), p. 162.

40. "Minutes of Oct. 10, 1961 Meeting," October 10, 1961 (TOP SECRET/declassified), in U. S. Department of State, *Foreign Relations of the United States, 1961 – 1963, Volume XIV, Berlin Crisis, 1961 – 1962* (Washington, D. C.: Government Printing Office, 1993), p. 489.

41. "Letter from President Kennedy to the Supreme Commander, Allied Powers Europe (Norstad)," October 20, 1961 (TOP SECRET/declassified), in ibid., p. 523.

42. 如果想要感受一下美国和苏联装甲部队之间的军事对峙，可参见 Sydney Gruson, "Soviet Advance: 33 Vehicles Are Mile from Crossing Point Used by Americans," *New York Times*, October 27, 1961; Sydney Gruson, "U. S. Tanks Face Soviet's at Berlin Crossing Point," *New York Times*, October 28, 1961; and Sydney Gruson, "U. S. and Russians Pull Back Tanks from Berlin Line," *New York Times*, October

29，1961；and Kempe，*Berlin 1961*，pp. 455 – 81。

43. 关于"炸弹之王"及其两名设计师的故事，可参见 Viktor Adamsky and Yuri Smirnov，"Moscow's Biggest Bomb：The 50 – Megaton Test of October 1961，"*Cold War International History Project Bulletin*，Fall 1994。

44. See "Transit of Pressure Waves Through New Zealand from the Soviet 50 Megaton Bomb Explosion，" E. Farkas，New Zealand Meteorological Service，*Nature*，February 24，1962，pp. 765 – 66.

45. Bundy，*Danger and Survival*，p. 363.

46. 图勒已经安装轰炸警报系统的传感器，但尚未投入运行。关于黑森林事件的细节，可参见 "History of Headquarters Strategic Air Command，1961，" pp. 27 – 29。

47. Quoted in Jerry T. Baulch，"Faulty Alert Never Reached Top Command，"*Washington Post and Times Herald*，April 4，1962.

48. 麦克纳马拉的雅典演讲稿是冷战史上的一份重要文件。这次演讲的内容也被标上了我最喜欢的加密级别：北约绝密（COSMIC TOP SECRET）。这句引文出自 "Defense Policy：Statement Made on Saturday 5 May by Secretary McNamara at the NATO Ministerial Meeting in Athens，" North Atlantic Council，May 5，1962（COSMIC TOP SECRET／NATO RESTRICTED／declassified），NSA，p. 9。

49. Ibid.，p. 6.

50. 通过维持一支独立于北约控制的核力量，法国获得了与其规模和实力不成比例的影响力。无论美国如何努力地去打一场有限战争并且限制其对苏联军队的攻击，法国人针对苏联城市使用核武器的决策将不可逆转地导致一场全面战争。法国人的战略被称作"弱者对强者的威慑"（Deterrence of the Strong by the Weak）。法国总统戴高乐曾经说："他们已经知道我们现在手指扣在扳机上。我们正变得像一个拿着打火机走在军火库中的人那样令人敬畏……当然，如果他打着打火机，他将是第一个被炸飞的人。但他也会炸飞周边的所有人。"这句引文出自 Bruno Tertrais，"Destruction Assurée：The Origins and Development of French Nuclear Strategy，1945 – 1981，" in *Getting Mad*，pp. 73 – 74。

51. "Statement at Athens，" p. 7.

52. Ibid.

53. Quoted in Fursenko and Naftali, *Khrushchev's Cold War*, p. 442.

54. Ibid.

55. 关于古巴导弹危机的著作有好几十种。我认为下面这些书是其中最有趣和最吸引人的：Aleksandr Fursenko and Timothy Naftali, *"One Hell of a Gamble"*: *Khrushchev, Castro, and Kennedy, 1958 – 1964* (New York: W. W. Norton, 1997); Graham Allison and Philip Zelikow, *Essence of Decision*: *Explaining the Cuban Missile Crisis* (New York: Longman, 1999); Ernest R. May and Philip D. Zelikow, *The Kennedy Tapes*: *Inside the White House During the Cuban Missile Crisis* (New York: W. W. Norton, 2002); Max Frankel, *High Noon in the Cold War*: *Kennedy, Khrushchev, and the Cold War* (New York: Ballantine Books, 2005); and Michael Dobbs, *One Minute to Midnight*: *Kennedy, Khrushchev, and Castro on the Brink of Nuclear War* (New York: Knopf, 2008)。富尔先科（Fursenko）和纳夫塔利（Naftali）巧妙地利用了来自苏联档案的材料。弗兰克尔（Frankel）为《纽约时报》报道了此次危机，并为这场大戏呈现了第一手的感受。阿利森（Allison）和泽利科（Zelikow）利用此次危机作为理解领导力和政府行为的更大问题的手段。*The Kennedy Tapes* 尽管基于编辑过的记录抄本，但让许多主角自己开口说话。多布斯（Dobbs）则传达了一个简单的事实，即这是一个让人难以置信的故事，其中的赌注不可能更高了。

56. Cited in Fursenko and Naftali, *"One Hell of a Gamble,"* p. 188.

57. Ibid.

58. 1962 年，苏联拥有约 20 枚远程导弹。Cited in Allison and Zelikow, *Essence of Decision*, p. 92.

59. "Letter from Chairman Khrushchev to President Kennedy," April 22, 1961, in U. S. Department of State, *Foreign Relations of the United States, 1961 – 1963, Volume VI, Kennedy – Khrushchev Exchanges* (Washington, D. C.: Government Printing Office, 1996), p. 12.

60. "Text of Soviet Statement Saying That Any U. S. Attack on Cuba Would Mean War," *New York Times*, September 12, 1962.

61. 无论赫鲁晓夫部署这些导弹的实际动机是什么，它们都有能力在没有任何警告的情况下摧毁美国的一众指挥与控制中心。这使它们在古巴的存在对肯尼迪政府来说更加不可接受。See May, et al. , "History of the Strategic Arms Competition," Part 2, pp. 663 - 68.

62. "Off the Record Meeting on Cuba," October 16, 1962, in U. S. Department of State, *Foreign Relations of the United States, 1961 - 1963, Volume XI, Cuban Missile Crisis and Aftermath* (Washington, D. C. : Government Printing Office, 1996), p. 61.

63. May and Zelikow, *Kennedy Tapes*, p. 111.

64. Ibid. , p. 113.

65. Ibid.

66. Ibid. , p. 117.

67. Ibid. , p. 122.

68. "Text of Kennedy's Address on Moves to Meet the Soviet Build - Up in Cuba," *New York Times*, October 23, 1962.

69. Ibid.

70. Cited in "Strategic Air Command Operations in the Cuban Crisis of 1962," Historical Study, vol. 1, no. 90 (1963) (TOP SECRET/declassified), NSA, p. 49.

71. Cited in ibid. , p. 97.

72. Quoted in ibid. , p. vii.

73. 根据历史学家菲利普·纳什 (Philip Nash) 的说法,"这些'朱庇特'导弹继续代表着西方武器库中最严重的指挥与控制问题之一"。麦克纳马拉非常担心这些导弹的未经授权使用的问题,因此他下令不要发射这些导弹,即便是为了应对苏联对意大利或土耳其的攻击。See Nash, *Other Missiles of October*, pp. 125 - 127.

74. "Letter from Chairman Khrushchev to President Kennedy," October 24, 1962, in *Foreign Relations of the United States, 1961 - 1963, Volume VI, Kennedy - Khrushchev Exchanges*, p. 170.

75. Quoted in Al Seckel, "Russell and the Cuban Missile Crisis," *Russell: The Journal of Bertrand Russell Studies*, vol. 4, no. 2 (Winter 1984 - 1985), p. 255.

76. Robert S. McNamara, *Blundering into Disaster: Surviving the First*

*Century of the Nuclear Age* (New York: Pantheon, 1987), p. 11.

77. See Fursenko and Naftali, "*One Hell of a Gamble*," p. 188.

78. Quoted in Nash, *Other Missiles of October*, p. 157.

79. 在描述肯尼迪政府如何掩盖真相并传播与赫鲁晓夫没达成任何秘密协议的虚假消息方面，纳什做得非常出色。See Nash, *Other Missiles of October*, pp. 150 – 71.

80. "Text of Kennedy Speech to Class at American U. ," *Washington Post and Times Herald*, June 11, 1963.

81. 关于这条热线的历史及其运行情况，参见 Desmond Ball, "Improving Communications Links Between Moscow and Washington," *Journal of Peace Research*, vol. 8, no. 2 (1991), pp. 135 – 59; and Haraldur Þór Egilsson, "The Origins, Use and Development of Hot Line Diplomacy," *Netherlands Institute of International Relations*, Issue 85 in Discussion Papers in Diplomacy, No. 85, March 2003。

82. Quoted in Egilsson, "Origins, Use and Development of Hot Line," pp. 2 – 3.

83. Cited in "Strategic Air Command Operations in the Cuban Crisis," p. 48.

84. 关于彼得·乔治与《奇幻核子战》制片人之间官司的细节，参见 Scherman, "Everbody Blows UP"。

85. 电影《奇爱博士》的英文全称是 *Dr. Strangelove or: How I Learned to Stop Worrying and Love the Bomb*。电影剧本由斯坦利·库布里克、彼得·乔治和特里·萨瑟恩（Terry Southern）创作完成。《奇爱博士》由库布里克执导，并在 1964 年由哥伦比亚电影公司（Columbia Pictures）发行。

86. Sidney Hook, *The Fail – Safe Fallacy* (New York: Stein and Day, 1963), p. 14.

87. 这句引语出现在《失效安全谬论》的封底之上。

88. Roswell L. Gilpatric, " 'Strangelove'? 'Seven Days'? Not Likely," *New York Times*, May 17, 1964. 前一年一篇类似的让人放心的文章就已经出现在一家星期日杂志上，并得到《洛杉矶时报》（*Los Angeles Times*）和其他数十家大型报纸的转载。See Donald Robinson, "How Safe Is Fail Safe? Are We in Danger of an Accidental

War?，" *This Week Magazine*，January 27，1963.

89. "Cable，To General Curtis E. LeMay，From General Thomas S. Power"（SECRET/declassified），NSA，February 17，1964.

90. 早在艾森豪威尔政府时期，鲁贝尔就在五角大楼工作，直至肯尼迪政府最初几年依然在那里工作，最终成为负责研究和工程方面事务的助理国防部长。他与我详细谈论了"民兵"导弹发射程序的问题以及他对统一作战行动计划的批评。对于一个93岁高龄的老人来说，他的记忆力让人惊叹。在最近的著作 *Doomsday Delayed：USAF Strategic Weapons Doctrine and SIOP - 62，1959 - 1962，Two Cautionary Tales*（New York：Hamilton Books，2008）中，鲁贝尔描述了他第一次听取统一作战行动计划简报会的场景。他将这次经验称为"坠入黑暗的最深处，那里是一个由纪律严明、一丝不苟、充满活力却缺少智慧的集体思维统治的暮光地狱，它旨在消灭生活在占据了将近地球表面1/3的地域上的一半人"。他后来从未完全忘记这种感觉。鲁贝尔还在约翰·F.肯尼迪图书馆的一个口述史项目中讨论了核武器问题。该项目的完整记录副本被加密，我通过《信息自由法案》获得了该文件。

91. "The Development of the SM - 80 Minuteman，" Robert F. Piper，DCAS Historical Office，Deputy Commander for Aerospace Systems，Air Force Systems Command，April 1962（SECRET/RESTRICTED DATA/declassified），NSA，p. 68.

92. 这句引文出自一位空军历史学家对空军立场的总结。See ibid.，p. 70.

93. 这个专家小组由詹姆斯·C.弗莱彻（James C. Fletcher）领导，此人后来成为美国国家航空航天局的负责人。关于弗莱彻委员会的工作，参见 ibid.，p. 71，and Rubel，*Doomsday Delayed*，pp. 17 - 21。

94. "民兵"导弹的发射开关依靠的是开槽电机（notching motor），这种电机会在输入适当的电脉冲（electrical pulse）时转动一个凹槽。转动发射钥匙会发送一系列特定的电脉冲———旦它们被接收，开槽电机就会转动凹槽，闭合一条电路，将所有导弹发射出去。但是，一系列微弱电涌也可以模拟那些电脉冲并启动电机。在几天乃至数月的时间中，电机可能静静地旋转，一次转动一个凹槽，而且发射人员不会知情。然后，当转到最后一个凹槽时，50 枚导弹将突然起飞升空。Rubel interview.

95. 这位工程师是保罗·巴兰，后来成为互联网中包交换（packet switching）技术的发明者之一。Quoted in Stewart Brand, "Founding Father," *Wired*, March 2001.

96. Cited in Ball, *Politics and Force Levels*, p. 194.

97. See Dobbs, *One Minute to Midnight*, pp. 276 – 79 ; and "Strategic Air Command Operations in the Cuban Crisis," pp. 72 – 73.

98. "State-Defense Meeting on Group I, II, and IV Papers," p. 12.

99. Ibid.

100. Ibid.

101. 艾森豪威尔时代的预先授权政策的很大部分得以保留。See "Memorandum from the President's Special Assistant for National Security Affairs（Bundy）to President Johnson," September 23, 1964（TOP SECRET/declassified）, in U. S. State Department, *Foreign Relations of the United States, 1964 – 1968, Volume X, National Security Policy*（Washington, D. C. : Government Printing Office, 2002）, p. 158.

102. "Draft Memorandum from Secretary of Defense McNamara to President Johnson," December 6, 1963（TOP SECRET/declassified）, in *Foreign Relations of the United States, 1961 – 1963, Volume VIII, National Security Policy*, p. 549.

103. Ibid.

104. See Enthoven, *How Much Is Enough*, pp. 207 – 10.

105. "Transcript, Interview with Robert McNamara, March 1986, Part 2 of 5," WGBH Media Library and Archives.

106. Ibid.

107. 关于约翰逊政府在 1966 年采用，直至麦克纳马拉离任时仍有效的 SIOP – 4 的细节，参见 William Burr, "The Nixon Administration, the 'Horror Strategy,' and the Search for Limited Nuclear Options, 1969 – 1972," *Journal of Cold War Studies*, vol. 7, no. 3（2005）, pp. 42 – 47。

108. 在艾森豪威尔政府末期，美国有大约 19000 件核武器。到 1967

年，美国核武库的规模达到顶峰：共有 31255 件核武器。当麦克纳马拉离任时，该数字略微下降至 29561 件。See "Declassification of Certain Characteristics of the United States Nuclear Weapon Stockpile," U. S. Department of Energy, December 1993, and "Fact Sheet, Increasing Transparency in the U. S. Nuclear Stockpile," U. S. Department of Defense, May 3, 2010.

109. 1960 年，美国在西欧部署了大约 3000 件战术核武器；1968 年，有大约 7000 件。See Robert S. Norris, William M. Arkin, and William Burr, "Where They Were," *Bulletin of the Atomic Scientists*, November/December 199, p. 29.

110. 麦克纳马拉为越南战争带去的自上而下的管理方式（top - down management style）几乎确保了美国的失败。军事历史学家马丁·范克里韦尔德（Martin van Creveld）已经指出："那些设计并试图运转该系统的人，就像任何国家的国防机构在任何时候所造就的一群经理人那样聪明，然而他们试图达到成本收益比最佳的举动却导致了历史上最不划算的战争。"麦克纳马拉的办公室不仅决定进攻所要针对的目标，而且为一些事情定下规则，比如何时可以因恶劣天气而取消行动，以及飞行员所要达到的特定训练水平。对于范克里韦尔德来说，"要研究在越南的指挥情况，确实足以让一个人对人类理性感到绝望"。See Martin van Creveld, *Command in War* (Cambridge, MA: Harvard University Press, 1985), pp. 232 - 60. 这些引语可在第 260 页找到。

111. "'McNamara's War' Tag OKd by Defense Chief," *Los Angeles Times*, April 25, 1964.

112. 虽然李梅在 1968 年时被认为是一个极端保守的人（archconservative），但放在今天他会被称作一个古典的自由主义者（old-fashioned liberal）。See Jerry M. Flint, "LeMay Supports Legal Abortions," *New York Times*, October 24, 1968; "Wallace Keeps Silent on LeMay Racial View," *Los Angeles Times*, October 24, 1968; and Jerry M. Flint, "LeMay Says He Believes in Equal Opportunity," *New York Times*, October 29, 1968.

113. 李梅对有限战争的感受值得多花一些笔墨来引用。"现在让我提出一些关于战争的基本教义，"李梅写道，"首先，任何比例的战争，不管它多有限，都是非常严肃和危险的事情。从美元和生命的角度来看，战争从来都不'划算'。人们被杀戮。对于他们来说，战争就是全部。你不能告诉那些失去挚爱之人的妻子、孩子和父母，今日在越南的战争——举例来说——只是一场反叛乱演习，美国只是在其中投入了很有限的努力。死亡是终极的，除非美国政府百分之百地站在他们身后支持他们，否则不应该要求那些应征入伍的孩子去做出这种终极的牺牲。如果我们不竭尽全力，我们该如何向他们所爱之人解释？我们的目标必须足够明确，以使我们现在正遭受的伤亡有据可依。" Curtis E. LeMay, *America Is in Danger* (New York: Funk & Wagnalls, 1968), p. 305.

114. "Excerpts from Comments by Wallace and LeMay on the War and Segregation," *New York Times*, October 4, 1968.

115. Ibid.

116. Quoted in "LeMay, Supporter of Dissent, Seems Upset by Hecklers," *New York Times*, October 25, 1968.

117. Quoted in Jerry M. Flint, "LeMay Fearful Communists Threaten American Values," *New York Times*, October 31, 1968.

# 反常环境

1961 年 3 月 13 日，在上午大约 11 点 30 分的时候，一架 B – 52 轰炸机从加利福尼亚州马瑟空军基地（Mather Air Force Base）起飞，那里离萨克拉门托（Sacramento）不远。[1]这架飞机正在执行"圆铬顶行动"，上面搭载了两枚马克 39 氢弹。在起飞 20 分钟后，飞行员雷蒙德·克莱（Raymond Clay）少校感觉到驾驶舱的通风孔有太多热气进来。他和飞机副驾驶之一罗伯特·比格姆（Robert Bigham）中尉试图把加热器关掉。但是通风孔没法关闭，驾驶舱里热得让人难受。在飞行约 7 个小时后，马瑟空军基地的控制塔指示克莱"尽可能长时间地继续执行使命……当然，如果驾驶舱中热得实在难以忍受，那就飞回来吧"。[2]在进行第二次空中加油之前，克莱引导飞机降低了高度，并给驾驶舱减压以降低里面的温度。但随着轰炸机爬升到 3 万英尺的高度，驾驶舱里的温度又升高了。在飞行 14 个小时后，驾驶舱中的温度上升到 160℉（约 71℃），温度如此之高以致一个飞行员旁边的窗户破裂了。

克莱将飞机再次下降到 1.2 万英尺的高度，并请求结束此次任务。除了破裂的窗户，几名机组成员也感到恶心难受。驾驶舱变得如此热，以至于克莱和他的两名副驾驶轮流驾驶飞机，他们在驾驶舱与飞机下方的舱室中来来回回，因为那个地方稍微凉快点。在飞过灰蒙蒙的天空时，轰炸机偏离了航线，落后预定时间约半小时，接着在躲避恶劣天气时又多落后了七八分钟。在飞行 22 个小时后,比格姆中尉意识到其中一个主油箱的计量表坏掉了。它上面的读数至少有 90 分钟没有发生变化,但在高温和在驾驶舱中来来回回的麻烦中,没有人注意到这一点。比格姆要求控制塔派一架加油机过来,他们的燃油已经不足。40 分钟后,就在靠近加油机时,B-52 的燃料耗尽了。它的所有 8 个发动机同时熄火。

在 7000 英尺的高度时,机组成员开始跳伞。克莱少校留在驾驶舱中并让飞机倾斜以飞离加利福尼亚州的尤巴城 (Yuba City),那里离他们的基地只有 40 英里远。在确信轰炸机不会撞向尤巴城之后,克莱在 4000 英尺的高度弹射出驾驶舱。这架 B-52 来了个 360 度转向,然后头朝地扎进了一片大麦地。两枚氢弹内部的高爆炸药都在撞击下破裂了,但没有燃烧或发生爆炸。这两枚核弹无害地裂成了碎片。所有的 8 名机组成员都从坠机事故中幸存下来。但是一名空军消防员在匆匆赶到现场时,由于卡车倾覆而遇难。

弗雷德·伊克尔曾预测,随着核武器以及空中警戒任务数量的增多,发生意外事故的次数也会增加。他是对的,并且涉事飞机在坠毁的时候基本没有多少用来保护武器的安全措施。空军认为轰炸机或战斗机的性能——速度、机动性、容量和航程——比结构完整性重要得多。B-52 是在 20 世纪 40 年代晚期设计的,那些设计师根本就没有想过这种轰炸机会用于执行空中警戒或地面警戒任务。建造它就不是为了让其在和平时期携带完全组装好的核武器。当这些武器被附加在飞机的下面时,它们完全暴露在坠机的风险之下。桑迪亚的一份报告指出,当它们被置于 B-52 的炸弹舱时,其正好位于"飞机构造中的一个薄弱点上,飞机的那个位置很容易破开,使武器因得不到机身提供的那种保护而掉出去"。[3]

在太平洋中部的约翰斯顿岛（Johnston Island），旨在衡量高空核爆炸影响的诸多测试提醒人们，导弹及其弹头并不总是会以可预见的方式来行事。[4]1962 年 6 月 3 日，一枚搭载着 400 千吨当量弹头的"雷神"中远程导弹顺利升空。但是，一个雷达跟踪站出了故障，如果导弹偏离预定飞行路线，这将危及该地区的过往船只。靶场安全官员（range safety officer）决定终止这次飞行试验。自毁指令装置炸掉了导弹，摧毁了里面的弹头。两个半星期之后，又发射了一枚"雷神"导弹，这次上面搭载的是一个当量为 140 万吨的弹头。升空 59 秒之后，导弹的发动机停了，靶场安全官员再一次决定使用自毁指令装置。这枚"雷神"导弹在 3 万英尺的高空爆炸。导弹和弹头的碎片，包括其核芯中的钚，落在了约翰斯顿岛上及其周边的潟湖中。

在大约一个月之后，另一枚搭载了 140 万吨当量弹头的"雷神"导弹在发射台上发射失败，它再也没能飞离地面。靶场安全官员下达了自毁指令，威力巨大的爆炸摧毁了大部分发射场，将残骸、燃烧的燃料以及钚撒得到处都是。接下来的两个月都花在了重建发射场和清除岛上污染的工作上。10 月 15 日，在首次使用新发射台时，一枚"雷神"导弹在起飞大约 90 秒之后偏离了预定方向。于是自毁指令再次下达，导弹发生了爆炸，更多的钚落在了约翰斯顿岛上。在这些测试中使用的2/3 的"雷神"导弹——其为部署在英国的"雷神"导弹的改进版本——不得不通过远程遥控的方式予以摧毁。[5]

约翰斯顿岛上发生意外的那些发射测试都经过了数月的精心准备，但平凡的日常任务同样能造成核武器事故。1963 年 11 月 13 日，在得克萨斯州梅迪纳的原子能委员会基地，3 名工人正将一些部分组装好的马克 7 核弹移进 "冰屋"。[6]这些武器正在退出现役，它们里面的高爆炸药最终将被燃烧处理，而里面的铀将被回收。两个爆炸性球体在卸载的时候很可能发生了相互摩擦，其中一个着了火。3 名工人——马文·J. 埃林格（Marvin J. Ehlinger）、希拉里·F. 胡塞尔（Hilary F. Huser）和弗洛伊德·T. 卢茨（Floyd T. Lutz）——注意到了火焰，跑出了 "冰屋"，然后跳进了路对面的一条水渠中。这个球体燃烧了大约 45 秒，然后发生爆炸，引爆了 "冰屋" 中约 12.3 万磅高爆炸药。虽然爆炸现场升起的蘑菇云含有铀尘，但这次爆炸没有产生核当量。在 14 英里外的圣安东尼奥（San Antonio），商店的窗户玻璃都被震碎了。在 "冰屋" 所在的那个地方，留下的只有一个深达 20 英尺的弹坑。基地中的其他 "冰屋" 并没有损坏，这 3 名工人也毫发未伤。当天剩下的时间就让他们休息了。

几周之后，一架 B–52 轰炸机在飞过阿巴拉契亚山脉（Appalachian Mountains）时遭遇了严重的空气湍流。[7]当时它正在运送两枚马克 53 氢弹——泰坦–2 导弹所搭载武器的空投版本，当量为 900 万吨。飞行员托马斯·麦考密克（Thomas McCormick）少校让飞机下降到约 2.9 万英尺的高度，试图寻找到一条更平稳的飞行线路。但是，湍流变得更加激烈，麦考密克得到允许可以让飞机再爬升几千英尺。机组成员听到了 "砰" 的一声巨响，50 英尺高的尾翼从轰炸机上脱落了。轰炸机打着滚，一段时间还底朝天，接着就开始盘旋向下坠，麦考密克告诉所有人跳伞逃生。有 4 名机组成员安全地从飞机中跳了出来；雷达领航员罗伯特·汤利（Robert Townley）少校没能做到。在暴风雪中，这架飞机坠毁在萨维奇山（Savage

Mountain）的一侧，那里离马里兰州坎伯兰（Cumberland）大约20英里。当时是凌晨1点30分，户外的温度约为0℉（约−17.8℃）。

瞄准手、技术军士梅尔文·伍滕（Melvin Wooten）降落在离宾夕法尼亚州索尔兹伯里（Salisbury）约半英里远的一片旷野上。这个城市的灯光在远处依稀可见，但伍滕死在了去往那里的途中。他的头部、胸部和腿部严重受伤。领航员罗伯特·佩恩（Robert Payne）少校踩着两三英尺深的积雪，在黑暗中走了好几个小时。后来他掉进一条小河中，冻死了。麦考密克少校和副驾驶帕克·皮丁（Parker Peedin）上尉降落在树林附近，相隔3英里远。他们一直等到天亮以寻求帮助。麦考密克走了2英里后，在一处农舍中找到了庇护所。皮丁被一架搜救飞机发现，两人进医院的时候都只有轻伤。两枚氢弹都在B−52的残骸中被发现，部分埋在雪中。它们里面的高爆炸药既没有被引爆，也没有发生燃烧。

另一起涉及马克53氢弹的事故发生于1964年12月8日。[8] 当天，在印第安纳州科科莫（Kokomo）以北约12英里邦克山空军基地（Bunker Hill Air Force Base）的一次例行训练中，一架B−58轰炸机转弯进入了一条结冰的跑道。这架飞机载有五枚氢弹——四枚马克43、一枚马克53——合计当量约为1300万吨。当B−58转弯的时候，前面的一架飞机加大了发动机旋转速度。一股强劲的、突如其来的气流击中了B−58，这架轰炸机顺势滑出了跑道，右边机翼下方的起落架断裂。飞行员利里·约翰逊（Leary Johnson）上尉看到了一道明亮的闪光；燃料泄漏出来并着了火。约翰逊下达弃机的命令，逃离了他的座舱，爬到了机头上方，一跳穿过火焰，不过身上还是着了火。

311

他滚过雪地和水洼，扑灭了身上的火焰，只遭受轻微的烧伤。轰炸机防御系统操作员罗杰·霍尔（Roger Hall）也逃离了他的座舱，注意到飞机的左翼着了火（B－58 轰炸机的机组成员是三名，分别为驾驶员、领航员兼投弹手，以及防御系统操作员，三人拥有前后串列布置的单独座舱，上方都有连在机身上的座舱盖。飞行员在最前面，防御系统操作员在最后面。为了爬到机翼上去，霍尔此时应是背对机头，所以着火的右边机翼在他左手边。——译者注），于是爬到了右边机翼上，从发动机上跳了下去，他身上也短暂地着了火。他的烧伤也仅是表面的。领航员小曼纽尔·塞万提斯（Manuel Cervantes, Jr.）没有从飞机中爬出来，他触发了他的逃生舱，一枚弹射火箭将其送入了天空。逃生舱降落在离燃烧地点 150 码远的地方，但塞万提斯死于降落时的猛烈撞击。他身后留下两个年幼的儿子。

五枚氢弹遭受了不同程度的损坏：两枚完好无损；一枚被烧得焦黑；另一枚大部分被火焰吞噬；第五枚则完全熔进了铺着柏油碎石的停机坪中。所有高爆炸药都没有发生爆炸。消防员积极地灭火，作业时间远超过这些氢弹的时间因子。这场火灾不仅威胁到满是轰炸机和核武器的战略空军司令部基地，而且对生活在科科莫的 5 万名居民造成了威胁。消防员们一度将一枚燃烧的氢弹从飞机残骸中拖到 50 码外的一条壕沟中，然后往上盖沙子，扑灭了火焰。

在邦克山事故发生的同一周，年轻的空军士兵伦纳德·D. 约翰逊（Leonard D. Johnson）和小格伦·A. 多德森（Glenn A. Dodson, Jr.）开车赶往南达科他州埃尔斯沃思空军基地（Ellsworth Air Force Base）的一个"民兵"导弹发射场。[9]在大约 20 英里外的发射控制中心，一名发射组成员报告说发射井周围的安全系统出了问题。约翰逊和多德森被告知要搞清楚是哪里出了问题。他们两人进入了发射井，打开了安全警报控制箱，检查里面的引信。多德森忘了带引信拔钳（fuse puller），于是他用一把螺丝刀代替。在移出所有的引信之后，他得再一个个放回原位。你可以靠听来判断放入的是一个好引信还是一个已经烧坏的引信。当好引信被插入的时候，它会发出咔嗒声。其中一个引信没有发出这种咔嗒声。多德森再次用螺丝刀把它拔了出来，然后再放回去，这次他听到了一种不同的声音——巨大的爆炸声。

312

这两名空军士兵从发射井中跑了出来，然后给控制中心打电话。半个小时后，一个导弹潜在危害处理小组命令他们再次进入发射井。他们发现里面充满了浓密的灰色烟雾。"民兵"导弹上安装的一个制动火箭（retrorocket）点火了。里面装有一个W－56热核弹头的再入体曾向空中飞了几英寸，然后翻转过来，先是鼻锥从导弹上掉落下来，接着从发射井墙壁上反弹，撞击在导弹第二级的发动机上，最后落到了发射井的底部。虽然它的保险和引信组件在从75英尺的高处掉落的过程中撕坏了，但弹头并没有损坏。后来的一项调查发现，这个制动火箭是由电子连接器（electrical connector）中的一个故障引发的，也就是说是由多德森的螺丝刀引发的。

武器事故的发生经常让人觉得突然且离奇。1965年12月5日，在离日本海岸约70英里远的美国海军"提康德罗加"号（USS Ticonderoga）航空母舰上，一群水手正在将一架A－4E天鹰攻击机（A－4E Skyhawk）推上升降机。[10]这架飞机的座舱盖是开着的；飞行员道格拉斯·M. 韦伯斯特（Douglas M. Webster）上尉坐在驾驶舱的椅子上。当航空母舰越过一道海浪时，船甲板往上升，其中一名水手吹响了哨子，示意韦伯斯特应该踩住飞机的刹车。韦伯斯特没有听到哨声。飞机开始向后滑动。那名水手一直吹哨子，其他水手也大喊"刹车，刹车"，[11]并且紧紧抓住飞机不放。当飞机从升降机上滑落往海里掉时，他们才不得不松开了手。就那么一瞬间，飞机消失了。飞行员、他的飞机，以及一枚马克 43 氢弹不见了踪影。没有找到他们的任何踪迹；那里的海洋深约 3 英里。在飞机掉落之后，座舱盖很可能关上了，把韦伯斯特困在了他的座位上。他最近才从俄亥俄州立大学（Ohio State University）毕业，已经结婚并且在越南完成了他的首个服役期。[12]

到 20 世纪 60 年代中期，"密封－核"式核武器已经被烧过、熔化过、沉没过、炸开过，也撞击过地面，但没有一枚发生过意外爆炸。发生在北卡罗来纳州戈尔兹伯勒的 B－52 坠机事故距离核爆炸只有惊人的一步之遥，这引起了桑迪亚工程师的注意。没有人希望这样的事情再次发生——但是在戈尔兹伯勒坠机事故中，核武器达到了失效安全。现在核试验已经恢复，洛斯阿拉莫斯、劳伦斯利弗莫尔和桑迪亚正忙着给武装部队的各个分支设计新的弹头和炸弹。对新型安全装置的需求并不是很明显。已有的安全装置一次又一次地起了作用。

总统肯尼迪和国防部部长麦克纳马拉两人均对核武器安全问题感兴趣。在戈尔兹伯勒事故几个月后，肯尼迪让国防部"负责查明和解决与核武器监管及存储相关的健康和安全问题"。[13]原子能委员会将发挥虽附属但仍很重要的作用。肯尼迪的决定授予了麦克纳马拉可做任何看起来必要的事情的权力，但这也加强了对该系统的军方而不是文官控制。在洛斯阿拉莫斯、利弗莫尔和桑迪亚，相较其安全性，核武器的可靠性继续得到了更大的关注。一种危险的思维方式，即后来被称为"泰坦尼克效应"（Titanic Effect）[14]的自满攫住了武器设计师：越是认为意外爆炸不可能发生，它就越是容易发生。

某些早期型号的控制与安全装置加剧了美国军方在使用它们时对其的不信任。第一种准许启动连接装置——A 类 PAL——并不总是可以完美无瑕地运转。它们的解码器中的电池电量很容易在毫无预警的情况下耗尽。当这种情况发生的时候，核武器将无法解锁。此外，A 类 PAL 里面的齿轮声太大了。在桑迪亚的一次黑帽演习行动中，某工程师仔细地听了一个 PAL 的声音，破译了它的密码，从而打开了锁。[15]

W－47 弹头有一个更严重的问题。[16]这种弹头于 20 世纪 50 年代末在劳伦斯利弗莫尔设计，并在对斯普特尼克卫星的担忧中匆匆投产，然后安装在"北极星"潜艇装备的导弹上。该款弹头的早期版本有一个革命性的新核芯——它是个小小的鸡蛋形设计，只有两个雷管——能够让如此紧凑的一件武器产生巨大的爆炸当量。不过，W－47 并没有达到单点安全，还差得很远。艾森豪威尔政府最后两年间暂停核试验的做法，使它没法进行能够让其达到单点安全的那种试验。尽管两个实验室为了能与海军签下这份合同而展开激烈竞争，但眼下出任劳伦斯利弗莫尔实验室主任的爱德华·泰勒一度考虑在 W－47 弹头中使用一种由洛斯阿拉莫斯设计的更传统的核芯。每艘"北极星"潜艇都将搭载 16 枚导弹，分成两排紧密地排在一起。一个不安全的弹头可能威胁到潜艇上的 150 名船员，以及它所停泊的港口城市。

为了避免依赖洛斯阿拉莫斯设计的尴尬，泰勒使用了利弗莫尔的新核芯，但往其中增加了一个机械安全装置。一条涂抹着硼的镉带（cadmium tape）被放置在核芯的中心位置。镉和硼都可以吸收中子，这种带的出现能够阻止链式反应的发生，从而使核爆炸不可能发生。在弹头的解除保险序列中，在核芯爆炸之前，镉带将由一个小型的马达拉出来。这似乎是解决单点安全问题的机智之举——直到 1963 年对这种弹头的一次常规检查发现核芯内部的镉带已经被腐蚀。当镉带被腐蚀时，它就卡在里面了，而那个小型的马达没有足够力量将它拉出来。利弗莫尔的机械安全装置让这种弹头变得太安全了。美国海军战略系统项目办公室再入体协调委员会（Navy's Strategic Systems Project Office Reentry Body Coordinating Committee）的一位前主任在解释这个问题时称："几乎不能指望这种弹头能够按照预期的方式来工作。"[17]绝大部分的 W - 47 弹头——这一比例可能为 75% 甚至更高[18]——在发射后可能不会发生爆炸。"北极星"潜艇被麦克纳马拉和肯尼迪当成美国核武库之基石，终极的威慑手段，以及核报复、受控制的升级和确保摧毁的保证器（guarantor），里面搭载的却全是哑弹。在接下来的四年中，利弗莫尔想方设法尝试修复 W - 47 的安全装置，但均未成功。海军怒不可遏，所有的弹头都必须被替换。不过从本质上来说，这种新型核芯达到了单点安全标准。

战略空军司令部的那些安全程序已经变得如此高效，以至于其空中警戒的诸多风险被轻易地忽略了。在执行空中警戒的头五年中，战略空军司令部进行了数万次空中加油——只发生了一起致命的事故。但是，概率定律是无法逃脱的。1966 年 1 月 17 日，上午 10 点 15 分左右，一架执行"圆铬顶行动"的 B - 52 轰炸机正准备进行第二次空中加油，当时它正位于离西班牙南部海岸几英里远的内陆高空中。[19]前一天晚上，它从北卡罗来纳州的戈尔兹伯勒起飞。在经过 17 小时的飞行后，它需要更多的燃料为回程做准备。这架 B - 52 在靠近加油机时飞得太快，撞在了加油杆上，然后开始解体。火焰沿着加油杆直接蔓延。加油机爆炸了，把它里面的四名机组人员烧成灰烬。

当时正在驾驶 B - 52 的副驾驶拉里·G. 梅辛杰（Larry G. Messinger）少校首先从飞机中跳伞。他的弹射座椅越过飞机，降落伞也成功打开，狂风把他吹向大海。上午的天空视线良好，他可以看到西班牙海岸慢慢地消失在远处。梅辛杰降落在离海岸 8 英里远的海洋中，并打开了一条充气救生艇。雷达领航员伊万斯·布坎南（Ivans Buchanan）也弹射出了飞机，穿过了一个火球，但没法从弹射座椅中出来，也没法打开他的降落伞。困在座椅上的布坎南打着转不断下降，最后用手从背包中取出了降落伞。降落伞终于打开了，但是座椅的重量导致他来了次硬着陆。这伤到了他的背部，摔坏了他的肩膀，使他陷入了昏迷。飞行员查尔斯·J. 温道夫（Charles J. Wendorf）上尉在弹射出飞机时伤到了一条胳膊。虽然他的降落伞着了火，但它还是安全地将他放到了海中，离海岸约 3 英里远。

当两架飞机相撞时，另一名副驾驶迈克尔·J. 鲁尼（Michael J. Rooney）中尉正坐在驾驶舱下面看书。他并不靠近任何一张弹射座椅。轰炸机下降时的重力把他扔在机身内的墙上、天花板上和地板上，这让他的逃生之旅延迟了漫长的几分钟。他成功地通过领航员的逃生口爬出了飞机并打开了降落伞。一个燃烧的发动机吊舱从他身边飞过，距离之近以至于都烧焦了他的头发。鲁尼也降落在海中，离温道夫不远，然后他开始游泳。

鲁尼和温道夫在半小时之内就被渔船救了起来，约 15 分钟之后，梅辛杰也获救。附近一个叫帕洛马雷斯（Palomares）的村庄的居民发现了位于田野中的布坎南，他被绑在弹射座椅上，依旧不省人事。他们将其送到了医院。瞄准手罗纳德·西德尼（Ronald Snyder）中士、电子战操作员乔治·格莱斯纳（George Glesner）中尉死在了飞机中。领航员史蒂芬·蒙塔纳斯（Stephen Montanus）中尉成功跳伞，但在弹射座椅中下坠了 3 万英尺，硬生生地撞到了地面上。出于某种原因，他的降落伞一直没能打开。蒙塔纳斯是机组成员中最年轻的那个，时年 23 岁，而他的遗孀才 19 岁。

这架 B-52 携带着 4 枚马克 28 氢弹。机组成员中没人知道它们身上发生了什么事。显然目前还没有发生全面的核爆炸，但除此之外，知之甚少。一个来自位于西班牙托雷洪的战略空军司令部基地的灾难控制小组（Disaster Control Team）于当天下午抵达事发地点，然后开始搜寻那些氢弹。B-52 轰炸机的残骸散落在数英里的范围内；其中绝大多数都掉落在帕洛马雷斯村庄内外。这个村庄既贫穷又偏远，在关于西班牙南部的大多数地图上甚至都不会出现。[20] 直到 1958 年，该村庄的大约 2000 名居民才用上了电，而直到现在他们仍然没有用上自来水。

黄昏时分，西班牙联邦警察的成员领着灾难控制小组奔赴第一枚氢弹的所在地，那里位于帕洛马雷斯东南部，离海滩约有 300 码远。这枚氢弹完好无损。它的其中一个降落伞成功打开，让马克 28 落在了柔软的黏土层上。当天晚上，空军哨兵留在那里守卫着它。阿尔伯克基的联合核事故协调中心（Joint Nuclear Accident Coordinating Center）集合了一群来自洛斯阿拉

316

莫斯、桑迪亚和原子能委员会的专家，预计将在第二天上午抵达。

第二枚氢弹是在坠机事故发生近 24 小时后由一架直升机发现的。这枚氢弹残留的部分掉落在了当地公墓上方的山丘中。它的降落伞没有打开。里面的部分高爆炸药发生了爆炸，制造出一个 20 英尺宽的弹坑，炸弹的零部件和其中的钚散落在山间。一小时之后又发现了第三枚氢弹。在帕洛马雷斯外围的一处菜园中，这枚炸弹撞在了一堵石墙的底部。这枚氢弹偏离一座农舍约 75 英尺远。它的一个降落伞已经打开，其中一些高爆炸药发生了爆炸。炸弹的碎片、烧焦的炸药以及一团钚云被吹入了附近的番茄田中。

第四枚氢弹没能找到。排成长队的军人肩并肩地走了好几英里，希望能够找到它。飞机和直升机也出动了。数以百计被废弃的矿井、水井以及其他地下洞穴也被仔细搜寻，期望能够在其中找到它。在坠机事故发生一个半月之后，依然没有找到马克 28，于是搜索帕洛马雷斯附近乡村地区的工作被叫停了。

这个小村庄一度挤满了来自世界各国的记者。起初，美国空军拒绝承认或否认这次事故涉及核武器。但如路透社所报道，有人看到了"450 名带着盖格计数器的空军士兵正在寻找核材料"，[21]一下子就让这个问题避无可避。在事故发生三天之后，空军承认这架 B - 52 轰炸机当时搭载了"未解除保险的核军械"（nuclear armament），并且强调"这次事故没有危害公共卫生和公共安全"，[22]但并未透露丢失了一枚炸弹。当美国海军的一支小型舰队在海上展开搜寻时，各种媒体的头条新闻表达了人们对官方说法日益增长的愤怒和怀疑："紧急寻找原子武器之举疑云重重"；[23] "马德里警察驱散美国大使馆门前的暴民"；[24]

"苏联人说，美国炸弹灾难近在咫尺；西班牙外海的'核火山'"。[25]在几个星期的负面宣传之后，五角大楼最终承认丢失了一件核武器。这个消息让人想起了最新的那部007电影《霹雳弹》（Thunderball），以及在水下搜寻被窃氢弹的情节。

西班牙政府和美国政府均否认那两枚损坏的核武器释放出的钚会对公众造成威胁。西班牙的核能委员会（Nuclear Energy Board）宣称："食用（碰撞区的）肉、鱼、蔬菜，或喝产自那里的牛奶没有任何风险。"[26]事情真相要比这更复杂。有关钚扩散或清除钚污染的恰当方法几乎没有做什么研究，而且钚释放出的 α 粒子在实验室之外很难被检测出来。它们能够移动一英寸远，而且能被一根草甚至露珠的水膜挡住——这导致几乎不可能利用现有的设备来确定帕洛马雷斯周边到底有多少土地遭到了污染。美国空军被一次能够扩散钚的核事故弄得措手不及。便携式 α 粒子探测器从位于其他北约国家、美国以及北非的基地匆匆运往西班牙，但是这些探测器经常不能正常工作。

然而，在两枚受损氢弹坠落地点之间的那一英里长的条状土地上，发现了钚的痕迹。钚污染穿过帕洛马雷斯村延伸至附近的番茄田中。美国国防部核武器局（Defense Nuclear Agency, DNA）的一份报告后来解释道，由于"形势背后的政治权衡"（the politics of the situation），[27]居民们并没有被从这些地方疏散，危险控制线也没有建立。

美国承诺要清除帕洛马雷斯的污染。但是，核武器事故发生后清除钚的指导方针并不存在，确定事故现场周边环境中钚安全水平的标准同样没有。几乎可装满4000辆卡车的遭到污染的豆子、卷心菜和番茄被用宽刃刀收割，然后焚毁。[28]大约3万

318

立方英尺的受污染土壤被从地里刨出来，装进钢制容器里，然后被运往原子能委员会位于南卡罗来纳州艾肯（Aiken）的场地中掩埋。[29] 清理土地及把土壤装在钢制容器里的士兵都得到了医用口罩。根据国防部核武器局的报告，这些口罩对辐射危害没有防护作用，主要是作为安慰手段——"一道应对钚吸入的心理屏障"。[30] 为了让公众放心，并且鼓励游客前往西班牙南部，美国大使带着家人来到了帕洛马雷斯附近的海滩，穿上泳衣，并邀请新闻媒体和他一道，在海洋中游了一趟广为人知的泳，不远处就是那枚完好的氢弹坠落的地方。[31]

桑迪亚国家实验室空气动力学部门主任兰德尔·C. 梅杜（Randall C. Maydew）被招募来帮助寻找那枚失踪的氢弹。他的小组帮助设计了马克28的降落伞和壳体。在梅杜前往西班牙之前，他的朋友鲍勃·佩里弗伊给了他一个可帮助搜寻的工具：一根叉棍（forked stick），就像探矿者用来找水的探水杖一样。梅杜和他的团队试图确定两架飞机在天空中相撞时的位置。他们进行了反向轨迹计算——基于那3枚氢弹和B-52的发动机撞到地面时的位置——然后确定撞机事故发生的大致位置在一片直径为1英里的圆形天空中，距离海岸线2英里，高度为1.5万英尺。考虑到事故发生时飞机的位置、盛行风向，以及在海滩上发现的失踪氢弹的尾板，再假设其降落伞已经打开，梅杜的团队指出了大西洋上氢弹最有可能坠落的一片面积为8平方英里的海域。几天之后，他们的结论得到了一名西班牙渔夫的支持。那个渔夫声称曾看见一个"大胖子"，[32] 身上系着一个大型降落伞，掉在了那片水域里。

舰船、飞机、直升机、水下电视平台、100多名深海潜水员，以及4艘载人潜水器——"深海吉普"号（Deep Jeep）、

"海洋幼兽"号（Cubmarine）、"阿鲁米纳特"号（Aluminaut）和"阿尔文"号（Alvin）——在海洋中搜寻了数个星期，苏联船只也一直在附近徘徊。"这一点都不像在草垛中找一根针，"搜寻行动的指挥官、海军少将威廉·S.格斯特（William S. Guest）说，"而是像在黑夜中于一片满是草垛的田野里找一根针的针眼。"[33]3月15日，"阿尔文"号的船员终于发现了那枚氢弹，它包裹在一个降落伞中，深度大约为0.5英里。9天之后，当将它从海洋中拉出来的时候，缆绳啪的一声断了——氢弹再次消失在海中。于是搜索工作再次启动，又一周时间过去之后，"阿尔文"号再次发现了它。除了鼻锥上面有个小凹痕，它看起来状况还不错。第二次回收氢弹的尝试进行得很顺利。在忍受了两个半月的负面宣传后，五角大楼邀请记者们登上格斯特少将的舰船以向他们炫耀那件失而复得的武器。氢弹被放置在另一艘船的甲板上并慢慢从记者们旁边驶过，像刚刚捕获的一条获奖的大鱼那样被骄傲地展示出来。虽然美国在过去的十年间部署了数以千计的氢弹，但这是美国人民第一次获准窥见其真貌。[34]

在帕洛马雷斯事故之后，西班牙政府禁止美国飞机携带核弹进入其领空。战略空军司令部位于托雷洪的基地被移交给北约，林登·约翰逊总统的政府官员也就是否应该结束空中警戒进行了辩论。它现在看起来颇具风险，代价高昂，过时而且不再必要。五角大楼官员在20世纪60年代所担心的那种突然袭击似乎再也不可能发生了。作为一种核威慑，执行空中警戒任务的12架B-52轰炸机对苏联人来说，并不像藏在美国地下发射井和潜艇中的大约1600枚弹道导弹那样让其心生恐惧。但是，参谋长联席会议和战略空军司令部的新任司令约翰·戴尔·瑞恩（John Dale Ryan）将军坚称，空中警戒对国防安全至关重要。约翰逊总统决定暂时继续执行空中警戒，但将执飞的轰炸机数量减少到每天 4 架次。

柯特兰空军基地（Kirtland Air Force Base）的核安全主管告诉哥伦比亚广播公司新闻频道说："发生意外核爆炸的可能性基本上可以忽略不计。"[35]原子能委员会对《纽约时报》说的也大同小异，声称这种可能性是"如此之小，以至于可以完全排除"。[36]但是，桑迪亚的许多科学家和工程师可不这么乐观。鲍勃·佩里弗伊对现在仍使用一种简单的、只持续几秒的低电压信号解除氢弹保险的做法感到不安。这种类型的信号可以追溯到托马斯·爱迪生的时代——而且当一架 B－52 解体时，它可以产生自很多地方。或者相反，它也可以产生自一趟平淡无奇的飞行中的某处电路短路。佩里弗伊认为，一种更加复杂的信号——一系列独特的电脉冲——可以防止炸弹被意外解除保险。它可以在驾驶舱的就绪（安全）开关和炸弹舱中的核武器之间传输，其运转起来就像一种密码，长短脉冲交替的方式是命运、霉运甚至大自然都无法随机生成的。

另一位工程师，托马斯·布鲁姆勒夫（Thomas Brumleve）批评了弥散在桑迪亚的过度自信的氛围、对可靠性的过分强调，以及觉得意外核爆炸永远不会发生的信念。"但假如核安全的某些重要方面被忽略了，"[37]布鲁姆勒夫在 1967 年的一份报告中写道，"这个国家，乃至全世界都会想知道谁该对此负责任，它是怎么发生的，以及它为什么没能被阻止。"[38]

1968 年 1 月 21 日，一架 B－52 轰炸机正在执行作为"图勒监视器"的飞行任务。[39]几个小时来，它一直在 3.5 万英尺的高空进行"领结"模式的飞行，即在西格陵兰岛弹道导弹预警基地上方来回往返。作为副驾驶之一的小阿尔弗雷德·德阿马里奥（Alfred D'Amario, Jr.）少校，在领航教员（instructor navigator）的座位下方塞了三块外表覆有织物的海绵垫，[40]后来又有人在下面塞进了第四块，并让它们和一个小小的金属盒子紧贴在一起。这些海绵垫能够稍稍缓解执行漫长而乏味的任务时的不适。在飞行大约五个小时后，机组成员注意到加热器没法正常工作。驾驶舱里面感觉太冷了，于是德阿马里奥打开了一个能将发动机歧管（engine manifold）里面的空气吸入驾驶舱的系统。这种空气很热，约为 428 ℉（约 220℃）。[41]它点燃了那些阻塞了座位下方的通风口的海绵垫。

321

雷达领航员弗兰克·F. 霍普金斯（Frank F. Hopkins）少校觉得自己闻到了什么东西燃烧的味道，那种气味像是有橡胶正在燃烧。机组成员于是开始寻找烟雾的来源，随后找到了，他们用灭火器朝海绵垫喷射，但没法灭掉上面的火。飞行员约翰·豪格（John Haug）上尉请求图勒的控制塔允许他执行紧急迫降。当豪格操纵飞机开始下降时，霍普金斯打开了六分仪端口——这是一个位于机身上的小孔——以将烟雾排出去。领航员柯蒂斯·R. 克里斯（Curtis R. Criss）上尉试图用一个行李袋捂灭燃烧的海绵垫，但火焰蔓延开来，驾驶舱中的烟雾浓得让豪格几乎看不见仪表板。他告诉图勒空军基地，火势已经失控。片刻之后，飞机完全失去了动力。

机组成员不得不跳伞进入恶劣的天气中。西格陵兰岛当天的气温为 - 23 ℉（约为 - 30.6℃），[42]但凛冽的寒风让它感觉像 - 44 ℉（约 - 42.2℃）。[43]豪格希望能够尽可能地靠近图勒，以增加他的机组成员生存的概率，同时又不让 B - 52 坠毁在基地中。虽然他们的任务只是盯着图勒空军基地并确保它仍然存在，但这架轰炸机还是携带了 4 枚马克 28 核弹。

直到其他人都跳伞之后，豪格才从轰炸机驾驶舱中弹射而出，此时离跑道还有 4 英里。B－52 正好从图勒基地上方飞过，然后来了个 180°的掉头，又飞了几英里远，然后猛地撞在了拜洛特海峡（Bylot Sound）的冰上。猛烈的爆炸吓了基地绝大部分人一大跳，它还撼动了基地中的建筑物，并照亮了天空。当时是下午 4 点 30 分，但外面一片漆黑。自头年 11 月以来，图勒基地已经快两个月没见到太阳了。除了下午那短暂的一片微光，基地四周积雪覆盖的景观看起来和夜间毫无两样。这是战略空军司令部第一次得到了通知，关于飞机上的火灾、坠机事故和爆炸。[44] 图勒空军基地的指挥部不知道是否有幸存者，然后德阿马里奥少校走进了其中一个机库，并要求使用电话。他的降落伞让他落在了跑道附近。他告诉基地指挥官 7 名机组成员中至少有 6 人跳伞了。安全警察分成许多小组，进入牵引车辆（trackmaster）并把大型车辆从基地开了出去，以寻找他们。很快直升机也加入了搜索行动。在北极地区的天气中，每一分钟都性命攸关；裸露在外的皮肤两分钟之内就会冻伤。[45]

豪格也跳伞落到了基地中，并且跑到了另一个机库。他和德阿马里奥都只蹭破点皮肤，并有几处瘀青。在坠机事故发生约一小时后，炮手卡尔文·斯纳普（Calvin Snapp）中士在仓库附近被发现，身体状况良好。在离图勒 3 英里远的地方，一架直升机发现了 2 个降落伞以及弹射座椅，雪地上还有一些脚印。安全警察跟着这些脚印来到附近一座山的山脚下，霍普金斯少校和副驾驶理查德·马克斯（Richard Marx）上尉在那边寻求帮助。马克斯身上也有瘀青和擦伤，而霍普金斯则断了一条胳膊。

322

另一位副驾驶伦纳德·斯威滕科（Leonard Svitenko）上尉的尸体在午夜前后被发现。他在离开飞机的时候不幸遇难。在坠机事故发生约一整天后，最后一名机组成员、领航员克里斯上尉在离基地 6 英里远的地方被发现包裹在他的降落伞里，遭受冻伤、低温症以及肩膀脱臼。克里斯时年 43 岁，最终失去了双脚，但他后来成为缅因州的一名邮政局局长，并坚持打高尔夫球，多活了 40 年。[46]

在图勒以西约 70 英里的地方，B - 52 轰炸机以每小时约 600 英里的速度扎入了冰雪之中。在撞击的瞬间，机上四枚氢弹的高爆炸药被引爆，飞机中所剩下的约 22.5 万磅喷气燃料形成了一个巨大的火球。大火燃烧了五六个小时，最终被周遭的冰雪弄灭。两天之后，当第一个爆炸性军械处理小组打着手电筒、乘坐狗拉雪橇从图勒抵达事故现场时，他们发现了一块长约 720 码、宽 160 码的黑色冰地。核弹和飞机的碎片散落在方圆 3 平方英里的区域内。这些碎片小且具有高放射线。钚的微小颗粒与金属和塑料碎片结合在一起，并与喷气燃料、水和冰雪混合。大火形成的烟雾让钚也随之升腾起来，并在空气中飘散至好几英里之外。

在艾森豪威尔政府时期，于洛斯阿拉莫斯秘密开展的对马克 28 核芯的单点安全测试已经花了海量的经费。如果马克 28 本身没有达到单点安全的话，那么此番撞击在冰面上的核弹就可能产生核当量了。一枚核武器，或者两枚或三枚核武器的部分爆炸——发生时没有任何警告，且位于一个被认为对美国国防安全至关重要的基地中——很有可能被战略空军司令部总部误解。没有人希望"图勒监视器"会摧毁图勒本身。相反，美国空军眼下必须面对一个尽管不那么危险但极具挑战性的问题：

323

如何在隆冬时节的一片黑暗之中，在北极圈以北约 700 英里的地方净化一片面积约为 3 平方英里的冰地。

诸多发电机、探照灯、雪橇、履带式汽车，一个直升机停机坪，以及六座预制建筑被带到坠机现场。从基地出发的新道路被从冰雪中开辟出来。在污染区域周边画了一条"热线"（Hot Line），对可进入其中的人做了严格限制，而从里面出来的人则要在净化控制点接受净化除污。再一次，数以百计的年轻空军士兵肩并肩地走在冰面上，寻找着炸弹部件和 B-52 残片。绝大部分的残骸都很小，体积从 10 美分硬币大小到香烟盒大小不等。其中一些掉进了由坠机事故在冰面上切割开的冰缝里，然后又被冻在了里面。冰层厚约 2 英尺，冰面之下的水深则为 600 英尺。核弹和轰炸机的一些碎片被洋流冲走，或沉在了拜洛特海峡的海底。

携着狂风的北极风暴使恢复和清理工作复杂化，它们将钚尘四处传播并将其藏在雪下。但相比在帕洛马雷斯，这次在图勒，污染的水平能够被更加准确地测量出来。一种名为"低能辐射现场探测仪"（Field Instrument for the Detection of Low-Energy Radiation，FIDLER）的新型设备，能够用来寻找钚发射的 X 射线和 γ 射线，而不是 α 粒子。那些射线可以传播更远的距离，而且能够穿过积雪。在接下来的 8 个月里，"热线"范围内黑冰表面 2 英寸厚的一层冰被移除，用卡车运到基地后进行冷凝，接着装进集装箱，用船运到南卡罗来纳州查尔斯顿（Charleston），之后再通过铁路运到原子能委员会位于艾肯的存储地。图勒事故产生的放射性废物装满了 147 辆货车。[47]

1968 年的夏天，在拜洛特海峡解冻后，海军一艘潜水器在那边搜寻一枚马克 28 核弹的部件。所有四枚核武器主装置的钚

芯都被炸成了碎片,副装置里面的绝大部分铀则被回收。但是,
其中一枚武器的一个重要部件仍然没有找到,它很可能是引发
热核爆炸所需的浓缩铀火花塞。这个部件再也没有被找到——
此次搜寻行动在后来引发了一种错误的观点,其声称一整个氢
弹消失在了冰面之下。[48]

324

　　在处理新闻报道方面,空军在图勒做的要比在帕洛马雷斯
更好。当然,这架 B-52 轰炸机坠毁在世界上最偏远的军事设
施之一的附近,远离任何城市、小镇和游客,也帮了大忙。如
果是一次污染大城市地区 3 平方英里区域的事故,那将获得更
多的关注。空军从一开始就承认这次坠机事故涉及核武器。数
十名记者在事故发生后的几天内就被飞机送往图勒,并被提供
了大量的信息。他们之中很少有人希望长期留在北极地区。此
外,其他几则新闻故事——朝鲜扣押美国船只"普韦布洛"号
(即"普韦布洛号事件",当时该船正在进行对朝情报搜集作
业,后被朝鲜俘获,现依然停在平壤南部的大同江畔。——译
者注),以及发生在越南的春节攻势(Tet offensive)——很快
就把图勒事故从头版位置挤了下去。

　　然而,美国空军对这起事故的描述充满了故意的误导。丹
麦对核武器进行了严格的禁止,它的北约盟友被禁止携带核武
器进入其领土或领空。十多年来,战略空军司令部一直惯常地
违反图勒的禁令。五角大楼告诉记者们,坠毁在冰上的 B-52
是在执行"训练飞行",并且曾通过无线电告知它正准备进行
紧急着陆。[49]丹麦政府及其军方中的少数人无疑知道,近七年来
的每一天 B-52 都携带着核武器飞在丹麦领土上空。[50]但他们可
能不知道的是,其实早在 1955 年,原子弹就已经被存储在图勒
的秘密地下堡垒中了。[51]次年,氢弹也被部署在那里。在战略空

军司令部引入空中警戒之前，对飞往苏联的美国轰炸机来说，图勒是一个能够降落、加油和装载武器的便利地点。早期的氢弹是如此之重，将它们预先部署在格陵兰岛可以使战略空军司令部的飞机越过北极在美苏之间进行长途往返。后来，数十枚载有原子弹头的防空导弹也被部署在图勒，以保卫该基地免遭苏联攻击。[52]但是，所有这些事实都没有被告知丹麦人民。

325　　　在图勒事故发生后的第二天，空中警戒计划就被终止了。计划中所包含的那些风险不再被认为是合理的，许多 B - 52 轰炸机现在正被用来轰炸越南。战略空军司令部的地面警戒计划没有受到新政策的影响。在美国各地，数以百计装载着氢弹的飞机仍然位于机场跑道旁边，随时准备在几分钟之内起飞。此外，一架 B - 52 飞机秘密地继续在图勒上空往返飞过，日夜不停，不过没有搭载核武器，仅仅是确保它仍然在那里。

　　　在桑迪亚成为独立实验室 23 年之后，它建立了一个核武器安全部门。负责原子能事务的助理国防部部长卡尔·沃尔斯克（Carl Walske）很担心核事故的风险。[53]他曾前往丹麦处理图勒事故的后果，并且逐渐认为武器实验室的那些安全标准都是基于对统计数据的不可靠使用。在核武器进入存储状态之前，它发生意外爆炸的可能性，以及它的其他"战术技术性能"（military characteristic）都必须进行详细说明。一般来说，在存储、运输和操作过程中，那些概率被概括地说成百万分之一。但是，那种可能性的诸多维度从来没有被明确定义过。一百万分之一的概率是针对单独一件武器，还是针对整个武器系统来说的？一百万分之一的概率的时间是指每一年，还是指武器的整个使用寿命期间？在美国有大约 3 万件核武器的时候，如何定义那种风险就显得意义重大。根据统计参数设定时间的不同，美国核武器发生意外爆炸的可允许风险可能在一百万分之一到两万分之一之间。[54]

1968 年 3 月，沃尔斯克发布了新的安全标准。其中规定，在单件核武器的整个使用寿命期间，在"正常的存储和操作环境"[55]中，"发生一次过早核爆炸的可能性"[56]不应该大于十亿分之一。而在"反常环境"中，过早核爆炸的可能性不应该大于一百万分之一。这种反常环境可能指的是从燃烧的飞机产生的热量到下沉的潜艇内部的水压的任何东西。沃尔斯克的安全标准适用于美国核武库中的所有核武器。它们要求高度的确定性，即意外核爆炸永远不会发生。但是，它们并没有就如何达到这些严格标准提供任何指导方针。在宣布新政策的备忘录中，沃尔斯克相信"采纳附加的标准不会导致武器研发时间或成本的增加"。[57]

几个月之后，威廉·L. 史蒂文斯被选来领导桑迪亚的新的核安全部门（Nuclear Safety Department）。史蒂文斯在弗吉尼亚理工学院（Virginia Polytechnic Institute）获得了电气工程的学位，后担任陆军军官，并在路易斯安那州巴吞鲁日（Baton Rouge）工作了几年，在一家石油公司上班。1957 年，他加入了桑迪亚，时年 28 岁。鲍勃·佩里弗伊雇用了他，两人在 W - 49 弹头的电气系统上合作。这种弹头首次将弹道感应开关作为一种安全装置。当史蒂文斯被指派领导新的安全部门时，他并不相信核武器事故对美国构成了严重威胁。但是，他比绝大多数科学观察家都更接近一次核爆炸——并且亲眼见证了它是多么不可预测。

在陆军服役时，史蒂文斯曾接受相关训练，会组装战术武

326

器系统的弹头。1953 年 5 月，他所在的营参加了原子大炮的测试工作。[58]它的炮弹可以飞行 20 英里远，其产生的当量与摧毁广岛的原子弹大致相当。为了这次在内华达沙漠进行的测试，各种各样的东西被置于地面零点附近以研究武器的效果：卡车，坦克，火车车厢，飞机壁板，油桶和汽油罐，生活用品和材料[59]——牛仔布、法兰绒、人造纤维窗帘、拖把和扫帚——一栋一层高的砖制建筑，钢铁桥梁，类似汽车旅馆的建筑物，100棵高大的松树，农作物，鲜花，昆虫，装满大小老鼠的笼子，56 条拴在铝管围栏内的狗，42 头穿着美国陆军制服的猪——它们的皮肤将以类似于人类皮肤的方式对热辐射做出反应，以及3000 多名士兵，包括比尔·史蒂文斯，[60]他们都在离地面零点约3 英里远的壕沟中挤成一团。

这些部队是正在进行的核战争心理影响研究的一部分。他们被命令在爆炸发生后爬出战壕，并朝着蘑菇云前进。陆军野战部队人类研究部队（Army Field Forces Human Research Unit）希望发现他们会在多大程度上遵守命令，他们在看到大规模核爆炸的时候是会遵命行事还是瞬间崩溃。原子炮弹将直接从史蒂文斯和其他士兵的头顶上飞过。他们被告知要蹲伏在战壕里直到武器发生爆炸，然后及时站起身来抵抗爆炸波并观察爆炸情况。上午 8 点 30 分时，在离拉斯维加斯约 90 英里的地方，一个巨大的火球照亮了沙漠。

当士兵们站起来的时候，一股强大的冲击波迎面而来，让他们措手不及。它是一种"前兆波"（precursor wave），一种当时还没有预测到的武器效应。高度压缩的空气从火球中降落下来，撞击到地面，然后向四周扩散，传播速度比爆炸波更快。当史蒂文斯和他的部队从壕沟中爬出来朝地面零点前进时，他们被一团泥土和灰尘吞没。他们的主管军官无法读出辐射剂量标记，于是领着他们比事先计划的更接近地面零点。在返回阿尔伯克基的基地之后，史蒂文斯从制服中抖落了尘埃并把其中一部分装进了一个罐子里。20 年后，他在桑迪亚对这些尘埃进行了测试——结果显示它们仍然具有放射性。

在成为实验室核安全部门的负责人之后，史蒂文斯仔细查看了由五角大楼的国防原子支援局（Defense Atomic Support Agency）所保存的事故报告，该局取代了武装部队特种武器项目。美国军方现在利用美洲土著人的术语来给核武器事故分类。核武器的丢失、被窃或遭抢叫"空箭筒"（Empty Quiver）。核武器损坏，但对公众不会造成伤害或不存在爆炸的风险叫"弯矛"（Bent Spear）。导致未经授权的发射或投掷核武器，发生火灾、爆炸、放射性释放或全面的爆炸则叫"断箭"（Broken Arrow）。由国防部和原子能委员会编制的核事故官方名单包括 13 起"断箭"事故。[61] 比尔·史蒂文斯阅读的诸多报告中秘密描述了大量不寻常的核武器事件。而一项由桑迪亚委托进行的关于反常环境的研究很快就发现，在 1950 年到 1968 年 3 月之间，至少有 1200 件核武器涉及"重大的"事件和事故。[62]

武装部队于 1959 年之前在报告核武器事故方面做得很不好，后来每年报告约 130 起。许多事故都是轻微的："在将一枚马克 25 Mod O WR 弹头装载到一辆 6X6 卡车上时，一个操作员身体失去平衡……该装置倾斜并从卡车上掉落约 4 英尺砸在路面上。"[63] 有一些则不是："一架载有 8 枚马克 28 战争储备弹头和 1 枚马克 49 Y2 Mod 3 战争储备弹头的 C‑124 飞机被闪电击中。……观察员注意到一个巨大的火球从机头贯穿至机尾。……这个火球还伴随着一声巨响。"[64]

328

　　阅读这些事故报告让史蒂文斯相信美国核武器的安全问题不能进行假设。现有的数据不足以准确预测未来；1000 起核武器事故不足以对可能性进行可靠的计算。在那些事故中，共有23 件核武器直接暴露在火灾之中，不过没有发生爆炸。[65]这就能够证明火灾不会引爆核武器吗？或者第 24 件核武器暴露在火灾中将会产生一道炫目的白色闪光（blinding white flash）[66]和一朵蘑菇云？桑迪亚多年来所做出的一百万分之一的保证现在看起来似乎是有问题的。它做出的那些保证并没有太多的经验证据。

　　相较于将武器的安全建基于概率估计，史蒂文斯希望彻底了解反常环境，以及核武器的各部件如何在其中做出反应。在一次事故中，核武器可能会压碎、起火燃烧、被温度和速度都极为不同的碎片撞击。这些因素之间的相互作用几乎不可能量化或预测，而且没有两起事故会一模一样。但他认为，优秀的工程技术可创造出往往能够做出可预见回应的安全装置。

　　比尔·史蒂文斯聘请了六位工作人员，以探究如何使核武器更加安全。斯坦·斯普雷（Stan Spray）是招聘的首批桑迪亚工程师之一，他很快就领导了关于反常环境的研究工作。多年来，斯普雷一直很关心武器安全。在佛罗里达州卡纳维拉尔角附近的海军军械试验站（Naval Ordnance Test Station）考察时，他就在一次例行试验中看到一个弯曲的插销几乎引爆了原子弹。[67]这次事故本有可能将一大片佛罗里达海岸从地图上抹掉。在 20 世纪 60 年代早期，斯普雷研究了核武器中的一系列电气故障，分析了十几起由碰撞、操作失误和设计错误引起的反常事件。他拥有一种十分罕见的能力，能够好几个小时都聚精会神地关注一个问题，几乎排除了周遭一切事情的影响，直到问题得到解决。

斯普雷和他的团队开始收集现有核武器的组件，并将它们置于可能在反常环境中遇到的林林总总的"虐待"之中。桑迪亚拥有的世界上最大的闪电模拟器（lightning simulator）帮了很大的忙。自从"三位一体"试验前夜唐纳德·霍尼格在雷暴之中看管第一个核装置以来，各种形式的电磁辐射一直被认为是核武器意外爆炸的潜在触发因素。美国海军测试了在其管控之下的许多核武器，方法是不解除它们的保险，把它们放在航空母舰的甲板上，接着打开航空母舰上的所有雷达和通信设备，然后等着看会发生什么事情。[68] 在其中一次舰上试验中，一枚海军导弹的电起爆炸药爆管（electroexplosive squib）发生了爆炸——类似的爆管还被用于其他一些核武器之中。到1968年，至少有70枚搭载了核弹头的导弹遭遇过闪电事故。曾有一次，闪电击中了某"马斯"（Mace）中程导弹发射基地的金属围栏，并沿着围栏走了100多码远，破坏了发射场8枚导弹中的3枚，并中断了发射场的电力供应。[69] 当时，发射场的所有导弹都搭载了一枚马克28热核弹头。

意大利的4枚"朱庇特"导弹同样遭遇了雷击。[70] 它们内部的一些热电池起火了，其中的2个弹头，氚气被释放到它们的核芯内部，随时可增强一次核爆炸的威力。在一段时间内，这些武器并不是被设计要安装在导弹之上，暴露在恶劣天气之中。它们缺乏防止雷击的安全机制。相较于移除弹头或在其中安装安全装置，美国空军在"朱庇特"导弹基地周边建起了高大的金属塔，以将闪电从导弹上引走。

斯坦·斯普雷的小组无情地灼烧、烧焦、烘烤、撞击和扭曲核武器部件，试图发现其潜在的缺陷。[71] 在此过程中，斯普雷帮助推翻了桑迪亚内部有关电路的传统思维。此前人们一直理所当然地认为，如果两条电路在物理上是分开的，如果它们没有以任何方式配对或连接——就像高速公路两旁独立的供电线路一样——电流是不会从一条电路跑到另一条上去的。在正常环境中，这可能是正确的。但是，当极端的温度和压力被加在其上时，奇怪的事情就会开始发生。

当电路板被扭曲或遭遇撞击时，理应彼此分开的电路可能突然相遇。一块电路板的炭化也可以将它内部的玻璃纤维从绝缘体变为电导体。热敏引信的焊料在达到一定温度时理应熔化，这就使它在发生火灾时可以起到阻断电流的作用。但斯普雷发现，焊料一旦熔化，它就会出现反常行为。作为液体，它可以防止电气连接——或者说流回它原来的位置，重新连接电线，并允许电流在它们之间通过。

大多数核武器的设计也让事故发生时诸多材料和电路的不可预测行为更加复杂化。尽管裂变和聚变是战争中的全新的破坏性力量，但自二战以来，炸弹内部的布局并没有发生太大的改变。来自不同组件的诸多电线仍然在单个接线盒中相遇。解除炸弹保险的线路和防止炸弹解除保险的线路常常会穿过相同的接线盒，这就使电流能够从一条电线跳到另外一条上。此外，安全装置也经常位于远离炸弹发火装置的地方。斯普雷意识到，两者之间的距离越大，杂散电流（stray electricity）以某种方式进入一条解除保险线路、引爆雷管并造成核爆炸的风险就越大。

到1970年，核安全部门已经提出一种全新的方法来防止意外核爆炸的发生。它从研究中得出了三个基本的安全原则，其中的每一个安全原则都将通过武器内部的不同机制或组件得到保证。第一个原则是不兼容（incompatibility）：必须有一种不能被短路或杂散线路传送的独特的解除保险信号。第二个原则是绝缘（isolation）：发火装置和雷管必须被保护在物理屏障之后，这种屏障要能够隔绝火、电和电磁能，不会被轻易地破坏，并且只会允许独特的解除保险信号进入。第三个原则是不可操作（inoperability）：发火装置必须包含一个将在反常环境中可预测且不可逆地失效的部件。这个部件被称为"弱连接"（weak link）。那个强化的屏障则被称为"强连接"（strong link），它与独特的解除保险信号结合起来，可保证核武器的安全水平能够达到或超过沃尔斯克提出的百万分之一的标准。

331

　　大约在同一时间，桑迪亚的另一项安全努力也被盖棺论定。"新月项目"（Project Crescent）旨在设计出一种"超级安全"（supersafe）的核弹[72]——一种"在任何可想象到的事故条件下"[73]都不会爆炸或扩散钚的炸弹，即便是在 4 万英尺的高空被错误地抛下。[74]据一份关于该项目的机密备忘录显示，起初美国空军"对在核武器方面需要更加安全并不那么热情"。[75]但最终空军还是对这个想法热心起来；一种超级安全的炸弹可能允许恢复战略空军司令部的空中警戒。在两年多的研究之后，"新月项目"提出了一种创新但不切实际的武器设计方案，就像车展上的概念车一样。为了防止高爆炸药在飞机坠毁后发生爆炸并散播钚，核弹将拥有一个厚厚的外壳并有许多的内部填充物。这些特征将使它比眼下绝大多数氢弹都要重两三倍。额外增加的重量将减少 B－52 轰炸机可携带的核武器数量，而这也是超级安全的核弹从未被制造出来的原因所在。

　　1973 年 9 月，鲍勃·佩里弗伊成为桑迪亚－阿尔伯克基的武器研发主管。他曾紧随安全部门工程师的研究工作，并与他们一同经历了面对实验室里的官僚主义思维定式时的沮丧。虽然他们发现了许多问题，但并没有对此采取任何举措。早在三年之前，比尔·史蒂文斯就曾前往华盛顿哥伦比亚特区，向原子能委员会的军事联络委员会（Military Liaison Committee）通报了反常环境将带来的诸多危险，并描述了可以将那些危险最小化的弱连接及强连接技术。委员会对此无动于衷。国防部当时专注于在越南发生的战争，而自图勒事故之后再也没有发生过一次断箭事故，一种熟悉的自满情绪再一次统治了整个核武器安全议题。

332    走马上任之后，佩里弗伊坚持要阅读每一起断箭事故和重大核武器事故的机密报告，阅读堪堪避过失误和灾难的火灾、坠机及爆炸事故的冗长目录。虽然还没有发生过一起意外核爆炸事故，也没有哪个主要城市被钚云笼罩，但这样的事实并不能给人多少安慰。可能性依然是不可知的。一把用来修理报警系统的螺丝刀将导弹上的弹头发射出去的可能性有多大？一张海绵垫让一架 B - 52 坠毁的可能性又有多大？在通览那些事故报告之后，佩里弗伊自己得出了关于美国核武器安全性的结论："我们只是苟延残喘地活着。"[76]

佩里弗伊最近听说了一种名为三氨基三硝基苯（TATB）的炸药。它早在 1888 年就被制造出来，但自那之后就很少被使用——因为它很难被引爆。根据联邦法律，它甚至都没有被列为爆炸物；它被认为是一种易燃的固体。然而，只要使用合适的雷管，它能够产生几乎与围绕着核武器核芯的高爆炸药一样强大的冲击波。三氨基三硝基苯很快就被称为"不敏感的高爆炸药"。你能够把它随便扔，用锤子砸，用火烧，或者以每秒钟 1500 英尺的速度砸向地面，它依然不会被引爆。而现在用于美国核武器之中的那种炸药，只要遭受前述冲击力的 1/10，都会发生爆炸。哈罗德·阿格纽现在是洛斯阿拉莫斯实验室的主任，他认为在氢弹中使用三氨基三硝基苯——作为事故发生时防止钚尘扩散的一种手段——要比增加两三千磅额外的钢铁和填充物更有意义。

现在，核武器安全的所有必要元素都已经具备：一种独特的信号、弱连接及强连接技术、不敏感的高爆炸药。唯一缺少的是那种代表它们打一场官僚战争的意愿，而鲍勃·佩里弗伊在这个方面是一点也不缺的。他不再是一个低级别员工，也不再只专心地摆弄炸弹的电气系统，而看不到更大的图景。作为武器研发部门的主管，他现在在桑迪亚有权力制定政策，而且他计划要好好利用它。在接手新职务三个月后，佩里弗伊告诉他的上司、实验室副总裁格伦·福勒（Glenn Fowler），所有由飞机搭载的核武器都必须加装新的安全装置。不过，佩里弗伊并没有声称这些武器是不安全的，而是说它们的安全不能再是想当然的了。福勒仔细听了他的论点并同意了他的建议。一场针对桑迪亚高级管理层的简报会定于 1974 年 2 月举行。

简报会进行得并不顺利。桑迪亚的其他副总裁对佩里弗伊的建议要么无动于衷，要么心有疑虑，要么满是敌意。对改造计划持最强反对意见的人辩称，此举将损害实验室的声誉——它将意味着多年来桑迪亚在核武器安全方面一直是错误的。他们说，加装了经过改进的安全装置的新武器最终将会淘汰掉旧武器。而且他们明确表示，实验室的研发经费将不会用于已经进入存储状态的核武器。桑迪亚不能强迫武装部队改装它们的核武器，而且是国防部这一机构对核武器安全负有最终责任。实验室的高级管理层说，这实际上是别人家的问题。

1974 年 4 月，佩里弗伊和福勒来到华盛顿，与小欧内斯特·格雷夫斯（Ernest Graves, Jr.）少将会面。此人是原子能委员会的高级官员，其职责包括核武器安全。[77]桑迪亚要向原子能委员会报告，而佩里弗伊此刻正是盯住了官僚层级上更高级别的官员。格雷夫斯听了他们的陈述，但之后就没了下文。五个月之后，佩里弗伊和福勒不愿意让这个问题就此销声匿迹，并已经做好准备要把它闹大，于是就将他们的担忧弄成白纸黑字。一封写给格雷夫斯将军的信被起草出来，福勒则签名并寄出了信件，这赌上了他的职业生涯。"福勒信件"（Fowler Letter）[78]——它很快就被人冠以此名——在核武器共同体中引发了一场绝密的骚动。如果发生了严重事故，它可确保武器实验室、原子能委员会和五角大楼的一众高级官员不能再以似是而非的否认作为托词。这封信就是他们已经得到警告的证据。

"福勒信件"开头写道："目前大部分处于存储状态的机载武器都是按照设想的要求来设计的……（它们涉及的）行动主要都是长期的'冰屋'存储和短暂的运输过程。"但现在，这些武器正在以可能使它们遭遇反常环境的方式使用着，而且它们都没有足够的安全机制。福勒描述了"这些安全装置由于有机塑料烧焦或焊料熔化而出现电气短路的可能性"，还警告了它们可能"由于杂散电压和电流而过早起爆"。他列出了应该立即进行改装或退役的武器名单，包括"妖怪"、"大猎犬"、900万吨当量的马克53核弹，以及那些需要替换的武器，尤其是战略空军司令部部署最广泛的马克28核弹。他说，国防部部长应该被告知在地面警戒行动中使用这些武器的风险。福勒建议，出于"与安全问题有关的迫切性"，核武器只能在"为了国家安全的绝对需要的"任务中被装上飞机。

"福勒信件"的范围故意限于那些内部的安全装置是由桑

迪亚负责设计制造的核武器——主要是机载核炸弹。陆军、海军和空军分别对其所辖导弹上搭载的核弹头的保险和引信装置负责，而那些核弹头在面临反常环境时的安全性甚至比核炸弹的安全性更不可靠。那些电池、加速度计、气压开关和安全装置并不在弹道导弹的弹头内部，它们位于弹头下方几英尺处的一个转接装置（adaptation kit）里——这意味着解除保险线路和雷管之间还有好长一段距离。这个距离使杂散电压更容易进入解除保险线路。此外，导弹还往往与发射井内的电源连在一起。在 1974 年时，部署在弹道导弹上的最老式核弹头也是威力最大的弹头，即泰坦 - 2 导弹上的 W - 53 弹头，其设计于 20 世纪 50 年代晚期。W - 53 弹头平时被藏在发射井中，相较于核炸弹来说，它倒是不太可能遇到反常环境。但是，万一遭遇反常环境，这种弹头将发生什么反应，对此人们知道的并不多。

## 注释

1. 关于尤巴城坠机事故，可参见 *Airmunitions Letter*，No. 136 - 11 - 56H，Headquarters，Ogden Air Material Area，April 19，1961（SECRET/RESTRICTED DATA/declassified），pp. 2 - 18；"Joint Nuclear Accident Coordinating Center Record of Events，"（For Official Use Only/declassified），n. d.；and Maggelet and Oskins，*Broken Arrow*，pp. 173 - 93。

2. Quoted in Maggelet and Oskins，*Broken Arrow*，p. 176.

3. 这份报告还指出，B - 52 飞机的"蒙皮结构在受到撞击时，很容易四分五裂"。See "Accident Environments，" T. D. Brumleve，J. T. Foley，W. F. Gordon，J. C. Miller，A. R. Nord，Sandia Corporation，Livermore Laboratory，SCL - DR - 69 - 86，January 1970（SECRET/

RESTRICTED DATA/declassified）, p. 58.

4. 对于名为"多米尼克行动"（Operation Dominic）的系列测试中发生的诸多导弹爆炸事故，可参见 Hansen, *Swords of Armageddon*, *Volume IV*, pp. 382 – 445；"Operation Dominic I, 1962," U. S. Atmospheric Nuclear Weapons Tests, Nuclear Test Personnel Review, Defense Nuclear Agency, February 1983；Reed and Stillman, *Nuclear Express*, pp. 136 – 137；and Maggelet and Oskins, *Broken Arrow*, *Volume II*, pp. 96 – 98。

5. 六次导弹试验中有四次提前结束。多米尼克行动"鱼缸"（Fish Bowl）系列测试中的"8C 计划"（Project 8C）经过精心策划，旨在确定核爆炸对再入体的防热罩（heat shield）和其他部件的影响。"试验并没有完成，"一份报告后来失望地写道，"因为导弹在飞行大约 1 分钟后就爆炸了。"两次成功的试验中有一次产生了让人意想不到的结果。在"海星一号"（Starfish Prime）发射试验中，一枚当量为 140 万吨的弹头在大约 250 英里的高空中被引爆。爆炸产生的电磁脉冲比预期的要强得多，损坏了 3 颗人造卫星，扰乱了太平洋上的无线电通信，并使约 800 英里之外夏威夷瓦胡岛上的路灯熄灭了。See "Operation Dominic: Fish Bowl Series," M. J. Rubenstein, Project Officers Report—Project 8C, Reentry Vehicle Tests, Air Force Special Weapons Center, July 3, 1963（SECRET/RESTRICTED DATA/declassified）, p. 6；"United States High-Altitude Test Experiences: A Review Emphasizing the Impact on the Environment," Herman Hoerlin, a LASL monograph, Los Alamos National Laboratory, October 1976；and "Did High-Altitude EMP Cause the Hawaiian Streetlight Incident?," Charles Vittitoe, Electromagnetic Applications Division, Sandia National Laboratories, System Design and Assessment Notes, Note 31, June 1989.

6. 关于梅迪纳爆炸事件的细节，可参见 "Run! Three Do; Injuries Are Minor," *San Antonio Express*, November 14, 1963；"'Just Running': Panic in Streets for Few Moments," *San Antonio Light*, November 14, 1963；"Tons of TNT Explode in Weapons Plant," *Tipton* [Indiana] *Daily Tribune*, November 14, 1963；Hansen, *Swords of Armageddon*, *Volume VII*, p. 272；Maggelet and Oskins, *Broken Arrow*, *Volume II*,

pp. 98 – 100。

7. 关于坎伯兰断箭事故的细节，可参见 *Airmunitions Letter*，No. 136 – 11 – 56N，Headquarters，Ogden Air Material Area，March 10，1964（SECRET/RESTRICTED DATA/declassified），pp. 2 – 17；Dan Whetzel，"A Night to Remember,"*Mountain Discoveries*（Fall/Winter，2007）；Maggelet and Oskins，*Broken Arrow*，p. 198。

8. 关于邦克山断箭事故的细节，可参见 "B – 58 with Nuclear Device Aboard Burns；One Killed," *Anderson*［Indiana］*Herald*，December 9，1964；"Memorial Services Held at Air Base," *Logansport*［Indiana］*Press*，December 10，1964；"Saw Flash，Then Fire，Ordered Plane Abandoned，Pilot Recalls," *Kokomo*［Indiana］*Morning Times*，December 11，1964；"A Review of the US Nuclear Weapon Safety Program—1945 to 1986," R. N. Brodie，Sandia National Laboratories，SAND86 – 2955，February 1987（SECRET/RESTRICTED DATA/declassified），p. 13；"Remedial Action and Final Radiological Status，1964 B – 58 Accident Site，Grissom Air Reserve Base，Bunker Hill，Indiana," Steven E. Rademacher，Air Force Institute for Environment，Safety，and Occupational Health Risk Analysis，December 2000；and Maggelet and Oskins，*Broken Arrow*，pp. 204 – 10。在发生了让五枚氢弹暴露在燃烧的喷气燃料的事故后，美国空军告诉《科科莫晨报》（*Kokomo Morning Times*），"并没有"发生辐射危害的"危险"。

9. See "Accidents and Incidents," Incident #2，p. 182；and "Review of the US Nuclear Weapon Safety Program," p. 14. 最详细的描述可参见 Maggelet and Oskins，*Broken Arrow*，*Volume II*，pp. 101 – 9。

10. 退休的一级准尉（chief warrant officer）吉姆·利特尔（Jim Little）详细讲述了这起长期不为人知的事故，他职业生涯的大部分时间都在美国海军中管理核武器。利特尔看着这架飞机从"提康德罗加"号的甲板上坠海。他关于该事故的详细叙述可见于 Maggelet and Oskins，*Broken Arrow*，*Volume II*，pp. 113 – 16，以及他自己的著作 *Brotherhood of Doom*：*Memoirs of a Navy Nuclear Weaponsman*（Bradenton，FL：Booklocker，2008），pp. 113 – 14。

11. Quoted in Little，*Brotherhood of Doom*，p. 114.

12. 韦伯斯特曾在越南执飞了 17 次战斗任务，并且于前一年结了婚。他高中时期的密友之一、后来的福克斯新闻董事长罗杰·艾尔斯（Roger Ailes）以韦伯斯特的名字创立了一个奖学金基金会。See William K. Alcorn, "Webster Scholarship to Help City Youths," *Youngstown* [Ohio] *Vindicator*, July 3, 2006.

13. 肯尼迪总统还要求随时了解"给所有配备在执行地面警戒任务飞机上的马克 7 核武器安装速度传感安全装置的工作进展情况"。在他被刺杀的九天之前，他还将注意力放回到更广泛的问题上，发布了一项行政命令，要求处于存储状态的所有核武器都采用安全条例（safety rules）。那些条例必须得到国防部部长的批准，并以书面形式让美国总统知晓。See "National Security Action Memorandum No. 51, Safety of Nuclear Weapons and Weapons Systems," May 8, 1962（SECRET/RESTRICTED DATA/declassified），NSA；and "National Security Memorandum No. 272, Safety Rules for Nuclear Weapon Systems," November 13, 1963（SECRET/RESTRICTED DATA/declassified）.

14. 唐纳德·麦肯齐在探讨软件设计的话题时提到了"泰坦尼克效应"。"越是相信一个系统具有安全性，"他暗示道，"它所要发生的事故就越具灾难性。"作为这种思维的必然结果，麦肯齐辩称，只有时刻将它们的危险性牢记于心，才能够让系统更加安全。参见麦肯齐的论文"Computer-Related Accidental Death,"in *Knowing Machines*, pp. 185 – 213。第 211 页至第 213 页就讨论了"泰坦尼克效应"。

15. 这位桑迪亚工程师的名字叫约翰·凯恩（John Kane）。在这个案例中，他的开锁技能要强于国家安全局（National Security Agency）的那些技术人员。See Stevens, "Origins and Evolution of $S^2C$," p. 71.

16. 我在对鲍勃·佩里弗伊和比尔·史蒂文斯的访谈中得知了 W – 47 弹头的不可靠性。其中的一些细节信息可见于 Hansen, *Swords of Armageddon*, *Volume VI*, pp. 433 – 41。汉森将没有安全带（safing tape，即下文提到的涂抹着硼的镉带）的 W – 47 弹头称作"一次正在寻找事故发生的爆炸"（an explosion in search of an accident）。西尔比·弗朗西斯（Sybil Francis）在博士论文中简单地谈到了这一主题，参见 Sybil Francis，"Warhead Politics：Livermore and the Competitive System of Nuclear Weapons Design," thesis（Ph. D.），Massachusetts Institute of Technology，Department of Politic Science，1995，pp. 152 – 53。

17. Quoted in Francis，"Warhead Politics," p. 153.

18. Cited in Hansen，*Swords of Armageddon*，*Volume VI*，p. 435.

19. 帕洛马雷斯事故是冷战时期最广为人知的断箭事故。除了杂志和报纸的数周报道，这一事故还给了知名驻外记者芙洛拉·刘易斯（Flora Lewis）创作一本极佳著作的灵感：*One of Our H – Bombs Is Missing*（New York：McGraw – Hill，1967）。帮助寻找遗失的核武器的桑迪亚工程师之一，兰德尔·C. 梅杜，后来在他的著作 *America's Lost H – Bomb！Palomares*，*Spain*，*1966*（Manhattan，KS：Sunflower University Press，1977）中描写了搜寻武器的情况。芭芭拉·莫兰（Barbara Moran）在撰写著作 *The Day We Lost the H – Bomb：Cold War*，*Hot Nukes*，*and the Worst Nuclear Weapons Disaster in History*（New York：Ballantine Books，2009）时充分利用了通过《信息自由法案》获得的诸多档案文件。我对该事故的描述依赖于上述作品、一份有关事故后果的详细报告（"Palomares Summary Report," Field Command，Defense Nuclear Agency，Kirtland Air Force Base，January 15，1975），以及其他已出版文献。

20. See "Palomares Summary Report," p. 18.

21. Quoted in ibid. , p. 184.

22. Quoted in ibid. , p. 185.

23. Quoted in ibid. , p. 203.

24. Quoted in ibid.

25. Quoted in ibid.

26. Quoted in "The Nuke Fluke," *Time*，March 11，1966.

27. "Palomares Summary Report," p. 50.

28. Cited in ibid. , p. 56.

29. 根据国防部核武器局的说法，移走了大约 1088 立方码（约 29376 立方英尺）的土壤。Cited in ibid. , p. 65.

30. Ibid. , footnote, p. 51.

31. 关于此种及其他控制公众舆论的努力，可参见 David Stiles，"A

Fusion Bomb over Andalucía: U. S. Information Policy and the 1966 Palomares Incident," *Journal of Cold War Studies*, vol. 8, no. 1 (2006), pp. 49 - 67。

32. Quoted in "How They Found the Bomb," *Time*, May 13, 1966.

33. Quoted in Lewis, *One of Our H-Bombs Is Missing*, p. 182.

34. 关于这次骄傲的展示, 可参见 ibid., p. 234; Stiles, "Fusion Bomb over Andalucía," p. 64。

35. Quoted in Hanson W. Baldwin, "Chances of Nuclear Mishap Viewed as Infinitesimal," *New York Times*, March 27, 1966.

36. Quoted in ibid.

37. "The Nuclear Safety Problem," T. D. Brumleve, Advanced System Research Department 5510, Sandia Corporation, Livermore Laboratory, SCL - DR - 67, 1967 (SECRET/RESTRICTED DATA/declassified), p. 5.

38. Ibid., p. 5.

39. 相较于发生在帕洛马雷斯的断箭事故, 发生在图勒的这起事故在美国国内获得的关注度要低很多。但是, 丹麦对图勒事故很感兴趣, 因为这次坠机不仅让钚污染了丹麦的土地, 也引发了人们对丹麦政府行为的质疑。我发现了两份特别有意思的解密档案。一份是 "Project Crested Ice: The Thule Nuclear Accident," vol. 1, SAC Historical Study # 113, History and Research Division, Headquarters, Strategic Air Command, April 23, 1969 (SECRET/RESTRICTED DATA/declassified), NSA。另一份叫作 "Project Crested Ice", 它是 1970 年出版的《美国空军核安全》 (*USAF Nuclear Safety*) 杂志的特别版。后者包含很多照片, 显示了对北极地区的大片土地进行净化所遇到的挑战。丹麦作者们最近做的一些调查也很有用: "The Marshal's Baton: There Is No Bomb, There Was No Bomb, They Were Not Looking for a Bomb," Svend Aage Christensen, Danish Institute for International Studies, DIIS Report, 2009, No. 18., 2009; and Thorsten Borring Olesen, "Tango for Thule: The Dilemmas and Limits of the 'Neither Confirm Nor Deny' Doctrine in Danish - American Relations, 1957 - 1968," *Journal of Cold War Studies*, vol. 13, no. 2 (Spring 2011), pp. 116 -

47。我还从 Maggelet and Oskins, *Broken Arrow*, *Volume II*, pp. 125 – 50 所载的档案中获益良多。

40. 关于该事故及救援行动的细节，可参见 "Crested Ice：The Thule Nuclear Accident," pp. 5 – 8; "The Flight of Hobo 28," in *USAF NUCLEAR SAFETY*, special edition, vol. 65 （part 2）, no. 1 （JAN/FEB/MAR 1970）, pp. 2 – 4; and Neil Sheehan, "Pilot Says Fire Forced Crew to Quit B – 52 in Arctic," *New York Times*, January 28, 1968; and Alfred J. D'Amario, *Hangar Flying* （Bloomington, IN：Author House, 2008）, pp. 233 – 54。德阿马里奥在此次飞行中担任副驾驶，他生动地描述了在北极上空从一架燃烧着的 B – 52 中跳伞逃生的情形。

41. Cited in "Crested Ice：The Thule Nuclear Accident," p. 7.

42. Cited in G. S. Dresser, "Host Base Support," in *USAF Nuclear Safety*, p. 25.

43. 当时的风速为 9 节（每小时 10.3 英里）；温度为 – 23℉；根据美国国家气象局（National Weather Service）编制的风寒指数图（windchill chart），这意味着当时的风寒指数约为 – 44℉。See "Host Base Support," p. 25.

44. Ibid. , p. 25.

45. Ibid.

46. See Keith Edwards, "Sons Recall Father's Story of Survival in Greenland after SAC Bomber Crash," *Kennebec Journal*, March 17, 2010.

47. Cited in Leonard J. Otten, "Removal of Debris from Thule," in *USAF Nuclear Safety*, p. 90.

48. 那些说法被文章 "The Marshal's Baton：There Is No Bomb, There was No Bomb, They were Not Looking for a Bomb" 以令人信服的方式驳斥了。

49. Quoted in Thomas O'toole, "4 H – Bombs Lost as B – 52 Crashes," *Washington Post and Times Herald*, January 23, 1968.

50. See Olesen, "Tango for Thule," pp. 123 – 31.

51. 在图勒基地的通讯报——《图勒时报》（*Thule Times*），由美国空军航天司令部出版——最近刊登的一篇文章中，已退休中校泰德·A. 莫里斯（Ted A. Morris）描述了他在 1955 年 5 月的一次格陵兰岛之旅。莫里斯和他的机组成员驾驶着一架 B - 36 轰炸机前往那里，降落，并演练装载一枚事先存放在基地中的"真正的战备物资马克 17"氢弹。空载飞往图勒基地然后在那里搭载上核武器的演练行动似乎是例行做法。"你会怎么看待那些地下弹药堡垒？"莫里斯写道，"可能你会认为它们是格陵兰人用的冰屋。" See Ted A. Morris, "Strategic Air Command at the Top of the World," *Thule Times*, November 1, 2001.

52. See Norris, Arkin, and Burr, "Where They Were," p. 32.

53. 比尔·史蒂文斯向我讲述了沃尔斯克对武器安全的关注。当时，沃尔斯克还担任原子能委员会的军事联络委员会的领导人。See Stevens, "Origins and Evolution of $S^2C$," p. 85.

54. Stevens interview.

55. See "Standards for Warhead and Bomb Premature Probability MC Paragraphs," in Appendix G, Ibid.

56. Ibid., p. 216.

57. "Letter, To Brigadier Military Applications, U. S. Atomic Energy Commission, From Carl Walske, Chairman of the Military Liaison Committee to the U. S. Atomic Energy Commission, 14 March 1968," in Appendix G, ibid., p. 215.

58. 这件武器的代号为"原子安妮"（Atomic Annie）。在 1953 年春的"结果 - 节孔"（UPSHOT - KNOTHOLE）系列核试验中，它被大炮发射出去，这次试验也被人叫作"伽堡射击"（Grable shot）。

59. 关于受到伽堡原子炮弹爆炸影响的生物和无生命物体的说明，可参见 "Shots Encore to Climax: The Final Four Tests of the UPSHOT-KNOTHOLE Series, 8 May - 4 June 1953," United States Atmospheric Nuclear Weapons Tests, Nuclear Test Personnel Review, Defense Nuclear Agency, DNA 6018F, January 15, 1982, pp. 127 - 58; and "Military and Civil Defense Nuclear Weapons Effects Projects Conducted at the Nevada Test Site: 1951 - 1958," Barbara Killian, Technical Report, Defense Threat Reduction Agency, May 2011。后面这份报告披露了"伽堡射击"试验的诸多细节。

60. 关于参与了试验的人员，可参见 "Shots Encore to Climax," pp.

120 – 27。

61. 五角大楼关于断箭事故的"官方"名单现在提到了发生于 1950 年至 1980 年间的 32 起事故。根据国防部的说法，一起"涉及核武器的事故"是"一起未曾预料到的事件"，它导致了以下任何一种情形："意外地或未经授权地发射、开火或使用……一件具备核能力的武器系统"，其有可能导致战争爆发；核爆炸；"非核爆炸，或者核武器、放射性武器部件起火燃烧"；放射性污染；"被夺走、失窃或丢失核武器"，包括投掷炸弹；"实际的或隐含的公共危害"。但五角大楼的名单中至少有 1/3 的事故所涉及的核武器并未完全组装好，无法产生核当量。更加危险但不那么引人注目的事故——就像卸载解除了保险的马克 7 炸弹——被从名单中删掉了。不管是从实际层面还是隐含层面来说，这无数的平凡事故都给公众造成了极大的风险。关于这份官方名单，可参见 "Narrative Summaries of Accidents Involving U. S. Nuclear Weapons, 1950 – 1980," U. S. Department of Defense, (n. d.)。

62. 根据五角大楼对"事故"的定义，比尔·史蒂文斯倾向于在保守方面犯错。桑迪亚的一份武器报告更宽泛地使用了这个术语，其包括那些"可能具有安全重要性"的事件。关于这些事件的数目，可参见 Brumleve, "Accident Environments," p. 154。

63. "Accidents and Incidents," Incident #8, p. 29.

64. Ibid., Incident #17, p. 63.

65. Cited in "Accident Environments," p. 69.

66. 在桑迪亚，这个短语的首字母缩写词是 BWF，那是没人愿意看到的东西。

67. 关于此事，我并不是从斯坦·斯普雷那里得知的。

68. 桑迪亚认为这些所谓的"海军上将的测试"（Admiral's Tests）都是不必要的；在电磁辐射会启动航空母舰上导弹的火箭发动机一事上，实验室有不同的意见。See Stevens, "Origins and Evolution of $S^2C$," pp. 58 – 60.

69. See "Accidents and Incidents," Incident #2, p. 122.

70. See ibid, Accident #2, pp. 51 – 52; Incident #39, p. 69; and Incident #41, pp. 86 – 87.

71. 我对核安全部门工作的描述是基于对史蒂文斯、佩里弗伊和熟悉那些调查的其他桑迪亚工程师的采访。对于要探讨的安全问题，斯普雷撰写了几篇论文："The Unique Signal Concept for Detonation Safety in Nuclear Weapons, UC – 706," Stanley D. Spray, J. A. Cooper, System Studies Department, Sandia National Laboratories, SAND91 – 1269, 1993; and "History of U. S. Nuclear Weapon Safety Assessment: The Early Years," Stanley D. Spray, Systems Studies Department, Sandia National Laboratories, SAND96 – 1099C, Version E, May 5, 1996。

72. See "Project Crescent: A Study of Salient Features for an Airborne Alert ( Supersafe ) Bomb," Final Report, D. E. McGovern, Exploratory Systems Department I, Sandia Laboratories, SC – WD – 70 – 879, April 1971 ( SECRET/RESTRICTED DATA/declassified ).

73. "Project Crescent," p. 7.

74. Peurifoy interview.

75. See "Memo, Conceptual Study of Super – Safety," Colonel Richard H. Parker, United States Air Force, Assistant Director for Research and Development, Division of Military Application, May 14, 1968, in "Project Crescent," p. 101.

76. Peurifoy interview.

77. See Stevens, "Origins and Evolution of $S^2C$," pp. 115 – 16.

78. "To Major General Ernest Graves, Assistant General Manager for Military Application, Division of Military Application, U. S. Atomic Energy Commission, From G. A. Fowler, Vice President, Systems, Sandia Laboratories, Subject: Safety of Aircraft Delivered Nuclear Weapons Now in Stockpile," November 15, 1974 ( SECRET/RESTRICTED DATA/declassified ).

# 第五部分
# 大马士革

# 平衡与失衡

1979 年夏天，人称"斯基普"（Skip）的詹姆斯·L. 拉瑟福德三世（James L. Rutherford Ⅲ）正在参议员大卫·H. 普莱尔（David H. Pryor）的小石城办公室工作。[1]拉瑟福德现年 29
岁。他在阿肯色州北部小镇贝茨维尔（Batesville）长大，之后
就读于阿肯色大学，并在那里编辑学生报纸。毕业之后，他进
入费耶特维尔的一家银行从事公关工作。这份工作让他结识了
普莱尔，后者当时已经结束阿肯色州州长的两届任期，正在参
加美国参议院的议员选举，试图取得一个席位。普莱尔是南方
民主党的新生代人物，种族歧视和种族隔离的反对者，妇女权
利的支持者，一个特别喜欢和州内各个角落里的选民（不分贫
富）见面的进步人士（progressive）。拉瑟福德在竞选活动中担
任志愿者，并在选举结束后成为普莱尔手下的一名员工，代表
参议员处理阿肯色的所有事务。然后有一天，拉瑟福德接到了
小石城空军基地打来的一个电话，一位年轻的空军士兵想秘密
见普莱尔一面。这位士兵听起来很紧张。当拉瑟福德问他是关
于什么事情的时候，士兵答道："是关于'泰坦'导弹的。"[2]

拉瑟福德并不认为自己是洲际弹道导弹专家，但他曾在阿
肯色空军国民警卫队（Arkansas Air National Guard）中服役六
年，并且每个月都会在小石城空军基地度过一个周末。他认识
基地里的许多人，在那里他也觉得很舒服。这名空军士兵同意
于几个小时后在小石城的联邦大厦里和拉瑟福德见面，以免被

人看见——还带来了其他几个从事与"泰坦"导弹相关的工作的人。他们和拉瑟福德年龄相仿。他们不希望自己的名字被用作任何信息的来源，怕陷入麻烦。最重要的是，他们特别害怕正在阿肯色州那些泰坦－2导弹发射井中发生的事情。

这名空军士兵说，这些导弹都是老的，大部分还会发生泄漏。[3] 发射井中的便携式蒸气探测器和蒸气探测器经常不起作用。备用部件很难找到。推进剂输送系统工作人员劳累过度，有时候一天要工作十五六个小时。许多年轻的推进剂输送系统技师尽管被命令要执行相关的任务，但他们并没有接受为从事此种任务而进行的充分培训。在第一次会面之后，拉瑟福德秘密地与基地的其他士兵见面，并在深夜接听他们用付费电话打来的电话。他与第308战略导弹联队的大约12名成员谈过话，并承诺不会向空军透露他们的身份。他们所说的内容基本上都一样：泰坦－2导弹是一场即将降临的大灾祸。

拉瑟福德将会面的情况告诉了普莱尔参议员。普莱尔对这个消息感到不安，并决定要做点事情。[4] 他向空军部部长汉斯·S. 马克博士（Dr. Hans S. Mark）写信，询问小石城空军基地人手短缺和训练不足的细节信息。此外，普莱尔得知国会还有其他议员也担心泰坦－2导弹的问题。[5] 民主党众议员丹·格利克曼（Dan Glickman）和共和党参议员鲍勃·多尔（Bob Dole）已经要求空军对泰坦－2导弹的安全问题展开正式调查。格利克曼和多尔都来自堪萨斯州，该州在前一年夏天的一起事故中揭露了导弹的一些缺陷。

在堪萨斯州威奇托（Wichita）东南部约一小时车程处的533－7号综合发射场，导弹整修作业的最后阶段眼看着就要顺利完成。[6]一枚泰坦－2导弹已经从533－7号发射场移出，并送回麦康奈尔空军基地（McConnell Air Force Base），在那里导弹将接受例行维护检查。一枚用作替换的导弹也已经被降入发射井中。1978年8月24日上午，一个推进剂输送系统工作小组抵达发射场，要将氧化剂注入导弹箱体。燃料将在第二天注入，然后再把弹头安装在泰坦－2导弹的顶部，完成整修作业。在控制中心的主层，推进剂输送系统工作组主管罗伯特·J. 托马斯（Robert J. Thomas）上士向导弹战斗值班小组指挥官基思·E. 马修斯（Keith E. Matthews）中尉简要介绍了当天将要展开的工作。受训者莫尔·林西克姆（Mirl Linthicum）是名普通士兵，这次他将扮演小组负责人的角色，在地面上的控制拖车中监督整个作业流程。

氧化剂管线已经接到导弹第一级和第二级的氧化剂箱体上，大约一个小时后，两个箱体都被注满了。这些管线都是厚重的软管，推进剂就从其中流过。空军士兵厄比·赫普斯塔尔（Erby Hepstall）和卡尔·马林格（Carl Malinger）穿上作业服，进入发射井以断开管线。马林格此前从未进入过泰坦－2导弹发射井。[7]他才19岁并且刚刚加入空军，那天赫普斯塔尔陪着他进行在职培训。移除靠近导弹顶部的第二级的那些管线进行得很顺利，接着赫普斯塔尔和马林格乘坐电梯下行，去断开第一级的管线。站在导弹底部附近的一个平台上，他们拧松了其中一根管线。像水从消防栓突然释放出来那样，一股强大的氧化剂流击中了马林格的胸部和他的头盔面罩，把他击倒。赫普斯塔尔试图重新把那根管线连接上，但没办法往回拧紧。氧化剂从导弹中倾泻而出，落到了下方W形的火焰导向器中，然后升起了一团浓浓的、红棕色的蒸气云雾。

在控制中心的顶层，当高音报警器响起时，马修斯中尉正在准备他的午餐。在他下方，副指挥官查尔斯·B.弗罗斯特（Charles B. Frost）少尉坐在发射控制台旁边。弗罗斯特戴着耳麦，通过无线电系统监控着推进剂输送系统工作小组的作业进程。他按下控制台上的一个按钮关闭了高音报警器，心里想着是管线断开时冒出的某股氧化剂烟雾触发了它。这种情况时有发生。高音报警器再次响了起来，弗罗斯特通过无线电听到一阵阵尖叫声。

"我的天哪，提升阀。"[8]

340　　"提升阀是什么意思？"弗罗斯特通过耳麦说道，"出什么问题了？"[9]

马修斯走下楼梯时，控制台上显示发射导流槽氧化剂蒸气、发射井设备放置区域蒸气、氧化剂泵舱蒸气的警示灯在闪个不停。

一个声音在无线电通话器中大喊道："离开这里，我们赶紧出去吧。"[10]

弗罗斯特问道："你在哪里？"[11]无线电通话器中的声音非常混乱。大家都在同一时间说话，他们大声尖叫，互相盖过彼此的声音。弗罗斯特按下压制按钮（override button），阻止了其他人的无线电传输，然后下令道："回到控制中心。"[12]

有人说道："我看不见。"[13]

马修斯中尉走向保护控制中心的那扇防爆门。他试图打开这扇门，想看看发生了什么。但是，防爆门无法开启。马修斯闻到了一种像高乐氏（Clorox）漂白剂一样的味道。这闻起来有点像氧化剂。

在地面上的控制拖车里，正在掌管第一次整修作业流程的受训者林西克姆听到了无线电通话器中的尖叫声，但不理解他们说的是什么。林西克姆跑出拖车，试图让他的便携式耳麦接收到更好的信号，然后看到一团红棕色的云雾正在从排气孔中升起。推进剂输送系统工作组的另一名成员也离开拖车，找到托马斯上士——他是现场经验最丰富的技师——然后告诉他出了问题。托马斯时年29岁，他看到了氧化剂泄漏的迹象，然后跑到入口处，并要求控制中心准许他进入综合发射场。

弗罗斯特少尉授予了他许可，为托马斯打开了外面的钢制大门，然后是截留区域底部的那扇门。弗罗斯特控制台上的所有危险警示灯看起来是在同时闪烁，包括发射导流槽燃料蒸气警示灯，这没有道理。当事故发生时，弗罗斯特一直问推进剂输送系统工作小组负责人他们到达了检查表上的哪个步骤，希望能够找到处理事故的正确的应急检查表。但是，无线电一直无法正常工作。弗罗斯特抽出了诸多不同的技术手册，迅速浏览其中的内容。他不太确定他们应该做些什么。

马修斯说："嘿，我闻到了高乐氏的味道。"[14]他告诉导弹战斗值班小组的成员在门前竖起一个便携式蒸气探测器，并关闭防爆波阀和爆炸减震器（blast damper），以保障控制中心的空气供应。

导弹设施技师、空军下士格伦·H. 韦塞尔（Glen H. Wessel）在防爆门附近放置了一个蒸气探测器。他也闻到了氧化剂的味道。探测器上的读数很快就从 1ppm 上升到 3ppm；[15]这种东西不知何故正在往控制中心渗透。韦塞尔告诉他的指挥官，房间正在被氧化剂污染。他们两人都试图打开防爆门，但它一动也不动。小组成员们被锁在了控制中心里面。

作为后备力量的两名推进剂输送系统工作组技师此刻正在

防爆区等候，不知道发射井中正在发生什么事情。他们能够在无线电通话器中听到尖叫声，但没有人向他们回话。然后，长过道的门突然打开，紧接着赫普斯塔尔就出现了。氧化剂已经让他的头盔面罩变成白色，上面一点都不透明以至于没法看清楚他的脸。

赫普斯塔尔摘下他的头盔，开始抽泣。他说马林格还在下面，他们应该去那里把他带出来。他说，如果马林格发生了什么不测，他将永远不会原谅自己。

赫普斯塔尔把和他在一起的受训者留在了发射井中，在浓厚的氧化剂云雾中摸索到了通往电梯的路，然后上升五层来到了长过道这边。

通往防爆区的门打开了，托马斯上士走了进来。他看到赫普斯塔尔在抽泣，又听说马林格失踪了，于是他穿上了其中一位后备人员的作业服。托马斯没有一刻的犹豫，决定去搜寻马林格。

赫普斯塔尔主动要求和他一起去，然后拿起了一顶新的头盔。他俩穿着作业服，打开防爆门沿着长过道朝发射井走去。空气里面的氧化剂越来越浓。

推进剂输送系统后备小组在防爆区焦急地等待着。一会儿之后，防爆门又打开了。赫普斯塔尔步履蹒跚地走了进来，然后跌倒在地咳嗽起来。他并没能走得太远。新头盔漏气，氧化剂跑进了他的作业服中。赫普斯塔尔脱下了作业服，穿上另一套，然后再次往发射井走去。

在控制中心的底层，韦塞尔惊讶地发现要打开逃生通道的门有多难，需要使用的棘轮感觉真的很沉重。他和弹道导弹分析技师丹福德·M. 黄（Danford M. Wong）戴着防毒面具，轮

342

流使用棘轮。他们干劲十足。防爆门仍然打不开，而这里看起来是他们唯一的出路。

弗罗斯特少尉仍然在尝试通过电话和无线电联系上发射井中的推进剂输送系统工作组、托马斯上士以及控制拖车上的工作组成员，但没能成功。戴着防毒面具来做这些事不太容易。弗罗斯特会短暂地摘下防毒面具，说话，接着又戴上，倾听是否有回复。没有人回答他的话。然后，他听到马林格在无线电通话器中大声喊叫，声音极为清晰。

"我的天啊，帮帮我们，帮帮我们，我们需要帮助。"[16]

"喂，8 号防爆门锁住了，我们被锁在了里面，你们快出去。"[17]弗罗斯特如此告诉他。

马林格不断重复他需要帮助，弗罗斯特试图让他明白，防爆门被卡住了。

这时紧急电话响了起来，弗罗斯特赶忙接听。有人在 8 号防爆门外面请求帮助。

"喂，各位，离开这里，现在离开这里，"弗罗斯特说，"快出去，8 号防爆门锁住了，所以你们快出去。"[18]

韦塞尔和黄可以听到他们头顶地板上面的骚动，于是尽可能快地转动逃生通道舱门上的棘轮。

8 号防爆门打开了，马林格跑进了控制中心，戴着头盔，大喊托马斯上士死了。一团氧化剂云雾跟随着他，然后赫普斯塔尔也进来了，没戴头盔，瘫倒在地板上。在马林格大声尖叫的时候，他在楼梯旁边坐下。对导弹战斗值班小组的人来说，这一切都说不通。

指挥官马修斯对弗罗斯特说："过来搭把手。"[19]然后他们进入防爆区。托马斯上士毫无意识地躺在地板上。他们把他拎起来，把他抬进了控制中心，然后关上了防爆门。托马斯正在抽搐，他的头在作业服的头盔里面晃来晃去。马林格脱下了他的头盔，然后开始给他做人工呼吸。

"这里是533－7，"弗罗斯特告诉麦康奈尔空军基地的指挥部，"保险箱已经上锁，钥匙都在保险箱里面。我们之中可能有个人死了，我们现在正在撤离。"[20]

托马斯死在了地板上，眼睛盯着天花板。

"后备人员在哪里？后备人员在哪里？"[21]韦塞尔叫道，向他的副指挥官弗罗斯特呼叫道。他们很累，需要他的帮助来打开逃生通道舱门。当控制中心慢慢充满氧化剂时，光线变得暗淡下来。

马林格不想把托马斯留下。这看起来是错误之举。在遭到强大的氧化剂流冲击之后，马林格一度在发射井中靠近导弹底部的位置迷了路，视距只有短短几英尺，而且不知道赫普斯塔尔已经乘坐电梯上去了，把他一个人留在了下面。托马斯上士找到他并把他带了出来，因此现在马林格不想就这么把托马斯丢在地板上。

"我们晚点再回来接他。"[22]弗罗斯特如此说道，然后朝楼下走去，要去打开舱门。

马修斯帮助马林格和赫普斯塔尔走下楼梯，然后帮助他们脱掉了作业服。他们说自己有种皮肤正在燃烧的感觉。"我的上帝啊，请帮帮我，"赫普斯塔尔说，"它在这里与我同在，与我同在。"[23]

马修斯回到楼上，检查了控制中心的其他两层，看看有没有掉队的人，以防万一。氧化剂云雾现在如此浓厚，以致他只能看清眼前两三英尺内的东西。

343

逃生通道舱门终于打开了。韦塞尔第一个走了进去，爬过隧道，然后尽可能快地爬上梯子。当氧化剂充满狭窄的通风竖井时，感觉就像在一个满是烟雾的烟囱里面爬。在顶部，韦塞尔拔出了插销，然后用头顶开了金属栅板。黄就在韦塞尔后面，接着是弗罗斯特，他每爬几级阶梯都要停下来把赫普斯塔尔往梯子上面拉。弗罗斯特想帮助他，而且不希望他掉下去砸到马林格身上。马修斯中尉走最后，他关上了身后的舱门，以将氧化剂堵在控制中心内部。

导弹值班小组的成员把两位受伤的推进剂输送系统技师送到硬质地面上的紧急淋浴设备之下，要给他们冲洗干净。但是，这些淋浴设备无法正常工作。

马修斯说："把他们放在消防栓下面。"[24]

值班小组成员把赫普斯塔尔和马林格放在消防栓前面，然后把它拧开。水倾泻而出，不过几秒钟之后，消防栓开始喷出空气，接着就罢工了。他们必须马上把这两个人冲洗干净。但是，进入综合发射场的大门被锁住了。在放弃控制中心之前，没人记得要把大门解锁，而且卡车还停在了围栏的另一边。在几位推进剂输送系统技师的帮助下，导弹值班小组的成员抬着赫普斯塔尔和马林格从围栏的断开处穿过，然后把他们平放在了皮卡上。

小组成员把车开到附近的一处农舍，并向屋主警告说，发射井里正在升起致命的云雾。黄让他们立即离开这个区域——而弗罗斯特要求使用他们的电话。韦塞尔在后院找到了一根花园浇水用的水管。在给两位空军士兵喷水冲洗之后，他们开车把赫普斯塔尔和马林格送到了离得最近的医院。

一团氧化剂云雾从综合发射场飘散出来，逐渐蔓延到大约

1 英里的范围，并向堪萨斯州的岩石镇（Rock）飘去。这团云雾看起来就像一团深色的、不祥的雷雨云砧（thunderhead）。当地居民并不知道这是什么玩意儿，77 号高速公路上的汽车和卡车还不断从其中穿过。美国空军安全警察很快就疏散了岩石镇的大约 200 名居民。

托马斯上士被遗弃在了控制中心，推进剂输送系统工作组的成员们没有一人觉得这么做是对的。他们认为，虽然他已经去世，但他也不应该孤独地躺在那里。有两人志愿去把他抬出来：莫尔·林西克姆，作为小组负责人的受训者，以及空军士兵约翰·G. 科尔詹科（John G. Korzenko）。他俩返回了综合发射场，并且穿上了作业服。林西克姆第一个爬进逃生通道，后面跟着科尔詹科。几秒钟之后，科尔詹科就爬了出来，氧化剂正在渗入他的作业服。片刻之后，林西克姆也回来了，他的头盔中没有足够多的空气。

另一个从麦康奈尔赶来的推进剂输送系统工作小组也抵达了，他们带着新的作业服和空气包。他们也想把托马斯带出来。空军士兵米德兰德·R. 杰克逊（Middland R. Jackson）穿上作业服，然后爬进了逃生通道。他马上就回来了，他的头盔漏气。杰克逊抓起另一个头盔，努力地再次爬进逃生通道，身着作业服的他沿着逃生梯一直爬到了底部。[25] 但是，他此前从来没有进过逃生通道，下面的氧化剂云雾如此浓厚以至于他都找不到通往控制中心的入口。他爬上了梯子，心情十分沮丧，但他下定决心不能就此放弃。

几分钟之后，杰克逊和推进剂输送系统的另外两位技师，即技术军士约翰·C. 莫克（John C. Mock）以及空军士兵迈克尔·L. 格林威尔（Michael L. Greenwell），穿上作业服，试图经由入口处进入控制中心。他们在地下穿过浓厚的氧化剂云雾，凭感觉走下了几层楼梯并穿过了那几扇防爆门。他们只能看清楚前方 1 英尺左右的地方，并且不得不紧靠在一起，因为他们的无线电都无法正常工作。他们成功进入控制中心，发现托马斯上士躺在地板上，然后抬着他进了电梯。但是，不管他们按了多少次按钮，电梯都无法工作。他们决定把托马斯抬上楼梯。他的身体特别沉重，他们的作业服也很重，下面的空间里还特别热。几分钟之后，他们再也抬不动托马斯了，于是只能把他留在楼梯上。另外两名身穿作业服的推进剂输送系统技师，军士詹姆斯·罗米格（James Romig）和空军士兵格雷戈里·W. 安德森（Gregory W. Anderson）也走了下来，帮忙抬托马斯，然后不得不放弃，因为温度实在是太高了。这五个人轮流进入发射场，并尽可能地把托马斯抬得足够远。当一个小组的人感觉到累时，另一个小组马上接上。等到最终把托马斯抬上楼梯并出了发射场，时间已经过去两个小时。

之后针对这起事故的调查发现了泄漏的原因。有人没在氧化剂管线中置入过滤器，但设计用来支撑过滤器的那个小型 O 形橡胶密封圈却被留在了管线内部。[26] O 形密封圈的存在使提升阀无法完全关上，这就让氧化剂倾泻而出。对于没能插入过滤器一事，没人出来承担责任。过滤器没被放在恰当的位置能够让氧化剂流得更快，这也就是说可能有人故意忽略了过滤器以节省时间并迅速给箱体注满氧化剂。[27]

通往控制中心的这扇防爆门之所以无法打开，是因为与它相对的那扇防爆门被人用弹力绳保持着打开的状态，而这两扇防爆门无法同时开启。赫普斯塔尔用手动超越控制（manual override）的方法打开了 8 号防爆门，而他在进入控制中心的同时，也让氧化剂污染了控制中心内部。

346 　　罗伯特·J. 托马斯死于作业服的一处泄漏，最有可能的地方是衣服与左手手套相连接的那个位置。当他试图把管线重新连接到导弹上时，氧化剂可能灌进了他的作业服中。美国空军建议，在未来，要使用黑色乙烯基绝缘胶带来更牢固地密封手套与作业服之间的接口。[28]托马斯留下了妻子和 2 个年轻的儿子。

　　厄比·赫普斯塔尔一个半星期之后也去世了，享年 22 岁，他的肺部被氧化剂毁了。他的儿子刚刚满 2 岁。赫普斯塔尔作业服的左腿上有一道小小的裂缝，长约 7/8 英寸（约 2.2 厘米），氧化剂就是从那里进入作业服的。

　　卡尔·马林格中风并陷入昏迷，还遭受了肺部和肾脏损伤，左臂也无法使用，接下来的几个月时间都在医院度过。[29]他入伍时原本是准备接受汽车修理工训练的，他的妈妈后来对空军大为光火。[30]空军关于此次事故的报告表示，赫普斯塔尔和马林格没有"遵守（技术条令）21M－LGM25C－2－12，此条令规定'如果接口处开始发生泄漏……立即将接口拧紧至完全连接的位置'"。[31]这份报告暗示马林格——从来没有接受过从事这项任务的训练，也是第一次在泰坦－2 导弹发射井中作业——多少应该为所发生的事情负责。

　　柯蒂斯·李梅将军为战略空军司令部创建了一种制度文化（institutional culture），即绝不容忍任何错误。人们不仅要为他们的行为负责，而且要为他们的坏运气负责。战略空军司令部中的每个人都被告知："犯错乃人之常情，但原谅绝不是战略空军司令部的政策。"[32]

为堪萨斯州岩石镇的事故而责怪年轻的入伍士兵，并没有消除泰坦－2导弹的诸多问题。早在1967年，五角大楼就曾宣布不再需要泰坦－2导弹，它将退出现役，而且第一批导弹将于1971年停止战斗值班。但是，美国空军每年都成功打赢了保卫泰坦－2导弹的"战斗"。它所搭载弹头的威力是民兵－2导弹的弹头的7倍有余。[33]美国总共有约1000枚陆基导弹，而54枚泰坦－2导弹就占了其总爆炸力的约1/3。[34]在没得到新武器以替换它们之前，战略空军司令部并不想失去这些百万吨级的武器。然而，随着泰坦－2导弹日益老化，它那抵达苏联的能力也变得越来越不可信。泰坦－2导弹的最后一次试射发生在1976年，此后由于导弹和零部件的短缺，没有再进行任何新的试射。

当参议员普莱尔与"斯基普"·拉瑟福德一起参观阿肯色州的一个泰坦－2导弹发射场时，那个地方真是让人印象深刻。但后来，拉瑟福德的一个向他提供秘密消息的线人告诉他，就在当天，附近的一个综合发射场发生了一起氧化剂泄漏事故——而且在该州的18个导弹发射井中，有13个里面的蒸气探测器坏掉了。[35]普莱尔提出了一个相对廉价的计划，以保护泰坦－2导弹发射场附近的农村社区免遭燃料和氧化剂泄漏的伤害：在每个发射场都安装一个警笛，当值班人员打开地面电线杆上那个红色的警告状态指示灯时，它就会发出响亮而刺耳的声音。警笛可以很容易地安装在这同一根电线杆上。它将会警告附近的家庭和农场发生了泄漏事故。空军反对这个理念，辩称警笛"可能会导致人们离开安全的区域，并撤离进入或经过有推进剂烟雾的区域"。[36]理查德·D.奥斯本（Richard D. Osborn）上校告诉普莱尔，在平民们需要被提醒和警告的那些

347

极其罕见的情形下，空军人员和地方执法人员的共同努力就能确保公共安全。[37] 然而，普莱尔还是决定通过对参议院法案的一项修正案来为那些警笛提供资金。

泰坦－2 导弹并不是唯一遭遇维修问题的空军武器系统。在越南战争之后国防开支削减的浪潮中，购买新型飞机和导弹的优先性要远高于为旧的型号买备用零部件。20 世纪 70 年代末期，在一个典型的日子里，美国空军会有大约一半到 2/3 的 F－15 战斗机由于机械问题而停在地面上。[38] 自 1961 年以来，战略空军司令部已经失去一半以上的人员。[39] 其中一些 B－52 轰炸机机龄甚至达到了 25 年。战略空军司令部那不可战胜的光环也已经遭到损坏。美国空军中最高级别的官员往往是在战略空军司令部中晋升上来的"轰炸机将军"（bomber general）[40]——而许多曾在越南执行轰炸任务的飞行员都特别憎恶他们对那种刻板的集中控制的坚持。为执行统一作战行动计划而设计的战术，在越南的战斗中被证明是无效的。在越南，地面上的目标往往是移动的，而且用刻板的编队飞行很容易就会被敌方击落。美国飞行员们开始违背命令，忽略他们的既定目标而去轰炸那些看起来似乎更加紧急的目标，并且事后在他们的报告中撒谎。

查克·霍纳（Chuck Horner）——他在越南战争期间执飞了 100 多次任务，后来在第一次海湾战争期间指挥美国及其盟友的空中行动——特别厌恶战略空军司令部的轰炸机将军们经常要求的那种僵化的"父子关系"（parent-child relationship）。[41] 和许多其他年轻军官一样，他也对空军领导层在越南战争中的所作所为极其愤怒：

> 我没有因为他们愚蠢而恨他们，我也没有因为他们不

> 拿我们的流血牺牲当回事而恨他们，我恨他们是因为他们
> 妄自尊大……因为他们坚信自己真的知道他们正在做什么，
> 坚信我们太渺小而不懂得"大局"。我恨自己的将军们，
> 因为他们掩盖了自己在与华盛顿的政治领袖们抗衡时的无
> 能，而且只会说："够了。这是胡说八道。要么我们继续打
> 仗，要么我们回家。"[42]

霍纳发誓他将"永远不会再成为这种疯狂和愚蠢之事的一部
分"。[43]在战争结束后，数以千计的年轻军官离开了空军，他们
都带着深深的失望。许多留下来的人决心要做出改变。随着年
轻一代的"战斗机将军"（fighter general）——他们拒绝集权、
标准化和刻板的规划，他们有在实战中的第一手经验，并且对
抽象的核战争理论几乎不感兴趣——开始掌权，战略空军司令
部的影响力逐渐减弱。

在越南战争结束之后的那些年里，美国反军国主义情绪变
得越来越强烈，可能比该国历史上的其他任何时候都要强。在
书籍和电影中，越战老兵经常被描绘为种族主义者、吸毒者、
疯子和婴儿屠夫。整个武装部队的士气都遭受打击，非法使用
药物的人数飙升。[44]到1980年，根据五角大楼自己的调查，大约
有27%的军事人员每月至少使用一次非法药物。[45]尽管他们也会
使用海洛因、可卡因和迷幻药（LSD），但迄今为止大麻是最受
欢迎的药物。在武装部队中，海军陆战队的药物使用率最高：
约有36%的人定期抽大麻。[46]海军军事人员中大约有32%的人每
月至少抽一次大麻；[47]陆军军事人员中这一比例约为28%。[48]空军
军事人员中抽大麻人数的比例最低，只有约14%。[49]它也拥有威
力最强大的弹头和炸弹。国防部的调查很可能低估了实际使用

药物的人数。在对弗吉尼亚州诺福克、加利福尼亚州圣迭戈海军基地中超过 2000 名海军士兵的随机尿样检测中，发现几乎一半的人最近都抽过大麻。[50]尽管核武器和大麻最近在美国社会中成了有争议的话题，激起自由派和保守派之间的愤怒辩论，但没人认为这两者是个很好的组合。

20 世纪 70 年代初期，唐纳德·迈耶（Donald Meyer）在驻德国的第 74 美国野战炮兵支队（74th United States Field Artillery Detachment）担任下士。他所在的支队负责保障"潘兴"（Pershing）导弹处于战备状态，做好在 15 分钟之内将其发射出去的准备。每枚导弹所搭载的原子弹头的威力都是摧毁广岛的那颗原子弹的 10 到 20 倍。迈耶告诉《密尔沃基新闻报》（*Milwaukee Journal*），在他所在部队的 200 多人中，几乎每一个人都定期抽哈希什（hashish，一种由印度大麻榨出的树脂，强度平均比大麻强 6 倍，为大麻浓缩剂。——译者注）。[51]在处理秘密文件和核弹头时，他们经常会神魂颠倒、飘飘欲仙。一项调查发现，在驻德国的美国陆军部队中，每 12 个人里面就有 1 个每天都抽哈希什。[52]迈耶说："你得知道你能够处理什么，抽太多的哈希什，你会毁掉一件好事。"[53]

在佛罗里达州的霍姆斯特德空军基地（Homestead Air Force Base），一支陆军部队中有 35 名成员因使用和销售大麻及迷幻药而被捕。[54]该部队控制着基地中的"奈基·赫拉克勒斯"（Nike Hercules）防空导弹，以及它们所搭载的核弹头。霍姆斯特德基地药物使用的问题遭到怀疑是在一架全副武装的苏制米格－17 战斗机毫无阻碍地降落在那里之后，驾驶该飞机的是一名古巴叛逃者，当时"空军一号"（Air Force One）就停在附近的一条跑道上。在俯瞰洛杉矶的格利森山（Mount Gleason）的

那个"奈基·赫拉克勒斯"导弹基地,一个陆军小分队中的 19
名成员在抽大麻现场被逮捕。[55]其中一人被发现在属于美国林务
局(U. S. Forest Service)的土地上晒干大量大麻。在加利福尼 350
亚州圣拉斐尔(San Rafael)的"奈基·赫拉克勒斯"导弹基
地,3 名士兵由于精神方面的问题而被从警卫岗上解职。[56]其中
一人被指控拿上了膛的步枪指着一名中士的头。尽管这个案例
中并不涉及非法药物使用,但这 3 人被允许守卫导弹,而忽略
了他们的精神病病史。这个中队人手不足,其指挥官担心嬉皮
士——"来自海特黑什伯里区(Haight – Ashbury,美国旧金山
市的一个区,20 世纪 60 年代时曾是嬉皮士聚集吸毒的地
方。——译者注)的人"[57]——正试图盗走核武器。

在美国海军那载有 16 枚弹道导弹的"北极星"潜艇"内
森·黑尔"号(Nathan Hale)上,超过 1/4 的船员因为非法使
用药物而遭到调查。[58]38 名海员中有 18 人是清白的,其他人都
被从潜艇职务上解职或调走。"内森·黑尔"号的一名前船员
告诉记者,当潜艇在海上时,大家经常抽哈希什。[59]位于苏格兰
霍利湾(Holy Loch)的"北极星"潜艇基地帮助将科瓦尔半岛
(Cowal Peninsula)变成英国毒品交易的中心。[60]美国海军"北极
星"潜艇"卡西米尔·普拉斯基"号(Casimir Pulaski)上的 9
名船员因在海上抽大麻而被定罪。[61]停靠在该基地的潜艇供应船
之一、美国海军舰船"老人星"(Canopus)号,经常携带核弹
头和弹道导弹。由于该船船员抽大麻的风气盛行,它获得了一
个当地绰号:美国海军舰船"大麻"号(Cannabis)。[62]

驻扎在加利福尼亚州默塞德(Merced)附近卡斯尔空军基
地(Castle Air Force Base)的 4 名战略空军司令部飞行员因持
有大麻和迷幻药而被捕。警察对他们位于基地外的房子进行了

突击搜查，称其类似"一处嬉皮士风格的住所，墙上有一幅胡志明的画像"。[63]在北卡罗来纳州戈尔兹伯勒的西摩·约翰逊空军基地，225 名安全警察中有 151 人因被指控藏有大麻而被拘捕。[64]空军特别调查办公室（Air Force Office of Special Investigations）拘捕的人当中，有许多是在远离基地核武器存储区的地方。在蒙大拿州大瀑布城（Great Falls）附近的马姆斯特罗姆空军基地，某"民兵"导弹中队下辖的地下控制中心之一发现了大麻的踪迹。[65]大麻同样出现在亚利桑那州图森（Tucson）东南方向 40 英里处的一个泰坦－2 导弹综合发射场的控制中心里。[66]当调查员们试图确定谁应该为"两根大麻烟"负责时，那个发射场的值班发射小组和安全警察们全部被停职。

很难搞清楚那些能够接触到核武器的美国军事人员使用毒品的真正程度。1980 年，在大约 11.4 万名允许从事与核武器相关工作的人员中，[67]只有 1.5% 的人因为滥用药物而失去这种工作许可。[68]但是，"人员可靠性计划"（Personnel Reliability Program）98.5% 的通过率依然意味着至少有 1728 名"不可靠的"药物使用者接近核武器。而且，这还只是那些被抓住的人的数目。

在掌管小石城空军基地的第 308 战略导弹联队之前，约翰·莫泽上校在明尼苏达州诺布诺斯特（Knob Noster）附近的怀特曼空军基地监督了一场重大的缉毒行动。[69]在这次行动中，超过 230 名空军士兵因为使用和贩卖毒品而被捕，[70]而其中许多人负责守卫和维护核武器。一些人承认在工作时使用了大麻、可卡因和迷幻药。在被捕的 3 名军官中，有 2 人在基地中从事高度敏感的工作：他们要往"民兵"导弹的制导系统中输入目标信息。当莫泽抵达小石城掌管第 308 战略导弹联队时，另一场缉毒行动也正在展开。人们在一个泰坦－2导弹发射场的控制中心发现了大麻。[71]但是，逮捕相关人员并没有终止这场缉毒行动。在强制尿检出现之前的那个时代，战略空军司令部也没能免遭更强大的社会力量的影响。虽然发射官们很少容忍非法使用药物的行为，但他们毕竟是在地下保持战备状态，也没有摄像头可以实时监控整个发射场的情况。他们的指挥与控制能力是有局限的。有的时候，推进剂输送系统的成员们会坐在泰坦－2导弹发射场外面，点上一根大麻烟卷，再打开几罐啤酒，在漫长的一天结束时放松身心。

亨利·基辛格曾试图除去泰坦－2导弹。他认为这种导弹"既不准确也不可靠"。[72]他后来解释道，这种武器系统"是五角大楼多年来一直想要废弃的，而我也一直想用它来做交易"。[73]1972年在担任理查德·M. 尼克松总统的国家安全顾问时，基辛格向苏联提出了一笔交易：如果苏联人同意让他们的SS－9导弹退出现役，那么美国也会让它的泰坦－2导弹退役。[74]这笔交易将能消除针对莫斯科的一个巨大威胁。苏联的这种导弹在很多方面都和泰坦－2导弹相似，使用的也是同种类型的燃料和氧化剂。但相较之下，SS－9更为新型，体积更大，能够投送的有效载荷也要重得多。苏联拒绝了这笔交易。尼克松政府在泰坦－2导弹的问题上进退两难——在没从苏联人那里获得任何回报的情况下就除去那54枚弹道导弹，在一场军备竞赛中毫无意义。

企图让一种老化的武器系统退役之举的失败反映了新的权力平衡（new balance of power）。罗伯特·麦克纳马拉一度认为，只要苏联对自身在任何一场核交换战争中摧毁美国的能力

352

有信心了，它就会停止制造新的导弹。但是，苏联人并没有麦克纳马拉这种相互确保摧毁的信念。在遭受古巴导弹危机的羞辱之后，他们的一位外交官告诉自己的美国对手道："你们美国人将再也不能对我们做同样的事情。"[75]在一场以弹头和炸弹的数目来衡量国家力量的竞争中，苏联眼下正在试图占据上风。在将战略导弹从古巴撤出后的十年内，苏联将其远程陆基导弹的数量从约 56 枚增加到了超过 1500 枚。[76]它的潜射导弹也从大约 72 枚增加到了将近 500 枚。[77]20 世纪 70 年代初期，苏联拥有的远程导弹要比美国多。它还建立了一个复杂的反导系统来保卫莫斯科。在莫斯科城的地下，一个由无数地下堡垒组成的网络被建来保护苏联共产党的领导层。[78]这些堡垒由秘密的地铁线路连接，能够容纳数千人。

虽然美国拥有的弹道导弹比苏联少，但它拥有更多的核武器。麦克纳马拉曾对美国将部署的导弹数量进行限制，但他并没有限制每枚导弹所能携带的弹头数量。在卸任之前，他已经批准部署"分导式多弹头再入体"（MIRV）。分导式多弹头再入体被公开作为一种压制苏联反导系统的方法——往单枚导弹中增加更多的弹头要比制造更多的导弹来得便宜——增加了美国能够在第一次打击中就摧毁的苏联目标的数量。

353    1970 年开始服役的民兵 – 3 导弹能够携带 3 个弹头。它们被放在带有独立火箭引擎和制导系统的分导飞行器（post – boost vehicle，也叫加力后载具、重返大气层载具或弹头末端修正母舱，其所拥有的独立引擎，能够让它做前后、左右以及旋转运动，以更有效地突破防御。——译者注）内，该装置被人取了个形象的绰号："公交车"。分导飞行器与导弹分离之后，能够朝不同目标释放不同的弹头，一个接一个地送出，就像校车在放学后把孩子们一个个送回家一样。1971年首次部署在美国潜艇上的"海神"（Poseidon）导弹，则能够携带14个弹头。

基辛格被认为是美国核战略方面的权威人物之一。他的作品在十多年的时间里帮助塑造了关于这个主题的全国性辩论。在柏林危机期间，他曾担任肯尼迪政府的顾问。关于不同的核战略理论，他知道的和其他文官一样多。然而，当他第一次听到关于统一作战行动计划的正式简报时还是大吃一惊。[79]最小规模的攻击方案都将有近2000枚核武器命中苏联目标，[80]而最大规模的方案将超过3000枚。[81]统一作战行动计划的这种大规模和不灵活性让基辛格将其描述为"恐怖战略"（horror strategy）。[82]后来，在白宫战情室（Situation Room of the White House）的一次国家安全会议上，他想知道"一个人要如何才能够理性地做出一个即将杀死8000万人的决定"。[83]尼克松总统同样震惊。

统一作战行动计划里面的绝大部分目标仍然是苏联战争机器中的一部分——导弹发射场、空军基地、指挥中心以及港口。但是，要确保摧毁苏联经济的欲望激发了一些计算，这种计算使弗雷德·伊克尔关于城市轰炸的理论看起来就像石器时代的遗产。兰德公司已经开发出一种计算机模型，可用来快速估计不同类型的核攻击所能导致的伤亡人数。它被称为"快速计数"（QUICK COUNT）。[84]在攻击中所使用的武器类型、它们的目标、盛行风向，以及当地人口的密度都被输入一台IBM－7090计算机，然后"快速计数"模型会生成这场潜在大屠杀的图表和总结。它不仅可以预测针对苏联的各种攻击的后果，也可以预测针对东欧、西欧和美国自身的。此外，作为附加品，它还包括了一个"城市预期爆心投影点选择器"（Urban DGZ Selector），其可以帮助战争规划人员最大限度地摧毁城市，让他们可以选出能够杀死最多人的预期爆心投影点。

354　　　后来，一份政府报告概括了这种核攻击的受害者将不得不经历的"困难重重的恢复过程"[85]：

| 遭受攻击后的时间 | 攻击效果 |
| --- | --- |
| 1~2 天 | 冲击波和热辐射 |
| 2~20 天 | 致命的放射性沉降物 |
| 2~7 天 | 被困；得不到医疗救助 |
| 5~50 天 | 缺乏维持生命所需物品（食物、水、避难所） |
| 2 周~1 年 | 流行病和疾病 |
| 1~2 年 | 经济崩溃 |
| 5~20 年 | 延迟辐射效应 |
| 10~50 年 | 生态效应 |
| 2 代乃至多代人 | 遗传效应 |

尽管人员伤亡会相当惨重，但这份报告的作者们对核爆炸所产生的环境影响仍然很乐观。"相较于人类文明已经对环境造成的影响，核攻击可能引起自然平衡发生的巨大变化在类型和程度上都不可相提并论，"报告写道，"前者包括砍伐绝大部分的原始森林，在草原上耕作，灌溉沙漠，修筑堤坝和污染河流，灭绝某些物种并引入其他的物种，在山坡上过度放牧，淹没山谷，甚至防止森林火灾。"[86]言下之意就是，大自然可能觉得核战争反而是种解脱。

基辛格曾经以为只要能够将损害限制在军事目标上并避免平民伤亡，就可以用战术核武器来保卫西欧。但这种理念现在看起来是无法想象的，而且美国的北约盟友拒绝建立自己的常规部队的做法，确保了与苏联的军事冲突将很快升级至无法控制的局面。在白宫战情室的一次会议上，基辛格抱怨说，北约的核政策是"在欧洲人同意保卫他们自己之前坚持让我们先毁灭"。[87]

尼克松政府很快就发现自己所处的立场和肯尼迪政府一样，355 迫切地需要找到与苏联打一场全面核战争的替代方案。尼克松总统告诉国会："我不应该——而且我的继任者也不应该——局限于将不加选择地大规模消灭敌方平民作为唯一可能的回应方式。"[88]当基辛格要求参谋长联席会议为有限的核战争制订计划时，诸如"灵活反应""渐进升级"和"暂停以谈判"之类的短语看起来再次变得意义重大。但是，参谋长联席会议仍然回避对统一作战行动计划做出修改——而且仍然抗拒让文职人员参与目标选择。在越南的失败加强了他们的一种信念，即一旦美国迈入战争，就应该让军方来决定如何打这场仗。当基辛格访问战略空军司令部总部以探讨核战争计划时，司令部总司令布鲁斯·K.霍洛韦（Bruce K. Holloway）将军故意将"统一作战行动计划的某些内容"藏起来不让基辛格看。[89]关于具体目标的那些细节信息被认为太重要和机密，不能让基辛格知道。

五角大楼不愿意让文官控制统一作战行动计划主要是出于操作上的考虑。一场针对苏联的有限攻击可能妨碍统一作战行动计划的全面执行，而且会刺激苏联人立即发动全面的报复。用人道的方式打仗的愿望可能招致毁灭与失败。更重要的是，美国还不具备进行一场有限核战争的技术或行政手段。武器系统评估小组1968年的一份报告指出，在发射潜射导弹后的五六分钟内，苏联"极其有信心"[90]能够杀死美国总统、副总统以及接下来14名总统继任者。全球军事指挥控制系统已经发展到包括8个预警系统、60个通信网络、100个指挥中心和7万名工作人员。[91]但是，为预警卫星建立的地面站很容易就能被常规武器摧毁或遭到间谍人员的破坏，从而消除探测苏联导弹发射的能力。

国家紧急空中指挥所——一架经过改装的波音 747 飞机，旨在将总统安全且迅速地从华盛顿转移出来，并且允许对核战争进行实时管控——连一台计算机都没有。[92] 为这架飞机配备的人员将不得不用笔来记录苏联进攻的信息，而且这整个指挥与控制系统很可能会因美国领土上空的核爆炸所产生的电磁脉冲和瞬时辐射效应而停止运转。[93] 在遭受苏联的袭击之后，可能有几天时间连正常通信都实现不了。

甚至在比核战争的要求低的条件下，这种系统也已经被证明是不可靠的。[94] 在 1967 年的六日战争（即第三次中东战争）期间，警告美国海军军舰"自由"号（Liberty）至少要离以色列海岸 100 英里远的紧急信息被错误地发送至美国在菲律宾、摩洛哥和马里兰州的军事基地。这艘侦察船遭到了多架以色列飞机的攻击，但此时距离第一条紧急警告信息发送出来已有几乎两天——而它也从来没收到该信息。次年，当美国海军军舰"普韦布洛"号遭到朝鲜军队袭击时，它发出的求援的紧急信息花了两个多小时才通过全球军事指挥控制系统的官僚机构传到五角大楼。驻日本的美国海军指挥官成功地联系上了"普韦布洛"号，但他没法与五角大楼、白宫战情室或太平洋上的其他指挥官建立直接联系，而太平洋指挥官辖下的飞机本来是有可能保卫好那艘船的。

在与苏联发生冲突时，信息必须在攻击发生时的片刻之间进行准确的传递。在肯尼迪政府认识到这个问题十年之后，尽管为解决这个问题已经花费数十亿美元，但美国的指挥与控制系统仍然无法管控一场核战争。"一个更准确的评价，"武器系

统评估小组的一份绝密研究报告在 1971 年时总结道，"似乎是
我们的预警评估能力、攻击评估能力和损害评估能力如此有限，
以致总统实际上是在两眼一抹黑的情况下做出统一作战行动计
划的执行决定，至少在考虑到实时信息的时候是如此。"[95] 几年
之后，另一份绝密报告也认为，美国对核攻击的回应可能会是
不完美的，缺乏协调，并在很大程度上是不受控制的，在其中
"迷茫和心怀恐惧的人做出决定，而他们这么做的权力是有问题
的，影响也将极其巨大"。[96]

当苏联往其弹道导弹上增加多个弹头时，五角大楼的官员 357
们开始担心美国核力量的脆弱性。苏联发起的一次突然袭击不
仅可能消灭美国的指挥与控制设施，还能够摧毁美国的陆基导
弹。为了威慑这样的一种攻击，战略空军司令部考虑了一种新
的报复方式，称之为"基于预警的发射"（launch on warning）
或"遭到攻击时发射"（launch under attack）。一旦探测到苏联
的攻击——并且是在单个核弹头爆炸之前——美国就要发射自
己的陆基导弹，使其免遭摧毁。这种基于预警的发射的政策可
能阻止克里姆林宫尝试发动一次突然袭击，但它也将对美国的
指挥与控制系统提出海量的需求。

从苏联潜艇发射的导弹能够在约 15 分钟之内击中位于美国
中部地区的"民兵"导弹基地和泰坦 - 2 导弹基地；从苏联本
土发射的导弹则将在约半个小时内击中目标。美国总统将只有
不到 20 分钟时间来决定是否进行报复打击——而且很可能时间
比这少更多。每过去一分钟，"使用它或失去它"的压力都会
变得更大一点。而且时间的限制将增加出错的风险。美国预警
系统的可靠性获得了一种存在的重要性。如果传感器未能探测

到苏联的攻击，发射的命令可能永远不会给出；但如果它们错误地发出了攻击预警，数以百万计的人将被误杀。

五角大楼的为美国提供一个核扳机（nuclear hair trigger）——能够一得到通知就发射——的决定，蹊跷地与二战结束以来两个超级大国之间最缓和的关系相符。1968 年苏联入侵捷克斯洛伐克并没有加剧两个德国之间的紧张关系，也没有引发针对苏联的大规模游行示威活动，或者在欧洲激起太多对共产主义的反感。恰恰相反，推翻温和的捷克斯洛伐克政府的行为，鼓励了时任西德外交部部长的维利·勃兰特（Willy Brandt）寻求与苏联建立更紧密的关系。欧洲的现状、东西两德之间的分裂不会遭到挑战。

短短几年之内，一系列的国际协议明确了柏林的法律地位，承认了两个德国政府的主权，承诺减少核战争的威胁，并在美苏两国之间建立了一种工作关系（working relationship），人称"缓和"（détente）。美苏两国签署了《反导条约》（Anti-Ballistic Missile Treaty，全称为《限制反弹道导弹系统条约》），允许双方分别保护己方的两个地点免遭攻击；签署了《限当量条约》（Threshold Test Ban Treaty，又被称为《美苏限制地下核武器试验条约》），将日后地下核试验的爆炸当量限制在 150 千吨以下；还签署了《关于限制进攻性战略武器的某些措施的临时协定》，冻结了双方陆基弹道导弹的数量，并规定只有在旧的导弹退役之后才能部署新的潜射导弹。

然而，"缓和"的到来并没有终结核军备竞赛。美苏双方继续将其武器系统现代化，并改善它们的打击精度。相较于以往任何时候，核武器作为地位和世界大国标志的重要性似乎更甚。在就任不久之后，尼克松总统就试图通过威胁使用核武器来结束越南战争，[97]他确信艾森豪威尔就是运用了类似的战术来结束朝鲜战争的。"我称它为疯子理论（Madman Theory），鲍勃，"尼克松告诉他的幕僚长 H. R. 霍尔德曼（H. R. Haldeman），"我要让北越人相信我已经达到可能做任何事情来停止战争的地步。"[98]国务卿、国防部部长和参谋长联席会议都认为这是个糟糕的主意，但尼克松和基辛格认为这个计划可能奏效。战略空军司令部无视安全隐患，秘密恢复空中警戒行动达两周时间。装载着氢弹的多架 B－52 轰炸机从美国的军事基地起飞，沿着苏联海岸线来回飞行。但不管是苏联人，还是越共（Vietcong），都没被美国人的虚张声势愚弄。

　　几年之后，在 1973 年第四次中东战争的高潮时期，核武器被再次当作外交工具使用。[99]担心苏联可能派遣部队去埃及，国务卿基辛格和国防部部长詹姆斯·R. 施莱辛格（James R. Schlesinger）将全球范围内的美国军队置于第三级国防战备状态（DEFCON 3）之下。这种提高战备状态的警戒举动是向苏联发出一个信号，暗示美国在这个问题上将不惜打一场核战争。苏联人果真没有干预这次中东冲突，后来基辛格将他们的做法归因于美国政府大胆的外交政策。[100]大国领导人有时候需要看上去是失衡的，他认为："在一次危机中，看起来'平衡的'和'安全的'往往是最危险的。"[101]

　　在尼克松政府和福特政府期间，弗雷德·伊克尔担任美国军备控制与裁军署（U. S. Arms Control and Disarmament Agency，ACDA）署长。他具备从事这份工作所需的关于核武器、威慑理论、指挥与控制系统运作情况的广泛知识。他反对采用"基于预警的发射"的政策，担心它可能无意之中被证明是灾难性的。[102]然而，这种政策有很强的军事和心理吸引力。"基于会遭

359

受攻击的评估而发射远程洲际弹道导弹，很可能是挫败（苏联）打击军事力量的攻击的最简单、最物有所值的方式，"一份秘密的兰德报告指出，"但作为一项口头宣示的政策，我们相信它可能因为既危险又不稳定（理论上，一次意外可能引发一场核战争）而遭到强烈反对。"[103]

在国家安全委员会的一次会议上，伊克尔表达了他对"基于预警的发射"的反对，称其"容易发生意外"（accident-prone）。[104]国务卿基辛格不认同伊克尔的说法，反而称赞它作为威慑手段的作用。基辛格相信指挥与控制系统能够处理这个问题，并强调"苏联人永远也无法推断出你是否打算排除此类攻击"。[105]国家安全顾问布伦特·斯考克罗夫特（Brent Scowcroft）赞同基辛格的看法。眼下，理性在核战略中的作用被削弱了。斯考克罗夫特说："如果我们在这点上看起来对苏联人是不理性的，那对我们就是有利的。"[106]

然而，太疯狂了也可能有危险。自哈里·杜鲁门政府时期以来，美国总统就被赋予了下令使用核武器的独有权力。它给予了单独一个人摧毁城市、国家和整个文明的能力。不论总统在哪里，他身边都跟着一位手提"橄榄球"（football，也叫核足球）的军事助手。所谓的"橄榄球"其实是一个公文包，里面装着统一作战行动计划决策手册（SIOP Decisions Handbook）、一份全美秘密指挥地堡名单，以及如何操作紧急广播系统（Emergency Broadcast System）的说明书。[107]统一作战行动计划决策手册用漫画式图画快速表达出细节信息，简明扼要地概述了各种攻击选项。它被人称为"黑皮书"（Black Book）。

渴望能够保卫文职官员对核武器的控制权以使其免遭军方侵占，约翰·F.肯尼迪和罗伯特·麦克纳马拉都曾努力确保只有总统才能做出最终决定。但他们没有考虑到总统可能抑郁、情绪不稳定以及酗酒——就像尼克松总统在他任期的最后几周里那样。随着水门事件不断发酵，国防部部长施莱辛格告诉参谋长联席会议主席，在（后者）准备按照"任何来自总统的紧急命令"[108]行事之前，要先获得他（即施莱辛格本人）的批准。虽然施莱辛格的命令引发了关于实际上是谁在指挥的疑问，但这在当时看起来是个好办法。

## 注释

1. Interview with Skip Rutherford.

2. Ibid.

3. 我与其中一人交谈过，不过他希望匿名，他确认了拉瑟福德的说法。

4. Interview with David H. Pryor.

5. 丹·格利克曼向我讲述了他在让泰坦－2导弹退役方面做出的努力。我很高兴他保存了大马士革事故报告的一份副本，并将其连同他的其他国会文件捐赠给了威奇托州立大学（Wichita State University）。

6. 我对发生在堪萨斯州岩石镇的事故的描述主要是基于"Report of Missile Accident Investigation: Major Missile Accident, Titan II Complex 533－7, Assigned to 381st Strategic Missile Wing, McConnell Air Force Base, Kansas," conducted at McConnell Air Force Base, Kansas, September 22－October 10, 1978。曾担任在事故中受伤之人代理的威奇托律师艾伯特·A. 卡马斯（Albert A. Kamas），不仅与我分享了他关于此次事故的回忆，而且给我寄来了诸多文件、剪报，并且录制了当地新闻媒体对于此事的报道。曾为《威奇托鹰报》（Wichita Eagle）报道此事的记者朱莉·查利普（Julie Charlip）慷慨地与我分享了她的报道。负责调查此次事故的本·

G. 斯科伦上校与我讨论了调查结果。

7. See David Goodwin, "Victim of AF Missile Accident Wanted Only to Be a Mechanic," *Wichita Eagle*, January 18, 1979.

8. "Major Missile Accident, Titan II Complex 533 – 7," affidavit of Charles B. Frost, Second Lieutenant, Tab U – 4, page 3.

9. Ibid.

10. Quoted in ibid.

11. Ibid.

12. Ibid.

13. Quoted in ibid., affidavit of Richard I. Bacon, Jr., Second Lieutenant, Tab U – 7.

14. Quoted in ibid., Frost affidavit, Tab U – 4, p. 3.

15. Cited in ibid., p. 5.

16. Quoted in ibid., p. 4.

17. Ibid.

18. Ibid., p. 5.

19. Quoted in ibid.

20. Ibid.

21. Quoted in ibid.

22. Ibid.

23. Quoted in ibid., Affidavit of Keith E. Matthews, First Lieutenant, Tab U – 3, p. 4.

24. Ibid., p. 5.

25. 很显然是可以穿着作业服进入逃生通道的。"空军士兵杰克逊换了他的头盔，"报告写道，"然后下到进气竖井（逃生通道）的底部，但找不到进入控制中心的入口。"杰克逊此前从未进过逃生通道，他一直向下爬，直到抵达最底层的水池。黑暗和氧化剂云雾——而不是竖井或逃生通道的大小——让他没能进入控制中心。引用来自该报告的第 8 页。See also the affidavit of John C. Mock, Jr., technical sergeant, Tab U – 25, pp. 1 – 2. 莫克是推进剂输送系统工作组的组长和监督员，但他此前也从未下过逃生通道。

26. See "Major Missile Accident, Titan II Complex 533 – 7," p. 10.

27. 根据杰夫·肯尼迪的说法，氧化剂在没有过滤器的情况下会流得更快，于是作业就可以在更短的时间内完成。推进剂输送系统工作组的某些成员愿意违反规定。但是，如果想走捷径而不被发现，就同样需要移除 O 形密封圈。否则它可能阻塞管线并导致泄漏，正如在堪萨斯州岩石镇发生的事故那样。Kennedy interview. See also Julie Charlip, "Missile Workers a Special Breed," *Wichita Eagle*, May 31, 1981.

28. 事故发生后，美国空军组建了一个由波音公司、美国国家航空航天局、马丁－玛丽埃塔公司和其他航空航天集团公司的专家组成的小组，专门研究堪萨斯州岩石镇事故中的作业服的问题。除了其他事项，他们发现作业服在"手套－袖口相接之处"（glove－cuff interface）很容易发生泄漏，尤其是那里碰到强力喷液时。专家小组认为，用乙烯基绝缘胶带密封那个接口将是一个可行的、"非常短期的解决方案"。See "Class A Ground Launch Missile Mishap Progress Report No. 61," Eighth Air Force Accident Investigation Board, McConnell Air Force Base, September 24, 1978; and Julie Charlip, "Missile Suit Flawed, Says AF Report," *Wichita Eagle*, February 20, 1979.

29. See Goodwin, "Victim of AF Missile Accident."

30. Ibid.

31. "Major Missile Accident, Titan II Complex 533 – 7," p. 11.

32. Quoted in Moody, *Building a Strategic Air Force*, p. 469.

33. 民兵－2 导弹搭载的 W－56 弹头单个当量为 120 万吨。当时民兵－3 导弹携带的 W－62 弹头单个当量为 170 千吨。每枚民兵－3 导弹搭载了三个弹头，加起来总的当量约超过 50 万吨。泰坦－2 导弹搭载的 900 万吨当量弹头威力要强大得太多了。

34. Cited in Walter Pincus, "Aging Titan II Was Time Bomb Ready to Go Off," *Washington Post*, September 20, 1980.

35. Rutherford interview. See also Pincus, "Aging Titan II Was Time Bomb."

36. "Letter, From Colonel Richard D. Osborn, Chief Systems Liaison Division, Office of Legislative Liaison, To Senator David Pryor," November 7, 1979, David H. Pryor Papers, University of Arkansas,

Fayetteville.

37. Ibid. 奥斯本认为，"在黑暗的夜间"，这些警笛将极其危险。

38. 战术空军司令部认为，如果一架飞机只需要一天时间就可以做好执飞的准备，那它就是"完全具备执行任务能力的"（fully mission capable）。1978 年，战术空军司令部有大约 35% 的 F - 15 战斗机完全具备执行任务的能力；1980 年，这一数字则为约 56%。Cited in Marshall L. Michel III，"The Revolt of the Majors: How the Air Force Changed After Vietnam," dissertation submitted to Auburn University, Auburn, Alabama, December 15, 2006, pp. 290 - 91.

39. 1961 年，战略空军司令部有 280582 名员工；到 1978 年，它有 123042 名员工。1961 年的数据出自 Polmar, *Strategic Air Command*, p. 72。1978 年的数据则来自 Alwyn Lloyd, *A Cold War Legacy, 1946 - 1992: A Tribute to Strategic Air Command* (Missoula, MT: Pictorial Histories Publishing Co., 1999), p. 516。

40. 对于美国空军内部的文化理念之争（cultural battle），可参见 Mike Worden, *Rise of the Fighter Generals: The Problem of Air Force Leadership, 1945 - 1982* (Maxwell Air Force Base, AL: Air University Press, 1998)。

41. Tom Clancy and Chuck Horner, *Every Man a Tiger* (New York: G. P. Putnam's Sons, 1999), p. 96.

42. Ibid., p. 86.

43. Ibid., p. 96.

44. 几十年之后，很难相信美国军队中的毒品文化传播得有多广泛。在 1978 年至 1981 年间，美国国防部很少进行强制性的药检（或叫兴奋剂检测）。结果，许多军人在执勤时往往很亢奋（吸毒所致）。他们能够接触到军事装备也提供了一些非同寻常的机会。20 世纪 70 年代中期，通过一个在特拉维斯（Travis）、兰利（Langley）和西摩·约翰逊空军基地运作的毒品网络，现役和退役军人向美国境内输入了价值可能达到 1 亿美元的纯海洛因。当 1976 年他们的贩毒活动东窗事发时，美国缉毒局（DEA）的一名特工称其为"世界最大规模的海洛因走私活动之一"。See "U. S. Breaks $ 100 Million Heroin Ring; Charges GI Group Used Air Bases,

Crew," *Los Angeles Times*, March 26, 1976.

45. Cited in Marvin R. Burt, "Prevalence and Consequences of Drug Abuse Among U. S. Military Personnel: 1980," *American Journal of Drug and Alcohol Abuse*, vol. 8, no. 4 (1981 – 2), p. 425.

46. 在海军陆战队中，几乎有一半的年轻士兵在上个月抽过大麻。See ibid. , p. 428.

47. Cited in ibid. , p. 425.

48. Cited in ibid.

49. Cited in ibid.

50. 这次调查是在 1980 年 12 月进行的。Cited in "Navy Is Toughening Enforcement Efforts Against Drug Abuse," *New York Times*, July 10, 1981.

51. See "Ex – GI Says He Used Hash at German Base," *European Stars and Stripes*, December 18, 1974.

52. Cited in "Nuclear Base Men 'Used Hash on Duty,'" *Miami News*, December 17, 1974.

53. Quoted in "Ex – GI Says He Used Hash."

54. See Flora Lewis, "Men Who Handle Nuclear Weapons Also Using Drugs," *Boston Globe*, September 6, 1971.

55. See "GI's at Nuclear Base Face Pot Charges," *Los Angeles Times*, October 4, 1972.

56. See "3 Atom Guards Called Unstable; Major Suspended," *New York Times*, August 18, 1969; and "Unstable Atom Guards Probed," *Boston Globe*, August 18, 1969.

57. Quoted in "Unstable Atom Guards."

58. Cited in "Men Who Handle Nuclear Weapons."

59. See ibid. 另一艘弹道导弹潜艇上的船员认为，由于强烈的香气，在潜艇出海时在里面抽大麻风险太大。潜水艇中狭小的空间给了另一种做法以灵感。这名船员说："在大部分时间里我会服用一种安非他命（uppers），但作为一种特殊享受，比如当我值班时，我会服用一点麦司卡林（mescaline）。" Quoted in Duncan Campbell, *The Unsinkable Aircraft Carrier: American Military Power in Britain* (London: Michael Joseph, 1984), p. 224.

60. See G. G. Giarchi, *Between McAlpine and Polaris* (London: Routledge & Kegan Paul, 1984), p. 197.

61. See "Pot Smoking Sailors Go Home," *Ocala* [Florida] *Star Banner*, January 24, 1977.

62. See Andrew McCallum, "Cowal Caught Between Polaris Sailors and McAlpine's Fusiliers," *Glasgow Herald*, April 26, 1984.

63. Quoted in Lewis, "Men Who Handle Nuclear Weapons."

64. See Clancy and Horner, *Every Man a Tiger*, p. 135.

65. See Bill Prochnau, "With the Bomb, There Is No Answer," *Washington Post*, May 1, 1982. 根据比尔·普罗齐瑙（Bill Prochnau）的说法，逮捕他们是在 20 世纪 70 年代末期。

66. See "Marijuana Discovery Leads to Missile Base Suspensions," *New York Times*, July 14, 1977; and "15 Suspended After Marijuana Is Found in Titan Silo," *Los Angeles Times*, July 15, 1977.

67. Cited in Herbert L. Abrams, "Sources of Instability in the Handling of Nuclear Weapons," in Frederic Solomon and Robert Q. Marston, eds., *The Medical Implications of Nuclear War* (Washington, D. C. : National Academy Press, 1986), p. 513.

68. 在这一年接受"人员可靠性计划"认证的 11.4 万人中，有 1728 人因为滥用药物而没能通过认证——这一比例约为 1.5% 。See ibid. , p. 514.

69. Moser interview.

70. See "Drug Probe at Whiteman Air Base," *St. Joseph Missouri News Press*, September 9, 1979; and "Enlisted Airmen Suspended," *Hutchinson* [Kansas] *News*, November 21, 1980.

71. Moser interview.

72. "Memorandum from the President's Assistant for National Security Affairs (Kissinger) to President Nixon," August 18, 1970, in United States State Department, *Foreign Relations of the United States, 1969 – 1976, Volume XXXIV: National Security Policy, 1969 – 1972* (Washington, D. C. : Government Printing Office, 2011), p. 555.

73. Henry A. Kissinger, *White House Years* (New York: Simon & Schuster, 1979), p. 1221.

74. See Pincus "Aging Titan II Was Time Bomb."

75. Quoted in Trachtenberg, *History & Strategy*, p. 257.

76. See Zaloga, *Kremlin's Nuclear Sword*, p. 241.

77. See ibid., p. 244.

78. 有关这种堡垒体系的描述，可参见 *Soviet Military Power: An Assessment of the Threat* (Washington, D. C.: Government Printing Office, 1988), pp. 59 – 62。

79. See Burr "'Horror Strategy,'" pp. 38 – 52. 关于尼克松和基辛格的战略思想的描述，我主要依赖于伯尔的出色文章以及 Terry Terriff, *The Nixon Administration and the Making of U. S. Nuclear Strategy* (Ithaca: Cornell University Press, 1995)。

80. Cited in "U. S. Strategic Objectives and Force Posture Executive Summary," National Security Council, Defense Program Review Committee, January 3, 1972 (TOP SECRET/declassified), NSA, p. 29.

81. Cited in ibid., p. 28.

82. Quoted in Burr, "'Horror Strategy,'" p. 63.

83. 基辛格猜想苏联怎么可以对美国发动这样的攻击；但他对这一举动合理性的怀疑同样适用于当时美国的战争计划。他在另一次会议上说："杀死 8000 万人成为唯一的选择是不道德的极点。"关于正文中引文的出处，可参见 "Review of U. S. Strategic Posture," NSC Review Group Meeting, May 29, 1969 (TOP SECRET/declassified), NSA, p. 12。注释中引文的出处，可参见 "Memorandum for Mr. Kissinger, Subject, Minutes of the Verification Panel Meeting Held August 9, 1973," August 15, 1973 (TOP SECRET/SENSITIVE/CODE WORD/declassified), NSA, p. 8。

84. 关于此种计算机模型的信息，可参见 N. D. Cohen, "The Quick Count System: A User's Manual," RAND Corporation, RM – 4006 – PR, April 1964。我是从另一份报告中知道"快速计数"计算机模型的，它"旨在供那些只具备初步的目标和核武器效应知识，但需要获得计算出西欧所受民事损害的快速手段的人使用"。See "Aggregate Nuclear Damage Assessment Techniques Applied to Western Europe," H. Avrech and D. C. McGarvey, RAND

Corporation, Memorandum RM – 4466 – ISA, Prepared for the Office of the Assistant Secretary of Defense/International Security Affairs, June 1965（FOR OFFICIAL USE ONLY/declassified）. 在第 19 ~ 23 页，你可以找到使用"快速计数"模型计算得出的西欧 24 个最大城市在遭受核爆炸时可能出现的伤亡人数的指南。列出了可能的"递增死亡率"（Incremental Mortalities）、"武器顺序"（Weapon Order）和"累计死亡率"（Cumulative Mortalities）的表格是冷静、高效和官僚主义疯狂的极佳例子。

85. "Recovery from Nuclear Attack, and Research and Action Programs to Enhance Recovery Prospects," Jack C. Greene, Robert W. Stokely, and John K. Christian, International Center for Emergency Preparedness, for Federal Emergency Management Agency, December 1979. 概述遭受核攻击后各种困难的图表出现在第 7 页。

86. Ibid., pp. 22 – 23.

87. See "Minutes of the Verification Panel Meeting," p. 2.

88. Quoted in Terriff, *Nixon and the Making of U. S. Nuclear Strategy*, p. 76.

89. Quoted in Burr, "'Horror Strategy,'" p. 62.

90. 另一份绝密报告发现，在苏联导弹击中目标之前，"就目前的预警系统配置来说，没有总统能够确定攻击正在袭来，或是进行报复有正当的理由"。正文中的引文出自 Wainstain, et al., "Evolution of U. S. Strategic Command and Control," p. 424；注释中的引文出自 ibid., p. 408。

91. Cited in "The Worldwide Military Command and Control System：A Historical Perspective (1960 – 1977)," Historical Division, Joint Secretariat, Joint Chiefs of Staff, September 1980 (SECRET/declassified), NSA, p. 121.

92. See "Countervailing Strategy Demands Revision of Strategic Forces Acquisition Plans," Comptroller General of the United States, MASAD – 81 – 355, August 1981, pp. 24 – 25.

93. See "Strategic Command, Control, and Communications：Alternative Approaches for Modernization," Congress of the United States, Congressional Budget Office, October 1981, pp. 15 – 16; and May, et

al. , "History of the Strategic Arms Competition," Part 2, pp. 605 – 6.

94. 关于全球军事指挥控制系统日益严重的问题，可参见 "Worldwide Military Command and Control System: Historical Perspective," pp. 93 – 112; and the chapter entitled "Three WWMCCS Failures," in David Pearson, *The World Wide Military Command and Control System: Evolution and Effectiveness* (Maxwell Air Force Base, AL: Air University Press, 2000), pp. 71 – 92。

95. Quoted in Wainstein, et al. , "Evolution of U. S. Strategic Command and Control," p. 432.

96. May et al. , History of the Strategic Arms Competition, Part 2, p. 607.

97. 关于这个充满风险且未取得成功的计划的详细信息，可参见 Scott D. Sagan and J. Suri, "The Madman Nuclear Alert," *International Security*, vol. 27, no. 4 (2003), pp. 150 – 83。

98. Quoted in ibid. , p. 156.

99. 关于1973年的第三级国防战备状态警戒，可参见 Scott D. Sagan, "Nuclear Alerts and Crisis Management," *International Security*, vol. 9, no. 4 (Spring 1985), pp. 122 – 31。

100. 第三级国防战备状态警戒是一项综合战略的一部分，该战略不仅针对苏联，而且针对埃及和以色列的领导层。基辛格对结果很满意，并在他的回忆录中写道："我们已经成为外交事务中的关键因素（pivotal factor）。" See Henry A. Kissinger, *Years of Upheaval* (New York: Simon & Schuster, 1982), p. 612.

101. Quoted in Sagan, "Alerts and Crisis Management," p. 124.

102. 伊克尔对快速发射导弹的反对是其对美国战略政策更大规模批判的一部分。See Fred Charles Iklé, "Can Nuclear Deterrence Last Out the Century?," *Foreign Affairs*, January 1973, pp. 267 – 85.

103. "The U. S. ICBM Force: Current Issues and Future Options," C. H. Builder, D. C. Kephart, and A. Laupa, a report prepared for United States Air Force Project RAND, R – 1754 – PR, October 1975 (SECRET/FORMERLY RESTRICTED DATA/declassified), NSA, p. 81.

104. See "Minutes, National Security Council Meeting, Subject, SALT

(and Angola）, December 22, 1975 " ( TOP SECRET/SENSITIVE/ declassified）, NSA, p. 9.

105. Ibid. , p. 9.

106. Ibid.

107. 关于总统核足球中的东西的描述，可参见 Bill Gulley and Mary Ellen Reese, *Breaking Cover*: *The Former Director of the White House Military Office Reveals the Shocking Abuse of Resources and Power That Has Been the Custom in the Last Four Administrations* ( New York: Simon & Schuster, 1980）。尽管副标题耸人听闻，但该书很可能提供了关于当时的核足球的最准确描述。

108. See Carroll, *House of War*, p. 354 – 56. 引文在第 355 页。对尼克松可能按下按钮的担忧，同样可参见如下优秀著作：Janne E. Nolan, *Guardians of the Arsenal*: *The Politics of Nuclear Strategy* ( New York: New Republic Book, 1989）, pp. 122 – 23。参谋长联席会议中有不少人认为，施莱辛格的言论是对尼克松可能发动政变的警告。See Mark Perry, *Four Stars*: *The Inside Story of the Forty-Year Battle Between the Joint Chiefs of Staff and America's Civilian Leaders* ( Boston: Houghton Mifflin, 1989）, pp. 257 – 59.

# 错误的磁带

在吉米·卡特总统就职一个月之后，他的国家安全事务团
体成员之一威廉·E. 奥多姆（William E. Odom）将军出席了
在奥马哈战略空军司令部总部举行的统一作战行动计划简报
会。[1]奥多姆被认为是一个顽固的反共分子，新政府中的强硬派
之一。他是个苏联问题专家，说一口流利的俄语，曾在西点
军校学习，并被训练成陆军的一名战术核武器瞄准官。他是
在 1977 年 2 月去的战略空军司令部总部。此时距基辛格开始
推动统一作战行动计划具备更多灵活性已经过去 8 年。国防
部部长施莱辛格也曾在 1974 年宣布，美国的战争计划正处于
修订过程中，它们很快就将包括使用更少武器的"有限的核选
项"（Limited Nuclear Options）和"区域性核选项"（Regional
Nuclear Options）。[2]然而，奥多姆将军还是没能找到那些变化在
统一作战行动计划中的踪迹。就像他之前的其他人一样，虽然
奥多姆姑且承认核启动是一种秘密知识，但他还是被统一作战
行动计划吓得目瞪口呆：

> 有时候我根本无法相信正在展示给我看的和告诉我的，
> 这使我怀疑自己的理解能力。对我个人来说，这是次让我
> 不安的经历。……它只是一个规模庞大的战争计划，旨在
> 制造最大限度的损坏而不考虑政治含义。我的结论是，美国
> 已经将对核武器的政治控制权让位给决定性的战争理论……

> 这确保了对美国和苏联的前所未有的破坏。……总统将只
> 有两三个毫无意义的选择，而那也可能是必须在某个深夜
> 从睡梦中醒来之后的十分钟之内做出的。[3]

"基于预警的发射"的政策是"荒谬的和不负责任的"，[4]在任何条件下执行统一作战行动计划都将是"愚蠢至极的"。[5]眼下的统一作战行动计划要求用约1万枚核武器攻击苏联。[6]但奥马哈的联合战略目标规划参谋部中最让奥多姆感到不安的是，它似乎没有任何攻击后的计划："在他们的世界中，他们接到执行统一作战行动计划的命令之后6～10个小时，事情就停止了。"[7]

卡特总统决心结束与苏联的军备竞赛。可能除艾森豪威尔之外，他比他在白宫的任何前任都更了解核武器。卡特在美国海军学院（U. S. Naval Academy）学习过，曾在潜艇上担任军官，并帮助设计了海军首个核推进系统。在他宣誓就职前几个星期，卡特会见了参谋长联席会议的成员，并问了他们一个意想不到的问题：把美国的核武库削减到只有一两百枚弹道导弹需要多长时间？整个房间陷入了沉默——没有人给他答案。[8]

在那一刻，卡特总统就已经显露了他自己是"最低限度威慑"（minimum deterrence）战略的支持者。这种战略在20世纪50年代末期得到美国海军的拥护，当时海军正在开发"北极星"潜艇。他认为一两百枚导弹可能就足以威慑苏联。[9]如果两个超级大国都将自身的战略力量削减到那个水平，双方就都无法发起成功的第一次打击。在就职演说中，卡特谈到了他的终极目标："消除这个地球上的所有核武器。"[10]为了不让这个问题被自己遗忘，他在椭圆形办公室的办公桌上放置了苏联和美国导弹的木制缩微模型。

参谋长联席会议对卡特持怀疑态度。这位新总统不仅支持 363 最低限度威慑，而且他试图禁止所有的核试验。他提议大规模削减军费开支。他真心想要新的军备控制协议、世界和平，以及与苏联的友谊。他任命哈罗德·布朗——麦克纳马拉的"精明小子"团队中的一员——为国防部部长。布朗认为美国并没有落后于苏联，而且新的战略武器，如 B-1 轰炸机，并不是迫切需要的。在上任后的几周之内，卡特发现他的计划遭到了绝大部分共和党人、大部分民主党人、武装部队甚至苏联人的反对。在克里姆林宫，他那加速削减弹道导弹的提议似乎是为了获得有利的公关宣传，而他对苏联人权问题的批评被认为是对苏联的侮辱。苏联领导层更喜欢与尼克松和基辛格打交道，因为他们从来就不提对持不同政见者的镇压。

很快，一个名为"当前危险委员会"（Committee on the Present Danger）的新组织就开始攻击卡特政府防卫不力，危及国家安全。这个组织的成员包括学者、防务知识分子、前政府官员，以及退休军官。他们警告说，几年之内，这个国家将面临一个"易遭攻击窗口"（window of vulnerability），其间苏联可能发动一场虽放过美国的城市但摧毁美国所有陆基导弹的突然袭击。然后，美国总统将面临痛苦的选择：顺从苏联的要求并拯救美国人的生命，或者针对苏联城市发射潜射导弹，造成无意义的同归于尽。哈佛大学历史学教授、委员会创始人之一理查德·派普斯（Richard Pipes）在一篇名为《为什么苏联认为它可以打并打赢一场核战争》（Why the Soviet Union Thinks It Could Fight and Win a Nuclear War）的论文中简明扼要地表达了该组织的观点。[11]派普斯辩称，苏联人是暴力的、狡诈的、独裁的和狡猾的，他们已经表达出一种代表共产主义进行大规模屠杀的意愿。眼下，美国的毁灭似乎正在他们的掌握之中，而为达此目的，他们将不惜任何代价。

和此前的轰炸机差距和导弹差距一样，"易遭攻击窗口"也为增加国防开支提供了一个强有力的理由。而且像那些恐慌一样，它也更多是基于恐惧而不是事实。要对美国的陆基导弹实施成功的突袭并不容易实现。为了让清除它们的确定性达到95％，至少需要每两个苏联弹头瞄准一个美国发射井。[12]这两个弹头还必须以精确的时间间隔落地，如此一来它们中的一个所产生的冲击波效应不会摧毁另一个。此外，苏联还必须防止战略空军司令部基于预警而发射手中的导弹。即便突然袭击获得成功，导致美国所有的"民兵"导弹和泰坦－2导弹瘫痪，核爆炸所产生的放射性沉降物也还将杀死200万～2000万美国人。[13]不过，美国仍然拥有数以千计的核弹头，它们安装在潜射导弹上，时刻准备进行报复。

卡特总统的理想主义愿景很快就与20世纪70年代末期的现实相互抵牾。他不得不应对汽油短缺、高失业率和通货膨胀；对美国力量衰落的担忧；苏联的军备扩张、对持不同政见者的镇压，以及在埃塞俄比亚和安哥拉将古巴部队当作代理人使用。国会参议院拒绝批准新的军备控制条约，"缓和"也成了明日黄花。相较于十多年来一直削减防务预算的常态，卡特首次增加了预算。他还签字批准了"抵销战略"（countervailing strategy），其将允许总统在各种情况下使用有限的核打击，而没有采纳最低限度威慑战略。[14]此外，相较于消除所有战略武器，他支持发展全新的战略武器——MX远程导弹、潘兴－2中程导弹、使用喷气发动机而不是火箭发动机的巡航导弹（可低空飞行并躲过苏联雷达探测）、B－2轰炸机，以及三叉戟潜艇。

　　MX 导弹系统体现了当时的战略思维。[15]为了避免毁于一场突袭，MX 导弹将被安装在 200 英尺长的卡车上。导弹将在 23 个防护性混凝土庇护所中不断来回移动，就像一个规模巨大的猜杯游戏（shell game，一种赌博游戏，常见的玩法是三个倒扣着的杯子，其中一个杯子中扣着豆子之类的东西，参加者需要猜出多次移动后的哪个杯子扣着豆子。——译者注）中的豌豆。苏联将永远也无法知道到底哪个庇护所中藏着导弹。这种庇护所互相间隔 1 英里，其中 22 个藏的是假导弹，当然，这些诱饵也会被卡车拉着不断移动。假如这个方案启动，苏联将不得不用至少 46 个弹头来摧毁单单 1 枚 MX 导弹。

　　卡特总统批准在犹他州和内华达州的大盆地（Great Basin）区域部署 200 枚 MX 导弹。这种导弹将被分散部署在大约 1.5 万平方英里的联邦土地上，其中大部分区域都不对公众开放。[16]为了进入那些 MX 导弹场，需要新修 8000 英里的公路。[17]为完成这个系统的建设工作，则需要投入大约 10 万名工人，而要让它运转起来的话，也需要大约 5 万人。[18]这个项目的总成本估计至少为 400 亿美元。[19]设计这种新武器的目的不仅在于为美国关上"易遭攻击窗口"，而且要为苏联打开一个这样的窗口。每枚 MX 导弹都可以携带 10 个高精度弹头，如此一来就可以在美国发动第一次打击时将苏联导弹置于毁灭的危险之中。

　　1979 年 11 月 9 日上午 11 点左右，夏延山（Cheyenne Mountain）内部北美防空司令部总部的计算机表明，美国正在遭受攻击。[20]战略空军司令部总部地下指挥中心的巨大屏幕也显示，多枚苏联导弹已经从位于美国西海岸附近海域的潜艇上发射出来。五角大楼国家军事指挥中心以及雷文洛克山内部 R 场的备用国家军事指挥中心（Alternate National Military Command Center）的计算机都收到了相同的信息。然后，更多导弹出现在屏幕上，它们不仅来自潜艇，也来自苏联境内的导弹发射场。这是一场大规模攻击，五六分钟之内弹头就将开始击中美国目标。

每当北美防空司令部的预警传感器探测到可能的导弹发射迹象时，都要举行一次导弹说明会（Missile Display Conference）。这种会议一天会进行四次；[21] 美国空军卫星上的红外线传感器能够被森林大火、火山喷发和其他热源触发。[22] 值班的官员们将讨论这种威胁是不是真实的，或者只是一次误报。北美防空司令部总司令将决定是否要安排一次威胁评估会议（Threat Assessment Conference），召集战略空军司令部负责人和参谋长联席会议主席进行讨论。这种类型的会议一周会进行一次或两次。[23] 如果导弹看起来真的是朝着美国方向飞行，那么将安排一次导弹攻击会议（Missile Attack Conference）。它将给予总统一个与高级官员交谈的机会，听取他们的意见，并决定是否发射导弹进行报复。到此时为止，还从未举行过一次导弹攻击会议。[24]

当北美防空司令部的计算机屏幕密布苏联导弹时，威胁评估会议开始召开。虽然攻击的模式似乎符合五角大楼对苏联战争计划的假设，但它的时间点毫无意义。两个超级大国之间的紧张程度并不是特别高，也没有任何新闻消息显示苏联要对美国发动"雷霆一击"的攻势。北美防空司令部的当值官员联系了相关雷达和地面站的工作人员，那些地方的传感器正在传送导弹发射的信息。没有探测到任何导弹发射的迹象。北美防空司令部的计算机看起来提供了一个错误的——但极其逼真的——关于苏联突然袭击的描述。

作为预防措施，战略空军司令部全国范围内的基地的高音报警器都响了起来。轰炸机机组人员跑向他们的飞机，导弹发射小组成员也开始高度警戒。战斗截击机起飞寻找苏联攻击的迹象。国家紧急空中指挥所离开了安德鲁斯空军基地，不过卡特总统不在上面。全美各地的空中交通管制员准备为军事飞行而清空美国的空域，警告所有商务班机可能很快就必须降落。

随着时间一分钟一分钟地流逝而没有苏联弹头来袭，很显然美国并没有遭到攻击。虚假警报的原因很快就查明了。一位技师将错误的磁带放进了北美防空司令部的一台计算机中。[25]这盘磁带是一种演习的一部分，这种演习模拟了苏联对美国发动攻击的战争场景。这台计算机随后将战争演习的真实细节传送给了战略空军司令部总部、五角大楼和 R 场。

十多年来，北美防空司令部的那些计算机一直在制造麻烦。[26]虽然霍尼韦尔 6060 计算机也许是美国最重要的数据处理机器（负责编译和评估来自所有预警雷达和卫星的信息），但当北美防空司令部把它们安装到夏延山内部时，它们就已经过时了。[27]美国总审计局（General Accounting Office，GAO）1978 年进行的一项调查发现，是尼克松政府时期的预算削减和官僚机构僵化迫使北美防空司令部购买了这种计算机，尽管北美防空司令部的负责人一度抗议说它们缺乏处理关键预警任务所需的足够的能力。[28]总审计局报告说，"由于缺少现成的备用零部件"，[29]北美防空司令部的计算机经常出现故障。霍尼韦尔都已数年不制造其中的许多零部件了。[30]

北美防空司令部的士气就与它那老化的计算机和软件一样，都有改进的空间。在虚假警报事件过后的几个月内，派驻夏延

367

山内部作战指挥中心（Combat Operations Center）的 23 名安保人员都被剥夺了涉密工作许可（security clearance）。[31] 根据美国空军特别调查办公室的说法，在这支负责保护美国指挥与控制系统神经中枢的安保部队中，有人使用迷幻药、大麻、可卡因和安非他命（amphetamine）。

当演习磁带事件的消息泄露出来后，各大媒体争相报道，其中一条头条新闻的标题是《关于攻击的虚假警报让战斗机升空》。[32] 五角大楼的官员否认导弹警告曾被认真对待。但是，北美防空司令部的技术和人为错误都符合这个国家总体情绪所感受到的。对于绝大多数人来说，一场意外的核战争并不令人难以置信——美国似乎在分崩离析。几个月之前，宾夕法尼亚州三里岛（Three Mile Island）的一个核反应堆发生了部分熔毁，这主要是因为该发电站的某工人错误地关闭了一个紧急冷却系统。

1980 年 6 月 3 日，在大约凌晨 2 点 30 分的时候，总统国家安全顾问兹比格涅夫·布热津斯基（Zbigniew Brzezinski）被国家安全事务团队成员之一威廉·E. 奥多姆将军的电话吵醒。[33] 奥多姆说，苏联潜艇已经向美国发射 220 枚导弹。这一次，突然袭击不再是难以置信的了。苏联最近入侵了阿富汗，确证了当前危险委员会所宣称的所有残酷的刻板印象。美国正带头抵制即将举办的莫斯科奥运会，两个超级大国之间的关系处于自古巴导弹危机以来的最低点。布热津斯基让奥多姆在确认苏联攻击和它的预定目标后再打过来。美国必须立即进行报复；一旦攻击的细节明了之后，布热津斯基将通知总统。奥多姆再次打来电话，说有 2200 枚导弹正朝美国飞来，这几乎是苏联武器库中所有的远程导弹。[34] 当布热津斯基准备给白宫打电话的时候，奥多姆又打过来了。北美防空司令部的计算机表明苏联的导弹已经发射了，但那些预警雷达和卫星并没探测到任何导弹来袭的迹象。这又是一次虚假警报。在这整个过程中，布热津斯基都让他的妻子睡着，因为他更情愿当弹头击中华盛顿的时候，她不是醒着的。

战略空军司令部的轰炸机机组人员已跑上他们的飞机并发动了引擎。导弹发射小组的成员也已被告知打开他们的保险箱。太平洋司令部的空中指挥所也已经起飞升空。然后，五角大楼全国军事指挥中心的值班官员结束了威胁评估会议，相信苏联没有发射任何导弹。再一次，北美防空司令部的计算机和它的预警传感器表达了相反的事情。很显然是其中一台计算机出了问题，但它很难被找到。几天之后，北美防空司令部的计算机第三次警告战略空军司令部总部和五角大楼，说美国正在遭受攻击。高音报警器响了起来，轰炸机机组成员跑向他们的飞机，然后另一次威胁评估会议宣布这又是一起虚假警报。

这一次技术人员发现了问题所在：某通信设备中一块故障的计算机芯片。[35]北美防空司令部有专线将夏延山的计算机连到战略空军司令部、五角大楼和 R 场的计算机上。北美防空司令部日夜不停地发送测试信息，以确保那些线路在正常工作。测试信息是一条关于导弹袭击的警告信息——数字 0 经常会被填入空白处以显示已经发射的导弹数量。出了故障的计算机芯片随机地将数字 2 填入那个空白处，意味着已经有 2 枚导弹、220枚导弹或 2200 枚导弹发射出来。[36]出故障的芯片随即被替换，成本只有 46 美分。[37]然后，操作人员为北美防空司令部的专线写了一条新的测试信息。它没有提及任何导弹。

在艾森豪威尔任期即将结束的那段日子里，在导弹差距的 369

激烈言辞中，鲍勃·佩里弗伊开始担心苏联可能攻击美国。[38]在他妻子芭芭拉以及当地一名承包商的帮助下，佩里弗伊在阿尔伯克基家中的车库下方建了一个防空洞。桑迪亚的其他工程师也给他们自己的房子增建了防空洞。实验室是苏联人的主要目标，而肯尼迪政府上台后头两年中一系列国际危机让这个决定看起来是明智之举。佩里弗伊家的防空洞里面储备了食物、水、一个可测量辐射水平的放射量测量计、一扇能够密封的门、一台手摇式换气扇、一把枪，以及足够容纳五人的空间。后来他将此举视作年轻时期的愚行。1967 年，当他们举家搬进另一栋房子——那里离埃布尔场的核武器存储设施只有几英里远——时，他没再费心另建一个防空洞。佩里弗伊无法挖出一个足够深的洞穴，以保护他的家人免受可能击中附近核武器存储设施的热核弹头的袭击。到 20 世纪 70 年代中期，他开始关注一种不同的威胁。虽然佩里弗伊是保守派、反共分子、共和党人和增加国防开支的支持者，但美国武器库中的核武器让他夜不能寐。

"福勒信件"唯一的直接效果是提高了格伦·福勒丢掉他的工作的可能性。他那迫切的安全警告并没有说服空军将核武器从执行地面警戒任务的轰炸机中移除。在国防部和原子能委员会，由这封信激起的愤怒特别强烈。这两个机构的高级官员从华盛顿飞来会见桑迪亚实验室的负责人。在为这次会议做准备时，佩里弗伊让斯坦·斯普雷将那些曾遭遇反常环境的核武器零部件集中起来进行展示。也许眼见才能为实：烧焦的电路板上熔化的焊料似乎是无可辩驳的证据，证明核武器在遭遇火灾时会发生不可预料的反应。斯普雷的展示很快就被人称为"烧焦的电路板简报会"（Burned Board briefing）。原子能事务方

面的助理国防部部长唐纳德·R. 科特，以及曾收到"福勒信 370
件"的原子能委员会高级官员小欧内斯特·格雷夫斯少将并未受
到震动。他们认为证据不可信，而且对桑迪亚把这些断言记录在
案的做法大为光火。美国的核库存中包含数十种不同类型的核武
器，而且"福勒信件"并没有肯定地指出其中的哪种核武器存在
小的安全问题。它只是暗示没有哪一种核武器是绝对安全的。

唐纳德·科特特别不高兴。他认识佩里弗伊和比尔·史蒂
文斯很久了。在进入五角大楼之前，科特在桑迪亚工作了好多
年。他曾设计核武器的电气系统，支持早期的安全装置，并帮
助弗雷德·伊克尔准备了关于武器安全的兰德报告。科特被
"福勒信件"触怒。他对此的回应相当不客气："这是我们的核
储备。我们认为它是安全的。你们这些家伙算什么东西！"[39]佩
里弗伊的团队不仅挑战了武器设计的传统观念，还挑战了一些
北约部队和战略空军司令部的战备状态。

福勒保住了他的工作，但他在信中提出的建议并没被接纳。
没有任何一件空投型核武器被停止使用，或是加装新型安全装
置。相反，一系列政府研究被委托给相关机构，以探讨核武器
安全问题，这是用来推迟采取行动的经典的官僚主义策略
（bureaucratic maneuver）。国防部辩称"安全问题的严峻性并不
是显而易见的"[40]——该机构现在对核储备拥有前所未有的影响
力。1975 年，原子能委员会被解散，取而代之的是能源研究与
发展管理署（Energy Research and Development Administration）。
后面这个机构只存在了两年，之后就被并入能源部
（Department of Energy）。1977 年，原子能联合委员会也被废除，
30 多年来它一直是与军方抗衡的强有力的文官机构。在核武器
管理事务上，五角大楼拥有了基本上不受制衡的权力，而国防

部核武器局也有一系列不同于鲍勃·佩里弗伊设想的优先事项。国防部核武器局认为："改装现有库存的核武器来获得诸多安全优势……将是一个耗资巨大的项目，它十有八九会减少未来相关武器可获得的资金。"[41]

在佩里弗伊希望修理的核武器中，美国空军部署了绝大部分。它支持使用新的安全装置，只要它们不需要：

1. 对任何现役飞机进行改装；
2. 额外的机组成员操作；
3. 额外的空军经费支出。[42]

空军也继续对准许启动连接装置或其他形式的使用控制（use control）不感兴趣。比起 20 世纪 60 年代初期提供给北约的那些准许启动连接装置，最新型的准许启动连接装置更加复杂和可靠。新的 D 类 PAL 使用六位数的密码，拥有 100 万种可能的组合。[43]它具有限制尝试的特性，即如果错误的密码被输入几次，那就会永久锁定该武器。此外，它还可以存储多组密码。总统现在可以通过选择特定的密码来锁定某些核武器，而不锁定其他的。这种系统确保了集中化的、安全的指挥与控制。但是，战略空军司令部继续抵制在它拥有的弹头和炸弹中安装准许启动连接装置。

在图勒事故之后，五角大楼命令战略空军司令部施加某种形式的使用控制。在 20 世纪 70 年代初期，相较于依赖准许启动连接装置，美国空军在每一架携带核武器的轰炸机驾驶舱中安装了一个密码开关。[44]当正确的密码被输入时，这种开关会把解除保险信号发送到炸弹舱。锁安装在轰炸机上，而不是炸弹内部——因此被偷的武器仍然可以用简单的直流信号（DC signal）引爆。相较于担心有人会偷走核武器或在没有适当授权的情况下使用它们，战略空军司令部更担心它的武器在战时无法正常使用。20世纪70年代晚期，战略空军司令部所有弹道导弹的控制中心终于安装了密码开关。它解锁的是导弹，而不是里面的弹头。作为最后的反抗之举，战略空军司令部演示了密码管理于任何密码开关效用的重要性。发射导弹所必需的密码组合在所有"民兵"导弹发射场都是一样的：00000000。[45]

佩里弗伊并没有被来自诸多层级的官僚主义反对派吓倒。处于危险之中的议题并不是微不足道的，他决心说服防务界的其他人相信危险是真实存在的。增加弱连接和强连接以及独特的信号机制的成本约为每件武器10万美元。[46]行政管理和预算办公室（Office of Management and Budget，OMB）估计，要在美国空军使用最广泛的两种炸弹——马克28和B-61——中安装那些安全装置，将耗费大约3.6亿美元。[47]佩里弗伊知道这是很大一笔钱，但一起核武器事故要比这贵太多了。改装核武器所需的经费，大约只有空军计划花在把MX导弹在犹他州和内华达州沙漠中拉来拉去上的经费的1%。五角大楼对获得新型武器而不是适当地维护旧武器的执着将难以克服，但这场战斗似乎是值得的。一位朋友曾送给佩里弗伊一幅漫画，上面画着最高法院的一位法官坐在椅子上发言。它很好地传达了当事实站在佩里弗伊一边时他本人的基本态度。"我的反对意见将很简短，"漫画里的法官说，"你们都是胡说八道。"[48]

武器实验室的角色早已变成咨询性的了。它们要为来自国防部的合同竞争，因此并不愿意批评他们的最大客户。佩里弗伊没有权力要求那些已经被武装部队拥有的武器系统做出改变，但他拒绝签署任何没有安装新安全装置的新型炸弹或弹头的重要部件转交文件。没有他的批准，这些武器就不能进入库存。1977年，在实验室获得一些实权近四年之后，佩里弗伊签署了B-61炸弹某改进型号的转交文件。这是第一种使用弱连接和强连接技术的核武器。

随着与五角大楼的争执久拖不决，佩里弗伊得知武装部队不再告知他有关核武器事故的信息。"断箭"事故很难隐藏，但更常见的小意外——短路、炸弹从装载车上掉下来、武器运输车倾覆——并没有被报告给他。佩里弗伊经常会从其他渠道获知这些意外事件的消息。美国空军和国防部高层官员对这些事件的否认在两个机构中都产生了涟漪效应（ripple effect）。轰炸机机组成员、导弹值班小组、定期处理弹头和炸弹的技师、维修小组以及消防人员都被告知那些武器是绝对安全的。这种错误消息让他们面临巨大的风险。对于那些正冒着生命危险的年轻男女士兵来说，这也是某种形式的不尊重。它也助长了围绕着核武器的粗心大意之举。在许多方面，否认安全问题只会让它们变得更糟糕。

当佩里弗伊打官僚主义战争时，比尔·史蒂文斯与核安全部门的其他人继续研究如何使核武器更加不容易被意外引爆、扩散钚或者落入坏人之手。早在20世纪60年代末期，史蒂文斯就开始担心恐怖分子可能窃取核武器，[49]1972年的慕尼黑惨案证明了这种威胁是真实存在的。北约存储"冰屋"中的武器看起来是最容易遭窃的，窃贼不仅来自潜在的恐怖分子，也来自盟军或敌方军队中的无赖分子。如果某座"冰屋"看起来处于被占领的边缘，北约部队应该"钉死大炮"（spike the guns）——给"冰屋"中的每一件核武器安上炸药，然后将它们炸毁。这样做不会引发核爆炸，但其附带损害可能是极其巨大的，大量的钚尘将会扩散。史蒂文斯认为，需要找到不让坏人得到武器的更好方法，并且必须最严肃地看待钚扩散的危险。

不久之后，北约"冰屋"中核武器存储措施和摧毁它们的紧急程序就发生了变化。桑迪亚实验室的反恐怖主义研究带来了新型周界控制技术（如运动侦测器）的发展，此外还出现了阻止那些成功穿过"冰屋"大门的非法闯入者的创新方法。"冰屋"墙上的喷嘴将快速喷出大量黏胶泡沫填满屋子，以困住闯入者并防止核武器被移动。[50]这种泡沫看起来很可笑，就像电影《活宝三人组》（*Three Stooges*）中的道具，但它确实有效。

佩里弗伊和史蒂文斯也研究了事故发生后如何安全处理核武器的问题。在应该做什么事情的理念方面，桑迪亚的文职人员与爆炸性军械处理部队的军方人员往往互相冲突。这是让穿白大褂的科学家与穿军装的军人对立的另一个争议问题。美国空军的炸弹小队习惯于处理常规武器，而且他们接受的训练就是要他们快速完成这项工作——在战争时期，跑道附近的未爆炸弹可能会阻止飞机起飞。爆炸性军械处理人员喜欢朝着武器走近，然后快速将它拆除并处理掉。佩里弗伊和史蒂文斯认为这种做法对处理核武器来说是不合适的。从事故中幸存下来的氢弹虽完好无损，但如果有人处理不当的话，它还是可能发生爆炸。即便不产生核当量，其中的高爆炸药也还是能够扩散钚尘并伤害到在它周边的人。

在前文提到的马里兰州坎伯兰附近的那起 B - 52 坠机事件发生后，美国空军的一个爆炸性军械处理小组开始使用简易重型机械将核武器从飞机残骸中移走——直到一名来自桑迪亚的

374

代表进行干预并要求他们停止作业。直到对它们的条件进行评估后，那两枚炸弹才被移动。一个海军炸弹处理小组开始拆卸从帕洛马雷斯附近的海洋中回收的马克 28 炸弹——直到另一名桑迪亚核安全专家明确表示，一艘在波浪间颠簸的船可能并不是展开此项任务的最佳地点。佩里弗伊和史蒂文斯认为，在大多数时候都没必要急急忙忙。"在不知道伤员受伤程度的情况下，不要随意移动伤员"——这条急救的基本准则，同样适用于处理核武器。易于拆卸从来没有成为武器设计师的最优先考虑事项。事实上，当武器还在绘图板上时，这一问题基本没有被考虑过。在金属外壳内部，零部件被紧紧焊接或胶合在一起。如果不小心翼翼，热电池可能被点燃，高爆炸药将起爆。佩里弗伊上过爆炸性军械处理的课程，并在事后对穿着防护服安全处理炸弹的陆军和空军士兵产生了极大的钦佩之感。他们无所畏惧，但他们通常处理的武器可能杀死他们并伤及方圆 1/4 英里内的其他人。佩里弗伊并不想让任何人在努力拆卸一个热核弹头时匆匆忙忙或者脑子发热。

在发现马克 28 氢弹有某个缺陷之后，对库存中的更老式武器进行改造或使其退役的需求就更加迫切了。斯坦·斯普雷发现其中一枚炸弹的内部电缆的位置太靠近炸弹外壳了。[51] 如果这件武器长时间受热，其电缆的绝缘性能就会降低，里面的那些电线就可能短路。其中一根电线连接着就绪（安全）开关，另一根连接着能给 X 单元充电的热电池。这是个严重的问题。大火产生的热量能够解除马克 28 炸弹的保险，点燃它的热电池，给里面的 X 单元充电，接着就将完全引爆那些高爆炸药。然后，根据马克 28 的不同型号，一场当量从 70 千吨到 150 万吨不等的核爆炸将接踵而至。

马克 28 的问题要比其他武器的安全缺陷更加意义重大。马克 28 炸弹经常由 B – 52 轰炸机搭载执行地面警戒任务，而那些 B – 52 即便不起飞离开地面，有时候也会着火。这种轰炸机携带了超过 30 万磅高度易燃的 JP – 4 喷气燃料——煤油与汽油的混合物。为了准备 B – 52 的一次常规飞行，在发动引擎之前，机组成员将花至少一个小时在飞机上逐项核对检查表，然后次第发动引擎，直到所有 8 台引擎全部转动起来。要让一架 B – 52 轰炸机起飞升空，飞行员可能需要花上一个半小时。但是，处于地面警戒的飞机被期待着能够在 10 或 15 分钟之内升空，这是可用于 "逃离基地"（base escape）的最长时间。[52]一旦副驾驶爬上飞机，他就可以引爆 4 个发动机短舱（engine pod）中的弹药筒（explosive cartridge），让涡轮快速旋转起来，并在大约 1 分钟内启动所有 8 台引擎。所谓的 "弹药筒启动"（cartridge start）是一个让人印象深刻的场景——一系列小规模爆炸，B – 52 轰炸机会让跑道笼罩上烟雾——执行地面警戒的机组人员会定期演练这一行动。然而，此举也可能引发火灾。

马克 28 炸弹和 B – 52 轰炸机在执行警戒任务时的组合正变得越来越危险。佩里弗伊怀疑是否值得冒这个风险。两者都是正在老化的武器系统；许多 B – 52 轰炸机甚至比驾驶它们的飞行员还老。而且绝大部分飞机可能永远也无法抵达它们的目标，更不要说任务结束后安全地返回了。1975 年，在听了一次关于执行统一作战行动计划的那些战略空军司令部辖下轰炸机所扮演角色的简报会后，中央情报局局长威廉·科尔比（William Colby）对 "我们的 B – 52 轰炸机是计划用来执行有去无回的任务"[53]表示惊讶。一旦紧急作战指令被发送，执行地面警戒任务的轰炸机就将迅速从美国的基地起飞，朝着苏联目标飞行 8 到

10 个小时——然后会发现什么？苏联很可能已经被美国导弹所
搭载的数以千计的弹头击中。那些没被摧毁的目标将很可能被
防空导弹包围着，规模大到难以想象的尘埃云将覆盖着地面。
每一架 B－52 轰炸机都在欧洲或中东地区分配了一个机场，完
成攻击任务后它们可以在那里降落、加油并装载更多核武器，
以对苏联再一次发动打击。如果有些轰炸机在第一次通过苏联
领空后侥幸存活下来，那么那些基地是否还存在呢？绝大部分
B－52 轰炸机机组成员都不指望这个。

　　斯坦·斯普雷给他那个"烧焦的电路板简报会"加上了马
克 28 炸弹的零部件，以及一个引人注目的小花招：当这枚炸弹
的电路短路时，一个闪光灯泡会炸裂。这次展示的受众中有数
以百计的官员——但几乎没有什么即时效应。1977 年，佩里弗
伊的一名副手完成了对美国武器库中所有核武器的研究工作。[54]
它为国防部提供了一份正构成最大威胁的武器的名单，以及一
个让它们退出服役或增进其安全性能的时间表。马克 28 位列名
单第一位，紧随其后的是"妖怪"防空导弹所搭载的 W－25 弹
头。[55] 尽管是最老式的处于存储状态的"密封－核"式武器，易
遭雷击，以及安装的是过时的加速度计，但"妖怪"仍然被搭
载在战斗机上。在需要迫切关注的武器的名单中，唯一的战略
核弹头就是安装在泰坦－2 导弹上的 W－53。它需要"增强电
气安全性能方面的改造"。[56]

　　1979 年，国防部终于接受了桑迪亚的安全部门多年来一直
提出的建议中的一部分——但它并不想为此埋单。五角大楼同
意为马克 28 这样的武器安排改造事宜，只要在此事上的花销不
会妨碍获得新的武器。在获得经费之前，马克 28 仍然可以由执
行地面警戒任务的 B－52 搭载。虽然美国空军在投入数亿美元

来改进氢弹安全性能一事上畏畏缩缩，但它计划花至少 100 亿美元来为 B－52 轰炸机装备巡航导弹。[57]如此一来，相较于试图侵入苏联领空，轰炸机将可以在离目标 1000 英里远的地方发射巡航导弹，然后掉头回家。在装备那些巡航导弹之前，B－52 轰炸机将搭载短程攻击导弹（SRAM），其将安装在一个旋转挂具上。每发射一枚导弹，它都会旋转一下，就像左轮手枪的弹舱发射子弹一样。这种短程攻击导弹被设计为可飞行 100 多英里，摧毁苏联的防空力量，给 B－52 制造抵达目标的更好机会。这种导弹的破坏力高达 200 千吨，一架 B－52 能够搭载 12 枚。

佩里弗伊因军方的拖延而沮丧不已。甚至连位列名单第一位的马克 28，对它的改造工作也不断推后。通过在空军中的一位朋友，佩里弗伊为霍华德·W. 利夫（Howard W. Leaf）将军安排了一次访问桑迪亚的行程，时间就在 1980 年 6 月 13 日。利夫将被安排参加"烧焦的电路板简报会"。这一次马克 28 的安全问题会被详细地列出来，同样会详述的还有核武器事故的历史，以及弱连接及强连接装置的发展。利夫有一项重要的工作，他是美国空军的监察长（inspector general），拥有摆脱繁文缛节的权力。10 天前，北美防空司令部那故障的计算机芯片所引发的虚假警报，已经开始再次让人注意到指挥与控制的重要性、技术的局限性以及人为错误的风险。在桑迪亚的长时间会面后，利夫将军返回了华盛顿——并委托开展另一项有关马克 28 炸弹安全性的研究。

1980 年 9 月 15 日，杰弗里·A. 辛克（Jeffrey A. Zink）在北达科他州大福克斯空军基地（Grand Forks Air Force Base）拉响了地面警戒的警报。[58]辛克是一架 B－52 的领航员。他和他所

377

在机组的其他成员每月一次都会睡在跑道尽头的一座建筑物里，那里有一条隧道通往他们要驾驶的飞机。另外，四五个 B - 52 机组及其加油机机组也一同住在那里。在某些方面，住在那里就像被关在监狱里一样。执行警戒命令人员的宿舍区被蛇腹形铁丝网、运动探测器以及手持 M - 16 步枪的安全警察围绕着。辛克和他的朋友们大部分时间都无聊得要命，吃饭、睡觉、看书、打盹，以及在电视上观看诸如《爱之船》（*The Love Boat*）一类的烂俗电视剧。但辛克总是觉得无聊至极，在这种情况下，无聊却是件好事。无聊意味着威慑仍然是奏效的。只要他们这50 个年轻人在那里无所事事，美国的核战略就是成功的。然而，大约每周一次，高音报警器会响起，生活将突然变得有趣起来。

辛克从没想过自己会加入空军。在 20 世纪 70 年代中期于匹兹堡大学（University of Pittsburgh）学习时，他是个长发飘飘的坚定的嬉皮士，并计划去法学院学习。有一天，他走进了空军的一个征兵办公室，认为开飞机会是件很酷的事情。征兵人员告诉辛克，他眼睛的视力不够好，不能成为飞行员，但他可以成为领航员。1977 年刚一毕业，辛克把法学院抛在一边加入了空军。他那同样是嬉皮士的女朋友目瞪口呆，很快他俩的关系就告终了。一开始时，辛克并不适应战略空军司令部那种粗暴的、受管制的文化。他一度问自己："我这是在干什么啊？我不认为我喜欢这些人。"[59] 但后来他的感觉逐渐改变，最终成长为一名中校。

B - 52 轰炸机的领航员坐在飞机"下巴"位置的一张工作台旁，在飞行员的下面一层。投弹手坐在领航员旁边，他俩都配备了能够向下发射的弹射座椅。他们所在的隔舱面积狭小，十分逼仄，没有窗户，而且天花板只有 5 英尺高。飞行训练一般会持续 6 ~ 11 小时，这对他们来说是一段艰难的旅程。8 台发动机一起工作时的声音太大，以至于领航员和投弹手两人坐的地方虽只隔一两英尺远，但即便是大声嚷嚷也无法进行沟通交流。他们要交流的话必须依靠对讲机，而且绝大部分时间他们还得戴上耳塞。最初设计 B – 52 时是要它在大约 5 万英尺的高空攻击苏联目标，但现在苏联的防空体系迫使美国轰炸机不得不以极低的高度接近。在每一次飞行训练中，辛克的飞机有三四个小时飞行高度都只有 150 ~ 350 英尺。在这个高度上，特别是在夏季，空气湍流非常可怕。灼热的阳光会使暖气流从地面旋转上升形成旋涡。辛克坐在那小小的无窗隔舱，剧烈的颠簸起伏导致工作台上的东西都会往下掉落，他自己经常感觉有些晕机。但他也感到忙得不可开交，都没空头晕。他会告诉自己："我等一会儿再吐吧，现在有太多事情要做。"[60]

　　领航员将不断与飞行员沟通，警告飞机即将接近的地形。B – 52 的导航工具是较为初级的，它的航空电子设备仍然依靠真空管，而不是集成电路，数据也是通过 IBM 的打孔卡（punch card）输入轰炸计算机的。在低空飞行时，B – 52 是一幕非凡场景：一架巨大的飞机，翼展约为 60 码，几乎贴地飞行，在地面投下一道长长的影子，速度为每分钟七八英里。辛克所在的机组经常飞越落基山脉，有一次他坐在驾驶舱中，饶有兴味地看着飞行员绕着山峰转弯，然后飞入山谷。但坐在飞行员下方的隔舱中时，除了他面前的雷达屏幕，没有任何参照物，这种经历相当恐怖。在不止一次的夜间飞行中，当飞行员忽略他提出的正前方有一座山的警告，多等片刻然后才让飞机爬升时，辛克都在想："我们死到临头了。"[61]

379

在低空飞行训练中，辛克所在机组将用雷达照射遍布美国西部的轰炸目标，"袭击"战略空军司令部位于如怀俄明州谢里登（Sheridan）、北达科他州俾斯麦（Bismarck）以及科罗拉多州拉洪塔（La Junta）等地的雷达站。在训练任务结束之前，飞行员将花一两个小时来做"起降课目"（pattern work），即先让飞机着陆，接着沿跑道滑行，然后再次起飞。辛克发现这种连续起降作业甚至要比强烈的空气湍流更难以忍受。每次飞行训练一结束，他都感觉自己像刚被人连续殴打了好几个小时。

在执行地面警戒期间，高音报警器每周会响起一次。演习理应是"没有事先通知的"，并且总是完全出乎人的意料。但20世纪70年代末期，战略空军司令部采取了一些预防措施。每当辛克和他的哥们儿看到三辆消防车以及联队指挥官的车停在警戒平台（alert pad）上时，他们就知道演习即将开始了。他们会站在隧道中等着，并且就还有多少秒高音报警器会响起的事情打赌。然后，他们就会跑向他们的飞机。作为领航员，辛克将解码战略空军司令部总部发来的信息。它常常要求发动引擎或者来一次"行动"（mover），这种演习涉及让轰炸机滑行到跑道尽头，然后掉头并返回警戒平台。一旦演习结束，机组人员将花约三个小时的时间来重新归置飞机，以为下一次警戒做好准备。

在几个月前，即6月第一个星期的某天，在凌晨0点30分高音报警器响起的时候，辛克刚刚进入梦乡。他一骨碌从床上跳了下来，然后朝窗外望去，并没有发现任何消防车的影子或是联队指挥官的车。他和投弹手心想："哦，天啊，这次是真的了。"[62]演习还从来没有在深夜进行过。他们的心脏怦怦直跳，之后他们跑向了飞机。辛克解码了信息，然后如释重负，它没

有包含紧急作战指令。这整起事件让人摸不着头脑，几个星期 380
后他们才得知北美防空司令部刚经历了一次虚假警报事件。辛
克所在机组的瞄准手，一位年轻的军士，被这次经历吓坏了，
他随后退出了空军。突然之间，他们战时使命的意义已经变得
无比清晰，而且他意识到："我做不了这个。"[63]辛克对核威慑的
价值深信不疑，并试图不去细想如果威慑失败会发生什么的场
景。他知道，他所在机组对苏联发起的任何攻击，将不仅是杀
人之举，也是自杀之举。然而在此之前，当他于警戒开始前在
炸弹舱里的马克28和短程攻击导弹之间爬行并检查它们的序列
号时，他从未想过这些事情。

1980年9月15日，辛克及其所在机组的其他成员正在等待
一次演习开始。当时是晚上8点30分，窗外可以看到消防车和
联队指挥官的车。高音报警器响了起来。他们迅速跑向飞机。
辛克戴上耳麦，然后把机组人员通话的音量调小，这样他就可
以听到无线电通话器中战略空军司令部发来的代码。

"A，C，D……"[64]他一边听着，一边把听到的字母写下来。
然后，他所在飞机的飞行员在对讲机上大喊。

"终止，终止，终止。"[65]

不知道出于什么原因，飞行员正在结束演习。辛克一度感
到害怕，想知道飞行员为什么大喊大叫。他和投弹手面面相觑。
他们没法看见外面，因此不知道发生了什么——然后听到一声
巨响。飞机右侧发生了大事件。飞机上的灯熄灭了，机舱中漆
黑一片，辛克知道到该撤离的时间了。领航员理应为所在机组
的其他成员打开舱门并第一个离开飞机。但坐在上一层的瞄准
手此时已经跳了下来，落在地板上，然后打开了舱门。瞄准手
不发一言，穿过舱门跳到了下方的跑道上。辛克的座位离舱门

最近，但其他 5 名机组成员中的 4 人设法在他之前逃离了飞机，就像老鼠逃离沉船一样。通过打开的舱门，辛克能够看到一团明亮的橙色光芒——这不是个好兆头。

辛克没有费心地使用梯子。他往下跳了 5 英尺以蹲伏的姿势落在跑道上，看见轰炸机的右翼着火了，接着就尽可能快地跑开。现在他终于明白机组成员如此着急忙慌的原因了。几个星期之前，在佐治亚州梅肯（Macon）附近的沃纳罗宾斯空军基地（Warner Robins Air Force Base），一架 B－52 轰炸机在跑道上起了火。几分钟之内飞机就发生爆炸，然后被烧化直接熔进了地面。但那架 B－52 并没有携带核武器。而现在这架则装载了 8 枚短程攻击导弹和 4 枚马克 28 核炸弹。

辛克跑了约 300 码远，估摸着随时都可能被爆炸的冲击波击倒。联队指挥官的车在他身边停了下来。一扇车窗摇落下来，然后联队指挥官说："上车。"[66]辛克很高兴地遵守了这道命令。他在车上转过身来，看到轰炸机的 5 号引擎像喷灯一样正在喷射火焰。它是飞机右翼的引擎中离机身最近的那台，从中跌落的火焰有飞机本身那么长。联队指挥官正通过无线电通话器呼叫消防员，试图解决这个问题，同时他也深知，不仅是飞机，还有他在战略空军司令部的职业生涯，可能就此毁于一旦。

这架 B－52 的机首指向东南方，一股时速高达 35 英里的狂风正朝着那个方向吹去。[67]大风从机尾直接扫过机身，让火焰远离机翼中的燃油箱以及炸弹舱。尽管飞机的动力已经关掉，重力仍然继续将喷气燃料送入 5 号引擎。它已经变成一个巨大的火焰喷射器。消防车往引擎上喷射泡沫，但稳定的燃料供应使得大火一直在燃烧。就目前而言，强风正在将火焰吹离 B－52。但风随时可能改变方向，飞机正变得越来越热，而且它的燃料箱中存有另外几十万磅燃料。

当电话铃声响起的时候，蒂姆·格里菲斯（Tim Griffis）正和家人一起待在明尼苏达州阿尔瓦拉多（Alvarado）的家中，当地是一个人口约为 400 人的小镇。[68] 格里菲斯是小镇以南大约 45 英里远的大福克斯空军基地的平民消防检查员。他的工作主要是向公众传授关于火灾隐患的知识，以及查看蓝图以确保新建筑符合消防规范。他的妻子是基地的一名老师，两人育有一个 6 岁的儿子和一个 11 岁的女儿。此时孩子们已安然入睡。

电话的另一头是大福克斯的消防队队长乔治·范科克（George VanKirk）。两人是好朋友，并且都住在阿尔瓦拉多。范科克说，大约 40 分钟前，一架 B－52 在跑道附近起火。格里菲斯你想不想过来搭把手？格里菲斯给了肯定的答复。坐在范科克的福特嘉年华（Ford Fiesta）小汽车中，两人尽可能快地朝基地赶去。

当格里菲斯和范科克赶到时，大火已经烧了约一个半小时。强风依然将火焰吹离轰炸机。但是，消防车无法扑灭大火。现在有些消防软管已经用来冷却机翼和机身。轰炸机副驾驶承认他在离开飞机前可能犯了一个错误。应急事件检查表中的两个步骤可能是用错误顺序操作的。该检查表说拉下 5 号引擎的灭火手柄，关闭燃油供给——然后关闭应急电池开关，切断电源。副驾驶可能先关闭了电池开关。没有电源，灭火系统将无法工作，燃油也将继续流动。消防员两度爬上飞机，并进入驾驶舱试图以正确的顺序进行相关操作。但什么动静也没有。

战略空军司令部总部和波音公司代表正在无线电系统上，试图弄清楚应该做什么。离午夜还差一刻钟时，大火已经燃烧近三个小时了。右边机翼和炸弹舱的门开始起泡。机翼内部的燃料箱很快就将热得足以起火燃烧。波音公司代表的建议很简单：让消防员从该地区撤离，放弃这架飞机，让它自己燃烧。核武器上的安全机制将阻止它们被引爆，并且没人会受到伤害。出于某种原因，战略空军司令部总部似乎并不喜欢这个主意。

范科克看着格里菲斯说道："你怎么看？"[69]

格里菲斯知道这个问题的真正含义：应该有人做最后一次尝试，以切断燃料供应。

383　　他回答道："好吧，让我来试试。"[70]

虽然格里菲斯现在的工作相当波澜不惊，但他曾在加利福尼亚州卡斯尔空军基地担任消防员多年，那里培训了许多 B - 52 轰炸机飞行员。他曾担任一个救援小队的队长，这个职位需要他带领手下的人在其他人逃离时向着火的飞机逆行而去。格里菲斯对 B - 52 的内部格局相当熟悉，他认为自己蒙着眼睛都能在里面找到路。但以防万一，他想让手下的消防检查员之一吉恩·劳施（Gene Rausch）和他一起爬上飞机——并且带上一个手电筒。

他们的对话简明扼要。

"吉恩，你想要和我一起？"[71]

"是的。"[72]

格里菲斯和联队指挥官交换了意见，并仔细查看了控制台以及驾驶舱内开关所在位置的图表。格里菲斯和劳施从其中一辆消防车那里借来了被称作"silver"的连帽消防服。那些靴子对格里菲斯来说都大了两码，因此他必须用脚趾抓住鞋垫才能穿着它们走路。他往自己的兜帽里塞了一个手持无线电通话器以与范科克进行交流，他们的对话被记录了下来。

"队长，那台引擎正变得越来越热，"午夜12点还差5分钟的时候，格里菲斯说道，"它开始发出爆裂声，如果我们要进去的话，现在就必须去做。"[73]

"好的，去吧。"[74]

格里菲斯和劳施跑向飞机，从底部的舱门进入飞机内部，然后爬进了驾驶舱。格里菲斯最终意识到他没必要让劳施跟着他。由于右边窗户外面火光太盛，驾驶舱里如此亮堂，以至于完全没有必要使用手电筒。劳施本可以待在飞机外面的卡车里。格里菲斯以前就在着火的飞机中待过，但从来没有遇到过火势如此严峻的飞机。他不知道是否可以切断燃油供应。但他将放手一搏——如果不行的话，他们就会马上从里面离开。他看到灭火手柄已经被拉了下来。他所要做的就是把它插回去。他打开了应急电池开关，火焰熄灭了，就像刚刚被关上的煤气灶灶台。然后，格里菲斯和劳施听到大家在外面爆发出欢呼声。

当格里菲斯从飞机上走下来时，范科克递给他一台无线电通话器并说道："嘿，有人想和你谈谈。"[75]

那个人是战略空军司令部总司令理查德·埃利斯将军。

埃利斯说："格里菲斯先生，我要谢谢你。"[76]

战略空军司令部的负责人知道格里菲斯的名字让他深受感动。随后他获得了一枚平民英勇勋章（Civilian Medal of Valor），但他并不认为自己是个英雄。在大半夜没有电源的情况下爬上一架着火的、装载着核武器的B-52，没有什么大不了的。他心想，假如你是一名空军消防员，那这就是你要做的。

在参议院的一次闭门听证会上，劳伦斯利弗莫尔国家实验室主任罗杰·巴泽尔博士（Dr. Roger Batzel）作证称，如果B-52着火，里面的核武器可能在北达科他州和明尼苏达州超过60

平方英里的土地上散播钚。[77] 拥有 6 万人口的大福克斯市将直接处于放射性烟羽（radioactive plume）经过的路上。巴泽尔没有提到的是，其中一枚马克 28 可能被引爆。它将摧毁大福克斯，并根据高空风的状况将致命的放射性沉降物降在明尼苏达州的德卢斯（Duluth）或者明尼阿波利斯圣保罗都会区（Minneapolis – Saint Paul）。空军的一次调查发现了 5 号引擎起火的原因：有人忘记将一个螺母拧在燃油过滤器上。[78] 那个不知去向的螺母比一美分硬币还要小。

杰弗里·辛克及其所在机组成员被送去医院进行药检，一直在那里待到凌晨 3 点。后来，对于当地报纸对飞机上是否有核武器这一问题的穷追不舍，他们十分不满。而对于这个问题，美国空军既不承认，也不否认。机组成员们将注意力集中在了一个更为紧迫的议题上：他们有多么容易丢掉性命。当晚执行警戒任务的一些轰炸机朝西停放着。要是他们驾驶的那架 B–52 轰炸机机首朝西，打开舱门那一刻大火就将进入飞机内部。如此一来，他们就将全部化为灰烬，而火焰也将迅速抵达短程攻击导弹和马克 28 核炸弹。生与死的差别就在于他们飞机的停靠位置。

事故发生后不久的某天，辛克和他的妻子正在享用一次浪漫的烛光晚餐，他俩正是新婚宴尔。当他的餐巾掠过蜡烛并被点着的时候，辛克崩溃了。所有一直被压抑的情感一下子爆发出来并攫住了他。他失去了冷静，感觉自己像个精神完全崩溃的人。他并没有创伤后应激障碍或任何精神衰弱的迹象，这只是一种突然的意识，很难表达出来，听起来也不老套迂腐。辛克才 25 岁，某些抽象的东西已经变成现实。他认为，那些飞机是危险的。有人因为它们而死去。

在大福克斯的 B-52 发生火灾的第二天，参议员大卫·普莱尔再次提出参议院法案的修正案，呼吁在每一个泰坦-2 导弹综合发射场都安装警笛。[79]第 308 战略导弹联队的指挥官莫泽上校已经告知普莱尔，就在前一年，阿肯色州的泰坦-2 导弹发射场至少发生了 9 起事故或推进剂泄漏事件。[80]在希伯斯普林斯（Heber Springs）附近的那个发射场，一根钢棒掉在了断路器上，引发一场火灾并危及导弹安全。[81]整支泰坦-2 导弹部队中有超过 1/3 的导弹都修补过泄漏之处。[82]普莱尔的修正案由包括参议员鲍勃·多尔在内的多人联合发起，但依然遭到空军的反对。"我们有责任保护生活在这些导弹发射场周边的社区和农场中的平民，"[83]普莱尔在参议院辩论时说道，"过去确实发生了一些事故，我们必须采取措施降低它们再次发生的概率，万一发生事故，我们将为其提供最佳行动方案。"[84]

空军最近向参众两院的军事委员会提交了一份冗长的报告，回应了它们对泰坦-2 导弹安全性的担忧。[85]报告承认，火箭燃料处理者服装设备套装和发射井内的通信系统有改进的空间。它同样指出，便携式蒸气探测器在探测燃料蒸气方面做得相当糟糕，应该予以更换。但是，空军争辩说，泰坦-2 导弹发射场发生事故的概率要比大多数美国工作场所的更低，[86]现有的维护程序"提供了高度的安全性"，[87]导弹的物理条件"被许多人认为眼下的情况要比刚出厂时更好"。[88]报告声称，W-53 弹头的安全记录是"可圈可点的"[89]——而没提及甚至连五角大楼都认为它需要进行改装以在反常环境中确保安全。空军辩称，发生重大推进剂泄漏事故的风险很低，因为泰坦-2 导弹的燃料箱和氧化剂箱被维护得很好。报告总结认为："因此，导弹弹体

386

破裂并不构成现实的担忧。"[90]

空军的这份报告不仅对希望让泰坦－2导弹保持战斗警戒状态的战略空军司令部有用，而且对像马丁·玛丽埃塔这样的生产该型导弹的国防承包商有用。它们正遭到空军士兵卡尔·马林格和堪萨斯州岩石镇氧化剂泄漏事故的其他受害者的起诉。[91]但这份报告并没有在参议院中帮到空军。1980年9月16日，在首次提出将近一年之后，普莱尔的修正案终于获得通过。

一两天之后，当"斯基普"·拉瑟福德和他的妻子在家中与一位老朋友共进晚餐时，电话铃声突然响了起来。[92]拉瑟福德起身去接电话，挂完电话返回时脸色苍白得像幽灵。

他的妻子问出了什么问题。

拉瑟福德说，在大马士革附近的一个泰坦－2导弹发射井中，有人掉落了一个套筒。导弹的外壳被砸出了一个洞，燃料正在泄漏。刚刚打电话来的那个人说导弹即将发生爆炸。

拉瑟福德给参议员普莱尔打了个电话。普莱尔此时身在阿肯色州温泉镇，与州长比尔·克林顿和副总统沃尔特·蒙代尔一起出席阿肯色州的民主党代表大会。

拉瑟福德告诉参议员："问题很严重。"[93]

"好吧，有多严重？"[94]

"他们告诉我说即将发生爆炸。"[95]

"你是在和我开玩笑吧。"[96]

在拉瑟福德的房子外面，汽车川流不息，孩子们正在院子里嬉戏打闹——似乎没有人知道，在50英里之外的地方，一场核灾难可能正在发生。拉瑟福德认为这整件事是荒诞的。假如导弹真的爆炸了，弹头会被引爆吗？阿肯色州真的要被从地图上抹去了吗？在与普莱尔参议员通话之后，房子里的电话就一直响个不停。这些电话来自其他工作人员、记者，以及数月来秘密警告他关于泰坦－2 导弹问题的空军士兵。他们说那枚导弹要爆炸了，而且到现在为止他们的消息还没有错过。

387

电视机安放在起居室里，拉瑟福德注意到他的好朋友、27 岁的第 7 频道新闻记者弗兰克·托马斯（Frank Thomas），正站在大马士革泰坦－2 导弹发射场对面的马路上。他正在重申空军的声明，即一切都在掌握之中。拉瑟福德拿起电话，给第 7 频道的新闻部主任鲍勃·斯蒂尔（Bob Steele）打了过去。

"鲍勃，听我说，"拉瑟福德说，"这是完全不会记录在案的，但你要告诉弗兰克，赶紧离开那里。"[97]

"你说什么？"[98]

"告诉弗兰克赶紧从那里离开。他是我的朋友，那枚导弹，鲍勃，要爆炸了。"[99]

"你怎么知道的？"[100]

"你有你的消息来源，我也有我的，"拉瑟福德如此说道，他开始有点发狂，"我只是告诉你，我坐在这里看着我的朋友、你们电视台的弗兰克·托马斯恰好站在一个死亡陷阱前面。我没有办法联系到他，但你可以，你必须让他离开那里。"[101]

斯蒂尔领会了他的意思。但不管怎样，托马斯也正打算离开大马士革。

## 注释

1. 关于他要改变美国核作战计划的努力，可参见 William E. Odom, "The Origins and Design of Presidential Decision－59: A Memoir," in Sokolski, *Getting Mad*, pp. 175－96。

2. Ibid., pp. 176 – 77.

3. Ibid., pp. 180, 183.

4. Ibid., p. 194.

5. Ibid.

6. See "Retaliatory Issues for the U.S. Strategic Nuclear Forces," Congress of the United States, Congressional Budget Office, June 1978, p. 6.

7. Sokolski, *Getting Mad*, p. 180.

8. See Carroll, *House of War*, pp. 362 – 64, and Thomas Powers, "Choosing a Strategy for World War III," *Atlantic Monthly*, November 1982.

9. 上任后不久，卡特总统就要求国防部部长哈罗德·布朗准备一份研究报告，内容是如果美国和苏联都仅拥有 200 ~ 250 枚战略性导弹，结果将怎样。该研究提出但未能解决核威慑的核心问题之一，即到底拥有多少武器才算够。该研究称："一些人认为，能够摧毁一个主要城市——如莫斯科或者纽约——就足以慑止一位理性的领导人；其他人则认为，拥有能够确保摧毁对手 80% 或更多经济和工业目标的能力将是必要且至关重要的。" See Brian J. Auten, *Carter's Conversion: The Hardening of American Defense Policy* (Columbia, MO: University of Missouri Press, 2008), p. 146; and "Memorandum for the President, Subject, Implications of Major Reductions in Strategic Nuclear Forces, From Harold Brown," January 28, 1977 (SECRET/declassified), NSA, p. 2.

10. 其实早在 1974 年 12 月卡特宣布参加总统竞选时，他就呼吁要废除核武器。See Auten, *Carter's Conversion*, p. 95; and "Text of Inauguration Address," *Los Angeles Times*, January 21, 1977.

11. Richard Pipes, "Why the Soviet Union Thinks It Could Fight and Win," *Commentary*, July 1977, pp. 212 – 34.

12. 肯尼迪总统的前科学顾问杰罗姆·威斯纳概述了苏联要想赢得对美国的核战争将有多困难。威斯纳评论道："即便是在遭受突然袭击之后，美国的核力量实际上也比苏联的稍微强大一点点。"确实，如果美国的所有陆基导弹都被摧毁了，它所拥有的潜射导弹仍然可以用总爆炸当量为 3.5 亿吨的核武器打击苏联。这个爆炸当量几乎是肯尼迪政府曾以为足够摧毁苏联社会的威力的 10 倍。关于这些计算，可参见 Jerome Wiesner, "Russian and American Capabilities," *Atlantic Monthly*, July 1982。

13. 根据 1979 年为参议院外交关系委员会（Senate Committee on Foreign Relations）所做的一项研究，一次苏联针对美国境内导弹发射井和潜艇基地的袭击在一个月内将杀死 200 万～2000 万人。可能死亡的人数之所以范围特别大，是由于放射性沉降物沉降模式的不可预测性，而这在很大程度上取决于攻击发生时的风、雨及其他气象条件。See "A Counterforce Attack Against the United States," in "The Effects of Nuclear War," Office of Technology Assessment, Congress of the United States, May 1979, pp. 81 – 90. 对死亡人数的估计可见于第 84 页。

14. 1980 年 7 月，卡特总统批准了一项新的绝密 "核武器使用政策"（Nuclear Weapons Employment Policy）。这一文件被人称为第 59 号总统指令或国家安全委员会 59 号文件（Presidential Directive/NSC – 59），它要求改变核武器的目标——重新强调打击军事力量、有限战争以及当华沙条约组织军队在战场上移动时将之摧毁。它旨在 "抵销"，意在用同等军事力量抵挡苏联的任何进攻。同时，它也旨在赋予卡特政府基于预警的发射的能力。See Odom, "The Origins and Design of Presidential Decision – 59," and "Presidential Directive/NSC – 59," July 25, 1980（TOP SECRET/SENSITIVE/ declassified）, NSA.

15. 对卡特政府 MX 导弹计划的最清晰描述，可参见 "MX Missile Basing," Congress of the United States, Office of Technology Assessment, September 1981。关于当时的导弹问题辩论，可参见 John D. Steinbruner and Thomas M. Garwin, "Strategic Vulnerability: The Balance Between Prudence and Paranoia," *International Security*, vol. 1, no. 1（Summer 1976）, pp. 138 – 81; William C. Potter, "Coping with MIRV in a MAD World," *Journal of Conflict Resolution*, vol. 22, no. 4（1978）, pp. 599 – 626; Wayne Biddle, "The Silo Busters: Misguided Missiles, the MX Project," *Harper's*, December 1979; and William H. Kincade, "Will MX Backfire?," *Foreign Policy*, no. 37（Winter 1979 – 1980）, pp. 43 – 58。

16. See "MX Missile Basing," pp. 64 – 65.

17. Cited in ibid. , p. 61.

18. Cited in ibid. , p. 75.

19. Ibid. , pp. 13 – 14.

20. 关于 11 月虚假警报事件，可参见 "NORAD's Missile Warning System: What Went Wrong?," Comptroller General of the United States, Report to the Chairman, Committee on Government Operations, House of Representatives, Comptroller General of the United States, MASAD – 81 – 30, May 15, 1981; "Report on Recent False Alerts from the Nation's Missile Attack Warning System," U. S. Senate, Committee on Armed Services, Ninety – sixth Congress, First Session, October 9, 1980; and Scott D. Sagan, *The Limits of Safety: Organizations, Accidents, and Nuclear Weapons* (Princeton: Princeton University Press, 1993), pp. 225 – 31。

21. 1979 年有 1544 次这种 "例行" 导弹说明会。Cited in "Report on Recent False Alerts," p. 4.

22. Ibid.

23. Ibid. , p. 5.

24. Ibid.

25. 随后进行的调查显示，"测试场景数据无意中被输入在线导弹预警计算机之中，从而产生了虚假警报"。当然，你也可以认为这是正确的磁带，只是它在错误的时间被插入了错误的位置。See "NORAD's Warning System: What Went Wrong?," p. 13. See also A. O. Sulzberger, Jr. , "Error Alerts U. S. Forces to a False Missile Attack," *New York Times*, November 11, 1979.

26. See "NORAD's Information Processing Improvement Program—Will It Enhance Mission Capability?," Controller General of the United States, Report to the Congress, September 21, 1978.

27. See "NORAD's Warning System: What Went Wrong?," p. 8.

28. See "NORAD's Information Processing Improvement Program," pp. 13 – 14.

29. Ibid. , p. 7.

30. Ibid.

31. See "AF Guards Disciplined in Drug Probe," *Washington Post*, January 17, 1980.

32. See "False Alarm on Attack Sends Fighters into Sky," *New York Times*, November 10, 1979.

33. 关于布热津斯基凌晨接到的那个电话的细节信息，可参见 Robert M. Gates, *From the Shadows*: *The Ultimate Insider's Story of Five Presidents and How They Won the Cold War* (New York: Simon & Schuster, 2006), pp. 114 – 15。盖茨很好地讲述了这个故事，但把此次虚假警报的原因与 11 月虚假警报的原因归为同类。我曾试图与布热津斯基（他谢绝了为本书接受采访）确认此事，但他确实与当时的中央情报局负责人斯坦菲尔德·特纳（Stansfield Turner）海军上将讨论过这一事件。See Stansfield Turner, *Caging the Nuclear Genie*: *An American Challenge for Global Security* (New York: Westview Press, 1997), p. 17.

34. See Gates, *From the Shadows*, p. 114; Turner, *Caging the Nuclear Genie*, p. 17; Sagan, *Limits of Safety*, pp. 231 – 32.

35. See "Report on Recent False Alerts," p. 7.

36. Ibid.

37. Cited in "Missile Alerts Traced to 46¢ Item," *New York Times*, June 18, 1980.

38. Peurifoy interview.

39. Peurifoy interview. 史蒂文斯确认了科特的这种回应。

40. 这句引文出自佩里弗伊在桑迪亚实验室举行核武器安全问题简报会时使用的一份文件。在该文件的其中一页上，他汇总了出自国防部、空军以及其他机构的各种引文，它们皆断言美国的核武器储备是安全的。而这些机构的引文的原始出处也在桑迪亚存了档。我相信这些引文是相当准确的。在 "Origins and Evolution of $S^2C$" 的第 116 页中，史蒂文斯写道，五角大楼对 "福勒信件" 的回应 "基本可以被描述为在要求对所涉及的每种武器进行安全性研究的幌子下的拖延行为"。

41. Quoted in "Sandia briefing document."

42. Quoted in ibid.

43. See "Command and Control Systems for Nuclear Weapons," p. 40.

44. Ibid. , p. 12.

45. 布鲁斯·G. 布莱尔（Bruce G. Blair）于 2004 年首次披露了这一事实，而且这种易于记忆的密码组合得到了一名桑迪亚工程师的确认。

46. Peurifoy interview.

47. Ibid.

48. 创作这幅漫画的漫画家是西德尼·哈里斯（Sidney Harris），该漫画首次刊载于 1972 年 3 月的《花花公子》（*Playboy*），第 208 页。

49. Stevens interview.

50. 这一系统被称为"黏胶泡沫人员屏障"（sticky foam personnel barrier）。除了黏胶泡沫，其他"有效屏障"（active barrier）也被认为是保护核武器的手段，包括冷烟（cold smoke）、水基泡沫（aqueous foam）、刚性泡沫（rigid foam）。关于这些有效屏障的对比及其优点，可参见 "An Activated Barrier for Protection of Special Nuclear Materials in Vital Areas," Ronald E. Timm, James E. Miranda, Donald L. Reigle, and Anthony D. Valente, Argonne National Laboratory, 1984。

51. Peurifoy and Stevens interviews.

52. 一架 B - 52 的发动机需要花多长时间才能启动，是决定该飞机将在苏联导弹来袭之前起飞升空或被摧毁于地面之上的最重要的决定因素之一。对其他一些因素的探讨，可参见 "Nuclear Hardness and Base Escape," Rayford P. Patrick, Engineering Report No. S - 112, Headquarters Strategic Air Command, Directorate of Aircraft Maintenance, March 31, 1981。

53. See "Minutes, National Security Council Meeting, Subject, SALT (and Angola), December 22, 1975" (TOP SECRET/SENSITIVE/declassified), NSA, p. 5.

54. 这份研究的一部分已经解密，我已经根据《信息自由法案》提请获得该研究的其他部分："An Examination of the U. S. Nuclear Weapon Inventory," R. N. Brodie, November 30, 1977 (SECRET/RESTRICTED DATA)。

55. Ibid.

56. Ibid.

57. Cited in "Pentagon Says Even Vast Effort by Soviet Can't Stop New Missile," *New York Times*, November 15, 1978.

58. 我关于大福克斯事故的描述基于对杰弗里·A. 辛克的采访以及"USAF Mishap Report, Parking Spot A－10, Grand Forks Air Force Base," Headquarters, Fifteenth Air Force, September 29, 1980。

59. Zink interview.

60. Ibid.

61. Ibid.

62. Ibid.

63. Quoted in ibid.

64. Quoted in ibid.

65. Quoted in ibid.

66. Quoted in ibid.

67. 事故报告称狂风速度高达 30 节，一节约为每小时 1.15 英里。"USAF Mishap Report," p. 1.

68. Interview with Tim Griffis.

69. Quoted in Griffis interview.

70. Ibid.

71. Ibid.

72. Ibid.

73. Quoted in "USAF Mishap Report," p. N－6.

74. Quoted in ibid. , p. N－6.

75. Quoted in Griffis interview.

76. Quoted in ibid.

77. See Reed Karaim, "Nearly a Nuclear Disaster—Wind Shifted Fire on B－52 Away from Bomb, Experts Say," *Seattle Times*, August 13, 1991. 有一幅地图显示了潜在的受污染区域。

78. 除了差点儿让大福克斯遭受钚污染，甚或附近发生核爆炸，这个丢失的螺母还导致飞机受到损伤，为了修复它花费了 442696 美元。See "B52H S/N 60－0059 Mishap Engine Investigation" and "Certificate of Damage," in "USAF Mishap Report. "

79. See Congressional Record—Senate, September 16, 1980, pp. 25468－25470.

80. Cited in ibid. , p. 25469. See also Tom Hamburger and Elizabeth Fair, "9 Accidents Recorded in State Since January 1978," *Arkansas Gazette*, September 28.

81. See Hamburger and Fair, "9 Accidents Recorded" and Pincus, "Aging Titan II Was Time Bomb."

82. Cited in "Aging Titan II Was Time Bomb."

83. Congressional Record, p. 25468.

84. Ibid.

85. "Assessment Report: Titan II LGM 25 C, Weapon Condition and Safety," Prepared for the Senate Armed Services Committee and House Armed Services Committee, May 1980.

86. Cited in ibid. , p. 1.

87. Ibid. , p. 3.

88. Ibid. , pp. 2 – 3.

89. Ibid. , Appendix C, p. 38.

90. Ibid. , p. 9.

91. 马林格以及厄比·赫普斯塔尔和罗伯特·J. 托马斯的遗孀发起的诉讼后来庭外和解了。根据某新闻报道，国防承包商们同意向马林格和其他原告各支付约 50 万美元。See "Lawsuits from '78 Titan Accident Settled Out of Court by Air Force," *Lawrence* (Kansas) *Journal-World*, January 8, 1981.

92. Rutherford interview.

93. Ibid.

94. Quoted in ibid.

95. Ibid.

96. Quoted in ibid.

97. Ibid.

98. Quoted in ibid.

99. Ibid.

100. Quoted in ibid.

101. Ibid.

# 像地狱一样

安装在入口处的那扇外门真的很难搞定。388

374－7号综合发射场的入口并没有受到高科技安全设备——由一个绝密的武器实验室发明——的保护，仅安装了一道沉重的钢制大门，不过门上安装了一个电磁锁。它很难用撬棍打开。格雷格·德夫林和雷克斯·哈克勒两人一人拿着手电筒，另一人试图撬开门，轮流着来。[1]没有人曾告诉他们该如何做，眼下也没有告诉他们如何破门而入一个泰坦－2导弹发射场的检查表，所以这两人完全是"即兴创作"。他们全靠一身蛮力。由于经常打拳击，德夫林的体格相当不错，但身上的空气包和作业服让这项工作变得更加艰难。

哈克勒感到不安。他们穿过一层厚厚的燃料蒸气才抵达入口处。眼下入口处的外门却打不开，而且一旦他们穿过这扇门，他们还得走下楼梯，破开截留区域那扇门，然后用手泵打开另外三扇防爆门才能进入控制中心。所有这些必须在半个小时内完成；在这个时间限度过后，他们的空气包将不再可靠了。此时大约是凌晨2点5分，他们是发射场内仅有的两人。哈克勒觉得任何事情都有可能发生，他已经做好最坏的打算。

德夫林则没有这些黑暗的念头。他只是想打开这扇该死的门。他聚精会神并保持高度警觉，做好了应对一切状况的准备。389德夫林的态度是：必须有人去做这件事，所以倒不如是我自己来做。

在 15 分钟的拉和撬之后，钢铁大门终于打开了。德夫林和哈克勒又花了大约 30 秒钟时间突破截留区域的那扇门。他们在这两扇门的门柱旁都留了撬棍，以防止它们关上，然后走下楼梯，着手打开第一扇防爆门，即把软管连接在液压阀上。他们两人此前都没有用过应急液压手泵——而且不管他们怎么努力，防爆门就是打不开。他们手上还戴着橡胶手套，软管上的细牙螺纹使二人很难在黑暗中将其连接在液压阀上。手泵也是一个中看不中用的精巧玩意儿，不管他们怎么努力尝试，它还是起不到任何作用。时间又过了 15 分钟，防爆门依然紧闭着。他们的时间限制已经到了。在无线电通话器中，迈克尔·汉森命令他们放弃。他们带着沮丧和挫败把手泵放在防爆门旁边，爬上楼梯，走回到围栏的洞那边。

推进剂输送系统工作组 B 小组组长汉森领导了重新进入控制中心的努力进程。他让德夫林和哈克勒阅读手泵的使用说明，拿上新的空气包，再次回到发射场中，又一次试着要打开那扇防爆门。

杰夫·肯尼迪认为这个计划十分愚蠢。[2]他们应该通过逃生通道而不是入口处进入控制中心。他们本应该在头天晚上 10 点时做这件事情，而不是眼下这个凌晨 2 点时分。自导弹外壳被砸穿到现在已经过去差不多 8 个小时了。眼下进入发射场要更加危险——而且如果地下出了什么问题，德夫林和哈克勒将离导弹很近，又被燃料蒸气包围，很容易遭遇不测。

让我来做吧，肯尼迪说。他知道怎么使用那个手泵。

几个小时之前，汉森曾试图把肯尼迪送回小石城。他没让肯尼迪穿上作业服，也没有邀请肯尼迪来发射场大门处与他们碰头。他们两人不太谈得来。但是，肯尼迪的确对导弹所知甚多，而且他志愿前去一试。

我和他一起去，大卫·利文斯顿如此说道。

于是，汉森让他俩去准备一下。

当利文斯顿和肯尼迪检查他们的无线电通话器和空气包时，韦恩·华莱士（Wayne Wallace）少校、阿尔奇·詹姆斯（Archie James）中士和赛拉斯·斯潘中士一同离开，去往水处理厂房前面搭建一个除污区，那里位于发射场的东北角，就在围栏外面。当他们到达水处理厂房时，门是锁着的，他们得到的密码没有用。华莱士不得不破门而入。他们在里面找到了一根短的橡胶软管。这不是理想之物——利文斯顿和肯尼迪将不得不走约 100 码才能进行冲洗。但这总比没有强。斯潘和詹姆斯开车拉过来一套照明设备，然后开始搭建起来，如此一来，那两个人将不用在一片漆黑中除污了。

罗纳德·W. 克里斯塔尔（Ronald W. Christal）中士向利文斯顿和肯尼迪展示了应急手泵的技术操作流程。克里斯塔尔是导弹气动液压技师（pneudraulics technician）。他经常处理与防爆门相关的事情，而且知道一些可打开防爆门的、书中并没有的技巧。

利文斯顿和肯尼迪计划用手势而不是作业服中的无线电通话器来相互交流。在综合发射场的无线电系统中，一次只能有一个人说话——他们希望尽可能保持线路通畅。他俩中的一人会通过发射场的无线电系统与汉森通话，然后汉森会将信息转达给莫里斯上校，上校此时正在汉森旁边，即发射场大门附近的皮卡边上。借助皮卡里的无线电通话器，莫里斯可以和小石城指挥部的莫泽上校通话；莫泽则会与奥马哈的战略空军司令部总部进行通话。如此一来，但愿信息在从一个人传递给另一

390

个人的过程中，不会被篡改或曲解。

在大约 2 点 50 分时，肯尼迪和利文斯顿抵达了第一扇防爆门。克里斯塔尔把手泵的使用指南念给汉森听，然后汉森将信息通过无线电通话器转达给他俩。

防爆门总算被打开了。

利文斯顿用便携式蒸气探测器进行空气采样。他们被告知这一路上每前进一步都要先检查燃料蒸气水平。如果燃料蒸气水平超过 250ppm，他们就应该离开发射场。在第一扇防爆门前，燃料蒸气水平是 65ppm。当他们穿过这扇防爆门进入那个较大的防爆区时，燃料蒸气水平上升到了 181ppm。

在小石城的指挥部，吉米·D. 威利（Jimmy D. Wiley）中士听说了燃料蒸气水平数值，认为肯尼迪和利文斯顿应该立即撤离。威利是 K 小队的一员，该后备小队是为给莫泽上校当顾问而集结起来的。K 小队的另一名成员，大卫·拉特格伯（David Rathgeber）中尉也持相同意见——如果在第一扇防爆门之后燃料蒸气水平都高到如此地步，那么当那两人离导弹更近一步时，即在第二扇防爆门之后，这个数字一定会更高。威利和拉特格伯告诉莫泽上校，再次进入控制中心的作业应该终止，那两人应该从发射场撤离。

小石城指挥部与战略空军司令部总部就此事进行了讨论。利文斯顿和肯尼迪被命令继续进行。如果他们能够抵达下一个防爆区——在通往控制中心的防爆门与通往发射井的长过道之间的那个较小区域——他们就能够查看一下墙上那块可显示蒸气探测器读数的面板。这块面板显示了发射井中各处的蒸气水平。肯尼迪从第二扇防爆门上移除了排气螺栓（breathing nut），并通过门上的那个小洞将蒸气探测器的探头插了进去。将探头从门洞中穿过去，可以让他们事先查看一下在另一边等待着他们的是什么东西。

那边的燃料蒸气水平约为 190ppm。战略空军司令部总部让利文斯顿和肯尼迪打开防爆门，进入下一个防爆区，并且查看面板上的读数。他们打开了防爆门。这个空间里面充满了燃料蒸气，以至于他们几乎看不清里面的情况。那里看起来就像个蒸汽浴室。便携式蒸气探测器爆表了——燃料蒸气水平远远超过了 250ppm。

肯尼迪朝面板走去。他第一次感觉到害怕了。这个防爆区有 8 个应急灯，其中一些呈现亮红色，但他几乎看不见它们。漂浮在它们周围的燃料蒸气云雾是高度易燃的，哪怕是最轻微的火花都能够点燃它。推进剂输送系统工作组 A 小组遗弃的作业服和工具正在地板上放着。肯尼迪心想，这就是那种你不希望置身其中的地方。他看了看面板，各种仪表上的指针都一直指向右边。它们也都爆表了。这些仪表显示，此刻发射井中的燃料蒸气水平超过了 21000ppm——高到足以熔化作业服。

退出来，汉森说，快退出来。

利文斯顿和肯尼迪离开了防爆区，匆匆穿过那两扇防爆门，然后走上了楼梯。

汉森有一个主意：也许他们应该打开一台换气扇以清除部分燃料蒸气。换气扇的开关在入口处第一层楼梯底部的墙上。

在听到汉森说打开换气扇时，利文斯顿和肯尼迪几乎就要离开综合发射场了。他们互相看了看。利文斯顿拍了拍自己的胸脯，示意他将下去做这件事情。

肯尼迪走到楼梯的顶端，然后走进了夜间的空气中。能够出来的感觉真好。燃料蒸气云雾真的是糟糕透顶，他此前从未

392

见过像这样的情况。肯尼迪觉得身心俱疲。他决定在入口处外面的混凝土路缘石上坐一会儿。这真是一个让人心有余悸的夜晚。

利文斯顿打开了换气扇开关，然后返回到楼梯上。当泰坦－2导弹爆炸的时候，他在肯尼迪身后一两英尺远的地方。

在小石城的指挥部，无线电通话器突然没有了声音。与374－7号发射场控制中心接通的电话线路也变得静默了。"醉汉"雷达发出的声音——自从导弹值班小组人员离开之后就一直响着的非法闯入警报声——也消失了。无线电系统联系不上在发射场的任何人。在接下来的8分钟里，指挥部没有听到任何大马士革人员传来的哪怕一丁点儿消息。[3] 莫泽上校认为弹头已经爆炸了。[4]

西德·金和他的销售代表汤姆·菲利普斯正坐在安格林警长的巡逻车的引擎盖上，和一些聚集在65号高速公路旁进入发射场的小道上的记者们聊着天。似乎没有人担心当下的事态。美国空军已经否认那里发生了严重的问题，还说一切都在控制之中。但范布伦县一直以来都没发生过什么大新闻，金愿意再多待一会儿以看看发生了什么。

一道明亮的白光照亮了天空，金感觉周遭的空气正被吸往导弹发射场。片刻之后，一阵狂风又将空气吹了回来，那些树后面传来一阵巨大的持续轰鸣声，就像火箭发射时的声音一样。一条火龙升到了几百英尺高的天空，像摩天大楼一样高耸入云。爆炸产生的冲击波把黑夜短暂地变成了白天，撕碎了整个发射场，将碎石瓦砾带入天空的蘑菇云。金看到了那些火焰并感觉到热浪打在他脸上及往地下钻，心中满是害怕，石头和混凝土块也开始如雨点般落下。

人们惊声尖叫，"离开这里，离开这里"，[5] 片刻之前安详宁静的场景眼下乱成了一锅粥。金和菲利普斯躲在巡逻车的尾灯下面，试图躲避那些正往下掉的石头——然后尾灯亮了起来。安格林警长正要倒车，他根本不知道他们在巡逻车下面。当安格林猛踩油门并往路上开的时候，他俩赶忙从下面跳开。州政府官员、高速公路巡逻人员、空军军官、电视摄像师和记者们匆匆上车并加速往南边的大马士革开去。这个场面让人有种原始的感觉：各自逃命。

就在几分钟前，第 4 频道的电视摄像师卢·肖特（Lou Short）还在展示他那崭新的、当时最先进的价值 3 万美元的 RCA 电视摄像机。当碎石瓦砾开始掉落时，金看见他把摄像机像一块旧木头一样随手扔进货车的后面然后开车就逃。没有一个新闻摄影师拍到了爆炸时的照片。远离那个是非之地看起来要重要得多。第 11 频道的电视摄像师拉里·埃利斯（Larry Ellis）捕捉到了这次爆炸的唯一影像——一个 10 秒钟长的模糊镜头，这还是在他的摄影机的目镜被炸掉之后用 16mm 镜头拍下的。10 秒钟对埃利斯来说足够长了，之后他停止摄影，跳进由他的记者驾驶的卡车里，加入了逃往大马士革的恐慌人群之中。

金和菲利普斯驾驶着"顺风耳"朝另一条路开去，他们沿着 65 号高速公路往北驶向克林顿的广播站。金油门踩到底，祈祷着他那小小的道奇欧米尼轿车能够跑在放射性沉降物和其他被释放到空气中的物质之前。不管空军怎么说，他们都知道导弹有一个核弹头。但是，他们不知道弹头是否被引爆了。在开了大约半英里之后，一名空军安全官员站在高速公路的中间，

394

头戴防毒面具，手里拿着一把 M – 16。

安格林警长在他们前面，开得不太有规律，时速有时候为 90 英里，然后会降到 50 英里，之后又会加速。安格林的警用无线电通话器的电线缠住了他的右腿，每次他拿起话筒说话时，电线都会把他的右脚从油门上拉起来。警长停在了比·布兰奇（Bee Branch）的卡车停车场，那里位于大马士革以北 6 英里，然后告诉所有人立即离开这里。没有人与他争辩。这个地方很快就空了，大型的十八轮货车加速驶上了高速公路。

开车穿过查克托的时候，金意识到不管是他自己，还是菲利普斯，在爆炸发生后都没再说过话。

"我们刚刚把一堆死人留在了那里。"金如此说道。[6]

"是的，我知道。"

当导弹爆炸时，萨姆·赫托正准备回家为奶牛挤奶。他此刻正位于大马士革以北、65 号高速公路上可俯瞰发射场的地方，离小镇大约 2 英里远。冲击波让他的皮卡发出嘎吱声。他看见了那道明亮的白光，火焰往天上直冲的时候就像燃放罗马烟火筒（Roman candle）一样。然后，他看到有一些闪光的东西从火焰中飞出，短暂地翱翔在天空，接着就开始往地上掉落。他决定不再挤牛奶了，将皮卡掉头，开到他哥哥家。在哥哥家过夜的父亲看起来也对刚刚发生的事情很是好奇。

赫托对他的父亲说："快上车，我们一起去山顶，这样你就能看到了。"[7]

赫托把车开到山顶，然后看到另一个难以置信的景象：打开前照灯的许多车辆正飞快地朝他们开过来，它们排起长龙，把两车道高速公路的左右车道都占满了。这场面看起来就像全

国运动汽车竞赛协会（NASCAR）的赛事重启了。当赫托和他
父亲坐在皮卡停在路边时，几辆州警察警车飞速驶过他们，后
面还跟着几辆新闻车以及各种各样的空军车辆——甚至有一辆
救护车。没有人停下，减速，或是让他们撤离。这些车辆过去 395
之后，公路又陷入空旷和静寂，和平常的凌晨 3 点时分没什么
两样。但是，发射井中燃起了熊熊大火。

　　在接到电话的前一刻，鲍勃·佩里弗伊还在熟睡。斯坦·
斯普雷告诉他，一枚泰坦－2 导弹刚刚在阿肯色州爆炸了。关
于细节还有很多不清楚之处，而且没有关于弹头的消息。当然，
它并没有全面爆炸。假如有的话，阿肯色州的大部分将从地图
上消失。一个事故反应小组（Accident Response Group）正在集
合，他们希望佩里弗伊成为其中一员。很快将有一架飞机降落
在柯特兰空军基地接他和小组其他人，然后一同赶往小石城。
佩里弗伊从床上爬了起来，脑子里想的都是那个弹头。

　　撤离导弹发射场的决定是由威廉·琼斯上校做出的，他不
仅是小石城空军基地的指挥官，也是基地灾难反应部队的领导。
在灾难发生之前，他在 374－7 号发射场没有任何权力。爆炸让
他成为现场指挥官，琼斯随即简明扼要地与防灾部门（Disaster
Preparedness Division）领导理查德·英格利希（Richard
English）就该如何行事交换了意见。他俩认为发射场里的所有
人都死了，而且飘往 65 号高速公路的空气里可能满是有害物
质。琼斯对泰坦－2 导弹及其推进剂所知甚少。他隶属于驾驶
运输机的军事空运司令部（Military Airlift Command），而不是战
略空军司令部。

"撤离，撤离。"[8]英格利希在移动指挥部的扬声器中一再大声地喊道。

在第一批离开灾难现场的人员当中，就有灾难反应部队的成员。

当导弹爆炸时，374－7 号发射场导弹战斗值班小组指挥官迈克尔·马扎罗正在救护车后车厢中休息。副指挥官艾伦·奇尔德斯和导弹设备技师罗纳德·富勒则肩并肩坐在安全警察的皮卡中，几个小时前那辆车把他们带离了发射场。皮卡停在入口控制点所在位置，从 65 号高速公路下来沿着入口小道走大约 30 英尺的地方。他们正在无线电系统上听利文斯顿和肯尼迪汇报。小组中的导弹系统分析技师罗德尼·霍尔德坐在更靠近发射场（比两位指挥官要近几百英尺）的一辆卡车上。他们都没有想到导弹即将爆炸。霍尔德希望有人会在第二天上午抵达，弄明白应该做什么，并解决这个问题。他们只是坐在那里，等待着那个人出现。

奇尔德斯被那道明亮的白光吓了一跳。似乎是太阳出现在了天空之中。他知道弹头没有爆炸——然而，不知怎的，他觉得它已经爆炸了。

富勒打开车门，冲进一条沟渠里躲了起来。

霍尔德也看见了那道亮光并低头躲避，他听到有东西撞击卡车的声音，等了几秒钟后，他深呼一口气，惊讶地发现自己仍然活着。然后他从卡车里走出来，朝高速公路跑去。

奇尔德斯、霍尔德和富勒三人在安全警察的皮卡后面撞在了一块。他们此刻都有相同的想法：抢到自己从综合发射场中戴着出来的防毒面具。但是，那些防毒面具已经不在原来的地方了，安全警察正戴着它们。当扬声器呼吁所有人撤离时，导弹战斗值班小组的成员们爬到了卡车的后座上。曾在他们离开控制中心后将他们接上的托马斯·布洛克史密斯军士坐到了驾驶座上。天空已经变成深红色，霍尔德担心氧化剂云雾将吞噬他们这群人。

"我需要在氧化剂开始下落之前离开这个鬼地方，"霍尔德心想，"发射场里的所有人都死了，我罗德尼也没必要在这里待着。"[9]

车辆的撤离相当随意，人们在黑暗中到处乱跑，疏散的过程看起来乱糟糟的，奇尔德斯开始担心有人会因此受伤。他从皮卡中跳下来指挥交通。这是要去做一件相当体贴、充满善意的事情。布洛克史密斯抛下他径直开走了。小轿车和卡车从他身边疾驰而过。所有人都忽略了他，然而也没人受伤。

当导弹爆炸的时候，大约 50 名空军军官和士兵在泰坦－2 导弹发射场。他们中的大多数人高速驶向大马士革镇。但是，推进剂输送系统工作组的成员没有一个人离开。詹姆斯·桑达克当晚开始时是在军营里招募志愿者帮助拯救导弹。当一名军官叫他撤离时，他直截了当地表达了推进剂输送系统工作人员的观点。

"去你的，"桑达克说，"我不会离开这里，我要找到我的那些朋友，活要见人，死要见尸。"[10]

在水处理厂房外面，导弹发生爆炸之后，华莱士少校和詹姆斯中士躲在其中一套照明设备下面。当岩石和混凝土块以及一小块一小块炙热的钢铁落在他们周围时，詹姆斯心想：我只想让一切停止下落。[11]那些残骸割裂了他的一个胳膊肘，烧伤了另外一个，撕开了他的左腿。但詹姆斯还能够站起来，华莱士帮他戴上了防毒面具。华莱士毫发无伤。他俩都想知道赛拉斯·斯潘怎么样了，几秒钟前斯潘离他们还只有几英尺远，现在却不见了踪影。

在导弹爆炸那一刻，赛拉斯·斯潘就开始跑。他不需要看到正在发生什么——他知道发生了什么事，并且本能地狂奔起来。躲在照明设备下面可能更有意义，但逃离爆炸感觉要更好。斯潘尽可能快地朝入口控制点跑去。

当爆炸冲击波向挡风玻璃袭来时，莫里斯上校正抬手要拿他皮卡里面的无线电通话器。皮卡停在发射场大门附近，离他们在围栏上割开的那个洞不远。随着皮卡开始摇晃以及被残骸击中，莫里斯感觉想笑。当时的场景看起来很滑稽：他正横躺在前排座椅上并且无法把他的双腿收进车里，无论他多么努力地尝试要这样做。车门狠狠地甩在他的左腿上。然后他就那么躺在那里，等待着更大的东西撞上他的皮卡。莫里斯抬了抬头，看见一根巨大的火柱正从发射井中升腾而起，然后他又把他的头靠在了座椅上。

398

哈克勒正坐在后挡板上。他成功地爬过卡车车厢然后躲在了驾驶室后面，在巨大的爆炸声中保持双眼紧闭。透过眼皮，他感觉自己看到了一道耀眼至极的模糊红光。他的双手被烧伤，右膝盖骨也被某个东西打碎了。

汉森正站在皮卡的车门附近，恰好在莫里斯上校旁边。汉森看到了两次爆炸。第一次爆炸让排气孔中冒出25英尺高的火焰，第二次爆炸毁掉了发射井。爆炸气浪让汉森的制服像气球一样膨胀起来，让他一下没站得住摔倒在地上，并且让巨大的钢梁从他身边飞过。

克里斯塔尔站在汉森旁边。他看到了第一次爆炸，但错过了第二次，爆炸气浪让他飞到了空中，落到 20 英尺远的地方。当残骸掉落的时候，克里斯塔尔护住他的头部，站起来，环顾四周，心中感谢上帝饶他一命，然后查看他的头发是否全部被烧掉了。结果是没有。不过，他左边脸颊和双手都被烧伤了。

格雷格·德夫林站在离大门 2 英尺的地方，面向发射井。爆炸气浪让他喘不过气来，就像肚子先挨上一拳，然后被人抱起，紧接着来一个背摔，再让他背贴着柏油马路滑行 50 英尺。德夫林感觉自己完全是被某种强大且邪恶的力量控制住了，无法移动或者反抗它，而它似乎又由变得坚如磐石的空气所推动。当德夫林背贴着马路滑行的时候，他看见熔化的钢铁和混凝土块像岩浆一样从他身旁流过。

"噢，真是见鬼，你挨不过这种场面的，"德夫林心想，"我只是希望死得不会那么痛苦。"[12]

爆炸发生之后的那几秒钟时间，德夫林躺在马路上，头晕目眩，就像他在拳击比赛中被人打昏了一样。然后，他听到一个响亮的声音在耳边喊道："快跑，快跑！"[13]这个声音把他的魂都吓飞了。他在附近没有看到任何人。德夫林爬起来，跑了大概五步，然后被从天上掉下的钢筋再次击倒。它击中了他的右脚踝，撕裂了他的跟腱。这根钢筋悬在一块 15 英尺高、13 英尺宽的混凝土块上。这块巨大的混凝土是发射井大门基座的一部分。此时它落在了马路中间，如果他没有爬起来并开始跑动的话，那混凝土块就砸在了他身上。当德夫林睁开双眼时，他看到了那块巨大的混凝土块的阴影，以为是泰坦－2 导弹降落

399

在了自己身边，然后他自言自语道："哦，我的天。"[14]

当残骸停止掉落在卡车上的时候，莫里斯上校再次抬头看了看，发现火焰仍在从发射井中升起。他觉得是时候离开了。他从车里走了出来，马路中间某个巨大物体的轮廓让他有些分不清楚方向。莫里斯听到有人呼救的声音。那是哈克勒，此刻正坐在皮卡的车厢中，作业服被拉到了膝盖上。哈克勒的右膝被撕开了，他说自己没法走路。莫里斯把作业服从他身上扯了下来，接着把他抱起放在一边肩膀上，然后扛着他绕过了那块大得像移动房屋的混凝土块，它挡住了入口小道。

德夫林看见了莫里斯上校，于是大声喊道："请帮帮我，我动弹不了。"[15]

莫里斯把哈克勒扛到了100多码远的地方，然后将他平放在一块空地上，接着又跑回来帮德夫林。他同样把德夫林抱起来放在一边肩膀上扛着。

德夫林无法相信莫里斯上校的力量。他俩体型差不多，但莫里斯扛着他的时候还能跑动。要知道，这个男人已经42岁了。德夫林忍不住看向他的脸，鲜血正从上面汩汩流出。看起来莫里斯就好像头部中枪了一样。

莫里斯说："我必须把你放下了。我现在必须赶去路的尽头处，否则他们就会抛下我们离开。"[16]

莫里斯把德夫林放在哈克勒旁边的空地上，然后跑开了。

在入口控制点，灾难反应部队的成员理查德·英格利希和大卫·罗斯布勒（David Rossborough）正准备前往大马士革。马扎罗正在尝试与小石城指挥部进行无线电通话。奇尔德斯站在附近，他

看到赛拉斯·斯潘正在入口小道上朝他们狂奔而来。斯潘说发射场 400
里还有人活着；他刚刚帮助汉森和克里斯塔尔找到正确的方向。

曾和莫里斯上校同乘一辆旅行车（station wagon）赶来现场
的推进剂输送系统维护主管乔治·肖特上尉看到莫里斯在山顶
上跟跟跄跄的。

莫里斯上校说想回去救哈克勒和德夫林，但他的情况看起
来特别糟糕，其他人也不想让他回去。莫里斯和肖特开始清点
人数，试图搞清楚谁被留在了发射场。这时汉森和克里斯塔尔
出现了，他俩都被割伤和烧伤，但勉强还可走路。

奇尔德斯抓起马扎罗的防毒面具。他不想马扎罗逞英雄从
而采取任何愚蠢的冒险之举——马扎罗的妻子马上就要生小宝
宝了。奇尔德斯和罗斯布勒、英格利希一起爬进旅行车中，赛
拉斯·斯潘负责驾驶，他们开车回到了事故现场。

英格利希是灾难反应部队中唯一的平民。他曾在空军服役
20 年，担任战略空军司令部轰炸机的领航员，以及帮助管理泰
坦 -2 导弹早期的测试工作。英格利希于 1967 年退休，之后卖
了一年保险，但很讨厌这份工作，于是他在小石城空军基地找
到了更多样化的工作——训练人们如何处理灾难、应对灾难，
并为基地指挥官就灾难发生后该如何做提供建议。他时年 57
岁，按空军的标准来说算是老人了，但他手下的人极其钦佩他，
总是称呼他为"上校"。英格利希还远称不上衰老，他体格健
壮且身材匀称，看起来很像 20 世纪 50 年代的电影明星威廉·
霍尔登（William Holden）。

罗斯布勒 32 岁，是一名来自纽约州北部地区的军士。当开
始召集灾难反应部队时，他正在一家保龄球馆里玩。这也就解
释了为什么在凌晨 3 点 15 分，在一个燃烧的导弹发射场，在一

起断箭事故发生之时，罗斯布勒会穿着一件红色的保龄球运动衫。

当旅行车抵达可俯瞰整个综合发射场的那处山顶时，马路上堆满了残骸，罗斯布勒让斯潘停车。

401　　罗斯布勒说，再入体可能已被炸碎，而且弹头碎片很可能散落得到处都是。你不会想要开车压过，或者用脚踩上其中的任何一块。

奇尔德斯几乎认不出这个数小时前他刚刚离开的地方了。现场看起来就像一处战场。发射井在燃烧，草地也起了火，发射场西边的那些山丘和北边的那片树林也浓烟滚滚。

他们到达了莫里斯留下德夫林和哈克勒的那块空地。詹姆斯·桑达克已经在那里了，旁边还有推进剂输送系统工作组 B 小组的成员巴迪·博伊兰（Buddy Boylan）。他们正在把受伤的韦恩·华莱士和阿尔奇·詹姆斯抬进小皮卡之中。

推进剂输送系统工作组的另一位成员吉恩·施耐德（Gene Schneider）已经跑进空地去帮德夫林。施耐德把他抱在怀里，就像抱孩子一样，德夫林痛苦得大声尖叫。德夫林的作业服拖拉在地上，每当它被地上的残骸扯住时，它都会给德夫林受伤的脚踝施加压力。施耐德有时候会停下来喘口气，之后德夫林会告诉他继续前进。然后，施耐德再也抱不动他了。罗斯布勒和奇尔德斯跑了过来，抓住德夫林，把他抬到了肖特上尉开来的那辆更宽敞的卡车（即旅行车）的后车厢中。推进剂输送系统技师约瑟夫·托尔曼（Joseph Tallman）则把哈克勒扛到了旅行车上。

奇尔德斯觉得他看到再入体就在马路边上。斯潘恰好就站在它旁边。

奇尔德斯大喊道："快离开那里！"[17]

斯潘听从了这个命令。当所有受伤的人员都被装进车里的时候，奇尔德斯问他是否还有人下落不明。

只有利文斯顿和肯尼迪了，斯潘如此答道。

大家喊道："走吧，我们离开这里。"[18]

没有人戴防毒面具。氧化剂云雾似乎正飘浮在发射场之上。马路边上有个巨大的物体正嘶嘶作响；如果它是丙烷罐，那随时有可能爆炸。他们所在的这个地方虽远，但看起来或感觉起来也并不安全。大家分别挤在那些车里，然后发动汽车，开回到入口控制点。利文斯顿和肯尼迪被认为已经死亡而被抛在发射场里。

莫里斯上校试图与救护车取得联系，他使用的是一辆安全警察用车中的无线电通话器。但是，救护车里的无线电是医院网络的一部分，它使用的是不同的频率。安全警察网络中的无线电通话器没法与医院网络中的无线电通话器通信，而且救护车里的无线电还没法正常工作。唐纳德·米勒上尉——被分配到灾难反应部队的医生，此时正在救护车内——能够对小石城空军基地中的医院说话，但是他听不到医院回复的任何内容。 **402**

许多安全警察和大部分灾难反应部队成员眼下都聚集在大马士革夏普－佩恩杂货店（Sharpe－Payne grocery store）的停车场上。这里看起来是一个重新集结的好地方。琼斯上校知道刚刚在发射场发现了受伤的空军士兵，但他也没法联系上救护车。在用无线电通话器与莫里斯上校通话时，琼斯建议应该把受伤人员带到杂货店来。

对于所有人都把推进剂输送系统工作人员留在现场，而救护车和安全警察无处可寻，肖特上尉怒不可遏。德夫林非常痛苦。他一直喊要喝水，说他的皮肤着火了。德夫林的朋友把他的作业服从他身上剪了下来，并且试图缓解他的痛苦。他们没有任何止痛药或者医疗包。他们倒空了一个冷却器，并用冰和水淋在他身上。

"好吧，至少我的胳膊上还有汗毛，"詹姆斯中士对奇尔德斯说道，"但我的脸看起来怎么样呢？"[19]

奇尔德斯认为他的脸看起来不太好。它被烧得相当厉害，大部分皮肤都剥落了。

华莱士少校受够了等待，他说这些人应该被送去最近的医院。眼下离爆炸发生已经有近半个小时了。受伤者们被放进一辆旅行车、一辆皮卡以及一辆大型的一吨半重的推进剂输送系统卡车之中。它们一起朝着大马士革开去。

当这些车在 65 号高速公路上向南疾驰的时候，它们遇到了那辆正往北开的救护车。载着德夫林和哈克勒的推进剂输送系统卡车掉头往回开到入口小道那里，以便让医生看看他们伤得有多严重。开着皮卡的桑达克则继续往南开去。

哈克勒被放在救护车旁边的一副担架上，德夫林则躺在卡车后车厢中接受检查。米勒医生认为那些伤势看起来并不严重，但这种诊断并没有让奇尔德斯或推进剂输送系统工作组 B 小组的成员们满意。他们再次发动旅行车和那辆大型卡车，准备去往南面 25 英里外康韦（Conway）的医院。在一片混乱之中，他们把哈克勒留在了救护车旁边的担架上。

在大马士革南面约 10 英里处的格林布赖尔镇（Greenbrier）附近，桑达克看到了几名安全警察。他停下皮卡，把两位伤员——汉森和阿尔奇·詹姆斯——留给安全警察照管。然后，桑达克开车做了个 U 形转弯向北开去。他想要回到导弹发射场。

康韦的医院拒绝接收这些伤员，声称他们无权治疗空军人员。奇尔德斯要求他们必须进行治疗，并愿意为伤员们接受的医疗服务承担全部责任。在来医院的路上，坐在旅行车后座上的约瑟夫·托尔曼——就是那位把哈克勒从空地扛到车上的技师——就已经休克了。在凌晨 4 点时医院拒绝接收这些受伤的年轻空军士兵，而另一家医院又在半小时车程之外，这看起来都很符合当晚的"诡异"氛围。医院最终同意治疗他们，然后奇尔德斯给小石城的指挥部打了个电话，告知对方他们所在的位置。

几个小时之前，即大约凌晨 1 点的时候，在将一辆载着照明设备的平板卡车护送至 374-7 号综合发射场之后，吉米·罗伯茨和唐纳德·格林询问是否还有其他事他们帮得上忙的。他们都是安全警察，还开着一辆小皮卡。当时德夫林和哈克勒还没有拿着撬棍闯进发射场。所有人都在等候战略空军司令部总部的指示。

事故现场安全警察指挥官托马斯·布洛克史密斯军士让罗伯茨和格林驾车沿发射场周边的马路行驶，检查一下那些在路障旁执勤的安全警察。布洛克史密斯希望能够确保所有的安全警察都知道如何使用他们的防毒面具，以防万一。罗伯茨和格林爬上他们的皮卡，驾车沿着发射场周边的道路行驶。他们与路障旁边的安全警察聊天，向他们演示如何使用防毒面具。绝大部分安全警察都对泰坦－2导弹或其推进剂的危害性一无所知。

在大约凌晨3点的时候，罗伯茨和格林正在发射井西南约半英里远的马路上。

天空亮了起来。

"哥们儿，那是不是挺漂亮的。"[20]罗伯茨如此说道，压根儿没有意识到发生了什么事情。

片刻之后，冲击波猛烈地摇晃皮卡，几乎把它掀下马路。罗伯茨和格林迅速戴上防毒面具。他们清楚地看到了发射场的景象，看起来就像有个火球一直延伸到65号高速公路上。他们没法通过无线电联系上任何人，并且认为发射场里的所有人都死了。

我们可能是仅存的两人了，格林如此说道。

他们决定疏散附近的居民，然后在无线电通话器中听到了布洛克史密斯军士的声音，他是在大马士革的杂货店发起通话的。布洛克史密斯让他们去疏散发射场以南的那些住户。他们驱车向东，抵达65号高速公路，然后从皮卡中下来，敲开小农舍和活动房屋的门，告诉人们立即离开。尽管有些烦扰，但清晨看到两名男子身着迷彩服、头戴防毒面具站在前门处，绝大部分房主对这种警告都心存感激。不过，有一个男人打开门，拿把手枪指着他们然后说："我是不会离开的。"[21]他们没有和他争论。

当罗伯茨和格林在大马士革以北约1英里的地方时，他们听到了如下无线电通话：

"救命啊！救救我。救救我！有人能听到我的声音吗？"[22]

"是的，我们可以听到你说话。"[23]

"救救我！"[24]

"你在哪里？"[25]

"我是肯尼迪中士。"

"杰夫，你在哪里？"[26]

"莫里斯上校，我就在你的皮卡里面，请救救我……我的腿断了，我还在流着血。"[27]

"你在哪里？"[28]

"我就在你的皮卡里！"[29]

罗伯茨和格林一度认为他们是发射场附近仅存的人。他俩此前都没见过杰夫·肯尼迪，甚至都不知道此人是谁。但是，他们不会把他留在那里。格林将皮卡掉个头，然后油门踩到底，全速开出，风驰电掣一般。

大约 1 分钟之后，皮卡在 65 号高速公路中间熄火了。它已经没油了。他们下车然后把它推到路边。一辆空军卡车从旁边经过，但拒绝为他们停下，即便是他们在后面追赶，大喊大叫并挥舞手臂。当他们试图打手势示意一辆民用车辆靠边停下时，那辆车的司机大声咒骂他们并继续往前开。罗伯茨发现一辆凯迪拉克停在附近一所民房的私人车道上，于是跑了过去，用石头砸烂驾驶座旁边的窗户，接着就开始用让电线短路的方法（hot-wire）发动汽车。

格林对罗伯茨知道如何做到这事印象深刻，但并不惊讶。

这时，一辆从大马士革开来的皮卡正高速驶近。罗伯茨和格林离开凯迪拉克，站在高速公路上，堵住了双向两条车道。他俩是这么设想的：如果那辆皮卡从我们身上碾过，那就和它一起下地狱。

皮卡停住了，他们征用了它。皮卡司机桑达克坚持要和他俩一起去发射场。

406　　他们说，那好吧，但你坐在后座上。

格林一脚油门踩到底，三人就这样一道出发去寻找杰夫·肯尼迪了。


曾有那么片刻，肯尼迪正看着入口处前面的地面，准备坐在路缘石上。下一刻，他就飞在了空中，还翻了个个儿，头朝下脚朝天，就像表演空中飞人的杂技演员一样。紧接着，他就昏过去了。

当肯尼迪再次睁开双眼的时候，他仰卧在地，双腿紧靠在铁丝网围栏上直指天空。大火在他四周燃烧。他尖叫着大声呼救，但没人回应。

在用这种双腿竖起贴着围栏的姿势躺了几分钟之后，肯尼迪内心深处某个想法浮现出来。选择变得清晰了：他要么站起来离开，要么躺在这里等死。

肯尼迪将双腿从围栏上放下，站了起来，但随即又倒了下去。他看到他的右腿断了，身体的其他部分则能感觉到有瘀伤和割裂伤。他的头盔不见了，他的脸也在流血。在倒地之后，肯尼迪自言自语道："我不要死在这个发射场。"[30]

肯尼迪把围栏用作支撑，让自己站了起来并试图弄清楚方向。发射场里到处是碎石瓦砾和火焰。他花了一会儿时间终于弄明白自己所处的位置。冲击波让肯尼迪在空中飞了大约 150 英尺远。他头朝下地落在了发射场西南角的铁丝网围栏边上。他决定沿着围栏向东走，朝 65 号高速公路前进，然后再转向北，希望能够找到他们之前在围栏上割开的那个洞。围栏给了肯尼迪一些物理支撑和方向感，但也把他困在了发射场之中。他拖着条断腿，没法翻越围栏。除非能够找到一条出去的路，否则他就要被困在这满是火焰、残骸和有毒烟雾的地方。

肯尼迪走不了几步就要摔倒一次。作业服套装既沉重又累赘，而且没了头盔之后，它其实就没什么用了。它正在拖慢他的脚步。肯尼迪坐在地上，脱掉空气包，让自己的胳膊从作业服中出来。但是，他没法把作业服从那条断腿上扯下来。他在周边的地面找了找，发现了一块锯齿状的金属片，于是就用它把靴子以上的作业服割掉了。

407

肯尼迪走走摔摔，被残骸绊倒，还搜寻着围栏上的那个洞。突然从黑暗中的某个地方，他听到了利文斯顿大声呼喊的声音。

"哦，天呐，救救我。请来救救我。天啊，求你救救我吧。"[31]

肯尼迪大喊道："利维，我正在找人帮忙。"[32]

利文斯顿似乎并没有听见他的声音。

"哦，天呐，救救我，"利文斯顿重复道，"请来救救我。"[33]

肯尼迪不知道利文斯顿到底在哪里。他所留下的迹象就是他一直在发出的声音。

"请来救救我。"[34]

肯尼迪不停地走，不断跌倒然后又重新站起来，意识到他俩都有性命之忧。他伤腿上的疼痛感越来越剧烈，他觉得自己已经无法再走远了。他开始恐慌。他想着他的孩子和妻子。他不想死在这个发射场。他大声呼救，但没人应答。然后，他让自己闭上了嘴，专心走路。

在远处，肯尼迪发现莫里斯上校停在大门附近的皮卡正闪烁着危险报警闪光灯。皮卡大约离他 100 码远，在围栏的另一边。但它给了肯尼迪一个目标（target），一个目的（goal），以及一个要抵达的目的地（destination）。接着又是一路走走摔摔，他终于走近到能够听见皮卡上无线电通话器中对话的地方了。

之前的爆炸炸翻了一段围栏。肯尼迪躺在倒下的围栏上，然后翻滚到了另外一边。他爬进皮卡，拿起了车上的无线电通话器。

莫里斯上校和肖特上尉此时正坐在停在入口小道尽头的移动指挥部里，通过无线电和小石城通话。所谓移动指挥部就是一辆皮卡，它的驾驶室内有两排座椅，后方还安装了一个露营车外壳。他俩都听到无线电通话器中有个声音说"救命"，[35] 然后意识到那是肯尼迪。

英格利希和罗斯布勒跳进皮卡的后座，然后它就飞速开动了。肖特驾车，莫里斯指示方向。他知道肯尼迪所在的确切位置。

在移动指挥部里的四个人是事故现场最后一批能够找回肯尼迪的人，而且莫里斯上校的气色看起来糟糕透顶。米勒医生和医疗兵雷金纳德·格雷（Reginald Gray）正在 65 号高速公路上的救护车里，照顾哈克勒。其他人显然是在大马士革的杂货店，或看守路障，或在去往康韦的医院的路上。英格利希渴望回到发射场找回那名年轻的空军士兵。罗斯布勒看起来无所畏惧，但这实际上是他第二次进入泰坦 – 2 导弹发射场。大约 15 分钟之前是他第一次进入，那时是为了营救哈克勒和德夫林。

肖特驾车绕过马路中间的一个深坑，然后停下了车子。马路被一块巨大的混凝土挡住了，就是它差点把德夫林压死。他们发现肯尼迪就在围栏附近的那辆伤痕累累的皮卡里，然后把他抬了出来。肯尼迪告诉他们利文斯顿也还活着，就在发射场的某个地方，然后他让肖特帮他个忙。

肯尼迪说："上尉，你得给我妻子打个电话。"[36]

肖特承诺他会这么做。

肯尼迪脸色十分苍白。他的脸上全是血，呼吸还很困难。他们都没戴防毒面具，能够闻到空气中氧化剂的味道。在开始搜寻利文斯顿之前，他们必须先把肯尼迪送出去。他们把肯尼迪抬进皮卡的后车厢里面，然后朝高速公路往回开。

在入口小道上，一辆安全警察用车朝他们开来。肖特放慢速度，但并未停车。他把头伸出车窗外并大喊，他们找到肯尼迪了，利文斯顿还在发射场中，请去那边并找到他。

罗伯茨和格林不知道那辆皮卡里朝他们大喊的人是谁。他们不知道利文斯顿长什么样，或者他可能在什么位置，但他们愿意去寻找他。格林想着他那 6 岁的儿子，小家伙此刻正在家里熟睡，完全不知道他父亲现在在做什么。 409

当他们靠近发射场的时候，一个巨大的柱状体出现在道路中间。

好吧，该死的，这里有个弹头，格林心想。他小心翼翼地开车绕过了它。

格林把车停好，然后两人步行到了发射场的东北部，希望能找到一条可穿过围栏的路。他们都没拿手电筒。格林爬到一套照明设备上，试图将其光线照向围栏，以期在上面找到一个破洞。但无功而返。

照明设备连接在一辆道奇牵引皮卡（Dodge Power Wagon）上，格林瞬间有了个主意：开着这辆大皮卡穿过那道围栏。

　　格林爬到道奇大皮卡的驾驶座上。有人曾让车的发动机一直转动着。他挂了一档,然后踩下油门。皮卡撞向围栏,但它抵挡住了撞击。他倒车再试了一次,不过仍没有出现他想要的结果。围栏太牢固了,而且皮卡感觉有点动力不足。他走出驾驶室,注意到所有四个轮胎都被爆炸摧毁了。它是在轮辋上动。

　　格林认为罗伯茨肯定已经回到他们开来的皮卡里。他朝它走了过去,但没人在那里。他发动皮卡沿着围栏的南边开,希望发现一个大到能把车开进去的洞。但他没能找到这样一个洞,而且皮卡还被一些大型的混凝土块卡住了。在把车扔下之后,格林在围栏上发现了一个小洞,于是步行进入发射场,并开始呼喊利文斯顿和罗伯茨的名字。没有人回应。到处都是烟尘弥漫,所以很难看清楚什么东西。他防毒面具上的镜片也起了一层雾。他绊绊磕磕地走在满地残骸之间。他担心发生了可怕的事情,罗伯茨可能掉进了某个窟窿里并受了重伤。格林大声呼喊利文斯顿和罗伯茨的名字,然后意识到自己迷路了。


　　桑达克被两名安全警察留在了入口控制点,他并不打算在那里久待。刚刚把肯尼迪救回来的那些人说利文斯顿仍然活着,但发射场依旧浓烟滚滚。桑达克到处寻找作业服并找到了一套,于是开始把它穿在身上。

　　根据第一类型作业的安全规则,不论何时穿上作业服,你都至少需要另外一名身着作业服的同伴作为后备。莫里斯上校反对桑达克自己一人重新进入发射场。

　　鉴于眼下这种情形,桑达克认为那些规则完全就是废话。

他想好了要去寻找利文斯顿。

我和你一起去，理查德·英格利希如此说道，并称自己也接受过穿作业服的训练。

桑达克觉得英格利希是在撒谎。他不敢相信这个老头就要穿上一套作业服。他担心英格利希将会心脏病发作。穿着作业服去做任何事情都很困难；整套服装，加上空气包，重达60磅。他俩此前从未见过，但桑达克也很高兴自己不用独自一人进入发射场。

吉米·D. 格雷（Jimmie D. Gray）上校在附近的农舍找水之后，已经返回现场。当晚早些时候他在小石城指挥部，在爆炸事故发生前开车把食物和补给送到了374-7号发射场，爆炸发生后就一直待在那边。他帮助桑达克和英格利希穿上了他们的作业服，罗斯布勒驾着移动指挥部把他们送去发射场。这一次，罗斯布勒戴上了防毒面具。

桑达克和英格利希坐在货车的后车厢中，把腿悬在尾灯上。之后，罗斯布勒把他俩放下车。发射场的通信系统已经无法工作了，于是他俩没法再用头盔内的耳麦进行交流。他们约定，如果其中一人遇到麻烦，就用手电示意。他们找到了围栏上的洞，然后走了进去。从远处看，他俩就像探索某个敌对星球的宇航员。

吉米·罗伯茨并没有看到或听到格林用道奇牵引皮卡撞击围栏。他四处走动，在莫里斯上校那坏掉的皮卡里搜寻手电筒但没找到。他偶然发现了围栏上的一个破洞，于是爬了进去，不到几分钟时间，他就完全迷失了方向。两个想法涌入他的脑海：他不希望掉进某个坑里，他不希望路边那个嘶嘶作响的丙烷罐着火并发生爆炸。他大声呼喊利文斯顿和格林，但没有任何回应。他不停地呼喊他们的名字，然后他听到有人应声了。

"好的，继续大喊出来，"罗伯茨说，"我会循着声音找过来。"[37]

在离入口处约20英尺的地方，罗伯茨发现大卫·利文斯顿正躺在地上。他的脸上满是血迹，腹部还有一处伤口，但他还很清醒并且警觉。

罗伯茨把他抱了起来，然后扛着他往围栏走去。戴着防毒面具时要把一个人搬动，还真不是件容易的事情。罗伯茨开始头晕目眩，他的防毒面具也蒙上了一层汗珠。

在入口控制点，唐纳德·格林突然开着皮卡出现了。格林从车上下来，看上去心烦意乱，然后说罗伯茨失踪了，他可能掉进某个深坑中。格林需要一个新的防毒面具，他需要回到发射场并把罗伯茨找到。其他人觉得格林是昏了头，但他认为他们不理解他。他的防毒面具被堵塞了，他需要换个新的并找到罗伯茨。米勒医生给了他一针苯海拉明（Benadryl），并说服他先坐一会儿。

走在发射场中，桑达克心生害怕之感。他被告知要小心弹头和它里面的高爆炸药。碎片散落得到处都是，而且在黑暗中根本就没有办法分清楚什么是什么。爆炸将混凝土从钢筋上剥落下来，而钢筋则被扭曲成各种各样奇怪的形状，在烟雾中若隐若现。桑达克此前在374-7号发射场工作过许多次，但现在一切看起来都不再熟悉了。作业服上的头盔让他没法呼叫英格利希和利文斯顿。几分钟之内，他就迷失了方向。

　　罗伯茨再也扛不动利文斯顿了，于是把他放到了地上。　　412

　　利文斯顿恳求罗伯茨不要丢下他。

　　"听着，我们一定会从这里出去的，"罗伯茨说，"我打算把你背在我的背上。"[38]

　　罗伯茨把利文斯顿背了一会儿，然后不得不再次放下他，实在是背不动了。罗伯茨说他要去找人帮忙，并承诺会马上回来。

　　利文斯顿说："请不要丢下我。"[39]

　　罗伯茨再次把他扶了起来，并将他背在背上。


　　桑达克在发射场四处走动，试图找到入口处，但没能成功。他对自己会在一个如此熟悉的地方迷失方向感到奇怪。桑达克发现英格利希在约 30 英尺远的地方，他正不停地开关手中的手电筒。这意味着他遇到了麻烦。

　　英格利希没法穿着作业服套装再往前走了。他筋疲力尽，并向桑达克示意他的空气包快用完了。

　　他们转过身来，试图找到出去的路。


　　罗伯茨害怕自己马上就要昏倒。他在围栏附近把利文斯顿放下，并承诺会回来接他。他成功地走到了大门附近那辆受损的皮卡边，接着看见远处有两个身着作业服的人。于是他闪动皮卡的大灯，并按响车喇叭，但他们并没有看见他。然后，罗伯茨看到有另一辆卡车停在附近，有人坐在前排座位上。

　　那辆车的车门打开了，走下来一个拿着手电筒的男子。他戴着防毒面具，穿着一件红色的保龄球运动衫。

罗伯茨心想："太棒了。"[40]

罗斯布勒和罗伯茨重新进入发射场，找到利文斯顿，把他扶起来，然后一起把他抬了出去。他们抬着他穿过灌木丛并绕过散落在地的残骸，感觉就像在黑暗中进行障碍训练。他们精疲力竭后，不得不把利文斯顿放下。

当桑达克和英格利希脱下他们的作业服之后，他们看见罗斯布勒和罗伯茨在约 20 码远的地方。他们跑过去帮忙，把利文斯顿抬到了卡车边，然后轻轻地把他放在后车厢中。桑达克和他的朋友待在一起，其他人则坐在驾驶室中。

利文斯顿让桑达克不要告诉他妈妈发生了什么事情。

他一遍又一遍地说："请不要告诉我的妈妈。"[41]

在爆炸发生约 1 小时后，琼斯上校和灾难反应部队的其他人回到了入口控制点。琼斯一直在无线电中听莫里斯上校说话，然后突然想到：如果他在那里都能安然无恙，我还待在大马士革做什么？

米勒在救护车中尽其所能地治疗肯尼迪。肯尼迪此刻脸色苍白，十分口渴，并且呼吸困难。米勒给他进行静脉注射，并给他用了一些预防肺水肿的药，暴露在氧化剂中可能导致肺部中的液体过量。肯尼迪的右腿上也有一个大洞。他的长衬裤散发出火箭燃料的臭味，米勒把它剪掉了。

利文斯顿是躺在皮卡的后车厢中抵达的，米勒医生在那里给他做了检查。在某些方面，利文斯顿看起来要比肯尼迪更好。他的脸色没那么苍白，也没有昏迷。但是，他腹部的伤口很深。一些混凝土块留在伤口里面，还能够看到他的肠子。米勒也想给他进行静脉注射，但他找不到器械。救护车上只有一副。

琼斯上校已要求调派一辆直升机来把肯尼迪送往医院。小石城指挥部说直升机已经在路上了，但这边还看不到任何迹象。

实际上直升机还没有从小石城空军基地出发。机组人员被指示要给374 – 7号发射场带去便携式蒸气探测器。人们找蒸气探测器找了半个多小时，而直升机就在停机坪干等了这么久的时间，最终也没有人找到哪怕一个。

琼斯不明白为什么直升机到现在都还没来。肯尼迪和利文斯顿的情况很糟糕，救护车上的设备也没法处理他们的伤势。利文斯顿需要马上进行静脉注射。琼斯告诉莫里斯上校，他要把他们送去康韦的医院。

哈克勒和肯尼迪在救护车中。利文斯顿仍然躺在皮卡的后车厢里，和桑达克在一起，桑达克一直在让他说话。琼斯上校开着旅行车在前方领路。整支车队不得不慢慢行进，因为利文斯顿实在是痛得厉害。

最终直升机从小石城起飞了，但没有携带任何蒸气探测器，因为找不到。直升机飞行员被告知要在里帕布利克镇（Republican）附近的374 – 6号发射场与车队会合，但琼斯和其他人错误地开过了这个地方。于是，他们改在斯普林希尔的374 – 5号发射场与直升机会合。担任基地航空医学处处长的医生，以及四位医疗兵立即对受伤人员进行了处理。肯尼迪被打了一针吗啡，利文斯顿最终也进行了静脉注射。桑达克和他俩道别，然后直升机就起飞朝小石城飞去。此时已是清晨5点。

几名安全警察在入口控制处接到了莫里斯上校，然后开车将他送去医院。

吉米·格雷上校是留在现场的唯一的人。当黎明开始降临

414

时，他独自一人在那里等待着，大火还在继续燃烧，弹头则躺
在黑暗处的某个地方。

## 注释

1. Greg Devlin interview.

2. Kennedy interview.

3. "Report, Major Missile Accident, Titan II Complex 374 – 7," Statement of Jimmy D. Wiley, Staff Sergeant, Tab U – 100, p. 3.

4. Moser interview.

5. King interview.

6. Ibid.

7. Hutto interview.

8. "Report, Major Missile Accident, Titan II Complex 374 – 7," Statement of Thomas A. Brocksmith, Technical Sergeant, Tab U – 9, p. 4.

9. Holder interview.

10. Sandaker interview.

11. "Report, Major Missile Accident, Titan II Complex 374 – 7," Statement of Archie G. James, Staff Sergeant, Tab U – 42, p. 2.

12. Devlin interview.

13. Ibid.

14. Ibid.

15. "Report, Major Missile Accident, Titan II Complex 374 – 7," Statement of John G. Devlin, Senior Airman, Tab U – 18, p. 4.

16. Quoted in Devlin interview.

17. Childers interview.

18. Ibid. , and "Report, Major Missile Accident, Titan II Complex 374 – 7," Statement of Gene M. Schneider, Airman First Class, Tab U – 87, p. 3.

19. Quoted in ibid. , Statement of Allan D. Childers, First Lieutenant, Tab

U－13，p. 6.

20. Ibid. , Testimony of Jimmy E. Roberts, Technical Sergeant, p. 2.

21. Quoted in Green interview.

22. 事故发生后，唐纳德·格林获得了一份374－7号发射场无线电通信记录的录音带。录音是由一位平民制作的，然后匿名发给了小石城的 KATV－TV 电视台。通信记录的一部分也被刊登在报纸上："Radio Conversations Detail Rescue Effort by Air Force," *Arkansas Gazette*, September 20, 1980。我很感谢格林替我制作了录音带的副本，里面可以听到肯尼迪求救的声音。

23. Transcript, Air Force Radio Traffic, September 19, 1980.

24. Ibid.

25. Ibid.

26. Ibid.

27. Ibid.

28. Ibid.

29. Ibid.

30. Kennedy interview.

31. Quoted in Kennedy interview.

32. Ibid. , and "Report, Major Missile Accident, Titan II Complex 374－7," Statement of Jeffrey K. Kennedy, Sergeant, Tab U－46, p. 14.

33. Kennedy interview.

34. Ibid.

35. Quoted in "Report, Major Missile Accident, Titan II Complex 374－7," Testimony of George H. Short, Captain, Tab U－90, p. 3.

36. Quoted in ibid.

37. Ibid. , Roberts statement, Tab U－77, p. 4.

38. Ibid. , Roberts statement, Tab U－77, p. 5.

39. Quoted in ibid. , Roberts statement, Tab U－77, p. 5.

40. Ibid. , Roberts statement, Tab U－77, p. 5.

41. Sandaker interview.

# 确认或否认

　　在亚拉巴马州亨茨维尔的红石兵工厂，马修·阿诺德（Matthew Arnold）正在接受如何拆除化学和生物武器的培训。[1]讲师告诉全班道："氯是你的朋友。"[2]这种家用漂白剂中的主要成分几乎可以使所有的致命性病原体、神经性毒剂和糜烂性毒剂无害。阿诺德心想，幸好知道了这件事。虽然红石兵工厂是美国陆军的机构，他却是空军派过来的。在红石兵工厂参加的这次为期三周的课程是成为一名爆炸性军械处理技师的第一步。学生们不用再暴露在神经毒气之中，然后被告知自己给自己注射阿托品（atropine）——这是一种旨在建立信心的训练，即相信在遭遇化学攻击时解毒剂会起作用。不过，他们观看了一段山羊被暴露在神经毒气中然后再注射解药的影片。那头山羊活了下来。但红石兵工厂的影片和讲座展示了一名爆炸性军械处理技师的工作可能会有多危险，许多人退出了。

　　在那些像阿诺德一样进入第二步——在马里兰州印第安黑德（Indian Head）的海军爆炸性军械处理学校接受为期七个月、每周六天的培训课程——的学生中，退出率还要更高。这些学生中有大约 1/3 的人退学或直接放弃，只有 1/5 的人一次性完成了这些课程。[3]印第安黑德的那些课程主要集中在常规武器上，爆炸性军械处理的受训者被要求研究世界上所有军队使用的各种各样的军械。对于绝大部分军械来说，不管其来自哪个国家，它们的安全化处理程序（render safe procedure）都是相似的：

如果能够容易做到的话，那就移除引信；或者在这种武器上安装一块小型炸药，然后撤退到安全距离之外，再将其炸毁。

不像由执法部门掌管的炸弹小队，空军的爆炸性军械处理小组通常不关心保存证据的事情。他们接受的训练就是尽可能快速地解除危险，然后从中全身而退。阿诺德学会了如何对美国军火库中的常规弹头、火箭弹、炮弹和炸弹进行安全处理。他也学会了如何拆除像红色旅（Red Brigades）和巴勒斯坦解放阵线（Palestine Liberation Front）之类的恐怖组织所使用的手工制作的简易爆炸装置。这种手工制作的东西可能很棘手并很难预料，军用弹药虽然简单，但威力更强大。爆炸性军械处理技师必须以同样的精神状态，即有条不紊、考虑周全、细致耐心以及沉着冷静去处理这两种东西。

阿诺德表现相当出色，并由此进入了第六部（Division Six），这是印第安黑德一个教学员如何拆除核武器的项目。这门课程以一堂关于放射性的危害的课程开始。在洛斯阿拉莫斯发生临界事故之后，每一个班级的学员都会观看 1946 年路易斯·斯洛廷死于放射病的影片。这是一部很让人难受的影片。当斯洛廷的皮肤肿胀、变色、起泡并脱落的时候，他一直相当清醒并承受着巨大的痛楚。

在学习完如何使用辐射探测器和计算安全的暴露时间之后，学员们开始熟悉各种类型的核武器装置。在当时，美国已经拥有约 25 种不同类型的核武器——导弹、火箭、弹头和炸弹；炮弹、深水炸弹、鱼雷和地雷；大型武器和小型武器，原子武器和热核武器。威力最为强大的是由飞机搭载的马克 53 炸弹，以及由泰坦－2 导弹搭载的 W－53 弹头。威力最小的是马克－54 特种原子爆破弹药（Special Atomic Demolition Munition，SADM），

爆炸当量不到 1 千吨。特种原子爆破弹药重约 60 磅，由于其首
选的运送方式而被人称为"手提箱炸弹"（suitcase bomb）或
"背包炸弹"（backpack bomb）。一个人就能够背起特种原子爆
破弹药并将它放在合适的位置，另一个人则设置好计时器，然
后两人可以一起迅速地逃之夭夭。

417　　第六部的教官们提供了一些关于如何处理发生了事故的核
武器的基本技巧。他们说，你要做的第一件事就是搞清楚武器
的外壳是否已经遭到损坏，或者它的任一部件是否在内部发生
了移动。如果你手中的 γ 射线探测器显示出很高水平的辐射，
那你就遇到严重问题了。γ 射线会穿透你的防护设备。如果你
在远处就能够探测到 γ 射线，请立即后撤。那枚武器可能已经
部分爆炸——或者它即将发生爆炸。如果它将危及更多的生命，
那么请计算出你能够在事故现场进行相关作业而不会吸收太多
γ 射线的时间。

　　他们说，当你第一次走近武器时，请务必穿着特种工作服
（bunny suit）。它是一种带着兜帽的黄色连体裤。还要留意你手
里的 α 射线和 β 射线测量仪表。如果它们探测到什么东西，那
可能就意味着武器的外壳已经遭到损坏。α 射线通常是由核芯
释放的，β 射线则是由用来增强核芯的氚气释放的。你的特种
工作服会阻挡它们，头上戴的防毒面具也将阻止你吸收它们。
请记住：即便没有辐射的迹象，也绝对不要摘掉你的防毒面具，
直到你确定武器的"头骨"是完好无损的。所谓的"头骨"是
指包围着核芯的那个铍反射层（beryllium reflector）。吸入铍尘
比吸入钚尘要更糟糕，两者都可能致命。

　　除了 α 射线测量仪表、β 射线测量仪表、γ 射线测量仪表
和氚测量仪表各一个之外，爆炸性军械处理小组还得依靠更多

平淡无奇的工具来处理核武器事故，如螺丝刀、棘轮、扳手和钳子。这些工具都是用不可能产生火花的金属合金制造的。如果武器看起来能够被引爆，爆炸性军械处理技师将用螺丝刀打开它的外壳。到目前为止，最重要的目标是将电源隔离开来，以保证电流不会通到雷管上。最好的方法就是利落地断开电池电源，然后将其取出。用螺丝刀触碰已经充电的电容器就能够让其短路。但是，如果 X 单元已经充了电，那爆炸性军械处理技师就得非常小心了。一个错误的举动就可能触发它并引爆整个武器。

阿诺德在和真武器很相似的模拟武器上练习安全化处理程序。这种模拟武器里面装的是假的高爆炸药和裂变材料。这项工作是一个精细的拆解过程。你要将武器拆开，用塑料布将零部件包好，装进盒子里，并且做好将其退回到制造厂商那里的准备。经过数月的训练之后，阿诺德通过了印第安黑德的所有测试，然后加入了位于路易斯安那州什里夫波特（Shreveport）郊外的巴克斯达尔空军基地（Barksdale Air Force Base）的一支爆炸性军械处理部队。他已经学会如何拆除汽车炸弹和生物武器，如何处理断箭事故和拆解核弹头。此时他才 20 岁。

当西德·金回到克林顿的时候，他匆匆跑进广播站并打开了无线电发射机。KGFL 只被允许在白天进行广播，但联邦通信委员会也允许它在紧急情况下于日落之后播送节目。金认为一枚洲际弹道导弹爆炸的新闻正符合这种情况。一会儿之后，他的妻子也来到了广播站，很开心地看到他还活着。金向听众们描述了爆炸的情况，而给广播站打电话的听众也分享了他们所看到的景象。随着朋友和邻居们聚集起来，KGFL

的小播音室很快就挤满了人，他们都急切地想知道到底发生了什么事情。

空军拒绝透露有关此次爆炸的任何信息。它不会解释刚刚发生的事情。它不会讨论有毒烟雾的潜在危害。它也不会确认或否认那枚泰坦－2导弹搭载了核弹头。给小石城空军基地打电话的记者被告知要致电位于奥马哈的战略空军司令部总部——而战略空军司令部总部中没人会回答他们提出的问题。战略空军司令部总部甚至都没告诉阿肯色州卫生署环境服务处主任弗兰克·威尔逊（Frank Wilson）此次事故是否扩散了放射性污染。[4]战略空军司令部不会告诉他任何事情。于是威尔逊只能致电能源部在阿尔伯克基的一个办公室。那里的一名官员要他描述一下爆炸场景。威尔逊提到了火球和似乎从火球中四散出来的闪闪发光的东西。美国能源部的那个代表说导弹很有可能搭载了核弹头，并且按照描述来看武器里面的高爆炸药已经发生爆炸，同时伴有裂变材料散布。由于无法从战略空军司令部那边得到任何确认，阿肯色州只好派遣政府雇员携带辐射探测器赶往范布伦县。

419　　空军在此事上的沉默帮助散布了恐慌和混乱。超过1000人离开了他们的家，开着车逃离大马士革周边地区。KGFL电台的一位来电者说，他正准备离开小镇，去和位于约400英里外的伊利诺伊州费尔菲尔德（Fairfield）的家人团聚。其他来电者则说窗户被震碎，门板从合页上脱落，一团不祥的乌云从他们的房屋上空飘过。这团云雾闻起来有臭鸡蛋味，灼伤了他们的眼睛，并让他们咳嗽不停。拒绝承认导弹搭载了核弹头的举动让空军看起来愚蠢之至。KGFL的一位听众打电话告诉广播站，他发现了战略空军司令部在导弹发射场使用的无线电频率。与小石城指挥部的无线电通话并没有改变无线电信号，里面的人正在讨论"弹头"的下落。[5]

在告诉停在比·布兰奇停车场的卡车司机赶紧上路离开之后，安格林警长回到自己的巡逻车上，然后沿着 65 号高速公路往南朝大马士革开去。他想确保发射井周边 5 英里范围内的所有人都已经撤离了。他停在了 374－7 号发射场以北的一个路障处。把守此处路障的安全警察正戴着防毒面具。

安格林说："嘿，我需要其中一个防毒面具。"[6]

"噢，你不需要防毒面具。"[7]其中一个安全警察如此回答道，他的声音被防毒面具压得低低的。

"那好吧，请把你的给我，如果你不需要的话。"

那两人都没给安格林防毒面具，于是他只能不戴这玩意儿朝大马士革赶去。

凌晨时分的那种混乱也延伸到了对路障的管理方面。空军没有决定谁可以或者不可以在阿肯色州公路上行驶的合法权威。但是，战略空军司令部未能与州和地方官员进行协商，这使谁来做主的问题悬而未决。在 374－7 号发射场南边的一个路障处，空军的安全警察就拒绝让记者通过。各大电视台的记者，以及无线电台和报社的记者都已抵达此处，要来报道新闻。安格林警长压制了空军的意见，允许媒体人员将车停在 65 号高速公路的路肩上，就在导弹发射场入口小道的对面。这里属于公共财产。不久之后，《阿肯色民主党人》（*Arkansas Democrat*）的一名记者被空军安全警察拦在了同一个路障处，他被告知不能再往前开了。这名记者指出，他所效力的报纸的竞争对手们刚刚都被允许通过此处——然后他未经允许就开车绕过路障朝

374 - 7 号发射场开去，而不管那些手持 M - 16 的士兵。一辆空
军安全警察用车一度高速地追赶他，但最后放弃了追逐。于是
《阿肯色民主党人》的记者也加入了入口小道处的那群记者，
他们一同朝进入或离开发射场的每一辆空军车辆大声问着问题。

将伤者抬上直升机之后，理查德·英格利希和威廉·琼斯
上校返回了 374 - 7 号发射场。小石城空军基地的一支车队很快
在那里与他们碰了头。车队带来了灾难反应部队所缺乏的专业
设备和人员：便携式蒸气探测器、辐射探测器、特种工作服、
消防车、消防员，以及一支爆炸性军械处理小队。

一个两人辐射小组先搭乘直升机到了 374 - 6 号综合发射
场，然后再乘坐一辆由空军安全警察驾驶的汽车来到了约 10 英
里外的 374 - 7 号发射场。他们穿着防护装备，在黑暗中沿着入
口小道往发射场走去，身上背着 α 射线、β 射线和 γ 射线探测
器。他们一直走到可以俯瞰整个发射场的低矮小山处，没有发
现任何放射性物质的证据——这是一个好兆头——然后走回到
65 号高速公路附近的入口控制点。

英格利希穿上特种工作服，准备去搜寻弹头。这种工作服
要比此前他去寻找利文斯顿时所穿的火箭燃料处理者服装设备
套装轻便许多。英格利希认为他之前在发射场中看到过那个弹
头。他在防灾部门的副手富兰克林·摩西（Franklin Moses）军
士，以及爆炸性军械处理小队的成员也都穿上了特种工作服。
打头阵的侦察小队包括 6 名成员，由英格利希领头，他们都在
等待来自战略空军司令部总部的批准，要去寻找那个弹头。奥
马哈的命令下达了：天一亮他们就可以进入发射场。

罗德尼·霍尔德身上仍然穿着小睡一下时所穿的 T 恤和旧裤子，他打盹时正好 374 – 7 号发射场的高音报警器响了起来。自那之后已经过去 12 小时了，这真是个漫漫长夜。眼下，霍尔德和富勒正坐在里帕布利克镇外的 374 – 6 号发射场的入口小道上。他们此前在大马士革的杂货店那里搭上了一名空军安全警察的车，希望能够回到小石城的基地。但是，那名安全警察要去 374 – 6 号发射场接一个两人辐射小组。直升机没有等待霍尔德和富勒就从 374 – 6 号发射场起飞了。直升机的离去给他俩留下了两个选择：要么和辐射小组一起回到事故现场，要么就留在 374 – 6 号发射场的入口小道上。那名安全警察把自己的外套借给了霍尔德，然后开车走了。外面仍然黑漆漆一片，这两人就那么坐在路上，筋疲力尽，等待着有人能够让他们搭个便车。

在小石城的浸礼会医疗中心（Baptist Medical Center），医生们正努力挽救杰夫·肯尼迪和大卫·利文斯顿的生命。他们两人都被送进了重症监护室，还用了呼吸机，并注入了高剂量的皮质类固醇（corticosteroids）。爆炸释放出来的氧化剂已经导致一种危险的呼吸窘迫形式。两人现在都在遭受肺水肿的折磨，即他们的肺部满是液体。肯尼迪的妻子把他们的孩子留给一位朋友照看，然后就匆匆来到了医院。也有一位年轻女子前来探望利文斯顿，她告诉一位医生说她是他的妻子，告诉另一位医生她是他的姐姐。曾在直升机上对受伤空军士兵进行治疗的基地航空航天医院主任迈克尔·J. 罗伯逊（Michael J. Robertson）上校并不关心她是谁，只要利文斯顿有亲人在场他就满足了。氧化剂所造成的最坏影响通常会在暴露于其中 5 个小时之后显现。就像在第一次世界大战中被作为化学武器使用的光气那样，

421

氧化剂也能够以极其讨人厌的方式杀死一个人。人们称其为"陆地溺死"（dry land drowning）。[8]

当电话铃在凌晨 3 点半响起的时候，马修·阿诺德睡得正香。来电者告诉他马上回基地报到：他所在的爆炸性军械处理小队正准备进行现场作业。电话来得真不是时候。阿诺德和妻子刚刚搬到什里夫波特的一处新公寓，他们此前在熬夜搬箱子。他才睡了几个小时。这个地方现在满是需要拆开的箱子，而且他也不想在凌晨 3 点多的时候去上班。当阿诺德到达巴克斯达尔时，他所在部队的中队长说他们要去阿肯色州——再没有更多说明了。当这支部队把他们的装备装上几辆皮卡并准备离开的时候，阿诺德对把他妻子留在家处理那个烂摊子感到很愧疚。他没法给她打电话，告诉她自己要去哪里，或者让她知道自己要离开多久。

巴克斯达尔的爆炸性军械处理小组是战略空军司令部的一部分，它负责对美国东半部分所有涉及战略空军司令部核武器的事故做出回应。在阿诺德担任爆炸性军械处理技师的两年半时间里，他所在的部队将绝大部分时间花在了平常任务上。当空军基地周边的沼泽地里发现有未爆炸的军械时，他所在的爆炸性军械处理小队对其进行拆除处理。每当发生坠机事故时，他们都会对在残骸中发现的炸弹、起爆管、照明弹、弹药和弹射座椅的火箭发动机进行安全化处理。当没有事情发生时，他们会练习拆解和重装模拟武器。但有几次，阿诺德处理过涉及真正武器的事故。

在巴克斯达尔发生过两次事故，运载里面装满短程攻击导弹的旋转式发射装置的运输装填车垮塌了。每一个发射装置里面都装有 8 枚短程攻击导弹，装填车则有能把那些导弹提升送入 B - 52 炸弹舱中的伸缩臂。在这两起事故中，伸缩臂都折断了，致使旋转式发射装置及短程攻击导弹下坠 5 英尺掉在地面上。至少有 2 个弹头和 6 枚导弹遭到损坏。制造缺陷或锈蚀看起来是导致伸缩臂垮塌的最可能的解释。但后来，空军的一项调查发现了一个不同的原因：纯粹出于无聊，维修人员曾开着那些运输装填车四处瞎晃悠，并用它们把 B - 52 轰炸机抬离地面取乐。

1979 年 4 月，阿诺德所在的部队在得克萨斯州沃思堡以北几英里的地方处理了一起核武器事故。这起事故被认为特别严重，迫切需要他们在大半夜的时候进行处理，于是他们搭乘手头唯一可用的飞机——基地指挥官的 KC - 135——前往事故发生地。这架大型喷气式飞机比阿诺德所在团队经常乘坐的那种飞机要豪华舒适得多。在卡斯韦尔空军基地，装载小组的一名成员忽略技术指令，在 B - 52 的驾驶舱中将某个手柄拉得太用力。他没能打开炸弹舱舱门，而是无意中释放了一枚 B - 61 氢弹。氢弹往下掉落了大约 7 英尺，砸到了跑道上。当装载小组的成员们靠近那件武器时，他们看到它的降落伞已经裂开——氢弹外壳上的那个小小窗口出现了一面红旗。这说明它已经解除保险了。阿诺德的团队抵达基地后，先从氢弹外壳上移除了一块小型面板，然后用扳手旋转某个开关。随后，小小窗口里面的红旗被绿旗取代，氢弹安全了。这整个流程花了大约一小时，然后阿诺德所在的团队通过他们经常使用的空运方式，即搭乘货机，飞回到巴克斯达尔。

对 W - 53 弹头进行安全化处理并没有让阿诺德觉得紧张。W - 53 弹头的核芯使用的是高浓铀而不是钚，这就在很大程度上消除了吸入危害和放射性污染的风险。他去过泰坦 - 2 导弹发射场，在它的许多模拟版本上进行过练习。在印第安黑德，他从课程中得知核武器几乎不可能意外爆炸。即便是飞机坠毁或者遭遇火灾，安全机制也往往会起作用；对爆炸性军械处理小组来说，据说高爆炸药构成了最大威胁。阿诺德所在的部队一直在处理与核武器相关的事情，他们基本不去想那种可能被释放出的毁灭性力量。爆炸性军械处理技师们会坐在核武器上，间或还会靠在它们上面，午餐时还会把它们当成桌子。但阿诺德的一个指挥官有点太自以为是和满不在乎。有一次，此人在光天化日之下把一枚模拟武器从存储掩体中取了出来，放在自己的皮卡后车厢中并用一块防水布盖住，然后大摇大摆地将车从保安人员跟前开过，最后还当着他女友的面将武器拆开。阿诺德认为此举极其愚蠢并且不负责任，也是一个重大的安全问题。在掩体中，模拟武器是和真正的武器并排存放的。

日出之后，侦察小队离开了入口控制点。搜寻弹头的过程并没有持续多久。理查德·英格利希率领他们来到发射井以东约 200 码的一个地方，他认为自己于黑暗中在这里看到了武器的轮廓。它确实就在这里，躺在一条浅浅的沟渠里，恰好在入口小道旁边。事故发生之后，皮卡在这里来来回回，人们也在黑暗中蹒跚而过，离弹头也就几英尺远。

α 射线只在武器的顶部被检测到，发射场的其他地方则没有。

随后，事故现场的空军人员和小石城指挥部之间的对话能够被任何拿着短波收音机的人听到：

"它就躺在旁边的沟渠里，你要知道，它甚至没有密封。它被炸了出来。它就躺在沟里。它完全暴露在外，我们所要做的就是走进去并拿到它。"[9]

"好的，我建议我们等等那些将在约一个小时之内抵达的人。"[10]

"我没问题。"[11]

在温泉镇的酒店房间，大卫·普莱尔参议员和副总统沃尔特·蒙代尔正在听取有关泰坦－2导弹事故的简报。民主党人的州代表大会将在当天上午晚些时候开始，按照议程副总统将要发表开幕致辞。记者们将会提出有关这次事故的问题，蒙代尔希望能够有所准备。从小石城赶来的战略空军司令部的三名官员描述了套筒的落下，导弹外表的破裂，夜间的漫长等待，重新进入控制中心的无用尝试，以及爆炸，但他们拒绝透露这枚泰坦－2导弹是否搭载了弹头。战略空军司令部总部已经指示他们既不确认也不否认存在核武器。

蒙代尔拿起电话打给国防部部长哈罗德·布朗，但此人一开始也没有告诉他。

蒙代尔说："该死的，哈罗德，我可是美利坚合众国的副总统。"[12]

布朗告诉他导弹搭载了一个核弹头。

在乘坐直升机赶往发射场之前，鲍勃·佩里弗伊和事故反应小组的其他成员在小石城空军基地会见了战略空军司令部的官员。小詹姆斯·E. 莱特（James E. Light, Jr.）将军已经看过弹头了。莱特是战略空军司令部负责后勤的副参谋长。他曾飞往阿肯色州，然后乘一架直升机飞抵事故现场，视察了破损情况，接下来回到小石城指挥部来参加这次会晤。莱特说，考虑到这次爆炸的规模，再入体能够完好无损真的是非同寻常。

佩里弗伊不喜欢听到这种信息。[13] W - 53 弹头的保险和引信系统连同那些电池，都被安装在再入体的底部。即便它们都是完好无损的，这种武器还是有发生爆炸的可能。

莱特将军还说，来自巴克斯达尔的爆炸性军械处理部队已经抵达现场，在弹头下方挖了个洞，在它周围缠了一条链子，并计划把它从沟渠里拉出来。但是，莱特告诉他们，在洛斯阿拉莫斯和桑迪亚的科学家批准之前，一定不要轻举妄动。

佩里弗伊和代表洛斯阿拉莫斯的威廉・钱伯斯（William Chambers）马上就知道他们会喜欢莱特将军。他做出了正确的决定。空军迫切希望尽快把这件武器从沟渠里弄出来。一群记者已经聚集在 65 号高速公路靠近入口小道的地方，一架载有摄影师的小型飞机也已经从发射场上空飞过。但是，佩里弗伊和钱伯斯认为没有必要急着拆解美国威力最强大的热核弹头。钱伯斯对这个问题知之甚多。他参与处理过帕洛马雷斯的断箭事故，为图勒的回收工作提供过建议，撰写了关于核武器的爆炸性军械处理手册，并帮助创建了核应急搜索队（Nuclear Emergency Search Team，NEST）——一个处理美国国内核恐怖主义威胁的神秘组织。洛斯阿拉莫斯和核应急搜索队的所有工作都没有使钱伯斯觉得焦虑——不是那些武器事故，不是警告称曼哈顿有一颗当量为 20 千吨的炸弹的勒索信，也不是 1976 年美国建国 200 周年庆典上将发生恐怖袭击的警告。[14] 第二次世界大战时，他曾在乔治・S. 巴顿（George S. Patton）将军麾下的第三集团军服役，他在战场上所看到的真正恐怖缓和了他对假想恐怖的畏惧。

从空中往下看，发射场就像被炸弹命中了一样。事故反应小组乘坐直升机来到现场，佩里弗伊想知道弹头电气系统的状况，那是他的专业领域。在看到弹头的那一刻，佩里弗伊心想：我在这里的工作已经完成。莱特将军在描述躺在沟渠里的东西时使用了错误的术语。"再入体"并不是完好无损——它已经消失，无处可寻，无疑是在爆炸中被炸成了碎片。弹头就那么躺在那里，失去了引发核爆炸所必需的电力来源。但考虑到它所经历的事情，W‑53弹头看起来情况还是相当不错的。从本质上来说，它仍然是一个整体。主装置上的外壳已经破开——能够看到雷管电缆、高爆炸药、管子、电线和电容器。副装置也松松垮垮的；它不再直接位于主装置的正下方，就像银质篮球下方的金属垃圾桶一样。然而，对于一个从火球中飞过，又在空中上升了超过1000英尺，最后又在没有降落伞的情况下砸到地面上的物体来说，它所受到的损害已经是非常轻微的了。

钱伯斯走到附近的一台派迪伯恩起重机（Pettibone crane）——这种起重机是可以将武器从沟渠里面吊起来的移动式全地形车辆——边上，并从里面抽出液压油。他把这种油倒入弹头上的小孔和裂缝，在高爆炸药表面形成一层油膜，使得它们不太可能被偶然产生的火花引爆。这种火花可能由捆住核弹头金属外壳的铁链引起。钱伯斯希望在有人尝试移动或者拆开弹头之前，彻底搞清楚它里面到底发生了什么。X射线就能够揭示损害的情况，但事故反应小组并没有将便携X射线仪器带到阿肯色州。钱伯斯说，在损害的情况能够得到适当的评估之前，什么都不应该做。空军已经遭受足够多的尴尬之事了。要是这枚武器再发生一次事故，它能够杀死很多人并且散布放射性氚，那群记者也将倒在路边上。

427　当马修·阿诺德听到在武器被 X 射线检查之前什么都不要做的决定时，他认为这是十分荒谬的。这就是废话。这意味着他的部队将不得不在阿肯色州至少干等上一两天。他心想，这些文职人员不知道他们自己在谈论着什么。他们真的是谨慎过了头。这个弹头看起来并没有那么糟糕，安全化处理程序也不会很复杂。它们都在课本里写着了。

他告诉他的指挥官，他们已经准备好大干一场。这就是他们日复一日的训练所要求他们做的。这些书呆子应该赶紧待一边去，让他们开始工作。让他们把武器从这里弄出去，然后回家。

阿诺德被命令不许靠近弹头所在的地方。相反，他被派去发射场寻找由泰坦－2 导弹搭载的制动火箭残骸和其他爆炸物。他失去了冷静，他自己也知道。阿诺德同意应该由其他人来进行安全化处理——他自己的思绪已经被最近的搬家、未拆封的箱子以及在家中等待着他的乱七八糟的东西占据。他没法驾驭眼前的一切。就像阿诺德不太愿意承认的，来自洛斯阿拉莫斯的这个家伙很可能是对的。

在小石城空军基地医院的停车场，奇尔德斯被告知要脱掉他的衣服。根据 α 射线探测器对曾在 374－7 号发射场待过的每个人的筛查，他已经遭受辐射污染。医院里的其中一个探测器根本就不能正常工作，而另一个则一直显示有 α 粒子的迹象。一队赤身裸体的男子站在奇尔德斯面前，准备接受某种初步形式的除污。在被允许进入急诊室之前，他们要被橡胶软管中的冷水喷洗。奇尔德斯愤怒了。在确认那些受伤的空军士兵将在康韦的医院接受治疗后，他刚刚才从那里回来。在帮助把德夫林从空地上背出来的时候，他拉伤了背部的一块肌肉。他觉得那些 α 射线探测器的读数是不准确的。他也无法相信医院会强迫他们在停车场里脱去衣物，而不远处就站着许多记者和摄影师。奇尔德斯告诉医院的工作人员设置一道围挡或者某个能保护一点隐私的东西。对于那些刚刚经历过一个仓皇夜晚的人来说，这种形式的欢迎回家仪式实在是有些不近人情了。

从橡胶软管中流出来的水真是冰冷至极。

医生们给奇尔德斯的背部进行了肌肉放松并让他进入了医院。他正计划着当天晚些时候回家，抱着他的妻子，然后睡上一觉。然而，他被告知马上穿好衣服并返回发射场。留在控制中心保险柜中的紧急作战指令清单和其他加密材料必须取出来。奇尔德斯不明白为什么没有叫导弹小组的指挥官马扎罗去做这件事。但作为副指挥官，奇尔德斯也要对这些材料负责。奇尔德斯感觉有点昏昏沉沉，在穿上刚刚被认为有放射性的脏兮兮的制服后，他又被用车送回 374 – 7 号发射场。

在晨光之中，奇尔德斯第一次看到了现场被破坏的情况，然后意识到自己能够逃得一命纯粹是好运气使然。爆炸将绝大部分残骸炸到了西边，其中一些甚至落在了离 374 – 7 号发射场半英里远的地方。巨大的钢块和混凝土块落在附近农场的田野里。发射井井盖被炸到了 200 多码开外的发射场西北部的树林里，在落地之前一路上削掉了不少树木的树顶。井盖重约 15 万磅。如果残骸被炸向东边，朝着 65 号高速公路的方向，那将会导致很多人丧生。

沿着入口小道往里面开，当看到弹头坠落的地方时，他有点想笑出声来。此前他认为是弹头的物体实际上是一个氢蓄电池——一个大型钢罐，被扔在了路上，看起来就像弹头。当他

428

朝赛拉斯·斯潘大喊让其远离钢罐，害怕那是弹头时，奇尔德斯恰好就站在弹头旁边。

在发射场的入口处，道路被残骸堵住了。奇尔德斯和他的护送者只能步行进入其中。烟雾依然从发射井中飘出。爆炸产生的冲击波已经毁掉发射井的上面几层，拓宽了地面上的那个洞。曾经是一个深深的混凝土圆筒的发射井，现在看起来就像一个巨大的漏斗，边缘上是粗糙的岩石和泥土。安全警察看起来无处不在，守卫着发射场并在残骸中四处搜寻。奇尔德斯从入口处进入，沿着楼梯往下走，就像肯尼迪和利文斯顿在那天凌晨所做的那样。里面漆黑一片，墙壁和天花板上的一些地方被烧黑了。但是，给奇尔德斯留下深刻印象的是仍然可以穿过防爆门和防爆区，那些地方依然还在。

控制中心让人感觉阴森森的，就像一个伸手不见五指的被遗弃的地下室。一切都和他们离开时一样。奇尔德斯喝过的可乐仍然在杯中。技术指令和技术手册仍然在它们所在的塑料夹中，摊开放在地板上——没有一样东西被爆炸炸翻。保险柜的门依然微微开着，里面的加密文件没有挪动丝毫。奇尔德斯和霍尔德是对的。他们是对的。他们本可以留在控制中心。他们本可以监视着箱体压力，与指挥部保持联系，打开或者关闭相关设备，而且他们还能平安无事。

由于得不到空军的任何信息，阿肯色州卫生署以及污染控制和生态署（Pollution Control and Ecology Department）的官员们进行了自己的测试，以寻找辐射和氧化剂的迹象。在阿肯色州的盖伊（Guy），约 12 个人声称自己因有毒气体而生病了。[15] 盖伊离发射场大约 6 英里远。这个小城里的人没有被疏散，市长本尼·默瑟（Benny Mercer）也是感到不适的人员之一。大家似乎都对联邦政府的回应感到愤怒。"以前每当有事故发生时，空军不会告诉我们任何信息，"紧急服务办公室的一名成员对《阿肯色民主党人》说，"而且将来他们仍然不会这么做。"[16]邻近的珀拉斯凯县（Pulaski County）警长加里·格雷（Gary Gray）说，他从无线电中知道的东西，比从空军知道的要多得多。[17]阿肯色州负责公共安全事务的主任萨姆·塔托姆（Sam Tatom）试图进入导弹发射场并与那里的指挥官对话，但安全警察在离 65 号高速公路不远的入口小道上就把他拦住了。[18]

州长比尔·克林顿发现自己处于一个很难办的位置。在离总统选举开始还有六周的时候，他必须安抚手下的官员，让公众放心，并收敛他对卡特政府的批评。在接到格斯·安格林警长的电话之后，克林顿知道了所有的事情都处理得很糟糕，于是他敦促空军公布有关此次事故的更多细节信息，并因"他们做了所能做的最好的"[19]而称赞其领导层。在州长克林顿、参议员普莱尔和众议员比尔·亚历山大（Bill Alexander）的陪同下，副总统蒙代尔在温泉镇的民主党人大会上向记者们发表了讲话。蒙代尔既没确认也没否认核弹头的存在。但是，亚历山大愿意陈述显而易见的事实。"我假定它们是装备了的，"在谈到阿肯色州的泰坦－2 导弹时他如此说道，"这就是它们在这里的原因。"[20]

下午 4 点，空军部部长汉斯·马克在五角大楼举行了一场新闻发布会。马克是一名物理学家、核工程师和航天技术方面的专家，他曾在美国国家航空航天局领导一个研究机构。马克是解释泰坦－2 导弹和 W－53 弹头内部工作原理的理想人选。

他曾是火箭科学家和武器设计师。作为空军部部长，马克提供了卡特政府对此次事故的看法。

"我相信泰坦导弹系统是一个操作起来极其安全的系统，就像我相信波音747飞机是一架非常安全的飞机一样，"[21]马克如此对媒体说道，"但天有不测风云。"[22]

当记者提出称泰坦－2导弹危险、过时和维护不力的时候，马克说大马士革的事故不是由设备故障或者维护不力导致的——它只是个意外，只能归咎于人为错误。他拒绝回答有关弹头的任何问题，甚至不去纠正钚尘可能已经被冲击波扩散的错误说法。他辩称，爆炸事故是泰坦－2导弹发射场所能发生的"差不多最糟糕的事情"。[23]没有人死亡，也没有发生放射性污染，而受伤的人仅仅是那些"其工作就是要承担这些风险的紧急救援小组"[24]的成员。除非另有更详细的调查证明存在其他问题，马克认为"紧急应对程序运转正常"。[25]

431　　几个小时之后，大卫·利文斯顿在小石城的浸礼会医疗中心去世了。他在前一周刚刚庆祝了自己的22岁生日。他正计划着在来年春天和女朋友结婚，然后或许会离开空军并搬到加利福尼亚州。利文斯顿去世的时候他的女朋友在医院，而他的父母正在从俄亥俄州赶来看望他的飞机上。官方宣布的死亡原因是肺水肿。

杰夫·肯尼迪还躺在重症监护室里，正在与死神做着斗争。

9月20日，即爆炸事故发生一整天之后，入口小道处的记者规模增大了很多。西德·金对由一个全新电视网络的人开来的大型卡车印象深刻。美国有线电视新闻网（Cable News

Network，CNN）刚刚在几个月之前开播。它是全美第一家24小时都播送新闻的电视网络，发生在大马士革的泰坦－2导弹事故是它播送的第一条重大的突发性新闻。[26]CNN的大卡车上有一个巨大的卫星天线，让小小的"顺风耳"相形见绌。CNN记者吉姆·麦克拉茨维斯基（Jim Miklaszewski）在导弹发射场进行了不间断的报道——并播发了看起来像弹头的物体的唯一画面，那个东西躺在地上，上面盖着蓝色防水布。为了拍到这个画面，麦克拉茨维斯基和他的摄像师从当地安装电话线的工作人员那里借了一个移动升降台（cherry picker），然后坐在这个升降台上升到了50英尺高的半空中。空军试图阻挡他们的视线，但没能成功。

泰坦－2导弹的爆炸完全符合由三里岛核事故、伊朗的美国人质被劫持事件以及卡特政府营救那些人质的行动的失败尝试等引发的媒体叙事（media narrative）。美利坚合众国看起来已经变得虚弱、胆小和无能，并且事件的"官方"版本是绝不可以完全相信的。虽然五角大楼允许在事故发生后披露有关核武器的信息，以之"作为减少或防止公众出现普遍恐慌的手段"，[27]但空军不会公布大马士革事故中弹头的任何细节信息。当劳埃德·莱维特将军在小石城的一场新闻发布会上威胁称如果再有人问一个关于弹头的问题他就将结束整场发布会时，弹头存在的画面已经在CNN上播出了，于是这整件事就成了一个笑话。一幅报纸漫画描绘了三名空军军官的形象：第一个人遮住了自己的眼睛，第二个人堵住了自己的耳朵，第三个人则捂住了自己的嘴巴。[28]专栏作家阿特·包可华（Art Buchwald）写道："如果你站在军方一边，你可以声称这个系统起作用了，因为核弹头并没有爆炸。如果你住在这个地方，你可能会发现很

432

难卖掉你的房子。"[29]

苏联声称泰坦－2导弹爆炸本有可能被误认为突然袭击并引发"一场核冲突"。[30]普莱尔参议员和共和党参议员鲍勃·多尔及巴里·戈德华特（Barry Goldwater）要求对泰坦－2导弹系统进行一次新的调查。多尔说："假如它并不安全和有效，我不知道你为什么还需要它。"[31]

事故反应小组借助一个名为"pig"——放在一个铅盒中的高放射性钴60块——的装置来检查弹头的内部状况。一张感光胶片被放在弹头的一侧，该装置则放在另一侧，然后用一根系索将铅盒短暂地打开一段时间。所有人都和该装置保持着相当远的距离，直到盒子被关上。这个装置提供了一种简单但有效的照X光的手段，并且它表明，可以安全地移动核弹头。与原来的方案相反，来自小石城的爆炸性军械处理部队被要求来对武器进行安全化处理。当甚至不属于战略空军司令部的爆炸性军械处理技师在374－7号发射场的一个帐篷里（这里避开了CNN的摄影机）将主副两个装置分开时，来自巴克斯达尔的马修·阿诺德的小组不得不站在一边看着。弹头的这两个部分被分别装进独立的喷气发动机容器中，里面还填满了沙子。这两个容器被抬到一辆平板卡车上。9月22日清晨，这辆平板卡车混入一个车队，一起离开了发射场。

"嗨，上校，这就是你既不会确认也不会否认的东西吗?"[32]当这辆卡车驶入65号高速公路时，一名记者向车里的一位乘客如此大喊道。

这位军官对着摄影机笑了笑并竖起了大拇指。

# 注释

1. Interview with Matthew Arnold.

2. Quoted in ibid.

3. 我对红石兵工厂和印第安黑德课程的描述不仅基于我对阿诺德的采访，而且基于对大约在同一时间于这两个地方学习的其他爆炸性军械处理技师的采访。我也从佩里弗伊和史蒂文斯那里学到了一些关于炸弹处理的知识。

4. See "Local Officials Couldn't Get Information from Military," *Arkansas Gazette*, September 20, 1980.

5. Transcript, Air Force Radio Traffic.

6. Anglin interview.

7. Quoted in ibid.

8. See "Fact Sheet, Phosgene Carbonyl Chloride, Military Designations: CG," U. S. Army Chemical Materials Agency (n. d.) .

9. Transcript, Air Force Radio Traffic.

10. Ibid.

11. Ibid.

12. 这则逸事是大卫·普莱尔参议员告诉我的，后来副总统沃尔特·蒙代尔证实了这事。

13. 我对大马士革的事故响应及安全化处理程序的描述基于对鲍勃·佩里弗伊、威廉·H. 钱伯斯、马修·阿诺德和其他爆炸性军械处理技师的采访。

14. Chambers interview.

15. See Art Harris, "Residents Near Site of Missile Explosion Complain of Illness," *Arkansas Democrat*, September 26, 1980.

16. Quoted in "Air Force Says 'No' to Plea for Inspection," *Arkansas Democrat*, September 21, 1980.

17. See Lamar James, "Civilians 'Got Cold Shoulder' from Military, Deputy Says," *Arkansas Gazette*, September 21, 1980.

18. See "Air Force says 'No' to Plea for inspection."

19. Quoted in Don Johnson, "Clinton to Talk to Air Force Officials," *Arkansas Democrat*, September 21, 1980.

20. Quoted in "Mondale Avoids Admitting Missile Armed with Warhead," *Arkansas Gazette*, September 20, 1980.

21. "Transcript, News Conference by Secretary of the Air Force Hans Mark, Friday, September 19, 1980, 4: 00 P. M. , the Pentagon," David H. Pryor Papers, University of Arkansas, Fayetteville.

22. Ibid.

23. Ibid.

24. Ibid.

25. Ibid.

26. CNN 是事故现场唯一装备了实况摄影机的全国性新闻网络。See Reese Schonfeld, *Me Against the World: The Unauthorized Story of the Founding of CNN* (New York: Cliff Street, 2001), pp. 182 – 86.

27. Quoted in Ellen Debenport, "Air Force Could Have Confirmed Warhead's Presence," United Press International, September 26, 1980.

28. See "The Air Force on Nukes," *Arkansas Gazette*, September 24, 1980.

29. Art Buchwald, "Arrivederci, Arkansas," *Los Angeles Times*, October 2, 1980.

30. Quoted in "Russians Say Accidental Nuclear Explosion Could Touch Off War," Associated Press, September 21, 1980.

31. Quoted in "Congressman Wants Inquiry of Missile Silos," *Arkansas Democrat*, September 20, 1980.

32. Quoted in "Titan Warhead Taken to Air Base," *Arkansas Gazette*, September 23, 1980.

# 结　局

罗纳德·里根并不对未来感到绝望，遭遇信心危机，或怀疑美国的伟大。他的乐观向上对一个似乎正在衰落的国家拥有巨大的吸引力。里根在总统选举中彻底击败了吉米·卡特，赢得了超过对手10个百分点的普选票，并得到了数目几乎是对手10倍的选举人票。[1]共和党获得了对参议院的控制权，并把4位民主党州长从职位上赶了下来——包括比尔·克林顿，他以微弱的劣势输给了保守派竞争对手。克林顿也因此在自己34岁的时候成为美国最年轻的前州长。1980年的总统选举标志着一次文化转向，是一次对自越南战争结束以来的自由主义、大政府以及一直支配美国外交政策的自我批评和道歉基调的反正。爱国主义和民族主义的新感觉似乎产生了立竿见影的效果。随着里根总统在1981年1月20日结束他的就职演说，伊朗政府释放了被劫持一年多的52名美国人质。

"以实力求和平"（Peace through strength）[2]是里根的竞选口号之一，他的政府很快就开始了美国历史上和平时期规模最大的军事建设。在接下来的5年里，美国的国防预算将几乎翻一番。[3]与苏联的军备竞赛也被有意加快速度——其来自美国能够获胜的信念。里根不仅反对"缓和"，而且反对美国已经与苏联签订的所有军控协议。[4]在1963年的一次演讲中，他说肯尼迪总统的外交政策是"被对炸弹的恐惧驱动的"，而且"在一场全面的竞赛中，我们的体制更强大，最终敌人会因为毫无获胜希望而放弃竞赛"。[5]次年，里根把苏联人形容为"人类有史以来最邪恶的敌人"。[6]他对这个问题的看法在接下来的 20 年里基本没有改变。同时，他也是自伍德罗·威尔逊（Woodrow Wilson）以来第一位真心相信美国的军事力量可以终结苏联共产主义的美国总统。

里根总统的大部分外交政策顾问是当前危险委员会的成员，他们力推大胆的核政策。曾由罗伯特·麦克纳马拉提出的打击军事力量的战略——长期以来都与兰德公司以及肯尼迪政府早期的那种朝气蓬勃的自信满怀有联系——现在得到了保守的共和党人的拥护。但是，"打击军事力量"这个词已经变得很有问题。它听起来颇具侵略性，并且暗含着打一场核战争的意愿。与此相似的战略现在被叫作"损害限制"（damage limitation）。通过对苏联军事目标发动一次核攻击，美国可能可以将"损害限制"在它的领土之上，多半还能获得胜利。

像麦克纳马拉一样，新任国防部部长、绰号"卡普"的卡斯帕·温伯格（Caspar "Cap" Weinberger）也是一名二战期间在陆军中服役的商人，但对核武器知之甚少。因此，他手下主管政策的国防部副部长弗雷德·伊克尔在里根政府战略决策中发挥了重要作用。伊克尔仍然受到威慑失败的可能性的困扰，这种可能性会由一次意外事故、一个错误计算或克里姆林宫内某个狂热分子的举动引发。[7]如果这种事情发生了，数以百万计的美国人将丧命。伊克尔认为"确保摧毁"的那种孤注一掷（all-or-nothing）的哲学理念是极其不道德的，它更为准确的说法应该是"确保种族灭绝"（assured genocide）。[8]将核武器瞄准平民大众的举动预示着"一种自黑暗时代以来就普遍受到谴责的战争形式——大规模杀害人质"。[9]他推动里根政府寻求一种核战略，这种战略将阻止苏联攻击或讹诈美国，让美国保持打一场"持久的核战争"的能力，以及假如那种战争爆发，能够限制美国受到的损害并以对美国有利的条件结束战争。伊克尔认为，对相互威慑的盲目相信，就像葡萄牙宗教裁判所（Portuguese Inquisition）时期的信仰宣言——"一场判决仪式（auto-da-fé），一种以大规模火刑告终的行为"。[10]

435

1981 年 1 月，两份关于泰坦 – 2 导弹的空军报告向公众发布。[11]其中一份评估了导弹的整体安全性，另外一份则提供了关于大马士革事故的长篇大论。据第八航空队导弹事故调查委员会称，374 – 7 号发射场及其中的泰坦 – 2 导弹是被先后发生的三次爆炸摧毁的。[12]第一次爆炸发生在发射场内某处的燃料蒸气着火之时。燃料蒸气被点燃可能是由电动机产生的一个火花、导弹第一级氧化剂箱体的泄漏，抑或是导弹的突然崩塌所致。当第一级氧化剂箱体破裂，数千加仑的燃料和氧化剂混合时，紧接着第一次小规模爆炸之后的是一次规模更大的爆炸。第二次爆炸所产生的冲击波撕裂了发射井的上半部分，将发射井井盖炸飞到 200 码外的地方，并且将泰坦 – 2 导弹的第二级发射到空中。当导弹离开发射井时，井盖已经飞走了。搭载着弹头的第二级垂直向上飙升，然后短暂地平行于地面飞行。导弹上的火箭发动机已经被冲击波挤压进了它的燃料箱体之中。燃料和氧化剂发生泄漏，进而导致了第三次爆炸的发生。这次爆炸产生了一个巨大的火球，并把弹头猛地砸进了沟渠里。

事故调查委员会通过检测导弹和发射井废墟裂解模式的方法来确定事故发生的顺序。导弹第二级的碎片散落在离发射井几乎有 0.5 英里远的地方，而绝大部分第一级的碎片则散落在发射井周边 300 英尺的范围之内。这份报告提供的叙述是实事求是且详细的，但空军似乎对描述事故如何展开更感兴趣，而不是查明它为什么会发生。委员会辩称："既然在一段较长的时间内会有如此之多的潜在火源出现，那么明确地知晓引发爆炸事故的直接因素可能也就没那么重要了……"[13]

436　　泰坦－2 导弹武器系统评估组（Titan II Weapon System Review Group）的报告则是为国会议员们准备的。这份报告包含了许多批评意见以及一系列能让导弹更加安全的建议。报告声称泰坦－2 导弹发射井里的蒸气探测器在 40% 的时间内都是坏的，[14]便携式蒸气探测器几乎不能正常工作，[15]发射场里的无线电系统不可靠并需要更换，[16]不应该鼓励导弹战斗值班小组成员在紧急情况下撤离控制中心，[17]作业服的短缺常常会迫使领导们根据谁能穿进去手头已有的作业服而不是知道如何干好特定的工作来选择维修小组，[18]作业服和头盔陈旧过时，[19]空气包也落伍了，[20]导弹的某些备件难以获得或者不再制造，[21]安全警察应该被给予地图，[22]应该为 W－53 弹头增加避雷装置和其他"现代化的安全特性"[23]以让其符合"反常环境下的现代化核安全标准"[24]。报告还说，每个发射场都拥有一个警笛可能会有用。[25]空军总结认为，虽然泰坦－2 导弹系统拥有"潜在的危险"，[26]但它"基本上是安全的"，并且"在现在和可预见的将来都是可以容忍的"。[27]

这两份报告让杰夫·肯尼迪怒火中烧。[28]他在医院住了好几个星期，与呼吸系统受到的伤害做斗争，并将拯救他生命的功劳归于一位年轻的胸腔科医生詹姆斯·S. 安德森（James S. Anderson），而不是空军。安德森医生在肯尼迪的床边待了将近

40 个小时，迫使他将痰液咳出来，并且清理他的肺部。由于医院文献中缺乏相关的指导意见，[29]并且事故发生后的三天中空军没有任何人告诉他关于氧化剂及其有害影响的事情，安德森不得不即兴发挥以治疗肯尼迪暴露在四氧化二氮中所受到的伤害。[30]

肯尼迪认为这些报告是掩盖事故真相的一部分举措：相较于保护自己人的生命，空军更在乎保护泰坦－2 导弹的公众形象。事故调查委员会表示，肯尼迪和利文斯顿从未被命令去打开发射场里的换气扇。根据事故报告的说法，迈克尔·汉森军士曾通过无线电告诉他们："不要打开开关，只要走到开关附近并随时待命。"[31]

肯尼迪认为报告是错误的。[32]他和利文斯顿两人都听到了打开换气扇的命令。利文斯顿用手势示意他会下去做这件事；那就是爆炸发生之前肯尼迪的最后记忆之一。打开换气扇并不是他们最初的检查表中的一部分，那是汉森的主意。在那天夜里的早些时候汉森就曾建议这么做，但肯尼迪和其他人辩称所有的电流都应该切断。肯尼迪毫不怀疑就是换气扇里的一个火花导致了爆炸的发生。但现在，汉森却说从来没有下达过打开换气扇的命令，而且莫里斯上校也支持汉森，这使火源看起来像一个巨大的谜团。肯尼迪心想，你不需要成为火箭科学家就可以弄清楚导弹为什么会爆炸。利文斯顿服从命令，打开了换气扇——几秒钟之后，整个地方就被炸飞了。被这个错误杀死的那个人眼下正在遭受指责。

利文斯顿的死深深地影响了肯尼迪。他俩是关系亲密的朋友，而且他的死似乎完全没有必要。肯尼迪认为，他们在战略空军司令部的指挥官们犯了一系列错误——决定撤出控制中心，拒绝打开发射井井盖并排出燃料蒸气，在重新进入发射场一事上一拖再拖，坚持使用入口处而不是逃生通道进入地下设施，以及下达打开换气扇的命令。最糟糕的是他和利文斯顿冒着极大的生命危险然后又被抛弃的那种感觉。在被人救出去之前，利文斯顿在地上躺了一个多小时，没有戴头盔，不停地吸入氧化剂。在派遣直升机一事上的延误也让人难以理解。

小石城空军基地中推进剂输送系统工作组成员的士气十分低落。掉落套筒砸中导弹的空军士兵大卫·鲍威尔责怪自己导致了利文斯顿的死亡。[33]许多推进剂输送系统技师拒绝再从事与泰坦－2导弹相关的工作，理由是这项工作的危险性，以及他们的安全许可被撤销了。嗑药和酗酒的现象增加了。第308战略导弹联队的指挥官约翰·莫泽上校突然被分配到马里兰州里奇堡（Fort Ritchie）的办公室工作，监督用于统一作战行动计划的计算机磁带的月度更换工作——这是一次终止他职业生涯的调动。莫泽很受人欢迎，而且不是他做出了那些导致爆炸发生的关键决策。战略空军司令部总部里没有人被解职。第308战略导弹联队中的许多官兵认为，为了隐瞒泰坦－2导弹的诸多问题以及保护军中要员，空军让低阶的小人物做了替罪羊。

在事故调查委员会的报告公布几周之后，杰夫·肯尼迪收到了空军发来的一份正式的训诫函。[34]它指责他违反了双人制规定，并在未经许可的情况下进入374－7号发射场的控制中心。丝毫未提他在那里获得的极有价值的信息，或是他在试图挽救导弹时展现出来的勇气。在紧急情况下，如果有生命危险，空军的规章是允许违反双人制规定的。[35]但是，肯尼迪并没有因此而得到豁免。对他的惩罚传递出一个明确的信号：推进剂输送系统工作组成员中间那种咋咋呼呼、调皮捣蛋的文化将不会再被容忍了。是他们，而不是老化的设备或战略空军司令部总部做出的那些决策，应该为出现的问题负责。现在，为了严格执行纪律，每当要进入导弹发射场时，都会有一名军官形影不离地跟着推进剂输送系统的工作人员，就像个保姆一样。

因为将错误的工具安在了套筒上，依据第 15 条的相关规定，大卫·鲍威尔被指责为"玩忽职守"。[36]鲍威尔认为，如果他接受这项指控，那就意味着他承认是自己出了疏忽并要为事故的发生承担责任。鲍威尔拒绝签字，于是面临着上军事法庭审判的风险，不过他可以在军事法官们面前为自己辩护。最后，空军没有把他送上军事法庭，而是给了他一个较轻的处罚。

杰夫·肯尼迪曾计划将职业生涯的剩余时间都用在为战略空军司令部效力上，但现在他拼命地想离开这个地方。肯尼迪申请因病退伍，希望回到家乡并在缅因州上大学。尽管他是因公受伤的，但空军回避了他的这个请求。肯尼迪被送到得克萨斯州圣安东尼奥的拉克兰空军基地（Lackland Air Force Base）接受医学评估。在那里，他被安置在精神科病房——和格雷格·德夫林一起，德夫林同样在寻求医学失能索赔。[37]

德夫林的跟腱撕裂了，脸部、颈部、背部和双手上都被烧伤。他在小石城的一家医院待了十天，以从植皮手术中恢复过来。但是，空军对德夫林不满意。他没得到战略空军司令部的允许就告诉了记者们关于此次事故的事情。他还向泰坦－2 导弹的制造商马丁·玛丽埃塔公司提起诉讼，索赔 150 万美元。在受伤之后，武装部队的成员是无法就自己受到的损害起诉联邦政府的。大卫·利文斯顿的家人和雷克斯·哈克勒也决定起诉马丁·玛丽埃塔公司。在起诉国防承包商的律师中有一人叫

439

比尔·卡特，他是空军退伍军人和前特工人员，希望能够为他的客户取得赔偿，并在法庭上确证泰坦－2导弹系统是不安全的。[38]卡特拥有一个靠近大马士革镇的农场，并曾于1978年代表一个在那里因为氧化剂泄漏而受伤的邻居提起诉讼。在那起案件中，空军军医局局长（surgeon general of the Air Force）就否认吸入氧化剂对人体有危害，声称它是"一种危害性甚至比烟雾还小的物质"。[39]

德夫林无法相信，在他们经历了所有的事情之后，他和肯尼迪都会被关在一个精神科病房里。这个地方满是疯子，就像电影《飞越疯人院》（*One Flew Over the Cuckoo's Nest*）里的一幕。德夫林已经感觉到空军对他的回避。在返回工作岗位之后，他被派去在基地中卖热狗，原本这一工作通常是留给那些因吸毒被抓或面临被开除军籍惩罚的空军士兵的。但是，卖热狗可比待在疯人院中要好多了。肯尼迪不愿接受这样的现实。他告诉工作人员立即将他们放出来，并把他们转移到医院的另一侧，否则他就会联系媒体。他们被立即转移了。在接受医生的检查之后，肯尼迪因病退伍的请求遭拒，德夫林也不被承认是全面医学失能，他被允许在余生中使用空军的所有医院。

几个月之后，在小石城的一次典礼上，两人都被授予空军的英雄勋章（Medal for Heroism），这是空军在和平时期所能授予的最高荣誉。[40]肯尼迪不想接受这枚勋章。但他所在的缅因州的众议员大卫·埃默里（David Emery）说，如果他接受这枚勋章，空军就会允许他离开。[41]在一个满是记者的屋子里，空军部部长凡尔纳·奥尔（Verne Orr）向肯尼迪颁发了勋章。雷克斯·哈克勒、唐纳德·格林、吉米·罗伯茨以及大卫·利文斯顿的父亲也都获得了空军士兵勋章。颁奖典礼旨在鼓舞士气，但推进剂输送系统工作组成员对其不屑一顾。他们认为这是一个公关噱头，并且不理解为何桑达克没有得到最高荣誉，要知道事故发生后桑达克可是两度返回发射场。

440

在被授予勋章三天之后，杰夫·肯尼迪被准许"出于失能的原因而暂时病休"。[42]虽然空军在将来可以重新召他服役，但肯尼迪的军旅生涯实际上是结束了。他搬回缅因州，起诉马丁·玛丽埃塔公司并索赔 750 万美元，最终以一笔少得多的钱在庭外和解。

格雷格·德夫林也在获得勋章几天之后离开了空军。他的服役期结束了。他的诉讼最终也是庭外和解。在扣除律师费、诉讼费和其他费用之后，德夫林得到了一张 6400 美元的支票。[43]

大福克斯事故和大马士革事故发生在同一周，鲍勃·佩里弗伊希望它们能够激起五角大楼对武器安全的浓厚兴趣。他来到华盛顿，向一群空军官员介绍了在发生火灾时可能引爆马克 28 氢弹的那些设计缺陷，以及用新的安全机制来改装炸弹的必要性。空军监察长和空军核安全局（Air Force Directorate of Nuclear Safety）局长出席了会议。但此举收效甚微。空军委托开展的一项研究后来质疑发生意外爆炸的可能性，并辩称马克 28 没有必要从执行警戒任务的轰炸机上移除。[44]然而，这项研究也敦促空军"加快推进此前提出的对马克 28 的改造，同时采取特别举措来防止和减少可能涉及还未被改造的马克 28 的火灾"。[45]那些建议都没有得到遵循。

国防部已经明确了开支的优先次序：对诸如马克 28 之类的老式武器的安全改进工作，虽然值得做，但可以再等等。但是，佩里弗伊决心继续与核官僚主义做斗争——而且他愿意为了武器安全而采取一些不那么光明正大的举动。经过将近 20 年的激烈抵抗，战略空军司令部最终同意在炸弹中安装锁定装置。安装准许启动连接装置需要战略空军司令部的轰炸机驾驶舱中有新的控制箱。根据与能源部的合同，那些新的控制箱将由桑迪亚负责生产。佩里弗伊悄悄地安排将一种独特的信号发生器以及解锁准许启动连接装置所需的密码开关安在控制箱中。[46]美国空军后勤司令部负责处理合同的那些官员可能会，也可能不会明白这个特别的新增功能。它允许战略空军司令部的所有轰炸机携带安装了最新安全装置的核武器。那些轰炸机很快就将准备就绪，而眼下，佩里弗伊必须找到一种将这些装置安进武器之中的方法。

里根政府增强军备的举动将在他上台后的第一个五年内花费约 1.5 万亿美元，[47]其中大约 2500 亿美元将花在核武器系统上。[48]到 20 世纪 80 年代末，美国将拥有约 1.4 万个战略弹头和炸弹，增长约 60%。[49]美国海军将得到新型巡航导弹和三叉戟潜艇。美国空军将装备新型巡航导弹、两款新型战略轰炸机以及 100 枚远程 MX 导弹（现在更名为"和平卫士"）。卡特政府曾打算将 MX 导弹隐藏在美国西南部数千平方英里的广袤土地上，但这一计划很快就被抛弃了。这些导弹将被部署在现有的发射井中——打破它们原有的用途并让它们易于遭受攻击。"和平卫士"导弹的唯一军事用途就在于对苏联发动第一次打击。

里根政府提出的最具争议的武器系统包括美国陆军的潘兴 - 2 导弹和陆基巡航导弹。它们将被部署在西欧，作为针对

苏联在近期部署的 SS - 20 导弹的反制手段。由于射程只有
3000 英里，SS - 20 不被认为是一种"战略"武器，因此它不
在现有军备控制协议覆盖的范围之内。SS - 20 打不到美国境内
的目标，但它所搭载的三个弹头能够摧毁北约军事基地和欧洲
城市。陆军的巡航导弹和潘兴 - 2 导弹计划旨在作为核武器方
面以牙还牙的手段。然而，苏联还是将它们的部署看作极具挑
衅意味之举。潘兴 - 2 的射程约为 1000 英里，打击精度约为
200 英尺。从西德基地发射的潘兴 - 2 能够在五六分钟之内摧毁
莫斯科的指挥中心。它将给予美国发动一次"超级突然的先发
制人打击"[50]的能力。

442

　　新型导弹、轰炸机和潜艇最受媒体的关注，但里根政府战
略现代化计划的"最优先要素"[51]是改进指挥与控制系统。里根
说："万一遭到外来攻击，这个系统必须万无一失。"[52]统一作战
行动计划将最终包括几个有限战争选项，而打一场持久核战争
的能力取决于指挥与控制系统能够幸存几天、几周或几个月。
五角大楼同样在寻求更好的"协同能力"（interoperability）[53]——
这种系统能够在文职领导人和军事领导人、美国和北约盟国，
甚至美国武装部队不同分支之间快速传递信息。战略空军司令
部司令理查德·埃利斯将军告诉国会，指挥与控制系统至少要
"在第一枚武器对美国造成影响之前，识别出我们正在遭到攻
击，描述出这种攻击的特点，从总统那里得到相应决策，并将
这个决策发布给武装部队"。[54]

　　里根政府计划往指挥与控制系统方面投入前所未有的海量
经费，[55]如在新型预警雷达和通信卫星方面花费约 180 亿美元，[56]
更好地防护核武器效应和电磁脉冲，打造全球定位系统
（Global Positioning System，GPS）以改善武器制导和导航，升级

位于奥马哈战略空军司令部总部和雷文洛克山内部 R 场的掩体，以及扩大极低频计划（Project ELF）的规模。所谓极低频计划就是一个极低频无线电通信系统，它可用来向潜艇发送紧急作战指令。[57]上密歇根地区将新建三处极低频天线阵，其中一处长 28 英里，另两处约为 14 英里长。极低频计划是 SANGUINE 计划的缩减版本，后者曾得到海军的强烈支持，其原本计划在覆盖威斯康星州约 1/3 面积的土地里埋藏 6000 英里长、4～6 英尺深的天线阵。[58]

443　　这种新型指挥与控制系统的首要目的之一是确保"政府的连续性"（continuity of government）。[59]副总统将在核战争规划中承担更重要的角色，并且将在危机发生的第一时间就被迅速带往一个秘密地点，准备承担总司令的责任。国家领导层的新藏身之所将建在全国各地。安置在牵引卡车并由特种货机运输的移动指挥中心，将作为国家紧急空中指挥所的后备机构。

　　在肯尼迪政府期间，美国指挥与控制系统的诸多问题被刻意对公众隐瞒了。但是，随着里根总统准备采用更新版本的"灵活反应"，战略指挥的议题被报纸、图书、杂志和电视新闻报道热议。澳大利亚学者德斯蒙德·鲍尔提出了一个强有力的论点，即核战争可能无法控制。[60]约翰·D. 斯坦布鲁纳（John D. Steinbruner）——20 世纪 70 年代此人帮助撰写了五角大楼核军备竞赛的绝密历史——得出了大致相同的结论，并警告称，对美国领导层的"核斩首"可能只需要 50 个弹头就能实现。[61]斯坦布鲁纳读过曾让罗伯特·麦克纳马拉感到震惊的关于斩首行动的秘密研究，但并没有在他的著作中提及它们。前"民兵"导弹官员布鲁斯·G. 布莱尔描述了美国和苏联的指挥与控制系统眼下是如何做好一触即发的准备的，如果战争看起来即将发生，双方都承受着基于预警的发射的巨大压力。[62]耶鲁大学管理学教授保罗·布莱肯（Paul Bracken）记述了核交换战争是如何难以管控的。[63]忧思科学家联盟（Union of Concerned Scientists）前领导人丹尼尔·福特（Daniel Ford）透露称，除了其他方面，摧毁一栋位于加利福尼亚州森尼韦尔（Sunnyvale）、离101号高速公路只有"巴祖卡火箭筒射程"[64]、外表看起来无关紧要的独栋建筑物，就能够扰乱美国空军预警和通信卫星的正常运转。[65]虽然里根政府战略现代化计划的许多方面都引发了批评，但自由派和保守派一致认为，不管是要进行核战争还是阻止核战争，一个强有力的指挥与控制系统都至关重要。

1981年秋天，国防部部长温伯格宣布泰坦－2导弹退出现役。这种导弹越来越被视为另一个核时代的遗存。在参议院为泰坦－2导弹作证时，弗雷德·伊克尔提及了"它的低打击精确度和易出事故"。[66]单个W－53弹头所拥有的巨大爆炸当量已经不那么重要了。预定部署的那100枚"和平卫士"导弹将可搭载1000个弹头，这差不多是剩下的泰坦－2导弹所能搭载弹头数目的20倍。此外，泰坦－2导弹的秘密近来也被泄露了。堪萨斯州某泰坦－2导弹发射场的年轻副指挥官克里斯托弗·M.库克（Christopher M. Cooke）在三次未经授权进入并多次通过电话联系华盛顿特区的苏联大使馆之后遭到逮捕。令人费解的是，在第一次与苏联大使馆联系被发现之后，库克依然被允许担任执行警戒任务的泰坦－2导弹官员长达五个月。[67]一份空军备忘录后来说，库克向苏联人泄露的那些信息——关于发射代码、攻击选项和导弹的诸多缺陷——是"一个重大的安全漏洞……可能是空军历史上最糟糕一次"。[68]

尽管泰坦－2导弹已经过时，但其退役将是一个缓慢的过

444

程。最后一枚导弹计划于 1987 年停止战备值班。为了省钱，空军决定取消在大马士革事故发生后泰坦－2 导弹审查小组所提出的修改建议中的部分措施。对于发射井内的新型蒸气探测器系统，[69]发射场中新增的摄像机，[70]或者在 W－53 弹头中加装新型安全装置的改造，将不会提供资金支持。而要想升级弹头以满足"在反常环境下的现代化核安全标准"，[71]每枚导弹将花掉40 万美元。

苏联入侵阿富汗、"缓和"的破裂、白宫的强硬言辞，以及巡航导弹和潘兴－2 导弹的即将到来，都在西欧造成了对核战争的广泛恐惧。试图阻止美国新型导弹部署的苏联宣传运动也给这种恐惧火上浇油。但欧洲的这种末日情绪是真实的，不是共产党人的宣传鼓动，而且里根政府内部某些成员的信口开河强化了这种情绪。美国国防部副部长托马斯·K. 琼斯（Thomas K. Jones）对核战争可能造成的人员伤亡数量轻描淡写，声称如果人们挖好洞穴，在洞口安上几扇门，然后再在上面盖上 3 英尺深的泥土，他们就能够幸存下来。"泥土能够提供防护，"琼斯解释道，"如果有足够的铁锹供应，所有人都能存活下来。"[72]

在英国，核裁军运动的成员很快就增加了 10 倍。[73] 1981 年秋天，25 万名核裁军运动的支持者参加了在伦敦海德公园举行的一次示威游行，[74]同时一个广为人知的妇女和平营（Women's Peace Camp）在格林汉康蒙的皇家空军基地成长起来，那个地方很快将部署美国的巡航导弹。在波恩，反对潘兴－2 导弹的示威游行活动也吸引了约 25 万人。[75]那种无力感和恐惧感，以及采取某种行动并停止军备竞赛的必要性，导致了斯德哥尔摩综合征的核版本。在整个西欧，抗议者谴责还未抵达的美国导弹，而不是数以百计的已经瞄准他们的苏联导弹。

　　1982 年 2 月，《纽约客》杂志分三期连载一篇文章，它促进了美国的反核运动。文章的作者叫乔纳森·谢尔（Jonathan Schell），后来他还出版了一本著作《地球的命运》（*The Fate of the Earth*）。这本书唤醒了一个理念，即核武器让世界面临一个鲜明的、有关存在的抉择：生存或死亡。谢尔试图破除自轰炸广岛和长崎以来似乎笼罩着美国的那种拒绝感，拒绝面对灭绝的危险。"一方面，我们像往常一样返回正轨，仿佛一切都保持了原样，"谢尔写道，"另一方面，我们开始组装可以在瞬间将这种所谓的不变的存在炸得粉碎的武器。"[76] 他呼吁废除核武器，提供了关于一枚氢弹将对纽约市产生何种影响的让人不寒而栗的描述，并且展示了核爆炸如何损害地球大气中臭氧层的最新科学证据。那年晚些时候，天文学家卡尔·萨根（Carl Sagan）提出了一个更加糟糕的环境灾难概念：核冬天（nuclear winter）。[77] 在一场核交换战争之后，诸多燃烧的城市产生的大量烟尘将环绕地球，阻挡阳光并促成一个新的冰河时期。萨根警告称，核冬天效应将使在核战争中取胜成为不可能之事；一个国家发动第一次打击将与实施自杀之举无异。

　　1982 年 6 月 12 日，大约 75 万人聚集在纽约中央公园，[78] 要求采取一种不同的冻结方式——在世界范围内停止生产核武器。《纽约时报》称它为"美国历史上规模最大的政治性游行示威活动"。[79] 冻结核武器运动（Nuclear Weapons Freeze Campaign）得到了美国市长会议（U. S. Conference of Mayors）、全国基督教协进会（National Council of Churches）、罗马天主教会（Roman Catholic Church）等主流团体的支持。不像欧洲的反核

446

武器运动，它呼吁美国和苏联都裁减军备。但这场运动威胁到了里根政府的战略现代化计划，反对冻结的人声称它是由"克格勃领导人"和"有马克思主义倾向的六十年代残余势力"（Marxist leaning 60's leftovers）精心策划的。[80]到1982年底，大约有70%的美国人支持冻结核武器，[81]而且有一半以上的人担心里根可能让美国卷入一场核战争。[82]

1983年被证明是冷战期间最危险的年份之一。[83]苏联的新领导人尤里·安德罗波夫（Yuri Andropov）年事已高，偏执，饱受病痛折磨，并且坚决反美。安德罗波夫曾是克格勃的领导人，多年来在全苏联境内镇压异见分子方面发挥着主导作用。罗纳德·里根的当选使他相信，美国可能寻求发动先发制人的打击。克格勃开始在全球范围内展开密集的工作，以窥探美国为突然袭击而做的准备，代号为"瑞安行动"（Operation RYAN）。[84]里根政府的绝密心理战计划加剧了安德罗波夫的担忧，该计划旨在让克里姆林宫惊慌失措。[85]美国海军的军事演习会在沿苏联海岸线分布的重要军事基地附近不先发出警告就上演；战略空军司令部的轰炸机会在苏联领空进进出出，试探苏联的防空系统。苏联也在玩着己方版本的游戏，让6艘弹道导弹潜艇在美国海岸附近游弋。

447　　1983年3月8日，在全国福音派协会（National Association of Evangelicals）年会上，里根总统称苏联是"现代世界的邪恶中心……一个邪恶帝国"。[86]两周后，里根宣布了他的战略防御倡议（Strategic Defense Initiative），很快它就以"星球大战"（Star Wars）而为人所知。这是一个通过从外太空击落敌方导弹的方式来保卫美国的长期计划。这一系统所需的技术尚不存在——而且里根承认，它可能在未来 10 年或 20 年内都不存在。但星球大战加深了克里姆林宫对遭受先发制人打击的恐惧。美国的导弹防御系统不太可能有效地应对苏联的一次全面进攻。然而，它可能被证明有助于摧毁从美国先发制人的打击中幸存下来的苏联导弹。安德罗波夫强烈批评这一计划，并警告称它将开启一场新的军备竞赛。"参与这种军备竞赛不仅是不负责任的，"安德罗波夫说，"还是非常愚蠢的。"[87]

潘兴－2 导弹本应在 11 月底抵达西德，随着日期一天天临近，欧洲各地对核战争的担忧逐渐加剧。9 月 1 日夜间，苏联战斗机击落了一架民航客机——大韩航空 007 号航班，机上 269 名乘客全部罹难。这架波音 747 不小心误入苏联领空，那里离一个导弹试验场不远，并被误认为是一架美国侦察机。克里姆林宫拒绝承认与这次悲剧有任何关系——直到美国公布苏联飞行员被命令击落那架飞机的录音材料。里根总统称这次袭击是"野蛮行径"，是一种"永远不会被人遗忘的反人类罪行"。[88]

几周之后，莫斯科以南的一个防空掩体响起了警报。[89]一颗苏联预警卫星探测到有 5 枚"民兵"导弹正从美国往苏联飞来。当值指挥官斯坦尼斯拉夫·彼得罗夫（Stanislav Petrov）中校试图搞清楚这次警报的含义。美国发动一次先发制人的打击肯定会涉及 5 枚以上的导弹——但这也许只是第一波。苏联总参谋部得到了警示，彼得罗夫的工作就是告诉他们导弹袭击是不是真的。要采取任何报复行动都必须尽快下达命令。彼得罗夫判定这是一次虚假警报。后来的一项调查发现，苏联卫星所探测到的导弹发射迹象实际上是云层反射的太阳光线。[90]

在 10 月的第三周，欧洲有 200 万人参加了抗议引进潘兴－2 导弹的游行示威。[91]另外，一支由陆军游骑兵、海豹突击队、

448

海军陆战队官兵组成的部队入侵了加勒比海的岛国格林纳达（Grenada）。这次入侵表面上是为了保护美国公民的生命安全并恢复该国军事政变之后的秩序。不过它同样达到了另一个目标：推翻了得到苏联和古巴支持的共产主义政权。在交火中，19名美国士兵、25名古巴人以及45名格林纳达人丧生。这次行动名为"紧急暴怒行动"（Operation Urgent Fury），苏联谴责它违反了国际法。但它在美国大受欢迎，增强了里根总统作为一个强硬且有魄力的领导人的形象。这是美国许久未见的一次军事胜利。

然而，入侵格林纳达也暴露出全球军事指挥控制系统存在一些严重的问题。[92]事实证明，美国陆军的无线电设备与海军和海军陆战队的同类设备不兼容。根据五角大楼的一份报告，在战斗中的某一时刻，由于无法联系上海军以寻求火力支援，"一名沮丧的陆军军官只能在普通的收费电话上使用他的AT&T信用卡，致电北卡罗来纳州布拉格堡（第82空降师总部），让他们转达他的请求"。[93]

入侵行动之后的那周，北约举行了一次关于指挥与控制系统的军事演习，代号为"优秀射手83"（Able Archer 83）。[94]此次演习的内容包括北约国防部部长们的一次演练，模拟授权使用核武器的流程。克格勃认为，"优秀射手83"演习可能是对苏联发动突然袭击的幌子。这种袭击发生的时机——在潘兴-2导弹抵达之前的几周——似乎是不合逻辑的。然而，"克格勃得出结论认为，美国军队已经处于戒备状态"，一名苏联特工后来写道，"甚至可能已经开始战争倒计时"。[95]苏联本身制订的许多战争计划也要求将军事演习作为对西欧发动突然袭击的掩护。[96]当北约玩起它自己的战争游戏时，部署在波兰和东德的苏联飞

机做好了反击的准备。11 月 11 日，"优秀射手 83"演习太平无　　449
事地结束了。北约的国防部部长们完全不知道他们的指挥与控
制演习一度被误认为第三次世界大战的开端。

　　11 月 20 日晚，随着美国广播公司播出电视电影《浩劫后》
（*The Day After*），美国人对核战争的恐惧达到了顶峰。这部电影
由尼古拉斯·迈耶（Nicholas Meyer）导演，杰森·罗巴兹
（Jason Robards）主演，背景设置在堪萨斯州的劳伦斯
（Lawrence），它将情景剧与关于世界将如何在 1983 年终结的冷
静、近乎纪录片式的叙述结合起来。《浩劫后》中最强有力的
一些影像和蘑菇云、辐射病或一座美国大城市的废墟没有关系。
当"民兵"导弹从乡村地区的发射井中发射并冉冉上升，第一
次出现在堪萨斯上空时，电影就传达出核战争那平凡的恐怖，
以及毁灭可能在某个普通日子里的任何时间来袭的认知。人们
抬头看天，看着导弹渐渐远去，意识到即将发生什么，但无力
阻止它。约有 1 亿美国人观看了《浩劫后》，这个数字大约是
全美成年人的一半。[97]与绝大多数电视电影不同的是，它并没有
一个美满的结局。

　　潘兴 – 2 导弹抵达西德，而苏联的回应纯粹是外交性的。
它派出的谈判代表退出了军控谈判，并且没有再回来。两个超
级大国之间的关系已经达到自 1962 年的危险事件以来的最低
点。虽然美国正将数十亿美元花在新型战略武器上，但老式武
器的安全问题仍旧没有得到解决。这年年初，在大福克斯空军
基地的跑道上，另一架 B – 52 轰炸机着了火。[98]那天上午 9 点 30
分，那架轰炸机正在进行例行保养检查，突然燃料被点着了，
产生了一个巨大的火球，摧毁了飞机并导致 5 名年轻维护工人

死亡。这次事故并不涉及核武器。但类似的 B - 52 轰炸机每天都搭载着马克 28 炸弹和短程攻击导弹。

450

1984 年，一个为马克 28 加装新型安全装置——弱连接和强连接以及独特的信号开关——的项目开始启动。但改造工作一年之后就终止了，因为这个项目花光了所有的经费。[99] 数以千计的导弹依然没有被改造，而且短程攻击导弹的安全问题比最初想的更严重。短程攻击导弹主装置中使用的高爆炸药很容易起火。随着导弹日益老化，它们也变得更加危险。该型导弹的火箭发动机所使用的推进剂必须始终被一层氮气包围。当氮气发生泄漏时，推进剂会变成一种 "接触敏感爆炸物"（contact - sensitive explosive），很容易被火焰、静电或物理冲击引爆。如果短程攻击导弹维护不当，只需要将它们从五六英尺高的地方扔到地面上，就可能让它们发生爆炸——或者发射出去。"持续老化的最糟糕的可能后果……是推进剂以类似于正常燃烧的方式自燃，"[100] 空军的一份核安全期刊警告道，"当然，这将是一场灾难。"[101] 该期刊建议其读者 "遵守相关程序，并给予那些武器一点额外的关心和尊重"。[102]

1985 年，比尔·史蒂文斯从桑迪亚退休。他所从事的工作在一次管理层改组过程中被重新定义，而且他对官僚主义内斗缺乏热情。让他感到失望的是，处于存储状态的绝大部分武器仍然没有加装他所在团队首创的安全装置。但他最近对潘兴 - 2 导弹之安全问题做出的贡献，让他觉得十分自豪。为了在导弹发射演习时消除人为错误，美国陆军已经决定将这一过程计算机化。在西德的潘兴 - 2 导弹基地中，发射小组成员将安装弹头，竖起导弹，移除将导弹锁定在发射器上的插销，接着开始倒计时直至发射之前的那一秒钟——然后停止演习。倒计时将由计算机进行控制。史蒂文斯对这个想法感到不安；实际上，他觉得这太疯狂了。一次软件故障可能就会将一枚潘兴－2导弹发射出去。[103]编写于1980年的美国陆军软件是不可能没有错误的。

　　史蒂文斯拒绝签署潘兴－2导弹的核武器系统研究报告，理由是存在故意的、未经授权的发射（DUL）的风险。作为对他的指责的回应，潘兴－2导弹第一级的火箭发动机加装了一个安全装置。在导弹起飞之前，需要先手动输入一个单独的密码。潘兴－2导弹顶上的弹头里面有一个准许启动连接装置，意外地把它发射出去将不会发生爆炸。但是，当苏联人的雷达屏幕上显示出有导弹正朝莫斯科飞来时，他们将无从得知这一事实。

　　尽管罗纳德·里根总统言辞强硬，但他长期以来都怀着对核战争的恐惧之心。他在白宫任职的最初几年增加了这种恐惧。在1982年3月的一次指挥与控制演习中，里根看着红点在白宫战情室墙上的美国地图中不断蔓延。[104]每一个红点都代表着一颗苏联弹头所造成的影响。不到一个小时，地图就全部被红色覆盖了。里根被这次演习震撼了，他也因几乎不能做什么来保护美国而震惊。虽然一些政府成员认为战略防御倡议是对规模日益壮大的反核运动的明智反应，是试图展示美国人和平与防御性目的之举，里根本人对这一计划的信念却是相当真诚的。[105]他认为导弹防御系统可能会奏效，它可以拯救生命，促进世界和平，并使核武器"无效和过时"。[106]里根性情开朗、乐观，但观看《浩劫后》也让他心生沮丧。[107]在妻子南希的大力鼓舞之下，他公开呼吁废除核武器。里根对苏联的批评变得不再如此前那般严厉，而且他的演说很快就包含了一种真诚的观点："核战争

451

没有赢家，绝不能开打。"[108]

尤里·安德罗波夫及其继任者康斯坦丁·契尔年科（Konstantin Chernenko）的先后死亡让米哈伊尔·戈尔巴乔夫（Mikhail Gorbacher）开始掌权。戈尔巴乔夫代表着与过去的戏剧性决裂。他年轻且充满活力，也是自弗拉基米尔·列宁之后第一位念过大学的苏维埃领导人。尽管戈尔巴乔夫改变苏联的尝试在最初时有些犹豫，但他致力于改革苏联停滞不前的经济，允许言论和宗教信仰自由，结束在阿富汗的战争，拒绝对其他国家使用武力，加强苏联与欧洲其他国家间的联系，并放弃追求核优势。虽然与其诸多前任相比，戈尔巴乔夫的许多观点都比较激进，但他并没有寻求背叛马列主义的基本原理。他希望能够实现它们。

戈尔巴乔夫和里根在年龄、性情、背景、教育和政治倾向方面都很相似，而且他们都是相当自信的变革型领导人，乐意藐视预期并挑战现状。在1985年11月日内瓦峰会上他们首次会晤期间，这两人建立起密切的私人关系，并探讨了如何削减两国的核武库。在离开日内瓦时，戈尔巴乔夫不再将里根视作右翼漫画中军工复合体的傀儡，而是一个看起来热切希望避免核战争的"人"。

一年之后，在冰岛首都雷克雅未克（Reykjavik）的峰会上，双方的讨论偏离到一个让里根总统大部分亲密顾问感到震惊的主题：大规模削减核武器数量。国务卿乔治·P.舒尔茨（George P. Shultz）因这种可能性而兴高采烈。最近在切尔诺贝利核电站发生的事故让放射性沉降物飘散到欧洲其他国家和苏联的大部分地区，提醒着这个世界注意核武器所能造成的更巨大的危险。里根和戈尔巴乔夫似乎即将达成一个非同寻常的协议，正如关于他们此次会面的会议记录所显示的：

> 总统同意这能够被挑选出来……巡航导弹、战术武器、
> 潜射武器以及其他类似武器。如果我们能够消除所有核武
> 器，他也没有问题。
>
> 戈尔巴乔夫说我们可以做到这个。我们可以消除它们。
> （美国）国务卿说："让我们行动起来吧。"[109]

里根和舒尔茨所感受到的欣喜并没有持续多久。[110]过了一会儿，
戈尔巴乔夫坚持说，作为这次交易的一部分，所有星球大战计
划的测试项目必须限制在实验室中。里根无法理解为什么一种
意在挽救生命的导弹防御系统——这种系统眼下还不存在，可
能永远也不会存在——能够阻碍永久地消除核武器的努力。他
拒绝为战略防御倡议设置限制，并承诺会分享该项技术。他指
出，苏联正在进行完全相同的研究，并且已经建好一个反弹道
导弹系统来保卫莫斯科。戈尔巴乔夫和里根都不愿意改变自己
的立场，于是会议就这么结束了。

　　尽管双方没有就消除核武器达成协议，但雷克雅未克峰会
标志着冷战的一个转折点，它是很快就导致双方从欧洲撤走所
有中程导弹并大规模削减战略武器数量的进程的开端。全面的
核军备竞赛结束了。戈尔巴乔夫现在感到有底气去追求在苏联
内部的改革了，他相信美国不会寻求攻击他的国家。里根政府
内部的强硬派人士现在也松了一口气，他们被里根总统差点就
要消除美国所有核武器的举动吓得目瞪口呆。英国首相、保守
党领袖玛格丽特·撒切尔（Margaret Thatcher）和法国总统、社
会党领袖弗朗索瓦·密特朗（François Mitterrand）对里根质疑

453

核威慑的价值很愤怒，核威慑战略确保了二战以来的和平。尽管在过去六年中欧洲的抗议游行主要聚焦于美国，但最坚决反对打造一个没有核武器的世界的是西欧领导层。

鲍勃·佩里弗伊成为桑迪亚的副总裁，他的新身份使他能够更有效地为核武器安全问题进行游说。到 1988 年，美国核武库中几乎一半的武器都加装了弱连接及强连接装置，而马克 28 的安全改造项目终于重新启动。[111]但是，战略空军司令部仍然在将大约 1000 枚短程攻击导弹装载到执行警戒任务的轰炸机上。那些飞机停在全国各地的跑道上，随时准备从加利福尼亚州、堪萨斯州、缅因州、密歇根州、新罕布什尔州、纽约州、北达科他州、南达科他州、得克萨斯州和华盛顿州的基地里起飞。随着美苏两国间紧张局势的缓和，空军用短程攻击导弹来冒险的意愿变得更难找到正当的理由。

454　　　1988 年 2 月 26 日，佩里弗伊致信能源部负责国防项目的助理部长，邀请他来桑迪亚参加一个关于短程攻击导弹的危险之处的简报会。[112]这个助理部长没有回复这封信。在接下来的那个月，桑迪亚的总裁向能源部的另一名官员提及此事，建议应该让能源部部长和国防部部长知晓这个问题。但又是没有下文。几个月之后，一个独立的专家小组受委托来调查能源部的管理实践，佩里弗伊受邀担任技术顾问。这个专家小组由戈登·莫（Gordon Moe）领导，此人曾是亨利·基辛格的国家安全事务团队成员。该小组铆足了劲用短程攻击导弹的安全问题作为管理不善的一个案例。莫对核武器安全问题及其影响没得到应有的重视而感到相当震惊。自从首次对短程攻击导弹表达担忧以来已经过去近 15 年了，但直到现在都未采取任何补救措施。"在所提出的问题得到解决之前，发生核武器事故的可能性将一直高得让人无法接受，"莫小组在一份秘密报告中指出，"怎么夸大一起严重事故对国家安全造成的影响都不为过。"[113]

1989 年 4 月 26 日，来自俄亥俄州的前宇航员、民主党参议员约翰·H. 格伦（John H. Glenn）造访桑迪亚。佩里弗伊抓住机会向格伦介绍了核武器安全问题的情况，并交给他一份莫小组报告的副本。格伦希望知道更多关于此主题的事情，并询问佩里弗伊应该联系能源部中的什么人以对其展开讨论。

佩里弗伊建议他跳过中层官员，直接向能源部部长詹姆斯·D. 沃特金斯（James D. Watkins）提出该议题。

格伦说他在接下来的这周将会见沃特金斯。

官僚主义僵局就此打破。一位备受尊敬的参议员——一位国家英雄——计划向能够在核武器安全问题方面做出实质举动的那个人提出该问题。

能源部部长沃特金斯及其工作人员会见了格伦参议员，读到了莫小组报告，开始担心库存中的旧武器的安全问题，并就此事联系了国防部部长迪克·切尼（Dick Cheney）。五角大楼并没有让那些武器解除战备状态，相反它委托对短程攻击导弹进行另外两项研究。一项由空军进行，另一项由戈登·莫进行——能源部再次聘请此人重复他早前开展的工作。

时间又过了一年。柏林墙倒塌了。米哈伊尔·戈尔巴乔夫访问白宫；签署了重大的军备控制协议；将几十万人的苏联部队从东欧撤出；允许波兰、匈牙利、捷克斯洛伐克、东德、罗马尼亚、拉脱维亚、爱沙尼亚和立陶宛脱离苏联。不管用何种理性的标准来衡量，冷战都已经结束了。但是，在美国各地，短程攻击导弹每天都在继续装载到执行地面警戒任务的 B－52

轰炸机之中。

1990 年春天，《华盛顿邮报》（*Washington Post*）记者 R. 杰弗里·史密斯（R. Jeffrey Smith）获悉美国的某些核武器存在安全问题。《华盛顿邮报》刊登了史密斯的系列文章，[114] 引发了公众对短程攻击导弹的缺陷以及 W – 79 原子炮弹没达到单点安全标准的关注。史密斯没有透露任何机密信息，但他的确暗示，官僚主义竞争和官僚主义惰性正在制造不必要的风险。五角大楼的一位发言人为短程攻击导弹辩护，声称这种"武器符合我们目前所有的安全标准"。[115] 国防部部长切尼会见多位空军官员、能源部部长沃特金斯、三个武器实验室的负责人，以及参谋长联席会议主席科林·鲍威尔（Colin Powell）将军，讨论短程攻击导弹的问题。1990 年 6 月 8 日，切尼表示，短程攻击导弹不会对"公众造成任何安全危害"[116]——但它们会被立即从执行警戒任务的轰炸机中移除，直到另一项安全研究完成为止。

众议院军事委员会（The House Armed Services Committee）已经任命一个由三位著名物理学家组成的专门小组，来调查美国核武器的安全问题。查尔斯·H. 汤斯（Charles H. Townes）是诺贝尔奖获得者，多年来就是国防部的顾问。小约翰·S. 福斯特（John S. Foster, Jr.）是劳伦斯利弗莫尔实验室前主任，曾在约翰逊政府和尼克松政府时期的五角大楼中担任要职——他不仅是核武器技术的专家，也是武器瞄准战略方面的专家。专门小组的领头人是理论物理学家西德尼·德雷尔（Sidney Drell），其工作长期以来都与斯坦福直线加速器（Stanford Linear Accelerator）有关，是一位被授予高级别安全许可以帮助456 处理敏感国防事务的平民（被称作"JASON"）。德雷尔、福斯特和汤斯在核武器政策方面并不总是持相同意见。德雷尔曾反对 MX 导弹，福斯特则支持它。但他们相互尊重，而且他们在这一领域的专业知识无人能比。佩里弗伊被邀请担任技术顾问。

1990 年 12 月，德雷尔核武器安全小组向众议院军事委员会提交了报告。[117] 报告证实了比尔·史蒂文斯和鲍勃·佩里弗伊说了几乎 20 年的问题：美国的核武库并不是本应该的那样安全。报告指出，"对于库存中的某些弹头来说"，近来计算能力的增强已经导致 "意识到意外核爆炸呈现出比此前估计的（和相信的）更大的风险"。[118] 德雷尔小组建议，每件核武器都应该配备弱连接及强连接装置，由飞机搭载的所有核武器应该包含钝感高爆炸药和耐火核芯——而且五角大楼应该 "支持将强化安全作为美国核武器计划的重中之重"。[119]

众议院外交事务委员会（The House Foreign Affairs Committee）也要求展开一项独立的核武器安全问题研究。[120] 这项研究由劳伦斯利弗莫尔物理学家雷·E. 基德尔（Ray E. Kidder）进行，1991 年发布了报告。它赋予美国核武库中所有核武器以相应的安全 "等级"（grade）。这种等级是基于它们发生意外爆炸或钚扩散的潜在风险而得出的。3 种武器是 A，7 种是 B，2 种得到 $C^+$，4 种是 C，2 种 $C^-$，12 种是最低级别的 D。[121]

1991 年 1 月 25 日，乔治·李·巴特勒（George Lee Butler）将军成为战略空军司令部新任司令。在上任后的第一个星期，巴特勒要求联合战略目标规划参谋部给他一份统一作战行动计划的副本。科林·鲍威尔将军和国防部部长迪克·切尼已经明确表示，既然冷战已经结束，美国就需要改变它的瞄准政策了。[122] 作为这种行政程序的一部分，巴特勒决定梳理一下统一作战行动计划里面的所有目标，在接下来的几周中他仔细查看了

457　数千个预期爆心投影点。他发现极其偏僻之地的桥梁、铁路和公路都会被多个弹头瞄准，以确保将它们摧毁。数百个核弹头将击中莫斯科，[123] 其中几十个弹头的目标仅是城外的一个雷达站。在此前为参谋长联席会议工作期间，巴特勒就已经处理过瞄准问题和核武器的损害标准（damage criteria）问题。他并不是心存天真之人，但在逐页浏览统一作战行动计划的那些日日夜夜里，他被深深地震撼了。

　　40多年来，试图驯服统一作战行动计划的努力，如限制它、削减它、让它看起来更符合逻辑和理性，都归于失败。"可能除了苏联核战争计划以外，这是我一生中看过的最荒谬和最不负责任的一份文件，"巴特勒将军后来回忆道，"我开始充分认识到这么一个事实……技巧、运气和神的干预的某种形式的组合，才让我们没有经历一次核浩劫就逃离了冷战，而且我怀疑运气在其中占了很大的比例。"[124]

　　巴特勒去掉了统一作战行动计划中大约75%的目标，引入了真正灵活的瞄准理念，并决定摆脱"统一作战行动计划"这个名字。[125]美国此后不再有单一的综合战争计划。巴特勒更喜欢为这种多样化的核选项安上一个新名头：国家战略应对计划（National Strategic Response Plans）。[126]

　　1991年8月18日，当米哈伊尔·戈尔巴乔夫在克里米亚度假时，一个自称"国家紧急状态委员会"（State Committee for the State of Emergency）的组织进入他所在的房子，坚持让他宣布戒严或辞职。[127]拒绝两者之后，戈尔巴乔夫被软禁，通往他所在别墅的所有通信线路都被克格勃切断。他那携带着核密码及苏联"核足球"的军事助手当时正住在附近的一个招待所。他们的设备停止了运转——苏联文职领导人失去了对其核武器的控制。

　　另外两名苏联官员，即国防部部长和总参谋长拥有了核密码和核足球。他们两人都支持此次政变。在接下来的几天里，没有人决定性地建立起对苏联核武库中数以千计的核武器的控制权。苏联空军的负责人后来声称，他与海军负责人、战略火箭军负责人接管了指挥与控制系统，阻止了任何人向美国发射导弹。在政变于 8 月 21 日失败后，通往戈尔巴乔夫所在别墅的通信线路恢复了，他的军事助手携带的核足球再次开始运转。

　　渴望减少发生意外战争的风险并鼓励进一步削减苏联核武库，乔治·H. W. 布什总统（即老布什）于一个月之后宣布，美国将单方面大幅削减其所部署的核武器。[128] 美国将把陆军的所有战术核武器从欧洲移除，销毁海军的一半战术核武器并将其他的武器置于存储状态，将 450 枚民兵－2 导弹解除战备，并停止战略空军司令部的地面警戒。自 1957 年以来，战略空军司令部的轰炸机第一次不用装载着燃料及氢弹停在跑道边上，而其机组成员也不用再时刻等待高音报警器响起。

　　1991 年圣诞节那天，苏联不复存在。第二年 6 月，战略空军司令部也消失了。鲍威尔将军和巴特勒将军认为战略空军司令部已经失去它最初的目标。近来针对伊拉克的战争已经证明了诸军种之间密切合作的重要性，并且未来的战争也很可能用常规武器而不是核武器来打。战略空军司令部及其制度文化看起来也不再适用。战略空军司令部所辖的飞机被分配给美国空军的各个部队。美国的陆基导弹和弹道导弹潜艇被划归一个单一的统一指挥部管辖——由空军军官和海军军官交替领导。为控制美国核武器而展开的激烈的军种间竞争大体上消失了，因

458

为这些武器在五角大楼的战争计划中作用越来越小。但战略空军司令部的许多老兵对于美国军队中曾经最强大的机构被解散感到愤慨。他们认为这是错误之举，认为巴特勒将军是一个叛徒，并觉得柯蒂斯·李梅的遗产遭到了羞辱。

459　　老布什总统告诉他的政府成员，不要为苏联的解体而吹嘘夸耀或幸灾乐祸，这是一个由无数原因导致的事件，米哈伊尔·戈尔巴乔夫只是无意但又和平地指导了这一切。科林·鲍威尔将军在奥马哈标志着战略空军司令部终结的典礼上无视了那些指示。"冷战的漫长苦涩年岁已经结束，"鲍威尔说，"美国和它的盟友全面地、决定性地、压倒性地获得了胜利。"[129]

## 注释

1. 里根获得了大约 51% 的普选票，489 张选举人票；卡特获得了大约 41% 的普选票，49 张选举人票。时人对此事之政治意义的看法，可参见 David S. Broder, "A Sharp Right Turn: Republicans and Democrats Alike See New Era in '80 Returns," *Washington Post*, November 6, 1980。

2. Quoted in Lou Cannon, "Reagan Assures VFW He'll Restore Defenses," *Boston Globe*, August 19, 1980.

3. 1980 年，美国的国防开支约为 1340 亿美元；1985 年，美国的国防开支约为 2530 亿美元；1986 年，国防开支约为 2730 亿美元。Cited in "National Defense Budget Estimates for FY 2013," Table 7 – 1, p. 247.

4. 关于里根反共信念之缘起以及他对与苏联达成的军备控制协议的反对，可参见 Paul Lettow, *Ronald Reagan and His Quest to Abolish Nuclear Weapons* (New York: Random House, 2005), pp. 10 – 18。

5. Quoted in ibid., p. 15.

6. Quoted in ibid. , p. 17.

7. Iklé interview.

8. Iklé, "Can Nuclear Deterrence Last Out the Century?," p. 281.

9. Ibid. , p. 281.

10. Fred C. Iklé, "The Prevention of Nuclear War in a World of Uncertainty," *Policy Sciences*, vol. 7, no. 2 (1976), p. 250.

11. "Report of Missile Accident Investigation: Major Missile Accident, 18 – 19 September 1980, Titan II Complex 374 – 7, Assigned to 308th Strategic Missile Wing, Little Rock Air Force Base, Arkansas," Conducted at Little Rock Air Force Base, Arkansas, and Barksdale Air Force Base, Louisiana, December 14 – 19, 1980, Eighth Air Force Missile Investigation Board, December 1980; and "Titan II Weapon System: Review Group Report," December 1980.

12. See "Report, Major Missile Accident, Titan II Complex 374 – 7," pp. 18 – 20; Tab I – 8, pp. 1 – 4.

13. Ibid. , Tab I – 8, pp. 2 – 3.

14. Cited in "Titan II Review Group Report," pp. 16, B – 7, C – 25.

15. Ibid. , pp. 17, B – 8.

16. Ibid. , pp. B – 8, B – 9, C – 29.

17. Ibid. , pp. B – 9, B – 10.

18. Ibid. , p. C – 28.

19. Ibid. , pp. 17, C – 40.

20. Ibid. , p. C – 40.

21. Ibid. , p. C – 35.

22. Ibid. , pp. E – 73, E – 74.

23. Ibid. , p. D – 4.

24. Ibid.

25. Ibid. , p. 33.

26. Ibid. , p. 1.

27. Ibid. , p. x.

28. Kennedy interview.

29. 就在374 – 7号发射场爆炸发生的同一周，有关氧化剂危害的几份极好的研究之一就发表了。它是由几位空军医生联合撰写的。

See "The McConnell Missile Accident: Clinical Spectrum of Nitrogen Dioxide Exposure," Lieutenant Colonel Charles C. Yockey, MC, USAF; Major Billy M. Eden, MC, USAF; Colonel Richard B. Byrd, MC, USAF, *Journal of the American Medical Association*, vol. 244, no. 11 (September 12, 1980).

30. 安德森后来告诉《60 分钟》(*60 Minutes*) 节目的记者莫利·塞弗 (Morley Safer),直到大马士革事故发生"三四天"之后,空军才告诉他应该如何处理氧化剂暴露受害者的信息。参见《60 分钟》节目中对安德森关于泰坦的采访,1984 年 11 月 8 日。

31. "Report, Major Missile Accident, Titan II Complex 374 - 7," Statement of Michael A. Hanson, Tab U - 30, p. 7.

32. Kennedy interview.

33. Powell interview.

34. 关于肯尼迪收到的训诫函,可参见 Richard C. Gross, "Titan Accident: Air Force Reprimand for Heroics," United Press International, February 12, 1981; and Walter Pincus, "'Hero' of Titan II Missile Explosion Is Reprimanded by Air Force," *Washington Post*, February 12, 1981。

35. 事实上,战略空军司令部有一个关于泰坦 - 2 导弹的培训视频,该视频就鼓励空军士兵在某些情况下违反双人制规定。视频中的旁白叙述称:"在正常的工作条件下,单独一个人是绝对不允许进入禁止独处区域的。然而,在实际的紧急情况下,如果可能的话,单独一个人可能必须采取行动以挽救生命或者设备。如果你在禁止独处区域的附近作业并且看到那个区域发生了紧急情况,如果可能的话,你应该自行 (by yourself) 采取行动以保护关键组件或其他设备免受损害。是的,你的行为将直接违反战略空军司令部的双人制政策,因此事后你必须如实报告。不过,你的行动——如果是在紧急情况下采取的——是被期待和被原谅的。"对这种关于双人制政策的"例外"的解释,可见于"Nuclear Surety Program, Initial Training, Part 1: History—An Overview," Aerospace Audiovisual Service, U. S. Air Force (n. d.)。这份录像带可以在泰坦导弹博物馆的档案中找到。根据该博物馆的档案保管员和历史学家查克·彭森的说法,该视频很可能是在 1976 ~ 1979

年的某个时候录制的。

36. 鲍威尔并没有被指控用棘轮代替了力矩扳手，因为在"可以使用"棘轮之前，套筒就已经掉下去了。See Carol Griffee, "Airman at Silo Is Disciplined," *Arkansas Gazette*, February 13, 1981.

37. Kennedy and Devlin interviews.

38. 卡特与美国空军就后者对阿肯色州泰坦 – 2 导弹的管理事务打过多次交道，他与我详细说了那些事。

39. Quoted in Bill Carter and Judi Turner, *Get Carter: Backstage in History from JFK's Assassination to the Rolling Stones* (Nashville: Fine's Creek Publishing, 2006), p. 208.

40. Kennedy, Devlin, and Sandaker interviews. See also Walter Pincus, "Eight Honored as Heroes in '80 Titan Missile Blast," *Washington Post*, May 23, 1981.

41. Kennedy interview. See also John S. Day, "Behind an Effective Lawmaker—a Good Staff," *Bangor Daily News*, March 19, 1982.

42. Quoted in ibid.

43. Devlin interview.

44. Peurifoy interview.

45. "Letter, To Lieutenant General Howard W. Leaf, Inspector General, Headquarters, United States Air Force, From Harold P. Smith, Jr., President, the Palmer Smith Corporation, July 17, 1981" (SECRET/RESTRICTED DATA/declassified), p. 2.

46. Peurifoy interview.

47. Cited in "Economy Can't Absorb Defense Increase," *Washington Post*, October 18, 1981.

48. Cited in "Modernizing U.S. Strategic Offensive Forces: The Administration's Program and Alternatives," A CBO Study, Congressional Budget Office, Congress of the United States, May 1983, p. 1.

49. 里根政府计划将弹头数量从 8800 增加到 14000。Cited in ibid., p. xvi.

50. See McGeorge Bundy, "Common Sense and Missiles in Europe," *Washington Post*, October 20, 1981.

51. Quoted in Pearson, *WWMCCS: Evolution and Effectiveness*, p. 264.

52. "Text of the President's Defense Policy Statement: 'Our Plan' to Strengthen and Modernize the Strategic Triad …," *Washington Post*, October 3, 1981.

53. Statement of Donald C. Latham, Deputy Undersecretary of Defense (Communications, Command, Control and Intelligence), in "Strategic Force Modernization Programs," Hearings Before the Subcommittee on Strategic and Theater Nuclear Forces of the Committee on Armed Services, United States Senate, Ninety – seventh Congress, First Session, 1981, p. 239.

54. Quoted in Bruce G. Blair, *Strategic Command and Control: Redefining the Nuclear Threat* (Washington, D. C.: Brookings Institution, 1985), p. 264.

55. 与五角大楼的绝大多数官员相比，伊克尔更了解核指挥与控制系统的根本性重要意义。再一次，迎接一个新政府上台的是这样的消息，即美国在遭受苏联的突然袭击后缺乏控制其战略力量的能力。1981 年春，国防部副部长小詹姆斯·P. 韦德博士（Dr. James P. Wade, Jr.）进行的一项研究发现，美国的指挥与控制系统无法确保"对针对美国的核攻击做出有效的初始反应"；无法打一场持久的核战争；以及无法确保"国家指挥体系的生存能力、承受能力和连通能力"。从本质上讲，韦德之研究的含义与 20 多年前的武器系统评估小组第 50 号报告相同：美国唯一有希望能赢得胜利的核战争将是它率先发动的核战争。我在叙述中对韦德之研究的引用并非直接出自该文件。它们来自国家档案馆最近获得的一份文件中的概要。See "A Historical Study of Strategic Connectivity, 1950 – 1981," Joint Chiefs of Staff Special Historical Study, Historical Division, Joint Chiefs of Staff, July 1982 (TOP SECRET/declassified), NSA, pp. 64 – 65.

56. Cited in John D. Steinbruner, "Nuclear Decapitation," *Foreign Policy*, no. 45 (Winter 1981 – 2), p. 25.

57. 关于海军野心勃勃的计划的详细信息，可参见 Pearson, *WWMCCS: Evolution and Effectiveness*, pp. 287 – 89; and Lowell L. Klessig and Victor L. Strite, *The ELF Odyssey: National Security Versus*

*Environmental Protection*（Boulder, CO: Westview Press, 1980）。

58. 极低频天线阵网格原本将占据威斯康星州大约 65000 平方英里总面积中的 20000 平方英里。See Klessig and Strite, *ELF Odyssey*, p. 14.

59. 对于部分由奥利弗·诺斯（Oliver North）上校领导的新计划的简要说明，可参见 Thomas C. Reed, *At the Abyss: An Insider's History of the Cold War*（New York: Ballantine Books, 2004）, pp. 245 – 46。

60. See Desmond Ball, "Can Nuclear War Be Controlled?," Adelphi Paper #169, International Institute for Strategic Studies, 1981.

61. See Steinbruner, "Nuclear Decapitation."

62. See Blair, *Strategic Command and Control: Redefining the Nuclear Threat*.

63. See Paul Bracken, *The Command and Control of Nuclear Forces*（New Haven, CT: Yale University Press, 1983）.

64. 关于这个出自某安全专家的引语，可参见 Daniel Ford, *The Button: The Pentagon's Strategic Command and Control System—Does It Work?*（New York: Simon & Schuster, 1985）, p. 64。

65. See Ford, *The Button*.

66. See "Strategic Force Modernization Programs," p. 59.

67. See Richard Halloran, "Officer Reportedly Kept Job Despite Contact with Soviet," *New York Times*, June 4, 1981.

68. Quoted in George Lardner, Jr., "Officer Says Cooke Lived Up to Immunity Agreement Terms," *Washington Post*, September 9, 1981. 在一个充满匪夷所思细节的案件中，库克与空军达成了一个交易，承认了间谍罪，然后获得了不会被公诉的豁免权。当时，美国空军更关心的是苏联间谍网是否存在，而不是要去监禁这名年轻军官。但当明显不存在苏联间谍网而且库克是独自行动的事情变得明确时，美国空军还是决定要起诉他。随后，所有针对库克的指控均被美国军事上诉法院（U. S. Court of Military Appeals）以"公诉不端"（prosecutorial misconduct）为由驳回了。See George Lardner, Jr., "Military Kills Lt. Cooke Case," *Washington Post*, February 23, 1982, and "A Bargain Explained," *Washington Post*, February 27, 1982.

69. See "Item 010: Toxic Vapor Sensors (Fixed and Portable)" in "Titan II Action Item Status Reports," Headquarters, Strategic Air Command, August 1, 1982.

70. 空军认为，新增更多摄像机的预计成本约为 1800 万美元，它无法"和边际收益相匹配"。See "Item 0134: L/D TV Camera," in ibid.

71. 在 W - 53 弹头内部安装现代化安全装置的需求必须与成本相平衡：剩下的 52 枚泰坦 - 2 导弹需要约 2140 万美元。在改造工作完成之前，许多导弹将退役。因此，所有弹头都没有改造。它们继续在泰坦 - 2 导弹上待了 6 年。See "Item 090: Modify W - 53," in ibid.

72. Quoted in Ronald L. Soble, "Cranston Demands Official Justify View That U. S. Could Survive a Nuclear War," *Los Angeles Times*, January 22, 1982.

73. Cited in Lawrence S. Wittner, *Toward Nuclear Abolition: A History of the World Disarmament Movement, 1971 to the Present* (Stanford: Stanford University Press, 2003), p. 131. 劳伦斯·惠特纳 (Lawrence Wittner) 是国际社会消除核武器运动中最重要的历史学家。

74. Cited in Leonard Downie, Jr., "Thousands in London Protest Nuclear Arms," *Washington Post*, October 25, 1981.

75. Cited in John Vinocur, "250, 000 at Bonn Rally Assail U. S. Arms Policy," *New York Times*, October 11, 1981.

76. Jonathan Schell, *The Fate of the Earth and The Abolition* (Stanford: Stanford University Press, 2000), p. 149.

77. 萨根于 1982 年开始担心核战争对大气产生的影响。30 多年前的美国人担心世界可能变得极其寒冷，这在今天看来几乎是很奇怪的事情，因为眼下全球变暖似乎变得迫在眉睫。但是，核冬天的威胁从未消失。最近的计算表明，在城市地区引爆 50 颗原子弹将能够产生足以导致另一次"小冰河期"的炭黑烟雾。关于萨根对该主题之研究的总结，可参见 Carl Sagan and Richard Turco, *A Path Where No Man Thought: Nuclear Winter and the End of the Arms Race* (New York: Random House, 1990)。关于核战争对全球环境影响的最新研究，可参见 Alan Robock, "Nuclear Winter Is a Real

and Present Danger," *Nature*, vol. 473（May 19, 2011）。

78. 不同的人对人数的估计看法不一，从 55 万人到 75 万人不等。See Paul L. Montgomery, "Throngs Fill Manhattan to Protest Nuclear Weapons," *New York Times*, June 13, 1982; and John J. Goldman and Doyle McManus, "Largest Ever U. S. Rally Protests Nuclear Arms," *Los Angeles Times*, June 13, 1982.

79. See Judith Miller, "Democrats Seize Weapons Freeze as Issue for Fall," *New York Times*, June 20, 1982.

80. Quoted in Wittner, *Toward Nuclear Abolition*, p. 189.

81. Ibid. , p. 177.

82. Cited in Frances FitzGerald, *Way Out There in the Blue：Reagan, Star Wars, and the End of the Cold War*（New York：Touchstone, 2001）, p. 191.

83. 大卫·E. 霍夫曼（David E. Hoffman）在《死亡之手：超级大国冷战军备竞赛及苏联解体后的核生化武器失控危局》［*The Dead Hand：The Untold Story of the Cold War Arms Race and Its Dangerous Legacy*（New York：Doubleday, 2009）］中极佳地传达了当年的那种威胁，彼时一个年老、偏执的苏联领导人面对一个自信、貌似好战的美国总统。该书第 54～100 页描述了 1983 年的系列事件。罗伯特·M. 盖茨（Robert M. Gates）从局内人的视角提供了一些看法；他当时出任中央情报局副局长。See "1983：The Most Dangerous Year," a chapter in *From the Shadows*, pp. 258–77.

84. 关于 1983 年系列事件的另一种视角以及克格勃在其中的角色，可参见 Benjamin B. Fischer, "A Cold War Conundrum：The 1983 Soviet War Scare," Central Intelligence Agency, Center for the Study of Intelligence, 1997。

85. See "Cold War Conundrum"; and Peter Schweizer, *Victory：The Secret Strategy That Hastened the Collapse of the Soviet Union*（New York：Atlantic Monthly Press, 1994）. 如费舍尔（Fischer）指出的，彼得·施魏策尔（Peter Schweizer）的 *Victory* 可能无法为苏联解体的原因提供令人信服的解释，但该书似乎准确地描述了里根政府针对苏联展开的秘密行动。

86. Quoted in Francis X. Clines, "Reagan Denounces Ideology of Soviet as

'Focus of Evil,'" *New York Times*, March 9, 1983.

87. Quoted in Fischer, "Cold War Conundrum."

88. Quoted in Flora Lewis, "Leashing His Fury, Reagan Surprises and Calms Allies," *New York Times*, September 11, 1983.

89. See Hoffman, *Dead Hand*, pp. 6 – 11.

90. See David Hoffman, "'I Had a Funny Feeling in My Gut'; Soviet Officer Faced Nuclear Armageddon," *Washington Post*, February 10, 1999.

91. Cited in Joseph B. Fleming, "Anti – Missile Movement Vows to Fight On," United Press International, October 23, 1983.

92. See Pearson, *WWMCCS: Evolution and Effectiveness*, pp. 315 – 17; and "JTF Operations Since 1983," George Stewart, Scott M. Fabbri, and Adam B. Siegel, CRM 94 – 42, Center for Naval Analyses, July 1994, pp. 23 – 31.

93. "JTF Operations Since 1983," p. 28.

94. See Gates, *From the Shadows*, pp. 270 – 73; Hoffman, *Dead Hand*, pp. 94 – 95; Fischer, "Cold War Conundrum."

95. 这名特工是奥列格·戈尔季耶夫斯基（Oleg Gordievsky）。他不仅为克格勃工作，也为英国情报机构工作。他的这句话转引自Fischer, "Cold War Conundrum"。

96. See Hoffman, *Dead Hand*, p. 94.

97. Cited in Robert D. McFadden, "Atomic War Film Spurs Nationwide Discussion," *New York Times*, November 22, 1983.

98. See Phyllis Mensing, "5 Die in B – 52 Fire at Air Base," Associated Press, January 27, 1983.

99. Peurifoy interview.

100. "'Hot' Topic!, Nuclear AID [Accidents, Incidents, Deficiencies] Topics," *USAF Nuclear Surety Journal*, no. 90 – 01, p. 5.

101. Ibid.

102. Ibid.

103. Peurifoy and Stevens interviews. See also Stevens, "Origins and Evolution of $S^2C$," pp. 116 – 18.

104. See Reed, *At the Abyss*, pp. 233 – 34.

105. 两本基于充分调查而写成的著作极有说服力地指出，里根希望保护美国免受核武器攻击并消除全世界的核武器。这两本书认为，里根强硬的冷战言论掩盖了他更温暖、更爱好和平的一面。然而，这两本书都未能将里根随后的军备控制努力置于更广泛的政治环境之中。在两本书近 800 页的总篇幅中，只有 3 页提到了美国和西欧的大规模反核游行示威活动，而且言语之中多有蔑视之情。1982 年 10 月 5 日，里根总统表示，冻结核武器的运动“受到了……希望削弱美国的人们的鼓舞”。毫无疑问，随后发生的大规模游行示威活动影响了他的后续行为，同样受到影响的还有他的妻子南希，她强烈支持开展军备控制谈判。里根转变成为直言不讳的废核主义者，尽管他是真心实意地跟随而非引领了美国的公共舆论。虽然在撰写时没能接触到许多解密文件，但弗朗西斯·菲茨杰拉德（Frances FitzGerald）的 *Way Out There in the Blue* 拥有更广阔的视野。See Lettow, *Ronald Reagan and His Quest to Abolish Nuclear Weapons*; Martin Anderson and Annelise Anderson, *Reagan's Secret War: The Untold Story of His Fight to Save the World from Nuclear Disaster* (New York: Crown, 2009); and Rich Jaroslovsky, "Reagan Blasts Nuclear Freeze Movement, Saying Some Seek 'Weakening of America,'" *Wall Street Journal*, October 5, 1982.

106. "President's Speech on Military Spending and a New Defense," *New York Times*, January 27, 1983.

107. 里根总统的国家安全顾问托马斯·里德认为，这部电影"低估了……核战争的恐怖"。See Reed, *At the Abyss*, pp. 250, 255.

108. "Transcript of Statement by President," *New York Times*, April 18, 1982.

109. "Memorandum of Conversation, Hofdi House, Reykjavik, 3: 25 - 6: 00," October 12, 1986, United States Department of State (SECRET/SENSITIVE/declassified), p. 9, in George P. Shultz and Sidney D. Drell, *Implications of the Reykjavik Summit on Its Twentieth Anniversary* (Stanford: Hoover Institution Press, 2007), p. 210.

110. See Ibid. , pp. 211 - 15.

111. Peurifoy interview.

112. 关于官僚主义惰性（bureaucratic inertia）的详细叙述，可参见

Stevens，"Origins and Evolution of $S^2C$，" pp. 162 – 66。

113. Quoted in ibid. , p. 164.

114. See R. Jeffrey Smith， "Defective Nuclear Shells Raise Safety Concerns； U. S. Secretly Repairing Weapons in Europe，" *Washington Post*，May 23，1990；"Pentagon Urged to Ground Nuclear Missile for Safety，" *Washington Post*，May 24，1990；"Pentagon to Await Missile Safety Study；Weapons Will Remain on 'Alert' Bombers，" *Washington Post*，May 25，1990.

115. Quoted in "Pentagon to Await Missile Safety Study. "

116. Quoted in R. Jeffrey Smith， "A – Missiles Ordered Off Planes；Weapons Grounded Pending Completion of Safety Review，" *Washington Post*，June 9，1990.

117. "Report of the Panel on Nuclear Weapons Safety of the Committee on Armed Services，House of Representatives，101st Congress，Second Session，" Sidney D. Drell，Chairman，John S. Foster，Jr. ，and Charles H. Townes，December 1990. 关于德雷尔的证词及对安全小组之发现的讨论，可参见"The Report of the Nuclear Weapons Safety Panel，" Hearing Before the Committee on Armed Services，House of Representatives，101st Congress，Second Session，December 18，1990。

118. 安全小组挑出短程攻击导弹作为导致"最大担忧"的因素，警告称火灾可能导致"钚扩散，甚或核爆炸的发生"。"Report of the Panel on Nuclear Weapons Safety，" p. 25.

119. Ibid. , p. 33.

120. "Report to the Congress：Assessment of the Safety of U. S. Nuclear Weapons and Related Nuclear Test Requirements，" R. E. Kidder，Lawrence Livermore National Laboratory，July 26，1991.

121. Ibid. , p. 4.

122. 关于改变统一作战行动计划以及减少苏联境内打击目标数量的决策，可参见 Colin Powell and Joseph E. Persico，*My American Journey*（New York：Ballantine Books，1996），pp. 540 – 41；and Reed，*At the Abyss*，pp. 278 – 84，287 – 92。

123. Cited in Reed，*At the Abyss*，p. 283.

124. "Speech to the Canadian Network Against Nuclear Weapons," George Lee Butler, Montreal, March 11, 1999.

125. Cited in R. Jeffrey Smith, "Retired Nuclear Warrior Sounds Alarms on Weapons," *Washington Post*, December 4, 1996.

126. See "Memorandum for the Chairman, Joint Chiefs of Staff, From General George L. Butler, Commander in Chief, United States Strategic Command, Subject: Renaming the Single Integrated Operational Plan (SIOP)," September 2, 1992, (CONFIDENTIAL/declassified). 这份文件是美国科学家联盟核信息项目（Nuclear Information Project）主任汉斯·M. 克里斯滕森（Hans M. Kristensen）通过《信息自由法案》获得的。

127. 关于这次未遂政变，可参见 William E. Odom, *The Collapse of the Soviet Military* (New Haven: Yale University Press, 1998), pp. 305 – 46; Hoffman, *Dead Hand*, pp. 369 – 76; and Mikhail Tsypkin, "Adventures of the 'Nuclear Briefcase': A Russian Document Analysis," *Strategic Insights*, Center for Contemporary Conflict, Naval Postgraduate School, vol. 3, issue 9 (2004)。

128. See "Remarks by President Bush on Reducing U. S. and Soviet Nuclear Weapons," *New York Times*, September 28, 1991.

129. Quoted in Steve Kline, "SAC, America's Nuclear Strike Force, Is Retired," Associated Press, June 2, 1992.

# 尾 声

　　在 1979 年 3 月 28 日宾夕法尼亚州三里岛核电站的堆芯部分熔化之后，社会学家查尔斯·B. 佩罗（Charles B. Perrow）于 8 月开始了他对危险技术（dangerous technologies）的研究。在这次事故发生的最初几分钟，工人们并没有意识到应急冷却管道被错误地关闭——控制面板上的指示灯之一被一块修理用标识牌遮盖住了。[1]佩罗很快就了解到其他核电站在运行期间也发生过类似的错误。在弗吉尼亚州一个反应堆车间，一名清洁地板的工人的衬衫被墙面上一个断路器的把手挂住了。[2]他把衬衫扯了下来，拉动断路器，将反应堆关闭了四天。在加利福尼亚州一个反应堆车间，一名工人不小心将手中的灯泡滑落。灯泡撞在了控制面板上，造成短路，关闭了那些传感器，进而使堆芯温度急剧改变，差点就引发一次堆芯熔化事故。[3]在研究了各种各样的"非凡系统中平凡小事"（trivial events in nontrivial systems）[4]之后，佩罗总结认为，人为错误并不是造成这些事故的原因。真正的问题深深扎根于技术系统之中，并且不可能解决："我们的组织能力没法与我们一些有组织活动中的内在危害相匹配。"[5]那些看起来很罕见的例外，如一个异常现象（anomaly），一起发生概率为一百万分之一的事故，实际上是能够预期到会发生的。它是正常的。

　　佩罗在《高风险技术与"正常"事故》（*Normal Accidents*，此处借用科学技术文献出版社于 1988 年出版的中文版的书名，译者为寒窗。——译者注）一书中探讨了高风险技术系统的工作原理，其关注重点是核电工业、化学工业、船运业、空运业以及其他一旦出现问题就可能伤害大量人员的工业活动。在所有这些活动中，某些模式和缺陷似乎是很常见的。在最危险的那些系统中，有些因素是"紧密耦合"[6]与相互作用的。它们并不像装配线那样以简单、线性的方式运作。当装配线出现问题时，你可以关闭它直到找到解决方案为止。但在一个紧密耦合的系统中，许多事情是同时发生的，而且很难让它们停下来。如果那些事情也是相互作用的，那么在出现问题时就可能很难确切地知道到底发生了什么，更遑论知道该做些什么了。这样一种系统的复杂性肯定会导致让人意想不到的事情。"没有人想过当 X 出现问题时，Y 同样可能会失灵，"佩罗向我们举例说，"这两个故障可能相互作用，以致在引发火灾的同时让火灾警报器不响。"[7]

那些危险的系统通常需要标准化程序和某种形式的集中控制来防止错误发生。那种管理在常规运转时能够很好地发挥作用。但在发生事故时，佩罗辩称："那些最靠近系统的人，即操作人员，必须能够采取独立的，有时甚至是颇具创造性的举动。"[8]很少有官僚机构能够足够灵活到允许集中化和分权化决策同时存在，尤其是在发生可能威胁成百上千人生命的危机之时。运行高风险技术系统所必需的大部分官僚机构通常厌恶批评，任何对其权威的挑战都让它们有受到威胁之感。佩罗发现："于是一次又一次，忽略警告之声，冒各种不必要的风险，做事粗心大意，欺骗和彻头彻尾的谎言盛行。"[9]将责任推到低阶人员头上的那种本能不仅是为了保护上层领导人员，它也模糊了事情背后的真相。人类的易错性保证了没有哪种技术系统能够永远不出错。

　　在担任参谋长联席会议关于战略核政策事务的顾问之后，斯科特·D. 萨根（Scott D. Sagan）将"正常事故"理论用来
462　分析古巴导弹危机期间美国指挥与控制系统的运作。萨根现在是斯坦福大学的政治科学教授，据他所说，这场危机是冷战期间对该系统的最严峻考验，"是美国军队曾达到的核战争最高战备状态，也是其保持一次警戒状态时间最长（30 天）的时期"。[10]大部分历史学家都将危机的和平解决归功于约翰·F. 肯尼迪和尼基塔·赫鲁晓夫所做出的决定，即控制各自军队的领导人的理性行为。但那种控制感可能是幻象，萨根在《安全的极限》（*The Limits of Safety*）一书中辩称，古巴导弹危机本有可能以一场核战争作结，而不管赫鲁晓夫和肯尼迪抱有何种愿望。

　　由于数以百计的轰炸机、导弹和海军舰艇准备发动打击，发生意外和误解的风险是一直存在的。在对峙的高峰时期，当肯尼迪及其顾问专注于古巴的苏联导弹时，一枚"阿特拉斯"远程导弹在范登堡空军基地进行了试射，总统对此毫不知情，也没得到他的批准。[11]范登堡空军基地的其他导弹也已经搭载着核弹头进入战备状态——苏联本可以将"阿特拉斯"导弹的发射看作攻击的开始。在整个危机期间，国防部部长罗伯特·麦克纳马拉更关心部署在土耳其的那些"朱庇特"导弹。麦克纳马拉给那里的美国军队下达命令，如果土耳其人看起来准备发射导弹，那就先把它们破坏掉。但他显然不知道核武器已经被装载到土耳其的战斗机中。北约中队的指挥官罗伯特·B. 梅尔加德（Robert B. Melgard）中校告诉萨根，对那些武器的控制"太松了，超乎你的想象"。[12]梅尔加德说："回想起来，有些家伙手里拿着点 22

口径的步枪时你都不能信任，更不要说热核炸弹了。"[13]

在一起极其危险的事件中，美国一架 U－2 侦察机的飞行员查尔斯·莫尔茨比（Charles Maultsby）少校在空中迷失了方向，误入苏联领空。[14]他的错误发生在 1962 年 10 月 27 日，与"阿特拉斯"导弹发射和一架 U－2 侦察机在古巴上空被击落是同一天。莫尔茨比本应该在北极上空采集空气样本，以寻找苏联核试验的放射性证据。但这次的飞行路线是全新的，色彩斑斓的北极光也干扰了他借助星星进行天文导航的尝试，莫尔茨比很快发现自己飞过了西伯利亚上空，苏联战斗机正在追着自己。这架 U－2 侦察机耗尽了燃料，美国战斗机也起飞护送莫尔茨比返回阿拉斯加。根据第三级国防战备状态下的交战规则，美国战斗机飞行员有权发射它们的原子防空导弹并击落苏联战斗机。两国空军之间的空中缠斗不知何故被避免了，这架 U－2 飞机安全降落——麦克纳马拉立即叫停了空气采样计划。五角大楼里没人考虑过这些例行的 U－2 飞行有可能导致动用核武器。

萨根发现，美国的指挥与控制系统在危机期间安全运转，不过"仍有无数的危险事件……发生，尽管高级官员们为防止它们的发生做出了种种努力"。[15]一直以来他都相信，发生核武器事故的风险是极小的，核武器是国际关系中的"稳定性力量"，[16]减少了美苏两国间发生战争的风险。"核武器很可能使蓄意的战争不太可能发生，"萨根现在则认为，"但是，我们所构筑的复杂而紧密耦合的核武库也使意外的战争更有可能发生。"[17]因写作《安全的极限》而进行的研究让他对我们控制高风险技术的能力感到悲观。萨根写道，从未发生涉及核武器的灾难性事故这一事实，"与其说是因为好的设计，倒不如说是有好的运气"。[18]

463

在大马士革发生的泰坦－2导弹爆炸是一起正常事故（normal accident），从一个平凡小事开始（掉落的套筒），由一个紧密耦合、相互作用的系统引发（燃料泄漏导致发射井中的温度升高，氧化剂泄漏的可能性随之变得更大）。那个系统也过于复杂（控制中心的官员和技师无法确定发射井中正在发生什么事情）。忽略警告之声，冒各种不必要的风险，做事粗心大意。关键的决策是由距离现场500多英里的指挥官做出的，他对这个系统几乎一无所知。在导弹第一级的燃料箱开始泄漏之后，不管做什么导弹都可能爆炸。但因爆炸而责备那个套筒或者掉落套筒的人，这就误解了泰坦－2导弹系统的真实运作方式。直到最后一枚泰坦－2导弹于1987年6月从阿肯色州贾德索尼亚（Judsonia）西北部的发射井中移除，氧化剂泄漏和其他类似事故一直困扰着这种导弹。所有那些泄漏和事故都没有导致核灾难。但如果发生过一起，那么大马士革的灾难就不会莫名其妙或难以理解了。它本将得到很好的解释。

鲍勃·佩里弗伊、比尔·史蒂文斯和斯坦·斯普雷努力使之变得更加安全的那种核武器系统也是紧密耦合、相互作用和极其复杂的。它们都很容易出现"共模故障"（common-mode failure）——一个问题发生很快就会导致其他许多问题发生。对马克28炸弹的表面稳定地施加高温，能够破坏它的安全机制，解除它的保险，并让它发生爆炸。"包括安全装置在内的那些补救方法，有时候会制造新的事故，"查尔斯·佩罗警告称，"而且所谓的补救方法，往往只是允许那些掌控它们的人让这种系统运行得更快，或者能在恶劣天气下运行，或者具备更大的爆炸威力。"[19]佩罗并不是指在战略空军司令部的空中警戒之中使用"密封－核"式武器，但他可能也有此意。早期的"密封－核"式武器被认为比它们要替换的武器更安全，但它们也会造成更严峻的意外爆炸和钚扩散的风险。正常事故理论并不是对现代技术系统的非难，但它要求我们在设计、制造和操作系统的时候更加谦逊。

一篇关于技术在社会中的作用的颇具影响力的论文之标题提出了这样的问题："人工产品有政治吗？"（Do Artifacts Have Politics?）[20]根据文章作者兰登·温纳（Langdon Winner）的说法，答案是肯定的——我们所生产的东西不仅受到社会力量的影响，它们也帮助塑造了社会的政治生活。有些技术是灵活的，能在民主国家或极权国家同样繁荣地发展。但温纳指出，有一种发明是永远也无法用完全开放、民主的精神来管理的，那就是原子弹。"只要它存在于世，它的那些致命特性就要求它被一个集中化的、等级森严的指挥链控制，这种指挥链不能受到所有可能使其运转变得不可预测的因素的影响，"温纳写道，"这种炸弹的内部运行体系必须是独裁主义的；别无他途。"[21]

保密是核武器指挥与控制问题的关键。它们的技术与开源软件恰好相反。最新型的弹头设计不能在互联网上自由共享，通过匿名协作得到改进，并且在没有法律限制的情况下得到有效利用。自国会通过 1946 年《原子能法》以来的这些年里，美国核武器的设计细节就是"天生的秘密"（born secret）。[22]它们不是由政府官员来加密的；它们自存在开始就被加密。一直以来，围绕核武器的使用建议和部署都是严格保密的信息。它旨在让有价值的信息不被美国的敌人获悉。但公共监督的缺位往往也使核武器更加危险，并且更有可能导致一场灾难。

一次又一次，安全问题不仅向公众隐瞒，也向那些每天处理核武器的官员和士兵隐瞒。那种严格的、加以区隔的保密制度使应该为武器安全负责的科学家和工程师也被蒙在鼓里。通过《信息自由法案》，我获得了一份文件，其中列出了 1957 年夏至 1967 年春这一段时间内的"涉及核武器的事故和事件"。[23]这份文件长达 245 页，简要描述了该时期发生的主要断箭事故。它还描述了数百起轻微事故、技术故障和看起来平凡的小事：一枚"妖怪"防空火箭被错误地从一架战斗机上释放并掉到了一辆武器拖车上；[24]一枚"野猪"（Boar，全称为 Bureau of Ordnance Aircraft Rocket，也叫军械局原子火箭弹，它可由攻击机投递，被投出后其上的固体火箭发动机点火启动，最大射程约 12 千米。——译者注）火箭被一艘航空母舰的升降机压碎；[25]一个马克 49 弹头因爆炸螺栓腐蚀而发生爆炸，从"朱庇特"导弹上炸飞；[26]安装在一枚"奈基"导弹战斗部中的 W－31弹头在短路之后冒出滚滚浓烟；[27]位于英国某发射场的一枚"雷神"导弹的制动火箭发动机突然点火，令值守人员大吃一惊；[28]一颗马克 28 炸弹突然间发出奇怪的声音，但原因从未被发现。[29]我与鲍勃·佩里弗伊和比尔·史蒂文斯分享了这份文件——他们也从未看过。读完之后两人都有些心烦。国防原子支援局从未将数百起事故的信息告诉他们。

美国在对自己的武器设计师保密方面往往要比对苏联保密做得更为成功。从苏联通过约翰·沃克（John Walker）间谍网——其在 20 世纪 60 年代末期至 1985 年间，共向苏联提供了约 100 万份关于五角大楼的战争计划、编码和潜艇技术的文件[30]——实现对曼哈顿计划的渗透开始，克里姆林宫的领导层对美国核能力的了解就要比美国人民多得多，后者从不被允许知道相关信息。冷战时期最重要的秘密之一被认为如此机密，以至于连美国总统都不被允许知道。[31]哈里·杜鲁门就被人故意地未告知美国陆军的密码学家已经破解苏联人的密码，并破译了数以千计关于美国境内的间谍活动的信息。但在其中一个间谍、来自英国的双面间谍金·菲尔比（Kim Philby）被邀请参观了陆军的信号情报服务局（Signal Intelligence Service）总部之后，苏联就知道了这个秘密。[32]

保护国家安全的需要一直以来都被当作隐瞒一些事情以避免出丑的正当理由。"保密是政府法规的一种形式，"一个由丹尼尔·帕特里克·莫伊尼汉（Daniel Patrick Moynihan）领导的参议院委员会在 1997 年时说，"保密的不同之处在于公众无法知道法规的范围或内容。"[33]直到今天，国防部和能源部关于保密的决定都是武断随意的，往往荒谬且怪诞。在 20 世纪 90 年代解密的冷战文件后来又被重新加密，这使拥有它们成为违法之举，即便它们一度被联邦政府公布出来。[34]

在我通过《信息自由法案》获得的许多文件中，政府审查官员的编修毫无道理。完全相同的信息会在一份文件中出现，但它在另一份文件中则被删除。即便泰坦－2 导弹已经有将近 1/4 个世纪的时间不在美国核武库中，即便苏联已不复存在，而且苏联间谍已经获知所有关于这种导弹的有用信息，美国政府仍然不愿公布其弹头的爆炸当量。

核武器的操作细节可能看起来像应该始终保密的那种信息。然而在整个冷战期间，关于断箭事故和其他核武器问题的新闻报道迫使五角大楼采取新的安全措施。负面宣传影响了在起飞和着陆期间将氢弹安全地锁定在轰炸机内部的决定、终结战略空军司令部的空中警戒任务的决定、让泰坦－2 导弹退役的决定，以及从执行地面警戒任务的飞机中移除短程攻击导弹的决

467

定。相较于公布美国核武器的信息，太多的保密事项反而经常
会威胁美国的国家安全。

有关苏联核武器事故的详细著述从未出版发行过。毫无疑
问的是，新闻自由的缺位不可避免地成为苏联集团内部发生大
规模工业事故和大范围环境破坏的原因之一。车里雅宾斯克 65
号（Chelyabinsk – 65），一个位于俄罗斯中部地区的核武器设
施，[35]就被称作"可以说是地球上污染最严重的地方"。[36]1957
年，那里发生了一次大规模爆炸，其所产生的高放射性沉降物
污染了数百平方英里的土地。那个工厂发生了无数次事故，成
千上万的人遭到了有害剂量的辐射。苏联的核技术在很大程度
上都要逊色于西方，但它的威权统治特别适合于核指挥与控制
的要求。[37]不像美国总统——其将使用核武器的权力预先授予战
略空军司令部里的将军、美国空军的战斗机飞行员以及欧洲的
北约官员——苏联共产党和苏联总参谋部的领导层严格保留了
这种权力。苏联核武器上安装了各式各样的锁定装置，解锁它
们的许可只能来自最高层。根据杰出的指挥与控制事务专家布
鲁斯·布莱尔的说法，苏联用来保证防止未经授权使用核武器
的措施"要比包括美国在内的其他任何有核国家所采取的措施
更严格"。[38]

然而，严格集中的指挥结构使苏联很容易遭受斩首打击。
尽管莫斯科及其周边地区建有许多地堡和秘密铁路，但苏联领
导人一直都很担心他们在遭受美国第一次打击之后是否还有报
复打击的能力。相较于放松他们对核武器的控制权并将此种权
力下放到指挥链的其他层级，他们将使用核武器的决策机制自
动化。1974 年，在《奇爱博士》上映十多年后，苏联开始研制
"边缘系统"（Perimeter system，也叫周界系统）[39]——一种由传

感器和计算机组成的网络，能够在无人介入的情况下自动发射 468
洲际弹道导弹。该系统在 1985 年完工，人称"死亡之手"
（dead hand）。如果美国人的袭击看起来迫在眉睫，苏联总参谋
部将激活边缘系统。如果这个系统在苏联领土上探测到了核爆
炸，它将发射远程导弹自动进行报复打击。这样一来，边缘系
统就大大降低了在看到美国发动袭击的第一个迹象时即进行基
于预警的发射的压力。它让苏联领导人相信一次真正的袭击将
触发由计算机控制的毁灭性的反击，这样一来他们就有更多的
时间去调查清楚这是不是一次虚假警报。但它使美国的有限战
争计划变得毫无意义；苏联计算机并没有设定能够暂停下来以
进行谈判的程序。边缘系统的威慑价值就这样被白白浪费了。
就像《奇爱博士》里面的末日机器一样，有关这个系统的消息
也对美国保密了。

1991 年 3 月，在德雷尔小组向国会提交其报告三个月之
后，鲍勃·佩里弗伊从桑迪亚退休。他再也没法容忍官僚主
义斗争和怠慢之举，以及来自桑迪亚高层管理人员的不敬。
更重要的是，他的诸多目标已经实现了。国会、武器实验室、
五角大楼和能源部都同意美国核武器的安全装置必须改进。
所有核武器中都安装了弱连接及强连接装置。其他安全技
术——如钝感高爆炸药、将核芯封装在耐火外壳之中——将
被纳入每个新设计。佩里弗伊曾为之奋斗数十载且一度被认
为花费甚巨和不必要的核库存方面的变革，现在被认为是必
不可少的。打造一种不具备这些安全特性的核武器已经变得
不可想象。

尽管很大程度上未为人们所知，但西德尼·德雷尔仍然认

为鲍勃·佩里弗伊是核技术史上的领军人物之一。[40]他认为佩里弗伊的诸多成就可与海军上将海曼·G. 里科弗（Hyman G. Rickover）比肩，后者是美国海军安全使用核动力推进装置的先锋。然而，佩里弗伊在多个场合告诉我，他对自己没能够再勇敢一些而后悔，尤其是在关于马克 28 炸弹的安全问题上。虽然他强烈反对许多做法，但他还是选择从事与该系统相关的工作。虽然他批评用官方机密来掩盖错误的方法，但他也诚实地遵守了它的规则。当我们坐在佩里弗伊那朴素房子的阳光房里，一边欣赏得克萨斯丘陵地区的美景，一边数个小时地谈论他曾经从事的改进核武器安全性的工作时，他的妻子芭芭拉聚精会神地聆听着。尽管他俩相亲相爱的婚姻已经持续 60 年，但他仍然把这些细节深埋在自己心中，从未让芭芭拉或他们的孩子替自己分担那些黑暗知识的重量。

在佩里弗伊退休后的一年之内，长期忽视、排斥和反对他的核武器共同体在为他的事业辩护时变得更为坦率。[41]联合国正在讨论《全面禁止核试验条约》（The Comprehensive Nuclear Test Ban Treaty）。这个条约将禁止美国和其他国家研发新型核武器所需的地下核试验。从许多方面来讲，禁止这些试验就是禁止新型武器——因为没有哪个国家的军方会将其信任放在一种从未被证明能够起作用的弹头或炸弹上。1992 年 8 月，在参议院就该条约进行辩论期间，《全面禁止核试验条约》的反对者们提出了继续引爆核武器的新理由。[42]

"为什么进行核武器试验如此重要？"一位参议员如此问道，他是五角大楼和武器实验室的亲密盟友，"它之所以如此重要，是因为核武器，即便是今天的核武器，都因为其中的装置缺乏安全性而对美国人民和整个世界构成巨大危险。"[43]然后他将一份断箭事故清单放入了《国会议事录》 （Congressional Record）中。另一位反对该条约的参议员声称："我们已经知道科学和技术都迫切需要安全方面的改进。"[44]第三位参议员攻击能源部多年来对安全问题的忽视，警告称："今日要投票停止核试验就是要投票让美国人民不再年复一年地与不安全的核武器共处——直到核武器被消除之前，这种情况都不会改变。"[45]

1996 年，美国成为第一个签署《全面禁止核试验条约》的国家，自此之后 180 多个国家也签署了该条约。但在 1999 年，美国参议院投票反对批准这个条约。该条约的反对者再一次辩解说，核试验可能是确保美国武器库中的核武器安全可靠所必需的。[46]在乔治·W. 布什（即小布什）总统执政期间，五角大楼和武器实验室支持研发一种新型核武器，名叫"可靠替换弹头"（Reliable Replacement Warhead，RRW）。政府承诺说，这种新型武器将比现有核武器更安全（safer）、更牢靠（more secure）、更可靠（more reliable）。可靠替换弹头也将是第一种"绿色"核武器，它不会使用有毒的环境污染物铍。[47]

对于前述批评者中的那种关于核武器安全和安保〔核安全（Nuclear Safety）通常指的是在核设施的设计、建造、运行和退役期间，为保护人员、社会和环境免受可能的放射性危害所采取的技术和组织上的综合措施；核安保（Nuclear Security）指对涉及核材料、其他放射性物质及其附属设施的盗窃、蓄意破坏、非授权进入、非法转移和其他恶意行为的防范、探测和响应。两者所指不同，不过现在多用核安全这一概念来概括两者，实际上它们的内容是不同的。——译者注〕的新热情，鲍勃·佩里弗伊感到很困惑。他觉得没有必要进行更多的武器试验，他支持《全面禁止核试验条约》，并且认为在没有先试爆可靠替换弹头的情况下就将其纳入核武库是非常不负责任的。佩里弗伊说，开发新型弹头和炸弹的计划只是五角大楼和武器实验室"一种捞钱的手段"（a money grab）。[48]美国核武器的比威力（yield－to－weight ratio，亦称比当量，核弹头爆炸威力的梯恩梯当量值和核弹头重量之比，单位为千吨/千克或吨/千克，是衡量核弹头质量高低的主要标志之一。比威力大，说明核武器水平高，使用性能好。——译者注）在 1963 年前后就已经是渐进的，即接近其数学上限。新的设计并不能让爆炸效率更高。JASON 科学家的一项研究得出结论认为，现有武器的核芯至少还能够用 100 年。[49]虽然武器内部的增强气体和中子发生器会随时间推移而老化，但它们可以通过目前由能源部管理的项目来进行更换。洛斯阿拉莫斯的前负责人、单点安全和准许启动连接装置的拥护者哈罗德·阿格纽也同意佩里弗伊的观点。阿格纽说，引入一种新型武器而不先对其进行试验是"无稽之谈"。[50]他反对任何额外的试验。

在今天的核武库中，让佩里弗伊担心的仅有的武器是潜射三叉戟－2 导弹所搭载的 W－76 和 W－88 弹头。20 多年前，德雷尔小组提交的报告就对这些弹头表示了担忧之情。[51]这两种弹头都依赖于传统的高爆炸药，而不是钝感高爆炸药。美国海军坚持使用更危险的炸药来减轻弹头的重量、增加它们的射程并略微增大它们的爆炸当量。从安全角度来看，这个决定是不幸的，因为三叉戟－2 的诸多弹头并不在导弹的鼻锥部。作为节省空间的措施，它们围绕着导弹第三级的火箭发动机分布。此外，海军还为火箭发动机选择了一种高能推进剂，这就让它比其他固体燃料在遭遇某种事故——仅仅是掉在地上或被一颗子弹击中——时更容易发生爆炸。一艘三叉戟潜艇上装备着多达 24 枚此种类型的导弹，每一枚导弹又搭载着 4～5 个弹头。如果一枚导弹发生事故，其将引爆第三级的推进剂，点燃那些弹头里的高爆炸药，并在佐治亚州和华盛顿州三叉戟潜艇基地所在地的港口周边散播大量的放射性钚。

多年来，海军一直拒绝改变三叉戟－2 导弹第三级火箭发动机的推进剂，或是使用 W－87 弹头——这种弹头与 W－88 极其相似，但使用了更安全的钝感高爆炸药。使用一种较低能量的推进剂会让导弹的射程减少约 4%，而且 W－87 弹头的爆炸当量也稍微低一点。[52] 狭隘的关切可能也是海军依赖 W－88 弹头的原因之一。W－88 是洛斯阿拉莫斯为海军设计的，而 W－87 是劳伦斯利弗莫尔为空军设计的。

如何做才是将三叉戟－2 导弹装载到潜艇上的最佳方式，是西德尼·德雷尔和鲍勃·佩里弗伊之间少有的分歧领域之一。德雷尔赞同海军目前所使用的方法：首先装载导弹，然后再安装弹头。佩里弗伊更喜欢另一种方法：将完全组装好的导弹装入发射管。这两种观点之间的差别可能看起来比较深奥，但如果一枚导弹在拥有多达 144 颗核弹头的潜艇内部发生爆炸，事故的潜在后果将是无可争议的。

今日的美国空军与 20 世纪 70 年代的空军几乎没有什么相似之处。里根政府时期的军备建设极大地促进了新飞机、新武器、备用件和更好的训练方面的支出增加。得益于普遍的检测，士气增强了，吸毒的现象也大大减少。文化转向也发生了。就像柯蒂斯·李梅一样，在 1978～1984 年担任战术空军司令部司令期间，威尔伯·L. 克里奇（Wilbur L. Creech）也对美国空军施加了同样的持久影响力。[53] 但克里奇推动了一种完全不同类型

472

的领导——战斗机飞行员那随机应变的、去中心化的、独立的思维方式。到 20 世纪 80 年代初，轰炸机将军们已经被从实权派驱逐出去，美国空军的领导阶层满是战斗机将军。新的战术、装备和团队精神都在战斗中改变了其表现。在越南战争期间，有 1737 架空军飞机被击落。[54]在过去 25 年中，针对伊拉克、科威特、科索沃、利比亚和阿富汗的空中行动只让美国空军在敌人火力下损失了不超过 30 架飞机。[55]

然而，空军对战争中战术层面的重点关注，导致了其对战略使命的严重忽视。在冷战结束之后，核武器似乎再没多大干系了，雄心勃勃的官员们也不想与其有什么瓜葛。美国战略司令部（United States Strategic Command）不仅整合了空军和海军的核武库，它还取得了对众多常规任务——如导弹防御、情报与侦察、太空行动和网络战争——的控制权。在战略空军司令部被撤销之后，空军就不再拥有一个专门负责维护核武器以及为它们的使用而做出规划的组织。李梅认为不可或缺的突击检查（no-notice inspection）和黑帽演习也已经终结。现在，核武器部队在被检查之前会提前 72 小时接到警告。[56]相较于让四星将军管理空军的战略力量，上尉或上校成为负责日常涉核行动的最高阶军官。[57]对这一主题失去兴趣的趋势开始显现。

尽管提前三天发出了警告，但在 2003 年，在负责核武器的空军部队当中还是有一半未能通过安全检查。[58]2006 年 8 月，4 枚民兵－3 导弹的核弹头引信组件被无意之中从犹他州的希尔空军基地运到了台湾地区。[59]美国国防后勤局（Defense Logistics Agency）的工作人员认为它们是直升机电池。这些绝密的核武器引信在未开封的箱子里待了近两年，直到台湾地区有关官员发现了这一错误。2007 年 8 月 29 日，在北达科他州迈诺特空军

基地，一架名为"末日99"（Doom 99）的 B－52 轰炸机被错
误地挂载了 6 枚装备着核弹头的巡航导弹。[60]这架飞机在迈诺特
基地的停机坪过了夜，没有任何武装警卫守护，第二天早上起
飞，飞了将近 1500 英里之后抵达路易斯安那州的巴克斯代尔空
军基地——此举违反了禁止核武器在美国上空被空运的安全规
定——并在那里降落，然后在无守卫的情况下又在停机坪停留
9 个小时，直到一名维修人员发现里面有弹头。在一天半的时
间里，空军中没有任何人意识到有 6 枚热核武器失踪了。

　　后来，国防科学委员会（Defense Science Board）对迈诺特
空军基地的安全和安保漏洞进行了调查。它在指挥与控制链条
中发现了一个严重的问题。装备核弹头的巡航导弹与那些装备
常规弹头或训练弹头的导弹存放在同一个地堡内。为了节省时
间，核验检查表（verification checklist）常常被故意忽略。在事
故发生当天，最初进入地堡的仓储人员、将巡航导弹用车送到
B－52 的护送人员、将导弹安在轰炸机上的装载人员，以及负
责操作飞机的机组人员都理应检查这些导弹是否携带着核弹头。
然而，没有人做这件事。国防科学委员会在和他们面谈之后注
意到，这些人基本上不知道谁才拥有从地堡中移出武器的权力，
而且"在授予移动核武器的权责方面存在严重的混乱"。[61]似乎
没有人知道谁在主管这件事情，而且没有人被要求签署移动核
武器，或确认将保管权在空军不同部队之间转移的纸质文件。[62]
对于此种记录保存来说，纸质文件是必要的——不像联邦快递
（Federal Express）运输的包裹具备可以扫描的条形码，武器上
的序列号必须写下来。

　　2008 年 5 月 28 日，空军发现了另一个安全问题。某维护小
组来到怀俄明州 F.E. 沃伦空军基地（F. E. Warren Air Force

473

Base）附近的一个民兵－3 导弹发射井，发现墙壁上覆盖着黑灰（soot）。[63]其中一个设备间发生过一次火灾，烧熔了一个霰弹枪枪盒、部分霰弹枪以及存储于其中的霰弹。火焰散发的热量损坏了连着民兵－3 导弹的一根电缆。火自行熄灭了，但现场的烟雾报警器没有探测到此次火情。位于离发射井数英里远的控制中心的发射小组成员也从未收到任何表明导弹可能有危险的征兆。这次火情很有可能是由雷击或未正确安装的电池充电器引发的，[64]且发生时间可能是在维护小组注意到黑灰时的 5 天之前。[65]

创建于 2009 年的全球打击司令部（Global Strike Command）旨在改善对空军拥有的核武器的管理。该司令部负责剩下的民兵－3 导弹，以及仍然承担核使命的 B－2 和 B－52 轰炸机。虽然相较于战略空军司令部，它规模更小，影响力也小得多，但它依然算得上是前者的继承机构，二者同样重点关注保持威慑和打一场核战争。在其他改革措施中，全球打击司令部新近为其核武器引入了"专属识别码"（unique identifier），一种可以让核武器被军方追踪的条形码。[66]新司令部希望给其中的人灌输战略空军司令部长期拥有的那种奉献精神、进取心以及对细节的关注。但是，空军对战争中战术内容的强调留给全球打击司令部的是老化和昂贵的武器系统。它所拥有的 20 架 B－2 轰炸机每一架都价值 20 亿美元，而且不会再生产新的了；[67]民兵－3 导弹于 1970 年首次服役；辖下的 B－52 轰炸机自约翰·F. 肯尼迪上台以来也不再制造了，[68]其预计将服役至 2040 年。[69]

这些战略武器的老化引起了人们对空军能否在未来扮演好重要的核角色的怀疑。就目前来说，为新型远程导弹和轰炸机拨付资金的计划尚未获得批准，但空军、全球打击司令部和其他武装部队使用的指挥与控制机制正在不断升级。1996 年，全球军事指挥控制系统停止运转。它的大型计算机已经严重过时了。[70]替代它的是全球指挥控制系统（Global Command and Control System，GCCS）[71]及其各种子系统：秘密互联网协议路由器网络（Secret Internet Protocol Router Network）、五角大楼全球信息网络（Pentagon Global Information Grid）、陆军的陆战网（Army LandWarNet）、空军的星座网（Air Force Constellation Net）、海军的武力网（Navy FORCENet）、最低必备紧急通信网（Minimum Essential Emergency Communications Network），以及国防改进型紧急信息自动传输系统替代指挥与控制终端。最后一个以缩写名称 DIRECT 为人所知，它可以发送和接收使用核武器的战争指令。[72]DIRECT 的终端看起来像 2003 年左右的台式计算机，前面有个可插入金属钥匙的圆形槽。

475

所有这些军用计算机网络都远比将李梅将军与白宫联系起来的金色电话技术先进得多，但它们偶尔也会遇到小的故障。2010 年 10 月，F. E. 沃伦空军基地的一次计算机故障使 50 枚民兵－3 导弹掉线。[73]在将近一个小时的时间内，发射小组成员无法联系他们所负责的导弹。该基地中 1/3 的民兵－3 导弹瘫痪了。空军否认该系统遭到了黑客攻击，后来发现了问题的原因所在：在日常维护过程中，某电路板被错误地插入其中一台计算机里。但是，对美国的核指挥与控制系统的黑客攻击仍然是个严重的威胁。2013 年 1 月，国防科学委员会的一份报告警告称，该系统受大规模网络攻击的脆弱性从未得到充分评估。[74]在国会作证时，美国战略司令部的司令 C. 罗伯特·凯勒（C. Robert Kehler）将军表示相信没有"重大弱点"（significant vulnerability）[75]存在。尽管如此，他还是说，一次"彻底的全面评估"是必须做的,"我们不知道我们不知道的事情",[76]而且指挥与控制系统过时的问题可能在无意中提供对最新的黑客技术的防范。当被问及俄罗斯和中国是否有能力阻止一起将发射它们所拥有的核导弹的网络攻击时,凯勒回答道:"参议员先生,我不知道。"[77]

突袭并杀死乌萨马·本·拉登的"海神之矛行动"(Operation Neptune Spear)就是一次极其复杂的军事行动,它的成功很大程度上要归功于全球指挥控制系统。[78]来自陆军、海军、空军、中央情报局的人员,以及无人机,做到了实时秘密通信。发生在巴基斯坦的突袭行动的细节被同时展现在白宫的贝拉克·奥巴马总统、弗吉尼亚州兰利中央情报局总部莱昂·帕内塔(Leon Panetta)局长,以及阿富汗贾拉拉巴德(Jalalabad)某特别行动基地的威廉·H.麦克雷文(William H. McRaven)海军上将面前。然而,指挥与控制系统在发起攻击方面的有效性几乎不能够揭示它在遭受攻击时的表现。

"9·11"事件调查委员会发布的报告[79]描述了美国遭受攻击期间发生在政府最高层内部的混乱、沟通不畅和并行决策,其持续了约78分钟之久,发人深省。[80]直到第一架被劫持的客机撞向世界贸易中心近一个小时后,乔治·W.布什总统才登上空军一号。他打给五角大楼和白宫地下堡垒的电话不断掉线。[81]直到最早的袭击发生一个多小时后,政府措施的连续性才得以执行。副总统切尼下令让空军战斗机击落首府华盛顿和纽约市上空任何被劫持的客机,但这道命令从未被收到。唯一获得开火授权的战斗机隶属于哥伦比亚特区空军国民警卫队——一名特勤局特工命令他们升空,在指挥系统之外行事,切尼并不知情。[82]美国的指挥与控制系统被设计用来应对一场可能涉及数千件核武器的突然袭击，而且需要总统在几分钟之内就做出紧急决策，但它被证明无法处理 4 架被劫持客机的袭击事件。

在写作本书时，美国拥有约 4650 件核武器。[83] 其中大约 300 件被分配给远程轰炸机，[84] 500 件被部署在民兵－3 导弹上，[85] 1150 件由三叉戟潜艇搭载。[86] 另有 200 多枚氢弹被存放在土耳其、比利时、德国、意大利和荷兰，供北约飞机搭载使用。[87] 大约 2500 件核武器作为后备，主要存放在新墨西哥州阿尔伯克基附近的柯特兰地下军需品维护和存储场（Kirtland Underground Munitions Maintenance and Storage Complex）。[88] 美国目前的核战争计划被称作"8010 行动计划"（Operations Plan 8010，或 OPLAN 8010），[89] 它有两个正式目标："战略威慑和全球打击"。[90] 两者都试图阻止针对美国的大规模杀伤性武器攻击———一个是隐含的威胁，另一个是美国的第一次打击。统一作战行动计划的攻击选项主要集中于苏联境内的目标，但"8010 行动计划"使美国总统能够对俄罗斯、中国、朝鲜、叙利亚和伊朗使用核武器。[91]"自适应计划"（adaptive planning）则允许在最后一刻选择其他国家内部的目标。[92]

美国现在计划在未来 20 年花费高达 1800 亿美元来维持其核武器，运营其武器实验室，以及升级其铀处理设施。[93] 世界上其他核大国的行为方式大致相同。俄罗斯拥有大约 1740 件已经部署的战略武器，可能还有 2000 件战术武器。[94] 它计划在 2020 年前推出新型远程导弹（2018 年 3 月，普京在国情咨文中提到了一种名为"萨尔马特"的重型洲际导弹，并播出了导弹发射的视频。——译者注）。法国正在增加新的飞机和潜艇来搭载其大约 300 件核武器。[95] 英国计划为其大约 160 个核弹头获取新的

477

三叉戟潜艇。[96]中国被认为拥有大约 240 件核武器，[97]正在制造新型巡航导弹、远程导弹和潜艇来搭载这些武器，还在建造所谓的"地下长城"（underground Great Wall）——长达数千英里的深埋隧道，其大到可以容纳小汽车、卡车和火车——来隐藏它们。[98]几十年来，中国一直承诺只会在遭受敌人核攻击之后才使用核武器进行反击，但它也可能放弃其"不首先使用"（no-first-use）的承诺。而且，如果中国采纳一种更具进取心的战略的话，它将增加可打击全球的弹道导弹的数量。这些导弹将做好接到通知即发射的准备，但此举也可能有犯错的风险。

　　以色列所拥有的核武器数量从未被透露过。它最近从德国购买了潜艇以期在上面部署其中一部分，并希望在不久的将来把其他核武器搭载在远程导弹上。朝鲜和伊朗的核计划依旧是个谜团（截至目前，朝鲜共进行过 6 次被证实的地下核试验，具备了一定的核能力；伊朗则还未进行过核试验，但它确实曾进行秘密的核武器开发并由此被西方国家制裁，2015 年 7 月伊朗与相关国家达成解决核问题的全面协议。特朗普总统上台之后将其废弃，伊朗重启了核计划。——译者注）。这两个国家都可能正在寻求部署可携带核弹头的远程导弹。朝鲜可能已经拥有 6 件核武器。[99]世界上有抱负的核国家的技术熟练程度目前不得而知。朝鲜第一次核试验的爆炸当量还不到 1 千吨。[100]在被叫停之前，伊拉克的核武器计划对巴格达造成的威胁可能要比对萨达姆·侯赛因的敌人造成的威胁更大。"如果步枪子弹击中它，它都可能爆炸，"一名联合国检查员在谈论伊拉克的武器设计时如此说道，"要是它从桌子边缘掉落，我可能不想当时就在它周边。"[101]

　　美国和俄罗斯仍然让数千枚导弹保持着战备状态，做好了在几分钟内便能够发射的准备。由于美俄两国间的紧张态势得到缓解，发生意外战争的风险减小了，但并没有消失。美国导弹的目标不再是预先设定的了，它们会在导弹发射之前发送过去，导弹的默认设置会将其弹头送抵离得最近的海域。然而，两国的指挥与控制系统仍然非常重要。俄罗斯变得比美国更加依赖陆基导弹，由此在第一次打击面前更加脆弱。克里姆林宫必须认真对待任何突然袭击的迹象。俄罗斯舰队中的弹道导弹潜艇老旧不堪，维护不善，而且很少离开港口。[102]这些潜艇已经变成容易攻击的目标，不再能够提供可靠的报复性威胁。美国对俄罗斯核力量发动全面突袭的可能性微乎其微，但相较 30 年前，让莫斯科维持基于预警的发射政策的压力更大了。而且自冷战结束以来，俄罗斯预警系统的可靠性也大大地下降了。

1995 年 1 月 25 日，挪威发射的一枚小型研究火箭就引发了克里姆林宫的警报，让其认为正在遭受美国的攻击。[103]俄罗斯核力量进入全面战备状态。总统鲍里斯·叶利钦（Boris Yeltsin）打开他的"核足球"，获取发射代码，做好了进行报复打击的准备。在让人神经紧绷的几分钟后，警报被宣布是虚惊一场。这次的气象火箭是为研究北极光而发射的，而且挪威早在几个星期之前就向俄罗斯通报了它的飞行轨道。

现在最有可能爆发核战争的地方位于南亚。[104]美国和苏联虽然文化差异极大，但两国相隔数千英里（此处仅指两国的首都地区，如果算上阿拉斯加和西伯利亚的话，两者之间其实只隔白令海峡。——译者注）。两国间的敌意更多是理论上和地缘政治上的，而不是民族间的。巴基斯坦和印度比邻而居，受到宗教和领土争端的困扰。印巴两国都有核武器。导弹从一国飞向另一国的时间可能短至四五分钟，而且双方的指挥与控制系统

479

都没有坚固到可以扛住对方打击的程度。在发生危机时，首先发射导弹的压力将是巨大的。

印度多年来一直采取"最低限度威慑"战略，打造了一个小规模的核武库，并承诺只在报复时使用它们。但是，印度同样可能正在朝更具进取心的战略移动。自 2006 年以来，巴基斯坦的核武库规模扩大了一倍。[105] 现在，它拥有约 100 件核武器。[106] 巴基斯坦是唯一的核武器完全由军方掌握的核国家，而且巴基斯坦军方并没有排除首先使用它们的可能性，即便是回应印度用常规武器发动的攻击。为了让这种威慑可信，使用战术核武器的权力很可能已经被交给低阶的巴基斯坦军官，就像美国曾经将这种权力预先授予前线的北约指挥官那样。

相较于让印巴两国间爆发战争的风险下降，核武器在这方面可能起到了相反的效果。在冷战的大部分时间里，欧洲的现状和东西方之间的分界线是被双方接受的。由于巴基斯坦试图将印度势力从克什米尔（Kashmir）驱逐出去，南亚的边界争端更易导致冲突发生。巴基斯坦的核武器使它可以支持针对印度的恐怖主义行动，而不用担心遭到报复，尽管后者面积更大，国力更强。自 20 世纪 90 年代初以来，这两个国家已有大约 6 次处在爆发核战争的边缘，最近一次是 2008 年 11 月，在印度最大的城市孟买发生自杀式袭击事件之后。

巴基斯坦核武库的安保问题现在不仅受到袭击的威胁，也受到该国内部寻求窃取核武器的激进伊斯兰主义者的威胁。内部和外部的威胁对巴基斯坦的指挥与控制系统提出了竞争性的要求。为了防止核武器被窃取，这些武器应该存放在少数几个守卫森严的地方。但为了防止遭到印度的突然袭击，这些武器又应该分散到众多的存储场中。巴基斯坦很可能选择了后一种方式。尽管据称这些弹头和炸弹是在没有核芯的状态下存放的，但巴基斯坦核武器的分散化使恐怖分子更容易得到一件。

2009 年 10 月，伊斯兰武装分子大举进攻巴基斯坦军方的总部。[107]他们身着军装，使用伪造的身份证件，穿过了多重安保防线，并将几十名人质扣押了几乎整整一天。负责巴基斯坦核武库的战略部队司令部（Strategic Forces Command）司令就在那个总部里办公。2011 年 5 月，另一起袭击事件攻击了卡拉奇（Karachi）外围的一个海军航空基地。[108]巴基斯坦的大多数核武器存储设施都建在该国西北部，尽可能远离印度，以延长导弹攻击的预警时间，并使对印度发动常规袭击更加困难。不幸的是，这就意味着核存储场位于阿富汗边境附近，那里是巴基斯坦最无法无天的部落地区，也是伊斯兰激进运动的中心地带。

本书的大部分内容一直致力于讲述事故、误算和失误的故事，大量的个人英雄主义一定程度上缓和了悲观的情绪。但必须谨记一个关键事实：在美国自 1945 年以来所制造的大约 7 万件核武器中，没有一件曾在无意之中或在未获得适当授权的情况下被引爆。[109]对这些武器在技术和行政管理上的控制起了作用，尽管有时并不完美——无数人，不论是军人还是平民，都应该因这一显著的成就而得到颂扬。如果有一件核武器被盗或者发生爆炸，美国的指挥与控制系统仍将达到 99.99857% 的成功率。[110]但核武器是有史以来所发明的最危险的技术。任何对它们的不足 100% 的控制权，任何达不到完美程度的安全和安保措施，都是不可接受的。如果这本书要传达任何信息的话，那就是人从来都不是完美的。

战略空军司令部一位退役将军告诉了我他在冷战期间所从事工作的极其巨大的日常压力。除了其他事情，他的工作还涉及管理美国的核指挥与控制系统；必须定期从国家安全局获得新的代码并将其分发给各导弹发射场、轰炸机和潜艇；必须研究和解除来自北美防空司令部的虚假警报，仔细分析苏联军事传输信号，以及跟踪它们在外海游弋的潜艇。数以千计的事情似乎同时发生在该系统之中，这些事情出现在世界各地，微妙地关联在一起，并且任何时候都有可能发生严重的错误。他把这份工作比作用手抓住一头处于愤怒之中的老虎的尾巴。像我就冷战议题而采访的每一位空军军官、武器设计师、五角大楼官员、空军士兵以及导弹维护人员一样，他也惊讶于核武器从未在冷战期间被使用，没有任何大型城市被摧毁，以及从未放松过那头老虎。

美国在管理其核武库方面面临的诸多挑战应该让每一个试图获取核武器的国家停下来好好思考一番。这项技术是在美国发明和完善的。毋庸置疑，美国的核武器肯定是迄今为止人类所制造的最安全、最先进、最能够防止未经授权使用的武器之一。然而，美国还是勉强避过一连串的核灾难。其他国家在这个领域来之不易的经验相对较少，很可能不会像美国那么幸运。衡量一个国家技术熟练程度的指标之一是工业事故发生率。[111]相较于美国的这一概率，印度高出约 1 倍，[112]伊朗高出约 2 倍，[113]巴基斯坦高出约 3 倍。[114]高风险技术很容易跨越边界传播；但管理它们所必需的那些组织技能和安全文化则很难在不同国家间共享。核武器已经成为国家实力的象征和民族自豪感的源泉，但其也对任何拥有它们的国家造成严重威胁。

近年来，一场废除核武器的国际性运动从一个原本不太可能的来源中兴起，这个来源就是美国国家安全机构在冷战期间的领导层。2007 年 1 月，两位前共和党国务卿——乔治·舒尔茨和亨利·基辛格，连同两位著名的民主党人士——前国防部部长威廉·J. 佩里（William J. Perry）和前参议院军事委员会主席萨姆·纳恩（Sam Nunn），一起为《华尔街日报》撰写了一篇专栏文章，清楚地提出了他们的目标："一个摆脱了核武器的世界"（A World Free of Nuclear Weapons）。[115]西德尼·德雷尔不仅给他们提供技术指导，而且鼓励其采取更加大胆的立场。他们警告称："世界现在正处于一个新的危险的核时代悬崖边缘。"[116]冷战的终结、核恐怖主义的威胁以及核武器向朝鲜之类的国家扩散，使威慑这一长期存在的观念变得过时。使用核武器变得越来越有可能，而不是相反。控制着世界上约 90% 的核武器[117]的美国和俄罗斯，有义务将它们的导弹从一触即发的戒备状态中移除，让发生意外事故的风险最小化，削减它们核武库的规模，以及用在 1986 年雷克雅未克峰会风行一时的合作精神来寻求最终废除核武器。

　　消除核武器的运动后来得到了许多前"冷战分子"（Cold Warrior）的支持，这些人中有罗伯特·麦克纳马拉、科林·鲍威尔以及老布什。[118]2009 年 4 月 5 日，它成为美国外交政策的一部分。"有人认为，这些武器的扩散是不能被阻止的，也不能被查验——认为我们注定要生活在一个更多国家和更多人拥有这种终极毁灭工具的世界，"[119]贝拉克·奥巴马总统当天在布拉格面对聚集起来的 2 万人发表演说道，"这种宿命论是致命的对手，因为，如果我们相信核武器的扩散不可避免，在某种程度上就等于向我们自己承认核武器的使用是不可避免的。"[120]奥巴马承诺他的政府将寻求建立"一个没有核武器的世界"（a

482

world without nuclear weapons），[121]并警告称虽然全球核战争的威胁已经降低，但核攻击的风险却在上升。当年晚些时候，联合国安理会投票支持废除核武器。然而，联合国的理想主义言论并没有得到遵循，因为在迈向最终消除核武器的道路上还有一些拦路虎：美国参议院对《全面禁止核试验条约》的批准；俄罗斯和美国核武库的大规模削减；包括中国、印度、巴基斯坦、朝鲜和以色列在内的军控谈判；对生产和销售裂变材料的严格规定；以及严厉惩罚那些违反这种新国际规范的国家。

483 在美国，废除核武器的运动并没有得到民众的普遍支持。那些在 2007 年引发辩论的退休官员平均年龄约为 79 岁。[122]其中涉及的许多议题看起来都是假设的和遥远的。眼下的美国民众中几乎有一半人在冷战终结时要么尚未出生，要么还是孩子。而且，废除核武器也没有得到广泛支持。小布什政府就不仅寻求研发新型弹头和氢弹，而且扩大了核作战计划（OPLAN）的范围。在"9·11"事件之后，小布什所采纳的打击军事力量的战略，也威胁要先发制人地使用核武器来挫败针对美国的常规和生化攻击。[123]两位自由派的民主党人，即前国防部部长哈罗德·布朗和前中央情报局局长约翰·M. 多伊奇（John M. Deutch）则从一个不同的角度批评了这种"核裁军幻想"（nuclear disarmament fantasy）。[124]布朗和多伊奇辩称，核武器一定会被发明出来，而且秘密违反国际禁令的那些国家可能因此获得不受制衡的权力。欺骗的诱惑力将是极其巨大的。在他们看来，乌托邦式的提议不应该把人们的注意力从减少核威胁和避免武装冲突的实际措施上转移开："希望不是一种政策，而且就目前来说，并没有一条通往无核武器世界的现实道路。"[125]

在需要数千件核武器总是处于戒备状态的打击军事力量战

略，与废除所有核武器的协议之间，存在着第三种选择。这种选择就是最低限度的威慑，它由 20 世纪 50 年代末期的美国海军提出，当时它的潜射导弹还不太精确，无法击中军事目标。最低限度的威慑战略近来得到了强有力的支持，甚至是在一些意想不到的地方。2010 年，包括战略规划主管在内的一批空军高级官员认为，美国只需要 311 件核武器就可以慑止一场攻击。[126]再多数量就将过度杀伤了。这些空军战略人员提出的核武库要比美国国家资源保护委员会（National Resources Defense Council）和美国科学家联盟建议的少 200 件核武器，后面这两个自由派团体同样支持最低限度的威慑。[127]

鲍勃·佩里弗伊也提倡类似的战略。他把自己看作一个现实主义者，并认为没有核武器的世界是难以企及的。他希望美国能够移除所有陆基导弹，将所有核武器解除戒备状态，放弃那种认为打击军事力量的战略可能发挥作用的理念，以及保留被可靠地部署在潜艇上的数百枚弹道导弹。为避免意外发射和犯错，这些潜艇不应该具备快速发射导弹的能力。而为了阻止外国敌人攻击美国，佩里弗伊提出要让对方事先知道美国的弹头可能落在它们领土的具体位置。知晓这一事实会慑止任何理性的世界领袖。但在过去 50 年里，这种最低限度威慑的战略所存在的问题并没发生大的改变。[128]它无法保卫美国免遭那种即将到来的攻击，它只能在美国遭受袭击之后杀死数以百万计的敌方平民。

374 - 7 号综合发射场此后再未重建。那些地下通道被拆解，周边土地上的瓦砾残骸也被清除。有毒废物被从发射井中抽取出来，然后往里填充了砾石和泥土。空军把这片此前通过征用方式获得的土地还给了拉尔夫和里芭·乔·帕里什夫妇。今日再看这个地方，你绝不会想到人类曾制造出的最具破坏性的武器之一就藏在这地表之下。大自然收复了这个地方。地上覆盖着如茵绿草，周围则是森林和农田。曾经竖立着导弹的地方现在是个大土堆。曾经铺好路面的入口小道现在变成了泥土。在从国际外交、华盛顿政治和核战略中移走之后，除了安静、和平、田园气息，它再也感受不到更多了。透露出曾发生在这里的事情的仅有线索是杂草丛中的混凝土块，以及少数散落在地面上的金属片。它们在爆炸中因巨大的热量扭曲和变形。

1999 年秋天在范登堡空军基地访问时，我第一次听说大马士革事故的有关消息。当时我对未来的太空战，对制造激光束（laser beam）、粒子束（particle beam）和定向能武器（directed energy weapon）十分感兴趣。美国空军航天司令部（Air Force Space Command）邀请我观看泰坦－2 导弹发射实况，这似乎是个不应错过的机会。这枚导弹的有效载荷是一颗气象卫星。在预定发射时刻被大大推迟的那段时间，我与那些曾是导弹战斗值班小组成员的军官进行了交流。他们向我讲述了冷战故事，并让我观看了弹头陆续抵达南太平洋夸贾林试验场时的影像。夜间，范登堡基地发射了一枚"和平卫士"导弹，当弹头一个接一个地从天空坠下并精准地落在各自的目标圈内时，这真是个古怪而美丽的景象。它们看起来就像流星雨。

在泰坦－2 发射的前夜，我搭乘电梯来到发射塔顶端，得以近距离地观看这种导弹。我能够伸出手并触摸它。泰坦－2 仿佛是一个活生生的、会呼吸的东西，上面连着各种各样的电缆和线路，就像一个即将从重症监护室里出来的愤怒的病人。

发射塔中充斥着冷却设备发出的声音。在向下察看导弹的长度时，我简直不敢相信有人会足够勇敢和疯狂到敢坐在它的顶部，就像"双子座"飞船的宇航员所做的那样，驾着它飞向太空。

第二天早上，我签署了一份弃权声明书，承诺如果受伤不会起诉空军，并接受了使用斯科特空气包（Scott Air - Pak）的培训。我携带着呼吸器，以防泰坦－2无法从平台上发射出去。担任我的东道主的那名军官从未被允许站得离发射现场如此之近。当导弹离开地面的时候，你能够切身地体会到。现场的爆炸声、咆哮声以及让泰坦－2缓缓上升的火焰的景象，它们突然之间攫住了我。它们比任何冷战故事都要更加感人肺腑和震撼人心。我是在20世纪70年代听着导弹和弹头、发射重量和百万吨级长大的，对所有那些武器都不会真正起作用，以及对核末日的恐惧是夸大其词且其基于某些惊悚小说等说法将信将疑。泰坦－2在"犹豫"片刻之后真正地起飞了，就像一栋10层高的银色建筑消失在天空之中。片刻之后，它消失了，只能在墨西哥上空某个地方看到火焰末梢。

看了这次发射，对我来说，假想变得更加切实和具体。它让我心慌不已。它刺穿了一种虚假的舒适感。现在就有成千上万枚导弹被隐藏起来，藏在人们的视线之外，它们顶上安装着弹头并做好了随时发射的准备，只待正确的电信号传来。它们是一种集体死亡的愿望，几乎没有压制的手段。它们中的每一枚都是一起随时会发生的事故，一种潜在的大规模杀戮行为。它们就在那里，等待着，没有灵魂，十分机械，只是由于我们拒绝发射而继续待在那里——它们是能够起作用的。

## 注释

1. 查尔斯·佩罗关于三里岛事故的简洁、令人不安的叙述可见于他的著作之中。可参见 Charles Perrow, *Normal Accidents: Living with High-Risk Technologies* (Princeton: Princeton University Press, 1999), pp. 15 – 31。

2. Ibid. , pp. 43 – 44.

3. Ibid.

4. Ibid. , pp. 43 – 46.

5. Ibid. , p. 10.

6. Ibid. , pp. 89 – 100.

7. Ibid. , p. 4.

8. Ibid. , p. 10.

9. Ibid.

10. Sagan, *The Limits of Safety*, p. 62.

11. Ibid. , pp. 78 – 80.

12. Quoted in ibid. , p. 110.

13. Quoted in ibid.

14. Ibid. , pp. 135 – 38.

15. Ibid. , p. 251.

16. Ibid.

17. Ibid. , p. 264.

18. Ibid. , p. 266.

19. Perrow, *Normal Accidents*, p. 11.

20. 这篇文章可见于 Langdon Winner, *The Whale and the Reactor: A Search for Limits in an Age of High Technology* (Chicago: University of Chicago Press, 1989), pp. 19 – 39。

21. Ibid. , p. 34.

22. 1946 年《原子能法》规定，"所有关于制造或使用原子武器的数据"必须加密，并为此类信息创建了新的法律分类：限阅数据（Restricted Data）。1954 年对该法案的修改增加了另一类秘密知识——此前限阅数据（Formerly Restricted Data），主要适用于核武器的军事使用、性能和部署。尽管名字的含义很明显，但"此前限阅数据"仍然属于机密信息，未经能源部和国防部的允许不得对公众发布。关于对奥威尔式核保密世界的洞察，可参见Howard Morland, "Born Secret," *Cardozo Law Review*, vol. 26, no. 4（March 2005）, pp. 1401 – 8；"Restricted Data Declassification Decisions, 1946 to the Present," RDD – 8, U. S. Department of Energy, Office of Health, Safety and Security, Office of Classification, January 1, 2002（OFFICIAL USE ONLY/declassified）; and "Transforming the Security Classification System," Report to the President from the Public Interest Declassification Board, November 2012。

23. 之前引用过的这份文件是"Accidents and Incidents Involving Nuclear Weapons: Accidents and Incidents During the Period 1 July 1957 Through 31 March 1967," Technical Letter 20 – 3, Defense Atomic Support Agency, October 15, 1967（SECRET/RESTRICTED DATA/declassified）。

24. Ibid. , Incident #33, p. 14.

25. Ibid. , Incident #3, p. 53.

26. Ibid. , Incident #11, p. 34.

27. Ibid. , Incident #51, p. 89.

28. 发射平台人员撤离了，当技术人员返回现场时，他们发现"闩式安全插销"（latch safety pin）仍然将再入体固定在导弹顶部。报告总结说："事故的原因是没有遵守'雷神'导弹的相关安全守则。"See ibid. , Incident #42, p. 87.

29. Ibid. , Incident #9, p. 72.

30. See Pete Earley, *Family of Spies: Inside the John Walker Spy Ring*（New York: Bantam, 1988）, p. 358.

31. 人称"维诺那译码"（Venona decryptions），它们帮助发现了大约200名为苏联从事间谍活动的美国人的名字或代号。参谋长联席会议主席奥马尔·布拉德利将军做出了不将此事告诉杜鲁门总统的决定。此事的动机主要是官僚主义的，而不是用心险恶。"这实质上是政府机密，"参议员丹尼尔·帕特里克·莫伊尼汉后来写道，"政府部门和机构收集信息，政府成了某种形式的市场。"谁知道了这些秘密，谁就拥有了对该市场的更大的影响力。关于让杜鲁门不知情的决策，可参见 Daniel Patrick Moynihan, *Secrecy*: *The American Experience* ( New Haven, Yale University Press, 1998 ), pp. 59 – 73。引语出现于第 73 页。

32. See ibid. , p. 16; and James Earl Haynes and Harvey Klehr, *Venona*: *Decoding Soviet Espionage in America* ( New Haven: Yale University Press, 2000 ), pp. 47 – 56.

33. See *Secrecy*: *Report of the Commission on Protecting and Reducing Government Secrecy* ( Washington, D. C. : Government Printing Office, 1997 ). Quoted in Moynihan, *Secrecy*, p. 12.

34. See Scott Shane, "U. S. Reclassifies Many Documents in Secret Review," *New York Times*, February 21, 2006.

35. 关于苏联武器生产的悲剧性遗产，可参见 Vladislav Larin, "Mayak's Walking Wounded," *Bulletin of the Atomic Scientists* ( September/October 1999 ), pp. 20 – 27, and John M. Whitely, "The Compelling Realities of Mayak," in Russell J. Dalton, Paula Garb, Nicholas P. Lovrich, John C. Pierce, and John M. Whiteley, eds. , *Critical Masses*: *Citizens, Nuclear Weapons Production, and Environmental Destruction in the United States and Russia* ( Cambridge, MA: MIT Press, 1999 ), pp. 59 – 96。

36. Quoted in Whitely, Dalton et al. , *Critical Masses*, p. 67.

37. 布鲁斯·G. 布莱尔撰写了有关苏联体系的最佳指南。他在该主题上的研究可见于 *The Logic of Accidental Nuclear War* ( Washington, D. C. : Brookings Institution, 1993 ), pp. 59 – 167, 以及 *Global Zero Alert for Nuclear Forces* ( Washington, D. C. : Brookings Institution, 1995 )。布莱尔还为一位俄罗斯专家撰写的该领域为数不多的作品之一写了序言：Valery E. Yarynich, $C^3$: *Nuclear Command, Control Cooperation* ( Washington, D. C. : Center for Defense Information, 2003 )。其他两种文献，虽然有些过时了，但包含许多有趣的信息。See Stephen M. Meyer, "Soviet Nuclear Operations," in Ashton Carter, John D. Steinbruner, and Charles A. Zraket, eds. , *Managing Nuclear Operations* ( Washington, D. C. :

Brookings Institution，1987）；and Stephen J. Cimbala，*Soviet C³* （Washington，D. C.：AFCEA International Press，1987）.

38. Blair，*The Logic of Accidental Nuclear War*，p. 107.

39. See Blair，*Global Zero Alert*，pp. 51，56；*C³*，pp. 137 – 45，157 – 59，245 – 48；and Hoffman，*Dead Hand*，pp. 152 – 54，421 – 23.

40. Interview with Sidney Drell.

41. 关于对核武器安全问题的突然兴趣的极佳分析，可参见 Frank von Hippel，"Test Ban Debate，Round Three：Warhead Safety，" *Bulletin of the Atomic Scientists*，April 1991。

42. 参议员们当时正在讨论一项能源和水利发展法案的修正案。See "Amendment No. 2833，Energy and Water Development Appropriations Act，" Senate，August 3，1992，Congressional Record，102nd Congress（1991 – 1992），pp. S11171 – S11222.

43. Ibid.，p. S11172. 这名参议员是来自路易斯安那州的民主党人 J. 贝内特·约翰斯顿（J. Bennett Johnston）。

44. Ibid.，p. S11184. 这名参议员是来自新墨西哥州的共和党人皮特·多米尼齐（Pete Domineci）。

45. Ibid.，pp. S11186 – S11187. 这名参议员是来自缅因州的共和党人威廉·科恩（William Cohen）。

46. See Eric Schmitt，"Experts Say Test Ban Could Impair Nuclear – Arms Safety，" *New York Times*，October 8，1999. 美国国家科学院最近发布了一份与该论点相矛盾的报告。See *The Comprehensive Nuclear Test Ban Treaty—Technical Issues for the United States*，Committee on Reviewing and Updating Technical Issues Related to the Comprehensive Nuclear Test Ban Treaty，National Research Council of the National Academies（Washington，D. C.：National Academies Press，2012）.

47. 2007 年的一份报告称，可靠替换弹头将"不仅仅是'绿色的'"。这种新型武器还将减少"对环境的潜在危害并……改善工人的安全状况"。尽管目标远大，奥巴马总统还是在 2009 年取消了对可靠替换弹头的资金支持。See "Nuclear Warheads：The Reliable Replacement Warhead Program and the Life Extension Program，" Jonathan Medalia，CRS Report for Congress，Congressional Research Service，December 3，2007，p. 20.

48. Peurifoy interview.

49. See "Pit Lifetime," JSR – 06 – 335, MITRE Corporation, January 11, 2007.

50. Agnew interview.

51. 该报告写道："安全问题在于，如果在处理一枚可以发射出去的导弹时发生意外事故……它可能引爆推进剂，进而引爆弹头（中的高爆炸药）从而导致钚的扩散，甚至导致超过 4 磅标准的核爆炸。" See "Report of the Panel on Nuclear Weapons Safety," pp. 26 – 30. 引文可见于第 29 页。关于该问题的详细探讨，可参见 John R. Harvey and Stefan Michalowski, "Nuclear Weapons Safety: The Case of Trident," *Science and Global Security*, *Volume 4* (1994), pp. 261 – 337。

52. Peurifoy interview.

53. See James C. Slife, *Creech Blue: General Bill Creech and the Reformation of the Tactical Air Forces, 1978 – 1984* (Maxwell Air Force Base, AL: Air University Press and the College of Aerospace Doctrine, Research and Education, 2004).

54. See John T. Correll, "The Air Force in the Vietnam War," Air Force Association, December 2004, p. 26.

55. 这是我自己的估计。美国空军拒绝向我提供 2003 年以来的战斗损失清单。由空军历史研究局（Air Force Historical Research Agency）编制的《1990～2002 年美国空军有人驾驶飞机战损一览》（USAF Manned Aircraft Losses 1990 – 2002）提到该时期共有 17 架固定翼飞机被击落——3 架是在南斯拉夫执行任务时，另外 14 架是在"沙漠风暴行动"（Operation Desert Storm）之中。根据迈克尔·C. 希拉克（Michael C. Sirak）的文章 "Cost in Airframes"（*Air Force Magazine*, October 27, 2008），2003～2008 年秋天之间还有 3 架飞机被击落。我在翻阅了 2009～2012 年《美国空军一级航空航天失事报告》（United States Air Force Class A Aerospace Mishap Reports）之后，没有找到更多的有人驾驶固定翼飞机被敌人击落的案例。实际上，那些报告中列出的许多坠机事件可能与战斗相关。尽管如此，考虑到至 2008 年春天时飞行员们已经在伊拉克和阿富汗上空执飞了超过 50 万架次，空军的成绩还是令人瞩目的。该统计数据出自一篇文章的图表，可参见 Tamar A. Mehuron and Heather Lewis，"The Mega Force，" *Air Force Magazine*，June 2008。

56. 多年来，"突击"一词的含义发生了明显的变化。根据 2008 年一次对空军如何管理其核武库的调查，"所谓的'突击'检查实际上要等部队接到通知 72 小时后才会开始"。该调查是由前国防部部长詹姆斯·施莱辛格领导的。See "Report of the Secretary of Defense Task Force on DoD Nuclear Weapons Management，Phase I：The Air Force's Nuclear Mission，" September 2008，p. 37.

57. Ibid.，p. 27. 一项关于美国空军如何将秘密的核弹头引信当成直升机电池错误地运到台湾地区的研究显示，这些军官有时候不仅级别很低，而且根本没资格从事他们手头的工作。这项研究发现："在与空军核武器相关的管理层中，有些领导人甚至没有任何与核武器相关的工作经验，哪怕有也只是一点点过时的经验。"对该研究的引用可见于 "The Unauthorized Movement of Nuclear Weapons and Mistaken Shipment of Classified Missile Components：An Assessment，" Michelle Spencer，Aadina Ludin，and Heather Nelson，USAF Counterproliferation Center，January 2012，p. 86。

58. Cited in Joby Warrick and Walter Pincus，"Missteps in the Bunker，" *Washington Post*，September 23，2007.

59. See Spencer et al.，"Unauthorized Movement and Mistaken Shipment，" pp. 13 – 14.

60. 这些弹头是在 8 月 29 日被挂载的，在第二天被发现。关于此事的官方说法，可参见 "Report on the Unauthorized Movement of Nuclear Weapons，" the Defense Science Board Permanent Task Force on Nuclear Weapons Surety，Department of Defense，Washington，D. C.，February 2008。关于导致核弹头无人看管的管理失误的宽泛审视，可参见 "The Unauthorized Shipment of Nuclear Weapons and Mistaken Shipment of Classified Missile Components：An Assessment，" Michelle Spencer，A. Ludin，and H. Nelson，The Counterproliferation Papers，Future Warfare Series No. 56，USAF Counterproliferation Center，January 2012。关于该起事故的一篇出色的文章，可参见 Joby Warrick and Walter Pincus，"Missteps in the

Bunker," *Washington Post*, September 23, 2007。Rachel Maddow 在
*Drift*: *The Unmooring of American Military Power* (New York: Crown
Publishers, 2012), pp. 231 – 38 中提到了该起事故中一些让人不
安的细节。

61. "Report on the Unauthorized Movement," p. 5. 混乱是很普遍的。
这架 B – 52 轰炸机的机长和飞行员都没有接受过处理核武器的培
训。而且调查人员发现，这 6 枚核武器还"被拉着经过了一个安
全检查站……但在它们通过时并没有人对其进行检查"。这句引
文出自 Spencer et al., "Unauthorized Movement and Mistaken
Shipment," p. 12。

62. 国防科学委员会指出，"过去，核武器保管权的正式转移是有相
关规定的，当武器从仓储人员转移到护送人员，然后到机长，再
到机组人员时，都需要通过序列号进行物理验证，记录并在正式
文件上签名"。但在某个时候，那些程序就被终止了，把核武器
从"冰屋"里转移出来时不再需要做记录。"Report on the
Unauthorized Movement," p. 5.

63. 关于该起事件的详细信息，可参见"United States Air Force Missile
Accident Investigation Board Report," Minuteman III Launch Facility
A06, 319th Missile Squadron, 90th Operations Group, 90th Missile
Wing, F. E. Warren Air Force Base, Wyoming, May 23, 2008,
Robert M. Walker, President, Accident Investigation Board,
September 18, 2008。

64. Ibid., p. 4.

65. Ibid.

66. 国防部正在尝试通过"物品唯一标识"(Item Unique Identification,
IUID) 技术——就是超市和电子商店已经用了许多年的那种条形
码——来追踪其庞大的武器、零部件和设备库存，在一定程度上
起到了作用。2010 年空军核武器中心的负责人作证时说："在与
核武器相关的物品 (Nuclear Weapon Related Material, NWRM)
领域，我们继续取得并日益完善积极的库存控制 (Positive
Inventory Control)。"这位将军承诺"会通过唯一标识和供应链纪
律来锁定所有与核武器相关的物品"，但也警告"未来几年可能
偶尔会发现此前一直未发现的东西"。我们可以据此推测，现在

的核武器正在被扫描、追踪和存储在合适的地方。See "Defense Logistics: Improvements Needed to Enhance DOD's Management Approach and Implementation of Item Unique Identification Technology," United States General Accountability Office, Report to the Subcommittee on Readiness, Committee on Armed Services, House of Representatives, May 2012; and "Status of the Air Force Nuclear Security Roadmap," Brigadier General Everett H. Thomas, Commander, Air Force Nuclear Weapons Center, Presentation to the Strategic Forces Subcommittee, Armed Services Committee, House of Representatives, 111th Congress, January 21, 2010, pp. 5, 6.

67. Cited in Tim Weiner, "The $2 Billion Bomber Can't Go Out in the Rain," *New York Times*, August 23, 1997.

68. 最后一架 B - 52 轰炸机是在 1962 年制造的，目前仍在执行飞行任务。See John Andrew Prime, "B - 52 Bomber Marks Major Milestones in 2012," *Air Force Times*, April 9, 2012.

69. See David Majumdar, "Upgrades to Keep B - 52s Flying Through 2040," *Air Force Times*, October 4, 2011.

70. 全球军事指挥控制系统从来就没有良好运转过。1979 年的一项研究发现，它的自动数据处理程序"无法对地方或全国性的需求做出响应"，"不可靠"并且"无法高效地……传输数据"。除此之外，它还算是个了不起的（terrific）系统。数字通信的出现标志着全球军事指挥控制系统的终结。See "The World Wide Military Command and Control System—Major Changes Needed in Its Automated Data Processing Management and Direction," Comptroller General of the United States, Report to the Congress, December 14, 1979, p. ii.

71. See "Global Command and Control System Adopted," news release, United States Department of Defense, No. 552 - 96, September 26, 1996.

72. See "General Dynamics Awarded $1M DIRECT Emergency Action Message System Support Contract," PR Newswire, May 23, 2001; and "DIRECT Messaging System Overview," General Dynamics C4 Systems (n. d.).

73. 关于该起事件的详细信息，可参见 David S. Cloud，"Pentagon Cites Hardware Glitch in ICBM Outage," *Los Angeles Times*, October 27, 2010, and Michelle Tan, "Equipment Failure Cited in Warren Incident," *Air Force Times*, May 5, 2011。

74. See "Resilient Military Systems and the Advanced Cyber Threat," Task Force Report, Defense Science Board, Department of Defense, January 2013, pp. 7, 42, 85.

75. See "Hearing to Receive Testimony on U. S. Strategic Command and U. S. Cyber Command in Review of the Defense Authorization Request for Fiscal Year 2014 and the Future Years Defense Program," Committee on Armed Services, United States Senate, 113th Congress, March 12, 2013, p. 10.

76. See ibid.

77. See ibid. , p. 22.

78. See Mark Bowden, *The Finish: The Killing of Osama Bin Laden* (New York: Atlantic Monthly Press, 2012), pp. 216 – 64.

79. See National Commission on Terrorist Attacks Upon the United States, *The 9/11 Commission Report: Final Report of the National Commission on Terrorist Attacks Upon the United States* (New York: W. W. Norton, 2004), pp. 1 – 46.

80. 9 月 11 日上午 8：46：40，世界贸易中心被第一架飞机撞击；第二架飞机于 9：03：11 撞向该建筑物；五角大楼在 9：37：46 遭到撞击；美国联合航空公司 93 号航班于 10：03：11 坠毁在宾夕法尼亚州尚克斯维尔（Shanksville）附近的一片田地。相较于美国的指挥与控制系统在遭受苏联导弹攻击时应该做出果断回应所需要的时间，这 77 分 31 秒就是永恒。关于 2001 年 9 月 11 日上午所发生之事的时间顺序，可参见 *9/11 Commission Report*, pp. 32 – 33。

81. Ibid. , p. 40.

82. 报告指出："总统和副总统告诉我们，他们并不知道应特勤局的要求而且是在军事指挥系统之外，战斗机已经从安德鲁斯空军基地起飞了。"Ibid. , p. 44.

83. 此处以及后面的这些数字都来自汉斯·克里斯滕森，他是美国科学家联盟核信息项目的主任。克里斯滕森多年来一直都是核问题的可靠信息来源以及孜孜不倦的研究者。See Hans M. Kristensen, "Trimming Nuclear Excess: Options for Further Reductions of U. S. and Russian Nuclear Forces," Federation of American Scientists, Special Report No. 5, December 2012, p. 15.

84. Cited in Hans M. Kristensen and Robert S. Norris, "U. S. Nuclear Forces, 2013," *Bulletin of the Atomic Scientists* (March/April 2013), p. 77.

85. Cited in ibid.

86. Cited in ibid.

87. Cited in ibid.

88. Cited in ibid.

89. 关于当前的核作战计划的最详细调查，可参见 Hans M. Kristensen, "Obama and the Nuclear War Plan," Federation of the American Scientists Issue Brief, February 2010。

90. Quoted in ibid, p. 7.

91. Ibid. , p. 3.

92. Ibid. , p. 5.

93. See Walter Pincus, "Nuclear Complex Upgrades Related to START Treaty to Cost ＄180 Billion," *Washington Post*, May 14, 2010.

94. Cited in Kristensen, "Trimming Nuclear Excess," p. 10.

95. 要想大致了解世界上的核武器国家的核武库规模及其核武器现代化计划，可参见 Ian Kearns, "Beyond the United Kingdom: Trends in the Other Nuclear Armed States," Discussion Paper 1 of the BASIC Trident Commission, November 2011。关于法国核武器项目的讨论可见于第 20 页。

96. 英国另有 65 个弹头处于存储状态，因此弹头总数约为 225 个。Cited in Richard Norton - Taylor, "Britain's Nuclear Arsenal is 225 Warheads, Reveals William Hague," *Guardian* (UK), May 26, 2010.

97. Cited in Hans M. Kristensen and Robert S. Norris, "Chinese Nuclear Forces, 2011," *Bulletin of the Atomic Scientists*, November 1, 2011, p. 81. 就目前来讲，人们普遍认为中国正在扩大其核武库的规

模，但中国在地下藏着 3000 个核弹头的说法是不太可信的。关于中国传统的最低限度威慑政策，可参见 M. Taylor Fravel and Evan S. Medeiros, "China's Search for Assured Retaliation: The Evolution of Chinese Nuclear Strategy and Force Structure," *International Security*, vol. 35, no. 2 (Fall 2010), pp. 7 - 44。关于另一种对中国核政策的极为不同的解释，可参见 Bret Stephens, "How Many Nukes Does China Have?," *Wall Street Journal*, October 24, 2011。

98. See Stephens, "How Many Nukes," and William Wan, "Georgetown Students Shed Light on China's Tunnel System for Nuclear Weapons," *Washington Post*, November 29, 2011.

99. See Mary Beth Nikitin, "North Korea's Nuclear Weapons: Technical Issues," CRS Report for Congress, Congressional Research Service, April 3, 2013, p. 4.

100. Cited in ibid. , p. 15.

101. Quoted in Sagan, *Limits of Safety*, p. 266. 该引文最先出现在 Gary Milhollin, "Building Saddam Hussein's Bomb," *New York Times*, March 8, 1992。

102. 关于俄罗斯战略力量的老化及其潜在的不稳定影响，可参见 David E. Mosher, Lowell H. Schwartz, David R. Howell, and Lynn E. Davis, *Beyond the Nuclear Shadow: A Phased Approach for Improving Nuclear Safety and U. S. - Russian Relations* (Santa Monica, CA: RAND, 2003)。

103. 关于冷战结束多年后发生的这种错误警报的故事，可参见 David Hoffman, "Cold War Doctrines Refuse to Die," *Washington Post*, March 15, 1998。

104. 这是我个人的观点，但不幸的是，已经有大量的文献支持这一观点。斯科特·D. 萨根主编的 *Inside Nuclear South Asia* (Stanford: Stanford University Press, 2009) 一书中有两篇极为出色的论文：S. 保罗·卡普尔（S. Paul Kapur）撰写的 "Revisionist Ambitions, Conventional Capabilities, and Nuclear Instability: Why Nuclear South Asia Is Not Like Cold War Europe"，以及萨根本人撰写的 "The Evolution of Pakistani and Indian Doctrine"。另一本极佳的专著是 Feroz Hassan Khan 的 *Eating*

Grass：*The Making of the Pakistani Bomb*（Stanford：Stanford Security Series，2012）。保罗·布莱肯的 *The Second Nuclear Age：Strategy，Danger，and the New Power Politics*（New York：Times Books，2012）中有一个引人入胜的章节就是关于南亚的核战争风险。布莱肯研究指挥与控制的重要性已有 30 多年了。就眼下而言，英国学者肖恩·格雷戈里（Shaun Gregory）的工作似乎特别切题，他研究了巴基斯坦为保障其核武器安全所做的诸多努力。在此之前，他撰写了一本关于核武器事故的书以及一本关于北约部队的指挥与控制问题的书。我从与格雷戈里的对谈以及他的作品中获益良多，尤其是："The Security of Nuclear Weapons in Pakistan," Pakistan Security Research Unit, Brief Number 22, November 18, 2007; "The Terrorist Threat to Pakistan's Nuclear Weapons," *CTC Sentinel*, Combating Terrorism Center at West Point, July 2009, pp. 1–4; and "Terrorist Tactics in Pakistan Threaten Nuclear Weapons Safety," *CTC Sentinel*, Combating Terrorism Center at West Point, June 2011, pp. 4–7。

105. Cited in Bracken, *The Second Nuclear Age*, p. 162.

106. 估计数量为 90~110 件。Cited in Paul K. Kerr and Mary Beth Nikitin, "Pakistan's Nuclear Weapons：Proliferation and Security Issues," CRS Report for Congress, Congressional Research Service, March 19, 2013, p. 5.

107. See Gregory, "Terrorist Tactics in Pakistan," pp. 5–6.

108. Ibid., pp. 6–7.

109. Cited in Stephen I. Schwartz, ed., *Atomic Audit：The Costs and Consequences of U. S. Nuclear Weapons Since 1940*（Washington, D. C.：Brookings Insitution, 1998), p. 102.

110. 换一种说法就是，如果一件核武器被偷或者发生意外爆炸，此事在整个核武库中的概率只比 0.001% 大一点。

111. 由于不同国家相关记录情况的差异，任何关于它们的工业事故发生率之间的比较都是不甚精确的。尽管如此，已汇编的数字确实可以反映出工人们对技术的相对掌握程度。正如该研究的作者们所发现的那样，"发达国家与发展中国家之间的工业事故发生率差异显著"。发达国家的工作场所更加安全；每年大约 35

万人在工作时死亡，而这主要发生在发展中国家。See Päivi Hämäläinen, Jukka Takala, and Kaija Leena Saarela, "Global Estimates of Occupational Accidents," *Safety Science*, no. 44 (2006), pp. 137 – 56.

112. 根据该研究，美国的工业事故发生率为每 10 万名工人中有 3959 人，而印度的这一概率是每 10 万人中有 8763 人。Ibid., pp. 145, 147.

113. 伊朗的这个概率是每 10 万人中有 12845 人。Ibid., p. 153.

114. 巴基斯坦的概率为每 10 万人中有 15809 人。Ibid., p. 148.

115. George P. Shultz, William J. Perry, Henry A. Kissinger, and Sam Nunn, "A World Free of Nuclear Weapons," *Wall Street Journal*, January 4, 2007.

116. Ibid.

117. Cited in Madeleine Albright and Igor Ivanov, "A New Agenda for U. S. – Russia Cooperation," *New York Times*, December 30, 2012.

118. 如果想详细了解当今世界的反对核武器运动，可参见 Philip Taubman, *The Partnership: Five Cold Warriors and Their Quest to Ban the Bomb* (New York: HarperCollins, 2012)。如果想详细了解核裁军可能会如何进行，可参见 "Modernizing U. S. Nuclear Strategy, Force Structure and Posture," Global Zero U. S. Nuclear Policy Commission, May 2012。而关于与此完全相反的一种观点，可参见 Rebeccah Heindrichs and Baker Spring, "Deterrence and Nuclear Targeting in the 21st Century," Backgrounder on Arms Control and Nonproliferation, The Heritage Foundation, November 30, 2012。

119. "Remarks by President Barack Obama, Hradcany Square, Prague, Czech Republic," The White House, Office of the Press Secretary, April 5, 2009.

120. Ibid.

121. Ibid.

122. 纳恩是 68 岁，佩里是 80 岁，基辛格是 83 岁，舒尔茨是 86 岁。

123. 关于布什政府计划如何使用核武器的分析，可参见 Charles L. Glaser and Steve Fetter, "Counterforce Revisited: Assessing the

Nuclear Posture Review's New Missions," *International Security*, vol. 30, no. 2 (Fall 2005), pp. 84 – 126。

124. Harold Brown and John Deutch, "The Nuclear Disarmament Fantasy," *Wall Street Journal*, November 19, 2007.

125. Ibid.

126. James Wood Forsyth, Jr.; Colonel B. Chance Saltzman, USAF; and Gary Schaub, Jr., "Remembrance of Things Past: The Enduring Value of Nuclear Weapons," *Strategic Studies Quarterly*, vol. 4, no. 1 (Spring 2010), p. 82.

127. 这两个组织撰写的一份报告认为，未来美国将只需要 500 件核武器就能达到威慑的目的。See Hans M. Kristensen, Robert S. Norris, and Ivan Oelrich, "From Counterforce to Minimal Deterrence: A New Nuclear Policy on the Path Toward Eliminating Nuclear Weapons," Federation of American Scientists and the Natural Resources Defense Council, Occasional Paper No. 7, April 2009, p. 44.

128. 在敌方领导人首先发动核攻击之后，用杀死对方平民的方式来进行报复是否道德，这历来是威慑理论家难以启齿的话题。在其最近出版的一本书中，罗恩·罗森鲍姆（Ron Rosenbaum）质疑了报复性核打击的道德性，并督促导弹发射小组成员拒绝执行任何让其发射导弹的命令："没有任何理由能够证明执行种族灭绝命令的正当性。"关于该主题的一种颠覆性分析，可参见 John D. Steinbruner and Tyler Wigg – Stevenson, "Reconsidering the Morality of Deterrence," CISSM Working Paper, Center for International and Security Studies at Maryland, University of Maryland, March 2012; and Ron Rosenbaum, *How the End Begins: The Road to a Nuclear World War III* (New York: Simon & Schuster, 2011)。本注释中罗森鲍姆的话可见于该书第 260 页。

# 致　谢

486　　我为写作本书而采访的第一个人是杰夫·肯尼迪。十多年前，我在缅因州拜访了他，带着惊讶的情绪听他讲述泰坦－2导弹的故事，并由此得知发生在阿肯色州大马士革的那次事故的非凡细节。多年来，肯尼迪给了我很多帮助并给了我极大的鼓励，而且他从来不会因为指出我错得多么离谱或者为什么错了而感到不好意思。我钦佩他的诚实，我也钦佩他所表现出来的勇气。这种勇气不仅体现在事发当晚他努力地想挽救导弹，而且体现在他宁可牺牲空军职业生涯也要向世人说出泰坦－2导弹的真相。2011 年秋，肯尼迪去世了，享年 56 岁。我很遗憾没能及时完成这本书的写作，以供他阅读指正。

鲍勃·佩里弗伊花了无数小时与我谈论核武器，解释物理学和工程学的要点，期望我能够很好地利用这些知识。我非常感谢他和芭芭拉·佩里弗伊的盛情款待以及他们的友善。西德尼·德雷尔在为我打开针对这个隐藏世界的眼界方面扮演了至关重要的角色。比尔·史蒂文斯耐心地一次次回答了我所提出的相同的技术问题。佩里弗伊、德雷尔和史蒂文斯真的是公仆。

艾伦·奇尔德斯和格雷格·德夫林同样花了无数小时帮我了解发生在 374 –7 号综合发射场的事故。罗德尼·霍尔德、詹姆斯·桑达克、唐纳德·格林也与我进行了详尽的交谈。我很感激他们为我的研究投入的所有时间。约翰·T. 莫泽上校在回答有关可能是他那漫长的空军职业生涯中最糟糕经历的问题时，

态度极其谦和。我非常感谢克里斯·亚当斯（Chris Adams）将
军——他是位高产的作家，也是战略空军司令部前参谋长——
他提供了许多有关冷战时期美国空军所扮演角色的洞见。尽管
我们政见不同，但我非常尊重亚当斯将军为国服务的方式。

487

　　大卫·普莱尔和芭芭拉·普莱尔（Barbara Pryor）、菲尔和
安妮特·赫林顿（Phil and Annette Herrington）、西德·金、萨
姆·赫托和"斯基普"·拉瑟福德让我在阿肯色州的时光备感
愉快。我很感谢辛迪·英格利希（Cindy English）向我讲述她
那已故的父亲理查德·英格利希；感谢大卫·罗斯布勒、杰弗
里·辛克、大卫·鲍威尔和杰弗里·普拉姆；感谢本·斯科伦
上校、吉米·格雷上校、文森特·梅斯（Vincent Maes）少校、
罗纳德·毕晓普（Ronald Bishop）上校；感谢玛丽·安·丹尼
斯（Mary Ann Dennis），她对已故弟弟大卫·利文斯顿的怀念
让人心酸地意识到统计数据是多么没有意义——即便只是故去
一人，对某些人来说也是不能承受之重。

　　安·葛多芙（Ann Godoff）完美地证明了一个伟大的编辑
应该是什么样的：直言不讳、聪明绝顶，并且看起来无所畏惧。
这些是在一个日益胆怯和同质化的文学世界中难得见到的品质。

　　斯蒂芬·麦格拉斯（Stefan McGrath）、海伦·康福德
（Helen Conford）和罗西·格莱舍（Rosie Glaisher），他们所有
人都帮了我巨大的忙，在此我深表谢意。

　　蒂娜·贝内特（Tina Bennett）让这本书的问世成为可能。
她敦促我写作，与我一起讨论了将近 10 年，同甘共苦，而且从
未动摇她对本书的热情。她的建议十分中肯。每个作家都应该
有这么一位杰出的、强有力的倡导者。

　　我必须感谢威廉·莫里斯奋进公司（William Morris

Endeavor）里的许多人：特雷西·费舍尔（Tracy Fisher）、拉斐拉·德安格利斯（Raffaela De Angelis）、安玛丽·布鲁门哈根（Annemarie Blumenhagen）、艾丽西娅·戈登（Alicia Gordon）。斯韦特拉娜·卡茨（Svetlana Katz）是其中最棒的。

埃利斯·莱文（Ellis Levine）一如既往地证明了自己是一位优秀的评论家，也是一位头脑强大的律师。我很幸运能有他而不是其他人站在我身旁。

我很感谢萨拉·哈特森（Sarah Hutson）和瑞恩·戴维斯（Ryan Davies），他们努力让我的著作得到关注。

本杰明·普拉特（Benjamin Platt）在制作本书时所使用的方法值得获得某种奖项。我希望他能得到它。梅肯·卡瓦诺（Meighan Cavanaugh）赋予本书简洁明快且十分漂亮的设计。黛博拉·韦斯·葛琳（Deborah Weiss Geline）的文字编辑工作让本书更具说服力；她是一门不幸正在消失的艺术的出色实践者。琳赛·惠伦（Lindsay Whalen）、迈克尔·麦康纳尔（Michael McConnell）、尼娜·纳托夫（Nina Hnatov）、克里斯蒂娜·卡卢乔（Christina Caruccio）、梅勒尼·贝尔金（Melanie Belkin）和丹尼斯·博伊德（Denise Boyd）都帮助我把手稿变成了书。我很感激埃蒙·多兰（Eamon Dolan）当初把我带到了企鹅出版社。

ElixirDesign 公司的詹妮弗·杰德（Jennifer Jerde）和斯科特·赫塞林克（Scott Hesselink）设计了一个让人难忘的原创书封。吉迪恩·肯德尔（Gideon Kendall）在糊壳背面泰坦－2 导弹综合发射场的插图中努力还原真实现场的每一个细节。我很荣幸本书的卷首语是由莱昂纳德·科恩写下的。

在写作《指挥与控制》一书时，我没有聘用研究人员，但

488

后来我从一小群尽力确保本书准确性的人那里得到了非常宝贵的帮助。比伊·马尔（Bea Marr）的工作堪称完美，她抄录了采访录音带，费力地与各种各样的专业术语打交道——然后立即忘掉了她所听到的一切。简·卡沃利娜（Jane Cavolina）仔细地审查了书中的诸多引语和事实。对于她所发现的每一个错误，不管是极其微小的，还是能让我心生尴尬的，我都十分感激。查尔斯·威尔逊（Charles Wilson）再一次帮助我把事情做好，以他的敏感和技巧对书中的许多人物进行了再次采访。阿里尔·陶博（Ariel Towber）帮忙编制了文献出处，并且确保我的那些计算有数学基础。斯蒂芬妮·西蒙（Stephanie Simon）、杰西卡·巴福德（Jessica Bufford）和亚伦·拉巴里（Aaron Labaree）也从事了引文方面的工作——我甚至招募了我那"可怜的"孩子们，迈卡和康纳·施洛瑟（Mica and Conor Schlosser）帮助完成这项任务。他们毫无疑问希望我的下一本书将是小说。我感谢大卫·施迈茨（David Schmalz）、伊丽莎白·林巴赫（Elizabeth Limbach）和希拉里·麦克勒伦（Hilary McClellen）在事实核查方面做出的努力。《指挥与控制》一书的核心主题之一就是人类所有努力的易错性。遗憾的是，这个不可避免的法则也适用于我本人。本书中的所有错讹皆由我负责，我希望读者们不吝批评指正。

许多好朋友读了本书的全部或部分手稿，给了我很好的建议，并帮我克服了许多问题，这些人有：迈克尔·克鲁曼（Michael Clurman）、多米尼克·德罗姆古尔（Dominic Dromgoole）、罗比·肯纳（Robby Kenner）、科比·库默尔（Corby Kummer）、库伦·墨菲（Cullen Murphy），以及约翰·西布鲁克（John Seabrook）。我忽略了其中一些建议是因为我自身能力有限，而不是他们。卡特里娜·范登·赫维尔（Katrina vanden Heuvel）始终是一位真正的朋友，她是我在普林斯顿大学学习冷战史的同窗，是她帮助我了解国家安全部门。

我要特别感谢我的家人：迈卡、康纳、迪伦、莉娜、安德鲁、奥斯汀和希拉里、琳恩和克雷格、詹姆斯和凯尔、马特和艾米、鲍勃和比尔、罗拉和乔治，以及我的父母。我无法想象他们在过去 6 年之中忍受了什么。在写作这本书的时候，我从来没有成为过家庭聚会的中心人物。

最重要的是，我对生活在我身边的雷德（Red）深怀爱意、感激以及巨大的同情，那时的我沉浸研究与写作，宛如暗夜。没有她的陪伴，本书付梓将是不可能之事。

# 参考文献

## 关于文献来源的说明

尽管我为这本书做了大量的研究，但我仍然从其他人的作品、专业知识和第一手经验中获益良多。我试图在这些注释中感谢其工作影响了我的人们。在过去的 60 年中，围绕核武器的严格的官方保密（official secrecy）已经对致力于写作这个主题的记者和学者形成了不同寻常的挑战。有时候，比获得准确信息更困难的唯一的事情是，向读者证明它是真的。在本书中，我尽了最大努力不引用或是完全依赖匿名消息来源。然而，许多年来，我与无数制定或执行美国核武器政策的人进行了交谈，这些人包括三位前国防部部长、总统顾问、洛斯阿拉莫斯实验室和劳伦斯利弗莫尔实验室的负责人、曾被前述实验室雇用的物理学家和工程师、五角大楼官员、战略空军司令部将军、轰炸机飞行员和领航员、导弹发射小组指挥官、导弹维修人员，以及受训处理大规模杀伤性武器的炸弹小组技师。他们中大多数人的名字从未在书中出现，但他们告诉我的事情确保了本书的准确性。当然，书中任何事实错误完全是我的责任。

我对大马士革事故的叙述的主要文献来源之一是美国空军所编写的三卷本报告："Report of Missile Accident Investigation：Major Missile Accident, 18 – 19 September 1980, Titan II Complex 374 – 7, Assigned to 308th Strategic Missile Wing, Little Rock Air

Force Base, Arkansas"。该调查于 1980 年 12 月 14 日至 19 日在阿肯色州小石城空军基地和路易斯安那州巴克斯代尔空军基地进行，负责机构是第八航空队导弹事故调查委员会，报告完成时间是 1980 年 12 月。当我联系空军想获得这份报告的副本时，我被告知空军已不再拥有该报告的任何副本。后来，我在威奇托州立大学所保存的丹·格利克曼的国会文件集中找到了一份副本。我非常感谢那里特色馆藏部门的项目顾问玛丽·纳尔逊（Mary Nelson），是她为我安排了报告影印事宜。随后我又了解到，亚利桑那州萨瓦里塔（Sahuarita）的泰坦导弹博物馆，以及阿肯色州的杰克逊维尔军事历史博物馆（Jacksonville Museum of Military History）收藏了报告的其他副本。

这份上千页的事故报告中包含了许多地图、图表、照片、分析以及 92 位证人的证词。这些材料对于再现大马士革当晚所发生的事情极有价值。如果仅仅是因为没有提及泰坦 - 2 导弹的相关问题，关于该型导弹的另外两份官方报告虽没那么可靠，但也值得一读："Assessment Report: Titan II LGM 25 C, Weapon Condition and Safety"，为参议院军事委员会和众议院军事委员会而编写，1980 年 5 月；以及 "Titan II Weapon System: Review Group Report"，1980 年 12 月。

1980 年时曾任参议员的大卫·H. 普莱尔（来自阿肯色州）帮助了我理解当时的州政治文化，以及分享了他长久以来对泰坦 - 2 导弹的担忧。他的前助理之一、人称"斯基普"的詹姆斯·L. 拉瑟福德三世描述了他自己对导弹安全性的调查，以及他与小石城空军基地空军士兵的秘密会谈。我追查了其中一位士兵，他私底下与我进行了交谈，并证实了拉瑟福德的说法。在位于费耶特维尔的阿肯色大学，我在《大卫·H. 普莱尔文集》（David H. Pryor Papers）中发现了许多关于泰坦－2 导弹的有用的备忘录和文件，尤其是在 Group II, Boxes 244－84 中。

也许最重要的是，我与那些在大马士革事故及其余波中扮演主角的人进行过交谈。我感谢所有那些分享了他们对该事故的回忆的人，当时他们分别身处 374－7 号综合发射场、小石城空军基地、奥马哈战略空军司令部总部的地下指挥部、路易斯安那州第八航空队总部以及其他地方。其中最有用的一些细节是由以下人员提供的：杰弗里·L. 普拉姆和大卫·F. 鲍威尔，套筒掉落时他们正在导弹发射井中；艾伦·D. 奇尔德斯和罗德尼·L. 霍尔德，他们当时位于发射控制中心；第 308 战略导弹联队指挥官约翰·T. 莫泽上校，他当时在小石城指挥部；第 308 战略导弹联队维护主管文森特·梅斯少校，当晚他为莫泽提供咨询；第 308 战略导弹联队导弹检查与维护中队指挥官吉米·D. 格雷，他先后在小石城指挥部和事故现场；第八航空队总部负责导弹与太空系统支持事务的副参谋长本·斯科伦上校，他是泰坦－2 导弹事务专家，当晚在导弹潜在危害处理网络上讨论了数个小时；战略空军司令部副总司令劳埃德·R. 莱维特将军，是他做出了该做什么的许多关键决策；罗纳德·毕晓普上校，他在事故发生几个月后接管了第 308 战略导弹联队；大卫·罗斯布勒和杰雷尔·M. 巴布（Jerrell M. Babb），两人都服役于灾难反应部队；杰夫·肯尼迪和格雷格·德夫林，为挽救导弹而在凌晨时分重新进入发射场的两名空军士兵；安全警察唐纳德·V. 格林；推进剂输送系统工作组 B 小组成员詹姆斯·R. 桑达克，他试图营救肯尼迪；鲍勃·佩里弗伊和威廉·H. 钱伯斯，能源部派往大马士革的事故反应小组成员；以及被派往大马士革拆卸弹头的爆炸性军械处理小组的多位成员。我也

491

曾得到许多不愿意透露姓名之人的大力帮助。

在阅读了与此次事故有关的 100 多人的证词和（或）采访记录之后，我发现其中没有两人所记得的是完全一样的。他们的叙述各不相同，有时候在或大或小的细节上还互相矛盾。本书所呈现的叙述是我自己对所发生之事的看法，它基于对现有证据的仔细审查。在事故发生 30 年后，当有些人的回忆看起来与他在宣誓后所提供的官方证词有出入时，我倾向于相信后者。书中的所有对话和当事人的所有想法，都来自他们的证词或对他们的采访。没有一处是我杜撰的。关于大马士革事故的更具决定性的材料（作为一次文献）将包括空军高阶官员在导弹潜在危害处理网络中所说内容的抄本。当时的讨论内容被录音，我曾依照《信息自由法案》提出相关申请，但空军拒绝向我提供磁带的拷贝。

西德·金、格斯·安格林、萨姆·赫托以及阿肯色州范布伦县的其他居民告诉了我平民们对这次事故的反应。里芭·乔·帕里什和她那已故的丈夫拉尔夫，宽容地允许我漫步在曾是 374 – 7 号发射场的那片农场土地。我在亚利桑那州泰坦导弹博物馆的多次拜访参观经历，让我对爆炸之前的 374 – 7 号发射场的外观和给人的感觉有了深刻体会。这个博物馆坐落于一个退役的泰坦 – 2 导弹发射场，所有的东西都被精心地保存了下来，包括发射井中的一枚真导弹。缺少的只是推进剂、发射组成员以及一颗核弹头。我要感谢博物馆的主管伊冯娜·莫里斯（Yvonne Morris）、档案管理员和历史学家查克·彭森所提供的一切帮助。莫里斯曾是泰坦 – 2 导弹的发射组成员，并且与我分享了她对那些年的看法。彭森领我参观了整个发射场，并帮助我探索博物馆馆藏中的诸多文件、训练手册和视频资料。彭森的著作——*The Titan II Handbook: A Civilian's Guide to the Most Powerful*

*ICBM America Ever Built*（Tucson：Chuck Penson，2008）——为
该武器系统提供了一份出色的、带精美插图的概述。大卫·K. 斯
顿夫的著作 *Titan II：A History of a Cold War Missile Program*
（Fayetteville，AR：University of Arkansas Press，2000）就该主题进行
了更为详细的研究。斯顿夫不仅为他的书做了大量原创性研究，还
将所有的原始资料捐赠给泰坦导弹博物馆，这是慷慨之举。

当时报纸的新闻报道是关于泰坦－2 导弹和大马士革事故
的另一个很好的信息来源。《华盛顿邮报》记者沃尔特·平卡　　492
斯（Walter Pincus）在调查导弹系统方面做得相当出色，他无
视空军的再三否认，追寻事实真相。《纽约时报》《阿肯色公
报》《阿肯色民主党人》同样对这起事故进行了很好的报道。
我非常感谢小石城 KATV 电视台的前新闻部主任兰迪·迪克森
（Randy Dixon），以及威奇托的律师艾伯特·卡马斯，后者帮我
找到了当地电视台对泰坦－2 导弹诸多问题的报道。

关于核武器的文献多如牛毛，我尽可能地多阅读那些材料。
许多书从中脱颖而出；它们的思想性和分量可与该主题的重要
性相匹配。约翰·赫西（John Hersey）的《广岛》（*Hiroshima*，
New York：Knopf，2003）（此部分提到的文献，如已推出中文
版，则使用中文版的译名，如无则用原文。以下不赘。——译
者注）是有史以来最伟大的非虚构类作品之一。赫西富有同情
心但意志刚强，以冷静的笔触描述了一个城市的毁灭，而没有
夸大其词或多愁善感。尽管里面有许多可怕的画面，但这本书
的终极关切依旧是人类的韧性，而不是他们作恶的能力。理查
德·罗兹（Richard Rhodes）的 *The Making of the Atomic Bomb*
（New York：Simon & Schuster，1986）是另一本经典之作。罗兹
巧妙地呈现了曼哈顿计划的戏剧性和极高风险，以及自大狂们

和伟人们之间的冲突与碰撞。他还以令人惊叹的清晰度解释了第一批核武器的科学、物理学和技术细节。就像《汤姆叔叔的小屋》（*Uncle Tom's Cabin*）和《屠场》（*The Jungle*）一样，乔纳森·谢尔的 *The Fate of the Earth*（New York：Knopf，1982）在首次出版时取得了震撼的效果，并帮助推动了一次社会运动的形成。在 30 多年之后，这本书依然保留着它的力量。凯·伯德（Kai Bird）和马丁·J. 舍温（Martin J. Sherwin）合作撰写的非凡传记《奥本海默传："原子弹之父"的美国悲剧》（*American Prometheus：The Triumph and Tragedy of J. Robert Oppenheimer*，New York：Vintage Books，2006），用一个人的天才、理想主义、矛盾和伪善来帮助我们理解美国历史上的一整个时代。也许我所喜欢的关于核武器的书是文笔最美且最简洁明了的书之一。约翰·麦克菲（John McPhee）的 *The Curve of Binding Energy*（New York：Farrar，Straus & Giroux，1974）不仅拥有巨大的文学价值，它还促使桑迪亚的工程师们直面恐怖分子图谋窃取核武器的可能性。马丁·J. 舍温和约翰·麦克菲都是在很久之前教过我的教授，他们在作品中表现出来的正直无私、他们的学问以及抱负，在那之后就为我树立了我所希冀达到的那种高标准。

其他一些作家和历史学家影响了我对核武器如何影响了战后美国的看法。斯坦福大学历史学教授巴顿·伯恩斯坦（Barton Bernstein）已经撰写了好几篇关于杜鲁门总统使用原子弹的决策的文章，复杂而有说服力。保罗·博耶（Paul Boyer）的 *By the Bomb's Early Light：American Thought and Culture at the Dawn of the Atomic Age*（Chapel Hill，NC：University of North Carolina Press，1994）展示了伴随二战结束的那种欣喜如何很快就变成一种持续了将近半个世纪的对核战争的焦虑。弗雷德·卡普兰撰写的 *The Wizards of Armageddon：The Untold Story of the Small Group of Men Who Have Devised the Plans and Shaped the Policies on How to Use the Bomb*（Stanford：Stanford University Press，1991），解释了兰德公司的分析师和杰出的理论家如何用数以千计的武器来合理化打造核武库的行为。在 *Whole World on Fire：Organizations，Knowledge & Nuclear Weapons Devastation*（Ithaca：Cornell University Press，2004）一书中，林恩·伊登（Lynn Eden）深入探究了战争规划者的心态，他们在自己的计算中排除了核武器的一个主要效应：可点燃东西的能力。劳伦斯·弗里德曼（Lawrence Freedman）的《核战略的演变》（*The Evolution of Nuclear Strategy*，New York：Palgrave Macmillan，2003）是关于核战略这一主题的最佳著作，明确且权威——尽管明智的战略理论和核战争的可能现实之间的鸿沟一直很大。关于核武器如何影响了美国社会的最佳概述要算史蒂芬·I. 施瓦茨（Stephen I. Schwartz）主编的 *Atomic Audit：The Costs and Consequences of U. S. Nuclear Weapons Since 1940*（Washington，D. C.：Brookings Insitution Press，1998）。自 1945 年起，《原子科学家公报》（*Bulletin of Atomic Scientists*）就一直发布有关核威胁的及时、具有教育意义且可靠的文章。

在我为写作《指挥与控制》一书而做调研时，我与除杜鲁门政府之外的战后每一届政府的五角大楼官员进行过交谈。但我对冷战的理解很大程度上要归功于历史学家约翰·刘易斯·加迪斯（John Lewis Gaddis）的著述，尤其是他最近写的传记 *George F. Kennan：An American Life*（New York：Penguin Press，2011），以及他 30 多年研究的集大成之作《冷战》（*The Cold*

493

*War*：*A New History*，New York：Penguin Books，2007）。曾经属于苏联的那些档案馆的开放，为长期以来狭隘地从美国方面看事情提供了一个亟需的新视角，许多书已经取代早先的历史，或为之增添了新的细节。我从以下三本著作中获益良多，即沃伊切克·马斯特尼（Vojtech Mastny）的 *The Cold War and Soviet Insecurity*：*The Stalin Years*（New York：Oxford University Press，1996），以及亚历山大·富尔先科（Alexsandr Fursenko）和蒂莫西·纳夫塔利（Timothy Naftali）合作撰写的《赫鲁晓夫的冷战：一个美国对手的内幕故事》（*Khruschchev's Cold War*：*The Inside Story of an American Adversary*，New York：W. W. Norton，2006）和《地狱豪赌：赫鲁晓夫、卡斯特罗与肯尼迪，1958～1964》（"*One Hell of a Gamble*"：*Khrushchev*，*Castro*，*and Kennedy*，*1958–1964*，New York：W. W. Norton，1997）。

在关于冷战的最扣人心弦的一批书中，有一些是由那些帮助发动了冷战的人撰写的。关于杜鲁门时代，我强烈推荐詹姆斯·福里斯特尔和大卫·E. 利连索尔思想深刻的个人作品，它们由沃尔特·米利斯（Walter Millis）编辑成册，即 *The Forrestal Diaries*（New York：Viking Press，1951）和 *The Journals of David E. Lilienthal*，*Volume II*：*The Atomic Energy Years*，*1945–1950*（New York：Harper & Row，1964）。对艾森豪威尔总统战略思想的最具洞察力的观察者之一是麦乔治·邦迪，但他的叙事性著作 *Danger and Survival*：*Choices About the Bomb in the First Fifty Years*（New York：Random House，1988）在论及邦迪所服务的肯尼迪政府时不是那么可信。我同样从核武器的热切支持者肯尼斯·D. 尼科尔斯以及赫伯特·F. 约克的著作中获益匪浅，后者是劳伦斯利弗莫尔国家实验室的前负责人，并且怀疑核武器的有效性。尼科尔斯的回忆录是 *The Road to Trinity*：*A Personal Account of How America's Nuclear Policies Were Made*（New York：William Morrow，1987），约克则撰写了两本关于他个人经历的书，即 *Race to Oblivion*：*A Participant's View of the Arms Race*（New York：Simon & Schuster，1970）和 *Making Weapons*，*Talking Peace*：*A Physicist's Odyssey from Hiroshima to Geneva*（New York：Basic Books，1987）。核武器设计师、罗纳德·里根的亲密顾问托马斯·C. 里德撰写了一部关于冷战最后时期的直言不讳且引人入胜的著作：*At the Abyss*：*An Insider's History of the Cold War*（New York：Ballantine Books，2004）。我所发现的最有趣和最具启示性的冷战回忆录是由前国防部部长和中央情报局局长罗伯特·M. 盖茨撰写的，即《亲历者：五任美国总统赢得冷战的内幕》（*From the Shadows*：*The Ultimate Insider's Story of Five Presidents and How They Won the Cold War*，New York：Simon & Schuster，2006）。

　　两份经典文献为核武器的缘起和爆炸力提供了很好的介绍：亨利·德沃尔夫·史密斯（Henry DeWolf Smyth）撰写的 *Atomic Energy for Military Purposes*：*The Official Report on the Development of the Atomic Bomb Under the Auspices of the United States Government 1940 – 1945*（Princeton：Princeton University Press，1945）和塞缪尔·葛莱斯栋（Samuel Glasstone）主编的 *The Effects of Nuclear Weapons*（Washington，D. C.：U. S. Government Printing Office，1964）。在出版超过 25 年之后，*The Making of the Atomic Bomb* 依然是关于曼哈顿计划的盖棺论定之作。我还从莉莲·霍德森（Lillian Hoddeson）、保罗·W. 亨利克森（Paul W. Henriksen）、罗杰·A. 米德（Roger A. Meade）和凯瑟琳·韦斯特福尔（Catherine Westfall）合作撰写的 *Critical Assembly*：*A Technical*

494

*History of Los Alamos During the Oppenheimer Years*, 1943 – 1945
（New York：Cambridge University Press，1993）中学到了许多关于
第一批核武器之研发的知识。约翰·科斯特 – 穆伦（John Coster-
Mullen）的著作 *Atom Bombs：The Top Secret Inside Story of Little Boy
and Fat Man*（Waukesha，WI：John Coster – Mullen，2009）以无与
伦比的准确性描述了核武器本身。大卫·塞缪尔斯（David
Samuels）在 2008 年 12 月 15 日的《纽约客》中发表文章 "Atomic
John：A Truck Driver Uncovers Secrets About the First Nuclear
Bombs"，简要介绍了科斯特 – 穆伦及其坚持不懈的研究方法。

查克·汉森（Chuck Hansen）的作品 *The Swords of
Armageddon* 是由 Chuklea Publications 于 2007 年发布的数字资
源，它是迄今为止核武器技术方面最令人印象深刻的文献资料。
它共有 7 卷，长达 3000 多页，几乎完全基于汉森通过《信息自
由法案》所获得的文件。许多文件都是逐字逐句收录的，几乎
涵盖核武器设计的各个方面。我发现唯一比汉森更可靠的资料
来源只有那些实际设计了核武器的人。

西德尼·德雷尔向我介绍了核武器安全性的问题，我也非
常感谢他为我写作这本书而提供的帮助。德雷尔是理论物理学
家，多年来担任斯坦福大学的 SLAC 国家加速器实验室（SLAC
National Accelerator Laboratory）的负责人，是 JASON 的创始人
之一，曾任洛斯阿拉莫斯实验室和劳伦斯利弗莫尔实验室的顾
问以及总统外国情报咨询委员会（foreign intelligence advisory
board）成员。1990 ~ 1991 年，他出任众议院军事委员会关于核
武器安全问题的专门小组的主席。德雷尔还把我介绍给桑迪亚
国家实验室前副总裁鲍勃·佩里弗伊，而通过佩里弗伊，我结
识了桑迪亚核安全部门的前负责人比尔·史蒂文斯。最重要的

是，这三人帮助我理解了几十年来所不断追求的、确保核武器 495
不会在无意中或未经适当授权而被引爆的那种努力。

通过《信息自由法案》，我获得了一些关于核武器安全问题的值得关注的报告。其中比较有用的是："Acceptable Premature Probabilities for Nuclear Weapons," Headquarters Field Command, Armed Forces Special Weapons Project, FC/10570136, October 1, 1957 (SECRET/RESTRICTRED DATA/declassified); "A Survey of Nuclear Weapon Safety Problems and the Possibilities for Increasing Safety in Bomb and Warhead Design," prepared by Sandia Corporation with the advice and assistance of the Los Alamos Scientific Laboratory and the University of California Ernest O. Lawrence Radiation Laboratory, RS 3466/26889, February 1959 (SECRET/ RESTRICTED DATA/declassified); "Accidents and Incidents Involving Nuclear Weapons: Accidents and Incidents During the Period 1 July 1957 Through 31 March 1967," Technical Letter 20 – 3, Defense Atomic Support Agency, October 15, 1967 (SECRET/ RESTRICTED DATA/declassified); "Accident Environments," T. D. Brumleve, chairman, Task Group on Accidents Environments Sandia Laboratories, Livermore Laboratory, SCL – DR – 69 – 86, January 1970 (SECRET/RESTRICTED DATA/declassified); 以及 "A Review of the U. S. Nuclear Weapon Safety Program—1945 to 1986," R. N. Brodie, Sandia National Laboratories, SAND86 – 2955, February 1987 (SECRET/RESTRICTED DATA/declassified)。

最好和最透彻的核武器安全史是由比尔·史蒂文斯撰写的："The Origins and Evolution of $S^2C$ at Sandia National Laboratories, 1949 – 1996," Sandia National Laboratories, SAND99 – 1308,

September 2001（OFFICAL USE ONLY）。它从未向公众公布，但我设法获得了一份副本——当然，我并不是从史蒂文斯那里得到的。2011 年，桑迪亚制作了一部长达两个小时的资料性纪录片 *ALWAYS/Never: The Quest for Safety, Security, and Survivability*。不过，它也被列为仅供官方使用，从未向公众发布。我同样是通过匿名的来源获得了该纪录片的副本。这两份历史资料不能自由获取，简直是荒谬。它们都不包含机密信息，而且二者都阐明了具有重大国家重要性（enormous national importance）的主题。

我很幸运能够与弗雷德·查尔斯·伊克尔（已故）共度一段时光。虽然我们的政治观点在很多方面都极其不同，但我发现他是一位雄辩的、非常爱国的反对核战争的人。他与我详细地谈论了他关于核武器安全性和使用控制的两项开创性研究：第一项是与杰拉尔德·J. 阿伦森和艾伯特·马丹斯基（Albert Madansky）合作撰写的"On the Risk of an Accidental or Unauthorized Nuclear Detonation," research memorandum, Project RAND, USAF, Santa Monica, California, October 15, 1958, RM – 2251（CONFIDENTIAL/RESTRICTED DATA/declassified）；第二项是与 J. E. 希尔（J. E. Hill）合作撰写的"The Aftermath of a Single Nuclear Detonation by Accident or Sabotage: Some Problems Affecting U. S. Policy, Military Reactions, and Public Information," Research Memorandum, Project RAND, US Air Force, Santa Monica, California, May 8, 1959, RM – 2364（SECRET/ RESTRICTED DATA/declassified）。我也感谢曾任洛斯阿拉莫斯国家实验室主任的哈罗德·阿格纽，他向我介绍了他的工作内容，如确保核武器的单点安全，在弹头和炸弹内安装锁定装置，以及为美国部署在海外的武器提供足够的安全保障。我还和罗

496

伯特·麦克纳马拉（已故）谈论过他在出任国防部部长时所做出的，要让核武器更加安全且更不容易被未经授权使用的决心。

关于核武器事故的书籍很少出版，我很高兴能够找到两本关于此种潜在危险的好书：约尔·拉鲁斯（Joel Larus）的 *Nuclear Weapons Safety and the Common Defense*（Columbus, OH：Ohio State University Press, 1967），以及肖恩·R. 格雷戈里的 *The Hidden Cost of Deterrence*：*Nuclear Weapon Accidents*（Washington, D. C.：Brassey's, 1990）。然而，这两本书的作者都没能接触过自冷战结束后根据《信息自由法案》而公布的那些事故报告。退休的美国空军核技师迈克尔·H. 麦格莱特（Michael H. Maggelet）和詹姆斯·C. 奥斯金斯（James C. Oskins）在从前雇主那里获得关于核武器事故信息方面做到了极致。他们已经在许多书中提供了关于这个主题的文件，大部分是未经编辑的，我发现它们极其有用：*Broken Arrow*：*The Declassified History of U. S. Nuclear Weapons Accidents*（Raleigh, NC：Lulu, 2007）和 *Broken Arrow*，*Volume II*：*A Disclosure of Significant U. S.*，*Soviet*，*and British Nuclear Weapon Incidents and Accidents*，*1945 – 2008*（Raleigh, NC：Lulu, 2010）。麦格莱特和奥斯金斯并没有夸大许多涉及核武器的轰炸机坠毁和火灾事故的危险。事实上，他们倾向于低估发生意外爆炸的实际风险，但他们所揭露的事情是非同寻常的。

我为写作这本书而读到的最让人大开眼界的文件之一，是一份为国防部部长詹姆斯·R. 施莱辛格（1973 ~ 1975 年在任）准备的研究报告："The Evolution of U. S. Strategic Command and Control and Warning 1945 – 1972," written by L. Wainstein, C. D. Cremeans, J. K. Moriarity, and J. Ponturo, Study S – 467,

International and Social Studies Division, Institute for Defense Analyses, June 1975 ( TOP SECRET/RESTRICTED DATA/ declassified)。这份报告给了我一种明确无误的感觉,即在冷战期间,事态从未完全受到控制。另一项大约在同一时间受托进行的精细研究——"History of the Strategic Arms Competition, 1945 - 1972," written by Ernest R. May, John D. Steinbruner, and Thomas W. Wolfe, Office of the Secretary of Defense, Historical Office, March 1981 ( TOP SECRET/RESTRICTED DATA/ declassified) ——极大地强化了我的这种感觉。

在上面这两份研究报告解密之前撰写的一些关于指挥与控制的文章和著作,传达了打一场有限的核战争或暂停下来与敌人谈判将会有多么困难。德斯蒙德·鲍尔是公开挑战那种占主导地位的战略正统观点 ( strategic orthodoxy) 的第一批学者之一。他的文章——"Can Nuclear War Be Controlled?" Adelphi Paper #169, International Institute for Strategic Studies, 1981——提出了一些还从未得到充分回答的基本问题。很快就出现了一系列有关该主题的优秀著作:保罗·布莱肯的 The Command and Control of Nuclear Forces ( New Haven, CT: Yale University Press, 1983 );丹尼尔·福特的 The Button: The Pentagon's Strategic Command and Control System ( New York: Simon & Schuster, 1985 );布鲁斯·布莱尔的 Strategic Command and Control: Redefining the Nuclear Threat ( Washington, D. C. : Brookings Institution, 1985);以及迄今为止所出版的关于该主题的最全面的研究 Managing Nuclear Operations ( Washington, D. C: Brookings Institution, 1987 ),它是由阿什顿·卡特 ( Ashton Carter)、约翰·D. 斯坦布鲁纳、查尔斯·A. 扎克特 ( Charles

A. Zraket）三人主编的。布莱尔是前"民兵"导弹发射官，在耶鲁大学获得硕士研究生学位，后来加入了布鲁金斯学会（Brookings Institution），现在领导着"全球零核"（Global Zero）倡议组织，该组织致力于在全球废除核武器。他在指挥与控制议题方面笔耕不辍，我从他的作品中获益匪浅，特别是 *The Logic of Accidental Nuclear War*（Washington, D. C.：Brookings Institution, 1993）。最近出版的一本关于冷战时期的指挥与控制事务的著作大大地证实了其他人的发现，它就是大卫·皮尔森（David Pearson）撰写的 *The World Wide Military Command and Control System：Evolution and Effectiveness*（Maxwell Air Force Base, AL：Air University Press, 2000）。

澳大利亚学者德斯蒙德·鲍尔还对美国的核战略和目标选择进行了开创性研究。他对所谓的导弹差距如何影响了随后的国防开支的研究之作——*Politics and Force Levels：The Strategic Missile Program of the Kennedy Administration*（Berkeley：University of California Press, 1980）——展示了国内问题（domestic concerns）而不是军事必要（military necessity）决定了美国将在接下来30年中部署的洲际弹道导弹数量。鲍尔和杰弗里·里切尔森（Jeffrey Richelson）联合主编的 *Strategic Nuclear Targeting*（Ithaca：Cornell University Press, 1986）解释了选择那些导弹所瞄准之目标背后的思维理念。另一位颇具影响力的学者大卫·艾伦·罗森伯格（David Alan Rosenberg）的作品揭示了美国核武库的规模是如何变得比所需要的大得多。罗森伯格的两篇论文——"The Origins of Overkill：Nuclear Weapons and American Strategy 1945–1960," *International Security*, vol. 7, no. 4 (1983), pp. 3–71，以及与 W. B. 莫尔斯（W. B. Morse）合作撰写的"'A

Smoking Radiating Ruin at the End of Two Hours': Documents on American Plans for Nuclear War with the Soviet Union, 1954 – 55," *International Security*, vol. 6, no. 3 (1981), pp. 3 – 38——显示了在遭受战略空军司令部攻击之后能够留下的东西会有多么少。

对有关文官或军官控制核武器之优点的持续争论的重视贯穿了原子能委员会官方历史的始终：*The New World*, *1939/ 1946: A History of the United States Atomic Energy Commission*, *Volume I* written by Richard G. Hewlett and Oscar E. Anderson, Jr. (University Park, PA: Pennsylvania State University Press, 1962); *Atomic Shield*, *1947/1952: A History of the United States Atomic Energy Commission*, *Volume II*, by Richard G. Hewlett and Francis Duncan (University Park, PA: Pennsylvania State University Press, 1969); 以及 *Atoms for Peace and War*, *1953/1961: Eisenhower and the Atomic Energy Commission*, *A History of the United States Atomic Energy Commission*, *Volume III*, by Richard G. Hewlett and Jack M. Holl (Berkeley: University of California Press, 1989)。一份引人入胜的解密报告追溯了美国军方是如何占据上风的："History of the Custody and Deployment of Nuclear Weapons: July 1945 through September 1977," Office of the Assistant to the Secretary of Defense (Atomic Energy), February 1978 (TOP SECRET/RESTRICTED DATA/FORMERLY RESTRICTED DATA/ declassified)。关于这个问题的最优秀的那些学术研究报告全部或部分地由彼得·D. 菲弗（Peter D. Feaver）撰写，他目前是杜克大学（Duke University）政治科学与公共政策学教授。在 *Guarding the Guardians: Civilian Control of Nuclear Weapons in the United States* (Ithaca: Cornell University Press, 1992) 一书中，

菲弗不仅探讨了文官控制与军官控制之间的紧张关系，而且探讨了主导着那种控制如何实施的总是或绝不两难困境。在早年与彼得·斯坦（Peter Stein）合作撰写的 *Assuring Control of Nuclear Weapons*：*The Evolution of Permissive Action Links*（Cambridge，MA：Center for Science and International Affairs，John F. Kennedy School of Government，Harvard University，and University Press of America，1987）一书中，菲弗首次详细描述了肯尼迪政府为什么会对带密码的电动机械锁情有独钟。

本书的主题之一是控制复杂且高风险技术的艰难程度。我从来都对历史必然性的诸理论没有多少耐心——近年来，一些学者对认为科学发明在某种程度上是先前发展的合乎逻辑且必然的结果的传统观点进行了善意的怀疑。他们挑战了一种简单化的技术决定论，认为每一个人造物品都是在特定的社会环境下制造出来的。爱丁堡大学（Edinburgh University）社会学教授唐纳德·麦肯齐极大地影响了我对于新发明是如何以及为何被创造出来的看法。麦肯齐和朱迪·瓦克曼（Judy Wajcmann）共同主编了一本探讨其中某些观点的精选集：*The Social Shaping of Technology*：*Second Edition*（New York：Open University Press，1999）。麦肯齐还撰写了一本出色且发人深省的著作，内容有关美国的武器瞄准决策提高弹头命中目标之可能性的方式：*Inventing Accuracy*：*A Historical Sociology of Nuclear Missile Guidance*（Cambridge，MA：MIT Press，1993）。他对科学和技术变革过程的看法与我本人长期以来的信念产生了极强的共鸣，即如果事情不是不可避免的，那么它们就不必如现在这样。麦肯齐和格雷厄姆·斯拜纳迪（Graham Spinardi）没有抱持乌托邦式的幻想或过度乐观的态度，在采访了洛斯阿拉莫斯和劳伦斯利弗莫尔的几十名科学家之后，将这种思维方式应用于对大规模杀伤性武器的研究，他们的论文名为"Tacit Knowledge and the Uninvention of Nuclear Weapons"。这篇文章收录于麦肯齐的著作 *Knowing Machines*：*Essays on Technical Change*（Cambridge，MA：MIT Press，1998）。

本书所引用的大部分解密文献都可以在互联网上找到。可查找历史资料的最好的两个网站是五角大楼国防技术信息中心的"Provider of DoD Technical Information to Support the WarFighter"，以及美国能源部的"OpenNet"。L. 道格拉斯·基尼（L. Douglas Kenney）——*15 Minutes*：*General Curtis LeMay and the Countdown to Nuclear Annihilation*（New York：St. Martin's Press，2011）的作者——在互联网上发布了战略空军司令部的一些官方历史，我发现它们非常有用。一个名为"Black Vault"的网站也有各种各样的解密文件。对于与核武器相关的信息，美国科学家联盟的网站也是个极好的在线资源。

我特别感谢以乔治·华盛顿大学（George Washington University）为基地的国家安全档案馆的工作，它在近30年来一直通过《信息自由法案》获取文件，并在遭到拒绝时起诉那些联邦机构——不仅揭露政府机构已经做过的事情，而且让它为此种行为承担责任。这个档案馆是个国家宝藏。它的数字馆藏被证明对我的研究价值无量。该档案馆核项目的负责人威廉·伯尔（William Burr）在发现和解释一些更重要的文件方面做出了非凡的工作。威廉·伯尔联合档案馆的主管托马斯·S. 布兰顿（Thomas S. Blanton）以及史蒂芬·I. 施瓦茨，撰写了一篇出色的论文——"The Costs and Consequences of Nuclear Secrecy,"in *Atomic Audit*，pages 433 - 483——解释了信息自由至关重要的原因。在本书的参考文献和注释中，我用缩写词

NSA 来标注最初由国家安全档案馆获得的文件。

在本书付梓之前，我把一份粗略的草稿给了一位并非由美国政府雇用但拥有高级别许可的核武器问题专家。我想确认书中的内容并不会对国家安全造成任何威胁。我那没有报酬但颇具鉴别能力的读者没有发现任何这样的内容——我也同意他的看法。在过去 60 年中，关于美国核武库的官方保密制度和错误信息构成了更大的威胁。对真相的压制使一个制定政策的小型精英集团可以发挥巨大的，而且很大程度上不受制约的权力。很少有什么议题能够比核武器能够做什么、它们瞄准哪里、它们为何可能被使用以及谁有下令使用它们的能力更加重要。我希望我的书，能够在某种细微的程度上有助于恢复那种表面上的民主，以指挥与控制人类所发明的最致命、最危险的机器。

## 报告

"Acceptable Premature Probabilities for Nuclear Weapons," Headquarters Field Command, Armed Forces Special Weapons Project, FC/10570136, October 1, 1957 (SECRET/RESTRICTRED DATA/declassified).

"Accidental War: Some Dangers in the 1960s," Mershon Center for Education in National Security, Housmans (n.d.).

"Accident Environments," T. D. Brumleve, Chairman, Task Group on Accident Environments, Sandia Laboratories, SCL-DR-69-86, January 1970 (SECRET/RESTRICTED DATA/declassified).

"Accidents and Incidents Involving Nuclear Weapons: Accidents and Incidents During the Period 1 July 1957 Through 31 March 1967," Technical Letter 20-3, Defense Atomic Support Agency, October 15, 1967 (SECRET/RESTRICTED DATA/declassified).

"An Activated Barrier for Protection of Special Nuclear Materials in Vital Areas," Ronald E. Timm, James E. Miranda, Donald L. Reigle, and Anthony D. Valente, Argonne National Laboraory, 1984.

"The Aftermath of a Single Nuclear Detonation by Accident or Sabotage: Some Problems Affecting U.S. Policy, Military Reactions, and Public Information," Fred Charles Iklé with J. E. Hill, Research Memorandum, Project RAND, U.S. Air Force, Santa Monica, California, May 8, 1959, RM-2364 (SECRET/RESTRICTED DATA/declassified).

"Aggregate Nuclear Damage Assessment Techniques Applied to Western Europe," H. Avrech and D. C. McGarvey, RAND Corporation, Memorandum RM-4466-ISA, Prepared for the Office of the Assistant Secretary of Defense/International Security Affairs, June 1965 (FOR OFFICIAL USE ONLY/declassified).

"AGM-69A SRAM Explosive Components Surveillance Program Summary Report and FY74 Service Life Estimate," Charles E. Stanbery, et al., Aeronautical Systems Division, Wright-Patterson Air Force Base, AD-A014 428, January 1975.

"Air Force Blue Ribbon Review of Nuclear Weapons Policies and Procedures," Polly A. Peyer, Headquarters, United States Air Force, February 8, 2008.

"The Air Force Role in Five Crises, 1958–1965: Lebanon, Taiwan, Congo, Cuba, Dominican Republic," Bernard C. Nalty, USAF Historical Division Liaison Office, June 1968 (TOP SECRET/declassified), NSA.

"The Air Force and Strategic Deterrence 1951–1960," George F. Lemmer, USAF Historical Division Liaison Office, December 1967 (SECRET/FORMERLY RESTRICTED DATA/declassified), NSA.

"The Air Force and the Worldwide Military Command and Control System, 1961–1965 (U)," Thomas A. Sturm, USAF Historical Division Liaison Office, August 1966 (SECRET/declassified), NSA.

"Airpower and the Cult of the Offensive," John R. Carter, CADRE Paper, College of Aerospace Doctrine, Research, and Education, Air University Press, Maxwell Air Force Base, Alabama, October 1998.

"Alcohol & Drug Use in the Marine Corps in 1983," Peter H. Stoloff and Renee K. Barnow, Center for Naval Analyses, CNR 90, Vol. 1, July 1984.

"Analytical Support for the Joint Chiefs of Staff: The WSEG Experience, 1948–1976," John Ponturo, Institute for Defense Analyses, International and Social Studies Division, IDA Study S-507, July 1979.

"Assessing the Capabilities of Strategic Nuclear Forces: The Limits of Current Methods," Bruce W. Bennett, N-1441-NA, RAND Corporation, June 1980.

"Assessment Report: Titan II LGM 25 C, Weapon Condition and Safety," Prepared for the Senate Armed Services Committee and House Armed Services Committee, May 1980.

"Attack Warning: Better Management Required to Resolve NORAD Integration Deficiencies," Report to the Chairman, Subcommittee on Defense, Committee on Appropriations, House of Representatives, United States General Accounting Office, July 1989.

"The Ballistic Missile Decisions," Robert L. Perry, RAND Corporation, October 1967.

"Ballistic Missile Staff Course Study Guide," 4315th Combat Crew Training Squadron, Strategic Air Command, Vandenberg Air Force Base, July 1, 1980.

"Beyond the United Kingdom: Trends in the Other Nuclear Armed States," Ian Kearns, Discussion Paper 1, BASIC Trident Commission, November 2011.

"A Brief Survey of the Evolution of Ideas About Counterforce," Alfred Goldberg, Prepared for U.S. Air Force Project RAND, Memorandum RM-5431-PR, October 1967 (revised March 1981), NSA.

"Command, Control, and Communications Problems" Ronald A. Finkler, et al., WSEG Report 159, Volume I: Summary, Institute for Defense Analyses, Science and Technology Division, February 1971 (TOP SECRET/declassified).

"Command and Control for North American Air Defense, 1959–1963," Thomas A. Sturm, USAF Historical Division Liaison Office, SHO-S-65/18, January 1965 (SECRET/declassified).

"Command and Control of Soviet Nuclear Weapons: Dangers and Opportunities Arising from the August Revolution," Hearing Before the Subcommittee on European Affairs of the Committee on Foreign Relations, United States Senate, 102nd Congress, First Session, September 24, 1991.

"Command and Control Systems for Nuclear Weapons: History and Current Status," Systems Development Department I, Sandia Laboratories, SLA-73-0415, September 1973 (SECRET/RESTRICTED DATA/declassified).

"Countervailing Strategy Demands Revision of Strategic Force Acquisition Plans," Comptroller General of the United States, MASAD-81-355, August 5, 1981.

"Custody," Assistant to the Secretary of Defense (Atomic Energy), Office of the Secretary of Defense, November 10, 1960 (TOP SECRET/RESTRICTED DATA/declassified), NSA.

"Defense Logistics: Improvements Needed to Enhance DOD's Management Approach and Implementation of Item Unique Identification Technology," United States Government Accountability Office, Report to the Subcommittee on Readiness, Committee on Armed Services, House of Representatives, May 2012.

"Department of Defense Authorization for Appropriations for Fiscal Year 1986," Hearings Before the Committee on Armed Services United States Senate, Ninety-ninth Congress, 1st Session, 1985.

"Deterrence & Survival in the Nuclear Age," Security Resources Panel of the Science Advisory Committee, Washington, D.C., November 7, 1957 (TOP SECRET/declassified), NSA.

"The Development of the SM-68 Titan," Warren E. Greene, Historical Office, Deputy Commander for Aerospace Systems, Air Force Systems Command, August 1962 (SECRET/FORMERLY RESTRICTED DATA/declassified), NSA.

"The Development of the SM-80 Minuteman," Robert F. Piper, DCAS Historical Office, Deputy Commander for Aerospace Systems, Air Force Systems Command, April 1962 (SECRET/RESTRICTED DATA/ declassified), NSA.

"The Development of Strategic Air Command, 1946–1976," J. C. Hopkins, Office of the Historian, Strategic Air Command, March 21, 1976.

"Did High-Altitude EMP Cause the Hawaiian Streetlight Incident?," Charles Vittitoe, Electromagnetic Applications Division, Sandia National Laboratories, System Design and Assessment Notes, Note 31, June 1989.

"Effect of Civilian Morale on Military Capabilities in a Nuclear War Environment: Enclosure 'E,' The Relationship to Public Morale of Information About the Effects of Nuclear Warfare," WSEG Report No. 42, Weapons Systems Evaluation Group, Joint Chiefs of Staff, October 20, 1959 (CONFIDENTIAL/ declassified).

"The Effects of Atomic Bombs on Hiroshima and Nagasaki," United States Strategic Bombing Survey, June 30, 1946 (SECRET/declassified).

"The Effects of Nuclear War," Office of Technology Assessment, Congress of the United States, May 1979.

"Electric Initiators: A Review of the State of the Art," Gunther Cohn, Franklin Institute, Prepared for the Picatinny Arsenal, November 1961, AD266014 (CONFIDENTIAL/declassified).

"Enclosure 'I' Changes in the Free World," Weapons Systems Evaluation Group Report No. 50, November 18, 1960 (TOP SECRET/RESTRICTED DATA/declassified).

"The Evaluation of the Atomic Bomb as a Military Weapons," Enclosure "A," the Final Report of the Joint Chiefs of Staff Evaluation Board for Operation Crossroads, June 30, 1947 (TOP SECRET/ declassified).

"Evaluation of Programmed Strategic Offensive Weapons Systems," Weapons Systems Evaluation Group Report No. 50, Washington, D.C., December 27, 1960 (TOP SECRET/RESTRICTED DATA/declassified), NSA.

"The Evolution of U.S. Strategic Command and Control and Warning 1945–1972," L. Wainstein, Project Leader, C. D. Cremeans, J. K. Moriarity, and J. Ponturo, Study S-467, International and Social Studies Division, Institute for Defense Analyses, June 1975 (TOP SECRET/RESTRICTED DATA/declassified).

"Exploiting and Securing the Open Border in Berlin: The Western Secret Services, the Stasi, and the Second Berlin Crisis, 1958–1961," Paul Maddrell, Woodrow Wilson International Center for Scholars, Cold War International History Project, Working Paper No. 58, February 2009.

"Factors Affecting the Vulnerability of Atomic Weapons to Fire," Full-Scale Test Report No. 2, Armour Research Foundation of Illinois Institute of Technology, Armed Forces Special Weapons Project Report No. 1066, February 1958 (SECRET/RESTRICTED DATA/declassified).

"The Feasibility of Population Targeting," R. H. Craver, M. K. Drake, J. T. McGahan, E. Swick, and J. F. Schneider, Science Applications, Inc., Prepared for the Defense Nuclear Agency, June 30, 1979 (SECRET/RESTRICTED DATA/declassified).

"Final Evaluation Report, MK IV MOD O FM BOMB," Mk IV Evaluation Committee, Sandia Laboratory, Report No. SL-82, September 13, 1949 (SECRET/RESTRICTED DATA/declassified).

"Final Titan II Operational Data Summary," Rev 3, TRW Space Technology Laboratories, September 1964.

"From Counterforce to Minimal Deterrence: A New Nuclear Policy on the Path Toward Eliminating Nuclear Weapons," Hans M. Kristensen, Robert S. Norris, Ivan Oelrich, Federation of American Scientists & The Natural Resources Defense Council, Occasional Paper No. 7, April 2009.

"Hearing to Receive Testimony on U.S. Strategic Command and U.S. Cyber Command in Review of the Defense Authorization Request for Fiscal Year 2014 and the Future Years Defense Program," Committee on Armed Services, United States Senate, 113th Congress, March 12, 2013.

"Historical Analysis of Command and Control Actions in the 1962 Cuban Missile Crisis," Enclosure A, C&C Internal Memorandum No. 40, August 14, 1964 (TOP SECRET/declassified), NSA.

"A Historical Study of Strategic Connectivity, 1950–1981," Joint Chiefs of Staff Special Historical Study, Historical Division, Joint Chiefs of Staff, July 1982 (TOP SECRET/declassified), NSA.

"History of Air Defense Weapons, 1946–1962," Richard F. Mcmullen, Historical Division Office of Information, Headquarters, Air Defense Command, ADC Historical Study No. 14, 1962.

"A History of the Air Force Atomic Energy Program: 1943–1953," USAF Historical Division, 1959 (TOP SECRET/RESTRICTED DATA/declassified), NSA.

"History of Air Research and Development Command, July–December 1960," Volume III, Historical Division, Air Research & Development Command, United States Air Force (n.d.) (SECRET/RESTRICTED DATA/declassified).

"History of the Custody and Deployment of Nuclear Weapons: July 1945 Through September 1977," Office of the Assistant to the Secretary of Defense (Atomic Energy), February 1978 (TOP SECRET/RESTRICTED DATA/FORMERLY RESTRICTED DATA/declassified).

"History of the Early Thermonuclear Weapons: Mks 14, 15, 16, 17, 24, and 29," Information Research Division, Sandia National Laboratories, RS 3434/10 (SECRET/RESTRICTED DATA/declassified), June 1967.

"History of Headquarters Strategic Air Command, 1961," SAC Historical Study No. 89, Headquarters, Strategic Air Command, January 1962 (TOP SECRET/declassified), NSA.

"History of the Joint Strategic Target Planning Staff: Background and Preparation of SIOP-62," History & Research Division, Headquarters, Strategic Air Command, 1963 (TOP SECRTET/declassified), NSA.

"History of the Joint Strategic Target Planning Staff: Preparation of SIOP-63," History & Research Division, Headquarters, Strategic Air Command, January 1964 (TOP SECRET/declassified), NSA.

"History of the Joint Strategic Target Planning Staff SIOP-4 J/K, July 1971–June 1972," Dr. Walton S. Moody, Strategic Air Command, History & Research Division (n.d.) (TOP SECRET/RESTRICTED DATA/unclassified).

"History of the Little Rock Area Office, Corps of Engineers Ballistic Missile Construction Office, 5 October 1960–31 July 1963," Arthur R. Simpson, Army Engineers Ballistic Missile Construction Office, 1963.

"The History of Nuclear Weapon Safety Devices," David W. Plummer and William H. Greenwood, Sandia National Laboratories, Paper Submitted at Joint Propulsion Conference, American Institute of Aeronautics and Astronautics, July 1998.

"History of the Redstone Missile System," John W. Bullard, Historical Division, Army Missile Command, AMC 23 M, October 15, 1965.

"History of the Strategic Air Command, 1 January 1958–30 June 1958," Historical Study No. 73, Volume 1, Headquarters, Strategic Air Command (n.d.) (TOP SECRET/RESTRICTED DATA/declassified).

"History of Strategic Air Command, June 1958–July 1959," Historical Study No. 76, Volume I, Headquarters, Strategic Air Command (n.d.) (TOP SECRET/RESTRICTED DATA/declassified).

"History of the Strategic Air Command: Historical Study #73A SAC Targeting Concepts" Historical Division, Office of Information, Headquarters, Strategic Air Command, 1959 (TOP SECRET/declassified), NSA.

"History of the Strategic Arms Competition, 1945–1972," Ernest R. May, John D. Steinbruner, and Thomas W. Wolfe, Office of the Secretary of Defense, Historical Office, March 1981 (TOP SECRET/RESTRICTED DATA/declassified).

"History of U.S. Nuclear Weapon Safety Assessment: The Early Years," Stanley D. Spray, Systems Studies Department, Sandia National Laboratories, SAND96-1099C, Version E, May 5, 1996.

"History of the XW-51 Warhead," SC-M-67-683, AEC Atomic Weapon Data, January 1968 (SECRET/RESTRICTED DATA/declassified).

"Hydronuclear Experiments," Robert N. Thorn, Donald R. Westervelt, Los Alamos National Laboratories, LA-10902-MS, February 1987.

"Information Bulletin: Intrusion Detection System, AN/TPS-39(V), Radar Surveillance Equipment," Atlas-Titan, Radar Surveillance Security System, Sylvania Electronic Systems, West Mountain View, California, December 1964.

"Interim Report on Command and Control in Europe," United States Department of Defense, National Command and Control Task Force, October 1961 (TOP SECRET/declassified), NSA.

"Job Attitudes: How SAC Personnel Compare with the Rest of the Air Force," Stephen D. Bull III, Air Command and Staff College, Air University, Maxwell Air Force Base, Alabama, 1986.

"JTF Operations Since 1983," George Stewart, S. M. Fabbri, and A. B. Siegel, CRM-94-42, Center for Naval Analyses, July 1994.

"Jupiter: Development Aspects—Deployment," John C. Brassell, Historical Office, Mobile Air Material Area, Brookley Air Force Base, September 1962 (SECRET/declassified), NSA.

"Lessons Learned from Early Criticality Accidents," Richard E. Malenfant, Los Alamos National Laboratory, Submitted for Nuclear Criticality Technology Safety Project Workshop, Gaithersburg, Maryland, May 14–15, 1996.

"Living in the Question? The Berlin Nuclear Crisis Critical Oral History," Benina Berger Gould, Institute of Slavic, East European, and Eurasian Studies, UC Berkeley, Working Paper, March 2003.

"The Magnitude of Initial Postattack Recovery Activities," Richard L. Goen, Stanford Research Institute, Prepared for the Office of Civil Defense, Office of the Secretary of the Army, December 1971.

"The Manhattan Project: Making the Atomic Bomb," F. G. Gosling, National Security History Series, United States Department of Energy, January 2010.

"Manual for Handling Missile Propellants," Facilities Engineering Department, Pan American World Airways, Guided Missiles Range Division, Patrick AFB, Florida, 1958.

"The Marshal's Baton: There Is No Bomb, There Was No Bomb, They Were Not Looking for a Bomb," Svend Aage Christensen, Danish Institute for International Studies, DIIS Report, No. 18, 2009.

"Military Applications of Nuclear Technology," Part 1, Hearing Before the Subcommittee on Military Applications, Joint Committee on Atomic Energy, Ninety-third Congress, April 16, 1973.

"Military and Civil Defense Nuclear Weapons Effects Projects Conducted at the Nevada Test Site: 1951–1958," Barbara Killian, Defense Threat Reduction Agency DTRA-IR-10-57, May 2011.

"Minimum Nuclear Deterrence Research: Final Report," Gregory Giles, C. Cleary, M. Ledgerwood, Defense Threat Reduction Agency, Advanced Systems and Concepts Office, May 15, 2003.

"Minutes of the Eleventh Explosives Safety Seminar," Vol. 2, Sheraton-Peabody Hotel, Memphis, Tennessee, Armed Services Explosives Safety Board, September 9–10, 1969.

"Missile Launch/Missile Officer (LGM-25): Missile Systems," Student Study Guide 3OBR1821F/3121F-V1 Through 4, Volume I of II, Department of Missile and Space Training, Sheppard Technical Training Center, September 1968.

"Missile Liquid Propellant Systems Maintenance Specialist," Volume 3, Propellant Transfer System, CDC 4551, Extension Course Institute, Air Training Command, February 1983.

"Missile Procurement, Air Force," United States Congress, Hearings Before the Subcommittee on Defense, House Committee on Appropriations, May 16, 1961 (SECRET/declassified), NSA.

"Missile Silo Fire at Little Rock AFB, Arkansas," and "Fire Protection Problems for Special Atmospheres—Including Oxygen," Federal Fire Council, Minutes of Annual Meeting, Washington, D.C., April 5, 1967.

"Modernizing U.S. Nuclear Strategy, Force Structure and Posture," Global Zero U.S. Nuclear Policy Commission Report, May 2012.

"Modernizing U.S. Strategic Offensive Forces: The Administration's Program and Alternatives," a CBO Study, Congressional Budget Office, Congress of the United States, May 1983.

"MX Missile Basing," Office of Technology, United States Government Printing Office, September 1981.

"MX Missile Basing Mode," Hearings Before a Subcommittee of the Committee on Appropriations, United States Senate, Ninety-sixth Congress, Second Session, Special Hearing, Department of Defense, 1980.

"National Defense Budget Estimates for FY 2013," Office of the Under Secretary of Defense (Comptroller), March 2012.

"NATO in the 1960's," National Security Council, November 8, 1960 (TOP SECRET/declassified), NSA.

"Nonstrategic Nuclear Weapons," Amy F. Woolf, CRS Report for Congress, Congressional Research Service, February 14, 2012.

"NORAD's Information Processing Improvement Program: Will It Enhance Mission Capability?" Elmer B. Staats, Comptroller General of the United States, Report to Congress, General Accounting Office, LCD-78-117, September 21, 1978.

"NORAD's Missile Warning System: What Went Wrong?" Comptroller General of the United States, Report to Congress, General Accounting Office, MASAD-81-30, May 15, 1981.

"North Korea's Nuclear Weapons: Technical Issues," Mary Beth Nikitin, CRS Report for Congress, Congressional Research Service, April 3, 2013.

"Nuclear Hardness and Base Escape," Rayford P. Patrick, USAF, Engineering Report No. 5-112, Directorate of Aircraft Maintenance, Headquarters, Strategic Air Command, March 31, 1981.

"The Nuclear Safety Problem," T. D. Brumleve, Advanced System Research Department 5510, Sandia Corporation, Livermore Laboratory, SCL-DR-67, 1967 (SECRET/RESTRICTED DATA/declassified).

"Nuclear Warheads: The Reliable Replacement Warhead Program and the Life Extension Program," Jonathan Medalia, CRS Report for Congress, Congressional Research Service, December 3, 2007.

"Nuclear Weapon Safety," Sandia Corporation with the Cooperation of the Los Alamos Scientific Laboratory and the Ernest O. Lawrence Radiation Laboratory, SC-4630(WD), October 1961 (SECRET/RESTRICTED DATA/declassified).

"Nuclear Weapon Specialist, Volume 4: Bomb Maintenance," CDC 46350, Extension Course Institute, Air Training Command, July 1980 (FOR OFFICIAL USE ONLY).

"Nuclear Weapon Specialist, Volume 5: Rockets, Missiles, and Reentry Systems," CDC 46350, Extension Course Institute, Air Training Command, November 1980 (FOR OFFICIAL USE ONLY).

"Nuclear Weapons Engineering and Delivery," Los Alamos Technical Series, Volume 23, LA-1161 July 1946 (SECRET/declassified).

"Nuclear Weapons Testing at the Nevada Test Site: The First Decade," John C. Hopkins and Barbara Killian, Defense Threat Reduction Agency, May 2011.

"On a Distributed Command and Control System Configuration," Paul Baran, U.S. Air Force, Project RAND, Research Memorandum, RM-2632, December 31, 1960.

"On Distributed Communications Networks," Paul Baran, RAND Corporation, P-2626, September 1962.

"On the Risk of an Accidental or Unauthorized Nuclear Detonation," Fred Charles Iklé with Gerald J. Aronson and Albert Madansky, Research Memorandum, U.S. Air Force Project RAND, RM-2251, October 15, 1958 (CONFIDENTIAL/RESTRICTED DATA/declassified).

"On Weapons Plutonium in the Arctic Environment (Thule, Greenland)," Mats Eriksson, Risø National Laboratory, Roskilde, Denmark, Risø-R-1321(EN), April 2002.

"Operation Castle, Project 3.2: Crater Survey, Headquarters, Field Command, Armed Forces Special Weapons Project, June 1955 (SECRET/FORMERLY RESTRICTED DATA/declassified).

"Operation Dominic: Fish Bowl Series," Project Officers Report—Project 8C, Reentry Vehicle Tests, M. J. Rubenstein, Air Force Special Weapons Center, July 3, 1963 (SECRET/RESTRICTED DATA/declassified).

"Operation Dominic I, 1962," United States Atmospheric Nuclear Weapons Tests, Nuclear Test Personnel Review, Defense Nuclear Agency, February 1983.

"Operation Dominic II, Shot Small Boy, Project Officers Report—Project 7.14: Bomb Alarm Detector Test," Cecil C. Harvell, Defense Atomic Support Agency, April 19, 1963 (CONFIDENTIAL/FORMERLY RESTRICTED DATA/declassified).

"Operation Ivy 1952," United States Atmospheric Nuclear Weapons Tests, Nuclear Test Personnel Review, Defense Nuclear Agency, DNA 6036F, December 1, 1982.

"Operation Upshot-Knothole, 1953," United States Atmospheric Nuclear Weapons Tests, Nuclear Test Personnel Review, Defense Nuclear Agency, DNA 6014F, January 11, 1982.

"The Origins and Evolution of S$^2$C at Sandia National Laboratories, 1949–1996," William L. Stevens, Consultant to Surety Assessment Center, Sandia National Laboratories, SAND99-1308, September 2001 (OFFICIAL USE ONLY).

"Our Nation's Nuclear Warning System: Will It Work if We Need It?" Hearing Before a Subcommittee of the Committee on Government Operations, House of Representatives, Ninety-ninth Congress, First Session, September 26, 1985.

"Pakistan's Nuclear Weapons: Proliferation and Secruity Issues," Paul K. Kerr and Mary Beth Nikitin, CRS Report for Congress, Congressional Research Service, March 19, 2013.

"PAL Control of Theater Nuclear Weapons," Mark E. Bleck and Paul R. Souder, Command and Control Division, Sandia National Laboratories, SAND82-2436, March 1984 (SECRET/FORMERLY RESTRICTED DATA/declassified).

"Palomares Summary Report," Field Command, Defense Nuclear Agency, Kirtland Air Force Base, New Mexico, January 15, 1975.

"Peace Is Our Profession; Alert Operations and the Strategic Air Command, 1957–1991," Office of the Historian, Headquarters, Strategic Air Command, December 7, 1991.

"Pit Lifetime," JSR-06-335, MITRE Corporation, January 11, 2007.

"Plutonium Hazards Created by Accidental or Experimental Low-Order Detonation of Nuclear Weapons," W. H. Langham, P. S. Harris, and T. L. Shipman, Los Alamos Scientific Laboratory, LA-1981, December 1955 (SECRET/RESTRICTED DATA/declassified).

"The Postattack Population of the United States," Ira S. Lowry, RAND Corporation, Prepared for the Technical Analysis Branch, United States Atomic Energy Commission, RM-5115-TAB, December 1966.

"A Preliminary Report on the B-52 Accident in Greenland on January 21, 1968," Jørgen Koch, Symposium on Radiological Protection of the Public in Nuclear Mass Disasters, Interlaken, Switzerland, May 1968.

"A Primer on U.S. Strategic Nuclear Policy," David M. Kunsman and Douglas B. Lawson, Sandia National Laboratories, SAND2001-0053, January 2001.

"Progress Report to the Joint Committee on Atomic Energy, Part III: Weapons," United States Atomic Energy Commission, June Through November 1952 (TOP SECRET/RESTRICTED DATA/declassified).

"Project Crescent: A Study of Salient Features for an Airborne Alert (Supersafe) Bomb," Final Report, D. E. McGovern, Exploratory Systems Department I, Sandia Laboratories, SC-WD-70-879, April 1971 (SECRET/RESTRICTED DATA/declassified).

"Project Crested Ice: The Thule Nuclear Accident," Vol. 1, SAC Historical Study No. 113, History & Research Division, Headquarters, Strategic Air Command, April 23, 1969 (declassified), NSA.

"Project Crested Ice: USAF B-52 Accident at Thule, Greenland, 21 January 1968," Defense Nuclear Agency, 1968 (SECRET/RESTRICTED DATA/declassified).

"Protecting U.S. Power to Strike Back in the 1950's and 1960's," A. J. Wohlstetter, F. S. Hoffman and H. S. Rowen, U.S. Air Force Project RAND, R-290, September 1, 1956 (FOR OFFICIAL USE ONLY).

"The Quick Count System: A User's Manual," N. D. Cohen, RAND Corporation, RM-4006-PR, April 1964.

"Reconsidering the Morality of Deterrence," John D. Steinbruner and Tyler Wigg-Stevenson, CISSM Working Paper, Center for International and Security Studies at Maryland, University of Maryland, March 2012.

"Record of Decision: BOMARC Missile Accident Site, McGuire Air Force Base, New Jersey," Gary Vest, McGuire Air Force Base, New Jersey, November 20, 1992.

"Recovery from Nuclear Attack and Research and Action Programs to Enhance Recovery Prospects," Jack C. Greene, Robert W. Stokely, and John K. Christian, International Center for Emergency Preparedness, Prepared for the Federal Emergency Management Agency, Washington, D.C., December 1979.

"Reevaluating Nuclear Safety and Security in a Post 9/11 Era," Lisa Brown and Paul Booker, Sandia Report, Sandia National Laboratories, July 2005.

"Remedial Action and Final Radiological Status, 1964 B-58 Accident Site, Grissom Air Reserve Base, Bunker Hill, Indiana," Steven E. Rademacher, Air Force Institute for Environment, Safety, and Occupational Health Risk Analysis, IERA-SD-BR-SR-2000-0017, December 2000.

"Report of Ad Hoc Subcommittee on U.S. Policies Regarding Assignment of Nuclear Weapons to NATO; Includes Letter to President Kennedy and Appendices," Joint Committee on Atomic Energy, Congress of the United States," February 11, 1961 (TOP SECRET/RESTRICTED DATA/declassified), NSA.

"Report to the Congress: Assessment of the Safety of U.S. Nuclear Weapons and Related Nuclear Test Requirements," R. E. Kidder, Lawrence Livermore National Laboratory, July 26, 1991.

"Report of Missile Accident Investigation: Major Missile Accident, 18–19 September 1980, Titan II Complex 374-7, Assigned to 308th Strategic Missile Wing, Little Rock Air Force Base, Arkansas," Conducted at Little Rock Air Force Base, Arkansas, and Barksdale Air Force Base, Louisiana, December 14–19, 1980.

"Report of Missile Accident Investigation: Major Missile Accident, Titan II Complex 533-7, Assigned to 381st Strategic Missile Wing, McConnell Air Force Base, Kansas," Conducted at McConnell Air Force Base, Kansas, September 22–October 10, 1978.

"A Report to the National Security Council by the Executive Secretary on Basic National Security Policy," NSC 162/2, October 30, 1953 (TOP SECRET/declassified).

"The Report of the Nuclear Weapons Safety Panel," Hearing Before the Committee on Armed Services, House of Representatives, 101st Congress, Second Session, December 18, 1990.

"Report of the Panel on Nuclear Weapons Safety of the Committee on Armed Services, House of Representatives, 101st Congress, Second Session," Sidney D. Drell, Chairman; John S. Foster, Jr.; and Charles H. Townes, December 1990.

"Report on Recent False Alerts from the Nation's Missile Warning System," United States Senate, Committee on Armed Services, Ninety-sixth Congress, First Session, October 9, 1980.

"Report of the Secretary of Defense Task Force on DoD Nuclear Weapons Management, Phase I: The Air Force's Nuclear Mission," James A. Blackwell, Jr., Executive Director, September 2008.

———, "Phase II: Review of the DoD Nuclear Mission," James A. Blackwell, Jr., Executive Director, December 2008.

"Report on the Unauthorized Movement of Nuclear Weapons," Defense Science Board Permanent Task Force on Nuclear Weapons Surety, Department of Defense, Washington, D.C., February 2008.

"Report of USAF Aerospace Safety Missile Accident Investigation Board, Missile Accident LGM-25C-62-006, Site 373-4," Little Rock Air Force Base, Arkansas, August 9, 1965.

"Requirements for Tactical Nuclear Weapons," Special Studies Group, Joint Chiefs of Staff, Project 23, October 1962 (TOP SECRET/RESTRICTED DATA/declassified).

"Rescue Mission Report, Joint Chiefs of Staff, Special Operations Review Group, July 16, 1979.

"Resilient Military Systems and the Advanced Cyber Threat," Task Force Report, Defense Science Board, Department of Defense, January 2013.

"Restricted Data Declassification Decisions, 1946 to the Present," RDD-8, U.S. Department of Energy, Office of Health, Safety, and Security, Office of Classification, January 1, 2002 (OFFICIAL USE ONLY/declassified).

"Retaliatory Issues for the U.S. Strategic Forces," Congressional Budget Office, June 1978.

"A Review of Criticality Accidents," William R. Stratton, Los Alamos Scientific Laboratory, LA-3611, January 1967.

"A Review of Criticality Accidents," Thomas P. McLaughlin, Sean P. Monahan, Norman L. Pruvost, Vladimir V. Frolov, Boris G. Ryazanov, and Victor I. Sviridov, Los Alamos National Laboratory, LA-13638, May 2000.

"A Review of the US Nuclear Weapon Safety Program—1945 to 1986," R. N. Brodie, Sandia National Laboratories, SAND86-2955, February 1987 (SECRET/RESTRICTED DATA/declassified).

"The SAC Alert Program, 1956–1959," Headquarters, Strategic Air Command, January 1960 (SECRET/declassified), NSA.

"Security of U.S. Nuclear Weapons Overseas: Where Does It Stand?," Comptroller General of the United States, Report to the Chairman, Subcommittee on Energy, Nuclear Proliferation, and Federal Services, Committee on Governmental Affairs, United States Senate, General Accounting Office, C-EMD-81-2, November 3, 1980.

"The Security of Nuclear Weapons in Pakistan," Shaun Gregory, Pakistan Security Research Unit, Brief Number 22, November 18, 2007.

"Selection and Use of Strategic Bases," A. J. Wohlstetter, F. S. Hoffman, R. J. Lutz, and H. S. Rowen, U.S. Air Force Project RAND, R-266, April 1954 (SECRET/declassified).

"Shots Encore to Climax: The Final Four Tests of the UPSHOT-KNOTHOLE Series, 8 May–4 June 1953," United States Atmospheric Nuclear Weapons Tests, Nuclear Test Personnel Review, Defense Nuclear Agency, 1982.

"60th Anniversary of Trinity: First Manmade Nuclear Explosion, July 16, 1945," Public Symposium, National Academy of Sciences, July 14, 2005.

"Source Book on Plutonium and Its Decontamination," F. C. Cobb and R. L. Van Hemert, Field Command, Kirtland AFB, Defense Nuclear Agency, DNA 3272T, September 24, 1973.

"Soviet Intentions 1965–1985, Volume I: An Analytical Comparison of U.S.–Soviet Assessments During the Cold War," J. G. Hines, E. M. Mishulovich, and J. F. Shull, BDM Federal Inc., September 22, 1995 (declassified), NSA.

"Soviet Intentions 1965–1985, Volume II: Soviet Post-Cold War Testimonial Evidence," J. G. Hines, E. M. Mishulovich, and J. F. Shull, BDM Federal, Inc., September 22, 1995 (declassified), NSA.

"A Soviet Paramilitary Attack on U.S. Nuclear Forces—A Concept," L. G. Gref, A. L. Latter, E. A. Martinelli, and H. P. Smith, R & D Associates, Prepared for the Defense Advanced Research Projects Agency, November 1974 (SECRET/declassified).

"Status of the Air Force Nuclear Security Roadmap," Brigadier General Everett H. Thomas, Commander, Air Force Nuclear Weapons Center, Presentation to the Strategic Forces Subcommittee, House Armed Services Committee, House of Representatives, 111th Congress, January 21, 2010.

"Status of the MX Missile System," Hearing Before the Committee on Armed Services, House of Representatives, Ninety-sixth Congress, Second Session, May 1, 1980.

"Strategic Air Command and the Alert Program: A Brief History," Dr. Henry M. Narducci, Office of the Historian, Headquarters, Strategic Air Command, Offutt AFB, Nebraska, April 1, 1988.

"Strategic Air Command Operations in the Cuban Crisis of 1962," Historical Study, Vol. 1, No. 90, February 1963 (TOP SECRET/RESTRICTED DATA/declassified), NSA.

"Strategic Air Command Participation in the Missile Program, 1 January 1958–30 June 1958," Historical Study No. 72, Historical Division, Office of Information, Headquarters, Strategic Air Command, 1958 (SECRET/declassified).

"Strategic Command, Control, and Communications: Alternative Approaches for Modernization," a CBO Study, Congressional Budget Office, October 1981.

"Strategic Warning System False Alerts," Hearings Before the Committee on Armed Services, House of Representatives, Ninety-sixth Congress, Second Session, June 24, 1980.

"Striking First, Preemptive and Preventive Attack in U.S. National Security Policy," Karl P. Mueller, Jasen J. Castillo, Forrest E. Morgan, Negeen Pegahi, and Brian Rosen, RAND, Project Air Force, Santa Monica, California, 2006.

"A Study on Evaluation of Warhead Safing Devices," Headquarters, Field Command, Armed Forces Special Weapons Project, FC/03580460, March 31, 1958 (SECRET/RESTRICTED DATA/declassified).

"Subject: Report of Special Weapons Incident [W 40] Bomarc Site, McGuire AFB, New Jersey," Detachment 6, 2702D Explosive Ordnance Disposal Squadron, USAF, to 2702 EOD Sq, Wright-Patterson AFB, June 13, 1960 (SECRET/RESTRICTED DATA/declassified).

"A Summary of NASA and USAF Hypergolic Propellant Related Spills and Fires," B. M. Nufer, National Aeronautics and Space Administration, NASA/TP-2009-214769, June 2009.

"A Summary of the Program to Use Environmental Sensing Devices to Improve Handling Safety Protection for Nuclear Weapons," William L. Stevens and C. Herman Mauney, Sandia Corporation, July 1961 (SECRET/RESTRICTED DATA/declassified).

"A Survey of Nuclear Weapon Safety Problems and the Possibilities for Increasing Safety in Bomb and Warhead Design," Prepared by Sandia Corporation with the Advice and Assistance of the Los Alamos Scientific Laboratory and the University of California Ernest O. Lawrence Radiation Laboratory, RS 3466/26889, February 1959 (SECRET/RESTRICTED DATA/declassified).

"Survey of Weapon Development and Technology" (WR708), Sandia National Laboratories, Corporate Training and Development, February 1998 (SECRET/RESTRICTED DATA/declassified).

"Tech Area II: A History," Rebecca Ullrich, Sandia National Laboratories, SAND98-1617, July 1998.

"Thule-2003—Investigation of Radioactive Contamination," Sven P. Nielsen and Per Roos, Risø National Laboratory, Roskilde, Denmark, Risø-R-1549(EN), May 2006.

"Titan II Action Item Status Reports," Headquarters, Strategic Air Command, August 1, 1982.

"Titan II Class A Mishap Report: Serial Number 62-0006, 18 September 1980, Damascus, Arkansas," Eighth Air Force Mishap Investigation Board, October 30, 1980.

"Titan II Launch Facility Accident Briefing, Little Rock Air Force Base, Arkansas," Charles F. Strang, Minutes of the Ninth Explosives Safety Seminar, Naval Training Center, San Diego, California, August 15–17, 1967.

"Titan II Storable Propellant Handbook," Bell Aerosystems Company, Prepared for Air Force Ballistic Systems Division, March 1963.

"Titan II Weapon System: Review Group Report," December 1980.

"Transforming the Security Classification System," Report to the President from the Public Interest Declassification Board, November 2012.

"Trimming Nuclear Excess: Options for Further Reductions of U.S. and Russian Nuclear Forces," Hans M. Kristensen, Federation of American Scientists, Special Report No. 5, December 2012.

"The Unauthorized Movement of Nuclear Weapons and Mistaken Shipment of Classified Missile Components: An Assessment," Michelle Spencer, A. Ludin, H. Nelson, The Counterproliferation Papers, Future Warfare Series No. 56, USAF Counterproliferation Center, January 2012.

"The Unique Signal Concept for Detonation Safety in Nuclear Weapons," Stanley D. Spray, and J. A. Cooper, System Studies Department, Sandia National Laboraties, SAND91-1269, June 1993.

"United States Air Force Missile Accident Investigation Board Report, Minuteman III Launch Facility A06, 319 Missile Sq., 90 Op. Group, 90 Missile Wing, F. E. Warren AFB, Wyoming, May 23, 2008," Robert M. Walker, President, Accident Investigation Board, September 18, 2008.

"United States Defense Policies in 1961," House Document No. 502, Library of Congress, Legislative Reference Service, U.S. Government Printing Office, June 7, 1962.

"United States High-Altitude Test Experiences: A Review Emphasizing the Impact on the Environment," Herman Hoerlin, LASL Monograph, Los Alamos National Laboratory, October 1976.

"United States Nuclear Tests: July 1945 Through September 1992," United States Department of Energy, Nevada Operations Office, December 2000.

"USAF Ballistic Missiles, 1958–1959," Max Rosenberg, USAF Historical Division Liaison Office, July 1960 (SECRET/RESTRICTED DATA/declassified), NSA.

"USAF Ballistic Missile Programs, 1962–1964," Bernard C. Nalty, USAF Historical Division Liaison Office, April 1966 (TOP SECRET/RESTRICTED DATA/declassified), NSA.

——"1964–1966," March 1967 (TOP SECRET/RESTRICTED DATA/declassified), NSA.

"USAF Ballistic Missile Programs, 1969–1970," Jacob Neufeld, Office of Air Force History, June 1971 (TOP SECRET/RESTRICTED DATA/declassified), NSA.

"USAF Mishap Report, Parking Spot A-10, Grand Forks Air Force Base," Headquarters Fifteenth Air Force, September 29, 1980.

"The U.S. ICBM Force: Current Issues and Future Options," C. H. Builder, D. C. Kephart, A. Laupa, a Report Prepared for U.S. Air Force Project RAND, R-1754-PR, October 1975 (SECRET/FORMERLY RESTRICTED DATA/declassified), NSA.

"U.S. Strategic Nuclear Weapons and Deterrence," C. Johnston Conover, RAND Corporation, Santa Monica, California, August 1977.

"U.S. Tactical Nuclear Weapons in Europe After NATO's Lisbon Summit: Why Their Withdrawal Is Desirable and Feasible," Tom Sauer and Bob Van Der Zwaan, Discussion Paper No. 2011-015, Belfer Center for Science and International Affairs, Harvard Kennedy School, 2011.

"The View from Above: High-Level Decisions and the Soviet-American Strategic Arms Competition, 1945–1950, "Samuel R. Williamson, Jr., with the collaboration of Steven L. Rearden, Office of the Secretary of Defense, October 1975 (TOP SECRET/declassified).

"Vulnerability Program Summary: Joint DOD-AEC Weapon Vulnerability Program," Armed Forces Special Weapons Project, FC/010 May 1958 (SECRET/RESTRICTED DATA/declassified).

"Weapon System Familiarization, LGM-25 (Titan II)," Course O7R1821F/3121F, Technical Training, Sheppard Air Force Base, Texas, January 1965.

"WSEG Report No. 50, Evaluation of Strategic Offensive Weapons System, Weapons System Evaluation Group, ODDR&E, December 27, 1960 (TOP SECRET/declassified), NSA 00422.

"The Worldwide Military Command and Control System: A Historical Perspective (1960–1977)," Historical Division, Joint Secretariat, Joint Chiefs of Staff, September 1980 (SECRET/declassified).

"The World Wide Military Command and Control System—Major Changes Needed in Its Automated Data Processing Management and Direction," Comptroller General of the United States, Report to the Congress, General Accounting Office, December 14, 1979.

"Worldwide Survey of Alcohol and Nonmedical Drug Use Among Military Personnel: 1982," R. M. Bray, L. L. Guess, R. E. Mason, R. L. Hubbard, D. G. Smith, M. E. Marsden, and J. V. Rachel, Research Triangle Institute, July 1983.

"The Yields of the Hiroshima and Nagasaki Nuclear Explosions," John Malik, Los Alamos National Laboratory, LA-8819, September 1985.

# 期刊文章

Adamsky, Viktor, and Yuri Smirnov. "Moscow's Biggest Bomb: The 50-Megaton Test of October 1961," *Cold War International History Project Bulletin*, Issue 4, Fall 1994.

Allard, Dean C. "Interservice Differences in the United States, 1945–1950—A Naval Perspective," *Airpower Journal*, Winter 1989.

Alperovitz, Gar, and K. Bird. "A Theory of Cold War Dynamics: U.S. Policy, Germany, and the Bomb," *History Teacher*, Vol. 29, No. 3, May 1996, 281–300.

Anderson, Herbert L. "Metropolis, Monte Carlo, and the MANIAC," *Los Alamos Science*, Fall 1986.

Asada, Sadao. "The Shock of the Atomic Bomb and Japan's Decision to Surrender—A Reconsideration," *Pacific Historical Review*, Vol. 67, No. 4, November 1998, 477–512.

Bacevich, A.J. "The Paradox of Professionalism: Eisenhower, Ridgway, and the Challenge to Civilian Control, 1953–1955," *Journal of Military History*, Vol. 61, No. 2, April 1997, 303–33.

Ball, Desmond. "Can Nuclear War Be Controlled?" Adelphi Paper #169, International Institute for Strategic Studies, 1981.

———. "U.S. Strategic Forces: How Would They Be Used?," *International Security*, Vol. 7, No. 3, 1982, 31–60.

———. "Nuclear War at Sea," *International Security*, Vol. 10, No. 3, 1985, 3–31.

———. "Controlling Theatre Nuclear War," *British Journal of Political Science*, Vol. 19, No. 3, July 1989, 303–27.

———. "Improving Communications Links Between Moscow and Washington," *Journal of Peace Research*, Vol. 28, No. 2, 1991, 135–59.

Belletto, Steven. "The Game Theory Narrative and the Myth of the National Security State," *American Quarterly*, Vol. 61, No. 2, June 2009, 333–57.

Bernstein, Barton J. "The Quest for Security: American Foreign Policy and International Control of Atomic Energy, 1942–1946," *Journal of American History*, Vol. 60, No. 4, March 1974, 1003–44.

———. "Eclipsed by Hiroshima and Nagasaki: Early Thinking About Tactical Nuclear Weapons," *International Security*, Vol. 15, No. 4, 1991, 149–73.

———. "The Alarming Japanese Buildup on Southern Kyushu, Growing U.S. Fears, and Counterfactual Analysis: Would the Planned November 1945 Invasion of Southern Kyushu Have Occurred?" *Pacific Historical Review*, Vol. 68, No. 4, 1999, 561–609.

———. "Reconsidering the 'Atomic General': Leslie R. Groves," *Journal of Military History*, Vol. 67, No. 3, July 2003, 883–920.

Betts, Richard K. "A Nuclear Golden Age? The Balance Before Parity," *International Security*, Vol. 11, No. 3, 1986, 3–32.

Biddle, Tami Davis. "Dresden 1945: Reality, History, and Memory," *Journal of Military History*, April 2008, 413–49.

Blackett, P.M.S. "Nuclear Weapons and Defence: Comments on Kissinger, Kennan, and King-Hall," *International Affairs* (Royal Institute of International Affairs), Vol. 34, No. 4, October 1958, 421–34.

Brands, H.W. "The Age of Vulnerability: Eisenhower and the National Insecurity State," *American Historical Review*, Vol. 94, No. 4, October 1989, 963–89.

Bray, R.M., M. E. Marsden, and M. R. Peterson. "Standardized Comparisons of the Use of Alcohol, Drugs, and Cigarettes Among Military Personnel and Civilians," *American Journal of Public Health*, Vol. 81, No. 7, July 1991, 865–69.

Bray, R.M., and L. L. Hourani. "Substance Use Trends Among Active Duty Military Personnel: Findings from the United States Department of Defense Health Related Behavior Surveys, 1980–2005," *Addiction*, Vol. 102, No. 7, 2007, 1092–1101.

Bresler, Robert J., and R. C. Gray. "The Bargaining Chip and SALT," *Political Science Quarterly*, Vol. 92, No. 1, 1977, 65–88.

Briggs, Herbert W. "World Government and the Control of Atomic Energy," *Annals of the American Academy of Political and Social Science*, Vol. 249, *Social Implications of Modern Science*, January 1947, 42–53.

Brodie, Bernard. "The McNamara Phenomenon," *World Politics*, Vol. 17, No. 4, 1965, 672–86.

Buhite, Russell D., and W. Christopher Hamel. "War for Peace: The Question of an American Preventive War Against the Soviet Union, 1945–1955," *Diplomatic History*, Vol. 14, No. 3, 1990, 367–84.

Burr, William. "The Nixon Administration, the 'Horror Strategy,' and the Search for Limited Nuclear Options, 1969–1972," *Journal of Cold War Studies*, Vol. 7, No. 3, 2005, 34–78.

———, and J. T. Richelson. "Whether to 'Strangle the Baby in the Cradle': The United States and the Chinese Nuclear Program, 1960-1964," *International Security*, Vol. 25, No. 3, 2000, 54–99.

Burt, Marvin R. "Prevalence and Consequences of Drug Abuse Among U.S. Military Personnel: 1980," *American Journal of Drug and Alcohol Abuse*, Vol. 8, No. 4, 1981–82, 419–39.

Carter, Donald Alan. "Eisenhower Versus the Generals," *The Journal of Military History*, Issue 71, October 2007, 1169–99.

Colman, Jonathan. "The 1950 'Ambassador's Agreement' on USAF Bases in the UK and British Fears of US Atomic Unilateralism," *Journal of Strategic Studies*, Vol. 30, No. 2, April 2007, 285–307.

Dyer, Davis. "Necessity as the Mother of Convention: Developing the ICBM, 1954–1958," *Business and Economic History*, Vol. 22, No. 1, 1993, 194–209.

Earle, Edward Mead. "H. G. Wells, British Patriot in Search of a World State," *World Politics*, Vol. 2, No. 2, January 1950, 181–208.

Egilsson, Haraldur Þór. "The Origins, Use and Development of Hot Line Diplomacy," Netherlands Institute of International Relations, Issue 85 in Discussion Papers in Diplomacy.

Elliot, David C. "Project Vista and Nuclear Weapons in Europe," *International Security*, Vol. 11, No. 1, Summer 1986, 163–83.

Enthoven, Alain C. "Defense and Disarmament: Economic Analysis in the Department of Defense," *American Economic Review*, Vol. 53, No. 2, 1963, 413–23.

———. "U.S. Forces in Europe: How Many? Doing What?," *Foreign Affairs*, Vol. 53, No. 3, 1975, 513–32.

Evangelista, Matthew. "Stalin's Postwar Army Reappraised," *International Security*, Vol. 7, No. 3, 1982, 110–38.

———. "The 'Soviet Threat': Intentions, Capabilities, and Context," *Diplomatic History*, Vol. 22, No. 3, 1998, 439–49.

Forsyth, James Wood, Jr., B. C. Saltzman, and G. Schaub, Jr. "Remembrance of Things Past: The Enduring Value of Nuclear Weapons," *Strategic Studies Quarterly*, Vol. 4, No. 1, Spring 2010, 74–89.

Frankel, Sherman. "Aborting Unauthorized Launches of Nuclear-Armed Ballistic Missiles Through Postlaunch Destruction," *Science & Global Security*, Vol. 1, No. 1, 1990, 1–20.

Fravel, M. Taylor, and Evan S. Medeiros. "China's Search for Assured Retaliation: The Evolution of Chinese Nuclear Strategy and Force Structure," *International Security*, Vol. 35, No. 2, Fall 2010, 48–87.

Garwin, Richard L. "New Weapons/Old Doctrines: Strategic Warfare in the 1980s," *Proceedings of the American Philosophical Society*, Vol. 124, No. 4, 1980, 261–65.

Gavin, Francis J. "The Myth of Flexible Response: United States Strategy in Europe During the 1960s," *International History Review*, Vol. 23, No. 4, December 2001, 847–75.

Gentile, Gian P. "Advocacy or Assessment? The United States Strategic Bombing Survey of Germany and Japan," *Pacific Historical Review*, Vol. 66, No. 1, February 1997, 53–79.

———. "Planning for Preventive War, 1945–1950," *Joint Force Quarterly*, Spring 2000, 68–74.

Giangreco, D.M. "Casualty Projections for the U.S. Invasions of Japan, 1945–1946: Planning and Policy Implications," *Journal of Military History*, Vol. 61, No. 3, 1997, 521–81.

———. "'A Score of Bloody Okinawas and Iwo Jimas': President Truman and Casualty Estimates for the Invasion of Japan," *Pacific Historical Review*, Vol. 72, No. 1, February 2003, 93–132.

Gibson, J. William. "Redeeming Vietnam: Techno-Thriller Novels of the 1980s," *Cultural Critique*, No. 19, *The Economics of War*, Autumn 1991, 179–202.

Gimbel, John. "U.S. Policy and German Scientists: The Early Cold War," *Political Science Quarterly*, Vol. 101, No. 3, 1986, 433–51.

Glaser, C.L., and S. Fetter. "Counterforce Revisited: Assessing the Nuclear Posture Review's New Missions," *International Security*, Vol. 30, No. 2, 2005, 84–126.

Goncharov, G.A. "American and Soviet H-Bomb Development Programmes: Historical Background," *Physics-Uspekhi*, Vol. 39, No. 10, 1996, 1033–44.

Graybar, Lloyd J. "The 1946 Atomic Bomb Tests: Atomic Diplomacy or Bureaucratic Infighting?," *Journal of American History*, Vol. 72, No. 4, March 1986, 888–907.

Gregory, Shaun. "The Security of Nuclear Weapons in Pakistan," Pakistan Security Research Unit, Brief No. 22, November 18, 2007.

Guidotti, Ronald A. "Thermal Batteries: A Technology Review and Future Directions," Sandia National Laboratory, Presented at 27th International SAMPE Technical Conference, October 9–12, 1995, SAND95-1313C.

_____, and P. Masset. "Thermally Activated ('Thermal') Battery Technology, Part I: An Overview," *Journal of Power Sources*, Vol. 161, No. 2, 2006, 1443–49.

Hämäläinen, P., J. Takala, and K. L. Saarela. "Global Estimates of Occupational Accidents," *Safety Science*, No. 44, 2006, 137–56.

Harlow, Francis H., and N. Metropolis. "Computing and Computers: Weapons Simulation Leads to the Computer Era," *Los Alamos Science*, Winter/Spring 1983, 132–41.

Harvey, John R., and Stefan Michalowski. "Nuclear Weapons Safety: The Case of Trident," *Science and Global Security*, Vol. 4, 1994, 261–337.

Harvey, Mose L. "Lend-Lease to Russia: A Story That Needs to Be Told Like It Was," *Russian Review*, Vol. 29, No. 1, January 1970, 81–86.

Herken, Gregg. "'A Most Deadly Illusion': The Atomic Secret and American Nuclear Weapons Policy, 1945–1950," *Pacific Historical Review*, Vol. 49, No. 1, February 1980, 51–76.

Herring, George C., Jr. "Lend-Lease to Russia and the Origins of the Cold War, 1944–1945," *Journal of American History*, Vol. 56, No. 1, June 1969, 93–114.

Hewitt, Kenneth. "Place Annihilation: Area Bombing and the Fate of Urban Places," *Annals of the Association of American Geographers*, Vol. 73, No. 2, June 1983, 257–84.

Holt, George C. "The Conference on World Government," *Journal of Higher Education*, Vol. 17, No. 5, May 1946, 227–35.

Holt, Hamilton. "The League to Enforce Peace," *Proceedings of the Academy of Political Science in the City of New York*, Vol. 7, No. 2, *The Foreign Relations of the United States: Part I*, July 1917, 65–69.

_____. "The League of Nations Effective," *Annals of the American Academy of Political and Social Science*, Vol. 96, *The Place of the United States in a World Organization for the Maintenance of Peace*, July 1921, 1–10.

Hooks, Gregory. "The Rise of the Pentagon and U.S. State Building: The Defense Program as Industrial Policy," *American Journal of Sociology*, Vol. 96, No. 2, September 1990, 358–404.

Hughes, Jeff. "The Strath Report: Britain Confronts the H-Bomb, 1954–1955," *History and Technology*, Vol. 19, No. 3, 2003, 257–75.

Huntington, Samuel P. "Interservice Competition and the Political Roles of the Armed Services," *American Political Science Review*, Vol. 55, No. 1, March 1961, 40–52.

Iklé, Fred C. "The Effect of War Destruction upon the Ecology of Cities," *Social Forces*, Vol. 29, No. 4, May 1951, 383–91.

_____. "The Social Versus the Physical Effects from Nuclear Bombing," *Scientific Monthly*, Vol. 78, No. 3, March 1954, 182–87.

_____. "When the Fighting Has to Stop: The Arguments About Escalation," *World Politics*, Vol. 19, No. 4, July 1967, 692–707.

_____. "Can Nuclear Deterrence Last Out the Century?," *Foreign Affairs*, Vol. 51, No. 2, January 1973, 267–85.

_____. "The Prevention of Nuclear War in a World of Uncertainty," *Policy Sciences*, Vol. 7, No. 2, 1976, 245–50.

Johnson, Robert H. "Periods of Peril: The Window of Vulnerability and Other Myths," *Foreign Affairs*, Vol. 61, No. 4, 950–70.

Jones, Matthew. "Targeting China: U.S. Nuclear Planning and 'Massive Retaliation' in East Asia, 1953–1955," *Journal of Cold War Studies*, Vol. 10, No. 4, 2008, 37–65.

Kanwal, Gurmeet. "Are Pakistan's Nuclear Warheads Safe?," Pakistan Security Research Unit, Brief No. 27, January 24, 2008.

Kincade, William H. "Repeating History: The Civil Defense Debate Renewed," *International Security*, Vol. 2, No. 3, 1978, 99–120.

Kissinger, Henry A. "Force and Diplomacy in the Nuclear Age," *Foreign Affairs*, Vol. 34, No. 3, April 1956, 349–66.

Komer, Robert W. "What 'Decade of Neglect'?," *International Security*, Vol. 10, No. 2, 1985, 70–83.

Kramer, Mark. "The Soviet Union and the 1956 Crises in Hungary and Poland: Reassessments and New Findings," *Journal of Contemporary History*, Vol. 33, No. 2, April 1998, 163–214.

Kringlen, Einar. "The Myth of Rationality in Situations of Crisis," *Medicine and War*, Vol. I, 1985, 187–94.

McNamara, Robert S. "The Military Role of Nuclear Weapons: Perceptions and Misperceptions," *Foreign Affairs*, Vol. 62, No. 1, 1983, 59–80.

Metropolis, N. "The Age of Computing: A Personal Memoir," *Daedalus, a New Era in Computation*, Vol. 121, No. 1, 1992, 119–30.

Mian, Zia, M. V. Ramana, and R. Rajaraman. "Plutonium Dispersal and Health Hazards from Nuclear Weapon Accidents," *Current Science*, Vol. 80, No. 10, 2001, 1275–84.

Moore, Richard. "The Real Meaning of the Words: A Pedantic Glossary of British Nuclear Weapons," UK Nuclear History Working Paper, Number 1, Mountbatten Centre for International Studies, March 2004.

Morland, Howard. "Born Secret," *Cardozo Law Review*, Vol. 26, No. 4, March 2005, 1401–8.

Neufeld, Michael J. "The End of the Army Space Program: Interservice Rivalry and the Transfer of the von Braun Group to NASA, 1958–1959," *Journal of Military History*, Vol. 69, No. 3, July 2005, 737–58.

Newman, Robert P. "Ending the War with Japan: Paul Nitze's 'Early Surrender' Counterfactual," *Pacific Historical Review*, Vol. 64, No. 2, May 1995, 167–94.

_____. "Hiroshima and the Trashing of Henry Stimson," *New England Quarterly*, Vol. 71, No. 1, March 1998, 5–32.

Oakes, Guy. "The Cold War Conception of Nuclear Reality: Mobilizing the American Imagination for Nuclear War in the 1950's," *International Journal of Politics, Culture, and Society*, Vol. 6, No. 3, 1993, 339–63.

_____, and A. Grossman. "Managing Nuclear Terror: The Genesis of American Civil Defense Strategy," *International Journal of Politics, Culture, and Society*, Vol. 5, No. 3, 1992, 361–403.

Olesen, Thorsten Borring. "Tango for Thule: The Dilemmas and Limits of the 'Neither Confirm Nor Deny' Doctrine in Danish-American Relations, 1957–1968," *Journal of Cold War Studies*, Vol. 13, No. 2, Spring 2011, 116–47.

Park, You-Me. "Compensation to Fit the Crime: Conceptualizing a Just Paradigm of Reparation for Korean 'Comfort Women,'" *Comparative Studies of South Asia, Africa, and the Middle East*, Vol. 30, No. 2, 2010, 204–13.

Pearlman, Michael D. "Unconditional Surrender, Demobilization, the Atomic Bomb," U.S. Army Command and General Staff College, Combat Studies Institute, 1996.

Perkins, Ray. "Bertrand Russell and Preventive War," *Russell: The Journal of Bertrand Russell Studies*, Vol. 14, Iss. 2, 1994, 135–53.

Pines, Maya. "The Magic Carpet of Inertial Guidance," *Harper's Magazine*, Vol. 224, No. 1342, March 1962, 72–81.

Potter, William C. "Coping with MIRV in a MAD World," *Journal of Conflict Resolution*, Vol. 22, No. 4, 1978, 599–626.

Prados, John. "The Navy's Biggest Betrayal," U.S. Naval Institute, *Naval History Magazine*, Vol. 24, No. 3, 2010.

Preble, Christopher A. "'Who Ever Believed in the "Missile Gap"?': John F. Kennedy and the Politics of National Security," *Presidential Studies Quarterly*, Vol. 33, No. 4, December 2003, 801–26.

Quester, George H. "Through the Nuclear Strategic Looking Glass, or Reflections off the Window of Vulnerability," *Journal of Conflict Resolution*, Vol. 31, No. 4, 1987, 725–37.

Ralph, William W. "Improvised Destruction: Arnold, LeMay, and the Firebombing of Japan," *War in History*, Vol. 13, No. 4, 2006, 495–522.

Robock, Alan. "Nuclear Winter Is a Real and Present Danger," *Nature*, Vol. 473, May 19, 2011, 275–76.

Roman, Peter J. "Ike's Hair-Trigger: U.S. Nuclear Predelegation, 1953–60," *Security Studies*, Vol. 7, No. 4, 121–64.

Rosenberg, David Alan. "American Atomic Strategy and the Hydrogen Bomb Decision," *Journal of American History*, Vol. 66, No. 1, June 1979, 62–87.

_____. "The Origins of Overkill: Nuclear Weapons and American Strategy 1945–1960," *International Security*, Vol. 7, No. 4, 1983, 3–71.

_____, and W. B. Moore. "'A Smoking Radiating Ruin at the End of Two Hours': Documents on American Plans for Nuclear War with the Soviet Union, 1954–55," *International Security*, Vol. 6, No. 3, 1981, 3–38.

Sagan, Scott D. "SIOP-62: The Nuclear War Plan Briefing to President Kennedy," *International Security*, Vol. 12, No. 1, Summer 1987, 22–51.

_____. "Nuclear Alerts and Crisis Management," *International Security*, Vol. 9, No. 4, Spring 1985, 122–31.

_____, and J. Suri. "The Madman Nuclear Alert," *International Security*, Vol. 27, No. 4, 2003, 150–83.

Scott, Len, and S. Smith. "Lessons of October: Historians, Political Scientists, Policy Makers and the Cuban Missile Crisis," *International Affairs*, Vol. 70, No. 4, October 1994, 659–84.

Searle, Thomas R. "'It Made a Lot of Sense to Kill Skilled Workers': The Firebombing of Tokyo in March 1945," *Journal of Military History*, Vol. 66, No. 1, January 2002, 103–33.

Seckel, Al. "Russell and the Cuban Missile Crisis," *Russell: Journal of the Bertrand Russell Studies*, Vol. 4, No. 2, 253–61.

Skidmore, David. "Carter and the Failure of Foreign Policy Reform," *Political Science Quarterly*, Vol. 108, No. 4, 1993, 699–729.

Steinbruner, John D. "Nuclear Decapitation," *Foreign Policy* No. 45 (Winter 1981–1982), 16–28.

_____, and T. M. Garwin. "Strategic Vulnerability: The Balance Between Prudence and Paranoia," *International Security*, Vol. 1, No. 1, 1976, 138–81.

Stiles, David. "A Fusion Bomb over Andalucía: U.S. Information Policy and the 1966 Palomares Incident," *Journal of Cold War Studies*, Vol. 8, No. 1, 2006, 49–67.

Sutton, George P. "History of Liquid Propellant Rocket Engines in the United States," *Journal of Propulsion and Power*, Vol. 19, No. 6, 2003, 978–1007.

Tertrais, Bruno. "A Nuclear Coup? France, the Algerian War and the April 1961 Nuclear Test," Fondation pour la Recherche Stratégique, Draft, October 2, 2011.

Thompson, Kenneth W. "The Coming of the Third World War: A Review Essay," *Political Science Quarterly*, Vol. 94, No. 4, 1979, 669–77.

Trachtenberg, Marc. "The Influence of Nuclear Weapons in the Cuban Missile Crisis," *International Security*, Vol. 10, No. 1, 1985, 137–63.

_____. "The 'Accidental War' Question," Department of History–University of Pennsylvania, February 14, 2000.

Tsypkin, Mikhail. "Adventures of the 'Nuclear Briefcase': A Russian Document Analysis," *Strategic Insights*, Vol. 3, Iss. 9, 2004.

Twigge, Stephen, and L. Scott. "Learning to Love the Bomb: The Command and Control of British Nuclear Forces, 1953–1964," *Journal of Strategic Studies*, Vol. 22, No. 1, 1999, 29–53.

Varesh, Ron. "Electronic Detonators: EBW and EFI," *Propellants, Explosives, Pyrotechnics*, 21, 1996, 150–54.

Walkowicz, T.F. "Strategic Concepts for the Nuclear Age," *Annals of the American Academy of Political and Social Science*, Vol. 299, Air Power and National Security, May 1955, 118–27.

Walsh, John. "McNamara and the Pentagon: Limits of the 'Management View,'" *Science (New Series)*, Vol. 172, No. 3987, June 4, 1971, 1008–11.

Weathersby, Kathryn. "'Should We Fear This?' Stalin and the Danger of War with America," Woodrow Wilson International Center for Scholars–Cold War International History Project, Working Paper No. 39, July 2002.

Weiss, Erik D. "Cold War Under the Ice: The Army's Bid for a Long-Range Nuclear Role, 1959–1963," *Journal of Cold War Studies*, Vol. 3, No. 3, 2001, 31–58.

Wellerstein, Alex. "Patenting the Bomb: Nuclear Weapons, Intellectual Property, and Technological Control," *Isis*, Vol. 99, No. 1, March 2008, 57–87.

Wells, Samuel F., Jr. "The Origins of Massive Retaliation," *Political Science Quarterly*, Vol. 96, No. 1, 1981, 31–52.

Woolven, Robin. "UK Civil Defence and Nuclear Weapons, 1953–1959," UK Nuclear History Working Paper No. 2, Mountbatten Centre for International Studies (n.d.).

Yockey, Charles C., B. M. Eden, and R. B. Byrd. "The McConnell Missile Accident: Clinical Spectrum of Nitrogen Dioxide Exposure," *Journal of the American Medical Association*, Vol. 244, No. 11, September 12, 1980, 1221–23.

Young, Ken. "A Most Special Relationship: The Origins of Anglo-American Nuclear Strike Planning," *Journal of Cold War Studies*, Vol. 9, No. 2, 2007, 5–31.

_____. "No Blank Cheque: Anglo-American (Mis)understandings and the Use of the English Airbases," *Journal of Military History*, Vol. 71, No. 4, 2007, 1133–67.

_____. "US Atomic Capability and the British Forward Bases in the Early Cold War," *Journal of Contemporary History*, Vol. 42, No. 1, January 2007, 117–36.

Zubok, Vladislav M. "Khrushchev and the Berlin Crisis (1958–1962)," *Cold War International History Project—Working Paper Series*, Working Paper No. 6, Washington, D.C., May 1993.

# 论文

Fitzpatrick, Anne. "Igniting the Elements: The Los Alamos Thermonuclear Project, 1942–1952," Los Alamos National Laboratory, LA-13577-T, Thesis, July 1999.

Francis, Sybil. "Warhead Politics: Livermore and the Competitive System of Nuclear Weapons Design," Thesis, Massachusetts Institute of Technology, Department of Politic Science, 1995.

Isemann, James Louis. "To Detect, to Deter, to Defend: The Distant Early Warning (DEW) Line and Early Cold War Defense Policy, 1953–1957," Dissertation, Department of History, Kansas State University, 2009.

Jodoin, Vincent J. "Nuclear Cloud Rise and Growth," Dissertation, Graduate School of Engineering, Air Force Institute of Technology, Air University, June 1994.

Michel, Marshall L., III. "The Revolt of the Majors: How the Air Force Changed After Vietnam," Dissertation Submitted to Auburn University, Alabama, December 15, 2006.

Pomeroy, Steven Anthony. "Echos That Never Were: American Mobile Intercontinental Ballistic Missiles, 1956–1983," Dissertation Submitted to Auburn University, Auburn, Alabama, August 7, 2006.

# 文献汇编

Cantelon, Philip L., Richard G. Hewlett, and Robert C. Williams. *The American Atom: A Documentary History of Nuclear Policies from the Discovery of Fission to the Present*. Philadelphia: University of Pennsylvania Press, 1991.

Coster-Mullen, John. *Atom Bombs: The Top Secret Inside Story of Little Boy and Fat Man*. Waukesha, WI: John Coster-Mullen, 2009.

Etzold, Thomas E., and John Lewis Gaddis. *Containment: Documents on American Policy and Strategy, 1945–1950*. New York: Columbia University Press, 1978.

Ferrell, Robert H., ed. *Harry S. Truman and the Bomb: A Documentary History*. Worland, WY: High Plains Publishing Company, 1996.

Hansen, Chuck. *The Swords of Armageddon (Digital Collection)*. Sunnyvale, CA: Chuklea Publications, 2007.

Kort, Michael. *The Columbia Guide to Hiroshima and the Bomb*. New York: Columbia University Press, 2012.

Maggelet, Michael H., and James C. Oskins. *Broken Arrow: The Declassified History of U.S. Nuclear Weapons Accidents*. Raleigh, NC: Lulu, 2007.

_____. *Broken Arrow, Volume II: A Disclosure of Significant U.S., Soviet, and British Nuclear Weapon Incidents and Accidents, 1945–2008*. Raleigh, NC: Lulu, 2010.

May, Ernest R., and Philip D. Zelikow. *The Kennedy Tapes: Inside the White House During the Cuban Missile Crisis*. New York: W. W. Norton, 2002.

Merrill, Dennis, ed. *Documentary History of the Truman Presidency, Volume 1: The Decision to Drop the Atomic Bomb on Japan.* Bethesda, MD: University Publications of America, 1995.

*Public Papers of the Presidents of the United States: Dwight D. Eisenhower, Containing the Public Messages and Statements of the President, January 1, 1960 to January 20, 1961.* Washington, D.C.: Office of the Federal Register, 1961.

Steury, Donald P., ed. *Intentions and Capabilities: Estimates on Soviet Strategic Forces, 1953–1983.* Washington, D.C.: History Staff, Center for the Study of Intelligence, Central Intelligence Agency, 1996.

United States State Department. *Foreign Relations of the United States: Diplomatic Papers, 1945, Volume V, Europe.* Washington, D.C.: Government Printing Office, 1967.

_____. *Foreign Relations of the United States, 1946, Volume I, General, the United Nations.* Washington, D.C.: Government Printing Office, 1972.

_____. *Foreign Relations of the United States: 1946, Volume VI, Eastern Europe; The Soviet Union.* Washington, D.C.: Government Printing Office, 1969.

_____. *Foreign Relations of the United States, 1955–1957, Volume XIX, National Security Policy.* Washington, D.C.: Government Printing Office, 1990.

_____. *Foreign Relations of the United States, 1958–1960, Volume III, National Security Policy, Arms Control and Disarmament.* Washington, D.C.: Government Printing Office, 1996.

_____. *Foreign Relations of the United States, 1961–1963, Volume VI, Kennedy-Khrushchev Exchanges.* Washington, D.C.: Government Printing Office, 1996.

_____. *Foreign Relations of the United States, 1961–1963, Volume VIII, National Security Policy.* Washington, D.C.: Government Printing Office, 1996.

_____. *Foreign Relations of the United States, 1961–1963, Volume XI, Cuban Missile Crisis and Aftermath.* Washington, D.C.: Government Printing Office, 1996.

_____. *Foreign Relations of the United States, 1961–1963, Berlin Crisis, Volume XIV, 1961–1962.* Washington, D.C.: Government Printing Office, 1993.

_____. *Foreign Relations of the United States, 1961–1963, Berlin Crisis, Volume XV, 1962–1963.* Washington, D.C.: Government Printing Office, 1994.

_____. *Foreign Relations of the United States, 1961–1963, Volume XVI, Eastern Europe; Cyprus; Greece; Turkey.* Washington, D.C.: Government Printing Office, 1994.

_____. *Foreign Relations of the United States, 1969–1976, Volume XXXIV, National Security Policy, 1969–1972.* Washington, D.C.: Government Printing Office, 2011.

## 信件、日记、回忆录和口述史

Adams, Chris. *Inside the Cold War: A Cold Warrior's Reflections.* Maxwell Air Force Base, Alabama: Air University Press, September 1999.

Alvarez, Luis W., *Alvarez: Adventures of a Physicist.* New York: Basic Books, 1987.

Anderson, Clinton P., with Milton Viorst. *Outsider in the Senate: Senator Clinton Anderson's Memoirs.* New York: World Publishing Company, 1970.

Badash, Lawrence, Joseph O. Hirschfelder, and Herbert P. Broida, eds. *Reminiscences of Los Alamos, 1943–1945.* Boston: D. Reidel Publishing Co., 1980.

Boyle, Peter G., ed. *The Churchill-Eisenhower Correspondence, 1953–1955.* Chapel Hill: University of North Carolina Press, 1990.

Brian, Denis. *The Voice of Genius: Conversations with Nobel Scientists and Other Luminaries.* New York: Basic Books, 2001.

Brown, Harold. *Thinking About National Security: Defense and Foreign Policy in a Dangerous World.* Boulder, CO: Westview Press, 1983.

Brzezinski, Zbigniew. *Power and Principle: Memoirs of the National Security Advisor, 1977–1981.* New York: Farrar, Straus, & Giroux, 1983.

Bundy, McGeorge. *Danger and Survival: Choices About the Bomb in the First Fifty Years.* New York: Random House, 1988.

Carter, Bill, and Judi Turner. *Get Carter: Backstage in History from JFK's Assassination to the Rolling Stones.* Nashville, TN: Fine's Creek Publishing, 2006.

Carter, Jimmy. *White House Diary.* New York: Farrar, Straus, & Giroux, 2010.

Chertok, Boris. *Rockets and People, Volume II: Creating a Rocket Industry.* Washington, D.C.: NASA History Series, 2006.

Clancy, Tom, and Chuck Horner. *Every Man a Tiger.* New York: G. P. Putnam's Sons, 1999.

Clinton, Bill. *My Life.* New York: Knopf, 2004.

Courchene, Douglas E. *Pioneers with Intent: Memoirs of an Air Force Fire Fighter.* Tyndall Air Force Base, FL: Air Force Civil Engineer Support Agency, July 2003.

D'Amario, Alfred J. *Hangar Flying.* Bloomington, IN: AuthorHouse, 2008.

Enthoven, Alain C., and K. Wayne Smith. *How Much Is Enough? Shaping the Defense Program, 1961–1969.* Santa Monica, CA: RAND Corporation, 1971.

Ferrell, Robert H., ed. *The Eisenhower Diaries.* New York: W. W. Norton, 1981.

Gates, Robert M. *From the Shadows: The Ultimate Insider's Story of Five Presidents and How They Won the Cold War.* New York: Simon & Schuster, 2006.

Groves, Leslie R. *Now It Can Be Told: The Story of the Manhattan Project.* New York: Da Capo Press, 1982.

Gulley, Bill, with Mary Ellen Reese. *Breaking Cover.* New York: Simon & Schuster, 1980.

Jordan, Hamilton. *Crisis: The Last Year of the Carter Presidency.* New York: G. P. Putnam's Sons, 1982.

Kelly, Cynthia C., ed. *The Manhattan Project: The Birth of the Atomic Bomb in the Words of Its Creators, Eyewitnesses, and Historians.* New York: Black Dog and Leventhal Publishers, Inc., 2007.

Kissinger, Henry A.. *White House Years.* New York: Simon & Schuster, 1979.

_____. *Years of Upheaval.* New York: Simon & Schuster, 1982.

_____. *Years of Renewal.* New York: Touchstone, 1999.

Kistiakowsky, George B. *A Scientist at the White House: The Private Diary of President Eisenhower's Special Assistant for Science and Technology.* Cambridge, MA: Harvard University Press, 1976.

Kohn, Richard H., and Joseph P. Harahan, eds. *Strategic Air Warfare: An Interview with Generals Curtis E. LeMay, Leon W. Johnson, David A. Burchinal, and Jack J. Catton.* Washington, D.C.: Office of Air Force History, 1988.

Leavitt, Lloyd R. *Following the Flag: An Air Force Officer Provides an Eyewitness View of Major Events and Policies During the Cold War.* Maxwell Air Force Base, AL: Air University Press, 2010.

LeMay, Curtis E., with Dale O. Smith. *America Is in Danger.* New York: Funk and Wagnalls, 1968.

_____, with MacKinlay Kantor. *Mission with LeMay: My Story.* Garden City, NY: Doubleday, 1965.

Lilienthal, David E. *The Journals of David E. Lilienthal, Volume II: The Atomic Energy Years, 1945–1950.* New York: Harper & Row, 1964.

Little, James S. *Brotherhood of Doom: Memoirs of a Navy Nuclear Weaponsman.* Bradenton, FL: Booklocker, 2008.

McNamara, Robert, with Brian VanDeMark. *In Retrospect: The Tragedy and Lessons of Vietnam.* New York: Vintage Books, 1996.

Meyer, Cord. *Facing Reality: From World Federalism to the CIA:* New York: Harper & Row, 1980.

Millis, Walter, and E. S. Duffield, eds. *The Forrestal Diaries.* New York: Viking, 1951.

Nichols, Kenneth D. *The Road to Trinity: A Personal Account of How America's Nuclear Policies Were Made.* New York: William Morrow, 1987.

Nutter, Ralph H. *With the Possum and the Eagle: The Memoir of a Navigator's War over Germany and Japan.* Denton, TX: University of North Texas Press, 2002.

O'Keefe, Bernard J. *Nuclear Hostages.* Boston: Houghton Mifflin, 1983.

Powell, Colin, with Joseph E. Persico. *My American Journey.* New York: Random House, 1995.

Power, Thomas S., with Albert A. Arnhym. *Design for Survival.* New York: Coward-McCann, 1964.

Pryor, David, with Don Harrell. *A Pryor Commitment: The Autobiography of David Pryor.* Little Rock, AR: Butler Center Books, 2008.

Reed, Thomas C. *At the Abyss: An Insider's History of the Cold War.* New York: Ballantine Books, 2004.

Rubel, John H. *Doomsday Delayed: USAF Strategic Weapons Doctrine and SIOP-62, 1959–1962, Two Cautionary Tales.* New York: Hamilton Books, 2008.

_____. *Reflections on Fame and Some Famous Men.* Santa Fe, NM: Sunstone Press, 2009.

Schonfeld, Reese. *Me and Ted Against the World: The Unauthorized Story of the Founding of CNN.* New York: HarperCollins, 2001.

Sheff, David, and G. Barry Golson, eds. *All We Are Saying: The Last Major Interview with John Lennon and Yoko Ono.* New York: St. Martin's Griffin, 2000.

Sweeney, Charles W., with James A. Antonucci and Marion K. Antonucci. *War's End: An Eyewitness Account of America's Last Atomic Mission.* New York: Avon Books, 1997.

Vance, Cyrus. *Hard Choices: Critical Years in America's Foreign Policy.* New York: Simon & Schuster, 1983.

Womack, John. *Titan Tales: Diary of a Titan II Missile Crew Commander.* Franklin, NC: Soliloquy Press, 1997.

York, Herbert F. *Making Weapons, Talking Peace: A Physicist's Odyssey from Hiroshima to Geneva.* New York: Basic Books, 1987.

_____. *Race to Oblivion: A Participant's View of the Arms Race.* New York: Simon & Schuster, 1970.

# 著作

Abella, Alex. *Soldiers of Reason: The RAND Corporation and the Rise of the American Empire.* New York: Harcourt, 2008.

Abrahamson, James L., and Paul H. Carew. *Vanguard of American Atomic Deterrence: The Sandia Pioneers, 1946–1949.* Westport, CT: Praeger, 2002.

Ackland, Len. *Making a Real Killing: Rocky Flats and the Nuclear West.* Albuquerque, NM: University of New Mexico Press, 1999.

*Air Force Missileers: Victors in the Cold War.* Paducah, KY: Association of the Air Force Missileers, Turner Publishing Company, 1998.

Allison, Graham. *Nuclear Terrorism: The Ultimate Preventable Catastrophe.* New York: Times Books, 2004.

_____, and Philip Zelikow. *Essence of Decision: Explaining the Cuban Missile Crisis.* New York: Longman, 1999.

Alperovitz, Gar. *The Decision to Use the Atomic Bomb.* New York: Vintage Books, 1996.

Ambrose, Stephen E. *Eisenhower, Soldier and President: The Renowned One-Volume Life.* New York: Simon & Schuster, 1990.

Ammerman, Robert T., Peggy J. Ott, and Ralph E. Tarter, eds. *Prevention and Societal Impact of Drug and Alcohol Abuse.* Mahwah, NJ: Lawrence Erlbaum Associates, Inc., 1999.

Anderson, Martin, and Annelise Anderson. *Reagan's Secret War: The Untold Story of His Fight to Save the World from Nuclear Disaster.* New York: Crown Publishers, 2009.

Andrew, Christopher, and Vasili Mitrokhin. *The Sword and the Shield: The Mitrokhin Archive and the Secret History of the KGB.* New York: Basic Books, 1999.

_____. *The World Was Going Our Way: The KGB and the Battle for the Third World.* New York: Basic Books, 2005.

Arbatov, Alexei, and Vladimir Dvorkin. *Beyond Nuclear Deterrence: Transforming the U.S.–Russian Equation.* Washington, D.C.: Carnegie Endowment for International Peace, 2006.

Armacost, Michael H. *The Politics of Weapons Innovation: The Thor-Jupiter Controversy.* New York: Columbia University Press, 1969.

Auten, Brian J. *Carter's Conversion: The Hardening of American Defense Policy.* Columbia, MO: University of Missouri Press, 2008.

Ayson, Robert. *Thomas Schelling and the Nuclear Age: Strategy as Social Science.* New York: Frank Cass, 2004.

Ball, Adrian. *Ballistic and Guided Missiles.* London: Frederick Muller, 1960.

Ball, Desmond. *Politics and Force Levels: The Strategic Missile Program of the Kennedy Administration.* Berkeley: University of California Press, 1980.

_____, and Jeffrey Richelson. *Strategic Nuclear Targeting.* Ithaca, NY: Cornell University Press, 1986.

Barlow, Jeffrey G. *Revolt of the Admirals: The Fight for Naval Aviation 1945–1950.* Washington, D.C.: Government Reprints Press, 2001.

Berhow, Mark A. *U.S. Strategic and Defensive Missile Systems, 1950–2004.* Oxford, UK: Osprey Publishing, 2005.

Bernstein, Jeremy. *Plutonium: A History of the World's Most Dangerous Element.* Washington, D.C.: Joseph Henry Press, 2007.

Bird, Kai, and Martin J. Sherwin. *American Prometheus: The Triumph and Tragedy of J. Robert Oppenheimer*. New York: Vintage Books, 2006.

Blair, Bruce G. *Strategic Command and Control: Redefining the Nuclear Threat*. Washington, D.C.: Brookings Institution, 1985.

_____. *The Logic of Accidental Nuclear War*. Washington, D.C.: Brookings Institution, 1993.

_____. *Global Zero Alert for Nuclear Forces*. Washington, D.C.: Brookings Institution, 1995.

Blechman, Barry, ed. *Technology and the Limitation of International Conflict*. Washington, D.C.: Foreign Policy Institute, School of Advanced International Studies, Johns Hopkins University, 1989.

Bliss, Edward, Jr., ed. *In Search of Light: The Broadcasts of Edward R. Murrow 1938–1961*. New York: Knopf, 1967.

Borowski, Harry R. *A Hollow Threat: Strategic Air Power and Containment Before Korea*. Westport, CT: Greenwood Press, 1982.

Bowden, Mark. *The Finish: The Killing of Osama bin Laden*. New York: Atlantic Monthly Press, 2012.

Bower, Tom. *The Paperclip Conspiracy: The Hunt for the Nazi Scientists*. Boston: Little, Brown, 1987.

Boyer, Paul. *By the Bomb's Early Light: American Thought and Culture at the Dawn of the Atomic Age*. Chapel Hill, NC: University of North Carolina Press, 1994.

Bracken, Paul. *The Command and Control of Nuclear Forces*. New Haven, CT: Yale University Press, 1983.

_____. *The Second Nuclear Age: Strategy, Danger, and the New Power Politics*. New York: Times Books, 2012.

Brennan, Frederick Hazlitt. *One of Our H Bombs Is Missing*. New York: Fawcett Publications, 1955.

Bright, Christopher J. *Continental Defense in the Eisenhower Era: Nuclear Antiaircraft Arms and the Cold War*. New York: Palgrave Macmillan, 2010.

Bryant, Peter. *Red Alert*. New York: Ace Books, 1958.

Brzenzinski, Matthew. *Red Moon Rising: Sputnik and the Hidden Rivalries That Ignited the Space Age*. New York: Henry Holt, 2007.

Bunn, George, and Christopher F. Chyba, eds. *U.S. Nuclear Weapons Policy: Confronting Today's Threats*. Washington, D.C.: Brookings Institution, 2006.

Burdick, Eugene, and Harvey Wheeler. *Fail-Safe*. New York: McGraw-Hill, 1962.

Burnham, John C. *Accident Prone: A History of Technology, Psychology, and Misfits of the Machine Age*. Chicago: University of Chicago Press, 2009.

Burrows, William E. *By Any Means Necessary: America's Secret Air War in the Cold War*. New York: Farrar, Straus, & Giroux, 2001.

Call, Steve. *Selling Air Power: Military Aviation and Popular Culture After World War II*. College Station, TX: Texas A&M University Press, 2009.

*The Campaigns of the Pacific War: United States, Strategic Bombing Survey (Pacific)*. Washington, D.C.: Government Printing Office, 1946.

Campbell, Duncan. *The Unsinkable Aircraft Carrier: The Implications of American Military Power in Britain*. London: Michael Joseph, 1984.

Carothers, James. *Caging the Dragon: The Containment of Underground Nuclear Explosions*. Alexandria, VA: Defense Nuclear Agency, 1995.

Carroll, James. *House of War: The Pentagon and the Disastrous Rise of American Power*. Boston: Mariner Books, 2006.

Carter, Ashton, John D. Steinbruner, and Charles A. Zraket, eds. *Managing Nuclear Operations*. Washington, D.C: Brookings Institution, 1987.

Cienciala, Anna M., Natalia S. Lebedeva, and Wojciech Materski, eds. *Katyn: A Crime Without Punishment*. New Haven, CT: Yale University Press, 2008.

Cimbala, Stephen J., ed. *Soviet C3*. Washington, D.C.: AFCEA International Press, 1987.

Cirincione, Joseph. *Bomb Scare: The History & Future of Nuclear Weapons*. New York: Columbia University Press, 2007.

Clearwater, John. *Canadian Nuclear Weapons: The Untold Story of Canada's Cold War Arsenal*. Toronto: Dundurn Press, 1998.

Clodfelter, Mark. *Beneficial Bombing: The Progressive Foundations of American Air Power 1917–1945*. Lincoln, NE: University of Nebraska Press, 2010.

Coffey, Thomas M. *Iron Eagle: The Turbulent Life of General Curtis LeMay*. New York: Crown Publishers, 1986.

Cohen, Stephen F. *Soviet Fates and Lost Alternatives: From Stalinism to the New Cold War*. New York: Columbia University Press, 2009.

*The Comprehensive Nuclear Test Ban Treaty: Technical Issues for the United States*. Committee on Reviewing and Updating Technical Issues Related to the Comprehensive Nuclear Test Ban Treaty, National Research Council of the National Academies (Washington, D.C.: National Academies Press, 2012).

Condit, Kenneth W. *The Joint Chiefs of Staff and National Policy: Volume II, 1947-1949*. Washington, D.C.: Office of Joint History, Office of the Chairman of Joint Chiefs of Staff, 1996.

Corera, Gordon. *Shopping for Bombs: Nuclear Proliferation, Global Insecurity, and the Rise and Fall of the A. Q. Khan Network*. New York: Oxford University Press, 2006.

Courtois, Stéphane, et al., and Mark Kramer, tr., with Mark Kramer. *The Black Book of Communism: Crimes, Terror, Repression*. Cambridge, MA: Harvard University Press, 1999.

Craven, Wesley Frank, and James Lea Cate, eds. *The Army Air Forces in World War II: Volume Five, The Pacific: Matterhorn to Nagasaki, June 1944 to August 1945*. Washington, D.C.: Office of Air Force History, 1983.

Dalton, Russell J., et al., eds. *Critical Masses: Citizens, Nuclear Weapons Production, and Environmental Destruction in the United States and Russia*. Cambridge, MA: MIT Press, 1999.

Davis, Vincent. *The Admirals Lobby*. Chapel Hill, NC: University of North Carolina Press, 1967.

*Defense's Nuclear Agency: 1947–1997*. Washington, D.C.: Defense Threat Reduction Agency, U.S. Department of Defense, 2002.

Delgado, James P. *Nuclear Dawn: From the Manhattan Project to the Bikini Atoll*. Oxford, UK: Osprey Publishing, 2009.

Del Tredici, Robert. *At Work in the Fields of the Bomb*. New York: Harper & Row, 1987.

DeVorkin, David H. *Science with a Vengeance: How the Military Created the US Space Sciences After World War II*. New York: Springer, 1992.

Dobbs, Michael. *One Minute to Midnight: Kennedy, Khrushchev, and Castro on the Brink of Nuclear War*. New York: Alfred A. Knopf, 2008.

Dobson, Joel. *The Goldsboro Broken Arrow: The Story of the 1961 B-52 Crash, the Men, the Bombs, the Aftermath*. Raleigh, NC: Lulu, 2011.

Dower, John W. *War Without Mercy: Race and Power in the Pacific War*. New York: Pantheon, 1987.

_____. *Embracing Defeat: Japan in the Wake of World War II*. New York: W. W. Norton, 2000.

Drea, Edward, Greg Bradsher, Robert Hanyock, James Lide, Michael Petersen, and Daqing Yang. *Researching Japanese War Crime Records: Introductory Essays*. Washington, D.C.: Nazi War Crimes and Japanese Imperial Government Records Interagency Working Group, U.S. National Archives, 2006.

Drell, Sidney D. *In the Shadow of the Bomb: Physics and Arms Control*. New York: American Institute of Physics, 1993.

_____. *Nuclear Weapons, Scientists, and the Post-Cold War Challenge: Selected Papers on Arms Control*. Hackensack, NJ: World Scientific Publishing Company, 2007.

_____, and James E. Goodby. *The Gravest Danger: Nuclear Weapons*. Stanford, CA: Hoover Institution Press, 2003.

_____, and George P. Shultz, eds. *Implications of the Reykjavik Summit on Its Twentieth Anniversary: Conference Report*. Stanford, CA: Stanford University, 2007.

Duignan, Peter, and Alvin Rabushka. *The United States in the 1980s*. Stanford, CA: Hoover Institution Press, 1980.

Dumas, Lloyd J. *Lethal Arrogance: Human Fallibility and Dangerous Technologies*. New York: St. Martin's Press, 1999.

Dyson, George. *Project Orion: The True Story of the Atomic Spaceship*. New York: Henry Holt, 2002.

Eden, Lynn. *Whole World on Fire: Organizations, Knowledge & Nuclear Weapons Devastation*. Ithaca, NY: Cornell University Press, 2004.

Edwards, Paul N. *The Closed World: Computers and the Politics of Discourse in Cold War America*. Cambridge, MA: MIT Press, 1996.

Farquhar, John Thomas. *A Need to Know: The Role of Air Force Reconnaissance in War Planning, 1945–1953*. Montgomery, AL: Air University Press, February 2004.

Feaver, Peter Douglas. *Guarding the Guardians: Civilian Control of Nuclear Weapons in the United States.* Ithaca, NY: Cornell University Press, 1992.

Ferguson, Charles D., and William C. Potter. *The Four Faces of Nuclear Terrorism.* New York: Routledge, 2005.

Ferrell, Robert H. *Harry S. Truman: A Life.* Columbia, MO: University of Missouri Press, 1994.

FitzGerald, Frances. *Way Out There in the Blue: Reagan, Star Wars and the End of the Cold War.* New York: Touchstone, 2001.

Ford, Daniel. *The Button: The Pentagon's Strategic Command and Control System—Does It Work?* New York: Simon & Schuster, 1985.

Frank, Richard B. *Downfall: The End of the Imperial Japanese Empire.* New York: Penguin Books, 1999.

Frankel, Max. *High Noon in the Cold War: Kennedy, Khrushchev, and the Cuban Missile Crisis.* New York: Ballantine Books, 2004.

Freedman, Lawrence. *The Evolution of Nuclear Strategy.* New York: Palgrave Macmillan, 2003.

Friedrich, Jörg. *The Fire: The Bombing of Germany, 1940–1945.* New York: Columbia University Press, 2006.

Furman, Necah Stewart. *Sandia National Laboratories: The Postwar Decade.* Albuquerque, NM: University of New Mexico Press, 1990.

Fursenko, Aleksandr, and Timothy Naftali. *"One Hell of a Gamble": Khrushchev, Castro, and Kennedy, 1958–1964.* New York: W. W. Norton, 1997.

_____. *Khruschchev's Cold War: The Inside Story of an American Adversary.* New York: W. W. Norton, 2006.

Futrell, Robert F. *Ideas, Concepts, Doctrine, Volume I: Basic Thinking in the United States Air Force 1907–1960.* Maxwell Air Force Base, AL: Air University Press, 1989.

_____. *Ideas, Concepts, Doctrine, Volume II: Basic Thinking in the United States Air Force 1961–1984.* Maxwell Air Force Base, AL: Air University Press, 1989.

Gaddis, John Lewis. *The Cold War: A New History.* New York: Penguin Press, 2007.

_____. *George F. Kennan: An American Life.* New York: Penguin Press, 2011.

Ganguly, Šumit, and S. Paul Kapur. *India, Pakistan, and the Bomb: Debating Nuclear Stability in South Asia.* New York: Columbia University Press, 2010.

Garwin, Richard L., and George Charpak. *Megawatts and Megatons: The Future of Nuclear Power and Nuclear Weapons.* Chicago: University of Chicago Press, 2002.

George, Peter. *Commander-1.* New York: Delacorte Press, 1965.

Ghamara-Tabrizi, Sharon. *The Worlds of Herman Kahn: The Intuitive Science of Thermonuclear War.* Cambridge, MA: Harvard University Press, 2005.

Giarchi, G.G. *Between McAlpine and Polaris.* London: Routledge & Kegan Paul, 1984.

Gibson, Chris. *Vulcan's Hammer: V-Force Projects and Weapons Since 1945.* Manchester, England: Hikoki Publications, 2011.

Gibson, James N. *Nuclear Weapons of the United States: An Illustrated History.* Atglen, PA: Schiffer Publishing, 1996.

Gilbert, Martin. *The Second World War: A Complete History.* New York: Holt Paperbacks, 2004.

Glasstone, Samuel, ed. *The Effects of Nuclear Weapons.* Washington, D.C.: U.S. Government Printing Office, 1964.

Goldberg, Alfred, Steven L. Rearden, and Doris M. Condit. *History of the Office of the Secretary of Defense: The McNamara Ascendancy, 1961–1965.* Washington, D.C.: Government Printing Office, 1984.

Gottfried, Kurt, and Blair, Bruce G., eds. *Crisis Stability and Nuclear War.* New York: Oxford University Press, 1988.

Grayling, A.C. *Among the Dead Cities: The History and Moral Legacy of the WWII Bombing of Civilians in Germany and Japan.* New York: Walker Publishing, 2006.

Greene, Benjamin P. *Eisenhower, Science Advice, and the Nuclear Test Ban Debate, 1945–1963.* Stanford, CA: Stanford University Press, 2007.

Gregory, Shaun R. *The Hidden Cost of Deterrence: Nuclear Weapon Accidents.* Washington, D.C.: Brassey's, 1990.

_____. *Nuclear Command and Control in NATO: Nuclear Weapons Operations and the Strategy of Flexible Response.* New York: Palgrave Macmillan, 1996.

Gusterson, Hugh. *Nuclear Rites: A Weapons Laboratory at the End of the Cold War*. Berkeley, CA: University of California Press, 1998.

_____. *People of the Bomb: Portraits of America's Nuclear Complex*. Minneapolis, MN: University of Minnesota Press, 2004.

Hacker, Barton C., and James M. Grimwood. *On the Shoulders of Titans: A History Project of Gemini*. Washington, D.C.: National Aeronautics and Space Administration, Scientific and Technical Information Office, 1977.

Hackett, John. *The Third World War: August 1985*. New York: Macmillan, 1978.

Haines, Gerald K., and Robert E. Leggett, eds. *Watching the Bear: Essays on CIA's Analysis of the Soviet Union*. Washington, D.C.: Central Intelligence Agency Center for the Study of Intelligence, 2003.

Halberstam, David. *The Best and the Brightest*. New York: Ballantine Books, 1992.

Hall, R. Cargill, ed. *Case Studies in Strategic Bombardment*. Washington, D.C.: Air Force Historical Studies Office, 1998.

Hasegawa, Tsuyoshi. *Racing the Enemy: Stalin, Truman, and the Surrender of Japan*. Cambridge, MA: Belknap Press, 2005.

Hastings, Max. *Retribution: The Battle for Japan, 1944–45*. New York: Vintage Books, 2009.

Haynes, James Earl, and Harvey Klehr. *Venona: Decoding Soviet Espionage in America*. New Haven, CT: Yale University Press, 2000.

Hendrickson, Paul. *The Living and the Dead: Robert McNamara and Five Lives of a Lost War*. New York: Vintage Books, 1997.

Hennessy, Peter. *The Secret State: Whitehall and the Cold War*. New York: Penguin Books, 2003.

Heppenheimer, T.A. *Countdown: A History of Space Flight*. New York: John Wiley & Sons, 1997.

Herken, Gregg. *The Winning Weapon: The Atomic Bomb in the Cold War 1945–1950*. New York: Vintage Books, 1982.

_____. *Counsels of War*. New York: Oxford University Press, 1987.

Hersey, John. *Hiroshima*. New York: Alfred A. Knopf, 2003.

Hershberg, James G. *James B. Conant: Harvard to Hiroshima and the Making of the Nuclear Age*. Stanford, CA: Stanford University Press, 1993.

Hewlett, Richard G., and Oscar E. Anderson, Jr. *The New World, 1939/1946: A History of the United States Atomic Energy Commission, Volume I*. University Park, PA: Pennsylvania State University Press, 1962.

Hewlett, Richard G., and Francis Duncan. *Atomic Shield, 1947/1952: A History of the United States Atomic Energy Commission, Volume II*. University Park, PA: Pennsylvania State University Press, 1969.

Hewlett, Richard G., and Jack M. Holl. *Atoms for Peace and War, 1953/1961: Eisenhower and the Atomic Energy Commission, A History of the United States Atomic Energy Commission, Volume III*. Berkeley, CA: University of California Press, 1989.

*History of the Eighties: Lessons for the Future*. Washington, D.C.: Federal Deposit Insurance Corporation Division of Research and Statistics, 1997.

Hoddeson, Lillian, Paul W. Henriksen, Roger A. Meade, and Catherine Westfall. *Critical Assembly: A Technical History of Los Alamos During the Oppenheimer Years 1943–1945*. New York: Cambridge University Press, 1993.

Hoffman, David E. *The Dead Hand: The Untold Story of the Cold War Arms Race and Its Dangerous Legacy*. New York: Doubleday, 2009.

Holloway, David. *Stalin and the Bomb: The Soviet Union and Atomic Energy, 1939–1956*. New Haven, CT: Yale University Press, 1994.

Hook, Sidney. *The Fail-Safe Fallacy*. New York: Stein and Day, 1963.

Hubler, Richard G. *SAC: The Strategic Air Command*. New York: Duell, Sloan and Pearce, 1958.

Hughes, Thomas P. *Rescuing Prometheus: Four Monumental Projects That Changed the Modern World*. New York: Vintage Books, 1998.

_____. *American Genesis: A Century of Invention and Technological Enthusiasm, 1870–1970*. Chicago: University of Chicago Press, 2004.

Hunt, Linda. *Secret Agenda: The United States Government, Nazi Scientists, and Project Paperclip 1945 to 1990*. New York: St. Martin's Press, 1991.

Iklé, Fred Charles. *The Social Impact of Bomb Destruction*. Norman, OK: University of Oklahoma Press, 1958.

_____. *Every War Must End.* New York: Columbia University Press, 2005.

_____. *Annihilation from Within: The Ultimate Threat to Nations.* New York: Columbia University Press, 2006.

Johnson, Leland. *Sandia National Laboratories: A History of Exceptional Service in the National Interest.* Albuquerque, NM: Sandia National Laboratories, 1997.

Johnson, Stephen. *The United States Air Force and the Culture of Innovation: 1945–1965.* Washington, D.C.: Air Force History and Museums Program, 2002.

Johnston, Phyllis Finton. *Bill Clinton's Public Policy for Arkansas: 1979–1980.* Little Rock, AR: August House, 1982.

Kahn, Herman. *On Thermonuclear War.* Princeton: Princeton University Press, 1960.

Kaplan, Fred. *The Wizards of Armageddon: The Untold Story of the Small Group of Men Who Have Devised the Plans and Shaped the Policies on How to Use the Bomb.* Stanford, CA: Stanford University Press, 1991.

Kaplan, Michael, and Ellen Kaplan. *Chances Are . . . : Adventures in Probability.* New York: Penguin Books, 2006.

Kaufman, Burton I., and Scott Kaufman. *The Presidency of James Earl Carter, Jr.* Lawrence, KS: University Press of Kansas, 2006.

Kaufman, Scott. *Plans Unraveled: The Foreign Policy of the Carter Administration.* DeKalb, IL: Northern Illinois University Press, 2008.

Kaufmann, William W. *The McNamara Strategy.* New York: Harper & Row, 1964.

Kearny, Cresson H. *Nuclear War Survival Skills: What You and Your Family Can Do—Before . . . and After.* Coos Bay, OR: NWS Research Bureau, 1982.

Keeney, L. Douglas. *The Doomsday Scenario: The Official Doomsday Scenario Written by the United States Government During the Cold War.* St. Paul, MN: MBI Publishing, 2002.

_____. *15 Minutes: General Curtis LeMay and the Countdown to Nuclear Annihilation.* New York: St. Martin's Press, 2011.

Kempe, Frederick. *Berlin 1961: Kennedy, Khrushchev, and the Most Dangerous Place on Earth.* New York: G. P. Putnam's Sons, 2011.

Khan, Feroz Hassan. *Eating Grass: The Making of the Pakistani Bomb.* Stanford, CA: Stanford University Press, 2012.

Kissinger, Henry A. *Nuclear Weapons and Foreign Policy.* New York: Harper and Brothers, 1957.

Klessig, Lowell L., and Victor L. Strite. *The ELF Odyssey: National Security Versus Environmental Protection.* Boulder, CO: Westview Press, 1980.

Kotz, Nick. *Wild Blue Yonder: Money, Politics, and the B-1 Bomber.* Princeton: Princeton University Press, 1988.

Kozak, David C., and Kenneth N. Ciboski, eds. *The American Presidency: A Policy Perspective from Readings and Documents.* Chicago: Nelson Hall, 1987.

Kozak, Warren. *LeMay: The Life and Wars of General Curtis LeMay.* Washington, D.C.: Regnery Publishing, 2009.

Krugler, David F. *This Is Only a Test: How Washington, D.C., Prepared for Nuclear War.* New York: Palgrave Macmillan, 2006.

Kuehl, Warren F. *Hamilton Holt: Journalist, Internationalist, Educator.* Gainesville, FL: University of Florida Press, 1960.

Kunsman, David M., and Douglas B. Lawson. *A Primer on U.S. Strategic Nuclear Policy.* Albuquerque, NM: Sandia National Laboratories, 2001.

Langewiesche, William. *The Atomic Bazaar: The Rise of the Nuclear Poor.* New York: Farrar, Straus, & Giroux, 2007.

Lapp, Ralph E. *The Voyage of the Lucky Dragon.* New York: Harper & Brothers, 1958.

Larus, Joel. *Nuclear Weapons Safety and the Common Defense.* Columbus, OH: Ohio State University Press, 1967.

Leach, Norman S. *Broken Arrow: America's First Lost Nuclear Weapon.* Calgary, Ontario: Red Deer Press, 2008.

Leighton, Richard M. *History of the Office of the Secretary of Defense, Volume III: Strategy, Money, and the*

*New Look, 1953–1956.* Washington, D.C.: Historical Office, Office of the Secretary of Defense, 2001.

Lettow, Paul. *Ronald Reagan and His Quest to Abolish Nuclear Weapons.* New York: Random House, 2005.

Lewis, Flora. *One of Our H-Bombs Is Missing . . .* New York: McGraw-Hill, 1967.

Light, Michael. *100 Suns.* New York: Alfred A. Knopf, 2003.

Lloyd, Alwyn. *A Cold War Legacy: A Tribute to Strategic Air Command 1946–1992.* Missoula, MT: Pictorial Histories Publishing, 1999.

Loeber, Charles R. *Building the Bombs: A History of the Nuclear Weapons Complex.* Albuquerque, NM: Sandia National Laboratories, 2002.

Lonnquest, John C., and David F. Winkler. *To Defend and Deter: The Legacy of the United States Cold War Missile Program.* Washington, D.C.: Department of Defense, Legacy Resource Management Program, Cold War Project, 1996.

Lowe, Keith. *Inferno: The Fiery Destruction of Hamburg, 1943.* New York: Scribner, 2007.

MacKenzie, Donald. *Inventing Accuracy: A Historical Sociology of Nuclear Missile Guidance.* Cambridge, MA: MIT Press, 1993.

_____. *Knowing Machines: Essays on Technical Change.* Cambridge, MA: MIT Press, 1998.

_____. *Mechanizing Proof: Computing, Risk, and Trust.* Cambridge, MA: MIT Press, 2001.

_____, and Judy Wajcman, eds. *The Social Shaping of Technology: Second Edition.* Philadelphia: Open University Press, 1999.

Maddow, Rachel. *Drift: The Unmooring of American Military Power.* New York: Crown Publishers, 2012.

Makhijani, Arjun, Howard Hu, and Katherine Yih. *Nuclear Wastelands: A Global Guide to Nuclear Weapons Production and Its Health and Environmental Effects.* Cambridge, MA: MIT Press, 2000.

Maraniss, David. *First in His Class: A Biography of Bill Clinton.* New York: Simon & Schuster, 1996.

Masters, Dexter, and Katharine Way. *One World or None: A Report to the Public on the Full Meaning of the Atomic Bomb.* New York: New Press, 2007.

Mastny, Vojtech. *The Cold War and Soviet Insecurity: The Stalin Years.* New York: Oxford University Press, 1996.

Maydew, Randall C. *America's Lost H-Bomb! Palomares, Spain, 1966.* Manhattan, KS: Sunflower University Press, 1997.

McCamley, Nick. *Cold War Secret Nuclear Bunkers: The Passive Defence of the Western World During the Cold War.* Barnsley, South Yorkshire: Pen & Sword Military Classics, 2007.

McCullough, David. *Truman.* New York: Simon & Schuster, 1992.

McFarland, Stephen L. *America's Pursuit of Precision Bombing: 1910–1945.* Tuscaloosa, AL: University of Alabama Press, 2008.

McNamara, Robert. *Blundering into Disaster: Surviving the First Century of the Nuclear Age.* New York: Pantheon, 1987.

McPhee, John. *The Curve of Binding Energy.* New York: Farrar, Straus, & Giroux, 1974.

Meilinger, Phillip S., ed. *The Paths of Heaven: The Evolution of Airpower Theory.* Maxwell Air Force Base, AL: Air University Press, 1997.

Midgley, John J., Jr. *Deadly Illusions: Army Policy for the Nuclear Battlefield.* Boulder, CO: Westview Press, 1986.

Miller, Richard L. *Under the Cloud: The Decades of Nuclear Testing.* The Woodlands, TX: Two-Sixty Press, 1991.

Miller, Roger G., ed. *Seeing Off the Bear: Anglo-American Air Power Cooperation During the Cold War.* Washington, D.C.: Air Force History and Museums Program, 1995.

Mojtabai, A.G. *Blessèd Assurance: At Home with the Bomb in Amarillo, Texas.* Boston: Houghton Mifflin, 1986.

Moody, Walton S. *Building a Strategic Air Force.* Washington, D.C: Air Force History and Museums Program, 1995.

Moore, Richard. *Nuclear Illusion, Nuclear Reality: Britain, the United States, and Nuclear Weapons, 1958–64.* New York: Palgrave Macmillan, 2010.

Moran, Barbara. *The Day We Lost the H-Bomb: Cold War, Hot Nukes, and the Worst Nuclear Weapons Disaster in History.* New York: Ballantine Books, 2009.

Morgan, Mark L., and Mark A. Berhow. *Rings of Supersonic Steel: Air Defenses of the United States Army, 1950–1979.* Bodega Bay, CA: Hole in the Head Press, 2002.

Morris, Roger. *Partners in Power: The Clintons and Their America.* New York: Henry Holt, 1996.

Mosher, David E., Lowell H. Schwartz, David R. Howell, and Lynn E. Davis. *Beyond the Nuclear Shadow: A Phased Approach for Improving Nuclear Safety and U.S.–Russian Relations.* Santa Monica, CA: RAND, 2003.

Moynihan, Daniel Patrick. *Secrecy: The American Experience.* New Haven, CT: Yale University Press, 1998.

Mumford, Lewis. *The Myth of the Machine: The Pentagon of Power.* New York: Harcourt Brace Jovanovich, 1970.

Nalty, Bernard C., ed. *Winged Shield, Winged Sword: A History of the United States Air Force, Volume I, 1907–1950.* Washington, D.C.: Air Force History and Museums Program, 1997.

_____, ed. *Winged Shield, Winged Sword: A History of the United States Air Force, Volume II, 1950–1997.* Washington, D.C.: Air Force History and Museums Program, 1997.

Nalty, Bernard C., John F. Shiner, and George M. Watson. *With Courage: The U.S. Army Air Forces in World War II.* Washington, D.C.: Air Force History and Museums Program, 1994.

Nash, Philip. *The Other Missiles of October: Eisenhower, Kennedy, and the Jupiters, 1957–1963.* Chapel Hill, NC: University of North Carolina Press, 1997.

National Commission on Terrorist Attacks Upon the United States. *The 9/11 Commission Report: Final Report of the National Commission on Terrorist Attacks Upon the United States.* New York: W. W. Norton, 2004.

Neider, Charles, ed. *Man Against Nature.* New York: Harper & Brothers, 1954.

Neufeld, Jacob. *The Development of Ballistic Missiles in the United States Air Force, 1945–1960.* Washington, D.C.: Office of Air Force History, 1990.

Neufeld, Michael J. *Von Braun: Dreamer of Space, Engineer of War.* New York: Vintage Books, 2008.

Nie, Jing-Bao, Nanyan Guo, Mark Selden, and Arthur Kleinman, eds. *Japan's Wartime Medical Atrocities: Comparative Inquiries in Science, History, and Ethics.* New York: Routledge, 2010.

Nolan, Janne E. *Guardians of the Arsenal: The Politics of Nuclear Strategy.* New York: New Republic Books, 1989.

*Nuclear War: What's in It for You?/Ground Zero.* New York: Pocket Books, 1982.

Oberg, James E. *Uncovering Soviet Disasters: Exploring the Limits of Glasnost.* New York: Random House, 1988.

Odom, William E. *The Collapse of the Soviet Military.* New Haven, CT: Yale University Press, 1998.

Pearlman, Michael D. *Unconditional Surrender, Demobilization, and the Atomic Bomb.* Fort Leavenworth, KS: U.S. Army Command and General Staff College, Combat Studies Institute, 1996.

Pearson, David. *The World Wide Military Command and Control System: Evolution and Effectiveness.* Maxwell Air Force Base, AL: Air University Press, 2000.

Penson, Chuck. *The Titan II Handbook: A Civilian's Guide to the Most Powerful ICBM America Ever Built.* Tucson, AZ: Chuck Penson, 2008.

Perrow, Charles. *Normal Accidents: Living with High-Risk Technologies.* Princeton: Princeton University Press, 1999.

_____. *The Next Catastrophe: Reducing Our Vulnerabilities to Natural, Industrial, and Terrorist Disasters.* Princeton: Princeton University Press, 2007.

Perry, Mark. *Four Stars: The Inside Story of the Forty-Year Battle Between the Joint Chiefs of Staff and America's Civilian Leaders.* Boston: Houghton Mifflin, 1989.

Piszkiewicz, Dennis. *Wernher Von Braun: The Man Who Sold the Moon.* Westport, CT: Praeger, 1998.

Podvig, Pavel, ed. *Russian Strategic Nuclear Forces.* Cambridge, MA: MIT Press, 2004.

Polmar, Norman, ed. *Strategic Air Command: People, Aircraft, and Missiles.* Annapolis, MD: Nautical and Aviation Publishing Company of America, 1979.

Polmar, Norman, and Robert S. Norris. *The U.S. Nuclear Arsenal: A History of Weapons and Delivery Systems Since 1945.* Annapolis, MD: Naval Institute Press, 2009.

Poole, Willard S. *History of the Joint Chiefs of Staff: The Joint Chiefs of Staff and National Policy, Volume VIII, 1961–1964.* Washington, D.C.: Office of Joint History, Office of the Chairman of Joint Chiefs of Staff, 2011.

Priest, Dana, and William M. Arkin. *Top Secret America: The Rise of the New American Security State.* New York: Little, Brown, 2011.

Pry, Peter Vincent. *War Scare: Russia and America on the Nuclear Brink.* Westport, CT: Praeger, 1999.

Redmond, Kent C., and Thomas M. Smith. *From Whirlwind to Mitre: The R&D Story of the SAGE Air Defense Computer.* Cambridge: MIT Press, 2000.

Reed, Thomas C., and Danny B. Stillman. *The Nuclear Express: A Political History of the Bomb and Its Proliferation.* Minneapolis, MN: Zenith Press, 2009.

Rhodes, Richard. *The Making of the Atomic Bomb.* New York: Simon & Schuster, 1986.

_____. *Dark Sun: The Making of the Hydrogen Bomb.* New York: Simon & Schuster, 1995.

_____. *Arsenals of Folly: The Making of the Nuclear Arms Race.* New York: Alfred A. Knopf, 2007.

Richelson, Jeffrey T. *Defusing Armageddon: Inside NEST, America's Secret Nuclear Bomb Squad.* New York: W. W. Norton, 2009.

Rosenbaum, Ron. *How the End Begins: The Road to a Nuclear World War III.* New York: Simon & Schuster, 2011.

Rosenblith, Walter A., ed. *Jerry Wiesner: Scientist, Statesman, Humanist.* Cambridge, MA: MIT Press, 2003.

Ross, Steven T. *American War Plans, 1945–1950: Strategies for Defeating the Soviet Union.* Portland, OR: Frank Cass, 1996.

Sagan, Carl, and Richard Turco. *A Path Where No Man Thought: Nuclear Winter and the End of the Arms Race.* New York: Random House, 1990.

Sagan, Scott D. *Moving Targets: Nuclear Strategy and National Security.* Princeton: Princeton University Press, 1989.

_____. *The Limits of Safety: Organizations, Accidents, and Nuclear Weapons.* Princeton: Princeton University Press, 1993.

_____, ed. *Inside Nuclear South Asia.* Stanford, CA: Stanford University Press, 2009

Sagan, Scott D., and Kenneth N. Waltz. *The Spread of Nuclear Weapons: A Debate Renewed.* New York: W. W. Norton, 2003.

Sanger, David E. *The Inheritance: The World Obama Confronts and the Challenges to American Power.* New York: Harmony Books, 2009.

Savranskaya, Svetlana, Thomas Blanton, and Vladislav Zubok, eds. *Masterpieces of History: The Peaceful End of the Cold War in Europe, 1989.* New York: Central European University Press, 2010.

Schaffel, Kenneth. *The Emerging Shield: The Air Force and the Evolution of Continental Air Defense, 1945–1960.* Washington, D.C.: Office of Air Force History, United States Air Force, 1991.

Schell, Jonathan. *The Fate of the Earth and The Abolition.* Stanford, CA: Stanford University Press, 2000.

_____. *The Seventh Decade: The New Shape of Nuclear Danger.* New York: Metropolitan Books, 2007.

Schelling, Thomas C. *Arms and Influence.* New Haven, CT: Yale University Press, 2008.

Schnabel, James F. *The Joint Chiefs of Staff and National Policy: Volume I, 1945–1947.* Washington, D.C.: Office of Joint History, Office of the Chairman of Joint Chiefs of Staff, 1996.

Schwartz, Stephen I., ed. *Atomic Audit: The Costs and Consequences of U.S. Nuclear Weapons Since 1940.* Washington, D.C.: Brookings Institution, 1998.

Schweizer, Peter. *Victory: The Reagan Administration's Secret Strategy That Hastened the Collapse of the Soviet Union.* New York: Atlantic Monthly Press, 1994.

Shambroom, Paul. *Face to Face with the Bomb: Nuclear Reality After the Cold War.* Baltimore, MD: Johns Hopkins University Press, 2003.

Sheehan, Neil. *A Fiery Peace in a Cold War: Bernard Schriever and the Ultimate Weapon.* New York: Random House, 2009.

Sherwin, Martin J. *A World Destroyed: Hiroshima and Its Legacies.* Stanford, CA: Stanford University Press, 2003.

Shin, Gi-Wook, Soon-Won Park, and Daqing Yang, eds. *Rethinking Historical Injustice and Reconciliation in Northeast Asia: The Korean Experience.* New York: Routledge, 2007.

Shultz, George P., and Sidney D. Drell. *Implications of the Reykjavik Summit on Its Twentieth Anniversary.* Stanford: Hoover Institution Press, 2007.

_____. *The Nuclear Enterprise: High-Consequence Accidents: How to Enhance Safety and Minimize Risks in Nuclear Weapons and Reactors.* Stanford, CA: Hoover Institution Press, 2012.

_____, and James E. Goodby, eds. *Reykjavik Revisited: Steps Toward a World Free of Nuclear Weapons.* Stanford, CA: Hoover Institution Press, 2008.

_____, and James E. Goodby, eds. *Deterrence: Its Past and Future.* Stanford, CA: Hoover Institution Press, 2011.

Shurcliff, W.A. *Bombs at Bikini: The Official Report of Operation Crossroads.* New York: Wm. H. Wise, 1947.

Slife, James C. *Creech Blue: General Bill Creech and the Reformation of the Tactical Air Forces, 1978–1984.* Maxwell Air Force Base, AL: Air University Press and the College of Aerospace Doctrine, Research and Education, 2004.

Smith, Mark E., III. *American Defense Policy.* Baltimore, MD: Johns Hopkins University Press, 1968.

Smith, P.D. *Doomsday Men: The Real Dr. Strangelove and the Dream of the Superweapon.* New York: St. Martin's Press, 2007.

Smith, Richard K. *Seventy-five Years of Inflight Refueling: Highlights, 1923–1998.* Washington, D.C.: Air Force History and Museums Program, 1998.

Smith, Starr. *Jimmy Stewart: Bomber Pilot.* Minneapolis, MN: Zenith Press, 2005.

Smyth, Henry DeWolf. *Atomic Energy for Military Purposes: The Official Report on the Development of the Atomic Bomb Under the Auspices of the United States Government 1940–1945.* Princeton: Princeton University Press, 1945.

Sokolski, Henry D., ed. *Getting MAD: Nuclear Mutual Assured Destruction, Its Origins and Practice.* Carlisle, PA: Strategic Studies Institute, U.S. Army War College, 2004.

Solomon, Frederic, and Robert Q. Marston, eds. *The Medical Implications of Nuclear War.* Washington, D.C.: National Academy Press, 1986.

*Soviet Military Power: An Assessment of the Threat.* Washington, D.C.: U.S. Department of Defense, Government Printing Office, 1988.

Sparrow, John C. *History of Personnel Demobilization in the United States Army.* Washington, D.C.: Department of the Army, 1952.

Stein, Peter, and Peter Feaver. *Assuring Control of Nuclear Weapons: The Evolution of Permissive Action Links.* Cambridge, MA: Center for Science and International Affairs, John F. Kennedy School of Government, Harvard University, and University Press of America, 1987.

Steury, Donald P., ed. *Intentions and Capabilities: Estimates on Soviet Strategic Forces, 1953–1983.* Washington, D.C.: History Staff, Center for the Study of Intelligence, Central Intelligence Agency, 1996.

Stumpf, David K. *Titan II: History of a Cold War Missile Program.* Fayetteville, AR: University of Arkansas Press, 2000.

Sutton, George P., and Oscar Biblarz. *Rocket Propulsion Elements: Seventh Edition.* New York: John Wiley & Sons, 2001.

Tannenwald, Nina. *The Nuclear Taboo: The United States and the Non-Use of Nuclear Weapons Since 1945.* New York: Cambridge University Press, 2007.

Taubman, Philip. *The Partnership: Five Cold Warriors and Their Quest to Ban the Bomb.* New York: HarperCollins, 2012.

Taylor, Maxwell D. *The Uncertain Trumpet.* New York: Harper & Brothers, 1960.

*Technical Manual, USAF Model LGM-25C, Missile System Operation.* Tucson, AZ: Arizona Aerospace Foundation, 2005.

Terriff, Terry. *The Nixon Administration and the Making of U.S. Nuclear Strategy.* Ithaca, NY: Cornell University Press, 1995.

Thomas, Evan. *Ike's Bluff: President Eisenhower's Secret Battle to Save the World.* New York: Little, Brown, 2012.

Thompson, Nicholas. *The Hawk and the Dove: Paul Nitze, George Kennan, and the History of the Cold War.* New York: Henry Holt, 2009.

Tillman, Barrett. *LeMay.* New York: Palgrave Macmillan, 2009.

Trachtenberg, Marc. *History & Strategy*. Princeton: Princeton University Press, 1991.

_____. *A Constructed Peace: The Making of the European Settlement, 1945–1963*. Princeton: Princeton University Press, 1999.

Tuchman, Barbara W. *The Guns of August*. New York: Ballantine Books, 1994.

Tucker, Todd. *Atomic America: How a Deadly Explosion and a Feared Admiral Changed the Course of Nuclear History*. New York: Free Press, 2009

Turner, Stansfield. *Caging the Nuclear Genie: An American Challenge for Global Security*. New York: Westview Press, 1997.

Twigge, Stephen, and Len Scott. *Planning Armageddon: Britain, the United States and the Command of Western Nuclear Forces, 1945–1964*. Amsterdam, Netherlands: Harwood Academic Publishers, 2000.

*United States Strategic Bombing Surveys: European War, Pacific War, The* Montgomery, AL: Air University Press, October 1987.

Van Creveld, Martin. *Command in War*. Cambridge, MA: Harvard University Press, 1985.

_____. *The Age of Airpower*. New York: Public Affairs, 2011.

Vanderbilt, Tom. *Survival City: Adventures Among the Ruins of Atomic America*. Princeton: Princeton Architectural Press, 2002.

Volkogonov, Dmitri. *Stalin: Triumph and Tragedy*. New York: Grove Weidenfeld, 1988.

Wakabayashi, Bob Tadashi. *The Nanking Atrocity: Complicating the Picture*. New York: Berghahn Books, 2007.

Walker, Chuck, with Joel Powell. *ATLAS: The Ultimate Weapon by Those Who Built It*. Ontario, Canada: Apogee Books Production, 2005.

Walker, Stephen. *Shockwave: Countdown to Hiroshima*. New York: Harper Perennial, 2005.

Watson, George M. *The Office of the Secretary of the Air Force, 1947–1965*. Washington, D.C.: Center for Air Force History, 1993.

Weart, Spencer. *Nuclear Fear: A History of Images*. Cambridge, MA: Harvard University Press, 1988.

Wells, H.G. *The World Set Free: A Story of Mankind*. New York: E. P. Dutton, 1914.

Welsome, Eileen. *The Plutonium Files: America's Secret Medical Experiments in the Cold War*. New York: Dial Press, 1999.

Werrell, Kenneth P. *The Evolution of the Cruise Missile*. Maxwell Air Force Base, AL: Air University Press, 1985.

Williams, Christian. *Lead, Follow, or Get Out of the Way: The Story of Ted Turner*. New York: Times Books, 1981.

Wills, Garry. *Bomb Power: The Modern Presidency and the National Security State*. New York: Penguin Press, 2010.

Wilson, Ward. *Five Myths About Nuclear Weapons*. Boston: Houghton Mifflin Harcourt, 2013.

Winner, Langdon. *The Whale and the Reactor: A Search for Limits in an Age of High Technology*. Chicago: University of Chicago Press, 1989.

Wittner, Lawrence S. *Resisting the Bomb: A History of the World Nuclear Disarmament Movement 1954–1970*. Stanford, CA: Stanford University Press, 1997.

_____. *Toward Nuclear Abolition: A History of the World Disarmament Movement, 1971 to the Present*. Stanford, CA: Stanford University Press, 2003.

Worden, Mike. *Rise of the Fighter Generals: The Problem of Air Force Leadership, 1945–1982*. Maxwell Air Force Base, AL: Air University Press, 1998.

Wynn, Humphrey. *The RAF Strategic Nuclear Deterrent Forces: Their Origins, Roles and Deployment. 1946–1969*. London: Stationery Office Publications Centre, 1994.

Yarnynich, Valery E. *C³: Nuclear Command, Control Cooperation*. Washington, D.C.: Center for Defense Information, 2003.

Yenne, Bill. *S.A.C.: A Primer of Modern Strategic Airpower*. Novato, CA: Presidio Press, 1985.

Younger, Stephen M. *The Bomb: A New History*. New York: HarperCollins, 2009.

Zaloga, Steven J. *The Kremlin's Nuclear Sword: The Rise and Fall of Russia's Strategic Nuclear Forces, 1945–2000*. Washington, D.C.: Smithsonian Institution Press, 2002.

Zelizer, Julian E. *Taxing America: Wilbur D. Mills, Congress, and the State, 1945–1975*. New York: Cambridge University Press, 2000.

# 索 引

（以下页码为原书页码，即本书的页边码）

图书在版编目（CIP）数据

指挥与控制：核武器、大马士革事故与安全假象／
（美）艾里克·施洛瑟（Eric Schlosser）著；张金勇译
. −− 北京：社会科学文献出版社，2021. 2
书名原文：Command and Control：Nuclear
Weapons，the Damascus Accident，and the Illusion
of Safety
ISBN 978 − 7 − 5201 − 6691 − 1

Ⅰ.①指…　Ⅱ.①艾…　②张…　Ⅲ.①核武器问题 −
研究　Ⅳ.①D815. 2
中国版本图书馆 CIP 数据核字（2020）第 093409 号

# 指挥与控制

## ——核武器、大马士革事故与安全假象

著　　者／〔美〕艾里克·施洛瑟（Eric Schlosser）
译　　者／张金勇

出 版 人／王利民
组稿编辑／董风云
责任编辑／张　骋　成　琳

出　　版／社会科学文献出版社·甲骨文工作室（分社）（010）59366527
　　　　　　地址：北京市北三环中路甲 29 号院华龙大厦　邮编：100029
　　　　　　网址：www. ssap. com. cn
发　　行／市场营销中心（010）59367081　59367083
印　　装／三河市东方印刷有限公司

规　　格／开　本：889mm × 1194mm　1/32
　　　　　　印　张：25.75　字　数：594 千字
版　　次／2021 年 2 月第 1 版　2021 年 2 月第 1 次印刷
书　　号／ISBN 978 − 7 − 5201 − 6691 − 1
著作权合同
登 记 号／图字 01 − 2014 − 6221 号
定　　价／148.00 元